여러분의 합격을 응원

해커스경찰의 특

FREE 경찰헌법 **특강**

해커스경찰(police.Hackers.com) 접속 후 로그인 ▶ 상단의 [무료강좌 → 경찰 무료강의] 클릭하여 이용

해커스경찰 온라인 단과강의 **20% 할인쿠폰**

9BEBB6F69F5643ZP

해커스경찰(police.Hackers.com) 접속 후 로그인 ▶ 상단의 [내강의실] 클릭 ▶
[쿠폰/포인트] 클릭 ▶ 쿠폰번호 입력 후 이용

*등록 후 7일간 사용 가능(ID당 1회에 한해 등록 가능)

합격예측 **모의고사 응시권 + 해설강의 수강권**

E3E38454AAEFZJTM

해커스경찰(police.Hackers.com) 접속 후 로그인 ▶ 상단의 [내강의실] 클릭 ▶
[쿠폰/포인트] 클릭 ▶ 쿠폰번호 입력 후 이용

* ID당 1회에 한해 등록 가능

쿠폰 이용 관련 문의 **1588-4055**

단기 합격을 위한 해커스 커리큘럼

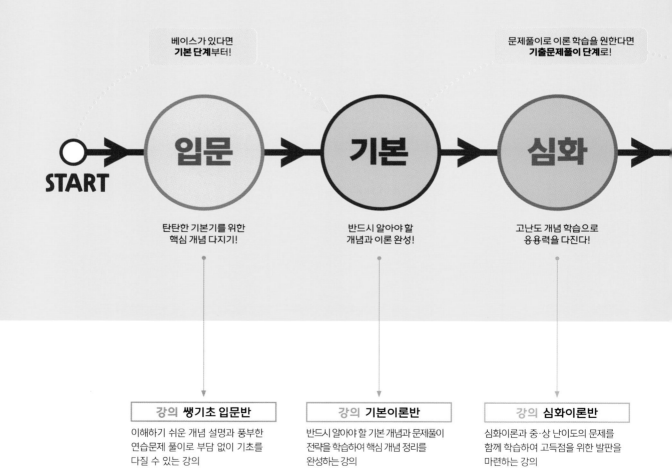

베이스가 있다면 **기본 단계**부터!

문제풀이로 이론 학습을 원한다면 **기출문제풀이 단계**로!

START

입문

탄탄한 기본기를 위한 핵심 개념 다지기!

기본

반드시 알아야 할 개념과 이론 완성!

심화

고난도 개념 학습으로 응용력을 다진다!

강의 **쌩기초 입문반**

이해하기 쉬운 개념 설명과 풍부한 연습문제 풀이로 부담 없이 기초를 다질 수 있는 강의

강의 **기본이론반**

반드시 알아야 할 기본 개념과 문제풀이 전략을 학습하여 핵심 개념 정리를 완성하는 강의

강의 **심화이론반**

심화이론과 중·상 난이도의 문제를 함께 학습하여 고득점을 위한 발판을 마련하는 강의

* 커리큘럼은 과목별·선생님별로 상이할 수 있으며, 자세한 내용은 해커스경찰 사이트에서 확인하세요.

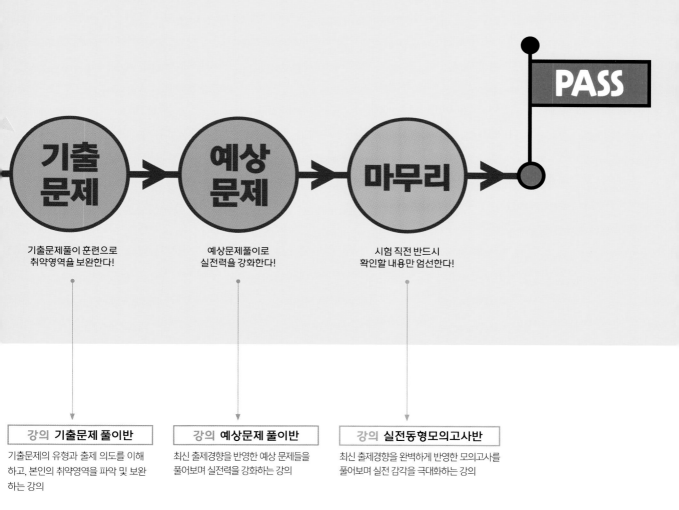

PASS

기출 문제

기출문제풀이 훈련으로
취약영역을 보완한다!

예상 문제

예상문제풀이로
실전력을 강화한다!

마무리

시험 직전 반드시
확인할 내용만 엄선한다!

강의 **기출문제 풀이반**

기출문제의 유형과 출제 의도를 이해
하고, 본인의 취약영역을 파악 및 보완
하는 강의

강의 **예상문제 풀이반**

최신 출제경향을 반영한 예상 문제들을
풀어보며 실전력을 강화하는 강의

강의 **실전동형모의고사반**

최신 출제경향을 완벽하게 반영한 모의고사를
풀어보며 실전 감각을 극대화하는 강의

강의 **봉투모의고사반**

시험 직전에 실제 시험과 동일한 형태의
모의고사를 풀어보며 실전력을 완성하는 강의

해커스경찰 **합격생**이 말하는
경찰 단기 합격 비법!

해커스경찰과 함께라면
다음 합격의 주인공은 바로 여러분입니다.

완전 노베이스로 시작,
8개월 만에 인천청 합격!

강*혁 합격생

형사법 부족한 부분은 모의고사로 채우기!

기본부터 **기출문제집과 같이 병행**해서 좋았던 것 같습니다. 그리고 1차 시험 보기 전까지 심화 강의를 끝냈는데 **개인적으로 심화강의 추천** 드립니다. 안정적인 실력이 아니라 생각해서 기출 후 **전범위 모의고사에서 부족한 부분들을 많이 채워** 나간 것 같습니다.

법 계열 전공,
1년 이내 대구청 합격!

배*성 합격생

외우기 힘든 경찰학, 방법은 회독과 복습!

경찰학의 경우 양이 워낙 방대하고 휘발성이 강한 과목이라고 생각합니다. (중략) 지속적으로 **회독**을 하였으며, **모의고사를 통해서 틀린 부분을 복습**하고 그 범위를 **다시 한 번 책**으로 돌아가서 봤습니다.

이과 계열 전공,
6개월 만에 인천청 합격!

서*범 합격생

법 과목 공부법은 기본과 기출 회독!

법 과목만큼은 **인강을 반복해서 듣고 기출을 반복**해서 읽고 풀었습니다. 익숙해질 필요가 있다고 생각해서 **회독에 더 집중**했었습니다. 익숙해진 이후로는 **오답도 챙기면서 공부**했습니다.

해커스경찰

신동욱
경찰헌법

최신 3개년 판례집

신동욱

약력

현 | 해커스경찰 헌법 강의
  해커스공무원 헌법, 행정법 강의

전 | 경찰청 헌법특강, EBS 특강
  경찰교육원 간부후보생 헌법특강
  서울시교육청 핵심인재과정 헌법특강
  교육부 평생교육진흥원 학점은행 교수
  성균관대, 단국대, 전남대, 충북대 등 특강교수

저서

경찰헌법 실전동형모의고사 2, 해커스경찰
경찰헌법 실전동형모의고사 1, 해커스경찰
경찰헌법 최신 3개년 판례집, 해커스경찰
경찰헌법 진도별 문제풀이 500제, 해커스경찰
경찰헌법 단원별 핵심지문 OX, 해커스경찰
경찰헌법 기출문제집, 해커스경찰
경찰헌법 핵심요약집, 해커스경찰
경찰헌법 기본서, 해커스경찰
신헌법 실전동형모의고사 2, 해커스공무원
신헌법 실전동형모의고사 1, 해커스공무원
신헌법 핵심요약집, 해커스공무원
신헌법 핵심 기출 OX, 해커스공무원
신헌법 단원별 기출문제집, 해커스공무원
신헌법 조문해설집, 해커스공무원
처음헌법 만화판례집, 해커스공무원
신헌법(기본서), 해커스공무원
조문이론 판례분석 헌법, 법학사
스마트 신동욱 헌법, 윌비스

서문

헌법 시험에서 판례의 출제 비중은 절대적이며, 가장 중요한 학습 포인트입니다.

그중에서도 시험 직전에 가장 신경 써야 할 부분이 최신 판례를 확실하게 정리하는 일이라고 할 수 있습니다. 최신 판례가 출제되는 경향은 모든 시험에서 이제는 너무나 자연스러운 일이 되었습니다. 또한 변별력을 결정짓는 요소가 되기도 합니다. 본 교재가 최종 결전을 치르기 전 마지막으로 불안감을 해소하는 차원을 넘어 고득점 합격에 도움이 되는 결정적인 무기가 되기를 기대합니다.

본 교재는 2023년 12월까지의 판례를 모두 반영했습니다. 기본강의나 문제풀이 과정에서 공부했던 판례도 있겠지만, 판례만을 중심으로 최신 3개년 판례를 선정했기 때문에 입체적으로 중요판례들을 학습할 수 있어 실력 향상에 도움이 될 뿐만 아니라 시험 전 마무리용 교재로도 손색이 없을 것입니다. 합헌결정한 사건들은 가볍게 보시고, 위헌결정(헌법불합치결정 포함)한 사건들은 꼼꼼히 학습하시길 바랍니다.

본 교재는 다음과 같은 특징을 가지고 있습니다.

첫째, 출제 가능성이 높은 최신 3개년 판례만을 중심으로 구성하였습니다.

둘째, 판례의 중요도에 따라 분량을 적절하게 조절하였습니다.

셋째, 2023년 12월 판례까지 반영하여 최신 판례 문제에도 대비할 수 있도록 하였습니다.

더불어 경찰공무원 시험 전문 해커스경찰(police.Hackers.com)에서 학원강의나 인터넷 동영상강의를 함께 이용하여 꾸준히 수강한다면 학습효과를 극대화할 수 있을 것입니다.

아무쪼록 본 교재로 공부하시는 분들의 조기합격과 건강을 기원합니다.

2024년 2월
신동욱

목차

제3편 통치구조론

제4편 헌법재판론

제1편

헌법총론

법치국가원리

01

대한민국을 모욕할 목적으로 국기를 손상, 제거, 오욕한 행위를 처벌하는 형법 제105조 중 '국기' 부분이 명확성원칙에 위배되는지 여부: 소극[합헌] (헌재 2019.12.27, 2016헌바96)

> **사건개요**

청구인은 2015.4.경 집회 참석 중 인근에 정차하고 있던 경찰버스의 유리창 사이에 끼워져 있던 종이 태극기를 빼내어, 집회 통제 중인 경찰관을 향하여 치켜들고 평소 흡연을 목적으로 소지하고 있던 라이터로 불을 붙여 태웠다. 검사는 청구인이 대한민국을 모욕할 목적으로 태극기를 불태운 것으로 보고 형법 제105조를 적용하여 공소제기하였다.

그러나 제1심 법원은 청구인에게 대한민국을 모욕할 목적이 있었음을 인정하기 어렵다는 이유로 위 공소사실에 대해서는 무죄를 선고하였고, 이에 대하여 검사가 항소하여 현재 항소심 공판절차가 진행 중이다.

청구인은 제1심 공판절차 계속 중 형법 제105조가 명확성원칙에 위배되고 과잉금지원칙에 위배되어 표현의 자유를 침해하여 헌법에 위반된다는 취지로 위헌법률심판제청 신청을 하였으나 기각되자, 2016.3.17. 이에 대한 위헌확인을 구하는 취지의 이 사건 헌법소원심판을 청구하였다.

▶ 심판대상

형법(1995.12.29. 법률 제5057호로 개정된 것)

제105조【국기, 국장의 모독】대한민국을 모욕할 목적으로 국기 또는 국장을 손상, 제거 또는 오욕한 자는 5년 이하의 징역이나 금고, 10년 이하의 자격정지 또는 700만원 이하의 벌금에 처한다.

1. 명확성원칙 위배 여부: 소극

심판대상조항은 '대한민국을 모욕할 목적'이 있는 경우에 성립한다. '대한민국을 모욕'한다는 것은, '국가공동체인 대한민국의 사회적 평가를 저해할 만한 추상적 또는 구체적 판단이나 경멸적 감정을 표현하는 것'을 의미한다. 심판대상조항이 다소 광범위한 개념을 사용했다 하더라도, 건전한 상식과 통상적 법 감정을 가진 사람이 일반적 해석방법에 따라 보호법익과 금지행위, 처벌의 종류와 정도를 알 수 있는 이상, 명확성원칙에 위배되지 않는다.

2. 과잉금지원칙 위반 여부: 소극

국기는 국가의 역사, 국민성, 이상을 반영하고 헌법적 질서와 가치, 국가정체성을 표상하며, 한 국가가 다른 국가와의 관계에서 가지는 독립성과 자주성을 상징하고, 국제회의 등에서 참가자의 국적을 표시하고 소속감을 대변한다. 대부분 국민은 국가상징물로서 국기가 가지는 고유의 상징성과 위상을 인정하고, 이에 대한 존중의 감정을 가지고 있다. 이러한 상징성과 위상은 비단 공용에 공하는 국기에 국한되는 것이 아니다.

만약 표현의 자유를 강조하여 국기훼손행위를 금지·처벌하지 않는다면, 국기가 상징하는 국가의 권위와 체면이 훼손되고, 국민의 국기에 대한 존중의 감정이 손상될 것이다. 국가의 권위와 체면을 지키고, 국민의 존중의 감정을 보호하기 위해서는 국기훼손행위를 형벌로 제재하는 것이 불가피하며, 단순히 경범죄로 취급하거나 형벌 이외의 다른 수단으로 제재하여서는 입법목적을 효과적으로 달성하기 어렵다.

심판대상조항은 '대한민국을 모욕할 목적'을 요구함으로써 범죄 성립범위를 대폭 축소하고 있다. 형법 제정 이후 국기모독죄로 기소·처벌된 사례가 거의 없다는 점에서 알 수 있듯이, 대한민국을 모욕할 목적 없이 우발적으로 이루어지거나 정치적 의사표현의 한 방법으로 이루어진 국기훼손행위는 처벌대상에서 제외되고 있다. 또한, 법정형도 법관이 구체적 사정을 고려하여 합리적으로 양형할 수 있도록 규정되어 있다.

헌법재판소가 성인대상 성범죄자에 대하여 10년 동안 일률적으로 의료기관에의 취업제한 등을 하는 규정에 대하여 위헌결정을 한 뒤, 개정법 시행일 전까지 성인대상 성범죄로 형을 선고받아 그 형이 확정된 사람에 대해서 형의 종류 또는 형량에 따라 기간에 차등을 두어 의료기관에의 취업 등을 제한하는 아동·청소년의 성보호에 관한 법률 부칙 제5조 제1호(이하 '이 사건 부칙조항'이라 한다)가 신뢰보호원칙에 위배되는지 여부: 소극[합헌] (헌재 2023.5.25. 2020헌바45)

1. 이 사건 부칙조항은 개정법 시행일부터 의료기관을 운영하거나 의료기관에 취업 등을 하는 행위를 금지할 뿐 개정법 시행 전에 이루어진 의료기관 운영 행위에 대해 소급적으로 불이익을 가하고 있지 아니하므로, 헌법상 원칙적으로 금지되는 진정소급입법에 해당하지 아니한다.

2. 성인대상 성범죄자에게 일률적으로 10년 동안 의료기관에의 취업제한을 하도록 한 조항에 대한 헌법재판소의 2016.3.31. 2013헌마585 등 위헌결정에 따르더라도 재범의 위험성 및 필요성에 상응하는 취업제한 기간을 정하여 부과하는 의료기관 취업제한이 가능함은 예상할 수 있었다고 보아야 하고, 취업제한은 장래의 위험을 방지하기 위한 것으로서, 향후 성인대상 성범죄자에게 의료기관 취업제한이 없을 것이라는 기대는 정당한 신뢰 또는 헌법상 보호가치 있는 신뢰로 보기 어렵다. 이 사건 부칙조항의 입법취지는 헌법재판소의 위헌결정으로 발생한 법적 공백을 메우고, 아동·청소년을 성범죄로부터 보호하며, 아동·청소년 및 그 보호자가 의료기관을 믿고 이용할 수 있도록 하는 것이므로, 그 공익적 가치가 크다. 헌법재판소의 위헌결정 뒤 법원이 취업제한 기간을 정하도록 하는 법률안을 정부가 입법예고하는 등의 절차를 거쳐 국회에서 이 사건 부칙조항의 입법이 이루어졌고, 개정법 시행 후 취업제한대상자나 그 법정대리인이 제1심판결을 한 법원에 취업제한기간의 변경이나 취업제한의 면제를 신청할 수 있도록 불이익을 최소화하고 있는 사정을 종합하면 이 사건 부칙조항은 신뢰보호원칙에 위배되지 아니한다.

디엔에이증거 등 그 죄를 증명할 수 있는 과학적인 증거가 있는 특정 성폭력범죄는 공소시효를 10년 연장하는 조항 시행 전에 범한 죄로 아직 공소시효가 완성되지 아니한 것에 대하여도 연장조항을 적용하는 조항(이하 '부칙조항'이라 한다)이 형벌불소급의 원칙, 신뢰보호원칙에 위배되는지 여부: 소극[합헌] (헌재 2023.5.25. 2020헌바309)

부칙조항의 공소시효 문제는 형벌불소급의 원칙이 적용되는 범위에 포함되지 아니하고, 연장조항으로 인하여 제한되는 성폭력범죄자의 신뢰이익이 실체적 정의라는 공익에 우선하여 특별히 헌법적으로 보호할 가치가 있다고 보기 어려우므로, 부칙조항은 형벌불소급의 원칙이나 신뢰보호원칙에 위배되지 아니한다.

04

미군정청 법령이 소급입법금지원칙에 위배되는지 여부: 소극[합헌] (헌재 2021.1.28, 2018헌바88)

> ❝ **사건개요** ❞

청구인들은 2016.11.24. 울산광역시 중구 소재의 토지를 경매절차에서 낙찰받아 그 소유권을 취득한 사람들이다. 청구인들은 2017.4.3. 위 토지를 울산광역시 중구가 도로 포장 등의 방법으로 점유·사용하고 있으므로 그로 인한 부당이득금을 지급할 의무가 있다고 주장하면서 울산광역시 중구를 상대로 부당이득금 반환청구소송을 제기하였다.

울산광역시 중구는, 위 토지가 전 소유자인 김○○의 부친 김□□이 1945.8.10. 재조선 일본인인 금△△으로부터 위 토지를 매수하고 1945.9.7. 소유권이전등기를 마친 것으로, 재조선미국육군사령부군정청(이하 '미군정청'이라 한다) 법령 제2호 제1조 및 제4조, 미군정청 법령 제33호 제2조 등에 따라 귀속재산으로서 국유의 재산이고, 청구인들은 소유권 없는 자들로부터 이를 승계하였으므로, 청구인들의 부당이득금 반환청구는 기각되어야 한다고 항변하였다.

청구인들은 위 소송 계속 중 미군정청 법령 제2호 제4조, 미군정청 법령 제33호 제2조 등에 대하여 위헌법률심판제청신청을 하였으나 위 제청신청이 기각되자, 2018.1.23. 이 사건 헌법소원심판을 청구하였다.

> ▶ **심판대상**

이 사건 심판대상은 재조선미국육군사령부군정청 법령 제2호(1945.9.25. 공포) 제4조 본문과 재조선미국육군사령부군정청 법령 제33호(1945.12.6. 공포) 제2조 전단 중 '일본 국민'에 관한 부분(이하 '심판대상조항'이라 한다)이 헌법에 위반되는지 여부이다.

재조선미국육군사령부군정청 법령 제2호(1945.9.25. 공포)

제4조 본 법령에 설명한 종류의 거래로서 1945년 8월 9일 이후에 성립된 것은 본 일로 전부 무효로 함.

재조선미국육군사령부군정청 법령 제33호(1945.12.6. 공포)

제2조 1945년 8월 9일 이후 일본 정부, 그 기관 또는 그 국민, 회사, 단체, 조합, 그 정부의 기타 기관 혹은 그 정부가 조직 또는 관리한 단체가 직접 간접으로 혹은 전부 또는 일부를 소유 또는 관리하는 금, 은, 백금, 통화, 증권, 은행계정, 채권, 유가증권 또는 본 군정청의 관할 내에 존재하는 기타 전 종류의 재산 및 그 수입에 대한 소유권은 1945년 9월 25일부로 조선군정청이 취득하고 조선군정청이 그 재산 전부를 소유함.

▶ 이유의 요지

심판대상조항은 1945.9.25., 1945.12.6. 각 공포되었음에도 1945.8.9.을 기준으로 하여 일본인 소유의 재산에 대한 거래를 전부 무효로 하고, 그 재산을 전부 1945.9.25.로 소급하여 미군정청의 소유가 되도록 정하고 있어서, 소급입법금지원칙에 위반되는지 여부가 문제된다. 1945.8.9.은 미국 육군항공대가 나가사키에 제2차 원자폭탄을 투하함으로써 사실상 제2차 세계대전이 종결된 시점이면서 동시에 일본의 최고전쟁지도회의구성원회의에서 연합국 정상들이 일본에 대하여 무조건 항복을 요구한 포츠담선언의 수락이 기정사실화된 시점으로서, 그 이후 남한 내에 미군정이 수립되고 일본인의 사유재산에 대한 동결 및 귀속조치가 이루어지기까지 법적 상태는 매우 혼란스럽고 불확실하였다. 따라서 1945.8.9. 이후 조선에 남아 있던 일본인들이, 일본의 패망과 미군정의 수립에도 불구하고 그들이 한반도 내에서 소유하거나 관리하던 재산을 자유롭게 거래하거나 처분할 수 있다고 신뢰하였다 하더라도 그러한 신뢰가 헌법적으로 보호할 만한 가치가 있는 신뢰라고 보기 어렵다.

일본인들이 불법적인 한일병합조약을 통하여 조선 내에서 축적한 재산을 1945.8.9. 상태 그대로 일괄 동결시키고 그 산일과 훼손을 방지하여 향후 수립될 대한민국에 이양한다는 공익은, 한반도 내의 사유재산을 자유롭게 처분하고 일본 본토로 철수하고자 하였던 일본인이나, 일본의 패망 직후 일본인으로부터 재산을 매수한 한국인들에 대한 신뢰 보호의 요청보다 훨씬 더 중대하다.

따라서 심판대상조항은 소급입법금지원칙에 대한 예외로서 헌법 제13조 제2항에 위반되지 아니한다.

05

법인에 대해 무과실의 형사책임을 정한 구 수질환경보전법 양벌규정에 관한 위헌제청 사건 [위헌] (헌재 2021. 4.29, 2019헌가2)

심판대상조항은 법인의 대리인·사용인 기타의 종업원(이하 '종업원 등'이라 한다)의 범죄행위에 대한 법인의 가담 여부나 이를 감독할 주의의무 위반 여부를 법인에 대한 처벌요건으로 규정하지 않고, 법인이 면책될 가능성에 대해서도 정하지 않은 채, 법인을 종업원 등과 같이 처벌하도록 정하고 있다. 이는 헌법상 법치국가원리로부터 도출되는 책임주의원칙에 위배된다.

정당제도

06

누구든지 2 이상의 정당의 당원이 되지 못하도록 한 정당법이 정당가입·활동의 자유를 침해하는지 여부: 소극
[기각] (헌재 2022.3.31, 2020헌마1729)

심판대상조항은 예외 없이 복수 당적 보유를 금지하고 있으나, 정당법상 당원의 입당, 탈당 또는 재입당이 제한되지 아니하는 점, 복수 당적 보유를 허용하면서도 예상되는 부작용을 실효적으로 방지할 수 있는 대안을 상정하기 어려운 점, 어느 정당의 당원이라 하더라도 일반에 개방되는 다른 정당의 경선에 참여하는 등 다양한 방법으로 정치적 의사를 표현할 수 있다는 점 등을 고려하면, 심판대상조항이 침해의 최소성에 반한다고 보기 어렵다. 나아가, 당원인 청구인들로 하여금 다른 정당의 당원이 될 수 없도록 하는 정당 가입·활동 자유 제한의 정도가 정당정치를 보호·육성하고자 하는 공익에 비하여 중하다고 볼 수 없다. 따라서 심판대상조항이 정당의 당원인 나머지 청구인들의 정당 가입·활동의 자유를 침해한다고 할 수 없다.

07

정당의 시·도당은 1천인 이상의 당원을 가져야 한다고 규정한 정당법 제18조 제1항이 정당의 자유를 침해하는지 여부: 소극[기각] (헌재 2022.11.24, 2019헌마445)

법정당원수 조항은 헌법 제8조 제2항 후단에 따라 정당의 조직인 시·도당이 지속적이고 공고한 조직의 최소한을 갖추도록 함으로써 헌법상 정당에게 부여된 과제와 기능인 '국민의 정치적 의사형성에의 참여'를 실현하고자 하는 것으로서 그 입법목적이 정당하고, 그 조직의 규모와 관련하여 시·도당 내에 일정 수 이상의 당원이 활동할 것을 요구하는 것은 이러한 입법목적을 달성하기 위한 적합한 수단이다.
우리나라에 현존하는 정당의 수, 각 시·도의 인구 및 유권자수, 인구수 또는 선거인수 대비 당원의 비율, 당원의 자격 등을 종합하여 보면, 시·도당은 1천명 이상의 당원을 가져야 한다고 규정한 법정당원수 조항이 신생정당의 창당이나 기성정당의 추가적인 시·도당 창당을 현저히 어렵게 하여 시·도당창당준비위원회의 대표자들에게 지나치게 과도한 부담을 지운 것이라고 보기 어렵다. 나아가 당원수가 시·도당을 창당하기에 부족한 경우에는 기초자치단체나 국회의원지역구에서 기초조직인 당원협의회를 통해 국민의 정치적 의사형성에 참여하는 활동을 하는 것도 가능하다. 그 밖에 홈페이지, 블로그, 사회관계망 서비스(SNS) 등을 활용하여 얼마든지 국민들과 활발하게 소통하고 그들의 정치적 의사형성에 참여할 수 있으므로, 시·도당 창당의 지연으로 인한 정당활동의 위축을 최소화할 방법도 널리 열려 있으므로, 법정당원수 조항은 침해의 최소성에 반한다고 할 수 없다.
법정당원수 조항은 헌법상 정당에게 부여된 과제와 기능인 '국민의 정치적 의사형성에의 참여'를 실현하고자 하는 것으로서 이는 중대한 공익이다. 반면 각 시·도당창당준비위원회의 대표자인 나머지 청구인들은 법정당원수 조항으로 인해 당원이 1천명 이상이 될 때까지 시·도당 창당이 지연되는 불이익을 입을 뿐이다. 이처럼 위 청구인들이 제한받는 사익의 정도가 공익에 비하여 크다고 보기 어려우므로, 법정당원수 조항은 법익의 균형성도 충족한다.
법정당원수 조항은 과잉금지원칙을 위반하여 각 시·도당창당준비위원회의 대표자인 나머지 청구인들의 정당조직의 자유와 정당활동의 자유를 포함한 정당의 자유를 침해하지 아니한다.

정당법 제59조 제2항 등 위헌제청 등 [합헌] (헌재 2023.9.26, 2021헌가23 등)

▶ 판시사항

1. 등록을 정당의 설립요건으로 정한 정당법 제4조 제1항(이하 '정당등록조항'이라 한다)이 청구인들의 기본권을 침해하고 헌법에 위반되는지 여부: 소극

2. 정당법상 등록된 정당이 아니면 정당이라는 명칭을 사용하지 못하게 하는 정당법 제41조 제1항 및 제59조 제2항 중 제41조 제1항에 관한 부분(이하 합하여 '정당명칭사용금지조항'이라 한다)이 헌법에 위반되는지 여부: 소극

3. 정당은 수도에 소재하는 중앙당과 5 이상의 특별시·광역시·도에 각각 소재하는 시·도당을 갖추어야 한다고 정한 정당법 제3조, 제4조 제2항 중 제17조에 관한 부분, 제17조(이하 합하여 '전국정당조항'이라 한다)가 청구인들의 기본권을 침해하고 전국정당조항(정당법 제3조는 제외한다)이 헌법에 위반되는지 여부: 소극

4. 시·도당은 1천인 이상의 당원을 가져야 한다고 정한 정당법 제4조 제2항 중 제18조에 관한 부분 및 제18조(이하 합하여 '법정당원수 조항'이라 한다)가 청구인들의 기본권을 침해하고 헌법에 위반되는지 여부: 소극

▶ 결정요지

1. 정당등록제도는 어떤 정치적 결사가 정당법상 정당임을 법적으로 확인하여 줌으로써 법적 안정성과 확실성에 기여하고, 창당준비위원회가 형식적 요건을 구비하여 등록을 신청하면 중앙선거관리위원회는 이를 반드시 수리하여야 하므로, 정당등록제도가 정당의 이념 등을 이유로 등록 여부를 결정하는 것이라고 볼 수는 없다. 따라서 정당등록조항이 과잉금지원칙을 위반하여 정당의 자유를 침해한다고 볼 수 없다.

2. 정당명칭사용금지조항은 정당법에 따른 등록요건을 갖추지 못한 단체들이 임의로 정당이라는 명칭을 사용하는 것을 금지하여 정당등록제도 및 등록요건의 실효성을 담보하고, 국민의 정치적 의사형성 참여과정에 혼란이 초래되는 것을 방지하기 위한 것이다. 정당의 명칭사용과 관련하여 국민의 정치적 의사형성 참여과정에 위협이 되는 행위만 일일이 선별하여 금지하는 것은 현실적으로 어렵고, 1년 이하의 징역 또는 100만원 이하의 벌금이라는 법정형이 과도하다고 보기도 어렵다. 따라서 정당명칭사용금지조항이 과잉금지원칙을 위반하여 정당의 자유를 침해한다고 볼 수 없다.

3. 전국정당조항은, 정당이 특정 지역에 편중되지 않고 전국적인 규모의 구성과 조직을 갖추어 국민의 정치적 의사를 균형 있게 집약, 결집하여 국가정책의 결정에 영향을 미칠 수 있도록 함으로써, 헌법 제8조 제2항 후단에 따라 정당에게 부여된 기능인 '국민의 정치적 의사형성에의 참여'를 실현하고자 하는 것이다. 지역적 연고에 지나치게 의존하는 정당정치 풍토가 다른 나라와 달리 우리의 정치현실에서는 특히 문제시되고 있고, 지역정당을 허용할 경우 지역주의를 심화시키고 지역 간 이익갈등이 커지는 부작용을 야기할 수도 있다는 점에서, 정당의 구성과 조직의 요건을 정함에 있어 전국적인 규모를 확보할 필요성이 인정된다. 이러한 정치현실과 우리나라에 현존하는 정당의 수에 비추어 보면, 전국정당조항이 과잉금지원칙에 반하여 정당의 자유를 침해한다고 볼 수 없다.

4. 법정당원수 조항은 국민의 정치적 의사형성에의 참여를 실현하기 위한 지속적이고 공고한 조직의 최소한을 갖추도록 하는 것이다. 우리나라에 현존하는 정당의 수, 각 시·도의 인구 및 유권자수, 인구수 또는 선거인수 대비 당원의 비율, 당원의 자격 등을 종합하여 보면, 각 시·도당에 1천인 이상의 당원을 요구하는 법정당원수 조항이 신생정당의 창당을 현저히 어렵게 하여 과도한 부담을 지운 것으로 보기는 어렵다. 따라서 법정당원수 조항이 과잉금지원칙을 위반하여 정당의 자유를 침해한다고 볼 수 없다.

09

시·도의원 지역구의 인구편차 허용기준 사건 [헌법불합치] (헌재 2019.2.28, 2018헌마415)

✎ 인구편차 상하 50%(3 : 1)기준을 적용한 사건

1. 심판대상 선거구구역표의 기본권 침해 여부

심판대상 선거구구역표 중 인구편차 상하 50%를 넘지 않는 '대구광역시 북구 제4선거구', '인천광역시 계양구 제2선거구' 부분은 청구인들의 선거권 및 평등권을 침해하지 아니하나, 그 기준을 넘어선 '인천광역시 서구 제3선거구', '경상북도 경주시 제1선거구' 부분은 청구인들의 선거권 및 평등권을 침해한다.

2. 위헌선언의 범위 및 헌법불합치결정의 필요성

각 시·도에 해당하는 선거구구역표는 전체가 불가분의 일체를 이루므로 일부 선거구의 선거구획정에 위헌성이 있다면 각 시·도에 해당하는 선거구구역표 전부에 대하여 위헌선언을 하는 것이 타당하다.

따라서 원칙적으로 이 사건 선거구구역표 중 인천광역시의회의원 지역선거구들 부분과 경상북도의회의원 지역선거구들 부분에 대하여 위헌결정을 하여야 할 것이나, 재·보궐선거가 치러지는 경우 선거구구역표의 부재·변경 등으로 인하여 혼란이 발생할 우려가 있으므로 입법자가 2021.12.31.을 시한으로 위 선거구구역표 부분을 개정할 때까지 위 선거구구역표 부분의 계속 적용을 명하는 헌법불합치결정을 하기로 한다.

10

지방자치단체의 장의 선거운동을 금지하는 공직선거법이 선거운동의 자유를 침해하는지 여부: 소극[합헌] (헌재 2020.3.26, 2018헌바90)

심판대상조항은, 지방자치단체의 장의 업무전념성, 지방자치단체의 장과 해당 지방자치단체 소속 공무원의 정치적 중립성, 선거의 공정성을 확보하기 위한 것으로 정당한 목적달성을 위한 적합한 수단에 해당한다. 지방자치단체의 장은 지방자치단체의 대표로서 그 사무를 총괄하고, 공직선거법상 일정한 선거사무를 맡고 있으며, 지역 내 광범위한 권한 행사와 관련하여 사인으로서의 활동과 직무상 활동이 구분되기 어려운 점 등을 고려할 때 심판대상조항이 입법목적 달성을 위하여 필요한 범위를 벗어난 제한이라 보기 어렵고, 심판대상조항에 의하여 보호되는 선거의 공정성 등 공익과 제한되는 사익 사이에 불균형이 있다고 보기도 어렵다. 따라서 심판대상조항은 과잉금지원칙에 위배하여 선거운동의 자유를 침해한다고 볼 수 없다.

국회의원이나 지방의회의원은 그 지휘·감독을 받는 공무원 조직이 없어 공무원의 선거관리에 영향을 미칠 가능성이 높지 않으므로 국회의원과 지방의회의원이 지방자치단체의 장과 달리 심판대상조항의 적용을 받지 않는 것은 합리적인 차별이라고 할 것이어서, 심판대상조항은 평등원칙에 반하지 않는다.

선거권연령 제한 사건 [각하] (헌재 2020.8.28, 2017헌마187)

사건개요

청구인들은 대통령, 국회의원, 지방자치단체의 장과 의회의원의 선거에서 19세 이상의 자에게만 선거권을 부여하고 있는 구 공직선거법(2015.8.13. 법률 제13497호로 개정되고, 2020.1.14. 법률 제16864호로 개정되기 전의 것) 제15조 및 교육감선거에서 이를 준용하는 '지방교육자치에 관한 법률'(2010.2.26. 법률 제10046호로 개정된 것) 제49조 제1항 부분이 19세에 이르지 아니한 국민의 기본권을 침해한다고 주장하며, 2017.3.2.과 같은 해 4.12, 12.14. 및 2018.2.7. 헌법소원심판을 청구하였다.

▶ 이유의 요지

1. 주관적 권리보호이익의 유무

2020.1.14. 법률 제16864호로 공직선거법이 개정되어 대통령, 국회의원, 지방자치단체의 장 및 의회의원의 선거권연령 하한이 종전의 19세에서 18세로 낮아졌고, 위 개정된 조항은 교육자치법 제49조 제1항에 의해 교육감선거에도 준용된다. 또한 공직선거법 부칙(2020.1.14. 법률 제16864호) 제2조는 위와 같이 개정된 규정을 2020.4.15. 실시하는 임기만료에 따른 국회의원선거부터 적용하도록 하고 있다.

따라서 심판대상조항은 더 이상 청구인들에게 적용될 여지가 없으므로 주관적 권리보호이익이 소멸하였다.

2. 예외적인 심판의 이익 유무

공직선거법이 개정됨에 따라 청구인들이 주장하는 선거권연령 하한 19세 기준에 따른 위헌성은 이미 해소되었으므로 같은 유형의 기본권 제한행위가 반복될 위험이 있다고 보기 어렵다. 18세 미만의 국민은 여전히 선거권을 행사할 수 없으나 이는 개정된 공직선거법 조항에 따른 새로운 선거권연령 기준의 위헌 여부에 관한 문제이므로, 심판대상조항에 대한 위헌 여부의 판단이 헌법적으로 중대한 의미를 가진다고 볼 수 없어 예외적인 심판의 이익도 인정되지 않는다.

▶ 결정의 의의

헌법재판소는 2012헌마174, 2012헌마287 결정에서 선거권연령 하한을 19세로 정한 공직선거법 조항에 대하여 합헌결정을 하였다. 그러나 이 사건에 있어서는 헌법소원심판청구 이후인 2020.1.14. 공직선거법이 개정되어 선거권연령 하한이 종전 19세에서 18세로 하향 조정된 점을 고려하여, 19세 기준 조항에 대하여 권리보호이익 및 심판의 이익이 없음을 이유로 더 이상 본안 판단에 나아가지 않고 심판청구를 모두 각하하였다.

군의 장의 선거의 예비후보자가 되려는 사람은 그 선거기간개시일 전 60일부터 예비후보자등록 신청을 할 수 있다고 규정한 공직선거법 제60조의2 제1항 제4호 중 '군의 장의 선거' 부분이 청구인의 선거운동의 자유를 침해하는지 여부: **소극[기각]** (헌재 2020.11.26, 2018헌마260)

예비후보자의 선거운동기간을 제한하지 않으면, 예비후보자간의 경쟁이 격화될 수 있고 예비후보자간 경제력 차이 등에 따른 폐해가 두드러질 우려가 있다. 군의 평균 선거인 수는 시·자치구에 비해서도 적다는 점, 오늘날 대중정보매체가 광범위하게 보급되어 있다는 점, 과거에 비해 교통수단이 발달하였다는 점 등에 비추어보면, 군의 장의 선거에서 예비후보자로서 선거운동을 할 수 있는 기간이 최대 60일이라고 하더라도 그 기간이 지나치게 짧다고 보기 어렵다. 군의 장의 선거에 입후보하고자 하는 사람은 문자메시지, 인터넷 홈페이지 등을 이용하여 상시 선거운동을 할 수도 있다. 따라서 심판대상조항은 청구인의 선거운동의 자유를 침해하지 않는다.

선거일에 선거운동을 한 자를 처벌하는 공직선거법 제254조 제1항이 정치적 표현의 자유를 침해하는지 여부: **소극[합헌]** (헌재 2021.12.23, 2018헌바152)

〝 사건개요 〟

청구인은 2016.7.14. 공직선거법을 위반하여 선거일 당일에 문자메시지를 발송하는 방법으로 선거운동을 하였다는 범죄사실로 벌금 100만원을 선고받고(창원지방법원 진주지원 2016고합53), 2016.10.12. 청구인의 항소가 기각되었다.
청구인이 상고하여 상고심 계속 중(대법원 2016도16757) 청구인에게 적용된 구 공직선거법 제254조 제1항 등에 대한 위헌법률심판제청신청을 하였으나(대법원 2016초기985) 2018.2.8. 상고가 기각됨과 동시에 위 신청이 기각되자, 2018.3.12. 이 사건 헌법소원심판을 청구하였다.

▶ 심판대상

구 공직선거법(1994.3.16. 법률 제4739호로 제정되고, 2017.2.8. 법률 제14556호로 개정되기 전의 것)
제254조【선거운동기간위반죄】① 선거일에 투표마감시각 전까지 선거운동을 한 자는 3년 이하의 징역 또는 600만원 이하의 벌금에 처한다.

▶ 이유의 요지

1. 이 사건 공무담임제한조항에 대한 판단

헌법재판소법 제68조 제2항에 의한 헌법소원은 법률이 헌법에 위반되는지 여부가 재판의 전제가 되어야 한다. 여기에서 재판의 전제성이 충족되려면 그 법률이 그 사건의 재판에서 적용되어야 하며, 그 법률의 위헌 여부에 따라 재판의 주문이 달라지거나 그 내용과 효력에 관한 법률적 의미가 달라져야 한다(헌재 1993.7.29, 90헌바35 ; 헌재 1995.7.21, 93헌바46 등 참조). 이 사건 공무담임제한조항은 청구인의 선거운동기간 위반행위에 대한 당해 사건에 적용되는 조항이 아니라, 형사사건이 확정됨으로써 비로소 적용되고 그 효과가 발생하는 조항이다. 나아가 이 사건 공무담임제한조항이 위헌이 된다고 하더라도 당해 사건에서 다른 내용의 재판을 하게 되는 경우에 해당한다고도 볼 수 없다.

이 사건 심판청구 중 이 사건 공무담임제한조항에 관한 부분은 재판의 전제성이 인정되지 아니하여 부적법하다.

2. 이 사건 처벌조항에 대한 판단

만일 기간의 제한 없이 선거운동을 무한정 허용할 경우에는 후보자간의 오랜 기간 동안의 지나친 경쟁이 선거관리의 곤란으로 이어져 부정행위의 발생을 막기 어렵게 될 수 있다. 후보자간의 무리한 경쟁이 장기화되는 경우 사회경제적으로 손실을 가져올 뿐만 아니라 후보자간의 경제력 차이에 따른 불공평이 생기고 아울러 정치 신인의 입후보의 기회를 빼앗는 결과를 가져올 수 있다(헌재 2016.6.30, 2014헌바253 참조). 선거일 당일의 선거운동을 허용할 경우 무분별한 선거운동으로 인하여 선거일 당일의 평온이 유지되지 않고 유권자의 자유롭고 합리적인 의사결정에 악영향을 미칠 우려가 있다. 이 사건 처벌조항은 정당한 목적 달성에 기여하는 적합한 수단으로 볼 수 있다.

선거일 선거운동은 유권자의 선택에 직접적으로 영향을 미칠 가능성이 크다. 이때 무분별한 문자메시지 등으로 경쟁 후보자에 대한 비판이나 비난 등이 이어질 경우 유권자가 선거일 당일에 평온과 냉정을 유지하는 데에 어려움을 겪으면서 자유롭고 합리적인 의사결정에 악영향을 받을 수 있으므로, 규제의 필요성이 인정된다. 온라인이나 문자메시지를 이용한 선거운동의 경우 대면 방식의 선거운동에 비하여 전파의 규모가 크고 속도도 대단히 빠르므로 그 파급력이나 유권자에 미치는 영향이 적다고 보기 어렵다. 또한 선거일 당일의 선거운동은 시간적 특수성으로 유권자의 판단에 불가역적 영향을 미칠 가능성이 크다. 선거일 당일의 무제한적 선거운동으로 후보자에 대한 비난이나 반박이 이어질 경우 왜곡된 사실이나 주장을 바로잡을 수 없어 혼란이 발생하기 쉽다. 투표소 인근에서의 질서유지 등 규제만으로 이 사건 처벌조항의 목적이 충분히 달성 가능하다고 단정하기 어렵다.

현행 공직선거법은 선거일 당일에도 문자메시지 등을 활용한 일정한 선거운동을 허용하고 있으나, 이는 투표 독려 행위와 선거운동 사이의 구별이 모호한 데에서 비롯된 현실적인 요청에 따른 것이다. 현행 공직선거법상 사전투표일에는 선거운동이 제한 없이 이루어지고 있으나, 사전투표일은 법정공휴일이 아니어서 일상을 영위하는 유권자들 대부분이 선거운동에 크게 영향을 받을 만한 상황이 아니므로, 이를 근거로 선거일 선거운동 제한이 불필요하다고 보기는 어렵다. 우리의 선거문화를 고려하더라도 선거운동기간 제한을 폐지하고 언제든지 자유롭게 선거운동을 할 수 있도록 허용한다면 후보자간의 경쟁이 과열될 가능성은 여전하고, 이러한 경쟁의 장기화는 사회경제적으로 많은 손실을 발생시킬 수 있다. 선거운동방법이 점차 다양화되어 이를 일일이 규율하는 것이 어려운 상황에서 포괄적인 규제조항을 두는 것은 불가피한 측면도 있다. 따라서 이 사건 처벌조항은 침해의 최소성을 갖추었다.

이 사건 처벌조항은 선거일의 선거운동을 금지하여 유권자가 평온한 상태에서 투표를 할 수 있도록 함으로써 선거운동의 과열 및 그로 인한 유권자의 자유로운 의사 형성에 대한 방해를 방지한다. 반면 선거운동이 금지되는 기간은 선거일 0시부터 투표마감시각 전까지로 하루도 채 되지 않고 선거일 전일까지 선거운동기간 동안 선거운동이 보장되며 선거기간 개시일 이전에도 일정한 선거운동이 허용된다. 이를 고려하면 이 사건 처벌조항에 의하여 제한되는 정치적 표현의 자유가 공익보다 더 크다고 보기 어렵다. 따라서 이 사건 처벌조항은 법익의 균형성도 갖추었다.

이상과 같은 이유로 선거일 당일 선거운동을 한 자를 처벌하는 이 사건 처벌조항이 과잉금지원칙을 위반하여 선거운동 등 정치적 표현의 자유를 침해하는 것이라고 할 수 없다.

재외투표기간 개시일 이후에 귀국한 재외선거인 등이 국내에서 선거일에 투표할 수 있도록 하는 절차를 마련하지 아니한 공직선거법 제218조의16 제3항 중 '재외투표기간 개시일 전에 귀국한 재외선거인 등'에 관한 부분이 선거권을 침해하는지 여부: 적극[헌법불합치] (헌재 2022.1.27. 2020헌마895)

재외투표기간은 선거일 전 14일부터 선거일 전 9일까지의 기간 중 6일 이내의 기간이므로(공직선거법 제218조의17 제1항 전문), 재외투표기간이 종료된 후 선거일이 도래하기 전까지 적어도 8일의 기간이 있는바, 이 기간 내에 재외투표관리관이 재외선거인 등 중 실제로 재외투표를 한 사람들의 명단을 중앙선거관리위원회에 보내거나 중앙선거관리위원회를 경유하여 관할 구·시·군선거관리위원회에 보내어 선거일 전까지 투표 여부에 관한 정보를 확인하는 방법을 상정할 수 있으며, 현재의 기술 수준으로도 이와 같은 방법이 충분히 실현가능한 것으로 보인다. 재외투표기간 개시일에 임박하여 또는 재외투표기간 중에 재외선거사무 중지결정이 있었고 그에 대한 재개결정이 없었던 예외적인 경우 재외투표기간 개시일 이후에 귀국한 재외선거인 등의 귀국투표를 허용하여 재외선거인 등의 선거권을 보장하면서도 중복투표를 차단하여 선거의 공정성을 훼손하지 않을 수 있는 대안이 존재하므로, 심판대상조항은 침해의 최소성 원칙에 위배된다.

심판대상조항을 통해 달성하고자 하는 선거의 공정성은 매우 중요한 가치이다. 그러나 선거의 공정성도 결국에는 선거인의 선거권이 실질적으로 보장될 때 비로소 의미를 가진다. 심판대상조항의 불충분·불완전한 입법으로 인한 청구인의 선거권 제한을 결코 가볍다고 볼 수 없으며, 이는 심판대상조항으로 인해 달성되는 공익에 비해 작지 않다. 따라서 심판대상조항은 법익의 균형성 원칙에 위배된다. 따라서 심판대상조항이 재외투표기간 개시일에 임박하여 또는 재외투표기간 중에 재외선거사무 중지결정이 있었고 그에 대한 재개결정이 없었던 예외적인 상황에서 재외투표기간 개시일 이후에 귀국한 재외선거인 등이 국내에서 선거일에 투표할 수 있도록 하는 절차를 마련하지 아니한 것은 과잉금지원칙을 위반하여 청구인의 선거권을 침해한다.

선거운동기간을 제한하고 이를 위반한 사전선거운동을 형사처벌하도록 규정한 구 공직선거법 제59조 중 선거운동기간 전에 개별적으로 대면하여 말로 하는 선거운동에 관한 부분 등이 정치적 표현의 자유를 침해하는지 여부: 적극[위헌] (헌재 2022.2.24. 2018헌바146)

이 사건 선거운동기간조항은 그 입법목적을 달성하는 데 지장이 없는 선거운동방법, 즉 돈이 들지 않는 방법으로서 후보자간 경제력 차이에 따른 불균형 문제나 사회·경제적 손실을 초래할 위험성이 낮은 개별적으로 대면하여 말로 지지를 호소하는 선거운동까지 포괄적으로 금지함으로써 선거운동 등 정치적 표현의 자유를 과도하게 제한하고 있고, 기본권 제한과 공익목적 달성 사이에 법익의 균형성도 갖추지 못하였다. 결국 이 사건 선거운동기간조항 중 각 선거운동기간 전에 개별적으로 대면하여 말로 하는 선거운동에 관한 부분은 과잉금지원칙에 반하여 선거운동 등 정치적 표현의 자유를 침해한다.

개별적으로 대면하여 말로 하는 선거운동을 한 자는 이 사건 선거운동기간조항에서 규정하지 않은 '그 밖의 방법'으로 선거운동을 한 경우에 해당하여 처벌될 것인데, 앞서 살펴본 바와 같이 개별적으로 대면하여 말로 하는 선거운동을 예외적으로 허용하지 않은 것이 선거운동 등 정치적 표현의 자유를 침해하므로, 이 사건 처벌조항 중 '그 밖의 방법'에 관한 부분 가운데 개별적으로 대면하여 말로 하는 선거운동을 한 자에 관한 부분 또한 선거운동 등 정치적 표현의 자유를 침해한다.

착신전환 등을 통한 중복 응답 등 범죄로 100만원 이상의 벌금형의 선고를 받고 형이 확정된 후 5년이 경과하지 아니한 경우에 선거권을 제한하는 것이 선거권을 침해하는지 여부: 소극[기각] (헌재 2022.3.31, 2019헌마986)

선거권제한조항은 착신전환 등을 통한 중복 응답 등 범죄로 100만원 이상의 벌금형의 선고를 받고 형이 확정된 후 5년이 경과하지 아니한 경우에 선거권을 제한하여 그 대상과 기간이 제한적이다. 법원이 벌금 100만원 이상의 형을 선고한다면, 여기에는 피고인의 행위가 선거의 공정을 침해할 우려가 높다는 판단과 함께 피고인의 선거권을 일정 기간 박탈하겠다는 판단이 포함되어 있다고 보아야 한다. 선거권 제한을 통하여 달성하려는 선거의 공정성 확보라는 공익이 선거권을 행사하지 못함으로써 침해되는 개인의 사익보다 크다. 따라서 선거권제한조항은 선거권을 침해하지 아니한다.

누구든지 일정 기간 동안 선거에 영향을 미치게 하기 위한 광고물 설치·진열·게시, 표시물 착용을 할 수 없도록 하고, 이에 위반한 경우 처벌하도록 한 공직선거법이 위헌인지 여부: 적극[헌법불합치] (헌재 2022.7.21, 2017헌가1)

정치적 표현의 자유의 헌법상 지위와 성격, 선거의 공정성과의 관계 등에 비추어 볼 때, 입법자는 선거의 공정성을 보장하기 위해서 부득이하게 선거 국면에서의 정치적 표현의 자유를 제한하더라도, 입법목적 달성과의 관련성이 구체적이고 명백한 범위 내에서 가장 최소한의 제한에 그치는 수단을 선택하지 않으면 안 된다. 선거운동 등에 대한 제한이 정치적 표현의 자유를 침해하는지 여부를 판단함에 있어서는 표현의 자유의 규제에 관한 판단기준으로서 엄격한 심사기준을 적용하여야 한다.
심판대상조항은 선거에서의 균등한 기회를 보장하고(헌법 제116조 제1항), 선거의 공정성을 확보하기 위한 것으로서 정당한 입법목적 달성을 위한 적합한 수단에 해당한다.
심판대상조항은 후보자의 정치적 표현의 자유를 광범위하게 제한할 뿐 아니라, 후보자에 비하여 선거운동의 허용영역이 상대적으로 좁은 일반 유권자에 대하여는 더욱 광범위하게 정치적 의사표현의 자유를 제한한다. 또한 선거가 순차적으로 맞물려 돌아가는 현실에 비추어 보면, 선거일 전 180일부터 선거일까지 장기간 동안 선거에 영향을 미치게 하기 위한 광고물의 설치·진열·게시 및 표시물의 착용을 금지·처벌하는 심판대상조항은 당초의 입법취지에서 벗어나 선거와 관련한 국민의 자유로운 목소리를 상시적으로 억압하는 결과를 초래할 수 있다. 선거비용 제한·보전 제도 및 일반 유권자가 과도한 비용을 들여 물건을 설치·진열·게시하거나 착용하는 행위를 제한하는 수단을 통해서 선거에서의 기회 균등이라는 심판대상조항의 입법목적은 충분히 달성할 수 있다. 또한 공직선거법상 후보자 비방 금지나 허위사실공표 금지 규정 등이 이미 존재함에 비추어 보면, 심판대상조항이 선거의 과열로 인한 무분별한 흑색선전, 허위사실유포나 비방 등을 방지하기 위한 불가피한 수단에 해당한다고 보기도 어렵다. 이를 종합하면, 심판대상조항은 목적 달성에 필요한 범위를 넘어 광고물의 설치·진열·게시 및 표시물의 착용을 통한 정치적 표현을 장기간 동안 포괄적으로 금지·처벌하는 것으로서 침해의 최소성을 충족하지 못한다.
심판대상조항으로 인하여 일반 유권자나 후보자가 받게 되는 정치적 표현의 자유에 대한 제약은 매우 크다. 한편, 심판대상조항은 선거의 공정성을 해치는 것이 명백하다고 볼 수 없는 정치적 표현까지 금지·처벌하고 있고, 이러한 범위 내에서 심판대상조항으로 인하여 달성되는 공익이 그보다 중대하다고 볼 수 없다. 따라서 심판대상조항은 법익의 균형성에도 위배된다.

그렇다면 심판대상조항은 과잉금지원칙에 반하여 정치적 표현의 자유를 침해하므로 헌법에 위반된다.

18

선거기간 중 선거에 영향을 미치게 하기 위한 집회나 모임을 금지하는 것이 집회의 자유, 정치적 표현의 자유를 침해하는지 여부: 적극[위헌] (헌재 2022.7.21. 2018헌바164)

심판대상조항은 선거운동의 부당한 경쟁, 후보자들 사이의 경제력 차이에 따른 불균형이라는 폐해를 막고, 선거의 공정성과 평온성을 침해하는 탈법적인 행위를 차단하여 선거의 평온과 공정을 해하는 결과의 발생을 방지함으로써 선거의 자유와 공정을 보장하려는 것이므로, 입법목적의 정당성과 수단의 적합성이 인정된다.

일반 유권자의 집회의 자유, 정치적 표현의 자유를 심판대상조항보다 덜 침해하는 수단을 통해서도 경제력 차이로 인한 기회 불균형을 충분히 방지할 수 있다.

심판대상조항은 선거의 공정이나 평온에 대한 구체적인 위험이 없는 경우에까지도 특정한 사실이나 견해를 표명하는 것을 금지하고 억압하여, 규제가 불필요하거나 또는 예외적으로 허용하는 것이 가능한 경우에도, 선거기간 중의 선거에 영향을 미치게 하기 위한 일반 유권자의 집회나 모임을 일률적·전면적으로 금지하고 있으므로 침해의 최소성에 반한다.

심판대상조항은 선거에서의 기회 균등 및 선거의 공정성을 해치는 것이 명백하다고 볼 수 없는 집회나 모임의 개최, 정치적 표현까지 금지·처벌하고 있고, 이러한 범위 내에서 심판대상조항으로 인하여 달성할 수 있는 공익의 정도가 중대하다고 볼 수 없다. 나아가 후보자 및 그 관계자는 지금도 공개장소에서의 연설·대담 등을 통하여 사실상 집회나 모임의 방법으로 선거운동을 할 수 있는 상황에서, 심판대상조항이 달성하려는 공익은 더욱 불분명하다.

반면 심판대상조항이 구체적인 집회나 모임의 상황을 고려하여 상충하는 법익 사이의 조화를 이루려는 노력을 전혀 기울이지 않고서, 일반 유권자가 선거에 영향을 미치게 하기 위한 집회나 모임을 개최하는 것을 전면적으로 금지함에 따라, 사실상 선거와 관련된 집단적 의견표명 일체가 불가능하게 됨으로써 일반 유권자가 받게 되는 집회의 자유, 정치적 표현의 자유에 대한 제한 정도는 매우 중대하다. 따라서 심판대상조항은 법익의 균형성에도 위배된다.

심판대상조항은 과잉금지원칙에 반하여 집회의 자유, 정치적 표현의 자유를 침해한다.

종전에 헌법재판소가 이 결정과 견해를 달리해, '누구든지 선거기간 중 선거에 영향을 미치게 하기 위하여 단합대회 또는 야유회 기타의 집회를 개최할 수 없고 그에 위반하여 각종집회등을 개최하거나 하게 한 자를 처벌하던' 구 '공직선거 및 선거부정방지법'(2000.2.16. 법률 제6265호로 개정되고, 2004.3.12. 법률 제7189호로 개정되기 전의 것) 제256조 제2항 제1호 카목 중 제103조 제2항 부분이 헌법에 위반되지 아니한다고 판시한 헌재 2001.12.20. 2000헌바96 등 결정은, 이 결정과 저촉되는 '기타의 집회'에 관한 범위 내에서 변경한다.

47석의 비례대표의석을 지역구의석과 연동하여 배분하는 준연동형 비례대표제를 채택하기로 한 공직선거법이 위헌인지 여부: 소극[기각] (헌재 2023.7.20. 2019헌마1443)

1. 선거제도와 입법형성권의 한계

입법자가 국회의원 선거제도를 형성함에 있어 헌법 제41조 제1항에 명시된 보통·평등·직접·비밀선거의 원칙과 자유선거 등 국민의 선거권이 부당하게 제한되지 않는 한 헌법에 위반된다고 할 수 없다.

2. 직접선거원칙 위배 여부: 소극

이 사건 의석배분조항은 선거권자의 정당투표결과가 비례대표의원의 의석으로 전환되는 방법을 확정하고 있고, 선거권자의 투표 이후에 의석배분방법을 변경하는 것과 같은 사후개입을 허용하고 있지 않다. 따라서 이 사건 의석배분조항은 직접선거원칙에 위배되지 않는다.

3. 평등선거원칙 위배 여부: 소극

대의제민주주의에 있어서 선거제도는 정치적 안정의 요청이나 나라마다의 정치적·사회적·역사적 상황 등을 고려하여 각기 그 나라의 실정에 맞도록 결정되는 것이고 거기에 논리 필연적으로 요청되는 일정한 형태가 있는 것은 아니다. 소선거구 다수대표제나 비례대표제 등 어느 특정한 선거제도가 다른 선거제도와 비교하여 반드시 우월하거나 열등하다고 단정할 수 없다.

의석배분조항이 투표가치를 왜곡하거나 선거의 대표성의 본질을 침해할 정도로 현저히 비합리적인 입법이라고 보기는 어렵다. 따라서 이 사건 의석배분조항은 평등선거원칙에 위배되지 않는다.

인천광역시 서구 청라동을 분리하여 서로 다른 선거구에 편입시킨 공직선거법 제25조 제3항 별표 1 중 '인천광역시 서구갑선거구' 및 '인천광역시 서구을선거구' 부분(이하 '이 사건 선거구구역표'라 한다)이 자의적인 선거구 획정으로 청구인들의 선거권과 평등권을 침해하는지 여부: 소극 (헌재 2023.6.29. 2020헌마356)

이 사건 선거구획정 경위와 청라동과 다른 지역들과의 인접성, 생활환경이나 교통, 교육환경 등을 종합적으로 고려하면, 이 사건 선거구구역표가 선거구 간 인구편차를 줄이기 위하여 청라3동을 청라1, 2동과 다른 선거구에 편입시킨 것으로 합리적인 이유가 있고, 청라3동과 인접한 '인천광역시 서구을선거구'에 속한 다른 지역들 사이에는 생활환경이나 교통, 교육환경 등에서 큰 차이가 발견되지 않아 국회가 청라동에 거주하는 선거인들의 정치참여 기회를 박탈하거나 특정 선거인을 차별하고자 하는 의도를 가지고 있었다고 보기 어렵다. 또한 이러한 선거구획정으로 인하여 청라동에 거주하는 선거인들에 대한 실질적인 차별효과가 명백하게 드러났다고 볼 만한 사정도 발견되지 않는다. 따라서 이 사건 선거구구역표가 자의적인 선거구획정으로 청구인들의 선거권과 평등권을 침해한다고 보기 어렵다.

공직선거법 제25조 제3항 별표 1 등 위헌 [기각] [헌재 2023.10.26, 2020헌마412, 442, 2020헌마464(병합)]

▶ **판시사항**

전라남도 순천시 일부를 분할하여 선거구를 획정한 공직선거법 제25조 제3항 별표 1 중 '전라남도 순천시광양시곡성군구례군갑선거구' 및 '전라남도 순천시광양시곡성군구례군을선거구' 부분(이하 '이 사건 선거구구역표'라 한다)과 공직선거법 부칙 제2조 제1항 중 '전라남도 순천시'에 관한 부분(이하 '이 사건 특례조항'이라 하고, 위 조항들을 모두 합하여 '심판대상조항'이라 한다)이 순천시에 주민등록을 둔 청구인들의 선거권과 평등권을 침해하는지 여부: 소극

▶ **결정요지**

선거구 획정 경위와 분할 획정 관련 지역의 인접성, 생활환경이나 교통, 교육환경 등을 종합적으로 고려하면, 심판대상조항은 선거구 간 인구편차를 줄이면서 기존의 선거구 변동으로 인한 혼란을 최소화하고 농산어촌의 지역대표성을 반영하기 위한 것으로서 부득이하다고 보이고, 국회가 위 지역 선거인들의 정치참여기회를 박탈할 의도나 특정 선거인을 차별하고자 하는 의도를 가지고 있었다고까지 보기 어렵다. 한편, 이 사건 특례조항은 입법자가 스스로, 선거구 일부 분할을 금지하는 공직선거법 제25조 제1항에 대한 예외를 인정한 것이므로, 두 규범 사이에 충돌 문제가 발생한다고 보기 어렵다. 따라서 심판대상조항이 자의적인 선거구획정으로 청구인들의 선거권과 평등권을 침해한다고 보기 어렵다.

공직선거법 제158조 제3항 위헌확인 등 [기각] [헌재 2023.10.26. 2022헌마231, 240, 267, 1595(병합)]

▶ **판시사항**

1. 큐알(QR) 코드가 표기된 사전투표용지 발급행위(이하 'QR코드 사전투표용지 발급행위'라 한다)가 헌법소원의 대상이 되는 공권력의 행사에 해당하는지 여부: 소극

2. 사전투표관리관이 투표용지의 일련번호를 떼지 아니하고 선거인에게 교부하도록 정한 공직선거법 제158조 제3항 중 '일련번호를 떼지 아니하고' 부분(이하 '공선법 조항'이라 한다)이 선거권을 침해하는지 여부: 소극

▶ **결정요지**

1. 투표용지에 QR코드가 아닌 1차원 바코드가 인쇄되는지, 또는 QR코드가 인쇄되는지 여부만으로 곧바로 선거권자의 법적 지위에 변동이 생긴다고 보기는 어렵다. QR코드 사전투표용지 발급행위는 단순한 사무집행으로서 집합적 행위인 선거관리상의 사실행위에 불과할 뿐, 헌법소원의 대상이 되는 공권력의 행사에 해당한다고 볼 수 없다.

2. 2014년 공직선거법이 개정되어 사전투표제도를 도입하게 되면서 디지털 기기를 이용한 위조·복사 등의 위험성을 최소화하기 위하여 위조용지 식별이 보다 정확하고 용이한 바코드 방식 일련번호제도를 채택하게 되었다. 위조용지 식별을 용이하게 하기 위해서는 일련번호를 투표용지로부터 분리하지 않는 게 유리한데, 바코드 방식의 일련번호는 육안으로는 식별이 어렵기에 더 이상 숫자식 일련번호 방식에서와 같은 이유에서 비밀투표 침해를 막기 위한 목적으로 반드시 이를 떼어낼 필요는 없게 되었다.

사전투표의 경우 선거인별 지정된 사전투표소가 없어 전국 어느 투표소에서든 투표가 가능하므로, 각 사전투표소별 총 방문자 수 및 선거인의 대기시간을 예측하는 것이 어려워졌다. 이에 공선법 조항은 선거인의 대기시간을 단축함으로써 사전투표의 편의를 제고하기 위한 목적에서 사전투표용지의 일련번호를 절취하지 않고 이를 선거인에게 교부하도록 정하게 된 것이다. 한편, 일련번호를 절취하고 보관하는 방법 외에도 선거의 공정성을 담보하기 위한 다른 제도적 장치들이 존재한다.

게다가 바코드 방식의 일련번호는 육안으로 식별이 어려워 누군가가 바코드를 기억하는 방법으로 비밀투표원칙에 위배되는 상황을 상정하기 어렵고, 공직선거법은 바코드에 선거인을 식별할 수 있는 개인정보가 들어가지 않도록 관리하므로, 바코드를 투표용지로부터 분리하지 않았다는 이유만으로 비밀투표원칙에 위배된다고 할 수 없다. 따라서 공선법 조항은 청구인들의 선거권을 침해하지 아니한다.

공직선거관리규칙 제84조 제3항 위헌확인 [기각] [헌재 2023.10.26. 2022헌마232, 239, 266(병합)]

▶ **판시사항**

1. 사전투표관리관이 투표용지에 자신의 도장을 찍는 경우 도장의 날인을 인쇄날인으로 갈음할 수 있도록 한 공직선거관리규칙(2014.1.17. 중앙선거관리위원회규칙 제400호로 개정된 것) 제84조 제3항 중 '사전투표관리관이 투표용지에 자신의 도장을 찍는 경우 도장의 날인은 인쇄날인으로 갈음할 수 있다' 부분(이하 '심판대상조항'이라 한다)이 법률유보원칙에 위배되어 선거권을 침해하는지 여부: 소극

2. 심판대상조항이 입법형성권의 한계를 일탈하여 선거권을 침해하는지 여부: 소극

▶ **결정요지**

1. 하위법령에 규정된 내용이 법률상 근거가 있는지 여부를 판단함에 있어서는 관련 법령조항 전체를 유기적·체계적으로 고려하여 종합적으로 판단하여야 한다. 사전투표에 관하여 정하고 있는 공직선거법 제158조 제8항은 "전기통신 장애 등이 발생하는 경우 사전투표절차, 그 밖에 필요한 사항은 중앙선거관리위원회규칙으로 정한다."라고 규정하고 있고, 투표절차 일반에 관하여 정하고 있는 같은 법 제151조 제4항을 비롯하여 같은 조 제9항, 같은 법 제157조 제8항에 비추어, 공직선거법은 사전투표 또는 선거일 투표의 투표용지에 관한 사항을 중앙선거관리위원회규칙으로 정할 수 있도록 충분히 그 근거를 마련하고 있다.

사전투표가 선거일 투표와 비교하여 위조된 투표용지의 사용 가능성이 높다고 볼 수 없는 점, 사전투표는 선거인별 지정된 투표소가 없어 전국 어느 투표소에서든 투표가 가능하여 투표인원 수 등의 예측이 어렵다는 점을 고려하면, 사전투표의 원활한 진행을 위해서 사전투표용지에 사전투표관리관이 직접 도장을 날인하는 것 외의 방법을 사용할 수도 있다. 심판대상조항이 이러한 도장의 날인을 인쇄날인으로 갈음할 수 있도록 하고 있는 것은 그 날인을 선거일 투표와 달리해야 할 특별한 이유가 없음에 기인한 것으로서, 앞서 살펴본 공직선거법 조항들에 근거한 것으로 볼 수 있다.

따라서 심판대상조항이 법률유보원칙에 위배되어 청구인들의 선거권을 침해한다고 볼 수 없다.

2. 사전투표의 경우 전국 어느 투표소에서든 투표가 가능하므로 각 사전투표소에서는 총 방문자 수나 대기시간을 예측하는 것이 현저히 곤란하다. 심판대상조항은 이러한 점을 고려하여 사전투표의 효율적 진행을 위해 마련되었다. 사전투표의 경우 투표용지 발급기가 봉함·봉인된 상태에서 사전투표관리관에게 인계되고, 사전투표관리관은 사전투표소에서 투표용지 발급기를 이용하여 선거인에게 교부할 투표용지를 작성하며, 사전투표참관인이 사전투표 상황을 참관하고 관할 우체국장에게 투표지를 인계하기까지 일련의 과정에 동행하는 점, 사전투표관리관은 사전투표기간 각 일자별 투표가 마감되면 '사전투표록'에 투표용지 발급기에 의한 발급수, 투표용지 교부수를 기록하며, 실물 투표지 역시 존재하므로, 사전투표용지의 발급·교부수와 실제 투표수를 비교하여 사후적으로 선거부정 여부를 검증하는 것도 가능한 점 등에 비추어, 심판대상조항으로 인하여 사전투표관리관이 자신의 도장을 직접 찍을 때에 비하여 위조된 투표지의 유입가능성이 있다고 보기 어렵다. 이를 종합해 보면, 심판대상조항이 현저히 불합리하거나 불공정하여 청구인들의 선거권을 침해한다고 볼 수 없다.

혼인과 가족제도

24

8촌 이내 혈족 사이의 혼인 금지(근친혼 금지) 및 무효 사건 (헌재 2022.10.27, 2018헌바115)

1. 재판관 5(합헌) : 4(헌법불합치)의 의견으로, 8촌 이내의 혈족 사이에서는 혼인할 수 없도록 하는 민법 제809조 제1항은 혼인의 자유를 침해하지 아니하여 헌법에 위반되지 아니한다는 결정을 선고하였다. [합헌]
2. 재판관 전원의 일치된 의견으로, 민법 제809조 제1항을 위반한 혼인을 무효로 하는 민법 제815조 제2호는 헌법에 합치되지 아니한다는 결정을 선고하였다. [헌법불합치]

" 사건개요 "

청구인과 함○○은 2016.5.4. 혼인신고를 하였는데, 함○○은 2016.8.1. 청구인과 6촌 사이임을 이유로 혼인무효의 소를 제기하였고, 대구가정법원 상주지원은 위 혼인신고가 8촌 이내 혈족 사이의 혼인신고이므로 민법 제809조 제1항, 제815조 제2호에 따라 무효임을 확인하였다.
이에 청구인은 대구가정법원에 항소하였고, 위 항소심 계속 중 8촌 이내 혈족 사이의 혼인을 금지하고 이를 혼인의 무효사유로 규정한 민법 제809조 제1항 및 제815조 제2호에 대하여 위헌법률심판 제청신청을 하였으나, 2018.1.25. 청구인의 위 항소 및 신청이 모두 기각되자, 2018.2.19. 이 사건 헌법소원심판을 청구하였다.

▶ 심판대상

민법(2005.3.31. 법률 제7427호로 개정된 것)
제809조【근친혼 등의 금지】① 8촌 이내의 혈족(친양자의 입양 전의 혈족을 포함한다) 사이에서는 혼인하지 못한다.
제815조【혼인의 무효】혼인은 다음 각 호의 어느 하나의 경우에는 무효로 한다.
　2. 혼인이 제809조 제1항의 규정을 위반한 때

▶ 결정주문

1. 민법 제809조 제1항은 헌법에 위반되지 아니한다.
2. 민법 제815조 제2호는 헌법에 합치되지 아니한다. 위 법률조항은 2024.12.31.을 시한으로 개정될 때까지 계속 적용된다.

1. 혼인과 가족생활을 스스로 결정하고 형성할 자유의 제한과 한계

헌법 제36조 제1항은 혼인과 가족생활을 스스로 결정하고 형성할 수 있는 자유를 기본권으로서 보장하고, 혼인과 가족에 대한 제도를 보장한다. 입법자는 혼인 및 가족관계가 가지는 고유한 특성을 고려하여, 사회의 기초단위이자 구성원을 보호하고 부양하는 자율적 공동체로서의 가족의 순기능이 더욱 고양될 수 있도록 혼인과 가정을 보호하고, 개인의 존엄과 양성의 평등에 기초한 혼인·가족제도를 실현해야 한다. 다만, 이를 위해 개인이 혼인과 가족생활을 스스로 결정하고 형성할 수 있는 자유를 제한하는 경우에는 기본권 제한의 헌법적 한계를 준수하여야 한다.

심판대상조항은 8촌 이내의 혈족[1] 사이의 혼인을 금지하고, 이에 위반한 혼인은 무효로 하여 '혼인과 가족생활을 스스로 결정하고 형성할 수 있는 자유'(이하 '혼인의 자유'라 한다)를 제한하고 있다. 이러한 제한이 헌법 제37조 제2항이 정한 기본권 제한의 한계 원리 내의 것인지 살펴본다.

2. 이 사건 금혼조항의 혼인의 자유 침해 여부

가까운 혈족 사이의 혼인(이하 '근친혼'이라 한다)의 경우, 가까운 혈족 사이의 서열이나 영향력의 작용을 통해 개인의 자유롭고 진실한 혼인 의사의 형성·합치에 어려움을 초래할 수 있고, 성(性)적 긴장이나 갈등·착취 관계를 초래할 수 있으며, 종래 형성되어 계속된 가까운 혈족 사이의 신분관계를 변경시켜 개별 구성원의 역할과 지위에 혼란을 불러일으킬 수 있다. 이에 더하여, 인류 문화에서 보편적으로 금기시되는 근친상간(incest)은 근친혼 당사자나 그 자녀들이 가족·친족 사이에서 일반적으로 기대되는 신뢰와 애정에 기초한 사적 유대 및 협력관계를 갖기 어렵게 하여 가까운 혈족의 해체를 초래할 수 있다. 그 결과 우리 사회에서 1차적으로 가까운 혈족이 담당하는 구성원에 대한 보호와 부양에서 배제되는 구성원이 발생할 수 있다. 이 사건 금혼조항은 위와 같이 근친혼으로 인하여 가까운 혈족 사이의 상호 관계 및 역할, 지위와 관련하여 발생할 수 있는 혼란을 방지하고 가족제도의 기능을 유지하기 위한 것이므로 그 입법목적이 정당하다. 또한 8촌 이내의 혈족 사이의 법률상의 혼인을 금지한 것은 근친혼의 발생을 억제하는 데 기여하므로 입법목적 달성에 적합한 수단에 해당한다.

이 사건 금혼조항은, 촌수를 불문하고 부계혈족간의 혼인을 금지한 구 민법상 동성동본금혼 조항에 대한 헌법재판소의 헌법불합치 결정의 취지를 존중하는 한편, 우리 사회에서 통용되는 친족의 범위 및 양성평등에 기초한 가족관계 형성에 관한 인식과 합의에 기초하여 근친의 범위를 한정한 것이므로 그 합리성이 인정된다. 급속한 경제성장에 따른 산업화·도시화와 교통·통신의 발달, 전국적인 인구이동 및 도시집중 현상 등과 같이 친족 관념이나 가족의 기능에 변화를 가져올 수 있는 사회·문화적 변동이 계속되고 있는 오늘날의 상황에서도 친족 관념이나 가족의 기능에 관해 세대간 견해의 변화가 있었다고 단정하기는 어려운 만큼, 민법이 정하고 있는 친족의 범위를 고려하여 정한 이 사건 금혼조항이 입법목적 달성에 불필요하거나 과도한 제한을 가하는 것이라고는 볼 수 없다.

한편, 이 사건 금혼조항이 정한, 법률혼이 금지되는 혈족의 범위는 외국의 입법례에 비하여 상대적으로 넓은 것은 사실이다. 그러나 근친혼이 가족 내에서 혼란을 초래하거나 가족의 기능을 저해하는 범위는 가족의 범주에 관한 인식과 합의에 주로 달려 있으므로 역사·종교·문화적 배경이나 생활양식의 차이로 인하여 상이한 가족 관념을 가지고 있는 국가 사이의 단순 비교가 의미를 가지기 어렵다. 이를 종합하면, 이 사건 금혼조항이 침해의 최소성에 반한

---

1) 민법 제767조 【친족의 정의】 배우자, 혈족 및 인척을 친족으로 한다.

　제768조 【혈족의 정의】 자기의 직계존속과 직계비속을 직계혈족이라 하고 자기의 형제자매와 형제자매의 직계비속, 직계존속의 형제자매 및 그 형제자매의 직계비속을 방계혈족이라 한다.

　제770조 【혈족의 촌수의 계산】 ① 직계혈족은 자기로부터 직계존속에 이르고 자기로부터 직계비속에 이르러 그 세수를 정한다.

　② 방계혈족은 자기로부터 동원의 직계존속에 이르는 세수와 그 동원의 직계존속으로부터 그 직계비속에 이르는 세수를 통산하여 그 촌수를 정한다.

　제777조 【친족의 범위】 친족관계로 인한 법률상 효력은 이 법 또는 다른 법률에 특별한 규정이 없는 한 다음 각 호에 해당하는 자에 미친다.

　　1. 8촌 이내의 혈족

　　2. 4촌 이내의 인척

　　3. 배우자

다고 할 수 없다.

이 사건 금혼조항으로 인하여 법률상의 배우자 선택이 제한되는 범위는 친족관계 내에서도 8촌 이내의 혈족으로, 넓다고 보기 어렵다. 그에 비하여 8촌 이내 혈족 사이의 혼인을 금지함으로써 가족질서를 보호하고 유지한다는 공익은 매우 중요하다. 따라서 이 사건 금혼조항은 법익균형성에 위반되지 아니한다. 그렇다면 이 사건 금혼조항은 과잉금지원칙에 위배하여 혼인의 자유를 침해하지 않는다.

3. 이 사건 무효조항의 혼인의 자유 침해 여부

(1) 재판관 이선애, 이은애, 이종석, 이영진, 이미선의 헌법불합치의견

이 사건 무효조항은 이 사건 금혼조항의 실효성을 보장하기 위한 것으로서 정당한 입법목적 달성을 위한 적합한 수단에 해당한다.

근친혼을 금지하는 이유는 근친혼으로 인하여 발생할 수 있는 가까운 혈족 사이 관계의 혼란을 방지하고 가족제도의 기능을 유지하기 위함이다. 그런데 이미 근친혼이 이루어져 당사자 사이에 부부간의 권리와 의무의 이행이 이루어지고 있고, 자녀를 출산하거나 가족 내 신뢰와 협력에 대한 기대가 발생하였다고 볼 사정이 있는 때에 일률적으로 그 효력을 소급하여 상실시킨다면, 이는 가족제도의 기능 유지라는 본래의 입법목적에 반하는 결과를 초래할 가능성이 있다. 또한 현재 우리나라에는 서로 8촌 이내의 혈족에 해당하는지 여부를 명확하게 확인할 수 있는 신분공시제도가 없다. 이에 혼인 당사자가 서로 8촌 이내의 혈족임을 우연한 사정에 의하여 사후적으로 확인하게 되는 경우도 있을 수 있다. 그럼에도 현행 가사소송법에 의하면 아무런 예외 없이 일방당사자나 법정대리인 또는 4촌 이내의 친족이 언제든지 혼인무효의 소를 제기할 수 있는데, 이는 당사자나 그 자녀들에게 지나치게 가혹한 결과를 초래할 수 있다.

이 사건 무효조항의 입법목적은 근친혼이 가까운 혈족 사이 신분관계 등에 현저한 혼란을 초래하고 가족제도의 기능을 심각하게 훼손하는 경우에 한정하여 무효로 하더라도 충분히 달성 가능하고, 위와 같은 경우에 해당하는지 여부가 명백하지 않다면 혼인의 취소를 통해 장래를 향하여 혼인을 해소할 수 있도록 규정함으로써 가족의 기능을 보호하는 것이 가능하다.

결국 이 사건 무효조항은 근친혼의 구체적 양상을 살피지 아니한 채 8촌 이내 혈족 사이의 혼인을 일률적·획일적으로 혼인무효사유로 규정하고, 혼인관계의 형성과 유지를 신뢰한 당사자나 그 자녀의 법적 지위를 보호하기 위한 예외조항을 두고 있지 않으므로, 입법목적 달성에 필요한 범위를 넘는 과도한 제한으로서 침해의 최소성을 충족하지 못한다.

이 사건 무효조항은 경우에 따라 개인의 생존권이나 자녀의 복리에 중대한 영향을 미치고, 한 당사자가 다른 당사자로부터 일방적으로 유기를 당하는 등의 이른바 축출이혼에 악용될 소지도 배제할 수 없다. 이 사건 무효조항을 통하여 달성되는 공익은 결코 적지 아니하나, 이 사건 무효조항으로 인하여 제한되는 사익의 중대함을 고려하면, 이 사건 무효조항은 법익균형성을 충족하지 못한다. 그렇다면, 이 사건 무효조항은 과잉금지원칙에 위배하여 혼인의 자유를 침해한다.

이 사건 무효조항의 위헌성은 이 사건 금혼조항에 의하여 금지되는 근친혼을 어떠한 예외도 없이 처음부터 무효로 하는 데에 있다. 근친혼이 가까운 혈족 사이의 신분관계 등에 현저한 혼란을 초래하고 가족제도의 기능을 심각하게 훼손하는 경우에도 무효로 하여서는 안 된다는 것은 아니다. 당사자와 그 자녀의 법적 지위에 대한 예외적 보호가 필요한 범위에 관하여는, 혼인과 가정을 보호하고 개인의 존엄과 양성의 평등에 기초한 혼인·가족제도를 실현하여야 할 일차적 책임이 있는 입법자에게 맡기는 것이 바람직하다. 따라서 단순 위헌결정이 아니라 헌법불합치결정을 선고한다.

(2) 재판관 유남석, 이석태, 김기영, 문형배의 헌법불합치의견

이 사건 무효조항은 이 사건 금혼조항의 실효성을 확보하기 위한 것으로 8촌 이내 혈족 사이의 혼인을 전부 무효로 하고 있다. 그런데 이 사건 금혼조항에 대한 (뒤의) 반대의견에서 밝히는 바와 같이 이 사건 금혼조항은 그 금지의 범위가 지나치게 광범위하여 헌법에 합치되지 아니한다. 따라서 이 사건 금혼조항의 실효성 확보를 위하여 이에 위반한 이 사건 무효조항도 헌법에 합치되지 아니한다.

이 사건 금혼조항의 개선입법으로 금지되는 근친혼의 범위가 합헌적으로 축소되는 경우에 그와 같이 축소된 금혼 범위 내에서 이 사건 무효조항은 그 입법목적의 정당성과 수단의 적합성이 인정된다.

이 사건 무효조항의 입법목적은 가령 직계혈족 및 형제자매 사이의 혼인과 같이 근친혼이 가족제도의 기능을 심각하게 훼손하는 경우에 한정하여 그 혼인을 무효로 하고 그 밖의 근친혼에 대하여는 혼인이 소급하여 무효가 되지 않고 혼인의 취소를 통해 장래를 향하여 혼인이 해소될 수 있도록 규정함으로써 기왕에 형성된 당사자나 그 자녀의 법적 지위를 보장하더라도 충분히 달성될 수 있다. 그럼에도 이 사건 무효조항은 이 사건 금혼조항을 위반한 경우를 전부 무효로 하고 있어서 침해최소성과 법익균형성에 반한다. 그렇다면 이 사건 무효조항은 과잉금지원칙에 위배하여 혼인의 자유를 침해한다.

이 사건 무효조항의 위헌성은 무효로 되는 근친혼의 범위가 지나치게 광범위하다는 데에 있다. 혼인이 금지되는 혈족의 범위, 금지된 근친혼 중에서 무효로 할 부분과 취소로 할 부분을 정하는 것은 개인의 존엄과 양성의 평등에 기초한 혼인 및 가족제도를 형성하여야 할 일차적 책임이 있는 입법자에게 맡기는 것이 바람직하다.

(3) 소결

이 사건 무효조항에 대하여 2024.12.31.을 시한으로 입법자가 개정할 때까지 계속 적용을 명하는 헌법불합치 결정을 선고한다. 다만, 당해 사건에서는 이 사건 무효조항이 개정될 때를 기다려 개정된 신법을 적용하여야 할 것이다.

▶ 이 사건 금혼조항에 대한 반대의견

[재판관 유남석, 이석태, 김기영, 문형배]

이 사건 금혼조항이 정한 근친혼 금지는 인류 보편적으로 형성된 근친상간 금기에서 유래하는 것으로, 가족질서를 유지하고 가족제도의 기능을 보호하는 데에 그 입법목적이 있다.

그런데 이 사건 금혼조항은 근친상간 금기의 범위를 훨씬 넘어 8촌 이내 혈족을 모두 금혼의 대상으로 삼고 있다. 8촌 이내의 혈족을 '근친'으로 여기는 관념이 오늘날에도 여전히 지역이나 세대를 불문하고 보편적으로 받아들여지는 통념이라고 보기 어렵고, 친족인지 여부를 확인할 수 있는 별도의 신분공시제도가 마련되어 있는 것도 아니어서 상대적으로 촌수가 먼 친족의 경우에는 혈족관계의 존재나 그 촌수를 알기 어렵게 되었다.

독일, 오스트리아, 스위스, 프랑스, 영국, 일본, 중국 등 다수의 국가들이 이 사건 금혼조항에 비해 상대적으로 금혼의 범위를 좁게 규정하고 있고, 혼인의 자유는 보편적 인권으로서 존중되고 보호되어야 한다는 것이 오늘날 세계적으로 통용되는 관념이라 할 것이며, 국제결혼이 지속적으로 증가하고 해외 유입인구도 갈수록 늘어나고 있으므로, 입법자는 국제규범과의 정합성을 고려하여 혼인제도를 형성하도록 노력하여야 할 것이다.

그럼에도 이 사건 금혼조항은 만연히 민법상의 친족 범위에 맞추어 금혼의 범위를 규정하고 있다. 친족의 범위를 규정함에 있어서는 특정 촌수 범위 내에 있는 인적 집단에게 친족관계로 인한 법률상 효력이 미치도록 규정함이 타당할 것이나, 이 사건 금혼조항은 친족의 범위를 정하는 조항이 아니라 혼인의 자유를 제한하는 조항이므로, 입법자는 민법 제777조가 정한 친족의 범위와 상관없이 혼인의 자유를 제한할 필요가 있는 최소한의 범위 내에서만 금혼의 범위를 정하였어야 할 것이다.

유전학적 연구결과에 의하더라도 8촌 이내 혈족 사이의 혼인이 일률적으로 그 자녀나 후손에게 유전적으로 유해한지에 대한 과학적인 증명이 있었다고 보기 어려우므로, 유전학적 관점은 혼인의 상대방을 선택할 자유를 제한하는 합리적인 이유가 될 수 없다.

따라서 이 사건 금혼조항은 입법목적 달성에 필요한 범위를 넘는 과도한 제한으로서 침해최소성에 반한다. 나아가 이 사건 금혼조항을 통하여 가족질서를 유지하고 가족제도의 기능을 보호하려는 공익에 비하여 이 사건 금혼조항으로 인하여 침해되는 사익이 훨씬 더 중대하므로, 이 사건 금혼조항은 법익균형성에도 반한다. 그렇다면 이 사건 금혼조항은 과잉금지원칙에 위배하여 혼인의 자유를 침해한다.

이 사건 금혼조항의 위헌성은 근친혼 금지의 범위가 지나치게 광범위하다는 데에 있다. 근친혼 금지의 범위를 합헌적으로 개선할 방법에 관하여는 입법형성권을 가지고 있는 입법자에게 맡기는 것이 바람직하다.

출생등록될 권리

25

'혼인 중 여자와 남편 아닌 남자 사이에서 출생한 자녀'에 대한 출생신고 사건 [헌법불합치, 기각] (헌재 2023. 3.23. 2021헌마975)

▶ 판시사항

1. 태어난 즉시 '출생등록 될 권리'가 기본권인지 여부: 적극

2. '혼인 중 여자와 남편 아닌 남자 사이에서 출생한 자녀에 대한 생부의 출생신고'를 허용하도록 규정하지 아니한 '가족관계의 등록 등에 관한 법률' 제46조 제2항(이하 '이 사건 출생신고의무자조항'이라 한다), '가족관계의 등록 등에 관한 법률'(이하 연혁에 관계없이 '가족관계등록법'으로 약칭한다) 제57조 제1항 및 제2항(이하 '이 사건 친생자출생신고조항'이라 하고, 이 사건 출생신고의무자조항과 합하여 '심판대상조항들'이라 한다)이 혼인 외 출생자인 청구인들의 태어난 즉시 '출생등록될 권리'를 침해하는지 여부: 적극

3. 심판대상조항들이 생부인 청구인들의 평등권을 침해하는지 여부: 소극

4. 헌법불합치결정을 선고하면서 계속 적용을 명한 사례

▶ 결정요지

1. 태어난 즉시 '출생등록될 권리'는 '출생 후 아동이 보호를 받을 수 있는 최대한 빠른 시점'에 아동의 출생과 관련된 기본적인 정보를 국가가 관리할 수 있도록 등록할 권리로서, 아동이 사람으로서 인격을 자유로이 발현하고, 부모와 가족 등의 보호하에 건강한 성장과 발달을 할 수 있도록 최소한의 보호장치를 마련하도록 요구할 수 있는 권리이다. 이는 헌법에 명시되지 아니한 독자적 기본권으로서, 자유로운 인격실현을 보장하는 자유권적 성격과 아동의 건강한 성장과 발달을 보장하는 사회적 기본권의 성격을 함께 지닌다.

2. 혼인 중인 여자와 남편이 아닌 남자 사이에서 출생한 자녀의 경우, 혼인 중인 여자와 그 남편이 출생신고의 의무자에 해당하나, 해당 자녀의 모가 남편과의 관계에서 발생하는 여러 사정을 고려하여 출생신고를 하지 아니하는 경우가 발생하고 있고, 그 남편이 해당 자녀의 출생의 경위를 알고도 출생신고를 하는 것은 사실상 기대하기 어렵다. 한편, 신고적격자인 검사 또는 지방자치단체의 장의 출생신고는 의무적인 것이 아니며, 이들이 혼인 외 출생자의 구체적 사정을 출생 즉시 파악할 수 있다고 보기도 어렵다. 이처럼 현행 출생신고제도는 혼인 중 여자와 남편 아닌 남자 사이에서 출생한 자녀인 청구인들과 같은 경우 출생신고가 실효적으로 이루어질 수 있도록 보장하지 못하고 있다. 신고기간 내에 모나 그 남편이 출생신고를 하지 않는 경우 생부가 생래적 혈연관계를 소명하여 인지의 효력이 없는 출생신고를 할 수 있도록 하거나, 출산을 담당한 의료기관 등이 의무적으로 모와 자녀에 관한 정보 등을 포함한 출생신고의 기재사항을 미리 수집하고, 그 정보를 출생신고를 담당하는 기관에 송부하여 출생신고가 이루어지도록 한다면, 민법상 신분관계와 모순되는 내용이 가족관계등록부에 기재되는 것을 방지하면서도 출생신고가 이루어질 수 있다.

   따라서 심판대상조항들은 입법형성권의 한계를 넘어서서 실효적으로 출생등록될 권리를 보장하고 있다고 볼 수 없으므로, 혼인 중 여자와 남편 아닌 남자 사이에서 출생한 자녀에 해당하는 혼인 외 출생자인 청구인들의 태어난 즉시 '출생등록될 권리'를 침해한다.

3. 심판대상조항들이 혼인 중인 여자와 남편 아닌 남자 사이에서 출생한 자녀의 경우에 혼인 외 출생자의 신고의무를 모에게만 부과하고, 남편 아닌 남자인 생부에게 자신의 혼인 외 자녀에 대해서 출생신고를 할 수 있도록 규정하지 아니한 것은 모는 출산으로 인하여 그 출생자와 혈연관계가 형성되는 반면에, 생부는 그 출생자와의 혈연관계에 대한 확인이 필요할 수도 있고, 그 출생자의 출생사실을 모를 수도 있다는 점에 있으며, 이에 따라 가족관계등록법은 모를 중심으로 출생신고를 규정하고, 모가 혼인 중일 경우에 그 출생자는 모의 남편의 자녀로 추정하도록 한 민법의 체계에 따르도록 규정하고 있는 점에 비추어 합리적인 이유가 있다. 그렇다면, 심판대상조항들은 생부인 청구인들의 평등권을 침해하지 않는다.

4. 심판대상조항들에 대하여 단순위헌결정을 하게 되면, 입법 공백이 발생하고, 나아가 입법자는 출생등록을 실효적으로 보장하면서도 법적 부자관계의 형성에 혼란이 생기지 않도록 방안을 마련할 일차적 책임과 재량이 있다. 따라서 심판대상조항들에 대하여 입법자의 개선입법이 이루어질 때까지 계속 적용을 명하는 헌법불합치결정을 선고한다. 입법자는 늦어도 2025.5.31.까지는 개선입법을 이행하여야 한다.

비교판례

대한민국 국민으로 태어난 아동의 '출생등록될 권리' 사건 (대판 2020.6.8, 2020스575)

▶ 판시사항

1. 대한민국 국민으로 태어난 아동은 태어난 즉시 '출생등록될 권리'를 가지는지 여부: 적극
2. 외국인인 모의 인적사항은 알지만 자신이 책임질 수 없는 사유로 출생신고에 필요한 서류를 갖출 수 없거나, 모의 소재불명이나 모가 정당한 사유 없이 출생신고에 필요한 서류 발급에 협조하지 않는 경우에도 가족관계의 등록 등에 관한 법률 제57조 제2항이 적용되는지 여부: 적극

▶ 결정요지

1. 출생 당시에 부 또는 모가 대한민국의 국민인 자(子)는 출생과 동시에 대한민국 국적을 취득한다(국적법 제2조 제1항). 대한민국 국민으로 태어난 아동에 대하여 국가가 출생신고를 받아주지 않거나 절차가 복잡하고 시간도 오래 걸려 출생신고를 받아주지 않는 것과 마찬가지 결과가 발생한다면 이는 아동으로부터 사회적 신분을 취득할 기회를 박탈함으로써 인간으로서의 존엄과 가치, 행복추구권 및 아동의 인격권을 침해하는 것이다(헌법 제10조). 현대사회에서 개인이 국가가 운영하는 제도를 이용하려면 주민등록과 같은 사회적 신분을 갖추어야 하고, 사회적 신분의 취득은 개인에 대한 출생신고에서부터 시작한다. 대한민국 국민으로 태어난 아동은 태어난 즉시 '출생등록될 권리'를 가진다. 이러한 권리는 '법 앞에 인간으로 인정받을 권리'로서 모든 기본권 보장의 전제가 되는 기본권이므로 법률로써도 이를 제한하거나 침해할 수 없다(헌법 제37조 제2항).

2. 가족관계의 등록 등에 관한 법률 제57조 제2항의 취지, 입법연혁, 관련 법령의 체계 및 아동의 출생등록될 권리의 중요성을 함께 살펴보면, 가족관계의 등록 등에 관한 법률 제57조 제2항은 같은 법 제57조 제1항에서 생부가 단독으로 출생자신고를 할 수 있게 하였음에도 불구하고 같은 법 제44조 제2항에 규정된 신고서의 기재내용인 모의 인적사항을 알 수 없는 경우에 부의 등록기준지 또는 주소지를 관할하는 가정법원의 확인을 받아 신고를 할 수 있게 하기 위한 것으로, 문언에 기재된 '모의 성명·등록기준지 및 주민등록번호를 알 수 없는 경우'는 예시적인 것이므로, 외국인인 모의 인적사항은 알지만 자신이 책임질 수 없는 사유로 출생신고에 필요한 서류를 갖출 수 없는 경우 또는 모의 소재불명이나 모가 정당한 사유 없이 출생신고에 필요한 서류 발급에 협조하지 않는 경우 등과 같이 그에 준하는 사정이 있는 때에도 적용된다고 해석하는 것이 옳다.

제2편

기본권론

행복추구권

26

임신한 여성의 자기낙태를 처벌하는 형법 제269조 제1항 등이 자기결정권을 침해하는지 여부: 적극[헌법불합치] (헌재 2019.4.11. 2017헌바127)

✎ 3(단순위헌) : 4(헌법불합치) : 2(합헌) ⇨ 헌법불합치

" 사건개요 "

청구인은 산부인과 의사로서, 2013.11.1.경부터 2015.7.3.경까지 69회에 걸쳐 부녀의 촉탁 또는 승낙을 받아 낙태하였다는 공소사실(업무상승낙낙태) 등으로 기소되었다. 청구인은 제1심 재판 계속 중, 형법 제269조 제1항, 제270조 제1항이 헌법에 위반된다고 주장하면서 위헌법률심판제청신청을 하였으나 그 신청이 기각되자, 2017. 2.8. 위 조항들의 위헌확인을 구하는 헌법소원심판을 청구하였다.

▶ **재판관 유남석, 서기석, 이선애, 이영진의 헌법불합치의견**

1. 자기낙태죄 조항에 대한 판단

(1) 제한되는 기본권

헌법 제10조 제1문이 보호하는 인간의 존엄성으로부터 일반적 인격권이 보장되고, 여기서 개인의 자기결정권이 파생된다. 자기결정권은 인간의 존엄성을 실현하기 위한 수단으로서 인간이 자신의 생활영역에서 인격의 발현과 삶의 방식에 관한 근본적인 결정을 자율적으로 내릴 수 있는 권리다. 자기결정권에는 여성이 그의 존엄한 인격권을 바탕으로 하여 자율적으로 자신의 생활영역을 형성해 나갈 수 있는 권리가 포함되고, 여기에는 임신한 여성이 자신의 신체를 임신상태로 유지하여 출산할 것인지 여부에 대하여 결정할 수 있는 권리가 포함되어 있다. 자기낙태죄 조항은 모자보건법이 정한 일정한 예외를 제외하고는 임신기간 전체를 통틀어 모든 낙태를 전면적 · 일률적으로 금지하고, 이를 위반할 경우 형벌을 부과하도록 정함으로써 임신한 여성에게 임신의 유지 · 출산을 강제하고 있으므로, 임신한 여성의 자기결정권을 제한하고 있다.

(2) 임신한 여성의 자기결정권 침해 여부

① 입법목적의 정당성 및 수단의 적합성

태아는 비록 그 생명의 유지를 위하여 모(母)에게 의존해야 하지만, 그 자체로 모(母)와 별개의 생명체이고, 특별한 사정이 없는 한 인간으로 성장할 가능성이 크므로, 태아도 헌법상 생명권의 주체가 되며, 국가는 태아의 생명을 보호할 의무가 있다. 자기낙태죄 조항은 태아의 생명을 보호하기 위한 것으로서 그 입법목적이 정당하고, 낙태를 방지하기 위하여 임신한 여성의 낙태를 형사처벌하는 것은 이러한 입법목적을 달성하는 데 적합한 수단이다.

② 침해의 최소성 및 법익의 균형성

태아가 모체를 떠난 상태에서 독자적으로 생존할 수 있는 시점인 임신 22주 내외에 도달하기 전이면서 동시에 임신 유지와 출산 여부에 관한 자기결정권을 행사하기에 충분한 시간이 보장되는 시기(이하 착상시부터 이 시기까지를 '결정가능기간'이라 한다)까지의 낙태에 대해서는 국가가 생명보호의 수단 및 정도를 달리 정할 수 있다고 봄이 타당하다.

임신한 여성의 안위는 태아의 안위와 깊은 관계가 있고, 태아의 생명 보호를 위해 임신한 여성의 협력이 필요하다는 점을 고려하면, 태아의 생명을 보호한다는 언명은 임신한 여성의 신체적·사회적 보호를 포함할 때 실질적인 의미를 가질 수 있다. 원치 않는 임신을 예방하고 낙태를 감소시킬 수 있는 사회적·제도적 여건을 마련하는 등 사전적·사후적 조치를 종합적으로 투입하는 것이 태아의 생명 보호를 위한 실효성 있는 수단이 될 수 있다.

자기낙태죄 조항은 모자보건법에서 정한 사유에 해당하지 않는다면 결정가능기간 중에 다양하고 광범위한 사회적·경제적 사유를 이유로 낙태갈등 상황을 겪고 있는 경우까지도 예외 없이 전면적·일률적으로 임신의 유지 및 출산을 강제하고, 이를 위반한 경우 형사처벌하고 있다. 따라서, 자기낙태죄 조항은 입법목적을 달성하기 위하여 필요한 최소한의 정도를 넘어 임신한 여성의 자기결정권을 제한하고 있어 침해의 최소성을 갖추지 못하였고, 태아의 생명 보호라는 공익에 대하여만 일방적이고 절대적인 우위를 부여함으로써 법익균형성의 원칙도 위반하였다고 할 것이므로, 과잉금지원칙을 위반하여 임신한 여성의 자기결정권을 침해하는 위헌적인 규정이다.

2. 의사낙태죄 조항에 대한 판단

자기낙태죄 조항은 모자보건법에서 정한 사유에 해당하지 않는다면, 결정가능기간 중에 다양하고 광범위한 사회적·경제적 사유로 인하여 낙태갈등 상황을 겪고 있는 경우까지도 예외 없이 임신한 여성에게 임신의 유지 및 출산을 강제하고, 이를 위반한 경우 형사처벌한다는 점에서 위헌이므로, 동일한 목표를 실현하기 위하여 임신한 여성의 촉탁 또는 승낙을 받아 낙태하게 한 의사를 처벌하는 의사낙태죄 조항도 같은 이유에서 위헌이라고 보아야 한다.

3. 소결

태아의 생명을 보호하기 위하여 낙태를 금지하고 형사처벌하는 것 자체가 모든 경우에 헌법에 위반된다고 볼 수는 없다. 그런데 자기낙태죄 조항과 의사낙태죄 조항에 대하여 각각 단순위헌결정을 할 경우, 임신기간 전체에 걸쳐 행해진 모든 낙태를 처벌할 수 없게 됨으로써 용인하기 어려운 법적 공백이 생기게 된다. 자기낙태죄 조항과 의사낙태죄 조항에 대하여 단순위헌결정을 하는 대신 각각 헌법불합치결정을 선고하되, 다만 입법자의 개선입법이 이루어질 때까지 계속 적용을 명하는 것이 타당하다. 입법자는 늦어도 2020.12.31.까지는 개선입법을 이행하여야 하고, 그때까지 개선입법이 이루어지지 않으면 위 조항들은 2021.1.1.부터 효력을 상실한다.

전동킥보드의 최고속도는 25km/h를 넘지 않아야 한다고 규정한 '안전확인대상 생활용품의 안전기준'이 소비자의 자기결정권 및 일반적 행동자유권을 침해하는지 여부: 소극[기각] (헌재 2020.2.27, 2017헌마1339)

1. 제한되는 기본권

심판대상조항은 소비자가 자신의 의사에 따라 자유롭게 제품을 선택하는 것을 제약함으로써 헌법 제10조의 행복추구권에서 파생되는 소비자의 자기결정권을 제한하고, 나아가 헌법 제10조의 행복추구권에서 파생되는 일반적 행동자유권도 함께 제한한다.

심판대상조항은 청구인의 신체의 자유를 제한하는 것은 아니다. 심판대상조항은 위험성을 가진 재화의 제조·판매 조건을 제약함으로써 소비자의 자기결정권 및 일반적 행동자유권을 제한할 뿐이다.

① 2018.3.19. 개정고시 이후에는 전기자전거의 최고속도 제한기준이 전동킥보드와 동일해짐에 따라 전기자전거와의 차별취급 문제는 더 이상 존재하지 않는다. ② 전동킥보드는 배기량 125cc 이하의 이륜자동차와 성능이나 이용행태가 전혀 다르므로 제품 제조·수입상의 안전기준 수립 문제에 관한 한, 둘은 동일하게 취급되어야 하는 비교집단이라 볼 수 없다. ③ 전동모터보드와 같은 새로운 개인형 이동수단(스마트 모빌리티)과 전동킥보드는 이 사건 고시 부속서 32에서 각각 동일한 최고속도 제한기준을 두고 있으므로, 어떠한 차별취급이 존재하지 않는다. ④ 심판대상조항이 해외제조 모델에 대하여 최고속도 제한을 적용하지 않는 것으로 인해 국내 전동킥보드 제조자의 평등권이 문제될 수는 있을지언정, 소비자인 청구인의 입장에서 최고속도 제한이 없거나 더 빠른 전동킥보드를 구입하려면 해외에서 제조되어 정식 수입이 아닌 구매대행 경로만을 이용하여야 하는 불편을 이유로 그의 평등권이 침해되었다고 볼 수 없다.

심판대상조항은 청구인의 소비자로서의 자기결정권 및 일반적 행동자유권을 제한할 뿐, 그 외에 신체의 자유와 평등권을 침해할 여지는 없다.

2. 소비자의 자기결정권 및 일반적 행동자유권 침해 여부: 소극

2017.1.31. 국가기술표준원고시 제2017-020호로 개정된 부속서 32에서는 전동킥보드의 안전기준을 최초로 마련하였고, 그중 하나로 최고속도 제한이 신설되었다. 심판대상조항이 전동킥보드의 안전기준으로 시속 25km 이내의 최고속도 제한기준을 둔 취지는 소비자의 생명·신체에 대한 위해를 방지함과 동시에 도로교통상의 안전을 확보하기 위함이므로, 그러한 입법목적은 정당하다. 전동킥보드와 같은 소형·경량의 새로운 교통수단의 출현에 맞추어 기존 법제의 수정·보완의 필요성도 증대되고 있다. 입법자는 전동킥보드·전동이륜평행차·전동보드류가 향후 전기자전거처럼 도로교통법 개정으로 자전거도로로 통행가능할 경우에 대비하여 시속 25km 이내라는 통일된 최고속도 제한기준을 도입하였다.

전동킥보드의 자전거도로 통행을 허용하는 조치를 실시하기 위해서는 제조·수입되는 전동킥보드가 일정 속도 이상으로는 동작하지 않도록 제한하는 것이 선행되어야 한다. 소비자가 아직 전동킥보드의 자전거도로 통행이 가능하지 않음에도 불구하고 최고속도 제한기준을 준수한 제품만을 구입하여 이용할 수밖에 없는 불편함이 있다고 하여 전동킥보드의 최고속도를 제한하는 안전기준의 도입이 입법목적 달성을 위한 수단으로서의 적합성을 잃었다고 볼 수는 없다.

전동킥보드가 낼 수 있는 최고속도가 시속 25km 이내일 때에는, 청구인 주장과 같이 차도로 주행 중인 다른 자동차 및 원동기장치자전거(이하 '자동차 등'이라 한다)의 주행속도와 차이가 커서 교통흐름을 방해하고 뒷차로부터 추월당함에 따라 도로교통상 안전을 위협할 수 있다. 그러나 차도로 주행하는 전동킥보드의 최고속도가 시속 25km보다 빨라지면 다른 자동차 등과의 주행속도 차이는 줄어들지만 대신 전동킥보드 운행자의 낙상가능성, 사고 발생시 결과의 중대성도 높아진다. 이 둘을 비교하면, 최고속도 제한을 두지 않는 방식이 이를 두는 방식에 비해 확실히 더 안전한 조치라고 볼 근거가 희박하다.

전동킥보드가 낼 수 있는 최고속도가 시속 25km라는 것은, 자전거보다 빨라 출근통행의 수요를 일정 부분 흡수할 수 있는 반면, 자전거도로에서 통행하는 다른 자전거보다 속도가 더 높아질수록 사고위험이 증가할 수 있는 측면을 고려한 기준 설정으로서, 전동킥보드 소비자의 자기결정권 및 일반적 행동자유권을 박탈할 정도로 지나치게 느린 정도라고 보기 어렵다.

심판대상조항은 과잉금지원칙을 위반하여 소비자의 자기결정권 및 일반적 행동자유권을 침해하지 아니한다.

28

이륜자동차에 대한 고속도로 등 통행금지 사건 [기각] (헌재 2020.2.27. 2019헌마203)

1. 헌법재판소의 선례

헌법재판소는 2007.1.17. 2005헌마1111 등 결정에서 이륜자동차의 고속도로 등 통행을 금지하는 구 도로교통법 (2005.5.31. 법률 제7545호로 개정되기 전의 것) 제58조가 헌법에 위반되지 않는다고 판단한 바 있고, 이후 헌재 2008.7.31. 2007헌바90 등 결정, 헌재 2011.11.24. 2011헌바51 결정, 헌재 2013.6.27. 2012헌바378 결정, 헌재 2014.3.27. 2013헌바437 결정에서도 이륜자동차의 고속도로 등의 통행을 금지하는 도로교통법 조항에 대하여 선례와 달리 볼 사정변경이 없다고 판단하여 합헌결정을 하여 왔다. 그 이유의 요지는 다음과 같다.

(1) 통행의 자유(일반적 행동의 자유)의 침해 여부

이륜자동차는 운전자가 외부에 노출되는 구조로 인하여 가벼운 충격만 받아도 운전자가 차체로부터 분리되기 쉽고, 구조의 특수성으로 인하여 급격한 차로변경과 방향전환이 용이함에 따라 사고발생의 위험성이 높으며 사고가 발생한 경우의 치사율도 매우 높다. 이러한 이륜자동차의 구조적 특성에서 비롯되는 사고발생 위험성과 사고결과의 중대성에 비추어 이륜자동차 운전자의 안전 및 고속도로 등에서 교통의 신속과 안전을 위하여 이륜자동차의 고속도로 등 통행을 금지할 필요성이 크므로, 심판대상조항은 입법목적의 정당성과 수단의 적합성이 인정된다. 나아가 이륜자동차의 주행 성능(배기량과 출력)이 사륜자동차에 뒤지지 않는 경우에도 이륜자동차의 구조적 특수성으로 인한 사고발생 위험성과 사고결과의 중대성이 완화된다고 볼 수 없으므로, 이륜자동차의 주행 성능(배기량과 출력)을 고려하지 않고 포괄적으로 금지하고 있다고 하여 부당하거나 지나치다고 보기 어렵다. 또한 자동차전용도로는 당해 구간을 연락하는 일반 교통용의 다른 도로가 있는 경우에 지정된다는 점에 비추어 보면 이륜자동차에 대하여 고속도로 등의 통행을 전면적으로 금지함에 따른 기본권 침해의 정도가 심판대상조항이 도모하고자 하는 공익에 비하여 중대하다고 보기 어렵다. 따라서 침해의 최소성과 법익의 균형성에도 반하지 아니한다.

(2) 평등권 침해 여부

이륜자동차는 운전자가 외부에 노출되는 구조로 말미암은 사고발생의 위험성과 사고결과의 중대성 때문에 고속도로 등의 통행이 금지되는 것이므로 구조적 위험성이 적은 일반자동차와는 다르게 고속통행의 자유가 제한된다고 하더라도 이를 불합리한 차별이라고 볼 수 없다.

2. 선례변경의 필요성 여부

교통사고 발생 건수와 사망자 수의 추이를 고려하여 보면 선례가 제시하는 이륜자동차의 구조적 특성으로 인한 사고발생의 위험성과 사고결과의 중대성에 변화가 있다고 볼 수 없고, 이륜자동차의 운전문화가 개선되었다거나 일반 국민의 이륜자동차의 운전행태에 대한 우려와 경계가 해소되었다고 볼 만한 사정도 없다. 따라서 선례를 변경할 사정변경이 있다고 보기 어려우므로 이륜자동차의 고속도로 등 통행금지에 대한 선례의 판단은 현재에도 유효하다.

3. 그 밖의 주장에 대한 판단

청구인은, 경찰용 이륜자동차 등 긴급자동차와 차별하는 것이 부당하다고 주장한다. 그러나 긴급자동차란 본래의 긴급한 용도로 사용되고 있는 소방차, 구급차, 혈액공급차량 등으로서 이는 국민의 생명과 신체를 보호하기 위하여 급박한 상황에서의 예외를 규정한 것이다. 따라서 긴급자동차에 대하여만 고속도로 등 통행을 허용한다고 하여 합리적인 이유 없는 차별이라고 볼 수 없다. 또한 청구인은, 심판대상조항이 거주·이전의 자유를 제한한다고 주장한다. 그러나 거주·이전의 자유는 체류지와 거주지를 자유롭게 설정하고 변경할 수 있는 기본권을 말하는 것인데, 심판대상조항은 고속도로 등에서의 이륜자동차 통행을 금지할 뿐 체류지와 거주지를 자유롭게 설정하고 변경하는 것을 금지하는 것은 아니다. 따라서 거주·이전의 자유를 제한하지 아니한다.

29

고용노동부 고시 제2017-42호 위헌확인 등 [기각, 각하] (헌재 2019.12.27. 2017헌마1366 등)

" 사건개요 "

1. 청구인 사단법인 ○○협회(이하 '청구인 협회'라 한다)는 중소기업과 중소상공인들의 권익을 옹호하고 그 이익을 대변하고자 하는 단체로서 직원 김○○와 근로계약을 체결하여 사업장을 운영하고 있고, ○○ 주식회사는 기업경영지도 및 경영컨설팅업 등을 목적으로 하는 회사이며, 그 밖의 청구인들 역시 근로자를 고용하여 사업장을 운영하고 있는 개인 또는 법인사업자이다.

2. 고용노동부 산하 최저임금위원회는 2017.7.15. 2018년에 적용될 최저임금을 전년대비 16.4% 인상된 금액인 7,530원으로 결정하였고, 피청구인 고용노동부장관은 이를 받아들여 2017.8.4. 2018년 적용 최저임금액 시간급을 모든 산업 7,530원[주 소정근로 40시간을 근무할 경우, 월 환산 기준시간 수 209시간(주당 유급주휴 8시간 포함) 기준 월 환산액 1,573,770원]으로 정하여 고시하였다(2018년 적용 최저임금 고시 1. 최저임금액).

3. 최저임금위원회는 2018.7.14. 2019년에 적용될 최저임금을 전년대비 10.9% 인상된 금액인 8,350원으로 결정하였고, 피청구인 고용노동부장관은 이를 받아들여 2018.8.3. 2019년 적용 최저임금액 시간급을 모든 산업 8,350원[주 소정근로 40시간을 근무할 경우, 월 환산 기준시간 수 209시간(주당 유급주휴 8시간 포함) 기준 월 환산액 1,745,150원]으로 정하여 고시하였다(2019년 적용 최저임금 고시 1. 최저임금액).

4. 이에 청구인들은 위 각 고시가 청구인들의 재산권 등을 침해하고, 헌법 제119조 제1항(경제질서의 기본), 제123조 제3항(중소기업의 보호), 제126조(사영기업의 통제, 관리의 금지) 등에 위배되어 위헌이라고 주장하며, 2017.12.22. 위 2018년 적용 최저임금 고시의 위헌확인을 구하는 헌법소원심판을 청구하고, 2018.11.1. 위 2019년 적용 최저임금 고시의 위헌확인을 구하는 헌법소원심판을 청구하였다.

1. '2018년 적용 최저임금 고시'(2017.8.4. 고용노동부 고시 제2017-42호)의 1. 최저임금액 부분 중 '월 환산액 1,573,770원: 주 소정근로 40시간을 근무할 경우, 월 환산 기준시간 수 209시간(주당 유급주휴 8시간 포함) 기준' 부분 및 '2019년 적용 최저임금 고시'(2018.8.3. 고용노동부 고시 제2018-63호)의 1. 최저임금액 부분 중 '월 환산액 1,745,150원: 주 소정근로 40시간을 근무할 경우, 월 환산 기준시간 수 209시간(주당 유급주휴 8시간 포함) 기준' 부분(이하 '각 월 환산액 부분'이라 하고, 위 두 고시를 합하여 '이 사건 각 고시'라 한다)이 헌법소원의 대상이 되는 공권력의 행사에 해당하는지 여부: 소극

2. 이 사건 각 고시 중 각 월 환산액을 제외한 부분(이하에서는 '각 최저임금 고시 부분'이라 한다)이 청구인들의 계약의 자유 및 기업의 자유를 침해하는지 여부: 소극

3. 각 최저임금 고시 부분이 청구인들의 재산권을 침해하는지 여부: 소극

4. 각 최저임금 고시 부분이 헌법상 경제질서에 위배된다는 주장에 관한 판단: 소극

▶ 결정요지

1. 각 월 환산액 부분은 시간을 단위로 정해진 각 해당 연도 최저임금액에 법정근로시간과 유급으로 처리되는 주휴시간을 합한 근로시간 수를 곱하여 산정한 것으로 최저임금위원회 및 피청구인의 행정해석 내지 행정지침에 불과할 뿐 국민이나 법원을 구속하는 법규적 효력을 가진 것으로 볼 수 없다. 따라서 이 사건 각 고시의 각 월 환산액 부분은 국민의 권리·의무에 직접 영향을 미치는 것이 아니므로 헌법소원의 대상이 되는 '공권력의 행사'에 해당하지 아니한다.

2. 각 최저임금 고시 부분은 최저임금제도의 입법목적을 달성하기 위하여 모든 산업에 적용될 최저임금의 시간당 액수를 정한 것으로 이는 임금의 최저수준 보장을 위한 유효하고도 적합한 수단이다. 최저임금위원회의 각 연도별 최저임금액 의결과정에 비추어 보면, 각 최저임금의 심의 및 의결 과정에서 근로자 측과 사용자 측의 의견이 반영되고 최저임금액의 결정을 위한 구체적인 논의가 있었음을 알 수 있다.
   또한 최저임금위원회의 2018년 및 2019년 최저임금 심의 당시 주요 노동·경제 지표에 대하여 조사와 검토가 이루어졌다. 전체 비혼 단신근로자의 월평균 실태생계비, 시간당 노동생산성, 경제성장률 등 주요 노동·경제 지표의 추이와 통상임금 평균값 대비 최저임금 시간급의 상대적 수준 등에 비추어보더라도 각 최저임금 고시 부분에 따른 2018년 및 2019년 최저임금액이 현저히 합리성을 결여하여 입법형성의 자유를 벗어나는 것이라고 하기 어렵다.
   한편 최저임금위원회는 2018년 적용 최저임금에 관한 심의 당시 최저임금의 업종별 구분적용과 지역별 구분적용 여부에 관하여도 논의하여 그 구분적용에 반대하는 의결을 하였고, 2019년 적용 최저임금에 관하여 심의를 하면서도 최저임금의 사업별 구분적용안에 대해 논의하여 사업별 구분적용에 반대하는 의결을 하였다. 최저임금위원회의 논의 과정 및 정책결정 근거 등을 종합적으로 고려할 때 위와 같은 판단은 존중될 필요가 있으며, 각 최저임금 고시 부분이 2018년 및 2019년 최저임금을 사업의 종류별·지역별 구분 없이 전국 전 사업장에 동일하게 적용하게 하였더라도 이 역시 명백히 불합리하다고 할 수는 없다. 각 최저임금 고시 부분으로 달성하려는 공익은 열악한 근로조건 아래 놓여 있는 저임금 근로자들의 임금에 일부나마 안정성을 부여하는 것으로서 근로자들의 인간다운 생활을 보장하고 나아가 이를 통해 노동력의 질적 향상을 꾀하기 위한 것으로서 제한되는 사익에 비하여 그 중대성이 덜하다고 볼 수는 없다. 따라서 각 최저임금 고시 부분이 과잉금지원칙을 위반하여 청구인들의 계약의 자유와 기업의 자유를 침해하였다고 할 수 없다.

3. 헌법상 보장된 재산권은 원래 사적 유용성 및 그에 대한 원칙적인 처분권을 내포하는 재산가치 있는 구체적인 권리이므로 구체적 권리가 아닌 영리획득의 단순한 기회나 기업활동의 사실적·법적 여건은 기업에게는 중요한 의미를 갖는다고 하더라도 재산권 보장의 대상이 아니다. 각 최저임금 고시 부분은 사용자가 최저임금의 적용을 받는 근로자에게 지급하여야 할 임금의 최저액을 정한 것으로 청구인들이 이로 인하여 계약의 자유와 기업의 자유를 제한받는 결과 근로자에게 지급하여야 할 임금이 늘어나거나 생산성 저하, 이윤 감소 등 불이익을 겪을 우려가 있거나, 그 밖에 사업상 어려움이 발생할 수 있다고 하더라도 이는 기업활동의 사실적·법적 여건에 관한 것으로 재산권 침해는 문제되지 않는다.

4. 헌법 제119조 제1항은 대한민국의 경제질서에 관하여, 제123조 제3항은 국가의 중소기업 보호·육성 의무에 관하여 규정한 조항이고, 제126조는 사영기업의 국·공유화에 대한 제한을 규정한 조항으로서 경제질서에 관한 헌법상의 원리나 제도를 규정한 조항들이다. 헌법재판소법 제68조 제1항에 의한 헌법소원에 있어서 헌법상의 원리나 헌법상 보장된 제도의 내용이 침해되었다는 사정만으로 바로 청구인들의 기본권이 직접 현실적으로 침해된 것이라고 할 수 없다.

30

의료사고가 사망에 해당하는 경우 한국의료분쟁조정중재원의 원장은 지체 없이 의료분쟁 조정절차를 개시하여야 한다고 규정한 의료사고 피해구제 및 의료분쟁 조정 등에 관한 법률이 일반적 행동자유권을 침해하는지 여부:
소극[기각] (헌재 2021.5.27. 2019헌마321)

" 사건개요 „

청구인은 '○○병원'을 운영하는 정신과 전문의이고, 청구 외 양□□ 등은 청구 외 망 박△△의 자녀로, 청구 외 양□□ 등은 위 병원에 입원 중이었던 망 박△△가 사망하자 청구인의 과실로 망 박△△가 사망하였다고 주장하며 2018.12.24. 한국의료분쟁조정중재원에 의료분쟁의 조정을 신청하였다. 이에 한국의료분쟁조정중재원의 원장은 같은 날 청구인에게, '의료사고 피해구제 및 의료분쟁 조정 등에 관한 법률' 규정에 따라 청구인이 조정신청서를 송달받은 날부터 지체 없이 조정절차가 개시된다는 이유로 위 조정에 대한 답변서 등을 제출할 것을 요구하였다.

청구인은 의료분쟁 조정신청의 대상인 의료사고가 사망에 해당하는 경우 지체 없이 조정절차를 개시하도록 규정한 '의료사고 피해구제 및 의료분쟁 조정 등에 관한 법률' 제27조 제9항이 청구인의 일반적 행동의 자유, 평등권 등을 침해한다고 주장하며, 2019.3.22. 이 사건 헌법소원심판을 청구하였다.

> 의료사고 피해구제 및 의료분쟁 조정 등에 관한 법률(2018.12.11. 법률 제15896호로 개정된 것)
>
> 제27조 【조정의 신청】 ⑨ 원장은 제8항에도 불구하고 제1항에 따른 조정신청의 대상인 의료사고가 사망 또는 다음 각 호에 해당하는 경우에는 지체 없이 조정절차를 개시하여야 한다. 이 경우 피신청인이 조정신청서를 송달받은 날을 조정절차 개시일로 본다.
>
> 1. 1개월 이상의 의식불명
> 2. 장애인복지법 제2조에 따른 장애인 중 장애 정도가 중증에 해당하는 경우로서 대통령령으로 정하는 경우

▶ 이유의 요지

심판대상조항에 의하면 의료사고의 결과가 사망인 경우 의료분쟁 조정절차가 자동적으로 개시된다. 환자 측의 입장에서 환자의 사망이라는 결과는 피해가 가장 중하고 또 피해를 입은 사실이 분명함에도 소송으로 나아갈 경우 의료소송에 이미 내재되어 있는 정보의 비대칭에 더하여 환자의 사망으로 인해 인과관계 등 필요한 내용을 증명하기 더욱 곤란할 것으로 예상되는바, 환자 측의 피해를 신속·공정하게 구제하기 위해서는 소송 외 분쟁 해결수단인 조정절차를 적극적으로 활용할 필요가 있다. 보건의료인의 입장에서도 사망의 결과가 발생한 경우 분쟁으로 비화될 가능성이 높아 당사자 사이에 원만한 해결을 도모할 수 있는 절차가 마련될 필요가 있으므로, 사망의 결과가 발생한 경우에 대하여 조정절차를 자동으로 개시할 필요성이 인정된다. 피신청인은 일정한 사유가 있는 경우 의료분쟁 조정절차 개시에 대해 이의신청을 하여 조정절차에 참여하지 않을 수 있는 방법이 마련되어 있고, 조정절차가 자동으로 개시되더라도 조정의 성립까지 강제되는 것은 아니며, 당사자는 합의나 조정결정의 수용 여부에 대해 자유롭게 선택할 수 있으므로, 조정절차가 자동적으로 개시된다 하여 조정절차에 따른 결과를 스스로 선택할 기회까지 제한된다고 할 수 없다. 또한 피신청인은 더 이상 조정절차에 참여하기를 원하지 않을 경우 채무부존재확인의 소 등을 제기하여 조정절차에서 벗어나 소송절차에 따라 분쟁을 해결할 수도 있다. 의료사고가 발생하였음에도 조정절차가 개시조차 되지 않는다면, 환자로서는 상당한 시간과 비용을 들여 소를 제기하지 않고서는 의료행위 등을 둘러싼 과실 유무나 인과관계의 규명, 후유장애 발생 여부 등에 관한 감정 결과 등을 확인할 방법이 없다. 청구인은 심판대상조항이 환자의 기왕력, 나이, 질병의 중증도, 질병의 성질 및 경과 등 구체적 사안의 개별성과 특수성을 고려하지 않고 사망의 결과가 발생하기만 하면 조정절차가 개시되도록 하여 청구인의 일반적 행동의 자유를 침해한다고 주장하나, 조정절차가 개시되지 않은 상태에서 사실관계에 대한 조사 없이 환자의 상태나 문제가 된 의료행위의 특수성, 의료 환경 및 조건 등을 조사하여 판단하는 것은 현실적으로 불가능하므로, 사망과 같은 중대한 결과가 발생한 경우 일단 조정절차가 개시되도록 하고 그 후 이의신청이나 소 제기 등을 통해 조정절차에 따르지 않을 수 있도록 규정한 것이 청구인의 일반적 행동의 자유를 중대하게 제한한다고 보기 어렵다.

육군 장교의 민간법원 약식명령 확정사실 자진신고의무 사건 [기각] [헌재 2021.8.31, 2020헌마12 · 589(병합)]

▶ 판시사항

1. 육군 장교가 민간법원에서 약식명령을 받아 확정되면 자진신고할 의무를 규정한, '2020년도 장교 진급 지시' Ⅳ. 제4장 5. 가. 2) 나) 중 '민간법원에서 약식명령을 받아 확정된 사실이 있는 자'에 관한 부분(이하 '20년도 육군지시 자진신고조항'이라 한다) 및 '2021년도 장교 진급 지시' 제20조 제1항 제2호 나목 중 '민간법원에서 약식명령을 받아 확정된 사실이 있는 자'에 관한 부분(이하 '21년도 육군지시 자진신고조항'이라 한다)이 법률유보원칙에 반하여 일반적 행동의 자유를 침해하는지 여부: 소극

2. 20년도 육군지시 자진신고조항 및 21년도 육군지시 자진신고조항이 과잉금지원칙에 반하여 일반적 행동의 자유를 침해하는지 여부: 소극

▶ 결정요지

1. '군인의 지위 및 복무에 관한 기본법' 제24조 제1항, 제36조 제2항 및 제4항에 근거하여, 육군참모총장은 직무와 관계가 있고 권한 내의 사항이라면 육군 장교를 지휘 · 감독하는 내용의 명령을 할 수 있다. 군인사법 제25조 제1항 등에서는 육군참모총장에게 육군 장교 중 진급대상자 추천 권한을 부여하면서, 같은 법 시행령 제33조 제1항 제2호 다목에서 그 평가항목 중 하나로 '상벌사항'을 규정하고 있다. 따라서 육군참모총장이 상벌사항을 파악하는 일환으로 육군 장교에게 민간법원에서 약식명령을 받아 확정된 사실을 자진신고하도록 명령하는 것은 법률에 근거가 있다. 20년도 육군지시 자진신고조항 및 21년도 육군지시 자진신고조항은 법률유보원칙에 반하여 일반적 행동의 자유를 침해하지 않는다.

2. 형사사법정보시스템과 육군 장교 관련 데이터베이스를 연동하여 신분을 확인하는 방법 또는 범죄경력자료를 조회하는 방법 등은, 군사보안 및 기술상의 한계가 존재하고 파악할 수 있는 약식명령의 범위도 한정되므로, 자진신고의무를 부과하는 방법과 같은 정도로 입법목적을 달성하기 어렵다. 청구인들이 자진신고의무를 부담하는 것은 수사 및 재판 단계에서 의도적으로 신분을 밝히지 않은 행위에서 비롯된 것으로서 이미 예상가능한 불이익인 반면, '군사법원에서 약식명령을 받아 확정된 경우'와 그 신분을 밝히지 않아 '민간법원에서 약식명령을 받아 확정된 경우' 사이에 발생하는 인사상 불균형을 방지함으로써 군 조직의 내부 기강 및 질서를 유지하고자 하는 공익은 매우 중대하다. 20년도 육군지시 자진신고조항 및 21년도 육군지시 자진신고조항은 과잉금지원칙에 반하여 일반적 행동의 자유를 침해하지 않는다.

32

사회복무요원이 대학에서 수학하는 행위를 제한하는 구 병역법 시행령 제65조의3 제4호 중 고등교육법 제2조 제1호의 '대학'에 관한 부분이 청구인의 교육을 통한 자유로운 인격발현권을 침해하는지 여부: 소극[기각] (헌재 2021.6.24, 2018헌마526)

대학 교육과정의 수준과 내용, 그에 따른 학생들의 학업 부담, 현역병과 달리 내무생활을 하지 않는 사회복무요원의 복무형태 등을 고려하면, 심판대상조항이 사회복무요원에 대해 대학에서의 수학행위를 제한한 것은 사회복무요원의 충실한 병역의무 이행을 확보하고 다른 병역과의 형평성을 유지하기 위한 것이므로, 그 필요성을 충분히 인정할 수 있다. 분할복무를 신청하여 복무중단 중인 사회복무요원에 대해 대학에서 수학하는 행위를 허용하는 것은 분할복무 제도의 취지에 반하여 사회복무요원이 병역의무를 충실히 이행하고 전념하게 하는 데에 부합하지 않을 뿐만 아니라, 그 기간 동안 대학에 정상적으로 복학하여 수학할 수 있다고 단정할 수도 없고, 병역부담의 형평성과 사회복무제도에 대한 사회적 신뢰도 무너뜨릴 위험이 있으므로, 사회복무요원의 교육을 통한 자유로운 인격발현권을 덜 침해하는 대안이라고 볼 수 없다. 사회복무요원은 구 병역법 시행령 제65조의3 제4호 단서에 따라 근무시간 후에 방송통신에 의한 수업이나 원격수업으로 수학할 수 있고, 개인적으로 수학하는 것도 전혀 제한되지 않는다. 따라서 심판대상조항은 과잉금지원칙에 반하여 청구인의 교육을 통한 자유로운 인격발현권을 침해하지 않는다.

33

자동차 운전 중 휴대용 전화를 사용하는 것을 금지하고 위반시 처벌하는 구 도로교통법 제49조 제1항 제10호 본문, 구 도로교통법 제156조 제1호 중 제49조 제1항 제10호 본문에 관한 부분이 일반적 행동자유권을 침해하는지 여부: 소극[합헌, 각하] (헌재 2021.6.24, 2019헌바5)

운전 중 전화를 받거나 거는 것, 수신된 문자메시지의 내용을 확인하는 것과 같이 휴대용 전화를 단순 조작하는 경우에도 전방주시율, 돌발 상황에 대한 대처능력 등이 저하되어 교통사고의 위험이 증가하므로, 국민의 생명·신체·재산을 보호하기 위해서는 휴대용 전화의 사용을 원칙적으로 금지할 필요가 있다. 운전 중 안전에 영향을 미치지 않거나 긴급한 필요가 있는 경우에는 휴대용 전화를 이용할 수 있고, 지리안내 영상 또는 교통정보안내 영상, 국가비상사태·재난상황 등 긴급한 상황을 안내하는 영상, 운전을 할 때 자동차 등의 좌우 또는 전후방을 볼 수 있도록 도움을 주는 영상이 표시되는 범위에서 휴대용 전화를 '영상표시장치'로 사용하는 행위도 허용된다.

이 사건 법률조항으로 인하여 청구인은 운전 중 휴대용 전화사용의 편익을 누리지 못하고 그 의무에 위반할 경우 20만원 이하의 벌금이나 구류 또는 과료에 처해질 수 있으나 이러한 부담은 크지 않다. 이에 비하여 운전 중 휴대용 전화사용 금지로 교통사고의 발생을 줄임으로써 보호되는 국민의 생명·신체·재산은 중대하다.

그러므로 이 사건 법률조항은 과잉금지원칙에 반하여 청구인의 일반적 행동의 자유를 침해하지 않는다.

누구든지 금융회사 등에 종사하는 자에게 거래정보 등의 제공을 요구하는 것을 금지하고, 위반시 형사처벌하는 금융실명법 조항이 일반적 행동자유권을 침해하는지 여부: 적극[위헌] (헌재 2022.2.24, 2020헌가5)

명의인의 동의를 받을 수 없는 상황에서 타인의 금융거래정보가 필요하여 금융기관 종사자에게 그 제공을 요구하는 경우가 있을 수 있는 등 금융거래정보 제공요구행위는 구체적인 사안에 따라 죄질과 책임을 달리한다.

그럼에도 심판대상조항은 정보제공요구의 사유나 경위, 행위 태양, 요구한 거래정보의 내용 등을 전혀 고려하지 아니하고 일률적으로 금지하고, 그 위반시 형사처벌을 하도록 하고 있다. 이는 입법목적을 달성하기 위하여 필요한 범위를 넘어선 것으로 최소침해성의 원칙에 위반된다. 금융거래의 비밀보장이 중요한 공익이라는 점은 인정할 수 있으나, 심판대상조항이 정보제공요구를 하게 된 사유나 행위의 태양, 요구한 거래정보의 내용을 고려하지 아니하고 일률적으로 일반 국민들이 거래정보의 제공을 요구하는 것을 금지하고 그 위반시 형사처벌을 하는 것은 그 공익에 비하여 지나치게 일반 국민의 일반적 행동자유권을 제한하는 것으로 법익의 균형성을 갖추지 못하였다. 심판대상조항은 과잉금지원칙에 반하여 일반적 행동자유권을 침해하므로 헌법에 위반된다.

선불폰 개통에 필요한 증서 등을 타인에게 제공하는 것을 금지하고 위반시 처벌하는 것이 일반적 행동자유권을 침해하는지 여부: 소극[합헌] (헌재 2022.6.30, 2019헌가14)

심판대상조항은 이동통신시장질서를 교란하는 행위 등을 막기 위한 것인바, 차명휴대전화의 생성을 억제하여 보이스피싱 등 범죄의 도구로 악용될 가능성을 방지하는 것은 매우 중대한 공익이다. 반면 이동통신서비스 이용자는 심판대상조항으로 인해 이동통신서비스 이용계약 체결에 필요한 증서 등을 타인에게 제공하거나 자기 명의로 이동통신서비스 이용계약을 체결한 후 실제 이용자에게 휴대전화를 양도할 수 없는 불이익을 입을 뿐이다. 이처럼 이동통신서비스 이용자가 제한받는 사익의 정도가 공익에 비하여 과다하다고 보기 어려우므로, 심판대상조항은 법익의 균형성도 충족한다. 심판대상조항은 이동통신서비스 이용자의 일반적 행동자유권을 침해하지 아니하므로 헌법에 위반되지 아니한다.

조합 임원의 선출과 관련하여 후보자가 금품을 제공받는 행위를 금지하고 이에 위반한 경우 처벌하는 것이 일반적 행동자유권을 침해하는지 여부: 소극[합헌] (헌재 2022.10.27, 2019헌바324)

1. 죄형법정주의 명확성원칙, 평등원칙에 위배되는지 여부

문언해석과 입법목적, 법원의 해석례 등에 비추어 보면 '조합 임원의 선출과 관련하여'는 '조합 임원의 선출에 즈음하여, 조합 임원의 선출에 관한 사항을 동기로 하여'라는 의미로 봄이 타당하다. 개별사건에서 조합 임원의 선출과 관련하여 금품을 제공받은 경우에 해당하는지 여부는 그 행위 동기 및 경위, 행위 내용과 태양, 행위 당시의 시기적 상황 등을 고려하여 법관의 보충적 해석·적용을 통해 가려질 수 있으므로, 심판대상조항이 죄형법정주의 명확성원칙에 위배된다고 할 수 없다.

조합 임원의 선출과 관련하여 후보자가 '금품을 제공받는 행위'를 '금품을 제공하는 행위'와 똑같이 엄중하게 처벌하는 것은, 조합의 의사결정과정에 금전이 결부되는 것을 사전에 방지하고자 하는 것으로써 그 필요성과 합리성이 인정된다는 점에서 평등원칙에 위배되지 아니한다.

2. 과잉금지원칙에 위배되는지 여부

정비사업은 노후·불량 건축물 밀집으로 주거환경이 불량한 지역을 계획적으로 정비하고 개량하여 주거생활의 질을 높이기 위한 공공적 성격을 띤 사업일 뿐만 아니라, 정비구역 내 주민들이나 토지 등 소유자들의 재산권 행사에도 중대한 영향을 미치므로, 정비사업을 진행하는 조합 임원의 직무수행의 공정성과 청렴성이 담보되어야 정비사업이 공정하고 원활하게 진행될 수 있다.

정비사업에 참여하는 시공사 및 협력업체와 정비사업 조합 임원 후보자 사이에 금품이 오가게 되면 협력업체 선정이나 대금증액 문제 등 정비사업 진행과정에 부당한 영향을 미칠 우려가 있다.

심판대상조항이 정비사업 조합 임원의 선출과 관련하여 후보자가 금품을 제공받는 행위를 금지한 것은 조합 임원 선거의 공정성과 투명성을 담보하여 정비사업이 공정하고 원활하게 진행될 수 있도록 하는 데 적합한 조치로서, 다른 방법으로는 위와 같은 공익이 효율적으로 실현될 수 없으므로, 이로 인하여 정비사업 조합 임원 후보자가 받게 되는 일반적 행동자유권의 제한은 과도한 것이라고 보기 어렵다.

제2편

2024 해커스경찰 신동욱 경찰헌법 최신 3개년 판례집

못된 장난 등으로 다른 사람, 단체 또는 공무수행 중인 자의 업무를 방해한 사람을 20만원 이하의 벌금, 구류 또는 과료의 형으로 처벌하는 경범죄 처벌법 제3조 제2항 제3호가 일반적 행동자유권을 침해하는지 여부: 소극[기각] (헌재 2022.11.24, 2021헌마426)

1. 제한되는 기본권(일반적 행동자유권)

못된 장난 등으로 다른 사람, 단체 또는 공무수행 중인 자의 업무를 방해한 사람을 처벌하도록 규정한 심판대상조항은 못된 장난 등의 자유로운 행동을 제한하여 청구인의 일반적 행동자유권을 제한한다. 청구인은 심판대상조항으로 정치적 표현의 자유가 제한된다고 주장하나 이는 의사표현을 직접 제한하는 조항이 아닌바, 심판대상조항으로 인하여 주로 제한되는 기본권은 일반적 행동자유권이라 봄이 타당하다.

2. 죄형법정주의의 명확성원칙 위반 여부: 소극

사전적 의미에 비추어 볼 때 '못된 장난'은 일반적으로 상대방의 수인한도를 넘어 괴롭고 귀찮게 하는 고약한 행동을 의미한다.

'경범죄 처벌법'의 예방적ㆍ보충적ㆍ도덕적 성격에 비추어 볼 때 심판대상조항이 형법상 업무방해죄, 공무집행방해죄 등에 대한 보충규정으로서 위 죄들에서 정하고 있는 위계, 폭행, 협박 등의 행위 태양보다 상대적으로 불법성이 낮은 업무방해 행위들을 규제하는 것임을 수범자의 입장에서 예견 가능하다고 할 것이고, '못된 장난 등'의 의미도 이러한 맥락에서 해석 가능하다. 위와 같은 점을 종합적으로 고려할 때 심판대상조항은 죄형법정주의의 명확성원칙에 위반하여 청구인의 일반적 행동자유권을 침해하지 아니한다.

3. 일반적 행동자유권을 침해하는지 여부: 소극

업무를 통한 사람의 사회적ㆍ경제적 활동을 보호하고, 공무를 수행하는 사람에 의하여 구체적으로 행하여지는 국가 또는 공공기관의 기능을 보호하기 위한 심판대상조항의 입법목적은 정당하고, 못된 장난 등으로 다른 사람, 단체 또는 공무수행 중인 자의 업무를 방해하는 행위를 경범죄로 처벌하는 것은 입법목적을 달성하기 위한 적합한 수단이다. 업무나 공무를 방해하는 행위의 경우 행위 태양에 따라 법익 침해의 위험이나 정도는 다양할 수밖에 없는데 이를 모두 형법상의 범죄로 처벌하는 것은 과도한 제재가 될 수 있고 사법절차비용도 적지 않다. 따라서 형법상 범죄에 비하여 경미한 불법성을 가지고 있지만 추후 큰 범죄로 확장될 수 있는 행위에 대하여는 이를 제지하되 통고처분을 통하여 형사처벌을 회피할 수 있는 일정한 기회를 부여하면서 형사처벌시에도 신속한 재판을 통해 법적 안정성을 확보할 수 있도록 할 필요성이 있다.

형법상 업무방해죄와 공무집행방해죄의 적용 범위나 구성요건이 다르다고 하여 '경범죄 처벌법'에서도 이를 구분하여야 하는 것은 아니고, '경범죄 처벌법'의 예방적ㆍ보충적ㆍ도덕적 성격을 반영하여 함께 규율하는 것도 가능하다. 심판대상조항은 방해되는 것이 사적 업무인지 공무인지 관계없이 '못된 장난 등'으로 업무를 방해하는 행위를 처벌하는바, 형법상 공무집행방해죄에 이르지 아니하는 경미한 소란행위와 같이 형법상 처벌되는 행위보다 불법성이 경미하지만 이를 규제하지 않을 경우 국가기능의 수행에 어려움을 초래할 수 있는 행위를 금지하여야 할 필요성도 존재한다.

심판대상조항의 법정형은 그 상한이 비교적 가볍고 벌금형 선택시 죄질에 따라 선고유예도 가능하다. 법관이 여러 양형조건을 고려하여 행위책임에 비례하는 형벌을 부과할 수 있으므로 법정형의 수준이 과중하다고 보기 어렵다. 심판대상조항으로 인하여 제한되는 사익은 업무나 공무를 방해할 위험이 있는 못된 장난 등을 할 수 없는 데 그치나, 달성하려는 공익은 널리 사람이나 단체가 사회생활상의 지위에서 계속적으로 행하는 일체의 사회적 활동의 자유 보장 및 국가기능의 원활한 작동이라고 할 것인바, 이러한 공익은 위와 같은 사익보다 크다. 심판대상조항은 과잉금지원칙에 위반하여 청구인의 일반적 행동자유권을 침해하지 아니한다.

이자제한법에서 정한 최고이자율을 초과하여 이자를 받은 자를 1년 이하의 징역 또는 1천만원 이하의 벌금에 처하도록 한 이자제한법 제8조 제1항이 계약의 자유를 침해하는지 여부: 소극[합헌] (헌재 2023.2.23, 2022헌바22)

1. 이 사건의 쟁점

심판대상조항은 이자제한법 제2조 제1항에서 정한 최고이자율을 초과하여 이자를 받은 자를 징역형 또는 벌금형에 처하도록 규정하고 있다. 이처럼 심판대상조항은 사인간의 거래관계에 관하여 형벌을 과함으로써 금전대차에 관한 계약상의 최고이자율을 준수하도록 강제하고 있는바, 이는 일반적 행동자유권으로부터 파생되는 계약의 자유를 제한하는 것이므로 심판대상조항이 과잉금지원칙에 위배되는지 살펴본다.

2. 과잉금지원칙 위반 여부

심판대상조항은 이자제한법에서 정한 이자율 상한을 위반한 경우에 대한 처벌규정을 둠으로써 금전대차에 관한 계약상의 최고이자율 제한을 준수하도록 하고 있다. 이자의 제한은 생활자금 내지 영업자본의 수요를 금전대차에 의존할 수밖에 없는 어려운 서민들의 생활을 안정시키기 위하여 필수적인 것인바, 고금리 채무로 인한 국민의 이자 부담을 경감하고 과도한 이자를 받아 일반 국민의 경제생활을 피폐하게 하는 등의 폐해를 방지하기 위해서는 형사처벌과 같은 제재 수단이 필요함을 부인하기 어렵다. 여기에 심판대상조항이 규정하고 있는 형벌이 '1년 이하의 징역 또는 1천만원 이하의 벌금'이라는 점까지 고려하면, 입법자가 민사상의 효력을 제한하는 것 이외에 형사처벌까지 규정하였다고 하여 이를 두고 과도한 제한이라고 보기는 어렵다.

심판대상조항이 달성하고자 하는 공익은 이자의 적정한 최고한도를 정함으로써 국민경제생활의 안정과 경제정의의 실현에 이바지하기 위한 것으로, 이를 위반하는 경우 처벌을 받음으로써 입는 불이익보다 훨씬 중대하므로, 심판대상조항은 과잉금지원칙에 위반되지 않는다.

선량한 풍속 기타 사회질서에 위반한 사항을 내용으로 하는 법률행위를 무효로 하는 민법 제103조가 명확성원 칙에 위반되는지 여부: 소극[합헌] (헌재 2023.9.26, 2020헌바552)

심판대상조항은 사회적·문화적 환경의 변화 속에서 실정법에 의하여 미처 구체화되지 못한 사회의 질서를 수용하여 법질서를 보충·구체화하며, 법률행위의 당사자들이 공동체의 전체질서 내에서 사적자치를 발현하도록 하고자한다. 심판대상조항의 '선량한 풍속'은 사회의 일반적 도덕관념 또는 건전한 도덕관념으로 모든 국민에게 지킬 것이요구되는 최소한의 도덕률로 해석할 수 있고, '사회질서'란 사회를 구성하는 여러 요소와 집단이 조화롭게 균형을 이룬 상태로 해석할 수 있다. 심판대상조항은 구체적으로 어떠한 내용의 법률행위가 선량한 풍속 기타 사회질서에 위반한 내용의 법률행위에 해당하는지를 일일이 규정하고 있지 않으나, 법률에서 선량한 풍속 기타 사회질서에 위반한 내용으로서 그 효력을 부인해야 하는 법률행위를 빠짐없이 규율하는 것은 입법기술상 매우 어렵고, 나아가 심판대상조항의 입법목적과 기능에 비추어 적절하지도 않다.

또한, 문제되는 법률행위의 내용이 선량한 풍속 기타 사회질서에 위반한 것인지는 헌법을 최고규범으로 하는 전체법질서, 그 법질서가 추구하는 가치 및 이미 구체화된 개별입법 등을 종합적으로 고려하여 판단되어야 하고, 개별사례들에 관한 학설과 판례 등의 집적을 통해 그 판단에 대한 예측 가능성을 높일 수 있다. 이로써 문제되는 법률행위가 선량한 풍속 기타 사회질서에 위반한 것인지에 대한 판단은 법관의 주관적·자의적 신념이 아닌 헌법을 최고규범으로 하는 법 공동체의 객관적 관점에 의하여 이루어질 수 있다. 따라서 심판대상조항은 명확성원칙에 위반된다고볼 수 없다.

도로교통법 제44조 제2항 중 '교통의 안전과 위험방지를 위하여 필요하다고 인정하는 경우'에 관한 부분이 명확성의 원칙에 위배되고, 일반적 행동자유권을 침해하는지 여부: 소극[합헌] (헌재 2023.10.26, 2019헌바91)

1. 심판대상조항의 문언과 입법취지, 도로교통법의 입법목적, 도로교통법 관련 규정, 음주운전이 초래하는 위험성과폐해 등을 종합적으로 고려하면, 심판대상조항의 '교통의 안전과 위험방지를 위하여 필요하다고 인정하는 경우'란 음주운전을 제지하지 않고 방치할 때 초래될 도로교통상 안전에 대한 침해 또는 위험을 미리 방지하기 위해필요한 경우를 의미함을 충분히 알 수 있다. 심판대상조항은 건전한 상식과 통상적인 법 감정을 가진 사람이라면그 내용을 예측할 수 있으므로 불명확하다고 할 수 없고, 법을 해석하고 집행하는 기관이 이를 자의적으로 해석하거나 집행할 우려도 크지 않다. 따라서 심판대상조항은 죄형법정주의의 명확성원칙에 위배되지 않는다.

2. 술에 취한 상태에서 자동차를 운전하는 행위는 그 자체로 운전자 자신은 물론 다른 운전자, 보행자, 기타 도로상·도로변의 사람들의 생명·신체·재산에 심각한 손해를 초래할 수 있는 위험을 내포하고 있고, 일단 위험이 발생하면 그에 대처할 여지없이 위해가 현실화되어 버리는 경우가 많은데, 자동차를 정지시키지 않고서는 자동차를 운전하는 자의 주취 상태를 제대로 파악할 수 없으므로, 경찰공무원이 교통의 안전과 위험방지를 위하여 필요하다고인정하는 경우에 주행 중인 자동차를 정지시켜 운전자의 주취 여부를 확인할 필요성이 큰 점, 심판대상조항은 음주단속 시간이나 장소 등 그 절차나 방법을 구체적으로 규정하고 있지는 않으나, 경찰공무원의 음주단속이 일반예방적 효과와 실효성을 갖기 위해서는 불시의 시간과 장소에서 불특정 다수를 대상으로 이루어져야 할 필요가 있는점 등을 고려하면, 심판대상조항은 과잉금지원칙에 위배되어 일반적 행동자유권을 침해하지 아니한다.

사회복무요원의 업무에 관하여 규정한 병역법 제26조 제1항이 일반적 행동자유권을 침해하는지 여부: 소극[기각]
(헌재 2023.10.26, 2019헌마392)

사회복무 업무조항은 공평한 병역의무 부과와 잉여 병역자원의 효율적인 활용, 사회서비스업무 및 행정업무의 질 향상 등에 기여하기 위한 목적에서 규정된 조항이다. 사회복무 업무조항이 규정한 사회복무요원의 업무는 넓은 의미의 안보 개념 내지 병역의무의 내용과 무관하다고 볼 수 없다. 또한 사회복무요원은 군사교육소집 대상이 되고 전시에 병력동원소집 대상이 되며 복무 후 예비군에 편성되는 등 군사적 역무와의 관련성이 명확하다. 따라서 비록 사회복무요원이 사회복무 업무조항으로 인하여 원하지 않는 업무를 수행하더라도, 이는 국방의 의무의 일환으로 부여되는 것이므로 과잉금지원칙을 위반하여 일반적 행동자유권을 침해한다고 볼 수 없다.

보호관찰제도 위헌확인 [기각] (헌재 2023.10.26, 2021헌마839)

▶ 판시사항

1. 치료감호 가종료 시 3년의 보호관찰이 시작되도록 한 '치료감호 등에 관한 법률' 제32조 제1항 제1호, '치료감호 등에 관한 법률' 제32조 제2항(이하 모두 합하여 '심판대상조항'이라 한다)이 과잉금지원칙에 반하여 청구인의 일반적 행동자유권을 침해하는지 여부: 소극

2. 심판대상조항이 적법절차원칙에 반하여 청구인의 재판청구권을 침해하는지 여부: 소극

▶ 결정요지

1. 헌법재판소는 심판대상조항과 실질적으로 동일한 구 치료감호법 조항들이 보호관찰을 통해 피보호관찰자의 건전한 사회복귀를 촉진하고 효율적인 재범방지에 이바지함으로써 일반적 행동자유권을 침해하지 않는다고 결정한 바 있고, 이 사건에서 위 선례와 달리 판단해야 할 사정변경이나 필요성은 없다. 따라서 심판대상조항은 과잉금지원칙에 반하여 청구인의 일반적 행동자유권을 침해하지 아니한다.

2. 치료감호와 보호관찰은 모두 적법절차원칙의 적용대상인 보안처분이지만 보호관찰은 '시설 외 처분'으로서 '시설 내 처분'인 치료감호보다 경한 처분이고, 독립성과 전문성을 갖춘 치료감호심의위원회로 하여금 치료의 필요성과 재범의 위험성을 판단하도록 한 것은 합리성이 인정된다. 또한 3년의 보호관찰기간 종료 전이라도 6개월마다 치료감호의 종료 여부 심사를 치료감호심의위원회에 신청할 수 있고, 그 신청에 관한 치료감호심의위원회의 기각 결정에 불복하는 경우 행정소송을 제기하여 법관에 의한 재판을 받을 수 있다. 따라서 심판대상조항은 적법절차원칙에 반하여 청구인의 재판청구권을 침해하지 아니한다.

평등의 원칙

43

'특정범죄 가중처벌 등에 관한 법률'상 밀수입 예비행위를 본죄에 준하여 처벌하는 조항에 관한 위헌제청 사건
[위헌] (헌재 2019.2.28, 2016헌가13)

▶ 판시사항

1. '특정범죄 가중처벌 등에 관한 법률'(2010.3.31. 법률 제10210호로 개정된 것) 제6조 제7항 중 관세법 제271조 제3항 가운데 제269조 제2항에 관한 부분(이하 '심판대상조항'이라 한다)이 책임과 형벌 사이의 비례성원칙에 위반되는지 여부: 적극
2. 심판대상조항이 형벌체계상의 균형성과 평등원칙에 위반되는지 여부: 적극

▶ 이유의 요지

1. 책임과 형벌 사이의 비례원칙 위반 여부: 적극

예비행위란 아직 실행의 착수조차 이르지 아니한 준비단계로서, 실질적인 법익에 대한 침해 또는 위험한 상태의 초래라는 결과가 발생한 기수와는 그 행위태양이 다르고, 법익침해가능성과 위험성도 다르므로, 이에 따른 불법성과 책임의 정도 역시 다르게 평가되어야 한다. 그럼에도 예비행위를 본죄에 준하여 처벌하도록 하고 있는 심판대상조항은 그 불법성과 책임의 정도에 비추어 지나치게 과중한 형벌을 규정하고 있는 것이다. 또한 예비행위의 위험성은 구체적인 사건에 따라 다름에도 심판대상조항에 의하면 위험성이 미약한 예비행위까지도 본죄에 준하여 처벌하도록 하고 있어 행위자의 책임을 넘어서는 형벌이 부과되는 결과가 발생한다. 관세법과 특가법은 관세범의 특성과 위험성에 대응할 수 있도록 여러 규정을 두어 규율하고 있으므로 관세범의 특성과 위험성에 대응하기 위하여 반드시 밀수입 예비행위를 본죄에 준하여 처벌하여야 할 필요성이 도출된다고 볼 수도 없다.

따라서 심판대상조항은 구체적 행위의 개별성과 고유성을 고려한 양형판단의 가능성을 배제하는 가혹한 형벌로서 책임과 형벌 사이의 비례성의 원칙에 위배된다.

2. 형벌체계상의 균형성 상실 여부 및 평등원칙 위배 여부: 적극

동일한 밀수입 예비행위에 대하여 수입하려던 물품의 원가가 2억원 미만인 때에는 관세법이 적용되어 본죄의 2분의 1을 감경한 범위에서 처벌하는 반면, 물품원가가 2억원 이상인 경우에는 심판대상조항에 따라 본죄에 준하여 가중처벌을 하는 것은 합리적인 이유가 있다고 보기 어렵다. 또 마약범의 경우에는 특가법의 개정으로 예비에 대한 가중처벌규정이 삭제되었고, 조세포탈범의 경우에는 특가법에서 예비죄에 대한 별도의 처벌규정을 두고 있지 아니한 점에 비추어 밀수입의 예비죄에 대해서만 과중한 처벌을 해야 할 필요가 있는지 의문이다.

심판대상조항이 적용되는 밀수입예비죄보다 불법성과 책임이 결코 가볍다고 볼 수 없는 내란수괴, 내란목적살인, 외환유치, 여적예비죄나 살인예비죄의 법정형이 심판대상조항이 적용되는 밀수입예비죄보다 도리어 가볍다는 점에 비추어 보면, 심판대상조항이 예정하는 법정형은 형평성을 상실하여 지나치게 가혹하다고 할 것이다.

따라서 심판대상조항은 형벌체계의 균형성에 반하여 헌법상 평등원칙에 어긋나는 규정에 해당한다.

자사고 지원자에게 평준화지역 후기학교의 중복지원을 금지한 초·중등교육법 시행령 제81조 제5항이 학생 및 학부모의 평등권을 침해하는지 여부: 적극[위헌, 기각] (헌재 2019.4.11. 2018헌마221)

〔사건개요〕

청구인 1 내지 3은 자율형 사립고등학교(이하 '자사고')를 각 운영하는 학교법인(이하 '청구인 학교법인'), 청구인 4 내지 6은 평준화지역의 중학생들로서 자사고 입학을 희망하는 학생들(이하 '청구인 학생'), 청구인 7 내지 9는 그 학부모들(이하 '청구인 학부모')이다. 2018학년도까지의 고등학교 입시 일정에서는 자사고가 전기에 선발하는 고등학교 또는 학과(이하 '전기학교')에 포함되어 학생들이 전기에 자사고를 지원하고 불합격할 경우 후기에 선발하는 고등학교 또는 학과(이하 '후기학교')를 지원하는 것이 가능하였다(초·중등교육법 시행령 제85조 제2항). 그러나 2017.12.29. 초·중등교육법 시행령이 개정되면서 제80조 제1항에서 제5호를 삭제하여 자사고를 후기학교로 정하고, 제81조 제5항 중 괄호 안에 '제91조의3에 따른 자율형 사립고등학교는 제외한다' 부분을 삽입하여 자사고를 지원한 학생에게는 평준화지역의 후기학교에 중복지원하는 것을 금지하였다(이하 '이 사건 개정'). 이에 청구인들은 이 사건 개정으로 인해 학생과 학부모는 자사고 지원이 어려워지고 자사고는 학생선발에 어려움을 겪게 되었으므로, 개정 시행령이 학생과 학부모의 학교선택권, 학교법인의 사립학교 운영의 자유로서의 학생선발권, 평등권을 침해하고 신뢰보호원칙 등을 위반한다고 주장하면서 2018.2.28. 이 사건 헌법소원심판을 청구하였다.

▶ 이유의 요지

1. 교육제도 법정주의 위반 여부에 관한 판단(심판대상조항)

초·중등교육법은 고등학교 교육제도와 그 운영에 관하여 교육의 목적(제45조), 수업연한(제46조), 입학자격(제47조), 학과와 교과 및 교육과정(제48조) 등 기본적인 사항을 이미 규정하고 있고, 다만 고등학교의 입학방법과 절차 등 입학전형에 관한 사항은 각 지역과 시점에 따라 달라지는 고등학교 교육에 대한 수요 및 공급의 상황과, 각종 고등학교별 특성 등을 고려하여야 할 필요성으로 인하여 행정입법에 위임하고 있다(제47조 제2항). 따라서 심판대상조항이 고등학교별 특성과 필요성에 따라 신입생 선발시기와 지원 방법을 대통령령으로 규정한 것 자체가 교육제도 법정주의에 위반된다고 보기는 어렵다.

2. 이 사건 동시선발조항에 대한 판단

(1) 기본권 제한의 한계를 일탈하여 사학운영의 자유를 침해하였는지 여부

개별 자사고에 적합한 학생을 선발함에 있어서 핵심적 요소는 선발 방법인바, 자사고와 일반고가 동시선발하더라도 해당 학교의 장이 입학전형 방법을 정할 수 있으므로 해당 자사고의 교육에 적합한 학생을 선발하는 데 지장이 없고, 시행령은 입학전형 실시권자나 학생 모집 단위 등도 그대로 유지하여 자사고의 사학운영의 자유 제한을 최소화하였다. 또한 일반고 경쟁력 강화만으로 고교서열화와 고교 입시경쟁 완화에 충분하다고 단정할 수 없다.

따라서 이 사건 동시선발조항은 국가가 학교제도를 형성할 수 있는 재량 권한의 범위 내에 있다.

(2) 신뢰보호원칙을 위반하여 사학운영의 자유를 침해하였는지 여부

자사고는 초·중등교육법 제61조에 따른 학교인데 위 조항은 신입생 선발시기에 관하여 자사고에 특별한 신뢰를 부여하였다고 볼 수 없다. 또한 입학전형에 관한 사항은 고등학교 교육에 대한 수요 및 공급의 상황과 각종 고등학교별 특성 등을 고려하여 정할 필요성이 있고, 전기학교로 규정할 것인지 여부는 특정 분야에 재능이나 소질을 가진 학생을 후기학교보다 먼저 선발할 필요성이 인정되는지에 따라 달라질 수 있는 가변적인 성격을 가지고 있다.

자사고가 당초 도입취지와 달리 운영되고 있음은 앞서 본 바와 같고 자사고가 전기학교로 유지되리라는 기대 내지 신뢰는 자사고의 교육과정을 도입취지에 충실하게 운영할 것을 전제로 한 것이므로 그 전제가 충족되지 않은 이상 청구인 학교법인의 신뢰를 보호하여야 할 가치나 필요성은 그만큼 약하다.

고교서열화 및 입시경쟁 완화라는 공익은 매우 중대하고, 자사고를 전기학교로 유지할 경우 우수학생 선점 문제를 해결하기 곤란하여 고교서열화 현상을 완화시키기 어렵다는 점, 청구인 학교법인의 신뢰의 보호가치가 작다는 점을 고려하면 이 사건 동시선발조항은 신뢰보호원칙에 위배되지 아니한다.

(3) 청구인 학교법인의 평등권 침해 여부

어떤 학교를 전기학교로 규정할 것인지 여부는 해당 학교의 특성상 특정 분야에 재능이나 소질을 가진 학생을 후기학교보다 먼저 선발할 필요성이 있는지에 따라 결정되어야 한다. 과학고는 '과학분야의 인재 양성'이라는 설립 취지나 전문적인 교육과정의 측면에서 과학 분야에 재능이나 소질을 가진 학생을 후기학교보다 먼저 선발할 필요성을 인정할 수 있으나, 자사고의 경우 교육과정 등을 고려할 때 후기학교보다 먼저 특정한 재능이나 소질을 가진 학생을 선발할 필요성은 적다. 따라서 이 사건 동시선발조항이 자사고를 후기학교로 규정함으로써 과학고와 달리 취급하고, 일반고와 같이 취급하는 데에는 합리적인 이유가 있으므로 청구인 학교법인의 평등권을 침해하지 아니한다.

3. 이 사건 중복지원금지조항에 대한 판단 – 청구인 학생 및 학부모의 평등권 침해 여부

이 사건 중복지원금지조항은 고등학교 진학 기회에 있어서의 평등이 문제된다. 비록 고등학교 교육이 의무교육은 아니지만 매우 보편화된 일반교육임을 고려할 때 <u>고등학교 진학 기회의 제한은 당사자에게 미치는 제한의 효과가 커</u> 엄격히 심사하여야 하므로 차별 목적과 차별 정도가 비례원칙을 준수하는지 살펴야 한다.

자사고를 지원하는 학생과 일반고를 지원하는 학생은 모두 전기학교에 지원하지 않았거나, 전기학교에 불합격한 학생들로서 고등학교에 진학하기 위해서는 후기 입학전형 1번의 기회만 남아있다는 점에서 같다. 시·도별로 차이는 있을 수 있으나 대체로 평준화지역 후기학교의 입학전형은 중학교 학교생활기록부를 기준으로 매긴 순위가 평준화지역 후기학교의 총 정원 내에 들면 평준화지역 후기학교 배정이 보장된다.

반면 <u>자사고에 지원하였다가 불합격한 평준화지역 소재 학생들은 이 사건 중복지원금지조항으로 인하여 원칙적으로 평준화지역 일반고에 지원할 기회가 없고, 지역별 해당 교육감의 재량에 따라 배정·추가배정 여부가 달라진다.</u> 이에 따라 일부 지역의 경우 평준화지역 자사고 불합격자들에 대하여 일반고 배정절차를 마련하지 아니하여 자신의 학교군에서 일반고에 진학할 수 없고, 통학이 힘든 먼 거리의 비평준화지역의 학교에 진학하거나 학교의 장이 입학전형을 실시하는 고등학교에 정원미달이 발생할 경우 추가선발에 지원하여야 하고 그조차 곤란한 경우 고등학교 재수를 하여야 하는 등 고등학교 진학 자체가 불투명하게 되기도 한다. 고등학교 교육의 의미, 현재 우리나라의 고등학교 진학률에 비추어 자사고에 지원하였다는 이유로 이러한 불이익을 주는 것이 적절한 조치인지 의문이 아닐 수 없다.

자사고와 평준화지역 후기학교의 입학전형 실시권자가 달라 자사고 불합격자에 대한 평준화지역 후기학교 배정에 어려움이 있다면 이를 해결할 다른 제도를 마련하였어야 함에도, 이 사건 중복지원금지조항은 중복지원금지 원칙만을 규정하고 자사고 불합격자에 대하여 아무런 고등학교 진학 대책을 마련하지 않았다. 결국 <u>이 사건 중복지원금지조항은 고등학교 진학 기회에 있어서 자사고 지원자들에 대한 차별을 정당화할 수 있을 정도로 차별 목적과 차별 정도간에 비례성을 갖춘 것이라고 볼 수 없다.</u>

사람의 신체, 주거, 자동차 등을 수색하는 행위를 3년 이하의 징역에 처하도록 규정한 형법 제321조 중 '주거' 및 '자동차'에 관한 부분이 평등원칙에 위배되는지 여부: 소극[합헌] (헌재 2019.7.25. 2018헌가7)

사건개요

1. 2018헌가7 사건의 당해 사건 피고인은 2017.11.17. 피해자 주거지의 안방, 작은방, 거실 등에 들어가 서랍과 장롱을 뒤져 물건을 꺼내어 놓는 등 피해자의 주거를 수색하였다는 공소사실로 기소되었다. 제청법원은 제1심 계속 중인 2018.4.6. 형법 제321조에 대하여 직권으로 위헌법률심판제청을 하였다.

2. 2018헌바228 사건의 청구인은 2017.6.22. 피해자 소유 승용차의 운전석 문을 열고 안으로 들어가 차량 내를 뒤지는 방법으로 위 승용차를 수색하였다는 공소사실로 기소되었다. 청구인은 2017.11.8. 법원에서 자동차수색죄로 징역 6월에 집행유예 2년을 선고받아 항소하였으나 2018.2.7. 항소심에서 항소기각 판결을 받았다. 이후 청구인은 상고하여 상고심 계속 중인 2018.3.2. 형법 제321조에 대하여 위헌법률심판제청을 신청하였으나, 2018.5.11. 상고와 제청신청이 모두 기각되자 2018.6.5. 이 사건 헌법소원심판을 청구하였다.

▶ 심판대상

형법(1995.12.29. 법률 제5057호로 개정된 것)
제321조【주거·신체 수색】사람의 신체, 주거, 관리하는 건조물, 자동차, 선박이나 항공기 또는 점유하는 방실을 수색한 자는 3년 이하의 징역에 처한다.

▶ 이유의 요지

1. 책임과 형벌간의 비례원칙 위배 여부: 소극

심판대상조항이 헌법과 형사소송법이 정하는 영장주의를 간접적으로 담보하는 의미를 가지는 점, 주거의 사실상의 평온, 사생활의 비밀과 자유와 같은 보호법익이 현대사회에서 중요한 가치로 기능하는 점 등을 고려하면 주거, 자동차와 같은 사적 공간에 대한 수색행위는 일반예방적 효과가 있는 형벌로 처벌할 필요성이 충분히 인정된다. 수색행위는 피해자의 사생활 영역에 대한 물리력의 행사로 이루어지는 것이어서 피해자가 느끼는 공포심, 불쾌감, 저항감은 어느 행위태양에 의하더라도 가볍다고 보기 어렵다.

심판대상조항은 징역형의 하한에 제한을 두고 있지 않아 법원은 구체적 사안에서 수색행위의 동기 및 태양, 보호법익의 침해 정도 등을 고려하여 충분히 죄질과 행위자의 책임에 따른 형벌을 과할 수 있다. 따라서 심판대상조항이 징역형만을 법정형으로 정하고 있다 하더라도 입법재량의 범위를 벗어났다거나 법정형이 지나치게 과중하다고 보기 어렵다.

2. 형벌체계의 균형성 상실 및 평등원칙 위배 여부: 소극

주거침입죄(형법 제319조)나 퇴거불응죄(형법 제319조)와 달리 심판대상조항의 '수색'은 피해자의 의사에 반하는, 행위자의 적극적인 조사행위로서 필연적으로 피해자의 사생활 영역에 대한 물리력의 행사를 수반하므로 피해자는 더 큰 공포심과 불쾌감을 느낄 수 있으며, 피해자의 사적 영역 또한 더 깊이 침해될 수 있다. 따라서 심판대상조항이 주거침입죄나 퇴거불응죄와 달리 징역형만을 법정형으로 정한 것은 위와 같은 보호법익의 침해 정도 및 죄질의 차이를 고려한 입법자의 결단으로 보인다.

절도의 고의로 타인의 주거, 자동차 등을 수색한 경우, 절도의 고의 없이 수색행위만을 한 경우보다 중하게 처벌할 필요성이 있음에도 불구하고, 심판대상조항과는 달리 절도죄(형법 제329조)는 선택형으로 벌금형을 두고 있어 형벌체계의 균형성을 상실한 것으로 보이는 측면이 있다. 그러나 형벌체계의 균형성 상실 여부에 대한 판단은 죄질과 보호법익이 유사한 범죄에 대한 형벌과의 비교를 통하여 이루어지는 것이므로(헌재 2019.2.28. 2017헌가33 등 참조), 재산권을 보호법익으로 하는 절도죄와 사생활의 비밀과 자유 등을 보호법익으로 하는 심판대상조항의 법정형을 평면적으로 비교하는 것은 적절하지 않다. 설령 절도죄와 심판대상조항의 법정형을 비교한다고 하더라도, 절도죄가 언제나 주거, 자동차에 대한 수색을 수반하는 것은 아니고, 경제적 가치가 미미한 재산권에 대한 침해와 같이 사생활의 비밀과 자유 등에 대한 침해보다 책임이 가벼운 경우도 상정할 수 있으므로, 절도죄에 선택형으로 벌금형을 규정하면서도 심판대상조항에는 징역형만 규정한 것에는 수긍할 만한 합리적인 이유가 있다. 청구인은 심판대상조항이 자동차 등 불법사용죄(형법 제331조의2)와 비교할 때 죄질이 현저히 낮음에도 불구하고 징역형으로만 의율되고 있어 형벌체계상 불합리하다고 주장하나, 자동차 등 불법사용죄의 보호법익은 자동차 등에 대한 사용권이므로, 심판대상조항과는 보호법익과 죄질이 전혀 달라 심판대상조항이 평등원칙에 반한다고 할 수도 없다. 따라서 심판대상조항이 현저히 형벌체계상의 정당성과 균형성을 상실하여 평등원칙에 위배된다고 할 수 없다.

가족 중 순직자가 있는 경우의 병역감경 대상에서 재해사망군인의 가족을 제외하고 있는 병역법 시행령이 평등권을 침해하는지 여부: 소극[기각] (헌재 2019.7.25. 2017헌마323)

사건개요

청구인의 형은 현역으로 입영하여 복무하던 중 사망하여 '보훈보상대상자 지원에 관한 법률'(이하 '보훈보상자법'이라 한다)에 따른 재해사망군인으로 결정된 자이다. 그런데 병역법 시행령 제130조 제4항에서는 가족 중에 전사자·순직자가 있거나 전상이나 공상으로 인한 장애인이 있는 경우의 병역감경에 대하여 규정하면서 그 대상에서 재해사망군인의 가족은 제외하고 있다.

이에 청구인은 병역법 시행령 제130조 제4항이 청구인의 평등권을 침해한다고 주장하면서 2017.3.29. 이 사건 헌법소원심판을 청구하였다.

▶ 결정요지

가족 중에 순직자가 있는 경우 적용되는 병역감경제도는, 국가를 위하여 희생한 자와 그 가족을 예우하고, 남은 가족의 생계유지 등 생활안정을 위하여, 그리고 순직자의 가족에게 똑같은 위험성 있는 국방의 의무를 예외 없이 부과하는 것은 그 가족에게 거듭된 희생을 요구하는 것이어서 가혹하다는 입법적 고려에 따른 것이다.

'국가유공자 등 예우 및 지원에 관한 법률'(이하 '국가유공자법'이라 한다)상의 순직군인 등은 국가의 수호·안전보장 또는 국민의 생명·재산 보호와 직접적인 관련이 있는 직무수행이나 교육훈련 중에 순직한 자로서, 보훈보상자법상의 재해사망군인에 비하여 국가에 공헌한 정도가 더 크고 직접적이다. 따라서 순직군인 등에 대하여는 재해사망군인과 구별되는, 그에 합당한 예우와 보상을 할 필요가 있고, 이에 국가유공자법과 보훈보상자법에서는 그 구체적인 보상이나 지원에 대하여 달리 정하고 있다. 병역감경제도 역시 국가유공자를 대상으로 하여, 국가유공자에 대한 예우와 지원의 차원에서 이루어지는 것이므로, 심판대상조항에서 양자를 달리 취급하는 것이다. 특정인의 병역감경은 그의 병역부담을 다른 이에게 전가하는 결과를 가져오므로, 병역감경 대상자를 설정할 때에는 합리적인 기준에 따라 그 범위를 최소화할 필요가 있다. 따라서 심판대상조항은 청구인의 평등권을 침해하지 않는다.

의료인으로 하여금 둘 이상의 의료기관 운영을 금지한 의료법이 평등원칙에 위배되는지 여부: 소극[합헌] (헌재 2019.8.29, 2014헌바212)

사건개요

청구인들 및 제청신청인들은 의료인은 둘 이상의 의료기관을 개설·운영할 수 없다고 규정한 의료법 제33조 제8항을 위반하였다는 이유로 기소되어 유죄판결이 확정되거나 소송 계속 중인 자들이다.

청구인 박○○(2014헌바212)는 1심 계속 중에 의료법 제33조 제8항에 대하여 위헌법률심판제청신청을 하였으나 기각되자, 2014.5.15. 이 사건 헌법소원심판을 청구하였다. 제청신청인들(2014헌가15)은 1심 계속 중에 의료법 제33조 제8항 본문 중 '운영' 부분에 대하여 위헌법률심판제청신청을 하였고, 제청법원은 위헌이라고 인정할 만한 상당한 이유가 있다면서 2014.8.24. 이 사건 위헌법률심판제청을 하였다. 청구인 조□□, 임△△, 김▽▽, 김◇◇(2015헌마561)은 의료법 제33조 제8항 위반으로 경찰서에서 조사를 받게 되자, 2015.6.1. 이 사건 헌법소원심판을 청구하였다. 청구인 최◎◎(2016헌바21)은 1심 계속 중에 의료법 제33조 제8항 본문 중 '운영' 부분에 대하여 위헌법률심판제청신청을 하였으나 기각되자, 2016.1.11. 이 사건 헌법소원심판을 청구하였다.

▶ 심판대상

의료법(2012.2.1. 법률 제11252호로 개정된 것)

제33조【개설 등】⑧ 제2항 제1호의 의료인은 어떠한 명목으로도 둘 이상의 의료기관을 개설·운영할 수 없다.
(단서 생략)

구 의료법(2012.2.1. 법률 제11252호로 개정되고, 2015.12.29. 법률 제13658호로 개정되기 전의 것)

제87조【벌칙】① 다음 각 호의 어느 하나에 해당하는 자는 5년 이하의 징역이나 2천만원 이하의 벌금에 처한다.
  2. 제12조 제2항, 제18조 제3항, 제23조 제3항, 제27조 제1항, 제33조 제2항·제8항(제82조 제3항에서 준용하는 경우를 포함한다)을 위반한 자

▶ 이유의 요지

1. 죄형법정주의의 명확성원칙 위반 여부: 소극

'운영'의 사전적 의미와 이에 대한 법원의 해석, 의료법 개정의 취지 및 그 규정 형식 등을 종합하여 볼 때, 이 사건 법률조항에서 금지하는 '의료기관 중복운영'이란, '의료인이 둘 이상의 의료기관에 대하여 그 존폐·이전, 의료행위 시행 여부, 자금 조달, 인력·시설·장비의 충원과 관리, 운영성과의 귀속·배분 등의 경영사항에 관하여 의사 결정 권한을 보유하면서 관련 업무를 처리하거나 처리하도록 하는 경우'를 의미하는 것으로 충분히 예측할 수 있고, 그 구체적인 내용은 법관의 통상적인 해석·적용에 의하여 보완될 수 있다. 따라서 이 사건 법률조항은 죄형법정주의의 명확성원칙에 반하지 않는다.

2. 과잉금지원칙 위반 여부: 소극

이 사건 법률조항은 의료인으로 하여금 하나의 의료기관에서 책임 있는 의료행위를 하게 하여 의료행위의 질을 유지하고, 지나친 영리추구로 인한 의료의 공공성 훼손 및 의료서비스 수급의 불균형을 방지하며, 소수의 의료인에 의한 의료시장의 독과점 및 의료시장의 양극화를 방지하기 위한 것이다. 이 사건 법률조항이 금지하는 중복운영방식은 주로 1인의 의료인이 주도적인 지위에서 여러 개의 의료기관을 지배·관리하는 형태이다. 이러한 형태의 중복운영은 의료행위에 외부적인 요인을 개입하게 하고, 의료기관의 운영주체와 실제 의료행위를 하는 의료인을 분리시켜 실제 의료행위를 하는 의료인이 다른 의료인에게 종속되게 하며, 지나친 영리추구로 나아갈 우려도 크다. 이에 입법자는 기존의 규제들만으로는 효과적으로 규제하기에 부족하다고 보고 이 사건 법률조항을 도입한 것이다. 위반시의 법정형도 집행유예나 벌금형의 선고가 가능하도록 상한만 제한하고 있어, 형벌의 종류나 형량의 선택폭이 과도하게 제한되어 있다고 보기도 어렵다. 그 외에 의료의 중요성, 우리나라의 취약한 공공의료의 실태, 의료인이 여러 개의 의료기관을 운영할 때 의료계 및 국민건강보험 재정 등 국민보건 전반에 미치는 영향, 국가가 국민의 건강을 보호하고 적정한 의료급여를 보장해야 하는 사회국가적 의무 등을 종합하여 볼 때, 이 사건 법률조항은 과잉금지원칙에 반한다고 할 수 없다.

3. 신뢰보호원칙 위반 여부: 소극

이 사건 법률조항으로 인하여 침해되는 의료인의 신뢰이익이, 건전한 의료질서를 확립하고 나아가 국민건강상의 위해를 방지한다는 공익에 우선하여 특별히 헌법적으로 보호해야 할 가치나 필요성이 있다고 보기 어렵다. 따라서 이 사건 법률조항은 신뢰보호원칙에 반하지 않는다.

4. 평등원칙 위반 여부: 소극

이 사건 법률조항은 수범자를 의료인으로 한정하여, 의료법인 등은 위 조항의 적용을 받지 않고 둘 이상의 의료기관을 운영할 수 있다. 그러나 의료법인 등은 설립에서부터 국가의 관리를 받고, 이사회나 정관에 의한 통제가 가능하며, 명시적으로 영리추구가 금지된다. 이처럼 의료인 개인과 의료법인 등의 법인은 중복운영을 금지할 필요성에서 차이가 있으므로, 의료인과 의료법인 등을 달리 취급하는 것은 합리적인 이유가 인정된다. 따라서 이 사건 법률조항은 평등원칙에 반하지 않는다.

가축분뇨 배출시설 적법화 이행기간 특례에서 개 사육시설을 제외한 것이 평등권을 침해하는지 여부: 소극[기각]
(헌재 2019.8.29. 2018헌마297)

1. 쟁점

심판대상조항은 다른 가축 사육시설과 달리 개 사육시설만을 위와 같은 이행기간 부여 특례에서 제외함으로써 개 사육시설 설치자인 청구인들을 차별하는 것이므로, 평등권 침해 여부가 문제된다.

2. 평등권 침해 여부

(1) 심사기준

심판대상조항에 의한 차별은 가축분뇨법에 따른 배출시설 중 개 사육시설만을 이행기간 부여 특례에서 제외하는 것으로서, 그 차별에 합리적인 이유가 있는지 여부를 심사하는 것으로 충분하며, 혜택을 부여하는 법률에서 수혜대상 차별이 문제되는 경우, 국민의 권리를 제한하거나 새로운 의무를 부과하는 법률과는 달리 입법자에게 보다 광범위한 입법형성의 자유가 인정된다는 점에서, 그 내용이 현저하게 합리성이 결여되어 있다고 보지 않는 한 헌법에 위반된다고 할 수 없다(헌재 2015.3.26. 2014헌바156 참조).

(2) 차별취급 여부

이해관계기관은 '개' 사육시설은 축산법 및 축산물 위생관리법의 적용을 받지 않는다는 점에서 다른 가축 사육시설과 본질적으로 다르다고 주장하나, 일정한 규모 이상의 배출시설에 대해서는 신고를 하고 적법한 처리시설을 갖출 것을 요구하는 가축분뇨법상의 배출시설 설치신고에 관한 한 개 사육시설을 다른 가축 사육시설과 본질적으로 다르다고 보기는 어렵다.

(3) 차별에 합리적 이유가 있는지 여부

가축분뇨법의 배출시설 설치에 대한 허가·신고제는 수질오염이나 토양오염을 방지하고 국민의 환경권을 보장하기 위한 것인 점을 감안할 때, 이러한 규제의 유예나 면제를 규율하는 특례조항은 예외적이고 제한적이어야 할 것이다. 이 사건에서 문제된 특례는 이미 한 차례의 유예기간에 이어 추가로 허가 또는 신고를 위한 이행기간을 부여하여 행정제재를 유예하는 것이므로, 입법자는 제반사정을 종합하여 그 혜택의 범위를 정할 수 있다. 추가로 이행기간을 부여하게 된 배경에는 당초의 이행기간 동안 AI(조류독감), 구제역 등 가축 질병의 발생으로 정해진 기간 내에 적법한 시설을 갖추기 어려웠다는 사정이 있으나, 개 사육시설의 경우 가축 질병의 발생으로 피해를 입었거나 방역 책임 이행으로 인하여 유예기간 내에 적법시설을 갖추어 신고를 할 수 있는 시간이 부족하였다고 인정할 만한 사유가 없는 점 등을 고려할 때 개 사육시설을 이행기간 특례에서 제외한 것을 두고 현저하게 합리성이 결여되어 있다고 보기 어렵다. 소·돼지·닭·오리 등을 사육하는 농가는 모두 축산법에 따라 허가 또는 등록을 하여야 하고, 가축분뇨의 적정한 처리를 확인하기 위한 정기점검의 대상(축산법 제28조)이 되는 데 반하여, 개 사육시설은 축산법의 규율을 받지 아니하고 그 밖의 다른 법령에 의해서도 국가의 관리·감독을 받고 있지 않은 상황이므로, 개 사육시설을 축산법 등 다른 법령에 의하여 가축분뇨의 적정한 처리를 위한 규제를 받고 있는 가축 사육시설과 다르게 취급하는 것은 합리적인 이유가 있다. 그러므로 심판대상조항은 청구인들의 평등권을 침해하지 아니한다.

특별시 · 광역시가 아닌 시에 지방자치단체가 아닌 행정구를 두고 그 구청장은 임명하는 조항 위헌확인 사건
[기각] (헌재 2019.8.29, 2018헌마129)

사건개요

2010.7.1. 각각 별개의 지방자치단체였던 경상남도 창원시, 마산시 및 진해시를 폐지 · 통합하여 경상남도 창원시를 설치하는 내용의 '경상남도 창원시 설치 및 지원특례에 관한 법률' 제2조가 시행되었다. 통합 창원시가 된 이후에 의창구, 성산구(이상 구 창원시 지역), 마산합포구, 마산회원구(이상 구 마산시 지역), 진해구의 5개의 구가 설치되었는데, 위 구들은 모두 지방자치단체가 아닌 구(이하 '행정구'라 한다)이다.
청구인은 2017.9.28. 창원시 마산합포구에 주민등록 전입신고를 하고 거주하고 있다. 청구인은 특별시 · 광역시 · 특별자치시가 아닌 인구 50만 이상의 시에는 지방자치단체인 구(이하 '자치구'라 한다)가 아닌 행정구만을 둘 수 있게 하고, 행정구의 구청장은 시장이 임명하며 그 구청장은 시장의 지휘 · 감독을 받아 사무를 처리하도록 규정하고 있는 지방자치법 제3조 제3항, 제118조 제1항, 제119조로 인하여, 마산합포구의 구청장, 구의원을 선거로 뽑을 수 없으므로, 위 조항들이 청구인의 평등권 등 기본권을 침해한다고 주장하면서 2018.2.5. 이 사건 헌법소원심판을 청구하였다.

▶ 심판대상

지방자치법(2011.5.30. 법률 제10739호로 개정된 것)
제3조【지방자치단체의 법인격과 관할】③ 특별시 · 광역시 및 특별자치시가 아닌 인구 50만 이상의 시에는 자치구가 아닌 구를 둘 수 있고, 군에는 읍 · 면을 두며, 시와 구(자치구를 포함한다)에는 동을, 읍 · 면에는 리를 둔다.

지방자치법(2007.5.11. 법률 제8423호로 전부개정된 것)
제118조【하부행정기관의 장의 임명】① 자치구가 아닌 구의 구청장은 일반직 지방공무원으로 보하되, 시장이 임명한다.
제119조【하부행정기관의 장의 직무권한】 자치구가 아닌 구의 구청장은 시장의, 읍장 · 면장은 시장이나 군수의, 동장은 시장(구가 없는 시의 시장을 말한다)이나 구청장(자치구의 구청장을 포함한다)의 지휘 · 감독을 받아 소관 국가사무와 지방자치단체의 사무를 맡아 처리하고 소속 직원을 지휘 · 감독한다.

제2편

2024 해커스경찰 신동욱 경찰헌법 최신 3개년 판례집

인구가 비슷한 자치구 또는 인구가 더 적은 시·군과 같은 기초자치단체의 주민들은 지방자치단체의 장과 지방의회 의원을 선거로 선출하는 것에 비하여, 행정구에 거주하는 청구인은 행정구의 구청장이나 구의원을 주민의 선거로 선출할 수 없어, 비교집단에 대한 다른 취급이 존재한다. 임명조항에 의하여 행정구 지역만의 지방의회가 구성되지 않고 주민에 의하여 선출되는 자치단체장 대신 임명직 구청장이 행정을 담당하게 되므로, 청구인이 행정구인 마산합포구의 구청장과 구의원 선출에 참여할 기회가 없다. 이처럼 행정구역이 주민들의 생활권을 넘어 광역화되면 동일한 이해관계를 바탕으로 일상생활에서 발생하는 요구를 충족시키기 위한 주민들의 적극적인 참여가 어렵게 된다. 따라서 임명조항이 주민들의 직접적이고 구체적인 민주적 의사를 정책의 수립과 실행에 반영하는 지방자치제의 민주주의적 기능을 일부 약화시키는 측면을 인정할 수 있다(헌재 2006.4.27. 2005헌마1190 참조).

헌법은 지방자치단체의 종류와 단계를 입법자의 광범위한 형성에 맡기고 있고, 기초자치단체가 성립하는 면적이나 인구 등의 규모에 대하여 규정하고 있지 않다. 또한 어떤 행정구역 단위 또는 어떤 인구 규모의 주민에게 기초자치단체 지위를 부여할 것인지에 관해서는 광범위한 입법자의 재량이 인정된다. 어느 정도 규모의 행정구역의 단위에 지방자치단체의 지위를 부여할 것인지, 지방자치단체의 구조를 몇 단계로 형성할 것인지 등에 대한 판단은 주민대표성 강화와 민주적 정부 운영, 자치행정의 효율성, 행정구역의 역사성 등 여러 상충하는 법익을 함께 고려하여야 한다. 행정구가 설치된 시의 경우 행정구 경계를 넘어서 시 전체가 같은 생활권에 있는 경우가 많고, 같은 시에 있는 행정구들 사이에서는 같은 도에 있는 시·군들 사이에 비하여 상대적으로 동질성이 있다. 따라서 행정구와 기초자치단체인 시·군 사이에는 자치행정의 효율성이나 행정구역의 역사성 등에서 다른 측면이 있다. 기초자치단체인 자치구는 광역자치단체인 특별시·광역시 관할구역 안에 있는 것과 달리 행정구는 기초자치단체인 시 관할구역 안에 있다는 점에서 역시 차이가 있다. 일정한 인구 이상의 주민이 거주하는 행정구가 지방자치단체의 지위를 가지게 된다면, 주민자치와 통제를 통한 책임행정이라는 민주주의 실현과 주민 선호의 특성에 따른 대응이 가능하여 행정의 효율성이 증진되는 긍정적인 면을 상정할 수 있다. 반면 지방자치단체가 구·시·도라는 3단계 구조가 됨에 따라, 각각 지방자치단체인 시 및 이웃 구와의 협력 관계 약화, 시와 구의 중복 행정, 규모의 경제를 달성하지 못하고 구별로 시설의 중복 건립과 운영경비 과다 지출, 구 사이 재정자립도 차이에 따른 행정서비스 불균형 등의 비효율성도 나타날 수 있다. 이러한 점들을 비교형량하여, 행정구에 지방자치단체의 지위를 부여하지 않고 현행 지방자치의 일반적인 모습인 2단계 지방자치단체의 구조를 형성한 입법자의 선택이 현저히 자의적이라고 보기 어렵다.

청구인이 지방자치단체로서의 마산합포구의 대표자를 선출할 수 없다고 하더라도, 청구인은 여전히 기초자치단체인 창원시와 광역자치단체인 경상남도의 대표자 선출에 참여할 수 있어, 행정구에서도 지방자치행정에 대한 주민참여가 제도적으로 동일하게 유지되고 있다. 따라서 임명조항이 주민들의 민주적 요구를 수용하는 지방자치제와 민주주의의 본질과 정당성을 훼손할 정도에 이른다고 단정할 수 없다. 따라서 인구가 적거나 비슷한 다른 기초자치단체 주민에 비하여, 행정구에 거주하는 청구인이 행정구의 구청장이나 구의원을 선출하지 못하는 차이가 있지만, 이러한 차별취급이 자의적이거나 불합리하다고 보기 어렵다(헌재 2006.4.27. 2005헌마1190 참조).

구 창원시, 마산시, 진해시는 행정구역은 다르지만 이어져 있었고, 역사적인 연원을 같이 하며, 여러 차례 행정구역이 서로 조정되는 등 동일한 생활권과 경제권에서 주민들이 거주하여 왔다. 같은 생활권의 행정구역을 합쳐 주민생활의 편의를 증진하려는 것도 창원시의 통합을 추진한 배경이자 목적 중 하나였다. 따라서 임명조항이 창원시 주민을 인구 증가에 따른 행정 수요의 증가에 따라 행정구가 설치된 다른 도시의 주민과 같게 취급하더라도, 차별취급이 존재한다고 할 수 없다. 임명조항은 청구인의 평등권을 침해하지 아니한다.

출퇴근 재해 불소급 사건 [헌법불합치] (헌재 2019.9.26. 2018헌바218)

제2편

2024 해커스경찰 신동욱 경찰헌법 최신 3개년 판례집

사건개요

헌법재판소는 2016.9.29. 2014헌바254 결정으로, 근로자가 사업주의 지배관리 아래 출퇴근하던 중 발생한 사고로 부상 등이 발생한 경우만 업무상 재해로 인정하던 구 산업재해보상보험법(2007.12.14. 법률 제8694호로 개정되고, 2017.10.24. 법률 제14933호로 개정되기 전의 것) 제37조 제1항 제1호 다목(이하 '구법 조항'이라 한다)에 대하여 '통상적 경로와 방법으로 출퇴근하던 중에 발생한 재해를 업무상 재해로 인정하지 아니한 것은 헌법에 합치되지 않는다'는 취지의 헌법불합치결정(이하 '이 사건 헌법불합치결정'이라 한다)을 하였다.
2017.10.24. 개정된 산업재해보상보험법(이하 '산재보험법'이라 한다) 제37조는 '그 밖에 통상적인 경로와 방법으로 출퇴근하는 중 발생한 사고'의 경우에도 업무상 재해로 인정하고 있으나, 부칙 제2조에서 '제37조의 개정규정'(이하 '신법 조항'이라 한다)은 개정법 시행일인 2018.1.1. 이후 최초로 발생하는 재해부터 적용하도록 하였다.
당해 사건 원고 홍○○은 2016.11.12. 본인 소유의 오토바이를 타고 출근하던 중 발생한 교통사고로 입은 부상과 관련하여 근로복지공단에 요양급여를 신청하였으나, 2018.3.8. 요양불승인처분을 받고, 그 취소를 구하는 소를 제기하였고, 제청법원은 2018.7.24. 직권으로 위헌법률심판을 제청하였다.

▶ 심판대상

산업재해보상보험법 부칙(2017.10.24. 법률 제14933호)
제2조【출퇴근 재해에 관한 적용례】제5조 및 제37조의 개정규정은 이 법 시행 후 최초로 발생하는 재해부터 적용한다.

▶ 이유의 요지

1. 평등원칙 위반 여부: 적극

입법자는 단순히 자유재량에 따라 시혜적으로 산재보험법을 개정한 것이 아니라, 이 사건 헌법불합치결정이 구법 조항의 위헌성을 확인함에 따라 개선입법의무를 이행하기 위해서 신법 조항을 입법한 것이다. 따라서 심판대상조항이 소급적용 경과규정을 두지 않은 것이 헌법상 평등원칙에 위반되는지를 판단함에 있어서는 이 사건 헌법불합치결정의 취지를 충분히 고려할 필요가 있다.

이 사건 헌법불합치결정은, 사업주의 지배관리하의 출퇴근 재해와 통상의 출퇴근 재해를 달리 취급하는 것이 헌법상 평등원칙에 위반되며, 구법 조항으로 초래되는 비혜택근로자와 그 가족의 정신적·신체적 혹은 경제적 불이익이 매우 중대하다고 판단하였다. 이처럼 이 사건 헌법불합치결정에서 기존 제도에서 배제된 집단이 받는 중대한 불이익이 이미 확인된 이상, 막연히 재정상 추가 지출이 예상된다는 이유만으로 차별취급의 합리성을 인정해서는 안 되고, 신법 조항을 소급적용함으로써 산재보험에 미치는 재정상 부담과, 그로써 회복할 수 있는 합헌적 상태의 이익을 충분히 고려하여 합리성 여부를 판단하여야 한다. 그런데 최근 산재보험 재정수지와 적립금 보유액, 통상의 출퇴근 재해를 업무상 재해로 인정함에 따라 인상된 보험료율 등을 살펴보면, 이 사건 헌법불합치결정 이후 통상의 출퇴근 사고를 당한 근로자에게 이미 위헌성이 확인된 구법 조항을 계속 적용하면서까지 산재보험 기금의 재정건전성을 담보할 필요가 있는지 의문이 있다.

개정법은 통상의 출퇴근 재해 인정에 따른 책임보험과의 구상관계를 예정하고 있으며(제87조의2 제1항), 통상의 출퇴근 사고 중에서도 출퇴근 경로 일탈 또는 중단이 있는 경우 원칙적으로 출퇴근 재해로 보지 않거나(제37조 제3항) 출퇴근 경로와 방법이 일정하지 아니한 직종으로 대통령령으로 정하는 경우에는 통상의 출퇴근 재해 규정을 적용하지 않는 등(같은 조 제4항) 산재보험 기금의 재정상 부담을 완화할 수 있는 방법을 마련하고 있다. 그럼에도 불구하고 심판대상조항이 이 사건 헌법불합치결정 이후 통상의 출퇴근 사고를 당한 근로자에 대하여 개선입법의 적용을 배제한 것은, 이 사건 헌법불합치결정의 취지를 충분히 고려한 것이라 보기 어렵다. 신법 조항을 이 사건 헌법불합치결정일까지 소급적용한다고 하여 기존의 법률관계를 변경하거나 법적 안정성을 저해할 염려도 없다. 심판대상조항이 신법 조항의 소급적용을 위한 경과규정을 두지 않음으로써 개정법 시행일 전에 통상의 출퇴근 사고를 당한 비혜택근로자를 보호하기 위한 최소한의 조치도 취하지 않은 것은, 산재보험의 재정상황 등 실무적 여건이나 경제상황 등을 고려한 것이라고 하더라도, 그 차별을 정당화할 만한 합리적인 이유가 있는 것으로 보기 어렵고, 이 사건 헌법불합치결정의 취지에도 어긋난다. 따라서 심판대상조항은 헌법상 평등원칙에 위반된다.

2. 헌법불합치결정과 적용중지

심판대상조항을 단순위헌으로 선언하여 즉시 그 효력을 상실하게 하더라도 부칙 제1조에 따라 2018.1.1.부터 산재보험법 제37조의 개정규정이 시행되어 위에서 지적한 심판대상조항의 위헌성이 제거되는 것이 아니므로, 심판대상조항의 위헌성을 제거하기 위해서는 헌법불합치결정과 그에 따른 개선입법이 필요하다. 입법자는 적어도 이 사건 헌법불합치결정일인 2016.9.29. 이후에 통상의 출퇴근 사고를 당한 근로자에 대해서는 신법 조항을 소급적용하도록 하여 심판대상조항의 위헌성을 제거할 의무가 있다. 심판대상조항에 대하여 헌법불합치결정을 선고하되, 다만 입법자의 개선입법이 있을 때까지 적용할 수 없도록 함이 상당하다. 입법자는 가능한 한 빠른 시일 내에 이와 같은 결정의 취지에 맞추어 개선입법을 해야 할 의무가 있고, 늦어도 2020.12.31.까지 개선입법을 이행하여야 한다.

시·도지사 후보자에게 5천만원의 기탁금 조항 및 선거방송토론위원회 주관 대담·토론회의 초청요건을 정한 공직선거법 조항이 평등권을 침해하는지 여부: 소극[기각] (헌재 2019.9.26, 2018헌마128)

사건개요

청구인들은 2018.6.13. 실시된 지방선거에서 시·도지사 후보자로 등록하여 낙선한 사람들이다.

청구인들은 시·도지사 후보자로 등록하려는 사람에게 5천만원의 기탁금을 납부하도록 한 공직선거법 제56조 제1항 제4호 및 각급선거방송토론위원회 개최 대담·토론회의 초청 대상 후보자 요건을 정한 공직선거법 제82조의2 제4항 중 '지방자치단체의 장선거'에 관한 부분이 자신들의 공무담임권 등을 침해한다고 주장하며 헌법소원심판을 청구하였다.

▶ 심판대상

공직선거법(2010.1.25. 법률 제9974호로 개정된 것)

제56조【기탁금】① 후보자등록을 신청하는 자는 등록신청시에 후보자 1명마다 다음 각 호의 기탁금을 중앙선거관리위원회규칙으로 정하는 바에 따라 관할선거구선거관리위원회에 납부하여야 한다. 이 경우 예비후보자가 해당 선거의 같은 선거구에 후보자등록을 신청하는 때에는 제60조의2 제2항에 따라 납부한 기탁금을 제외한 나머지 금액을 납부하여야 한다.

　4. 시·도지사선거는 5천만원

제82조의2【선거방송토론위원회 주관 대담·토론회】④ 각급선거방송토론위원회는 제1항 내지 제3항의 대담·토론회를 개최하는 때에는 다음 각 호의 어느 하나에 해당하는 후보자를 대상으로 개최한다. 이 경우 각급선거방송토론위원회로부터 초청받은 후보자는 정당한 사유가 없는 한 그 대담·토론회에 참석하여야 한다.

　3. 지역구국회의원선거 및 지방자치단체의 장선거

　　가. 제1호 가목 또는 나목에 해당하는 정당이 추천한 후보자

　　나. 최근 4년 이내에 해당 선거구(선거구의 구역이 변경되어 변경된 구역이 직전 선거의 구역과 겹치는 경우를 포함한다)에서 실시된 대통령선거, 지역구국회의원선거 또는 지방자치단체의 장선거(그 보궐선거 등을 포함한다)에 입후보하여 유효투표 총수의 100분의 10 이상을 득표한 후보자

　　다. 제1호 다목에 의한 여론조사결과를 평균한 지지율이 100분의 5 이상인 후보자

1. 이 사건 기탁금조항이 공무담임권을 침해하는지 여부: 소극

(1) 목적의 정당성 및 수단의 적합성

시·도지사선거에서 기탁금제도는 후보자 난립을 방지하고, 아울러 선거운동에서의 불법행위에 대한 과태료 및 행정대집행 비용을 사전에 확보하기 위한 것으로, 그 기탁금액이 지나치게 많지 않는 한 이를 위헌이라고 할 수는 없다. 시·도지사 후보자로 등록하려는 사람에게 5천만원의 기탁금을 납부하도록 한 이 사건 기탁금조항은 목적의 정당성 및 수단의 적합성이 인정된다.

(2) 피해의 최소성

기탁금액은 후보자 등록 여부를 신중하게 고려하도록 하는 한편, 불성실한 후보자에게는 실질적인 제재효과가 미칠 수 있게 하는 등 후보자의 난립을 방지하고 선거의 신뢰성과 선거운동의 성실성을 담보할 수준에 이르러야 할 것이다. 한편, 각 선거마다 기탁금액을 달리 규정하고 있다 하더라도 차등의 정도가 현저히 불합리한 것이 아닌 한 그 이유만으로 위헌이라고 할 수 없다. 선거구수, 선거구의 규모나 선거구당 선거인수에 비추어보면 시·도지사선거에서 기탁금이 담보해야 할 과태료 또는 행정대집행 비용이 다른 선거들에 비하여 더 큰 액수일 것이라는 점은 쉽게 예상된다. 근로자 1인당 월평균 소득에 비추어 보았을 때 5천만원의 기탁금이 적다고는 할 수 없으나, 기탁금제도의 입법목적, 시·도지사선거의 경우 기탁금이 담보해야 할 과태료·행정대집행 비용이 보다 더 큰 액수에 달할 것이 예상되는 점, 일정 수 이상을 득표한 경우 기탁금을 반환받을 수 있는 점 등을 종합하면, 5천만원의 기탁금이 청구인들로 하여금 시·도지사 후보자로 등록하는 것을 사실상 봉쇄하는 수준으로서 현저히 불합리하다고 볼 수 없다. 헌법재판소는 1996.8.29. 95헌마108 결정 및 2004.3.25. 2002헌마383 등 결정에서 시·도지사 후보자 기탁금을 5천만원으로 정한 것이 공무담임권이나 평등권을 침해하지 않는다고 판단하였는데, 위 결정이 있은 때부터 지금까지의 소비자물가지수에 따른 화폐가치의 변화를 고려하면 시·도지사 후보자가 부담하여야 할 기탁금액의 실질적인 가치는 오히려 감소하였다. 이상과 같은 점을 종합하면, 이 사건 기탁금조항은 피해의 최소성원칙에 위배되지 않는다.

(3) 법익의 균형성

이 사건 기탁금조항은 공무담임권을 영구히 박탈하는 것이 아니라 단지 후보자의 성실성 등을 담보하기 위하여 금전적 부담을 지우는 것일 뿐인 점, 시·도지사 후보자는 자신이 선거에서 얻은 유효투표 총수에 따라 기탁금액을 전액 또는 일부 반환받을 수 있는 점 등을 종합하면, 이 사건 기탁금조항으로 제한되는 사익의 정도가 이 사건 기탁금조항이 달성하고자 하는 공익의 정도보다 더 크다고 보기 어렵다. 이 사건 기탁금조항은 법익의 균형성원칙에도 위배되지 않는다.

(4) 소결론

이 사건 기탁금조항은 과잉금지원칙에 위배되어 청구인의 공무담임권을 침해하지 않는다.

2. 이 사건 토론회조항이 선거운동의 기회균등원칙과 관련한 평등권을 침해하는지 여부: 소극

(1) 대상 제한의 합리성

이 사건 토론회조항은 지방자치단체장선거에서 각급선거방송토론위원회가 초청대상 후보자 대담·토론회를 개최할 때에 그 초청자격을 제한하고 있다. 지방자치단체장선거는 당해 지방자치단체의 진로를 결정하는 중대한 문제인 만큼, 그 선거운동은 유권자들이 후보자의 공약을 쉽게 파악할 수 있도록 효율적이며 광범위하게 이루어질 필요가 있다. 각급선거방송토론위원회의 주관에 따라 실시되는 대담·토론회에 참여할 수 있는 후보자에 아무런 제한을 두지 않는다면, 대담·토론회는 후보자들의 정견발표회 수준에 그치게 되고 실질적인 정책의 비교나 심층적인 정책의 토론이 이루어진다거나 후보자들간의 자질과 정치적인 능력의 비교가 불가능해질 수 있다. 따라서 대담·토론회의 장점을 극대화하기 위해서는 적당한 수의 주요 후보자만을 참석하게 함으로써 실질적인 정책 비교 및 후보의 자질 검증의 기회를 마련하는 것이 후보자에게는 공약 및 정책에 대한 효과적인 전달의 기회일 것이며, 유권자에게는 각 후보자들의 정책에 대한 실질적인 비교 분석의 기회를 제공하는 것이 될 것이다. 한편, 공직선거법 제82조의2 제5항은 각급선거방송토론위원회로 하여금 이 사건 토론회조항이 정한 요건을 갖추지 못한 다른 후보자들을 대상으로 한 별개의 대담·토론회를 개최할 수 있도록 하고 있으므로, 이 사건 토론회조항이 일정한 요건을 갖춘 후보자에게만 대담·토론회의 참여기회를 부여한다고 하더라도 이를 가리켜 현저하게 자의적인 것이라고 보기 어렵다.

이 사건 토론회조항이 대담·토론회 등에 참여할 수 있는 후보자를 일정한 범위로 제한하는 것은 입법자의 합리적인 판단에 기인한 것이다.

(2) 요건 설정의 합리성

대담·토론회 등의 초청 자격을 두는 것 자체가 입법자의 합리적 판단에 기인하는 것이라고 하더라도, 이 사건 토론회조항이 정한 요건 자체에도 합리성이 인정되어야 한다. 그 제한 기준은 주요 정당의 추천 여부, 후보자의 당선가능성 및 후보자에 대한 국민적 관심도 등을 살펴 이를 일정 수준 이상의 자로 한정하고, 이에 따라 후보자들의 정책에 대한 대담·토론이 효과적이고 실증적인 기능을 발휘하도록 정해져야 한다. 이 사건 토론회조항 중 가목은, 입법자가 위 요건에 해당하는 정당의 정책과 정견은 전체 국민을 대상으로 한 선거를 통하여 이미 국민의 일정한 지지가 검증되었다고 판단한 데 따른 것이다. 공직선거법 제150조 제4항, 제189조 제1항 등과 같은 공직선거법의 다른 규정내용에 비추어보면 위 요건이 현저히 자의적인 것이라고 보기 어렵다. 이 사건 토론회조항 중 나목은, 해당 선거구에서 치러진 지난 대통령선거, 지역구국회의원선거 또는 지방자치단체장선거에서 유효득표 총수의 100분의 10 이상을 득표한 후보자는 해당 지역의 선거구 내 주민들의 일정한 지지가 검증되었다는 입법자의 판단에 따른 것이다. 해당 후보자가 지난 선거에서 일정 수준 득표하였다는 사실은 객관적으로 확인되고, 또한 지난 선거에서의 득표가 이번 선거에서 어느 정도의 지지로 이어질 수 있다는 예측은 그 합리성이 인정되며, 공직선거법 제57조 제1호 나목이 정한 기탁금액 100분의 50을 반환받을 수 있는 요건과 같다는 점에 비추어 보았을 때, 이 사건 토론회조항 나목의 요건은 현저히 자의적인 것이라고 볼 수 없다. 이 사건 토론회조항 중 다목은 비록 이 사건 토론회조항 중 가·나목이 정한 요건을 충족하지는 못하였지만, 유권자의 관심과 지지가 어느 정도 확보되고, 그러한 사실이 확인될 수 있는 후보자들에게도 대담·토론회 등에 참석하여 자신의 정책 등을 밝히고 검증받을 수 있도록 한 것이다. 입법자는 이 사건 토론회조항 중 가·나목이 기성정치인들에게만 편중된 대담·토론회 등 참석 기회를 부여할 수 있다는 점을 고려하여 위 가·나목이 미처 포함하지 못하는 주목받는 후보자도 대담·토론회 등에 초청될 수 있도록 한 것으로, 지난 선거에서 유효투표 총수의 100분의 10 이상을 득표하였을 것을 요구하는 이 사건 토론회조항 중 나목의 절반 수준의 지지율만으로도 대담·토론회에 참석할 수 있는 길을 열어주었다. 따라서 이 사건 토론회조항 중 다목의 요건 또한 특별히 자의적이라거나 지나치게 엄격한 기준이라고 보기 어렵다.

(3) 소결론

이상의 내용들을 종합하면, 초청대상 후보자 대담·토론회의 초청 기준을 정한 이 사건 토론회조항이 자의적인 입법이라고 볼 수 없으므로, 청구인들의 선거운동의 기회균등원칙과 관련한 평등권을 침해하지 않는다.

제2판 / 2024 해커스경찰 신동욱 경찰헌법 최신 3개년 판례집

정치자금법상 후원회지정권자 사건 [헌법불합치, 기각] (헌재 2019.12.27, 2018헌마301)

▶ 심판대상

정치자금법(2010.1.25. 법률 제9975호로 개정된 것)

제6조【후원회지정권자】다음 각 호에 해당하는 자(이하 '후원회지정권자'라 한다)는 각각 하나의 후원회를 지정
하여 둘 수 있다.
  6. 지방자치단체의 장 선거의 후보자(이하 '지방자치단체장 후보자'라 한다)

▶ 이유의 요지

1. 광역자치단체장선거의 예비후보자에 관한 부분: 헌법불합치

2016.4.13. 치러진 제20대 국회의원선거의 전체 지역구 후보자의 평균 선거비용제한액은 1억 7천 8백만원이고, 평균 선거비용지출액은 1억 1천 988만원이다. 반면 2018.6.13. 치러진 제7회 동시지방선거의 광역자치단체장 후보자의 평균 선거비용제한액은 14억 1천 7백만원이고, 평균 선거비용지출액은 7억 6천 4백만원이다. 후원회 모금한도를 보더라도 국회의원, 국회의원선거 후보자 및 예비후보자는 각각 1억 5천만원인 반면, 제7회 동시지방선거 선거비용 제한액을 고려해 볼 때, 광역자치단체장 선거 후보자의 후원회가 모금하여 기부할 수 있는 금액은 평균 7억 8백 50만원이다(정치자금법 제12조 제1항 참조). 이와 같은 선거비용제한액 및 실제 지출액, 후원회 모금한도 등을 고려해 볼 때, 광역자치단체장선거의 경우 국회의원선거보다 지출하는 선거비용의 규모가 크고, 후원회를 통해 선거자금을 마련할 필요성 역시 매우 크다. 그럼에도 대통령선거의 예비후보자와 국회의원선거의 예비후보자는 후보자로 등록하기 이전이라도 후원회를 구성하여 후원금을 모금함으로써 향후 선거에 대비하는 것이 가능한 반면에 광역자치단체장선거의 경우 후보자가 후원금을 모금할 수 있는 기간이 불과 20일 미만으로 제한되고 있다. 후원회제도 자체가 광역자치단체장의 직무수행의 염결성을 저해하는 것으로 볼 수는 없고, 광역자치단체장의 직무수행의 염결성은 후원회제도가 정치적 영향력을 부당하게 행사하는 통로로 악용될 소지를 차단하기 위한 정치자금법의 관련규정, 즉 후원인이 후원회에 기부할 수 있는 금액의 제한 규정(제11조), 후원금의 구체적 모금방법에 대한 규정(제14조 내지 제18조), 정치자금법상 후원회에 관한 규정을 위반한 경우의 처벌규정(제45조 제1항·제2항, 제46조, 제51조) 등을 통한 후원회 제도의 투명한 운영으로 확보될 수 있다. 그동안 정치자금법이 여러 차례 개정되어 후원회지정권자의 범위가 지속적으로 확대되어 왔음에도 불구하고, 국회의원선거의 예비후보자 및 그 예비후보자에게 후원금을 기부하고자 하는 자와 광역자치단체장선거의 예비후보자 및 이들 예비후보자에게 후원금을 기부하고자 하는 자를 계속하여 달리 취급하는 것은, 불합리한 차별에 해당하고 입법재량을 현저히 남용하거나 한계를 일탈한 것이다.

그렇다면 이 조항 중 광역자치단체장선거의 예비후보자에 관한 부분은 청구인의 평등권을 침해하여 헌법에 위반되지만, 위 조항에 대하여 단순위헌결정을 하여 당장 그 효력을 상실시킬 경우 지방자치단체의 장 선거의 후보자 역시 후원회를 지정할 수 있는 근거규정이 없어지게 되어 법적 공백상태가 발생하는 점 등에 비추어 2021.12.31.을 시한으로 입법자가 개정할 때까지 이를 계속 적용하기로 하는 내용의 헌법불합치결정을 하기로 한다.

2. 자치구의회의원선거의 예비후보자에 관한 부분: 기각

자치구의회의원은 대통령, 국회의원과는 그 지위나 성격, 기능, 활동범위, 정치적 역할 등에서 본질적으로 다르다. 자치구의회의원의 활동범위는 해당 자치구의 지역 사무에 국한되고, 그 수행하는 정치활동의 질과 양에서 국회의원과 자치구의회의원 사이에는 근본적인 차이가 있으며, 그에 수반하여 정치자금을 필요로 하는 정도나 소요자금의 양에서도 현격한 차이가 있을 수밖에 없다. 그리고 이러한 차이를 후원회를 둘 수 있는 자의 범위와 관련하여 입법에 어느 정도 반영할 것인가 하는 문제 및 그에 관한 규제의 정도와 내용은 입법자가 결정할 국가의 입법정책에 관한 사항으로서 입법재량 내지 형성의 자유가 인정되는 영역이다.

자치구의회의원선거의 예비후보자는 선거비용 이외에 정치자금의 필요성이 크지 않고, 선거비용 측면에서도 자치구의회의원선거의 경우 예비후보자로서 선거운동을 할 수 있는 기간 역시 대통령선거나 국회의원선거에 비하여 비교적 단기여서 상대적으로 선거비용이 적게 든다. 또한 자치구의회의원선거의 예비후보자의 경우 국회의원선거뿐만 아니라 광역자치단체장선거의 각 예비후보자와 달리 상대적으로 매우 좁은 선거구로 인하여 그 선거구 내의 주민과 훨씬 빈번히 접촉하고 긴밀한 관계를 맺고 있을 가능성이 크다. 나아가 지역 주민들과 접촉을 하며 직무를 수행하여야 하는 자치구의회의원의 지위에 비추어보면 선거과정에서부터 미리 예비후보자나 후보자에 대한 대가성 후원을 통해 당선 이후 정치적 영향력을 행사하고자 하는 사람들의 접근 내지 그 접근 등으로 인한 부작용이 예상되므로 후원회를 통한 정치자금 모금을 제한할 필요가 있다. 이와 같은 여러 가지 사정을 고려해 볼 때, 후원회를 통한 정치자금의 조달을 허용하는 대통령선거의 예비후보자나 국회의원선거의 예비후보자와 달리 자치구의회의원선거의 예비후보자에게 이를 불허하는 것에는 합리적인 이유가 있고, 이를 두고 입법재량을 현저히 남용하거나 한계를 일탈한 것이라고 보기는 어렵다.

따라서 이 조항 중 자치구의회의원선거의 예비후보자에 관한 부분은 청구인의 평등권을 침해하지 않는다.

골프장 부가금 납부의무자에 대한 부가금이 부가금 징수대상 체육시설을 이용하지 않는 그 밖의 국민과 차별하는 것이 평등권을 침해하는지 여부: 적극[위헌] (헌재 2019.12.27, 2017헌가21)

▶ 판시사항

1. 구 국민체육진흥법 제20조 제1항 제3호 및 국민체육진흥법 제20조 제1항 제3호(이하 위 두 조항을 합하여 '심판대상조항'이라 한다)가 규정한 '회원제로 운영하는 골프장 시설의 입장료에 대한 부가금'의 법적 성격
2. 심판대상조항이 헌법상 평등원칙에 위배되는지 여부: 적극

▶ 결정요지

1. 심판대상조항이 규정한 회원제로 운영하는 골프장 시설의 입장료에 대한 부가금(이하 '골프장 부가금'이라 한다)은 국민체육진흥법상 국민체육진흥기금(2018.1.1. 이후에는 국민체육진흥계정, 이하 '2018.1.1. 이전의 국민체육진흥기금'과 '2018.1.1. 이후의 국민체육진흥계정'을 합하여 '국민체육진흥계정'이라 한다)을 조성하는 재원이다. 골프장 부가금은 시설의 이용 대가와 별개의 금전으로서, 회원제로 운영하는 골프장 시설의 이용자(이하 '골프장 부가금 납부의무자'라 한다)라는 특정 부류의 집단에만 강제적·일률적으로 부과된다. 골프장 부가금은 국민체육진흥계정으로 포함되어 국민체육진흥법에서 열거한 용도로 사용되며, 진흥공단은 국민체육진흥계정을 독립된 회계로 관리·운용하여야 한다. 이를 종합하면, 골프장 부가금은 조세와 구별되는 것으로서 부담금에 해당한다. 골프장 부가금은 국민체육진흥계정의 재원을 마련하는 데에 그 목적이 있을 뿐, 그 부과 자체로써 골프장 부가금 납부의무자의 행위를 특정한 방향으로 유도하거나 골프장 부가금 납부의무자 이외의 다른 집단과의 형평성 문제를 조정하고자 하는 등의 목적이 있다고 보기 어렵다는 점 등을 고려할 때, 재정조달목적 부담금에 해당한다.

2. 심판대상조항으로 말미암아 골프장 부가금 납부의무자는 골프장 부가금 징수대상 체육시설을 이용하지 않는 그 밖의 국민과 달리 심판대상조항에 따른 골프장 부가금을 부담해야만 하는 차별 취급을 받는다. 심판대상조항이 규정한 골프장 부가금은 국민체육진흥법의 목적 등을 바탕으로 한 국민체육진흥계정의 재원이라는 점 등을 고려할 때, 골프장 부가금을 통해 수행하려는 공적 과제는 국민체육진흥계정의 안정적 재원 마련을 토대로 한 '국민체육의 진흥'이라고 할 수 있다. 그런데 국민체육진흥법상 '체육'의 의미와 그 범위, 국민체육진흥계정의 사용 용도 등에 비추어보면, '국민체육의 진흥'은 국민체육진흥법이 담고 있는 체육정책 전반에 관한 여러 규율사항을 상당히 폭넓게 아우르는 것으로서 이를 특별한 공적 과제로 보기에는 무리가 있다. 심판대상조항에 의한 부가금의 납부의무자는 골프장 부가금 징수대상 시설의 이용자로 한정된다. 이들은 여러 체육시설 가운데 회원제로 운영되는 골프장을 이용하는 집단이라는 점에서 동질적인 특정 요소를 갖추고 있다. 그러나 광범위한 목표를 바탕으로 다양한 규율 내용을 수반하는 '국민체육의 진흥'이라는 공적 과제에 국민 중 어느 집단이 특별히 더 근접한다고 자리매김하는 것은 무리한 일이다. 수영장 등 다른 체육시설의 입장료에 대한 부가금제도를 국민부담 경감 차원에서 폐지하면서 골프장 부가금 제도를 유지한 것은 이른바 고소득 계층이 회원제로 운영하는 골프장을 주로 이용한다는 점이 고려된 것으로 보인다. 하지만 골프 이외에도 많은 비용이 필요한 체육 활동이 적지 않을 뿐더러, 체육시설 이용 비용의 다과(多寡)에 따라 '국민체육의 진흥'이라는 공적 과제에 대한 객관적 근접성의 정도가 달라진다고 단정할 수도 없다. 골프장 부가금 납부의무자와 '국민체육의 진흥'이라는 골프장 부가금의 부과 목적 사이에는 특별히 객관적으로 밀접한 관련성이 인정되지 않는다. 수많은 체육시설 중 유독 골프장 부가금 징수대상 시설의 이용자만을 국민체육진흥계정 조성에 관한 조세 외적 부담을 져야 할 책임이 있는 집단으로 선정한 것에는 합리성이 결여되어 있다. 골프장 부가금 등을 재원으로 하여 조성된 국민체육진흥계정의 설치 목적이 국민체

육의 진흥에 관한 사항 전반을 아우르고 있다는 점에 비추어 볼 때, 국민 모두를 대상으로 하는 광범위하고 포괄적인 수준의 효용성을 놓고 부담금의 정당화 요건인 집단적 효용성을 갖추었다고 단정하기도 어렵다.

심판대상조항이 규정하고 있는 골프장 부가금은 일반 국민에 비해 특별히 객관적으로 밀접한 관련성을 가진다고 볼 수 없는 골프장 부가금 징수대상 시설 이용자들을 대상으로 하는 것으로서 합리적 이유가 없는 차별을 초래하므로, 헌법상 평등원칙에 위배된다.

54

> 투표용지의 후보자 게재순위를 국회에서의 다수의석순에 의하여 정하도록 규정한 공직선거법 제150조 제3항 전단, 제5항 제1호 본문과 투표용지의 후보자 기호를 위 순위에 따라 '1, 2, 3' 등의 아라비아 숫자로 표시하도록 규정한 공직선거법 제150조 제2항 본문이 평등권을 침해하는지 여부: 소극[기각] (헌재 2020.2.27. 2018헌마454)

1. 이 사건 순위조항에 대한 판단: 선례(헌재 1996.3.28. 96헌마9 등) 및 선례 변경의 필요 여부

헌법재판소는 이 사건 순위조항과 실질적으로 동일한 내용의 구 '공직선거 및 선거부정방지법'(1995.12.30. 법률 제5127호로 개정된 것) 제150조 제3항 내지 제5항에 대한 위헌확인 사건에서, 국회의원 선거 등 공직선거에 있어서 투표용지의 후보자 게재순위를 정함에 있어서 정당·의석수를 기준으로 한 기호배정 방법이 소수 의석을 가진 정당이나 의석이 없는 정당 후보자 및 무소속 후보자에게 상대적으로 불리하여 차별을 두었다고 할 수는 있으나, 이는 정당의 존재 의의 등에 비추어 그 목적이 정당할 뿐만 아니라 정당·의석을 우선함에 있어서도 당적 유무, 의석순, 정당명 또는 후보자 성명의 '가, 나, 다' 순 등 합리적 기준에 의하고 있으므로, 평등권을 침해하지 아니한다고 결정하였다(헌재 1996.3.28. 96헌마9 등). 이후 헌법재판소는 헌재 1997.10.30. 96헌마94 결정, 헌재 2004.2.26. 2003헌마601 결정, 헌재 2007.10.4. 2006헌마364 등 결정, 헌재 2011.3.31. 2009헌마286 결정, 헌재 2012.3.29. 2010헌마673 결정 및 헌재 2013.11.28. 2013헌마17 결정 등에서 공직선거 후보자의 정당·의석수를 기준으로 한 투표용지 게재순위 내지 기호배정방법이 소수의석을 가진 정당이나 의석이 없는 정당 후보자 및 무소속 후보자의 평등권을 침해하지 아니한다는 판시를 그대로 유지하여 왔다. 헌법재판소의 종전 선례에 법리상 중요한 잘못이 있다거나, 이 사건에서 종전 결정과 달리 판단하여야 할 만한 사정변경이나 필요성이 있다고 보기 어려우므로, 이 사건에서도 이 사건 순위조항에 관하여 위 판시취지를 그대로 유지하기로 한다.

2. 이 사건 기호조항에 대한 판단

공직선거에서 후보자 기호에 관해서는, 1947.3.18. 국회의원선거법 제정 당시 '1획, 2획, 3획' 등으로 표시하도록 규정하고, 1950.4.12. 국회의원선거법 개정과 1952.7.18. 대통령선거법 제정으로 'Ⅰ, Ⅱ, Ⅲ' 등의 로마자 숫자를 기호로 표시하도록 규정했으며, 1969.1.23. 위 각 법률의 개정을 통해 아라비아 숫자를 기호로 표시하도록 규정한 것이 이 사건 기호조항까지 이어진 것이다. 이는 보다 가독성 높은 기호를 사용하도록 함으로써 유권자의 혼동을 방지하고, 선거의 원활한 운영을 도모하기 위한 것으로 그 목적이 정당하다 할 것이고, 아라비아 숫자는 현재 가장 보편적으로 쓰이는 형태의 숫자로 다른 형태의 기호에 비하여 가독성이 매우 높아 이를 기호로 채택한 것이 다른 기호 사용에 비하여 현저히 합리성을 상실한 기호 채택이라고 할 수 없다. 따라서 이 사건 기호조항 역시 청구인 이ㅁㅁ, 이△△의 평등권을 침해할 정도로 입법형성권의 한계를 벗어난 것이라고 볼 수 없다.

55

회원제 골프장용 부동산의 재산세에 대하여 1천분의 40의 중과세율을 규정한 것이 평등원칙에 위반되는지 여부: 소극[합헌] (헌재 2020.3.26, 2016헌가17 등)

입법자는 외부불경제 효과로 인한 골프장 규제의 필요성, 회원 위주로 이용 가능한 회원제 골프장의 제한적인 접근 가능성, 사치·낭비 풍조 억제를 통한 한정된 자원의 바람직한 배분, 골프장 조성비용 조달방법의 차이 등 국민경제적·사회정책적 제반 요소들을 종합적으로 고려하여 회원제 골프장의 재산세율을 대중 골프장 등 다른 체육시설보다 높게 규정한 것인바, 이를 두고 현저히 합리적인 재량을 벗어나 불합리한 차별을 가하는 것이라 할 수 없으므로 심판대상조항은 평등원칙에 위반되지 아니한다.

56

금융회사 등의 임직원이 그 직무에 관하여 수수, 요구 또는 약속한 금품 기타 이익의 가액이 1억원 이상인 경우 가중처벌하도록 정하고 있는 구 '특정경제범죄 가중처벌 등에 관한 법률' 제5조 제4항 제1호가 형벌체계상의 균형을 상실하여 평등원칙에 위배되는지 여부: 소극[합헌] (헌재 2020.3.26, 2017헌바129)

수재행위의 경우 수수액이 증가하면서 범죄에 대한 비난가능성도 높아지므로 수수액을 기준으로 단계적 가중처벌을 하는 것에는 합리적 이유가 있다. 그리고 가중처벌의 기준을 1억원으로 정하면서 징역형의 하한을 10년으로 정한 것은 그 범정과 비난가능성을 높게 평가한 입법자의 합리적 결단에 의한 것인바, 가중처벌조항은 책임과 형벌간의 비례원칙에 위배되지 아니한다. 나아가 금융회사 등 임직원에게는 공무원과 맞먹는 정도의 청렴성 및 업무의 불가매수성이 요구되므로, 그 수재행위를 공무원의 수뢰행위와 동일한 법정형으로 처벌한다거나 다른 사인들의 직무 관련 수재행위보다 중하게 처벌한다는 이유만으로 가중처벌조항이 형벌체계상 현저히 균형을 잃은 것으로 평등원칙에 위배된다고 볼 수도 없다.

'주택'과 '주거용 오피스텔'에 관한 지방세법상 취득세율을 차별하는 것이 위헌인지 여부: 소극[합헌] (헌재 2020. 3.26. 2017헌바363)

건축법령상 오피스텔은 '업무를 주로 하며, 분양하거나 임대하는 구획 중 일부 구획에서 숙식을 할 수 있도록 한 건축물'로서 주택과 달리 일반업무시설에 해당한다. 주택법도 주택과 오피스텔을 개념상 구별하고 있다. 주택과 오피스텔에 관한 규율의 차이는 주택과 달리 오피스텔의 주기능이 '업무'에 있다는 것에 기인한다. 주택과 오피스텔은 그 법적 개념과 주된 용도가 다름으로 말미암아, 건축기준, 관리방법·기준, 공급·분양 절차 등 여러 가지 주요 사항에 관한 규율에서 구별되는 것이다. 아울러 주택과 오피스텔의 취득세율 체계는 우리나라의 주거 현실이나 주거 정책과도 긴밀히 맞물려 있다고 할 수 있다. 입법자가 오피스텔의 사실상 용도와 관계없이 주택과 오피스텔을 구별하여 그 취득세에 관한 세율 체계를 달리 규정한 것을 두고 비합리적이고 불공정한 조치라 할 수 없으며, 현저히 자의적이라고 보기 어렵다. 심판대상조항이 오피스텔 취득자의 주관적 사용 목적 내지 의사를 고려하지 않았다고 하더라도 그것만을 이유로 조세평등주의에 위배된다는 결론에 이를 수는 없다.

정년퇴직일 전에 임기만료일이 먼저 도래하는 법관의 경우 임기만료일을 기준으로 명예퇴직수당 정년잔여기간을 산정하도록 정한 '법관 및 법원공무원 명예퇴직수당 등 지급규칙' 제3조 제5항 본문이 평등권을 침해하는지 여부: 소극[기각] (헌재 2020.4.23. 2017헌마321)

법관 이외의 경력직공무원 중에서도 정년과 함께 임기제·연임제의 적용을 받는 헌법연구관 및 계급정년이 존재하는 경찰공무원, 소방공무원 등은 다른 경력직공무원과 달리, 퇴직시점에 임기나 계급정년과 같이 법적으로 확보된 근속가능기간이 연령정년보다 먼저 도래하는 경우, 법관과 마찬가지로 정년잔여기간이 그 범위 내로 줄어들게 된다. 이러한 정년잔여기간 산정방식은 해당 직역의 업무적 특성 등을 반영한 것으로서 임기 또는 계급정년기간 동안 근속이 보장된다는 점을 감안할 때 충분히 납득할 수 있다. 나아가 법관 명예퇴직수당은 자진퇴직을 요건으로 하므로 퇴직법관이 잔여임기를 고려하여 명예퇴직수당 수령이 가능한 때로 퇴직시점을 정할 수 있는 점, 최근의 평생법관제 정착을 위한 노력 등을 고려할 때 명예퇴직제도의 수혜 범위 등을 확대하여 경험 많은 법관의 조기퇴직을 추가로 유도할 필요성이 상대적으로 크다고 할 수 없는 점 등의 사정도 함께 고려할 필요가 있다. 위에서 본 사정을 종합하여 볼 때, 심판대상조항으로 인하여 법관이 연령정년만을 기준으로 정년잔여기간을 산정하는 다른 경력직공무원에 비하여, 명예퇴직수당 지급 여부 및 액수 등에 있어 불이익을 볼 가능성이 있다 하더라도, 이를 자의적인 차별이라 볼 수는 없다. 따라서 심판대상조항은 청구인의 평등권을 침해하지 않는다.

주거침입준강제추행죄를 범한 경우 무기징역 또는 5년 이상의 징역에 처하도록 한 성폭력범죄 등의 처벌에 관한 특례법이 책임과 형벌간의 비례원칙과 평등원칙에 위반되는지 여부: 소극[합헌] (헌재 2020.9.24. 2018헌바171)

1. 책임과 형벌간의 비례원칙에 위반되는지 여부: 소극

심판대상조항이 규율하고 있는 범죄인 주거침입준강제추행죄는 '주거침입죄'와 '준강제추행죄'의 결합범으로, 인간 생활의 기본 조건이 되는 주거 등의 공간을 침입하고 그 공간에서 심신상실 또는 항거불능 상태에 있는 피해자를 추행함으로써 성립하는 범죄이다. 주거침입준강제추행죄가 발생하는 경우, 피해자는 개인의 인격과 불가분적으로 연결되는 주거 등의 공간에서 정신적·신체적 사정으로 방어하기 어려운 상태로 성적 자기결정권을 침해당하게 되어 심각한 정신적·정서적 장애를 입게 되는 등 피해가 매우 심각하고, 행위의 불법성이나 비난가능성이 매우 크다. 주거침입준강제추행죄의 보호법익의 중요성, 죄질, 행위자의 책임의 정도 등을 고려하여 본다면, 입법자가 주거침입 준강제추행죄에 대하여 '무기징역 또는 5년 이상의 징역'이라는 비교적 중한 법정형을 정한 것이 범죄의 죄질 및 행위자의 책임에 비하여 지나치게 가혹하다고 할 수 없다. 따라서 심판대상조항은 책임과 형벌간의 비례원칙에 위반되지 아니한다.

2. 형벌체계상 균형을 상실하여 평등원칙에 위반되는지 여부: 소극

주거침입준강제추행죄는 평안과 안전을 보장받아야 할 공간에서 심신상실 또는 항거불능 상태에 있는 피해자의 성적 자기결정권을 침해하는 범죄로 주거침입강간죄와 비교할 때 그 보호법익, 죄질, 비난가능성에 있어 큰 차이가 있다고 보기 어렵다. 형법전에서 준강제추행죄를 강간죄보다 낮은 법정형에 처하고 있다 하더라도, 각종 성폭력범죄가 흉포화·집단화·지능화되고 있는 상황에서 기존의 법체계로는 적절한 대처가 어려워 입법자가 특별형법인 '성폭력 범죄 등의 처벌에 관한 특례법'을 제정하고 심판대상조항을 신설한 점을 고려하면, 주거침입준강제추행죄에 대하여 주거침입강간죄보다 법정형을 가볍게 정하지 않은 것이 형벌체계상 정당성이나 균형성을 현저히 상실하였다고 볼 수 없다. 따라서 심판대상조항은 평등원칙에 위반되지 아니한다.

'주거침입강제추행죄의 주거침입준강제추행죄'의 법정형을 '무기징역 또는 7년 이상의 징역'으로 정한 조항이 책임과 형벌간의 비례원칙에 위배되는지 여부: 적극[위헌] (헌재 2023.2.23, 2021헌가9 등)

▶ **판시사항**

주거침입강제추행죄 및 주거침입준강제추행죄에 대하여 무기징역 또는 7년 이상의 징역에 처하도록 한 '성폭력범죄의 처벌 등에 관한 특례법'(이하 '성폭력처벌법'이라 한다) 제3조 제1항 중 '형법 제319조 제1항(주거침입)의 죄를 범한 사람이 같은 법 제298조(강제추행), 제299조(준강제추행) 가운데 제298조의 예에 의하는 부분의 죄를 범한 경우에는 무기징역 또는 7년 이상의 징역에 처한다.'는 부분(이하 '심판대상조항'이라 한다)이 책임과 형벌간의 비례원칙에 위배되는지 여부: 적극

▶ **결정요지**

주거침입죄와 강제추행·준강제추행죄는 모두 행위 유형이 매우 다양한바, 이들이 결합된다고 하여 행위 태양의 다양성이 사라지는 것은 아니므로, 그 법정형의 폭은 개별적으로 각 행위의 불법성에 맞는 처벌을 할 수 있는 범위로 정할 필요가 있다.

심판대상조항은 법정형의 하한을 '징역 5년'으로 정하였던 2020.5.19. 개정 이전의 구 성폭력처벌법 제3조 제1항과 달리 그 하한을 '징역 7년'으로 정함으로써, 주거침입의 기회에 행해진 강제추행 및 준강제추행의 경우에는 다른 법률상 감경사유가 없는 한 법관이 정상참작감경을 하더라도 집행유예를 선고할 수 없도록 하였다. 이에 따라 주거침입의 기회에 행해진 강제추행 또는 준강제추행의 불법과 책임의 정도가 아무리 경미한 경우라고 하더라도, 다른 법률상 감경사유가 없으면 일률적으로 징역 3년 6월 이상의 중형에 처할 수밖에 없게 되어, 형벌개별화의 가능성이 극도로 제한된다.

심판대상조항은 법정형의 '상한'을 무기징역으로 높게 규정함으로써 불법과 책임이 중대한 경우에는 그에 상응하는 형을 선고할 수 있도록 하고 있다. 그럼에도 불구하고 법정형의 '하한'을 일률적으로 높게 책정하여 경미한 강제추행 또는 준강제추행의 경우까지 모두 엄하게 처벌하는 것은 책임주의에 반한다.

심판대상조항은 그 법정형이 형벌 본래의 목적과 기능을 달성함에 있어 필요한 정도를 일탈하였고, 각 행위의 개별성에 맞추어 그 책임에 알맞은 형을 선고할 수 없을 정도로 과중하므로, 책임과 형벌 간의 비례원칙에 위배된다.

✎ 심판대상조항은 '주거침입강제추행죄·준강제추행죄'의 법정형의 하한을 '징역 5년'으로 정하였던 2020.5.19. 개정 이전의 구 성폭력처벌법 제3조 제1항과 달리 그 하한을 '징역 7년'으로 정함으로써, 주거침입의 기회에 행해진 강제추행 및 준강제추행의 경우에는 다른 법률상 감경사유가 없는 한 법관이 정상참작감경을 하더라도 집행유예를 선고할 수 없도록 하였다. 이 결정은 법정형의 하한이 5년 이상의 징역이어서 작량감경의 사유가 있는 경우에는 얼마든지 집행유예를 선고할 수 있다는 점을 주요 논거로 하는 종전의 합헌결정들을 이제는 추종할 수 없게 되었다고 보고, 책임과 형벌간의 비례원칙에 위반하여 헌법에 위반된다고 선언한 것이다.

'야간주거침입절도미수범의 준강제추행죄'의 법정형을 '무기징역 또는 7년 이상의 징역'으로 정한 조항이 책임과 형벌간의 비례원칙에 위배되는지 여부: 소극[합헌] (헌재 2023.2.23. 2022헌가2)

▶ 판시사항

1. 야간주거침입절도죄의 미수범이 준강제추행죄를 범한 경우 무기징역 또는 7년 이상의 징역에 처하도록 한 '성폭력범죄의 처벌 등에 관한 특례법'(이하 '성폭력처벌법'이라 한다) 제3조 제1항 중 '형법 제342조(미수범. 다만, 제330조의 미수범으로 한정한다)의 죄를 범한 사람이 같은 법 제299조(준강제추행) 가운데 제298조의 예에 의하는 부분의 죄를 범한 경우에는 무기징역 또는 7년 이상의 징역에 처한다.'는 부분(이하 '심판대상조항'이라 한다)이 책임과 형벌간의 비례원칙에 위배되는지 여부: 소극

2. 심판대상조항이 형벌체계상 균형을 상실하여 평등원칙에 위배되는지 여부: 소극

▶ 결정요지

1. 심판대상조항이 규율하는 야간주거침입절도미수준강제추행죄(이하 '이 사건 범죄'라 한다)는 평온과 안전을 보호받아야 하는 사적 공간에 대하여, 특히 평온과 안전이 강하게 요청되는 시간대인 야간에 재물을 절취할 의도로 침입한 사람이 정신적·신체적 사정으로 인하여 자기를 방어할 수 없는 상태에 있는 피해자의 성적 자기결정권을 침해하는 범죄로서, 행위의 불법성이 크고 법익 침해가 중대하다. 따라서 입법자가 이 사건 범죄의 법정형을 무기징역 또는 7년 이상의 징역으로 정한 데에는 합리적인 이유가 있고, 위 법정형이 이 사건 범죄의 죄질이나 행위자의 책임에 비하여 지나치게 가혹하다고 할 수 없다.

   야간주거침입절도죄가 성립하기 위해서는 '주거침입'행위가 있을 것을 전제로 하는 동시에 그 주거침입행위가 야간에 이루어져야 하고, 타인의 재물을 절취할 의사가 있어야 한다는 점에서 단순 주거침입죄의 경우보다 범행의 동기와 정황이 제한적이고, 야간에 절도의 의사로 타인의 주거 등에 침입한 기회에 충동적으로 성범죄를 저지르거나 절도의 범행을 은폐하기 위하여 계획적으로 성범죄를 저지르는 등 이 사건 범죄의 불법성이나 범행에 이르게 된 동기의 비난가능성이 현저히 큰 점 등을 고려하면, 이 사건 범죄의 행위 태양의 다양성이나 불법의 경중의 폭은 주거침입준강제추행죄의 그것만큼 넓지 아니하므로, 주거침입준강제추행죄와 달리 이 사건 범죄에 대하여 법관의 정상참작감경만으로는 집행유예를 선고하지 못하도록 한 것이 법관의 양형판단재량권을 침해하는 것이라고 볼 수 없다. 따라서 심판대상조항은 책임과 형벌간의 비례원칙에 위배되지 않는다.

2. 자신이 가장 평온하다고 느끼는 사적 공간에서 그러한 사적 공간의 평온과 안전이 강하게 요청되는 야간에 성범죄를 당한 피해자의 충격과 공포는 성범죄행위의 유형에 따라 크게 달라진다고 보기 어렵다. 입법자가 이 사건 범죄의 법정형을 야간주거침입절도미수범이 강간·준강간, 유사강간·준유사강간의 죄를 범한 경우와 동일하게 정한 것은 야간주거침입절도의 미수범이 그 기회에 성범죄에 이르게 된 사실에 강한 불법성과 일반예방의 필요성을 인정한 것으로 형벌체계상 정당성이나 균형성을 현저히 상실한 자의적인 입법이라고 할 수 없다. 따라서 심판대상조항은 형벌체계상 균형을 상실하여 평등원칙에 위배되지 않는다.

✎ '야간주거침입절도미수준강제추행죄'의 기본범죄인 준강제추행죄에 있어 추행으로 인정되는 행위 유형의 범위가 넓다고 하더라도 가중적 구성요건인 야간주거침입절도행위의 죄질과 불법성이 중대하고, 단순 주거침입에 비하여 범행의 동기와 정황이 제한적이며, 야간주거침입절도의 기회에 성범죄에 이르게 된 동기의 비난가능성이 현저히 큰 점 등을 고려할 때, 주거침입준강제추행죄의 경우와 달리 위와 같은 법정형을 규정한 것은 책임과 형벌의 비례원칙을 준수하였으며, 형벌체계상 정당성이나 균형성에도 부합한다고 판단하였다.

전문연구요원과 달리 공중보건의사의 군사교육소집기간을 복무기간에 산입하지 않는 심판대상조항은 청구인들의 평등권을 침해하는지 여부: 소극[기각] (헌재 2020.9.24. 2019헌마472)

공중보건의사는 임기제 공무원의 신분을 가지고 농어촌 등 보건의료 취약지역의 보건의료업무에 종사하는 사람으로, 국가산업의 육성과 발전을 위해 기업부설 연구기관, 자연계 대학원 등과 개별적으로 채용계약을 체결하여 연구업무에 종사하는 전문연구요원에 비하여 수행업무의 공익적 기여도가 매우 크고 직접적이다. 공중보건의사의 군사교육소집기간을 의무복무기간에 산입한다면, 해당 지역별로 공중보건의사의 소집해제일인 3월경부터 다른 공중보건의사가 통상 배치되는 4월경까지 약 1개월간 필연적으로 의료공백이 발생하게 된다. 공중보건의사는 진료업무뿐 아니라 지역 보건 사업 등 다방면의 업무를 수행하여야 하고, 일반적으로 한 지역에 배치되는 공중보건의사의 인원이 매우 소수이므로, 공중보건의사의 부재가 매년 1개월씩 일부 지역에서 반복된다면, 보건의료 취약지역의 의료상황이 더욱 악화될 우려가 있다. 반면에 전문연구요원은 복무지와 연구업무의 특성상 일정기간 자리를 비우더라도 심각한 업무공백 문제는 발생하지 않는다. 같은 병역 유형인 보충역에 속한다고 하더라도 개별 보충역마다 제도 도입 취지, 복무 형태, 복무 내용, 신분 등이 상이하므로 군사교육소집기간 산입 여부와 같은 병역의무 이행의 세부적인 내용이 모두 동일하게 적용되어야 한다고 볼 수는 없다. 입법연혁을 살펴보면, 공중보건의사는 군의관과 그 근간을 같이 하였던 것으로 보이며, 현행법에 따르더라도 군의관과 선발과정, 보수, 수행 업무의 내용 등 여러 가지 면에서 동일하거나 유사하다. 이러한 점을 고려하면, 군사교육소집기간의 복무기간 산입 여부와 같은 정책적인 사항에 대하여 전문연구요원과 달리 규정한다고 해서 이를 부당한 차별취급이라고 단정하기는 어렵다. 따라서 심판대상조항이 전문연구요원과 달리 공중보건의사의 군사교육소집기간을 복무기간에 산입하지 않은 데에는 합리적 이유가 있으므로, 청구인들의 평등권을 침해하지 않는다.

공중보건의사에 편입되어 군사교육에 소집된 사람을 군인보수법의 적용대상에서 제외하여 군사교육 소집기간 동안의 보수를 지급하지 않도록 한 군인보수법이 평등권을 침해하는지 여부: 소극[기각] (헌재 2020.9.24, 2017헌마643)

병역의무 이행자들에 대한 보수는 병역의무 이행과 교환적 대가관계에 있는 것이 아니라 병역의무 이행의 원활한 수행을 장려하고 병역의무 이행자들의 처우를 개선하여 병역의무 이행에 전념하게 하려는 정책적 목적으로 지급되는 수혜적인 성격의 보상이므로, 병역의무 이행자들에게 어느 정도의 보상을 지급할 것인지는 입법자에게 상당한 재량이 인정된다. 현역병과 공중보건의사는 모두 군인의 신분으로 일정한 군사훈련을 받고 있으나, 현역병은 입영한 날부터 군부대에 복무하고 복무기간 내내 영내에 거주하며 일방적으로 징집되는 데 반해, 공중보건의사는 의사 등 전문자격 보유자를 대상으로 하고, 현역병보다 자유로운 환경에서 복무하며, 임기제 공무원으로 신분이 보장되고, 자신의 전문지식과 능력을 그대로 활용할 수 있으며, 장교에 해당하는 보수를 지급받고 있어 의무복무의 내용과 처우 등에 있어 서로 같다고 보기 어렵다.

사회복무요원 또한 공중보건의사와 같은 보충역이나, 현역과 동일하게 일방적으로 징집순서와 소집순서가 결정되고, 민간인 신분으로 복무하며, 현역병에 해당하는 보수를 지급받고 있어 그 복무의 내용이나 성격이 공중보건의사와 같다고 보기 어렵다.

또한, 공중보건의사에 대한 군사교육은 복무기간 내내 비군사적인 복무에 종사하게 될 공중보건의사에게 단 1회 30일 이내의 기간에 한하여 이루어지고, 그 기간 동안 의식주에 필요한 기본물품이 제공된다는 점 등을 고려하면 공중보건의사가 받는 불이익이 심대하다고 보기도 어렵다. 따라서 심판대상조항이 공중보건의사로 편입되어 군사교육 소집된 자를 군인보수법의 적용대상에서 제외하여 군사교육 소집기간 동안의 보수를 지급하지 않도록 규정하였다고 하더라도 이는 한정된 국방예산의 범위 내에서 효율적인 병역 제도의 형성을 위하여 공중보건의사의 신분, 복무 내용, 복무 환경, 전체 복무기간 동안의 보수 수준 및 처우, 군사교육의 내용 및 기간 등을 종합적으로 고려하여 결정한 것이므로, 청구인의 평등권을 침해한다고 보기 어렵다.

신체장애인에게 운전면허시험용 이륜자동차를 제공하지 않은 부작위가 평등권을 침해하는지 여부: 소극[기각]
(헌재 2020.10.29. 2016헌마86)

" 사건개요 "

청구인은 오른쪽 다리를 무릎관절 이상 부위에서 잃었는데 운전면허 취득이 허용되는 도로교통법 시행규칙 [별표 20] 가.의 11.목에 해당하는 신체장애인으로서, 제2종 소형 운전면허를 취득하고자 2015.7.경 서울 서부운전면허시험장에 갔는데, 그곳에서 도로교통법 제83조 제1항 제4호에 따른 '자동차 등의 운전에 필요한 기능에 관한 시험' 응시에 사용할 수 있도록 관련법령에서 운전면허 취득이 허용된 신체장애 정도에 적합하게 제작·승인된 기능시험용 이륜자동차가 제공되지 않아 기능시험에 응시할 수 없었다.
이에 청구인은 2016.2.1. 위와 같이 기능시험 응시에 사용가능한 이륜자동차를 제공받지 못한 것이 청구인의 평등권을 침해한다고 주장하며 이 사건 헌법소원심판을 청구하였다.

▶ 이유의 요지

[재판관 이선애, 이석태, 김기영, 문형배, 이미선의 위헌의견]

1. 적법요건에 대한 판단(행정부작위에 대한 헌법소원)

인간으로서의 존엄과 가치에 관한 헌법 제10조와 인간다운 생활을 할 권리에 관한 제34조의 규율 내용과 취지에 비추어 보면, 국가에게는 신체장애인이 인간다운 생활을 누릴 수 있는 정의로운 사회질서를 형성해야 할 일반적 의무가 인정된다고 볼 수 있다. 또한 헌법 제11조는 모든 국민은 법 앞에 평등하다고 규정하고 있는데, 일반적으로 평등원칙은 본질적으로 같은 것을 자의적으로 다르게, 본질적으로 다른 것을 자의적으로 같게 취급하는 것을 금하는 것으로 해석되므로, 신체장애인을 그러한 장애가 없는 사람과 자의적으로 다르게 취급하는 때에는 신체장애인의 평등권 침해가 문제될 수 있다. 헌법 제11조에 따른 평등원칙은 입법작용과 사법작용만이 아니라 행정작용까지 구속하는 원칙이므로 도로교통공단이 운전면허시험 관리의 일환으로 예산을 투입하여 응시자들에게 기능시험용 자동차를 제공하는 급부작용을 함에 있어서 합리적 이유 없이 신체장애인을 비장애인과 차별해서는 안 된다.
'장애인차별금지 및 권리구제 등에 관한 법률'(이하 '장애인차별금지법'이라 한다)은 헌법 제10조, 제11조, 제34조에 기초한 법률로, 운전면허시험과 관련하여 제19조 제6항에서 "국가 및 지방자치단체는 운전면허시험의 신청·응시·합격의 모든 과정에서 정당한 사유 없이 장애인을 제한·배제·분리·거부하여서는 안 된다.", 제19조 제7항에서 "국가 및 지방자치단체는 장애인이 운전면허시험의 모든 과정을 장애인 아닌 사람과 동등하게 거칠 수 있도록 정당한 편의를 제공하여야 한다."라고 규정하고 있다.
그러므로 국가와 지방자치단체에게는 신체장애인이 그러한 장애가 없는 사람과 동등하게 운전면허시험을 신청·응시·합격할 수 있도록 인적·물적 제반 수단을 제공하고 이와 관련된 조치를 취할 의무가 인정되고, 이러한 의무는 도로교통공단도 부담한다. 특히 도로교통공단이 기능시험용 이륜자동차를 제공하는 것은 예산에 근거한 것으로, 이러한 급부작용의 제공에 있어서 모든 국민은 합리적인 이유 없이 그 제공 또는 사용으로부터 배제되거나 혹은 그 제공 또는 사용이 거부되어서는 안 된다. 도로교통법 시행규칙 [별표 20]이 신체장애인의 장애 유형을 14가지로 구분하여 그 유형별로 취득할 수 있는 운전면허에 관하여 규정하고 있고, 청구인은 [별표 20] 가.의 11.목에 해당하여 운전면허 취득이 허용된다. 도로교통공단이 운전면허시험의 관리를 위하여 예산을 투입하여 운전면허 기능시험 응시자에게 차량제공 급부작용을 함에 있어서는 비장애인을 위해 기능시험용 차량이 제공되는 것과 동등하게 관련

법령상 운전면허 취득이 허용된 신체장애인에게도 그들이 취득할 수 있는 운전면허와 관련한 신체장애 정도에 적합하게 제작·승인된 기능시험용 차량을 제공할 구체적 작위의무를 부담한다.

그렇다면 피청구인은 관련법령에서 운전면허 취득이 허용된 신체장애를 가진 청구인이 제2종 소형 운전면허를 취득하고자 기능시험에 응시함에 있어서 청구인에게 관련법령에서 운전면허 취득이 허용된 신체장애 정도에 적합하게 제작·승인된 기능시험용 이륜자동차를 제공할 구체적 작위의무를 부담한다고 보아야 한다. 이것이 헌법 제10조, 제11조, 제34조의 규율 내용과 취지, 이를 이어받은 장애인차별금지법 제1조, 제4조, 제6조, 제8조와 제19조 제6항·제7항과 운전면허제도를 형성하고 있는 도로교통법 제80조, 도로교통법 제83조의 내용에 부합하며, 단지 시행령에 명문의 규정이 없다는 점을 이유로 이 사건 구체적 작위의무를 부인하는 것은 타당하지 않다.

2. 본안판단

도로교통공단이 운전면허시험의 관리를 위하여 예산을 투입하여 운전면허 기능시험 응시자에게 차량제공 급부작용을 함에 있어서는 비장애인을 위해 기능시험용 차량이 제공되는 것과 동등하게 관련법령상 운전면허 취득이 허용된 신체장애인에게도 그들이 취득할 수 있는 운전면허와 관련한 신체장애 정도에 적합하게 제작·승인된 기능시험용 차량을 제공할 구체적 작위의무를 부담하고 있음에도 피청구인은 관련법령에서 운전면허 취득이 허용된 신체장애를 가진 청구인이 2015.7.경 서울 서부운전면허시험장에서 제2종 소형 운전면허를 취득하고자 기능시험에 응시함에 있어서 관련법령에서 운전면허 취득이 허용된 신체장애 정도에 적합하게 제작·승인된 기능시험용 이륜자동차를 제공하지 않았다(이하 '이 사건 작위의무 불이행'이라고 한다). 피청구인의 이 사건 작위의무 불이행에 있어서 이를 헌법상 정당화할 수 있는 사유가 없는 경우에는 이 사건 부작위는 헌법에 위반된다고 할 것이다. 피청구인은 모든 신체장애 정도에 맞추어 특수제작·승인된 이륜자동차를 비치하는 것은 한정된 재원에 비추어 사실상 불가능하다고 한다. 그러나 사실상 예산이 한정되어 있다고 해도 그 한정된 범위 내에서 비장애인과 신체장애인 사이에 자의적인 차별이 발생하지 않도록 적절하게 예산을 분배하여 집행하면 되고, 피청구인의 운전면허시험의 관리에 관한 지출예산액 규모에 비추어, 청구인이 기능시험 응시에 사용할 수 있는 이륜자동차를 구비하도록 하는 것이 과도한 부담을 지우는 것으로 보기는 어렵다.

신체장애인의 장애 유형과 정도, 자동차의 기능 등을 종합하여 도로교통상의 위험과 장해를 발생시키지 않는 범위에서 신체장애인이 자동차를 스스로 운전할 수 있도록 운전면허제도와 그 면허 취득을 위한 시험과정을 형성하는 것은, 신체장애인이 그러한 장애가 없는 사람과 동등하게 차량을 운전하고 사회에 참여할 수 있도록 하는 실질적 기초가 되는 것이다. 그러므로 신체장애인이 제2종 소형 운전면허를 취득하려는 수요가 적다거나, 신체장애인의 이동권이나 취업 지원과의 관련성이 적다는 사정이 이 사건 작위의무 불이행을 헌법상 정당화하는 사유가 될 수 없다. 또한 피청구인은 청구인이 소유하거나 그가 타고 온 차를 이용하여 기능시험을 응시할 수 있다고 한다. 그러나 관련 도로교통법 시행규칙 조항은 운전면허시험의 관리가 피청구인의 책임하에 있음을 전제로 신체장애인의 경우 그가 소유하거나 또는 타고 온 차를 이용하여 기능시험에 응시할 수 있도록 혜택을 부여하는 것에 불과하다. 그러나, 자신의 차량이 없는 경우이거나 자신의 차량이 있더라도 임시운전면허증을 받지 않는 한 무면허상태에서 자신의 차량을 자신이 직접 가지고 오는 것이 현실적으로 불가능하여 제3자의 도움을 받아야만 이를 시험장에 가지고 올 수 있는 점을 감안한다면 위와 같은 혜택만으로 신체장애인에게 기능시험 응시의 기회가 실질적으로 보장되어 있다고 볼 수 없다.

피청구인이 주장하는 사유들은 이 사건 작위의무 불이행을 헌법상 정당화해주는 사유라고 볼 수 없고, 달리 이 사건 작위의무 불이행을 헌법상 정당화할 다른 사정을 발견할 수 없다. 따라서, 이 사건 부작위는 청구인의 평등권을 침해하는 공권력의 불행사에 해당한다.

▶ 결론

이 사건 심판청구는 적법하고 이 사건 부작위는 청구인의 평등권을 침해한다는 것이 재판관 5인의 의견이나, 이는 헌법 제113조 제1항, 헌법재판소법 제23조 제2항 단서 제1호에 규정된 헌법소원에 관한 인용결정의 정족수에 미달하므로 이 사건 심판청구를 기각한다.

> ✎ 위헌의견(5인) : 각하의견(4인) ⇨ 기각
> 기각의견이 없지만 기각이 법정의견이 된 이유는 다음과 같다.
> 위헌결정을 하기 위한 정족수는 6인 이상이다. 비록 5인의 위헌의견이 다수의견일지라도 위헌정족수에 미치지 못한 경우이므로 기각인 것이다. 각하의견이 아닌 이유는 각하의견(4인)보다 본안의견(5인)이 다수이기 때문에 본안에 해당하는 결정이 나와야 하기 때문이다. 본안에서 위헌정족수는 미달되고 각하결정은 할 수 없는 경우이기 때문에 결론적으로 기각결정이 법정의견이 되는 것이다.

권력의 불행사를 대상으로 한 것이어서 부적법하다고 보아야 한다.

65

금융회사 등 임직원이 그 직무에 관하여 5천만원 이상 1억원 미만의 금품 등의 수수를 약속한 경우 가중처벌하는 '특정경제범죄 가중처벌 등에 관한 법률' 제5조 제4항 제2호 부분이 평등원칙 등에 위배되는지 여부: 소극
[합헌] (헌재 2020.10.29, 2019헌가15)

❝ 사건개요 ❞

당해 사건의 피고인 김○○은 □□신협 △△지점장으로서 대출업무를 담당하면서, 2017.3.31. 안◇◇ 등에게 18억원을 대출해 주는 조건으로 피고인 소유의 시가 5,840만원인 토지를 1억 3,800만원에 매도하기로 하는 매매계약을 체결하여, 금융회사 임직원 직무에 관하여 그 차액 7,960만원 상당의 이익을 수수하기로 약속하였다는 공소사실로 창원지방법원에 기소되었다.
위 법원은 소송계속 중 2019.4.12. '특정경제범죄 가중처벌 등에 관한 법률' 제5조 제4항 제2호 중 제1항의 '약속'에 관한 부분이 헌법에 위반된다는 이유로 직권으로 위헌법률심판제청을 하였다.

특정경제범죄 가중처벌 등에 관한 법률(2012.2.10. 법률 제11304호로 개정된 것)

제5조【수재 등의 죄】④ 제1항부터 제3항까지의 경우에 수수, 요구 또는 약속한 금품이나 그 밖의 이익의 가액 (이하 이 조에서 "수수액"이라 한다)이 3천만원 이상일 때에는 다음 각 호의 구분에 따라 가중처벌한다.

2. 수수액이 5천만원 이상 1억원 미만일 때: 7년 이상의 유기징역

관련조항

특정경제범죄 가중처벌 등에 관한 법률(2012.2.10. 법률 제11304호로 개정된 것)

제5조【수재 등의 죄】① 금융회사 등의 임직원이 그 직무에 관하여 금품이나 그 밖의 이익을 수수(收受), 요구 또는 약속하였을 때에는 5년 이하의 징역 또는 10년 이하의 자격정지에 처한다.

▶ 이유의 요지

1. 헌법재판소의 선례

헌법재판소는 2017.12.28. 2017헌바193 결정에서, 이 사건 법률조항과 같은 내용을 규정한 구법 조항에 대하여 합헌결정을 하였는데, 그 결정이유의 요지는 다음과 같다.

"금융기관 임직원의 직무에 대하여 그 집행의 투명성·공정성을 확보하는 것은 매우 중요한 공익이라 할 수 있어 직무관련 수재 등 행위를 공무원의 수뢰죄와 같은 수준으로 가중처벌하도록 한 것은 합리적 이유가 있다. 일반적으로 수수액이 증가하면 범죄에 대한 비난가능성도 높아진다고 보는 것이 합리적인 점에 비추어 수수액을 기준으로 한 단계적 가중처벌에는 합리적인 이유가 있다. 심판대상조항은 책임과 형벌간 비례원칙에 위배되지 않는다.

금융기관 임직원에게는 공무원이나 공무원으로 의제되는 공적 업무를 담당하는 사람들에 버금가는 정도의 청렴성과 직무의 불가매수성이 요구되므로, 공무원의 수뢰죄와 동일한 기준으로 변호사 등 다른 전문직 종사자보다 중하게 처벌한다고 하더라도 거기에 합리적 근거가 있다. 심판대상조항은 형벌체계의 균형성에 반한다고 보기 어렵다."

2. 이 사건의 경우

위 선례는 특정경제범죄법 제5조 제4항 제2호 전체에 관한 판단이었으나, 이 사건 제청법원은 위 조항 중 '약속' 부분의 위헌성을 주장하였고, 심판대상도 이에 한정되었다.

이 사건 법률조항의 보호법익은 금융회사 등 임직원의 청렴성과 그 직무의 불가매수성이므로 금융회사 등 임직원이 금품 등을 '약속'한 경우가 현실적으로 금품 등을 '수수'한 경우에 비해 언제나 불법의 크기나 책임이 작다고 볼 수도 없고, 이 사건 법률조항이 요구·약속·수수를 동일한 기준에 따라 처벌하는 것은 금융회사 등 임직원이 5천만원 이상의 상당한 금품 등을 요구·약속·수수하였다면 금융회사 등 임직원의 청렴성과 그 직무수행의 불가매수성에 대한 침해가 이미 현저히 이루어졌다는 판단에 근거한 것으로 이러한 판단이 부당하다고 볼 수 없다. 이 사건의 경우 위 헌법재판소의 선례를 변경할 만한 특별한 사정이나 필요성이 있다고 할 수 없으므로, 선례의 취지는 이 사건에서도 그대로 타당하다.

운행 중인 자동차의 운전자를 폭행하거나 협박하여 사람을 상해에 이르게 한 경우를 3년 이상의 유기징역에 처하도록 한 '특정범죄 가중처벌 등에 관한 법률' 제5조의10 제2항 중 '상해'에 관한 부분이 형벌체계상의 균형을 상실하여 평등원칙에 위배되는지 여부: 소극[합헌] (헌재 2020.11.26, 2020헌바281)

사건개요

청구인은 2019.2.10. 04:13경 승객으로 택시를 타고 가다가 운전자와 시비가 붙자 일시 정차한 택시 안에서 운전자를 폭행하여 운전자에게 약 28일간의 치료를 요하는 외상성 지주막하출혈 등의 상해를 가하였다는 범죄사실로 기소되어, 제1심에서 2019.12.6. 특정범죄 가중처벌 등에 관한 법률 위반(운전자폭행 등)죄로 징역 1년 6월에 집행유예 3년을 선고받았다.

이에 청구인이 항소하였고, 항소심 계속 중 운행 중인 자동차의 운전자를 폭행하거나 협박하여 사람을 상해에 이르게 한 경우에는 3년 이상의 유기징역에 처하도록 한 '특정범죄 가중처벌 등에 관한 법률' 제5조의10 제2항 전단 부분에 대하여 위헌법률심판제청신청을 하였으나, 2020.4.9. 위 항소와 신청이 모두 기각되자, 2020.5.8. 이 사건 헌법소원심판을 청구하였다.

▶ 심판대상

특정범죄 가중처벌 등에 관한 법률(2010.3.31. 법률 제10210호로 개정된 것)

제5조의10 【운행 중인 자동차 운전자에 대한 폭행 등의 가중처벌】 ② 제1항의 죄를 범하여 사람을 상해에 이르게 한 경우에는 3년 이상의 유기징역에 처하고, 사망에 이르게 한 경우에는 무기 또는 5년 이상의 징역에 처한다.

관련조항

특정범죄 가중처벌 등에 관한 법률(2015.6.22. 법률 제13351호로 개정된 것)

제5조의10 【운행 중인 자동차 운전자에 대한 폭행 등의 가중처벌】 ① 운행 중(여객자동차 운수사업법 제2조 제3호에 따른 여객자동차운송사업을 위하여 사용되는 자동차를 운행하는 중 운전자가 여객의 승차·하차 등을 위하여 일시 정차한 경우를 포함한다)인 자동차의 운전자를 폭행하거나 협박한 사람은 5년 이하의 징역 또는 2천만원 이하의 벌금에 처한다.

▶ 결정주문

특정범죄 가중처벌 등에 관한 법률(2010.3.31. 법률 제10210호로 개정된 것) 제5조의10 제2항 중 '상해'에 관한 부분은 헌법에 위반되지 아니한다.

제2편 / 2024 해커스경찰 신동욱 경찰헌법 최신 3개년 판례집

▶ 이유의 요지

1. 헌법재판소 선례 및 선례 변경의 필요성 여부

헌법재판소는 2017.11.30. 2015헌바336 결정에서 이 사건 법률조항이 형벌체계상의 균형을 상실하여 평등원칙에 위반된다고 볼 수 없다고 판단하였다. 그 결정요지는 아래와 같다.

"이 사건 법률조항은 운행 중인 운전자를 폭행하여 상해에 이르게 할 경우 3년 이상의 유기징역에 처하도록 함으로써 특별한 구성요건 표지를 추가한 가중처벌 근거를 마련하여 형법상 폭행치상과 상해의 경우 7년 이하의 징역 또는 1천만원 이하의 벌금에 처할 수 있도록 한 법정형보다 가중처벌하고 있다. 이는 '운행 중' 운전자를 폭행함으로써 운전자나 승객 또는 보행자 등의 안전을 위협할 수 있는 행위를 엄중 처벌함으로써 교통질서를 확립하고 시민의 안전을 도모할 목적으로 입법자가 징역형의 하한을 3년으로 정한 것이므로 법정형의 선택에 있어서 합리적인 이유를 발견할 수 있고, 별도의 작량감경이 없어도 행위자의 특별한 사정을 참작하여 법관이 집행유예를 선고할 수 있으므로 인간의 존엄과 가치를 훼손할 만큼의 가혹한 형벌이라고 볼 수 없다."

위와 같은 선례의 판시이유는 여전히 타당하고 이 사건에서 선례와 달리 판단할 특별한 사정변경이나 필요성이 인정된다고 보기 어려우므로, 이 사건에서도 위 선례의 견해를 그대로 유지하기로 한다.

2. 청구인의 주장에 대한 추가판단

청구인은, 운행 중인 자동차의 운전자를 폭행·협박하여 사람을 상해에 이르게 한 경우라 하더라도 다른 승객이 없는 택시의 경우는 다른 승객이 있는 버스의 경우에 비해, 일시 정차한 경우는 실제 주행 중인 경우에 비해 범행의 위험성 및 보호법익의 침해 정도가 훨씬 덜함에도 이 사건 법률조항이 이를 구분하지 않고 똑같이 징역형으로 처벌하는 것이 가혹하여 비례성원칙 및 평등원칙에 위반한다고 주장한다. 운행 중인 버스나 택시 운전자에 대한 폭행·협박은 두 경우 모두 주요 대중교통 수단 운전자를 대상으로 한 것으로서 다른 승객이 타고 있지 않더라도 보행자 등 시민의 안전과 교통질서에 위험을 초래할 가능성이 있다는 측면에서 차이가 없다. 또한 여객의 승·하차 등을 위한 일시정차의 경우는 요금 시비 등 대중교통 이용과정에서 다툼이 가장 빈번하게 발생하는 상황이라고 볼 수 있고, 일반적으로 계속적인 운행이 예정되어 있어 운전자에 대한 폭행·협박이 발생하면 사고로 이어질 가능성이 충분하다는 점에서 '주행 중'인 경우와 공공의 안전에 초래하는 위험성이 다르다고 보기 어렵다.

이 사건 법률조항의 범죄가 교통과 시민의 안전에 미치는 위험성과 그 보호법익의 중대성에 비추어 볼 때, 이 사건 법률조항이 운행 중인 자동차의 종류나 다른 승객 탑승 여부, 여객의 승·하차 등을 위한 일시 정차의 경우를 구분하지 않고 동일한 법정형으로 규정하는 것이 현저히 자의적인 입법이라거나 그 법정형이 형벌 본래의 목적과 기능을 달성함에 있어 필요한 정도를 넘는 지나치게 과중한 것이라고 보기 어렵다. 결국, 이 사건 법률조항이 책임과 형벌 간의 비례원칙에 위배된다거나 형벌체계상의 균형을 상실하여 평등원칙에 위배된다는 청구인의 주장은 이유 없다.

군의 장의 선거의 예비후보자등록 신청기간을 선거기간개시일 전 60일로 제한하는 공직선거법 조항이 평등권을 침해하는지 여부: 소극[기각] (헌재 2020.11.26, 2018헌마260)

군은 주로 농촌 지역에 위치하고 있어 도시 지역인 자치구·시보다 대체로 인구가 적다. 또한, 군의 평균 선거인 수는 자치구·시의 평균 선거인 수에 비하여 적다. 심판대상조항은 이러한 차이를 고려하여 자치구·시의 장의 선거에서보다 군의 장의 선거에서 예비후보자의 선거운동기간을 단기간으로 정한 것인바, 이러한 차별취급은 자의적인 것이라 할 수 없다. 따라서 이 조항은 청구인의 평등권을 침해하지 않는다.

65세 미만 노인성 질병(치매·뇌혈관성질환 등)이 있는 사람의 장애인활동 지원급여 신청을 제한하는 것이 위헌인지 여부: 적극[헌법불합치] (헌재 2020.12.23, 2017헌가22)

" 사건개요 "

위헌제청신청인들은 뇌병변 장애인들로서 노인장기요양보험법 제2조 제1호에 규정된 '65세 미만의 자로서 일정한 노인성 질병을 가진 자'에 해당한다. 제청신청인들은 각각 활동지원급여 신청에 대한 거부처분 및 반려처분의 취소를 구하는 소를 제기하고, 소송계속 중 법원에 '장애인활동 지원에 관한 법률' 제5조 제2호 본문 등에 대한 위헌법률심판제청신청을 하였다. 각 제청법원은 '장애인활동 지원에 관한 법률' 제5조 제2호 본문에 대한 신청을 받아들이는 한편, 나머지 신청을 기각하거나 각하하고, '장애인활동 지원에 관한 법률' 제5조 제2호 본문에 대한 이 사건 위헌법률심판을 제청하였다.

▶ 심판대상

이 사건 심판대상은 '장애인활동 지원에 관한 법률'(2011.1.4. 법률 제10426호로 제정된 것, 이하 '장애인활동법'이라 한다) 제5조 제2호 본문 중 '노인장기요양보험법 제2조 제1호에 따른 노인 등' 가운데 '65세 미만의 자로서 치매·뇌혈관성질환 등 대통령령으로 정하는 노인성 질병을 가진 자'에 관한 부분(이하 '심판대상조항'이라 한다)이 헌법에 위반되는지 여부이다. 심판대상조항 및 관련조항의 내용은 다음과 같다.

> 장애인활동법(2011.1.4. 법률 제10426호로 제정된 것)
>
> 제5조【활동지원급여의 신청자격】활동지원급여를 신청할 수 있는 사람은 다음 각 호의 자격을 모두 갖추어야 한다.
>
> 　2. '노인장기요양보험법' 제2조 제1호에 따른 노인 등이 아닌 사람으로서 대통령령으로 정하는 연령 이상인 사람. 다만, 이 법에 따른 수급자였다가 65세 이후에 '노인장기요양보험법'에 따른 장기요양급여를 받지 못하게 된 사람으로서 보건복지부장관이 정하는 기준에 해당하는 사람은 신청자격을 갖는다.

관련조항

> 노인장기요양보험법(2007.4.27. 법률 제8403호로 제정된 것)
>
> 제2조【정의】이 법에서 사용하는 용어의 정의는 다음과 같다.
>
> 　1. "노인 등"이란 65세 이상의 노인 또는 65세 미만의 자로서 치매·뇌혈관성질환 등 대통령령으로 정하는 노인성 질병을 가진 자를 말한다.
>
> 장애인활동법(2017.12.19. 법률 제15273호로 개정된 것)
>
> 제5조【활동지원급여의 신청자격】활동지원급여를 신청할 수 있는 사람은 다음 각 호의 자격을 모두 갖추어야 한다.
>
> 　1. 혼자서 일상생활과 사회생활을 하기 어려운 장애인
>
> 장애인활동법(2011.1.4. 법률 제10426호로 제정된 것)
>
> 제5조【활동지원급여의 신청자격】활동지원급여를 신청할 수 있는 사람은 다음 각 호의 자격을 모두 갖추어야 한다.
>
> 　3. 활동지원급여와 비슷한 다른 급여를 받고 있거나 국민기초생활 보장법 제32조에 따른 보장시설에 입소한 경우 등 대통령령으로 정하는 경우에 해당하지 아니하는 사람

▶ 이유의 요지

1. 심판대상조항이 평등원칙에 위반되는지 여부: 적극

심판대상조항은 65세 미만의 혼자서 일상생활과 사회생활을 하기 어려운 장애인 가운데 노인장기요양보험법 시행령에서 규정한 노인성 질병을 가진 사람과 그렇지 않은 사람을 활동지원급여 신청자격에 있어 차별취급하고 있으므로 평등원칙 위반 여부가 문제된다.

노인장기요양보험법 시행령에서 규정하는 노인성 질병은 크게 치매, 뇌졸중 질환, 동맥경화성 질환, 파킨슨 관련 질환으로 분류할 수 있다. 이러한 노인성 질병의 구체적 증상이나 경과는 질병의 종류와 발병시기, 각 개인의 건강상태 및 치료 상황에 따라 다른데, 65세 미만의 나이인 경우, 일반적 생애주기에 비추어 사회활동이 활발한 때이므로 자립 욕구나 자립지원의 필요성이 높고, 노인성 질병의 조기 발견에 따른 치료효과나 재활의 가능성이 높은 편이므로 노인성 질병이 발병하였다고 하여 곧 사회생활이 객관적으로 불가능하다거나, 가내에서의 장기요양의 욕구·필요성이 급격히 증가한다고 평가할 것은 아니다. 또한 활동지원급여[월 한도액 최고 6,480,000원(1구간)]와 장기요양급여[월 한도액 최고 1,498,300원(1등급)]의 급여량 편차가 매우 크고, 활동지원급여와 장기요양급여는 사회활동 지원 여부 등에 있어 큰 차이가 있다. 그럼에도 불구하고 심판대상조항이 65세 미만의 장애인 가운데 일정한 노인성 질병이 있는 사람의 경우 일률적으로 활동지원급여 신청자격을 제한한 데에 합리적 이유가 있다고 보기 어렵다. 제도의 단계적 개선 과정에서 과도기적으로 차별이 발생하는 경우가 있을 수 있고, 차별기준 외에도 재정소요나 차별의 잠정성, 해소 가능성 등을 종합하여 볼 때 합리적 이유가 있다면 그러한 차별이 평등원칙에 반한다고 볼 수는 없

을 것이다. 그러나 심판대상조항으로 인하여 발생하는 차별은 잠정적이라거나, 빠른 시일 내에 해소될 것으로 기대하기 어렵다. 한편 지원의 필요성 내지 수요에 맞는 급여, 공급이 이루어지도록 제도 전반에 걸쳐 합리적 체계를 구축한다면 제도 개선에 따른 과도한 재정적 부담을 피할 수 있을 것으로 보인다.

이를 종합하면, 심판대상조항이 65세 미만의 혼자서 일상생활과 사회생활을 하기 어려운 장애인 가운데 치매·뇌혈관성 질환 등 노인장기요양보험법 시행령에서 규정한 노인성 질병을 가진 사람을 일률적으로 활동지원급여 신청자격자에서 제외하는 것은 불합리한 차별로서 평등원칙에 위배하여 헌법에 위반된다.

2. 헌법불합치결정과 잠정적용 명령

심판대상조항을 단순위헌으로 선언하여 즉시 효력을 상실하게 할 경우, 중복급여로 인한 문제가 발생할 가능성이 있고, 자립지원의 필요성과 간병·요양의 필요성을 기준으로 한 장애인활동법과 노인장기요양보험법의 급여의 구분체계에 법적 공백이 초래될 우려가 있다. 또한 사회보장수급권의 특성상, 어떠한 방식으로 심판대상조항의 위헌성을 제거하고 합헌적으로 조정할 것인지는 원칙적으로 입법자의 입법재량에 속한다. 따라서 심판대상조항에 대하여 헌법불합치결정을 선고하고, 2022.12.31.을 시한으로 입법자의 개선입법이 있을 때까지 잠정적용을 명하기로 한다.

69

임대의무기간이 10년인 공공건설임대주택의 분양전환가격을 임대의무기간이 5년인 공공건설임대주택의 분양전환가격과 다른 기준에 따라 산정하도록 하는 것이 10년 임대주택에 거주하는 임차인의 평등권을 침해하는지 여부:
소극[기각] (헌재 2021.4.29. 2019헌마202)

구 임대주택법령상 10년 임대주택의 임차인은 5년 임대주택의 임차인보다 장기간 동안 주변 시세에 비하여 저렴한 임대보증금과 임대료를 지불하면서 거주하고 위 기간 동안 재산을 형성하여 당해 공공건설임대주택을 분양전환을 통하여 취득할 기회를 부여받게 되므로, 10년 임대주택과 5년 임대주택은 임차인의 주거의 안정성을 보장한다는 면에서 차이가 있다. 위 차이는 장기간 임대사업의 불확실성을 감당하게 되는 임대사업자의 수익성과 연결된다. 10년 임대주택과 5년 임대주택에 동일한 분양전환가격 산정기준을 적용하면 전자의 공급이 감소되는 결과로 이어진다. 심판대상조항이 10년 임대주택의 분양전환가격의 상한만을 정하되 상한을 감정평가금액으로 규정한 것은 임대사업자에게 일정한 수익성을 보장하고 감정평가법인을 통하여 분양전환 당시의 객관적 주택가격을 충실히 반영하기 위함이다. 분양전환제도의 목적은 임차인이 일정 기간 거주한 이후 우선 분양전환을 통하여 당해 임대주택을 소유할 권리를 부여하는 것이지 당해 임대주택의 소유를 보장하기 위한 것은 아니다. 이를 고려하면, 5년 임대주택과 동일한 분양전환가격 산정기준을 적용받지 않는다고 하여 10년 임대주택의 임차인이 합리적 이유 없이 차별취급되고 있다고 보기 어렵다. 임차인은 입주자 모집공고 등을 통해 임대의무기간의 장단, 분양전환가격 산정기준의 유불리를 파악하여 자신의 상황에 맞는 공공건설임대주택을 선택할 수 있다. 심판대상조항이 10년 임대주택의 분양전환가격 산정기준을 달리 정한 데에는 합리적 이유가 있으므로, 심판대상조항으로 인하여 10년 임대주택에 거주하는 임차인의 평등권은 침해되지 아니한다.

비방할 목적으로 정보통신망을 통하여 공공연하게 거짓의 사실을 드러내는 명예훼손죄를 '반의사불벌죄'로 규정한 '정보통신망 이용촉진 및 정보보호 등에 관한 법률' 제70조 제3항이 평등의 원칙에 위배되는지 여부: 소극[합헌] (헌재 2021.4.29, 2018헌바113)

『 사건개요 』

청구인은 '비방할 목적으로 정보통신망을 통하여 공공연하게 거짓의 사실을 드러내어 피해자의 명예를 훼손하였다'는 이유로 기소되어(정보통신망법 제70조 제2항의 명예훼손죄), 법원에서 벌금형을 선고받았다. 이에 청구인은, 정보통신망법 제70조 제2항의 명예훼손죄를 친고죄로 정하지 아니하고 '반의사불벌죄'로 규정한 '정보통신망법 제70조 제3항'에 대해 위헌제청신청하였으나 기각되자, 위 법률조항이 위헌이라고 주장하면서 이 사건 헌법소원심판을 청구하였다.

▶ 심판대상

정보통신망 이용촉진 및 정보보호 등에 관한 법률(2008.6.13. 법률 제9119호로 개정된 것)
제70조 【벌칙】 ③ 제1항과 제2항의 죄는 피해자가 구체적으로 밝힌 의사에 반하여 공소를 제기할 수 없다.

관련조항

정보통신망 이용촉진 및 정보보호 등에 관한 법률(2008.6.13. 법률 제9119호로 개정된 것)
제70조 【벌칙】 ② 사람을 비방할 목적으로 정보통신망을 통하여 공공연하게 거짓의 사실을 드러내어 다른 사람의 명예를 훼손한 자는 7년 이하의 징역, 10년 이하의 자격정지 또는 5천만원 이하의 벌금에 처한다.

1. 이 사건의 쟁점

형법 제312조 제1항은 '사자명예훼손죄'(형법 제308조)와 '모욕죄'(형법 제311조)를 친고죄[2]로 규정하고 있음에 반하여, 심판대상조항은 '비방할 목적 정보통신망 이용 거짓사실 적시 명예훼손죄'(정보통신망법 제70조 제2항)를 반의사불벌죄[3]로 규정하고 있다.

이처럼 심판대상조항이 정보통신망법 제70조 제2항의 명예훼손죄를 반의사불벌죄로 규정함으로써 피해자의 고소 없이도 수사 및 공소제기가 가능하도록 한 것이 형벌체계상 균형을 상실하여 평등원칙에 위반되는지 문제된다.

2. 형벌체계상 균형 상실로 인한 평등원칙 위반 여부

형사소추의 형태는 공소제기의 주체를 누구로 할 것인가에 따라 국가소추주의와 사인소추주의로 분류된다. 우리 형사소송법 제246조는 "공소는 검사가 제기하여 수행한다."라고 규정함으로써 국가소추주의를 채택하고 있다. 이러한 국가소추주의는, 공소제기의 적정과 균형을 기할 수 있다는 점에서 합리성을 찾을 수 있다. 한편, 친고죄와 반의사불벌죄는 피해자 등의 의사를 존중함으로써 국가형벌권 행사에 제한을 두고 있으므로 위와 같은 국가소추주의 원칙의 예외 내지 제한의 의미를 갖는다. 국가소추주의의 예외 내지 제한으로 친고죄와 반의사불벌죄를 인정하더라도, 어떤 범죄를 친고죄로 정하고 어떤 범죄를 반의사불벌죄로 정할 것인지는 범죄 피해의 중대성과 사회적 해악성, 공소권을 행사함으로써 얻을 수 있는 이익과 피해자의 의사에 따라 공소권 행사를 제한함으로써 얻을 수 있는 이익 등을 종합적으로 고려하여 정할 수 있는 문제로서 입법부에 광범위한 형성의 자유가 인정되는 영역이다. 형법상 모욕죄·사자명예훼손죄와 정보통신망법의 명예훼손죄는 사람의 가치에 대한 사회적 평가인 '외적 명예'를 보호법익으로 한다는 점에 공통점이 있다. 그런데 '모욕죄'는 피해자에 대한 구체적 사실이 아닌 추상적 판단과 감정의 표현이라는 점에서, '사자명예훼손죄'는 생존한 사람이 아닌 사망한 사람에 대한 허위사실 적시라는 점에서 각 불법성이 감경되는 반면, '정보통신망법의 명예훼손죄'는 비방할 목적으로 정보통신망을 통하여 거짓사실을 적시한다는 점에서 행위불법과 결과불법이 가중된다는 차이가 있다. 친고죄의 범위를 넓게 설정하면 고소가 있어야 수사 및 형사소추가 개시될 것이므로 피해자의 의사를 폭넓게 존중할 수 있다는 장점이 있으나, 피해자가 범죄자의 보복 또는 사회적 평판이 두려워 고소를 하지 못하게 될 우려가 있다. 반면 반의사불벌죄의 범위를 넓게 설정하면 피해자의 고소 없이도 수사 및 형사소추가 개시되어 범죄자의 손해배상과 합의를 촉진한다는 장점이 있으나, 비교적 경미한 범죄에 대해서도 고소가 없는 상태에서 수사 개시됨으로써 피해자의 의사에 반하는 결과가 초래될 수 있다. 그러므로 어느 한쪽의 범위를 넓히는 것이 반드시 합리적이라고 단정하기 어렵다. 이에 입법자는, 위와 같은 사정과 함께, 공소권 행사로 얻을 수 있는 이익과 피해자의 의사에 따라 공소권 행사를 제한함으로써 얻을 수 있는 이익의 조화 등을 종합적으로 형량하여 그 친고죄·반의사불벌죄 여부를 달리 정한 것이므로, 정보통신망법상 명예훼손죄를 반의사불벌죄로 정한 심판대상조항이 형벌체계상 균형을 상실하여 평등원칙에 위반된다고 보기 어렵다. 따라서 심판대상조항은 헌법에 위반되지 아니한다.

---

2) '친고죄'는 검사의 공소제기를 위하여 피해자 등의 고소를 필요로 하는 범죄를 의미한다. 그러므로 친고죄의 경우 피해자 등의 고소가 없으면 검사는 공소권 없음의 불기소처분으로 종결해야 하고(검찰사건사무규칙 제115조 제3항 제4호 차목), 만약 고소 없이 공소제기되거나 고소가 공소제기 이후에 취소된 경우라면 법원은 공소기각의 판결로 종결해야 한다(형사소송법 제327조 제2호·제5호).

3) '반의사불벌죄'는 처벌을 희망한다는 피해자 등의 의사표시가 없어도 검사가 공소제기할 수 있지만, 피해자 등이 처벌을 희망하지 않는다는 의사를 명백히 한 때에는 그 의사에 반하여 공소제기할 수 없는 범죄를 의미한다. 그러므로 반의사불벌죄의 경우 피해자가 처벌을 희망하지 않는다는 의사를 표시하거나 기존의 처벌 희망 의사표시를 철회하면 검사는 공소권 없음의 불기소처분으로 종결해야 하고(검찰사건사무규칙 제115조 제3항 제4호 카목), 이미 공소가 제기된 이후라면 법원은 공소기각의 판결로 종결해야 한다(형사소송법 제327조 제6호).

1. 헌법재판소는 명예훼손행위를 형사처벌하는 법률조항에 대해 오랜 기간 심리한 다음, 2021년 아래와 같은 일련의 결정에서 그 위헌 여부를 정리한 바 있다.

   즉, 재판소는 ① '사실 적시' 명예훼손죄를 규정한 형법 제307조 제1항에 대해 재판관 5대 4의 의견으로 합헌으로 결정한 다음(헌재 2021.2.25. 2017헌마1113 등), 이를 바탕으로 ② '허위사실 적시' 명예훼손죄를 규정한 형법 제307조 제2항에 대해 재판관 전원일치 의견으로 합헌으로 결정하고(헌재 2021.2.25. 2016헌바84), ③ '비방할 목적, 정보통신망 이용, 거짓사실 적시' 명예훼손죄를 규정한 정보통신망법 제70조 제2항에 대해서도 재판관 전원일치 의견으로 합헌으로 결정하였다(헌재 2021.3.25. 2015헌바438 등).

2. 위와 같이 명예훼손행위를 형사처벌하는 법률조항의 위헌 여부를 정리한 다음, 재판소는 명예훼손죄를 친고죄 또는 반의사불벌죄로 규정하는 것의 위헌 여부에 대해 심리하였다(헌재 2021.4.29. 2018헌바113). 이 사건은, 국가소추주의의 예외로서 친고죄·반의사불벌죄를 인정하더라도 어떤 범죄를 친고죄로 정하고 어떤 범죄를 반의사불벌죄로 정할 것인지는 입법자에게 광범위한 형성의 자유가 인정되는 영역이므로, 입법자가 개별 범죄의 불법성과 피해자의 의사에 따른 공소권 제한으로 얻을 수 있는 이익의 조화 등을 종합적으로 형량한 다음, 형법상 모욕죄·사자명예훼손죄와 달리 정보통신망법 제70조 제2항의 명예훼손죄를 반의사불벌죄로 정한 것이 형벌체계상 균형을 상실하여 평등원칙에 위반되지 아니한다고 선언한 최초의 결정이다.

71

'공익신고자 보호법'상 보상금의 지급을 신청할 수 있는 자의 범위를 '내부 공익신고자'로 한정함으로써 '외부 공익신고자'를 보상금 지급대상에서 배제하도록 정한, '공익신고자 보호법' 제26조 제1항 중 '내부 공익신고자' 부분이 평등원칙에 위배되는지 여부: 소극[합헌] (헌재 2021.5.27. 2018헌바127)

공익침해행위의 효율적인 발각과 규명을 위해서는 내부 공익신고가 필수적인데, 내부 공익신고자는 조직 내에서 배신자라는 오명을 쓰기 쉬우며, 공익신고로 인하여 신분상·경제상 불이익을 받을 개연성이 높다. 이 때문에 보상금이라는 경제적 지원조치를 통해 내부 공익신고를 적극적으로 유도할 필요성이 인정된다. 반면, '내부 공익신고자가 아닌 공익신고자'(이하 '외부 공익신고자'라 한다)는 공익신고로 인해 불이익을 입을 개연성이 높지 않기 때문에 공익신고 유도를 위한 보상금 지급이 필수적이라 보기 어렵다. '공익신고자 보호법'상 보상금의 의의와 목적을 고려하면, 이와 같이 공익신고 유도 필요성에 있어 차이가 있는 내부 공익신고자와 외부 공익신고자를 달리 취급하는 것에 합리성을 인정할 수 있다. 또한, 무차별적 신고로 인한 행정력 낭비 등 보상금이 초래한 전문신고자의 부작용 문제를 근본적으로 해소하고 공익신고의 건전성을 제고하고자 보상금 지급대상을 내부 공익신고자로 한정한 입법자의 판단이 충분히 납득할 만한 점, 외부 공익신고자도 일정한 요건을 갖추는 경우 포상금, 구조금 등을 지급받을 수 있는 점 등을 아울러 고려할 때, 이 사건 법률조항이 평등원칙에 위배된다고 볼 수 없다.

국민참여재판 배심원의 자격을 만 20세 이상으로 정한 국민의 형사재판 참여에 관한 법률 제16조 중 '만 20세 이상' 부분이 평등원칙에 위배되는지 여부: 소극[합헌] (헌재 2021.5.27, 2019헌가19)

국민참여재판법상 배심원의 최저 연령 제한은 배심원의 역할을 수행하기 위한 최소한의 자격으로, 배심원에게 요구되는 역할과 책임을 감당할 수 있는 능력을 갖춘 시기를 전제로 한다.

배심원의 역할은 형사재판에서 직접 공무를 담당하는 직책이라는 점을 고려하면, 배심원의 자격을 갖추는 데 요구되는 최저한의 연령을 설정함에 있어서는 법적 행위능력을 갖추고 중등교육을 마칠 정도의 최소한의 지적 이해능력과 판단능력을 갖춘 연령을 기초로 하되, 중죄를 다루는 형사재판에서 평결 및 양형의견 개진 등의 책임과 의무를 이해하고 이를 합리적으로 수행하기 위하여 필요한 직접 또는 간접적인 경험을 쌓는 데 소요되는 최소한의 기간 등도 충분히 요청될 수 있다. 배심원으로서의 권한을 수행하고 의무를 부담할 능력과 민법상 행위능력, 선거권 행사능력, 군 복무능력, 연소자 보호와 연계된 취업능력 등이 동일한 연령기준에 따라 판단될 수 없고, 각 법률들의 입법취지와 해당 영역에서 고려하여야 할 제반사정, 대립되는 관련 이익들을 교량하여 입법자가 각 영역마다 그에 상응하는 연령기준을 달리 정할 수 있다.

따라서 심판대상조항이 우리나라 국민참여재판제도의 취지와 배심원의 권한 및 의무 등 여러 사정을 종합적으로 고려하여 만 20세에 이르기까지 교육 및 경험을 쌓은 자로 하여금 배심원의 책무를 담당하도록 정한 것은 입법형성권의 한계 내의 것으로 자의적인 차별이라고 볼 수 없다.

1993.12.31. 이전에 출생한 재외국민 2세도 예외를 두지 않고 본인이 18세 이후 통틀어 3년을 초과하여 국내에 체재한 경우 재외국민 2세의 지위를 상실할 수 있도록 규정한 병역법 시행령이 평등권을 침해하는지 여부: 소극 [기각] (헌재 2021.5.27, 2019헌마177)

1993.12.31. 이전에 출생한 재외국민 2세와 1994.1.1. 이후 출생한 재외국민 2세는 병역의무의 이행을 연기하고 있다는 점에서 차이가 없고, 3년을 초과하여 국내에 체재한 경우 실질적인 생활의 근거지가 대한민국에 있다고 볼 수 있어 더 이상 특례를 인정해야 할 필요가 없다는 점에서도 동일하다. 1993.12.31. 이전에 출생한 재외국민 2세 중에는 기존 제도가 유지될 것으로 믿고 국내에 생활의 기반을 형성한 경우가 있을 수 있으나, 출생년도를 기준으로 한 특례가 앞으로도 지속될 것이라는 신뢰에 대하여 보호가치가 인정된다고 볼 수 없고, 병역의무의 평등한 이행을 확보하기 위하여 출생년도와 상관없이 모든 재외국민 2세를 동일하게 취급하는 것은 합리적인 이유가 있으므로, 심판대상조항은 청구인들의 평등권을 침해하지 아니한다.

혼인한 등록의무자 모두 배우자가 아닌 본인의 직계존·비속의 재산을 등록하도록 2009.2.3. 법률 제9402호로 공직자윤리법 제4조 제1항 제3호가 개정되었음에도 불구하고, 개정 전 공직자윤리법 조항에 따라 이미 배우자의 직계존·비속의 재산을 등록한 혼인한 여성 등록의무자는 종전과 동일하게 계속해서 배우자의 직계존·비속의 재산을 등록하도록 규정한 공직자윤리법 부칙 제2조가 평등원칙에 위배되는지 여부: 적극[위헌] (헌재 2021.9. 30, 2019헌가3)

이 사건 부칙조항은 혼인한 남성 등록의무자와 이미 개정 전 공직자윤리법 조항에 따라 재산등록을 한 혼인한 여성 등록의무자를 달리 취급하고 있는바, 이 사건 부칙조항이 평등원칙에 위배되는지 여부를 판단함에 있어서는 엄격한 심사척도를 적용하여 비례성원칙에 따른 심사를 하여야 한다. 이 사건 부칙조항은 개정 전 공직자윤리법 조항이 혼인관계에서 남성과 여성에 대한 차별적 인식에 기인한 것이라는 반성적 고려에 따라 개정 공직자윤리법 조항이 시행되었음에도 불구하고, 일부 혼인한 여성 등록의무자에게 이미 개정 전 공직자윤리법 조항에 따라 재산등록을 하였다는 이유만으로 남녀차별적인 인식에 기인하였던 종전의 규정을 따를 것을 요구하고 있다. 그런데 혼인한 남성 등록의무자와 달리 혼인한 여성 등록의무자의 경우에만 본인이 아닌 배우자의 직계존·비속의 재산을 등록하도록 하는 것은 여성의 사회적 지위에 대한 그릇된 인식을 양산하고, 가족관계에 있어 시가와 친정이라는 이분법적 차별구조를 정착시킬 수 있으며, 이것이 사회적 관계로 확장될 경우에는 남성우위·여성비하의 사회적 풍토를 조성하게 될 우려가 있다. 이는 성별에 의한 차별금지 및 혼인과 가족생활에서의 양성의 평등을 천명하고 있는 헌법에 정면으로 위배되는 것으로 그 목적의 정당성을 인정할 수 없다. 따라서 이 사건 부칙조항은 평등원칙에 위배된다.

득표율에 따라 기탁금 반환 금액을 차등적으로 정한 공직선거법 제57조 제1항 제1호 중 '지방자치단체의 장선거'에 관한 부분으로서 가목 가운데 '유효투표 총수의 100분의 15 이상을 득표한 경우'에 관한 부분 및 나목이 '유효투표 총수의 100분의 10'에 미치지 못하는 득표율을 얻은 청구인의 평등권을 침해하는지 여부: 소극[기각, 각하] (헌재 2021.9.30, 2020헌마899)

기탁금제도의 실효성을 확보하기 위해서는 기탁금 반환에 대하여 일정한 요건을 정하여야 하는데, 유권자의 의사가 반영된 유효투표 총수를 기준으로 하는 것은 합리적인 방법이며, 유효투표 총수의 100분의 10 또는 15 이상을 득표하도록 하는 것이 지나치게 높은 기준이라고 보기 어려우므로, 기탁금 반환조항은 청구인의 평등권을 침해하지 아니한다.

> 무신고 수출입행위에 대한 필요적 몰수·추징을 규정한 구 관세법 제282조 제2항 본문 및 제3항 본문 중 각 '제269조 제2항 제1호 가운데 제241조 제1항에 따른 신고를 하지 아니하고 물품을 수입한 자' 및 '제269조 제3항 제1호 가운데 제241조 제1항에 따른 신고를 하지 아니하고 물품을 수출한 자'에 관한 부분이 책임과 형벌간의 비례원칙 및 평등원칙에 위반되는지 여부: 소극[합헌] (헌재 2021.7.15, 2020헌바201)

1. 관세법 제241조 제1항에 따른 수출입신고는 통관절차의 핵심적인 요소로서, 수출입신고 자체를 하지 않는 밀수행위는 관세행정의 기본 토대를 해하는 범죄이므로 통관질서의 확립을 위해 엄격하게 처벌할 필요가 있다. 간이통관이 허용되는 일시 수입·수출물품이라도 요건 구비 여부의 심사와 관리를 위한 전제로서 수출입신고를 필요로 하므로, 그와 같은 물품의 무신고 수출입행위에 대한 예외를 인정하지 않더라도 과도한 제한이라 할 수 없고, 행정의 합목적성이 강조되는 관세범의 특질, 수출입신고의 중요성, 일반예방적 효과를 제고할 필요 등을 고려해 볼 때, 기망적 의도나 관세포탈이 없는 무신고 수출입행위에 대한 필요적 몰수·추징이 국가 재정권과 통관질서의 유지를 위한 입법 재량의 범위를 일탈한 것으로는 보기 어렵다. 재산상 이득을 얻으려는 관세범의 성격에 비추어 볼 때, 필요적 몰수·추징과 같은 재정적인 규제 수단이 필요한 점, 법관의 양형재량에 따라 책임과 형벌의 비례관계는 주형과 부가형을 통산하여 인정될 수 있는 점 등에 비추어 볼 때, 이 사건 몰수·추징조항은 책임과 형벌간의 비례원칙에 위반되지 않는다. 통관질서의 적정을 해하였다는 점에서 관세포탈과 국내 유통 위험이 없는 물품의 무신고 수입행위와 그렇지 않은 물품의 무신고 수입행위, 무신고 수출행위와 무신고 수입행위가 각각 다르지 않고 일반예방적 차원에서 이를 모두 엄하게 징벌할 필요도 있다. 따라서 이 사건 몰수·추징조항은 평등원칙에 위반되지 아니한다.

2. 법인의 업무와 관련된 무신고 수출입행위는 법인의 관리·감독 형태 등 구조적인 문제로 인하여도 발생할 수 있으므로, 무신고 수출입업무의 귀속 주체인 법인을 행위자와 동일하게 몰수·추징 대상으로 하여 위반행위의 발생을 방지하고 관련조항의 규범력을 확보할 필요가 있으며, 법인이 그 위반행위를 방지하기 위하여 주의와 감독을 게을리 하지 아니한 경우에는 몰수·추징 대상에서 제외되므로, 이 사건 법인적용조항은 책임과 형벌간의 비례원칙에 위반된다고 할 수 없다.

강도상해죄 또는 강도치상죄의 법정형의 하한을 '징역 7년'으로 정하고 있는 형법 제337조가 책임과 형벌간의 비례원칙에 위반되는지 여부: 소극[합헌] (헌재 2021.6.24, 2020헌바527)

1. 강도상해죄 또는 강도치상죄는 재산범죄의 가중유형이라기보다는 오히려 상해죄나 폭행치상죄의 가중유형으로 설정된 것으로서, 법정형이 일반형사범의 법정형을 정하는 일반원리를 무시하고 지나치게 가혹한 형벌을 규정한 것이라고 볼 수 없다. 살인죄의 경우 범행의 동기 등 정상에 참작할 만한 사유가 있는 경우도 있고 그 행위태양이 다양함에도 불구하고 단일조항으로 처단하고 있어 형 선택의 폭을 비교적 넓게 규정한 것은 수긍할 만한 합리적 이유가 있고, 그와 비교할 때 강도상해죄 또는 강도치상죄는 행위태양이나 동기가 비교적 단순하여 죄질과 정상의 폭이 넓지 않고 일반적으로 행위자의 책임에 대한 비난가능성도 크므로, 강도상해죄 또는 강도치상죄의 법정형의 하한이 살인죄의 그것보다 높다고 해서 합리성과 비례성의 원칙을 위반하였다고 볼 수 없다. 그리고 어떤 범죄에 대한 법정형의 종류와 범위를 정하는 것은 기본적으로 입법자의 형성의 자유에 속하는 사항으로서, 강도상해 또는 강도치상의 범행을 저지른 자에 대하여 법률상 다른 형의 감경사유가 있다는 등 특단의 사정이 없는 한 작량감경만으로는 집행유예의 판결을 선고할 수 없도록 함으로써 장기간 사회에서 격리시키도록 한 입법자의 입법정책적 결단은 기본적으로 존중되어야 한다. 심판대상조항은 책임과 형벌간의 비례원칙에 위반된다고 할 수 없다.

2. 강도상해죄 또는 강도치상죄는 강도죄로 인한 법익침해에 더하여 신체의 안정성이라는 중요 법익을 추가적으로 훼손하여 상해의 결과를 야기하였다는 점에서 다른 범죄들의 결합범에 비하여 그 불법성과 비난가능성이 결코 가볍다고 볼 수 없다. 또한 기본범죄, 보호법익, 죄질 등이 다른 결합범을 단순히 평면적으로 비교하여 법정형의 과중 여부를 판단할 수 없으므로, 심판대상조항이 강도상해죄 또는 강도치상죄의 법정형의 하한을 강간상해죄 또는 강간치상죄, 현주건조물 등 방화치상죄 등에 비하여 높게 규정하였다고 하더라도 형벌체계상의 균형을 상실하여 평등원칙에 위반된다고 할 수 없다.

국민참여재판 대상사건을 합의부 관할사건 및 이에 해당하는 사건의 미수죄·교사죄·방조죄·예비죄·음모죄에 해당하는 사건, 위 사건과 형사소송법 제11조에 따른 관련사건으로서 병합하여 심리하는 사건 등으로 한정하고 있는 '국민의 형사재판 참여에 관한 법률' 제5조 제1항이 청구인의 평등권을 침해하는지 여부: 소극[기각] (헌재 2021.6.24, 2020헌마1421)

입법자가 국민참여재판 대상사건을 합의부 관할사건 등으로 한정한 것은, 여러 제반사정과 현재 시행되고 있는 국민참여재판 제도의 구체적 내용 등을 고려하여 실제 법원에서 충실하게 심리가능한 범위 안에서 국민참여재판 대상사건을 정한 것인바, 합리적 이유가 인정된다. 따라서 심판대상조항은 청구인의 평등권을 침해하지 아니한다.

피고인이 무죄판결을 받지는 않았으나 원판결보다 가벼운 형으로 유죄판결이 확정됨에 따라 원판결에 따른 구금형 집행이 재심판결에서 선고된 형을 초과하게 된 경우, 초과 구금에 대한 형사보상을 규정하지 않은 형사보상법이 평등권을 침해하는지 여부: 적극[헌법불합치] (헌재 2022.2.24. 2018헌마998)

이 사건에서 문제되는 경우는 모두 원판결의 근거가 된 가중처벌규정에 대하여 헌법재판소의 위헌결정이 있었음을 이유로 개시된 재심절차에서, 공소장의 교환적 변경을 통해 위헌결정된 가중처벌규정보다 법정형이 가벼운 처벌규정으로 적용법조가 변경되어 피고인이 무죄판결을 받지는 않았으나 원판결보다 가벼운 형으로 유죄판결이 확정됨에 따라 원판결에 따른 구금형 집행이 재심판결에서 선고된 형을 초과하게 된 경우이다. … 재심판결에서 선고된 형을 초과하는 구금이 이미 이루어진 상태라면 그 초과 구금은 위헌적인 법률의 집행으로 인한 과다 구금으로서 형사사법절차에 내재하는 위험으로 인하여 피고인의 신체의 자유에 중대한 피해 결과가 발생한 것으로 볼 수밖에 없다. 그럼에도 위와 같은 경우에 대하여 형사보상의 대상이 되지 않는다고 보는 것은 형벌규정에 관한 위헌결정의 소급효와 재심청구권을 규정한 헌법재판소법 제47조 제3항, 제4항의 취지에도 부합하지 않는다.

그렇다면 심판대상조항이 원판결의 근거가 된 가중처벌규정에 대하여 헌법재판소의 위헌결정이 있었음을 이유로 개시된 재심절차에서, 공소장 변경을 통해 위헌결정된 가중처벌규정보다 법정형이 가벼운 처벌규정으로 적용법조가 변경되어 피고인이 무죄재판을 받지는 않았으나 원판결보다 가벼운 형으로 유죄판결이 확정된 경우, 재심판결에서 선고된 형을 초과하여 집행된 구금에 대하여 보상요건을 전혀 규정하지 아니한 것은 현저히 자의적인 차별로서 평등원칙을 위반하여 청구인들의 평등권을 침해하므로 헌법에 위반된다.

국가를 상대로 한 당사자소송에는 가집행선고를 할 수 없도록 규정하고 있는 '행정소송법 제43조'가 평등원칙에 위반되는지 여부: 적극[위헌] (헌재 2022.2.24. 2020헌가12)

당사자소송은 국가·공공단체 그 밖의 권리주체를 피고로 하는데 심판대상조항에 의하여 피고가 국가인 경우에만 가집행선고를 할 수 없으므로, 당사자소송의 경우 피고가 누구인지에 따라 승소판결과 동시에 가집행 선고를 할 수 있는지 여부가 달라지고, 이는 곧 심판대상조항에 따른 차별취급이라고 할 수 있다. 즉, 심판대상조항은 재산권의 청구에 관한 당사자소송 중에서도 피고가 공공단체 그 밖의 권리주체인 경우와 국가인 경우를 다르게 취급하고 있다. 재산권의 청구가 공법상 법률관계를 전제로 한다는 점만으로 국가를 상대로 하는 당사자소송에서 국가를 우대할 합리적인 이유가 있다고 할 수 없고, 집행가능성 여부에 있어서도 국가와 지방자치단체 등이 실질적인 차이가 있다고 보기 어렵다. 심판대상조항은 국가가 당사자소송의 피고인 경우 가집행의 선고를 제한하여, 국가가 아닌 공공단체 그 밖의 권리주체가 피고인 경우에 비하여 합리적인 이유 없이 차별하고 있으므로 평등원칙에 반한다.

군인이 군사기지·군사시설에서 군인을 폭행한 경우 반의사불벌죄(형법 제260조 제3항)의 적용을 배제하도록
한 군형법 제60조의6이 평등원칙에 위반되는지 여부: 소극[합헌] (헌재 2022.3.31, 2021헌바62)

엄격한 위계질서와 집단생활을 하는 군 조직의 특수성으로 인하여 피해자가 가해자에 대한 처벌을 희망할 경우 다른
구성원에 의해 피해를 당할 우려가 있고, 상급자가 가해자·피해자 사이의 합의에 관여할 경우 피해자가 처벌불원의
사를 거부하기 어려운 경우가 발생할 수 있다.
특히 병역의무자는 헌법상 국방의 의무의 일환으로서 병역의무를 이행하는 대신, 국가는 병영생활을 하는 병역의무
자의 신체·안전을 보호할 책임이 있음을 고려할 때, 궁극적으로는 군사기지·군사시설에서의 폭행으로부터 병역의
무자를 보호해야 한다는 입법자의 판단이 헌법이 부여한 광범위한 형성의 자유를 일탈한다고 보기 어렵다. 따라서
심판대상조항이 형벌체계상 균형을 상실하였다고 보기 어려우므로 평등원칙에 위반되지 아니한다.

대마를 수입한 자를 무기 또는 5년 이상의 징역에 처하도록 규정한 '마약류 관리에 관한 법률' 제58조 제1항
제5호 중 '대마를 수입한 자' 부분이 평등원칙에 위배되는지 여부: 소극[합헌] (헌재 2022.3.31, 2019헌바
242)

'대마를 구입하여 국내로 반입'한 경우에는 수입죄 외에 매수죄가 별도로 성립하므로 '대마의 구입 없이 국내로 반입'
만 한 경우와 동일하게 처벌되는 것은 아니다. 또한 구입이 수반되지 않은 경우라도 대마 수입행위는 대마의 국내
공급 및 유통가능성을 증가시켰다는 점에서 불법성이 다르다고 볼 수 없으므로 대마를 국외에서 구매한 것인지 여부
에 따라 비난가능성이나 죄질이 달라진다고 볼 수 없다. 이상의 점을 종합하면, 심판대상조항은 형벌체계상의 균형
을 현저히 잃어 평등원칙에 위반된다고 보기 어렵다.

현역병 등의 복무기간과는 달리 사관생도의 사관학교 교육기간을 연금 산정의 기초가 되는 복무기간에 산입할 수 있도록 규정하지 아니한 것이 평등권을 침해하는지 여부: 소극[기각] (헌재 2022.6.30, 2019헌마150)

현역병 등과 사관생도는 지위, 역할, 근무환경 등 여러 가지 측면에서 차이가 있다. 즉 사관생도는, 병역의무의 이행을 위해 본인의 의사와 상관없이 복무 중인 현역병 등과는 달리 자발적으로 직업으로서 군인이 되기를 선택한 자들이다. 현역병 등은 병역판정검사 결과 현역병징집 대상자 또는 사회복무요원소집 대상자에 해당하면 징집 또는 소집되어 비교적 열악한 근무환경 속에서 적은 보수를 지급받으며 1년 6개월 내지 3년의 기간 동안 의무복무를 하는 반면, 사관생도는 지원에 의하여 선발되며 사관학교 재학 중에는 본인이 의사에 따라 퇴교하여 그 신분에서 벗어날 수도 있고, 교육에 필요한 비용을 국가가 부담하는 등 다양한 경제적 혜택을 받는다. 또한 현역병은 군의 말단 계급을 이루며 전력(戰力)으로서 업무를 수행하고, 사회복무요원 등 보충역들도 공익 목적에 필요한 업무에 종사하게 되는 반면, 사관생도는 기본적으로 대학의 교육을 받는 학생으로서 사관생도의 교육기간은 장차 장교로서의 복무를 준비하는 기간이므로 이를 현역병 등의 복무기간과 동일하게 평가하기는 어렵다. 현역병 등과 사관생도의 신분, 역할, 근무환경 등을 종합적으로 고려하면, 심판대상조항이 사관학교에서의 교육기간을 현역병 등의 복무기간과 달리 연금 산정의 기초가 되는 복무기간에 산입하도록 규정하지 않은 것이 현저히 자의적인 차별이라고 볼 수는 없다. 따라서 심판대상조항은 청구인들의 평등권을 침해하지 아니한다.

경유차 소유자로부터 환경개선부담금을 부과·징수하도록 정한 환경개선비용 부담법 제9조 제1항이 평등원칙에 위배되는지 여부: 소극[합헌] (헌재 2022.6.30, 2019헌바440)

이 조항은 경유차 소유자에게는 환경개선부담금을 부과하면서, 휘발유차 소유자에게는 부담금을 부과하지 않고 있다. 경유차는 휘발유차에 비해 미세먼지, 초미세먼지, 질소산화물 등 대기오염물질을 훨씬 더 많이 배출하는 것으로 조사되고 있고, 경유차가 초래하는 환경피해비용 또한 휘발유차에 비해 월등히 높은 것으로 연구되고 있다. 입법자는 이와 같은 과학적 조사·연구결과 등을 토대로 자동차의 운행으로 인한 대기오염물질 및 환경피해비용을 저감하기 위해서는 환경개선부담금의 부과를 통해 휘발유차보다 경유차의 소유·운행을 억제하는 것이 더 효과적이라고 판단한 것으로 보이고, 위와 같은 입법자의 판단은 합리적인 이유가 있다.
대기오염물질 배출 저감 및 쾌적한 환경조성이라는 목적을 고려할 때, 환경개선부담금을 경유차 소유자에게만 부담시키는 것은 합리적인 이유가 있다고 할 것이므로, 이 사건 법률조항은 평등원칙에 위반되지 아니한다.

제2편 2024 해커스경찰 신동욱 경찰헌법 최신 3개년 판례집

SK케미칼이 제조하고 애경산업이 판매하였던 가습기살균제 제품인 '홈클리닝 가습기메이트'의 표시·광고와 관련하여 공정거래위원회가 2016년에 행한 사건처리 중, 위 제품 관련 인터넷 신문기사 3건을 심사대상에서 제외한 행위는 청구인의 평등권과 재판절차진술권을 침해하는지 여부: 적극[인용(위헌확인)] (헌재 2022.9.29. 2016헌마773)

표시·광고5 내지 7 중에는 이 사건 제품이 인체에 안전하다는 내용이 기재된 것도 있는바 '거짓·과장의 광고'에 해당하는지 여부가 문제되므로, 이에 대한 심사절차를 진행하는 것은 다음과 같이 특히 중요한 의미가 있었다.

표시광고법 제5조 제1항에 의하면 거짓·과장의 광고와 관련하여 그 내용이 진실임을 입증할 책임은 사업자 측에 있으므로, 이 사건 제품이 인체에 안전하다는 사실에 대한 입증책임은 피심인들에게 있는 것이었다. 피청구인은 이 사건 종료결정 당시까지 이 사건 제품의 인체 위해성 여부가 확인되지 않았다고 판단한바, 만약 표시·광고5 내지 7에 대하여도 심사절차를 진행하여 심의절차까지 나아갔더라면 이 사건 제품의 인체 안전성이 입증되지 못하였다는 이유로 거짓·과장의 광고에 해당한다고 보아 시정명령·과징금 등의 행정처분을 부과할 가능성이 있었다.

마찬가지의 이유에서 피청구인이 표시·광고5 내지 7에 대한 심사절차를 진행하여 심의절차까지 나아갔더라면, 거짓·과장의 광고행위로 인한 표시광고법위반죄의 미필적 고의가 인정되어 피청구인의 고발 및 이에 따른 형사처벌이 이루어질 가능성도 있었다. 위 죄는 피청구인에게 전속고발권이 있어 피청구인의 고발이 없으면 공소제기가 불가능한바, 피청구인이 표시·광고5 내지 7을 심사대상에서 제외함으로써 공소제기의 기회를 차단한 것은 청구인의 재판절차진술권 행사를 원천적으로 봉쇄하는 결과를 낳는 것이었다.

위와 같은 사정들을 모두 종합하여 보면, 피청구인이 표시·광고5 내지 7을 심사대상에서 제외한 행위는, 현저히 정의와 형평에 반하는 조사 또는 잘못된 법률의 적용 또는 증거판단에 따른 자의적인 것으로서, 그로 인하여 청구인의 평등권과 재판절차진술권이 침해되었다.

공무원이 지위를 이용하여 범한 공직선거법위반죄의 경우 일반인이 범한 공직선거법위반죄와 달리 공소시효를 10년으로 정한 공직선거법 제268조 제3항이 평등원칙에 위배되는지 여부: 소극[합헌] (헌재 2022.8.31. 2018헌바440)

공무원이 지위를 이용하여 범한 공직선거법위반죄의 경우 선거의 공정성을 중대하게 저해하고 공권력에 의하여 조직적으로 은폐되어 단기간에 밝혀지기 어려울 수도 있어 단기 공소시효에 의할 경우 처벌규정의 실효성을 확보하지 못할 수 있다. 이러한 취지에서 공무원이 지위를 이용하여 범한 공직선거법위반죄의 경우 해당 선거일 후 10년으로 공소시효를 정한 입법자의 판단은 합리적인 이유가 인정되므로 평등원칙에 위반되지 않는다.

근로자의 날을 관공서 공휴일에 포함시키지 않은 규정이 평등권을 침해하는지 여부: 소극[기각] (헌재 2022. 8.31, 2020헌마1025)

▶ 판시사항

1. 근로자의 날을 관공서의 공휴일에 포함시키지 않은 '관공서의 공휴일에 관한 규정' 제2조 본문(이하 '심판대상조항'이라 한다)이 공무원인 청구인들의 평등권을 침해하는지 여부: 소극

2. 심판대상조항이 청구인들의 단결권 및 집회의 자유를 침해하는지 여부: 소극

▶ 결정요지

1. 헌법재판소는 헌재 2015.5.28, 2013헌마343 결정에서, 심판대상조항과 같이 근로자의 날을 관공서의 공휴일에 포함시키지 않은 구 '관공서의 공휴일에 관한 규정' 제2조 본문에 대해 공무원들의 평등권을 침해하지 않는다고 판단하였다. 선례 결정 이후 근로기준법의 개정으로 근로기준법의 적용을 받는 근로자(이하 '일반근로자'라 한다)에게도 심판대상조항 중 일요일을 제외한 공휴일 및 대체공휴일이 법정유급휴일로 인정되어 일반근로자의 법정유급휴일이 확대되었다.

   그런데 공무원의 근로조건을 정할 때에는 공무원의 국민전체에 대한 봉사자로서의 지위 및 직무의 공공성을 고려할 필요가 있고, 공무원의 경우 심판대상조항이 정하는 관공서의 공휴일 및 대체공휴일뿐만 아니라 '국가공무원 복무규정' 등에서 토요일도 휴일로 인정되므로, 공무원에게 부여된 휴일은 근로기준법상의 휴일제도의 취지에 부합한다고 볼 수 있다. 따라서 심판대상조항이 근로자의 날을 공무원의 유급휴일로 규정하지 않았다고 하여 일반근로자에 비해 현저하게 부당하거나 합리성이 결여되어 있다고 보기 어려우므로, 헌법재판소의 위 선례의 입장은 그대로 타당하고, 심판대상조항은 청구인들의 평등권을 침해한다고 볼 수 없다.

2. 심판대상조항은 직접적으로 공무원의 단결권 및 집회의 자유를 제한한다고 볼 수 없으므로, 청구인들의 단결권 및 집회의 자유를 침해하지 아니한다.

가사사용인에 대해서는 근로자퇴직급여 보장법을 적용하지 않도록 한 것이 평등원칙에 위배되는지 여부: 소극
[합헌] (헌재 2022.10.27, 2019헌바454)

가사사용인도 근로자에 해당하지만, 제공하는 근로가 가정이라는 사적 공간에서 이루어지는 특수성이 있다. 그런데 퇴직급여법은 사용자에게 여러 의무를 강제하고 국가가 사용자를 감독하고 위반시 처벌하도록 규정하고 있다. 가구 내 고용활동에 대하여 다른 사업장과 동일하게 퇴직급여법을 적용할 경우 이용자 및 이용자 가족의 사생활을 침해할 우려가 있음은 물론 국가의 관리 감독이 제대로 이루어지기도 어렵다.

퇴직급여법을 적용할 경우 이용자에게는 퇴직금 또는 퇴직연금 지급을 위한 직접적인 비용 부담 외에도 퇴직급여제도 설정 및 운영과 관련한 노무관리 비용과 인력의 부담도 발생한다. 그런데 가사사용인 이용 가정의 경우 일반적인 사업 또는 사업장과 달리 퇴직급여법이 요구하는 사항들을 준수할 만한 여건과 능력을 갖추지 못한 경우가 대부분인 것이 현실이다. 이러한 현실을 무시하고 퇴직급여법을 가사사용인의 경우에도 전면 적용한다면 가사사용인 이용자가 감당하기 어려운 경제적·행정적 부담을 가중시키는 부작용을 초래할 우려가 있다.

최근 가사사용인에 대한 보호필요성이 높아짐에 따라 이용 가정의 사생활 침해를 최소화하면서도 가사사용인의 보호를 도모하기 위하여 '가사근로자의 고용개선 등에 관한 법률'(이하 '가사근로자법'이라 한다)이 제정되었다. 이 법에 의하면 인증받은 가사서비스 제공기관과 근로계약을 체결하고 이용자에게 가사서비스를 제공하는 사람은 가사근로자로서 퇴직급여법의 적용을 받게 된다(제6조 제1항). 이에 따라 가사사용인은 가사서비스 제공기관을 통하여 가사근로자법과 근로 관계 법령을 적용받을 것인지, 직접 이용자와 고용계약을 맺는 대신 가사근로자법과 근로 관계 법령의 적용을 받지 않을 것인지 선택할 수 있다. 이를 종합하면 심판대상조항이 가사사용인을 일반 근로자와 달리 퇴직급여법의 적용범위에서 배제하고 있다 하더라도 합리적 이유가 있는 차별로서 평등원칙에 위배되지 아니한다.

국회의원을 후원회지정권자로 정하면서 '지방의원'을 후원회지정권자에서 제외하고 있는 정치자금법 제6조 제2호가 지방의원의 평등권을 침해하는지 여부: 적극[헌법불합치] (헌재 2022.11.24, 2019헌마528)

❝ **사건개요** ❞

청구인들은 2018.6.13. 실시된 제7회 전국동시지방선거에서 지방자치법 제2조 제1항 제1호의 '도'의회의원 또는 같은 항 제2호의 '시'의회의원으로 당선되어 2018.7.1.부터 임기를 개시한 사람들이다.
청구인들은 지방의회의원을 후원회지정권자의 범위에서 제외하고 있는 정치자금법 제6조 등이 청구인들의 기본권을 침해한다며 이 사건 헌법소원심판을 청구하였다.

정치자금법(2005.8.4. 법률 제7682호로 전부개정된 것)

제6조【후원회지정권자】 다음 각 호에 해당하는 자(이하 "후원회지정권자"라 한다)는 각각 하나의 후원회를 지정하여 둘 수 있다.

2. 국회의원(국회의원선거의 당선인을 포함한다)

▶ 이유의 요지

1. 심판대상조항이 평등권을 침해하는지 여부: 적극

후원회 제도는 유권자 스스로 정치인을 후원하도록 함으로써 정치에 대한 신뢰감을 높이고 후원회 활동을 통해 후원회 또는 후원회원이 지향하는 정책적 의지가 보다 효율적으로 구현되도록 하며 정치자금의 투명성을 확보하기 위한 제도이다.

1980년 '정치자금에 관한 법률'이 전부개정되면서 후원회 제도가 도입된 이래 후원회지정권자의 범위는 계속 확대되어왔고, 그에 따라 정치자금의 투명성도 크게 제고되었다.

또한, 지방의회제도가 발전함에 따라 지방의회의원의 역할도 증대되었는데, 지방의회의원의 전문성을 확보하고 원활한 의정활동을 지원하기 위해서는 지방의회의원들에게도 후원회를 허용하여 정치자금을 합법적으로 확보할 수 있는 방안을 마련해 줄 필요가 있다.

지방의회의원은 주민의 대표자이자 지방의회의 구성원으로서 주민들의 다양한 의사와 이해관계를 통합하여 지방자치단체의 의사를 형성하는 역할을 하므로, 이들에게 후원회를 허용하는 것은 후원회 제도의 입법목적과 철학적 기초에 부합한다.

정치자금법은 후원회의 투명한 운영을 위한 상세한 규정을 두고 있으므로, 지방의회의원의 염결성은 이러한 규정을 통하여 충분히 달성할 수 있다. 국회의원과 소요되는 정치자금의 차이도 후원 한도를 제한하는 등의 방법으로 규제할 수 있다. 그럼에도 후원회 지정 자체를 금지하는 것은 오히려 지방의회의원의 정치자금 모금을 음성화시킬 우려가 있다.

현재 지방자치법에 따라 지방의회의원에게 지급되는 의정활동비 등은 의정활동에 전념하기에 충분하지 않다. 또한, 지방의회는 유능한 신인정치인의 유입 통로가 되므로, 지방의회의원에게 후원회를 지정할 수 없도록 하는 것은 경제력을 갖추지 못한 사람의 정치입문을 저해할 수도 있다. 따라서 이러한 사정들을 종합하여 보면, 심판대상조항이 국회의원과 달리 지방의회의원을 후원회지정권자에서 제외하고 있는 것은 불합리한 차별로서 청구인들의 평등권을 침해한다.

2. 헌법불합치결정과 잠정적용 명령

심판대상조항에 대하여 단순위헌결정을 하여 그 효력을 상실시키게 되면 국회의원 역시 후원회를 지정할 수 있는 근거규정이 사라지게 되므로, 심판대상조항에 대하여 단순위헌결정을 선고하는 대신 헌법불합치결정을 선고한다. 입법자는 2024.5.31.까지 개선입법을 하여야 하고, 이 조항은 입법자의 개선입법이 이루어질 때까지 계속 적용된다.

3. 선례 변경

종전에 헌법재판소가 이 조항과 실질적으로 동일한 내용을 규정하고 있는 개정 전 조항에 대하여 헌법에 위반되지 않는다고 판시한 헌재 2000.6.1. 99헌마576 결정은 이 결정 취지와 저촉되는 범위 안에서 변경한다.

1. 헌법재판소는 헌재 2000.6.1, 99헌마576 결정에서 국회의원·국회의원입후보등록자는 후원회를 둘 수 있도록 하면서 서울특별시·광역시·도의회의원은 후원회를 둘 수 없도록 한 구 '정치자금에 관한 법률' 조항에 관하여 평등원칙에 위반되지 않는다는 결정을 내린 바 있다.

2. 이 사건은 광역자치단체의 '도'의회의원인 청구인들과 기초자치단체의 '시'의회의원인 청구인들이 후원회지정권자를 국회의원으로 한정하고 있는 심판대상조항에 대하여 헌법소원을 제기한 사건으로, 헌법재판소는 기존 선례의 입장을 변경하여 심판대상조항이 청구인들의 평등권을 침해한다고 판단하고 2024.5.31. 입법자의 개선 입법이 있을 때까지 계속 적용을 명하는 헌법불합치결정을 내렸다.

3. 이 결정은 후원회가 정치에 대한 참여와 신뢰를 높이고 정치자금의 투명성 제고와 경제력을 갖추지 못한 사람의 정치입문에 기여하는 효과가 있다는 점 등을 고려하여 광역자치단체의 '도'의회의원과 기초자치단체의 '시'의회의원들에게도 후원회의 설치 및 운영을 허용할 필요를 인정하였다는 점에 의의가 있다.

90

국내에 귀환하여 등록절차를 거친 국군포로에게만 보수를 지급하도록 규정한 '국군포로의 송환 및 대우 등에 관한 법률' 제9조 제1항은 헌법에 위반되는지 여부: 소극[합헌] (헌재 2022.12.22, 2020헌바39)

사건개요

망 손○○은 6·25전쟁 중 북한에 억류된 국군포로로서, 1984년 북한에서 사망하였고, 청구인은 그의 자녀로서 북한에서 태어나 탈북하여 대한민국에 입국한 북한이탈주민이다. 청구인은 억류지출신 포로가족 및 북한이탈주민으로서의 지원금을 각각 지급받은 바 있다.

청구인은 과거에 '국군포로 송환 및 대우 등에 관한 법률'의 입법부작위(대한민국에 귀환하여 등록한 포로만 보수 기타 대우 및 지원을 규정하고, 대한민국으로 귀환하기 전에 사망한 국군포로에 대하여는 입법조치를 하지 않은 것)에 대하여 헌법소원을 제기하였으나 청구기간이 지났다는 이유로 각하 결정을 받았다(헌재 2018.5.31, 2016헌마626).

청구인은 2018.7.경 망 손○○의 억류기간에 대한 보수지급을 신청하였으나 국방부장관이 이를 거부하자 그 취소를 구하는 소를 제기하였다.

청구인은 보수지급신청 거부처분의 취소를 구하는 소송(이하 '당해사건') 계속 중 '국군포로 송환 및 대우 등에 관한 법률' 제9조 제1항에 대하여 위헌법률심판제청신청을 제기하였으나 그 청구 및 위헌제청신청이 기각되자, 위 조항에 대하여 이 사건 헌법소원심판을 청구하였다.

▶ 심판대상

국군포로의 송환 및 대우 등에 관한 법률(2013.3.22. 법률 제11652호로 개정된 것)

제9조 【보수의 특례】 ① 국방부장관은 등록포로에게 억류기간에 대한 보수(수당을 포함한다. 이하 이 조에서 같다)를 지급한다. 다만, 억류기간 종료일에 60세를 초과한 경우에는 60세가 되는 날이 속하는 달까지의 보수를 지급한다.

▶ 법정의견의 요지

1. 재판의 전제성: 인정

헌법재판소법 제68조 제2항의 헌법소원의 경우 재판의 전제성이 인정되어야 하는데, 재판의 전제성이란, 법률의 위헌 여부에 따라 재판의 주문이 달라지거나 재판의 내용과 효력에 관한 법률적 의미가 달라져야 한다는 것이다.
청구인은 등록이 불가한 국군포로인 망 손○○에게도 보수청구권이 인정되어야 함에도 심판대상조항이 이를 규정하지 않아 평등원칙에 위배된다고 주장하고 있고, 심판대상조항이 그 취지에 따라 등록이 불가한 국군포로 또는 그 유족에게도 보수청구권을 인정하는 것으로 개정된다면 미귀환포로의 보수 등 지급청구 거부를 다투는 당해사건에서 재판의 주문이 달라질 가능성이 인정된다. 따라서 재판의 전제성이 인정된다.

2. 평등원칙 위배 여부: 소극

보수 지급 대상자의 신원, 귀환동기, 억류기간 중의 행적을 확인하여 등록 및 등급을 부여하는 것은, 국군포로가 국가를 위하여 겪은 희생을 위로하고 국민의 애국정신을 함양한다는 국군포로송환법의 취지에 비추어 볼 때, 보수를 지급하기 전에 선행되어야 할 필수적인 절차이다.
귀환하지 못한 국군포로의 경우 등록을 할 수가 없고, 억류지출신 포로가족이 대신 등록을 신청하는 경우 억류기간 중의 행적 파악에 한계가 있고, 대우와 지원을 받을 대상자가 현재 대한민국에 존재하지 않아 보수를 지급하는 것의 실효성이 인정되기 어렵다.
따라서 귀환하여 등록절차를 거친 등록포로에게만 보수를 지급한다고 규정한 심판대상조항은 평등원칙에 위배되지 않는다.

개정된 형종상향금지조항의 시행 전에 정식재판을 청구한 사건에 대해서는 종전의 불이익변경금지조항에 따르도록 규정한 형사소송법 부칙 제2조가 평등원칙에 위배되는지 여부: 소극[합헌] (헌재 2023.2.23, 2018헌바513)

▶ **판시사항**

1. 피고인이 정식재판을 청구한 사건에 대하여 약식명령의 형보다 '중한 형'을 선고하지 못하도록 하던 구 형사소송법 제457조의2(이하 '불이익변경금지조항'이라 한다)가 '중한 종류의 형'을 선고하지 못하도록 규정하는 형사소송법 제457조의2(이하 '형종상향금지조항'이라 한다)로 개정되면서, 형종상향금지조항의 시행 전에 정식재판을 청구한 사건에 대해서는 종전의 불이익변경금지조항에 따르도록 규정한 형사소송법 부칙 제2조(이하 '심판대상조항'이라 한다)가 형벌불소급원칙에 위배되는지 여부: 소극

2. 심판대상조항이 형종상향금지조항의 시행 전에 범죄행위를 하고 정식재판을 청구한 피고인과 형종상향금지조항의 시행 전에 범죄행위를 하였지만 그 시행 후에 정식재판을 청구한 피고인을 합리적 이유 없이 차별취급하여 평등원칙에 위배되는지 여부: 소극

▶ **결정요지**

1. 불이익변경금지조항이나 형종상향금지조항은 약식명령을 받은 피고인에 대하여 정식재판청구권의 행사를 절차적으로 보장하면서, 그 남용을 방지하거나 사법자원을 적정하게 분배한다는 등의 정책적인 고려를 통하여 선고형의 상한에 조건을 설정하거나 조정하는 규정들로, 행위의 불법과 행위자의 책임을 기초로 하는 실체적인 가벌성에는 영향을 미치지 아니한다. 따라서 형종상향금지조항으로의 개정 전후에 이루어진 정식재판청구에 대하여 적용될 규범의 시적 적용범위를 정하고 있는 심판대상조항은 행위자가 범죄행위 당시 예측가능성을 확보해야 하는 범죄구성요건의 제정이나 형벌의 가중에 해당한다고 볼 수 없으므로 형벌불소급원칙에 위배되지 아니한다.

2. 검사가 약식명령을 청구할지 또는 피고인이 약식명령에 대해 정식재판을 청구할지 여부는 피고인이 범죄행위를 할 당시에 예측할 수 없는 사항이므로, 피고인이 정식재판청구 당시 시행 중이던 법률조항에 따르도록 하는 심판대상조항이, 범죄행위는 형종상향금지조항의 시행 전에 하였으나 정식재판청구는 그 시행 전·후로 다르게 하여 각기 다른 조항을 적용받게 된 피고인들을 합리적 이유 없이 차별취급한다고 보기 어렵다. 따라서 심판대상조항은 평등원칙에 위배되지 아니한다.

5억원 이상의 국세징수권의 소멸시효기간을 10년으로 규정하는 구 국세기본법 제27조 제1항 제1호(이하 '심판 대상조항'이라 한다)가 평등원칙에 위반되는지 여부: 소극 (헌재 2023.6.29. 2019헌가27)

심판대상조항은 고액체납자의 조세 회피를 방지하고 세금 징수를 확보하기 위하여, 5억원 이상의 국세징수권에 대하여 장기의 소멸시효기간을 적용한 것이다. 10년의 소멸시효기간은 민법상 일반채권의 소멸시효기간에 비추어 볼 때 과도하게 긴 기간이라고 보기 어렵고, 5억원 이상의 납세의무를 지는 고액체납자는 상당한 규모의 경제활동을 하였음에도 그 세액을 납부하지 않은 것이므로 10년의 소멸시효기간이 적용된다고 하여 지나치게 가혹한 것이라고 보기도 어렵다. 국세는 지방세와 세목, 징수의 용이성, 징수액과 체납액의 규모가 다르다. 조세채권은 국가 재정의 기초로서 특히 그 징수가 중요하다는 점에서 국가의 다른 금전채권과 구별되는 것으로서, 고액체납자들에게 납세의무 회피에 대한 경각심을 심어주고 일반 납세자들에게 공평과세에 대한 신뢰를 유지할 필요가 있다. 그러므로 심판대상조항은 평등원칙에 위반되지 않는다.

특정범죄 가중처벌 등에 관한 법률 사건 (헌재 2023.6.29. 2020헌바177 등)

▶ 판시사항

1. 관세법상 반송의 의미를 정의하는 관세법 제2조 제3호 중 '국내에 도착한' 부분(이하 '이 사건 정의조항'이라 한다)이 죄형법정주의 명확성원칙에 위배되는지 여부: 소극

2. 물품을 반송하려면 세관장에게 신고하도록 하는 관세법 제241조 제1항 중 '반송'에 관한 부분(이하 '이 사건 신고의무조항'이라 한다)이 과잉금지원칙에 반하여 환승 여행객의 일반적 행동자유권을 침해하는지 여부: 소극

3. 미신고 반송행위를 처벌하는 관세법 제269조 제3항 제1호 중 '관세법 제241조 제1항에 따른 신고를 하지 아니하고 물품을 반송한 자'에 관한 부분(이하 '이 사건 밀반송죄조항'이라 한다), 반송물품원가 5억 원 이상의 미신고 반송행위를 가중처벌하는 '특정범죄 가중처벌 등에 관한 법률' 제6조 제3항 중 '관세법 제269조 제3항 제1호 가운데 제241조 제1항에 따른 신고를 하지 아니하고 물품을 반송한 자'에 관한 부분(이하 '이 사건 가중처벌조항'이라 한다), 위와 같은 가중처벌 시에 반송물품원가에 따른 벌금을 필요적으로 병과하는 '특정범죄 가중처벌 등에 관한 법률' 제6조 제6항 제3호 중 '관세법 제269조 제3항 제1호 가운데 제241조 제1항에 따른 신고를 하지 아니하고 물품을 반송한 자'에 관한 부분(이하 '이 사건 병과조항'이라 하고, '이 사건 밀반송죄조항', '이 사건 가중처벌조항' 및 '이 사건 병과조항'을 '이 사건 처벌조항'이라 한다)이 책임과 형벌간의 비례원칙에 위배되는지 여부: 소극

4. 이 사건 처벌조항이 평등원칙에 위배되는지 여부: 소극

1. 이 사건 정의조항의 사전적 의미와 관련조항을 종합하면, 이 사건 정의조항에서 규정하는 '국내에 도착한' 외국물품이란 외국으로부터 우리나라에 들여와 관세법에 따른 장치 장소, 즉 보세구역 또는 관세법 제155조 및 제156조의 장치 장소에 있는 물품으로서 수입신고가 수리되기 전의 물품을 의미하는 것으로 충분히 예측할 수 있다. 따라서 이 사건 정의조항은 죄형법정주의의 명확성원칙에 위배되지 아니한다.

2. 관세행정에서 법이 정한 통관절차는 관세 등의 부과를 통해 재정수입을 확보하는 것뿐만 아니라, 국가정책상 필요한 각종 규제사항에 대한 실효성을 확보하는 데에도 유용하다. 관세법 및 기타 수출입 관련 법령 등에 위배되는 반송행위를 억지하기 위해서는 이 사건 신고의무조항과 같이 모든 반송행위에 대하여 원칙적으로 신고의무를 부과할 필요성이 크고, 관세법은 휴대품 등의 반송신고를 생략하게 하는 등 반송신고의무와 관련하여 기본권 제한을 최소화하고 있다. 통관질서의 유지는 국가경제의 보호와 발전이라는 측면에서 그 자체로 중요성이 매우 큰 공익인 반면, 반송신고의무자는 반송물품에 대하여 기본적인 신고 및 검사 절차를 진행하여야 하는 불이익을 입을 뿐이다. 따라서 이 사건 신고의무조항은 과잉금지원칙에 반하여 환승 여행객의 일반적 행동자유권을 침해하지 아니한다.

3. 입법자는 밀반송범의 특성을 고려하여 이 사건 밀반송죄조항 및 가중처벌조항에서 반송한 물품의 원가를 기준으로 밀반송범의 법정형을 차등적으로 규정하였고, 법관은 개별 사건의 행위 태양이나 불법의 정도 등에 부합하도록 구체적인 형을 정할 수 있다. 이 사건 병과조항은 반송물품원가가 5억원 이상인 범죄행위에 대해서만 물품원가의 벌금을 필요적으로 병과하도록 하고 있는데, 대규모 밀반송범의 경우 막대한 범죄수익을 창출하기 위해 조직적으로 이루어지는 범죄일 가능성이 크고, 물품이 일단 반출되고 나면 범죄의 수사와 처벌이 힘들다는 밀반송범의 특성을 고려하면, 밀반송 물품을 몰수·추징하는 것과 별개로 경제적 불이익을 가함으로써 경제적 동기에 의한 대규모 밀반송 범죄를 예방하고 엄단할 필요가 크다. 따라서 이 사건 처벌조항은 책임과 형벌간의 비례원칙에 위반되지 아니한다.

4. 이 사건 처벌조항은 밀반송죄의 법정형을 밀수출죄의 법정형과 동일하게 규정하고 있다. 수출이나 반송 모두 미신고행위를 처벌함으로써 통관절차의 이행을 강제하여 관세행정상의 목적을 달성할 필요가 있고, 밀반송범과 밀수출범은 모두 일단 물품이 해외로 반출된 이후에는 증거 확보조차 곤란하여 법적 강제력을 통해 신고를 확보할 필요성이 있다는 측면에서 본질적으로 다르지 않다. 밀반송행위는 각국의 조세포탈 범죄로 이어지는 특성이 있고, 밀반송행위 및 이와 관련된 조직적·지능적인 범죄행위가 반복되는 경우 경제·외교의 측면에서 우리나라의 대외신인도가 저하될 수 있는 점 등을 고려하면, 밀반송행위가 밀수출행위에 비하여 반드시 그 죄질이 낮다거나 처벌의 필요성이 크지 않다고 일률적으로 말하기도 어렵다. 따라서 이 사건 처벌조항은 평등원칙에 위반되지 않는다.

도로교통법 제44조 제1항(이하 '음주운전 금지규정'이라 한다)을 위반하여 자동차를 운전한 사람이 다시 음주운전 금지규정을 위반하여 자동차를 운전해서 운전면허 정지사유에 해당된 경우 필요적으로 그의 운전면허를 취소하도록 하는 ① 구 도로교통법 제93조 제1항 단서 제2호 중 '제44조 제1항을 위반(자동차를 운전한 경우로 한정한다. 이하 이 호 및 제3호에서 같다)한 사람이 다시 같은 조 제1항을 위반하여 운전면허 정지 사유에 해당된 경우'에 관한 부분, ② 도로교통법 제93조 제1항 단서 제2호 중 '제44조 제1항을 위반(자동차를 운전한 경우로 한정한다. 이하 이 호 및 제3호에서 같다)한 사람이 다시 같은 조 제1항을 위반하여 운전면허 정지 사유에 해당된 경우'에 관한 부분(이하 위 두 조항을 합하여 '심판대상조항'이라 한다)이 평등원칙에 위반되는지 여부:
소극[합헌] (헌재 2023.6.29. 2020헌바182)

1. 음주운전 금지규정을 3회 이상 위반한 경우 운전면허를 필요적으로 취소하였던 구법하에서는 2회까지의 음주운전은 용인되는 것으로 여겨질 우려가 있었다. 이에 입법자는 반복된 음주운전을 용인하는 문화를 교정하고자 운전면허 필요적 취소의 요건을 완화하였다. 음주운전자를 대상으로 한 교육·치료, 차량의 몰수·폐기, 음주시 시동방지장치 강제 부착 등 다른 행정제재가 고려될 수 있으나, 입법자는 이러한 대안만으로 반복적인 음주운전이 방지되기 어렵다고 판단하였고, 이러한 입법자의 판단은 충분히 수긍할 수 있다. 한편 헌법재판소는 2021.11.26. 2019헌바446등 사건에서 음주운전 금지규정을 2회 이상 위반한 사람을 형사처벌하는 구 도로교통법 제148조 제1항 중 관련 부분이 과거 위반 전력과 재범 사이에 시간적 제한을 두지 않고 과거 위반 전력, 혈중알코올농도 등을 고려할 때 위험성이 비교적 낮은 재범 음주운전행위에도 동일한 법정형을 적용하여 책임과 형벌간의 비례원칙에 위반된다고 판단하였다. 그런데 이 사건에서 문제되는 운전면허 취소는 주취 중 운전금지라는 행정상 의무 이행을 확보하기 위한 행정제재로, 형벌과 구별되는 목적을 가지고 있다. 나아가 재판에서 위반행위의 모든 정황을 고려하여 형을 정하는 사법기관과 달리, 행정청은 위반행위에 내재된 비난가능성을 일일이 판단하기 쉽지 않다. 형벌과 행정제재를 부과하는 목적과 그 절차상 차이를 고려하면, 심판대상조항이 운전면허를 필요적으로 취소하더라도 침해의 최소성에 반한다고 할 수 없다. 운전면허가 취소되더라도 적용받는 결격기간이 상대적으로 짧고, 경우에 따라 결격기간이 배제되기도 하는 점을 고려하면, 심판대상조항으로 제한되는 사익이 교통질서를 확립하고 국민의 생명, 신체 및 재산을 보호하려는 공익에 비하여 중요하다고 할 수 없으므로, 심판대상조항은 법익의 균형성에 반하지 아니한다. 그렇다면 심판대상조항은 과잉금지원칙에 위반된다고 할 수 없다.

2. 심판대상조항의 운전면허 취소사유에는 음주운전의 위험성 및 이로 인한 사회적 폐해, 음주운전의 반복으로부터 추단될 수 있는 운전자의 안전의식·책임의식 결여 등이 반영되어 있는데, 이에 대한 구체적·개별적 판단의 여지는 크지 않다. 반면 약물의 영향으로 정상적으로 운전하지 못할 우려가 있는 상태에서 자동차등을 운전하는 경우에는(도로교통법 제93조 제1항 제4호) 약물의 복용이 운전능력에 미치는 영향에 대하여 구체적·개별적 판단이 이루어져야 한다. 교통사고로 사람을 사상한 후 필요한 조치 또는 신고를 하지 아니한 경우에도(도로교통법 제93조 제1항 제6호) 운전자의 자진신고를 유도하기 위하여 이 경우를 운전면허 임의적 취소사유로 규정해야 할 필요가 있다. 따라서 심판대상조항이 위 두 경우와 달리 운전면허를 필요적으로 취소하더라도 평등원칙에 위반되지 아니한다.

> 각종 상속공제를 통해 공제하는 금액의 한도를 규정한 구 '상속세 및 증여세법' 제24조 제3호(이하 '심판대상조항'이라 한다)가 평등원칙에 반하는지 여부: 소극 (헌재 2023.6.29. 2022헌바112)

심판대상조항은 상속인의 실제상속재산의 한도 내에서 상속공제를 인정함으로써, 고율의 누진 상속세 적용회피를 방지하려는 구 상속세 및 증여세법 제13조 제1항의 취지를 살리고자 하는 데 그 입법목적이 있다. 증여를 상속재산에 합산과세 할 것인지 여부, 합산한다면 그 기간의 장단, 합산한 경우 그 합산액을 공제한도에 포함시킬 것인지 여부, 포함시킨다면 어느 범위 내에서 이를 포함시킬지 여부 등은 상속세에 대한 보완세라는 증여세의 기능을 고려하여 입법자가 그 입법형성재량에 기초하여 정책적으로 결정할 수 있다. 아울러 상속세 및 증여세법이 개정되면서 심판대상조항의 상속공제한도가 확대된 결과, 상속세 과세표준확장의 문제도 상당부분 개선이 되었다. 따라서 심판대상조항은 평등원칙에 위반되지 않는다.

> 폭행죄로 2회 이상 징역형을 받은 사람이 다시 같은 죄를 범하여 누범으로 처벌하는 경우 가중처벌하도록 규정한 '폭력행위 등 처벌에 관한 법률' 제2조 제3항 제1호 중 '형법 제260조 제1항(폭행)을 위반하여 2회 이상 징역형을 받은 사람이 다시 형법 제260조 제1항(폭행)의 죄를 범하여 누범으로 처벌할 경우'에 관한 부분(이하 '심판대상조항'이라 한다)이 책임과 형벌간의 비례원칙에 위반되는지 여부: 소극 (헌재 2023.6.29. 2022헌바178)

1. 심판대상조항의 법정형인 7년 이하의 징역은 동종의 범행으로 두 번 이상 징역형을 받은 사람이 다시 누범기간 내에 범한 폭력범죄의 불법성과 비난가능성을 무겁게 평가하여 징벌의 강도를 높여 이와 같은 범죄를 예방하여야 한다는 형사정책적 판단에 따른 것으로, 이와 같은 입법자의 입법정책적 결단이 입법재량의 범위를 벗어난 것이라고 볼 수 없다.

   또한 심판대상조항은 징역형만을 규정하고 있기는 하나 그 범위를 넓게 규정하고 있어 실제 재판 과정에서 그 내용과 정상에 따라 양형이 조절될 수 있으므로, 심판대상조항이 벌금형을 선택형으로 규정하고 있지 않더라도 입법형성의 재량의 범위를 벗어난 것으로 볼 수 없다.

   따라서 심판대상조항은 책임과 형벌간의 비례원칙에 위반되지 않는다.

2. 심판대상조항은 전범과 후범이 모두 동종의 폭력범죄 고의범일 것을 요하고, 전범에 대하여 2회 이상의 징역형을 선고받아 형이 아직 실효되지 아니하여야 하며, 누범으로 처벌하는 경우여야 하는 등 엄격한 구성요건을 설정하고 있다. 따라서 이러한 범죄자가 폭행의 상습범에 비하여 비난가능성이 작다고 단정할 수 없으므로, 심판대상조항의 법정형이 형법상 상습폭행죄의 법정형에 비하여 무겁다고 하여 형벌체계상 균형을 상실하여 평등원칙에 위반된다고 할 수 없다.

특별교통수단에 있어 표준휠체어만을 기준으로 휠체어 고정설비의 안전기준을 정하고 있는 '교통약자의 이동편의 증진법 시행규칙' 제6조 제3항 별표 1의2(이하 '심판대상조항'이라 한다)가 합리적 이유 없이 표준휠체어를 이용할 수 있는 장애인과 표준휠체어를 이용할 수 없는 장애인을 달리 취급하여 청구인의 평등권을 침해하는지 여부: 적극[헌법불합치] (헌재 2023.5.25, 2019헌마1234)

표준휠체어를 이용할 수 없는 장애인에 대한 고려 없이 표준휠체어만을 기준으로 고정설비의 안전기준을 정하는 것은 불합리하고, 특별교통수단에 장착되는 휠체어 탑승설비 연구·개발사업 등을 추진할 국가의 의무를 제대로 이행한 것이라 보기도 어렵다. 누워서 이동할 수밖에 없는 장애인을 위한 휠체어 고정설비 안전기준 등을 별도로 규정한다고 하여 국가의 재정적 부담이 심해진다고 볼 수도 없다. 제4차 교통약자 이동편의 증진계획이 표준휠체어를 사용할 수 없는 장애인을 위한 특별교통수단의 도입 등을 계획하고 있기는 하나, 일부 지방자치단체에서 침대형 휠체어가 탑승할 수 있는 특수형 구조차량을 운행하였다가 침대형 휠체어 고정장치에 대한 안전기준이 없어 운행을 중단한 점에서 볼 수 있듯이 그 안전기준의 제정이 시급하므로 위와 같은 계획이 있다는 사정만으로 안전기준 제정 지연을 정당화하기 어렵다. 따라서 심판대상조항은 합리적 이유 없이 표준휠체어를 이용할 수 있는 장애인과 표준휠체어를 이용할 수 없는 장애인을 달리 취급하여 청구인의 평등권을 침해한다.

농업협동조합중앙회(이하 '농협중앙회'라 한다) 회장선거의 관리를 선거관리위원회법에 따른 중앙선거관리위원회(이하 '중앙선관위'라 한다)에 위탁하도록 한 농업협동조합법 제130조 제8항(이하 '의무위탁조항'이라 한다)이 농협중앙회 및 회원조합의 결사의 자유를 침해하거나 평등원칙에 위반되는지 여부: 소극[합헌] (헌재 2023.5.25, 2021헌바136)

의무위탁조항은 농협중앙회장선거의 과열과 혼탁을 방지함으로써 선거의 공정성을 담보하기 위하여 선거관리의 위탁 여부를 농협중앙회의 자율에 맡기지 않고 선거의 공정한 관리를 관장하는 중앙선관위에 의무적으로 위탁하도록 한 조항이다. 농협중앙회의 회원조합이 수행하는 사업 내지 업무가 국민경제에서 상당한 비중을 차지하고, 국가나 국민 전체와 관련된 경제적 기능에 있어서 금융기관에 준하는 공공성을 가진다는 점, 중앙선관위가 수탁하여 관리하는 사무는 주로 선거절차에 관한 사무에 해당하는 점 등을 고려하면 의무위탁조항은 과잉금지원칙에 위반되지 않으므로, 농협중앙회 및 회원조합의 결사의 자유를 침해한다고 볼 수 없다.

의무위탁조항에 따라 반드시 회장 선출에 대한 선거관리를 중앙선관위에 위탁해야 하는 농협중앙회와 달리, 중소기업협동조합법은 중소기업중앙회장 선출에 대한 선거관리를 중앙선관위에 임의로 위탁할 수 있도록 규정하고 있으므로, 농협중앙회와 중소기업중앙회 간에 차별취급이 존재한다. 그러나 이는 입법자가 각 조합 및 중앙회 선거가 진행되어 온 역사적 경험을 비롯해 사회 제반 여건 등을 종합적으로 고려하여 농협중앙회장선거와 중소기업중앙회장선거를 달리 규율한 것으로 볼 수 있으므로, 위와 같은 차별에는 합리적인 이유가 있다고 볼 수 있다. 그러므로 의무위탁조항은 평등원칙에 위반되지 않는다.

> 디엔에이증거 등 그 죄를 증명할 수 있는 과학적인 증거가 있는 특정 성폭력범죄는 공소시효를 10년 연장하는 조항(이하 '연장조항'이라 한다)이 명확성원칙, 평등원칙에 위배되는지 여부: 소극[합헌] (헌재 2023.5.25, 2020헌바309)

연장조항의 '과학적인 증거' 부분은 과학적인 방법을 이용함으로써 정확성과 타당성이 담보되어 기간이 경과하더라도 범죄의 증거로서 객관적 가치를 유지할 수 있는 증명력이 확보되는 증거를 의미하고, 법을 해석·집행하는 기관이 개개의 사안에서 '과학적인 증거'의 의미를 자의적으로 해석하거나 집행할 우려가 있다고 보기는 어려우므로, 명확성원칙에 위배되지 아니한다.

성폭력범죄는 그 특성상 수사가 장기화될 여지가 다른 범죄에 비하여 높은 점, 범인의 고유한 디엔에이증거 등이 잔존할 가능성이 높은 점, 과학기술의 발달로 오랜 기간이 경과한 증거도 수집이 가능하게 된 점, 성폭력범죄는 피해자에게 장기간 심각한 정신적·정서적 장애를 입힌다는 점에서 그 죄질을 가볍게 볼 수 없는 점, 연장조항은 모든 성폭력범죄에 대하여 일률적으로 공소시효를 연장하는 것이 아니고 특정 성폭력범죄에 한정하고 있는 점 등을 종합하면, 연장조항은 평등원칙에 위배되지 아니한다.

> 개정법 시행 전에 비사업용 토지를 양도한 경우에는 개정규정에도 불구하고 종전의 규정에 따르도록 한 소득세법 부칙(2016.12.20. 법률 제14389호) 제2조 제2항, 제14조(이하 합하여 '이 사건 심판대상조항들'이라 한다)가 조세평등주의에 위배되는지 여부: 소극 (헌재 2023.6.29, 2020헌바324)

법률조항이 개정·시행되고 그 시행 전후의 요건 충족 여부에 따라 납세의무자 사이에 불균형한 결과가 초래된다고 하더라도, 이는 법 개정으로 인하여 수반되는 자연스러운 현상일 뿐 이로 인하여 차별취급이 존재한다고 보기 어렵다. 이 사건의 경우도 개정 소득세법의 시행일을 기준으로 그 이전에 사유가 발생한 자와 그 이후에 사유가 발생한 자 사이에 장기보유 특별공제 적용 여부를 달리하는 것은 법률의 개정에 따른 결과이고, 이 사건 심판대상조항들에 의한 차별취급의 결과라고 볼 수 없다.

설령 차별취급이 존재한다고 보더라도, 비사업용 토지의 양도에 관한 개정규정을 시혜적으로 소급 적용하지 않는 내용으로 이 사건 심판대상조항들을 입법한 입법자의 판단이 양도소득 중과제도의 취지, 장기보유 특별공제제도의 취지, 사회실정, 법률의 개정이유나 경위 등을 참작하여 볼 때 입법재량의 범위를 현저히 벗어나 불합리하고 불공정하다고 할 수 없다. 그렇다면 이 사건 심판대상조항들은 조세평등주의에 위배되지 아니한다.

근로자가 산업재해보상보험의 보험료를 부담하지 않는 것과 달리, '고용보험 및 산업재해보상보험의 보험료징수 등에 관한 법률' 제49조의3 제2항 본문이 특수형태근로종사자에 대하여 위 보험료의 2분의 1을 부담시키는 것이 합리적인 이유 없이 특수형태근로종사자를 불리하게 대우하는 것으로서 평등원칙에 위배되는지 여부: 소극[합헌] (헌재 2023.3.23. 2022헌바139)

특수형태근로종사자는 독립적 노동의 모습(자영인의 징표)과 종속적 노동의 모습(근로자의 징표)을 동시에 갖고 있으므로 사업주와 그 종사자가 각각 보험료의 2분의 1씩 부담하도록 하고 다만 사용종속관계 정도 등을 고려하여 대통령령으로 정하는 직종에 종사하는 특수형태근로종사자의 경우에는 사업주가 부담하도록 한 것으로 그 합리성을 인정할 수 있어 평등원칙에 반하지 않는다.

공무원과 이혼한 배우자의 분할연금 수급요건을 정한 공무원연금법 제45조 제1항을 2016.1.1. 이후 이혼한 사람부터 적용하도록 한 공무원연금법 부칙 제4조 제1항 전문 중 '제45조 제1항의 개정규정(혼인기간 인정기준은 제외한다)은 2016년 1월 1일 이후에 이혼한 사람부터 적용한다' 부분이 평등원칙에 위반되는지 여부: 소극[합헌] (헌재 2023.3.23. 2022헌바108)

분할연금제도를 도입하면서 그 시행 전에 이혼한 사람들도 소급하여 분할연금수급권자가 될 수 있도록 한다면, 분할연금 수급권자에게 지급하여야 할 분할연금을 포함하여 이미 퇴직연금을 지급한 경우나 퇴직연금수급자가 이미 사망하여 퇴직연금이 소멸된 경우 등 과거에 이미 형성된 법률관계에 중대한 영향을 미쳐 법적 안정성이 훼손될 우려가 크다. 또한, 2018년 개정 공무원연금법 부칙이 분할연금제도의 적용대상을 2016.1.1. 이후에 이혼한 사람으로 정한 것은, 2018년에 공무원연금법이 전부개정되었음에도 분할연금제도가 처음 시행된 2016.1.1. 이후에 이혼한 사람이 분할연금의 지급을 청구할 수 있도록 하여 법적 공백을 발생시키지 않도록 하기 위함이기도 하다. 심판대상조항이 분할연금제도의 적용대상을 그 제도가 도입된 2016.1.1. 이후에 이혼한 사람으로 한 것은 입법재량의 범위를 벗어나 현저히 불합리한 차별이라고 보기 어렵다. 심판대상조항은 평등원칙에 위반되지 않는다.

위험한 물건을 휴대하여 상해의 죄를 범한 때에는 1년 이상 10년 이하의 징역에 처하도록 규정한 형법 제258조의2 제1항 중 '위험한 물건을 휴대하여 제257조 제1항의 죄를 범한 때'에 관한 부분(이하 '심판대상조항'이라 한다)이 책임과 형벌간의 비례원칙 및 평등원칙에 위배되는지 여부: 소극[합헌] (헌재 2023.3.23. 2021헌바424)

1. 위험한 물건을 휴대하여 상해죄를 범하는 경우에는 이미 그 행위 자체에 내재되어 있는 불법의 정도가 크고, 중대한 법익 침해를 야기할 가능성이 높다. 상해죄는 개인적 법익 중 생명권 다음으로 중요한 신체의 안전성을 보호법익으로 하므로, 위험한 물건을 휴대하여 사람을 상해하는 행위는 법에서 엄격히 금지할 필요가 크다. 심판대상조항의 법정형의 하한이 징역 1년으로 그다지 높지 않고, 작량감경을 하지 않더라도 선고유예 내지 집행유예 결격사유가 없는 한 징역형의 선고유예나 집행유예를 선고할 수 있으며, 위험한 물건의 종류, 상해의 정도 등 구체적 사정은 심판대상조항이 규정한 징역형 내에서 충분히 고려될 수 있다. 따라서 심판대상조항이 책임과 형벌간의 비례원칙에 위반된다고 볼 수 없다.

2. 심판대상조항의 법정형이 상해죄의 법정형보다 무겁게 규정된 것은 위험한 물건을 휴대한 경우에는 범죄 수단의 불법성이 중대하다는 점을 감안한 것이다. 그리고 사람의 신체를 상해하여 생명에 대한 위험을 발생하게 한 결과가 일반적인 상해의 결과보다 무거운 것은 사실이나, 위험한 물건을 휴대하지 아니하고 범한 상해 행위에 비하여 위험한 물건을 휴대하여 범한 상해 행위가 행위 태양의 위험성은 더 크다. 따라서 심판대상조항이 형벌체계상의 균형을 잃은 자의적인 입법이라거나 평등원칙에 반하는 것이라고 볼 수 없다.

건설근로자의 고용개선 등에 관한 법률 제14조 제2항 중 구 산업재해보상보험법 제63조 제1항 가운데 '그 근로자가 사망할 당시 대한민국 국민이 아닌 자로서 외국에서 거주하고 있던 유족(이하 '외국거주 외국인유족'이라 한다)은 제외한다'를 준용하는 부분(이하 '심판대상조항'이라 한다)이 평등원칙에 위반되는지 여부: 적극[위헌] (헌재 2023.3.23. 2020헌바471)

외국거주 외국인유족에게 퇴직공제금을 지급하더라도 국가 및 사업주의 재정에 영향을 미치거나 건설근로자공제회의 재원 확보 및 퇴직공제금 지급 업무에 특별한 어려움이 초래될 일도 없으므로 외국거주 외국인유족을 퇴직공제금을 지급받을 유족의 범위에서 제외할 이유가 없다는 점, '일시금' 지급 방식인 퇴직공제금의 지급에서는 산업재해보상보험법상의 유족보상연금의 지급에서와 같이 수급자격 유지 확인의 어려움과 보험급여 부당지급의 우려가 없으므로 '연금' 지급 방식인 산업재해보상보험법상의 유족보상연금 수급자격자 규정을 '일시금' 지급 방식인 퇴직공제금에 준용하는 것은 불합리하다는 점, 외국거주 외국인유족은 자신이 거주하는 국가에서 발행하는 공신력 있는 문서로서 퇴직공제금을 지급받을 유족의 자격을 충분히 입증할 수 있으므로 그가 '외국인'이라는 사정 또는 '외국에 거주'한다는 사정이 대한민국 국민인 유족 혹은 국내거주 외국인유족과 달리 취급받을 합리적인 이유가 될 수 없다는 점 등을 종합하면, 심판대상조항은 합리적 이유 없이 외국거주 외국인유족을 대한민국 국민인 유족 및 국내거주 외국인유족과 차별하는 것이므로 평등원칙에 위반된다.

피해자보호명령에 우편을 이용한 접근금지에 관한 규정을 두지 아니한 구 가정폭력범죄의 처벌 등에 관한 특례법 제55조의2 제1항이 평등원칙에 위반되는지 여부: 소극[합헌] (헌재 2023.2.23. 2019헌바43)

피해자보호명령제도는 가정폭력행위자가 피해자와 시간적·공간적으로 매우 밀접하게 관련되어 즉시 조치를 취하지 않으면 피해자에게 회복할 수 없는 피해를 입힐 가능성이 있을 때에 법원의 신속한 권리보호명령이 이루어질 수 있도록 하는 것이 입법의 주요한 목적 중 하나이다. 그런데 전기통신을 이용한 접근행위의 피해자와 우편을 이용한 접근행위의 피해자는 피해의 긴급성, 광범성, 신속한 조치의 필요성 등의 측면에서 차이가 있다.

우편을 이용한 접근행위에 대해서는 법원의 가처분결정과 간접강제결정을 통해 비교적 신속하게 우편을 이용한 접근의 금지라는 목적을 달성할 수 있고, 나아가 그 접근행위가 형법상 협박죄 등에 해당할 경우 피해자는 고소 등의 조치를 취할 수도 있다.

또한 피해자보호명령제도에 대해서는 진술거부권고지나 동행영장에 관한 규정이 준용되지 않고, 가정폭력행위자가 심리기일에 출석하지 않아도 되는 등 실무상 민사 또는 가사 신청사건과 유사하게 운영되고 있다.

이러한 피해자보호명령제도의 특성, 우편을 이용한 접근행위의 성질과 그 피해의 정도 등을 고려할 때, 입법자가 심판대상조항에서 우편을 이용한 접근금지를 피해자보호명령의 종류로 정하지 아니하였다고 하더라도 이것이 입법자의 재량을 벗어난 자의적인 입법으로서 평등원칙에 위반된다고 보기 어렵다.

전시·사변 등 국가비상사태에 있어서 전투에 종사하는 자에 대하여는 각령이 정하는 바에 의하여 전투근무수당을 지급하도록 한 구 군인보수법 제17조가 명확성원칙 및 평등원칙에 위반되는지 여부: 소극[합헌] (헌재 2023. 8.31. 2020헌바594)

1. 심판대상조항 중 '전시·사변 등 국가비상사태' 부분이 명확성원칙에 위반되는지 여부

심판대상조항의 '전시(戰時)', '사변(事變)'은 그 문언 자체로도 그 의미가 명확하다. 한편, 심판대상조항의 '국가비상사태'는 그 앞에 '전시·사변 등'이라는 예시가 있는 점, 그리고 심판대상조항이 전투근무수당의 지급대상으로 '전투에 종사한 자'를 규정하고 있는 점에 비추어 위 전시·사변과 같이 전투가 발생하였거나 발생할 수 있는 수준의 대한민국의 국가적인 비상사태를 의미함을 쉽게 알 수 있다.

어떠한 상황이 위와 같은 전시·사변 등 국가비상사태에 해당하는지는 개별적·구체적인 사실관계의 확정과 그에 대한 법적 평가에 따라 판단되어야 하는데, 이러한 사실관계의 확정 및 법적 평가가 필요하다고 하여 그것만으로 문언이 불분명하다고 할 수는 없다.

따라서 심판대상조항 중 '전시·사변 등 국가비상사태' 부분은 명확성원칙에 위반되지 않는다.

2. 심판대상조항이 평등원칙에 위반되는지 여부

심판대상조항이 전시·사변 등 국가비상사태에 있어서 전투에 종사한 군인에게 전투근무수당을 지급하는 취지는, 전시·사변 등 대한민국의 존립이 위태롭거나 질서를 유지하기 어려운 국가비상사태에서 국가안전보장 또는 질서유지 등을 위하여 전투를 수행하는 군인의 사기를 높임으로써 위와 같은 국가비상사태를 극복하려는 한편, 위와 같은 전투를 수행하는 군인이 부담하는 생명과 신체에 대한 상당한 위험에 대하여 보상을 하려는 데 있다.

구 군인보수법은 제16조에서 "각령이 정하는 바에 의하여 업무수행상 생명의 직접적인 위험이 수반되는 업무에 종사하는 자, 특수기술자, 특수한 지역에 근무하는 자, 항공기 및 함정근무자 기타 특수한 훈련 등에 종사하는 자에게 특수근무수당을 지급한다."라고 하여 그 업무 등에 따라 특수근무수당을 지급하도록 하였고, 이는 현행 군인보수법 제16조도 마찬가지이다. 이처럼 군인보수법령은 전시·사변 등 국가비상사태에서 전투에 종사하지 않는 군인에게도 그 군인이 수행하는 업무, 근무지, 근무형태 및 그 위험성 등을 고려하여 그에 맞는 특수근무수당을 지급하도록 하고 있다.

베트남전쟁 참전군인에게도 위 규정들을 근거로 구 '해외파견군인의 특수근무수당지급규정'에 따른 특수근무수당이나 구 군인보수법 시행령에 따른 해외파견근무수당이 지급되었다. 이상과 같은 점들을 종합하면, 심판대상조항은 평등원칙에 위반되지 않는다.

107

우정사업본부 직제 시행규칙 제19조 위헌확인 등 [기각, 각하] (헌재 2023.8.31. 2020헌마116)

▶ 판시사항

1. 우정사업본부장(이하 '피청구인'이라 한다)이 우정직군 공무원의 직렬을 구분하지 아니한 부작위 및 우정직군 공무원들에 대하여 전직시험을 실시하지 아니한 부작위에 대한 헌법소원심판청구가 적법한지 여부: 소극

2. 우정직 공무원을 우체국장 및 과·실장의 보직 부여 대상에서 제외한 '우정사업본부 직제 시행규칙' 제19조 및 구 '우정사업본부 현업관서의 설치 등에 관한 세칙' 제4조 제1항, '우정사업본부 현업관서의 설치 등에 관한 규정' 제4조 제1항(이하 위 조항들을 합쳐 '심판대상조항'이라 한다)이 우정직 공무원인 청구인들의 평등권을 침해하는지 여부: 소극

▶ 결정요지

1. 헌법은 우정직 공무원의 직렬구분이나 전직시험에 관하여 아무런 규정을 두고 있지 않고, 피청구인이 우정직군 공무원의 직렬을 구분하지 아니한 부작위 및 우정직군 공무원들에 대하여 전직시험을 실시하지 아니한 부작위에 관한 구체적 작위의무가 헌법해석상, 또는 국가공무원법이나 공무원임용령상 인정된다고 보기 어렵다. 따라서 위와 같은 부작위에 대한 청구는 헌법소원의 대상이 될 수 없는 공권력의 불행사를 대상으로 한 것이어서 부적법하다.

2. 심판대상조항은 순환보직을 통해 행정상 관리업무 등을 담당할 것을 전제로 채용이나 인사관리가 이루어진 직군과 직렬들을 대상으로 우체국장이나 과·실장의 보직을 받을 수 있게 한 것으로, 우정사업본부 내 효율적인 인사관리를 위한 것이다. 비록 우정직 공무원이 우체국장 및 과·실장 보직에서 제외되었다 하더라도 이는 우정직 공무원의 채용, 인사관리 및 담당 업무의 독자성 등을 고려하여 이루어진 것이므로 이러한 차별취급이 불합리한 것으로서 우정직 공무원인 청구인들의 평등권을 침해한다고 보기 어렵다.

병역법 제3조 제1항 전문 등 위헌확인 등 [합헌] (헌재 2023.9.26, 2022헌마912 등)

▶ 판시사항

대한민국 국민인 남성에게 병역의무를 부과한 구 병역법 제3조 제1항 전문, 병역법 제3조 제1항 전문(이하 '병역의무조항'이라 한다)의 평등권 침해 여부: 소극

▶ 결정요지

국방의 의무를 부담하는 국민 중 병역의무의 범위를 정하는 문제는, 국가의 안보상황·재정능력을 고려하여 급변하는 국내외 정세에 탄력적으로 대응하면서 국군이 최적의 전투력을 유지할 수 있도록 합목적적으로 정해야 할 사항이므로, 헌법재판소로서는 제반사정을 고려하여 법률로 국방의 의무를 구체적으로 형성해야 하는 국회의 광범위한 입법재량을 존중할 필요성이 크다. 이와 함께, 일반적으로 집단으로서의 남성과 여성은 서로 다른 신체적 능력을 보유하는 점, 보충역과 전시근로역도 혹시라도 발생할 수 있는 국가비상사태에 즉시 전력으로 편입될 수 있는 예비적 전력인 점, 비교법적으로 보아도 징병제가 존재하는 70여 개 나라 중에서 여성에게 병역의무를 부과하는 나라는 극히 한정되어 있는 점 등을 고려할 때, 장기적으로는 출산율의 변화에 따른 병역자원 수급 등 사정을 고려하여 양성징병제의 도입 또는 모병제로의 전환에 관한 입법논의가 사회적 합의 과정을 통해 진지하게 검토되어야 할 것으로 예상되지만, 현재의 시점에서 제반 상황을 종합적으로 고려하여 기존 징병제도를 유지하고 있는 입법자의 판단이 현저히 자의적이라고 단정하기 어렵다. 사정이 이러하다면, 병역의무조항으로 인한 차별취급을 정당화 할 합리적 이유가 인정되므로, 병역의무조항은 평등권을 침해하지 아니하고, 헌법에 위반되지 아니한다.

국민건강보험법 제109조 제10항 등 위헌확인 [헌법불합치, 기각, 각하] (헌재 2023.9.26, 2019헌마1165)

▶ 판시사항

1. 내국인 및 영주(F-5)·결혼이민(F-6)의 체류자격을 가진 외국인(이하 '내국인등')과 달리 외국인 지역가입자에 대하여 납부할 월별 보험료의 하한을 전년도 전체 가입자의 평균을 고려하여 정하는 구 '장기체류 재외국민 및 외국인에 대한 건강보험 적용기준' 제6조 제1항에 의한 별표 2 제1호 단서(이하 '보험료하한 조항')가 외국인 지역가입자인 청구인들의 평등권을 침해하는지 여부: 소극

2. 내국인등과 달리 보험료 납부단위인 '세대'의 인정범위를 가입자와 그의 배우자 및 미성년 자녀로 한정한 위 보건복지부고시 제6조 제1항에 의한 별표 2 제4호(이하 '세대구성 조항')가 청구인들의 평등권을 침해하는지 여부: 소극

3. 내국인등과 달리 보험료를 체납한 경우에는 다음 달부터 곧바로 보험급여를 제한하는 국민건강보험법 제109조 제10항(이하 '보험급여제한 조항')이 청구인들의 평등권을 침해하는지 여부: 적극

4. 법무부장관이 외국인에 대한 체류 허가 심사를 함에 있어 보험료 체납정보를 요청할 수 있다고 규정한 출입국관리법 제78조 제2항 제3호 중 '외국인의 국민건강보험 관련 체납정보'에 관한 부분(이하 '정보요청조항')에 대하여 기본권 침해의 직접성 요건이 부인된 사례

5. 보험급여제한조항에 대하여 계속 적용 헌법불합치결정을 선고한 사례

▶ 결정요지

1. 보험료하한 조항이 보험급여와 보험료 납부의 상관관계를 고려하고, 외국인의 보험료 납부의무 회피를 위한 출국 등의 제도적 남용 행태를 막기 위하여 외국인 지역가입자가 납부해야 할 월별 보험료의 하한을 내국인등 지역가입자가 부담하는 보험료 하한(보험료가 부과되는 연도의 전전년도 평균 보수월액보험료의 1천분의 60 이상 1천분의 65 미만의 범위에서 보건복지부장관이 정하여 고시하는 금액)보다 높게 정한 것은 합리적인 이유가 있는 차별이다.

2. 세대구성 조항은 동일 세대로 인정되는 가족의 범위를 내국인등에 비해 더욱 좁게 규정하고 있는데, 이는 외국인에 대하여 정확한 가족관계 파악이 어려운 상황에서 현재 사회적으로 형성되어 있는 가족구성의 일반적인 형태인 부모와 미혼자녀로 구성되는 소가족의 형태를 반영한 것으로서, 합리적인 이유가 있는 차별이다.

3. 외국인은 그의 재산이 국내에만 있는 것이 아닐 수 있어, 체납보험료에 대한 징수절차로는 실효성을 거두기가 어렵고, 외국인은 진료를 마치고 본국으로 출국함으로써 보험료 납부의무를 쉽게 회피할 수 있다.
   따라서 외국인 지역가입자에 대한 보험급여 제한을 내국인등과 달리 실시하는 것 자체는 합리적인 이유가 있는 차별이나, 보험급여제한 조항은 다음과 같은 점에서 합리적인 수준을 현저히 벗어난다.
   보험급여제한 조항은 외국인의 경우 보험료의 1회 체납만으로도 별도의 공단 처분 없이 곧바로 그 다음 달부터 보험급여를 제한하도록 규정하고 있으므로, 보험료가 체납되었다는 통지도 실시되지 않는다. 그러나 절차적으로 보험료 체납을 통지하는 것은 당사자로 하여금 착오를 시정할 수 있도록 하거나 잘못된 보험료 부과 또는 보험급여제한처분에 불복할 기회를 부여하는 것이기 때문에, 이를 통지하지 않는 것은 정당화될 수 없는 차별이다.
   보험급여제한 조항은 내국인과는 달리 과거 보험료를 납부해 온 횟수나 개별적인 경제적 사정의 고려 없이 단 1회의 보험료 체납만으로도 일률적으로 보험급여를 제한하고, 체납한 보험료를 사후에 완납하더라도 예외 없이 소급하여 보험급여를 인정하지 않는데, 이는 평균보험료를 납부할 능력이 없는 외국인에게는 불측의 질병 또는 사고·상해가 발생할 경우 건강에 대한 치명적 위험성에 더하여 가족 전체의 생계가 흔들리게 되는 결과를 낳게 할 수 있다.
   외국인도 국민건강보험에 당연가입하도록 하고, 국내에 체류하는 한 탈퇴를 불허하는 것은, 단지 내국인과의 형평성 제고뿐 아니라, 이들에게 사회연대원리가 적용되는 공보험의 혜택을 제공한다는 정책적 효과도 가지게 되는 것임을 고려하면, 보험료 체납에도 불구하고 보험급여를 실시할 수 있는 예외를 전혀 인정하지 않는 것은 합리적인 이유 없이 외국인을 내국인등과 달리 취급한 것이다. 따라서 보험급여제한 조항은 청구인들의 평등권을 침해한다.

4. 정보요청 조항은 법무부장관의 보험료 체납정보라는 집행행위를 예정하고 있으므로, 정보요청 조항에 대한 헌법소원심판 청구는 기본권침해의 직접성 요건을 결여하여 부적법하다.

5. 보험급여제한 조항의 위헌성은 보험급여 제한을 실시하는 것 그 자체에 있는 것이 아니라, 보험급여제한을 하지 않을 수 있는 예외를 전혀 인정하지 않고, 보험료 체납에 따른 보험급여 제한이 실시된다는 통지절차도 전혀 마련하지 않은 것에 있다. 그러한 위헌성을 제거하고 합헌적으로 조정하는 데에는 여러 가지 선택가능성이 있고, 입법자는 충분한 사회적 합의를 거쳐 그 방안을 강구할 필요가 있다. 이러한 점들을 감안하면, 보험급여제한 조항에 대하여는 단순위헌결정을 하는 대신 입법자의 개선입법이 있을 때까지 계속 적용을 명하는 헌법불합치결정을 선고한다.

경상대학교 총장임용후보자 선정에 관한 규정 제12조 제1항 등 위헌확인 [기각] (헌재 2023.9.26. 2020헌마553)

▶ 판시사항

경상국립대학교의 교원, 직원 및 조교, 학생에게 총장선거권을 부여한 '경상국립대학교 총장임용후보자 선정에 관한 규정' 제12조 제1항 본문(이하 '심판대상조항'이라 한다)이 같은 대학의 강사인 청구인들의 평등권을 침해하는지 여부: 소극

▶ 결정요지

헌법이 대학의 자율성을 보장하는 이유는 학문의 자유에 대한 보장을 담보하기 위함인데, 강사는 교수에 비하여 임용기간이나 주당 강의시간이 짧고 다른 대학에서 자유롭게 강의할 수 있는 등 대학과의 사용·종속 관계가 약하며, 임무의 내용도 학문의 연구보다는 학생의 교육에 집중되어 있고 학문적 활동의 밀도도 교수에 비하여 낮다. 한편 국립대학의 직원이나 조교는 국가공무원 내지 교육공무원에 해당하는 반면 강사는 대학과 일시적이고 비전속적인 고용관계를 맺고 있고, 국립대학의 학생은 영조물 이용자로서 대학의 정책 방향에 높은 이해관계를 가지는 반면, 강사는 대학의 교육역무를 지원·보조하기 위하여 일시적으로 고용된 사람으로서 대학의 정책방향과 관련하여 선거권 보장의 필요성이 상대적으로 낮다. 이러한 사정을 고려할 때 심판대상조항이 교원, 직원 및 조교, 학생과 강사를 달리 취급한 데에는 합리적 이유가 있으므로, 심판대상조항은 청구인들의 평등권을 침해하지 아니한다.

마약류 관리에 관한 법률 제59조 제1항 제7호 위헌소원 [합헌] (헌재 2023.10.26. 2021헌바270)

▶ 판시사항

1. 마약을 매매한 자를 1년 이상의 유기징역에 처하는 '마약류 관리에 관한 법률' 제59조 제1항 제7호 중 '대마를 매매한 자'에 관한 부분(이하 '심판대상조항'이라 한다)의 법정형이 과도하여 책임과 형벌 사이의 비례원칙에 위반되는지 여부: 소극

2. 심판대상조항이 형벌체계상 균형성을 상실하여 헌법상 평등원칙에 위반되는지 여부: 소극

▶ 결정요지

1. 대마는 재배와 제조가 비교적 쉬워 엄격히 차단하지 않으면 널리 보급될 가능성이 높고, 간단히 흡연하거나 먹는 형태로 섭취할 수 있기 때문에 접근성도 높다. 대마의 매도행위는 유통을 확산하고 이에 기여하는 행위이며, 매수행위 역시 매도행위와 필요적 공범관계로서 밀접한 관련성을 가지고 있어 사회적 위험성이 크다. 한편 심판대상조항의 법정형의 하한이 징역 1년이어서 징역형의 집행유예 또는 선고유예가 가능하고, 구체적인 사안에 따라 양형 단계에서 그 책임에 상응하는 형벌이 부과될 수 있다. 따라서 심판대상조항이 죄질과 책임에 비해 형벌이 지나치게 무거워 책임과 형벌 사이의 비례원칙에 위반된다고 볼 수 없다.

2. 마약류의 해악성을 평가함에 있어서는 대상 물질이 인체에 미치는 의학적 영향뿐만 아니라, 사회적 폐해도 고려하여야 한다. 대마는 제조형태에 따라 해악성에 차이가 있으므로 향정신성의약품과 해악성을 단순히 비교하기 어렵고, 재배와 제조가 비교적 쉬워 엄격히 차단하지 않으면 널리 보급될 가능성이 높으므로, 대마 유통을 근절해야 할 필요성이 향정신성의약품에 비하여 덜 시급하다고 할 수 없다. 심판대상조항이 향정신성의약품 매매행위와 달리 벌금형을 규정하지 않은 것은 대마의 특성, 심판대상조항의 보호법익이나 구성요건의 죄질 등을 고려한 것이므로, 심판대상조항이 입법재량의 범위를 벗어나 헌법상 평등원칙에 위반된다고 할 수 없다.

또한 대마의 매수행위는 매도행위와 필요적 공범관계로서 공급 측면과도 밀접한 관련성을 가지고 있고, 매매자금의 제공을 통하여 대마의 확산을 촉진함으로써 공중의 건강까지 위협하게 되므로, 그 동기를 불문하고 매도행위와 마찬가지로 위험성과 비난가능성이 높다. 따라서 대마의 매도행위와 매수행위의 법정형을 동일하게 규정한 심판대상조항이 현저하게 자의적인 입법으로서 평등원칙에 위반된다고 보기 어렵다.

112

예비역 복무의무자의 범위에서 일반적으로 여성을 제외하는 구 병역법 제3조 제1항 중 '예비역 복무'에 관한 부분 및 지원에 의하여 현역복무를 마친 여성을 일반적인 여성의 경우와 동일하게 예비역 복무의무자의 범위에서 제외하는 군인사법이 평등권을 침해하는지 여부: 소극[기각] (헌재 2023.10.26, 2018헌마357)

헌법재판소는 2023.9.26, 2019헌마423 등 결정으로, 집단으로서 남성과 여성의 신체적 특징의 차이에 기초하여 남성만을 병역의무자로 정하고, 여성에게 보충역 등 복무의무를 부과하지 않은 것이 자의적인 입법권의 행사라고 보기 어려우므로 평등권을 침해하지 않는다고 판단한 바 있다. 예비역은 국가비상사태에 병력동원의 대상이 되므로, 일정한 신체적 능력과 군전력으로서의 소양이 필요한 점을 고려할 때, 현시점에서 일반적으로 여성을 예비역 복무의무자에서 제외한 입법자의 판단이 현저히 자의적이라고 단정하기 어렵다. 다만, 지원에 의하여 현역복무를 마친 여성의 경우 예비전력의 자질을 갖춘 것으로 추정할 수 있으나, 전시 요구되는 장교와 병의 비율, 예비역 인력운영의 효율성 등을 고려할 때, 현역복무를 마친 여성에 대한 예비역 복무의무 부과는 합리적 병력충원제도의 설계, 여군의 역할 확대 및 복무 형태의 다양성 요구 충족 등을 복합적으로 고려하여 결정할 사항으로, 현시점에서 이에 대한 입법자의 판단이 현저히 자의적이라고 단정하기 어렵다. 따라서 이 사건 예비역 조항은 청구인의 평등권을 침해하지 아니한다.

113

변호인이 되려는 자의 피의자 접견신청을 불허한 사건 [인용(위헌확인), 각하] (헌재 2019.2.28, 2015헌마1204)

사건개요

피의자 윤○○은 2015.10.5. 19:00경 체포영장에 의하여 체포되어 구속영장이 청구되었다. 변호사인 청구인은 위 피의자 가족들의 의뢰를 받아 2015.10.6. 19:00경 부산지방검찰청을 방문하여 사건을 수사 중인 피청구인 부산지방검찰청 검사(이하 '피청구인 검사'라고 한다)에게 변호인 접견신청을 하였다.
피청구인 검사는 피청구인 부산구치소 교도관(이하 '피청구인 교도관'이라고 한다)에게 청구인의 접견신청이 있었음을 알렸고, 피청구인 교도관은 부산구치소 변호인 접견 담당직원에게 그 처리 절차에 관하여 문의한 후, 청구인에게 '형의 집행 및 수용자의 처우에 관한 법률 시행령' 제58조 제1항에 따라 '국가공무원 복무규정'상 근무시간(09:00~18:00)이 경과하여 변호인 접견을 허용할 수 없다고 통보하였다. 피청구인 검사는 그 후 청구인의 접견신청에 대하여 더 이상의 조치를 취하지 아니하였고, 청구인은 결국 위 피의자를 접견하지 못한 채로 검사실에서 퇴실하였다. 피청구인 검사는 청구인이 퇴실한 이후 위 피의자에 대한 신문을 계속하였고, 청구인은 위 피의자의 변호인으로 선임되지는 못하였다. 청구인은 위와 같이 변호인 접견신청을 허용하지 않은 피청구인들의 행위와 피청구인 교도관이 그 법적 근거로 삼은 '형의 집행 및 수용자의 처우에 관한 법률 시행령' 제58조 제1항이 자신의 기본권을 침해하였다고 주장하면서, 2015.12.28. 이 사건 헌법소원심판을 청구하였다.

▶ 이유의 요지

1. 적법요건 충족 여부에 대한 판단

[이 사건 검사의 접견불허행위: 적극]

변호인 선임을 위하여 피의자 등이 가지는 '변호인이 되려는 자'와의 접견교통권은 헌법상 기본권으로 보호되어야 하고, '변호인이 되려는 자'의 접견교통권은 피의자 등이 변호인을 선임하여 그로부터 조력을 받을 권리를 공고히 하기 위한 것으로서, 그것이 보장되지 않으면 피의자 등이 변호인 선임을 통하여 변호인으로부터 충분한 조력을 받는다는 것이 유명무실하게 될 수밖에 없다. 이와 같이 '변호인이 되려는 자'의 접견교통권은 피의자 등을 조력하기 위한 핵심적인 부분으로서 헌법상의 기본권인 '변호인이 되려는 자'와의 접견교통권과 표리의 관계에 있으므로, 피의자 등이 가지는 '변호인이 되려는 자'의 조력을 받을 권리가 실질적으로 확보되기 위해서는 '변호인이 되려는 자'의 접견교통권 역시 헌법상 기본권으로서 보장되어야 한다(기본권 침해가능성 인정).
사건 당일 종료된 이 사건 검사의 접견불허행위에 대하여 청구인이 형사소송법 제417조에 따라 그 취소를 구하는 준항고를 제기할 경우 법원이 법률상 이익이 결여되었다고 볼 것인지 아니면 실체 판단에 나아갈 것인지가 객관적으로 불확실하여 청구인으로 하여금 전심절차를 이행할 것을 기대하기 어려우므로, 청구인의 위 접견불허행위에 대한 심판청구는 보충성의 예외로서 적법한 청구로 인정된다.

2. 이 사건 접견불허행위의 기본권 침해 여부에 대한 판단: 적극

청구인은 피청구인 검사에게 접견신청을 하고 검사실에서 머무르다가 이 사건 검사의 접견불허행위로 인하여 결국 피의자 윤○○을 접견하지 못하고 검사실에서 퇴실하였으므로, 청구인의 위 피의자에 대한 접견교통권이 제한되었다고 봄이 상당하다. 변호인 등의 접견교통권은 헌법으로써는 물론 법률로써도 제한하는 것이 가능하나(헌재 2011. 5.26. 2009헌마341 ; 헌재 2016.4.28. 2015헌마243 참조), 헌법이나 형사소송법은 피의자신문 중 변호인 등의 접견신청이 있는 경우 이를 제한하거나 거부할 수 있는 규정을 두고 있지 않다. 이는 피의자 등이 가지는 접견교통권의 중요성을 감안하여 변호인 등이 가지는 접견교통권도 최대한으로 보장하기 위한 것이다.

청구인의 피의자 윤○○에 대한 접견신청은 '변호인이 되려는 자'에게 보장된 접견교통권의 행사 범위 내에서 이루어진 것이고, 또한 이 사건 검사의 접견불허행위는 헌법이나 법률의 근거 없이 이를 제한한 것이므로, 청구인의 접견교통권을 침해하였다고 할 것이다.

114

누구든지 응급의료종사자의 응급환자에 대한 진료를 폭행, 협박, 위계, 위력, 그 밖의 방법으로 방해하는 행위를 금지하는 '응급의료에 관한 법률' 제12조 등이 위헌인지 여부: 소극[합헌] (헌재 2019.6.28. 2018헌바128)

1. 죄형법정주의 명확성원칙 위반 여부: 소극

이 사건 금지조항은 응급의료종사자의 응급환자에 대한 진료를 방해하는 행위를 금지함으로써 응급의료종사자의 응급의료 업무와 응급 상황에 있는 환자의 신체와 건강을 보호하고자 하는 데 그 취지가 있다.

응급의료종사자의 응급환자에 대한 진료를 방해하는 행위를 제재할 필요성이 큰 반면, 그와 같은 방해행위의 유형은 구체적 상황에 따라 다양하게 나타날 수 있다. 따라서 '응급의료에 관한 법률'(이하 '응급의료법'이라 한다)에 의한 제재가 필요한 방해행위의 유형을 법률에 일일이 구체적이고 확정적으로 미리 열거하는 것은 입법기술상 불가능하거나 현저히 곤란하므로, 입법자는 '그 밖의 방법'이라는 일반적인 개념을 사용하여 응급의료법을 통하여 제재하여야 할 방해행위의 대상을 넓게 규정하며 그 해석의 판단지침이 될 만한 구체적인 예시로 폭행, 협박, 위계, 위력을 나열하고 있다. 방해행위의 구체적 예시로 열거된 폭행, 협박, 위계, 위력은 공통적으로 응급의료종사자에게 유·무형의 방법으로 영향력을 행사하여 즉시 필요한 응급의료를 받아야 하는 응급환자에 대한 진료 등에 지장을 주거나 지장을 줄 위험을 발생하게 할 만한 것이다. 그러므로 이 사건 금지조항 중 '그 밖의 방법'이 규율하고 있는 대상은 '폭행', '협박', '위력', '위계'에 준하는 것으로 응급의료종사자에게 유·무형의 방법으로 영향력을 행사하여 응급환자에 대한 진료에 지장을 주거나 지장을 줄 위험을 발생하게 할 만한 행위라고 봄이 타당하다.

이와 같이 응급의료법의 입법 취지, 규정형식 및 문언의 내용을 종합하여 볼 때, 건전한 상식과 통상적인 법 감정을 가진 일반인이라면 구체적인 사건에서 어떠한 행위가 이 사건 금지조항의 '그 밖의 방법'에 의하여 규율되는지 충분히 예견할 수 있고, 이는 법관의 보충적 해석을 통하여 확정될 수 있는 개념이다.

2. 과잉금지원칙 위반 여부: 소극

이 사건 각 심판대상조항이 폭행, 협박, 위계, 위력, 그 밖의 방법에 의한 응급진료에 대한 방해행위를 제재하고 있다고 하여 응급환자로 하여금 응급의료종사자의 모든 조치에 수긍할 의무를 부과하거나 응급의료종사자의 진료를 거부할 수 없도록 하는 것이 아니다. 즉, 이 사건 각 심판대상조항은 응급환자 본인의 의료에 관한 자기결정권을 직접 제한하거나 그러한 제한을 규범의 목적으로 하고 있지 않다. 응급환자 본인의 행위가 위법성이 인정되지 않는 범위 내에 있다면 이 사건 각 심판대상조항에 의한 규율의 대상이 되지 아니하므로 자기결정권 내지 일반적 행동의 자유의 제한 문제가 발생하지 않는다. 한편 응급환자 본인의 모든 행위가 응급의료에 대한 거부 내지 항의를 위한 행위라는 이유로 허용되는 것은 아니며, 그 행위의 태양, 내용, 방법 및 그 결과에 비추어 사회통념상 용인될 수 없는 정도로 타인에게 심각한 피해를 발생시킨 경우 이는 정당한 자기결정권 내지 일반적 행동의 자유 행사의 범위를 벗어나는 것으로 허용될 수 없다. 즉, 응급환자 본인의 행위가 응급환자의 생명과 건강에 중대한 위해를 가할 우려가 있어 사회통념상 용인될 수 없는 정도의 것으로 '응급진료 방해행위'로 평가되는 경우 이는 정당한 자기결정권 내지 일반적 행동의 자유의 한계를 벗어난 것이므로, 이를 다른 응급진료 방해행위와 마찬가지로 금지하고 형사처벌의 대상으로 한다고 하여 자기결정권 내지 일반적 행동의 자유의 제한의 문제가 발생하는 것은 아니다.

응급환자의 생명과 건강을 보호하기 위하여 응급환자 본인을 포함한 누구라도 폭행, 협박, 위력, 위계, 그 밖의 방법으로 응급의료종사자의 응급환자에 대한 진료를 방해하는 행위를 하는 것을 금지하는 것은 그 입법목적이 정당하고, 이를 위반할 경우 형사처벌을 하는 것은 적합한 수단이며, 형벌 외의 다른 제재수단으로는 이 사건 각 심판대상조항의 입법목적을 같은 수준으로 달성하기 어렵다. 또한, 이 사건 처벌조항의 법정형은 5년 이하의 징역 또는 5천만원 이하의 벌금으로 징역형과는 별도로 벌금형을 규정하고 있고, 법정형에 하한을 두지 않아 여러 양형조건을 고려하여 그 행위의 위법 정도와 행위자의 책임에 비례하는 형벌을 부과하는 것이 가능하므로 이 사건 처벌조항이 과중한 형벌을 규정하고 있다고 볼 수 없다.

공기총의 소지허가를 받은 자는 그 공기총을 허가관청이 지정하는 곳에 보관하도록 규정한 '총포 · 도검 · 화약류 등의 안전관리에 관한 법률' 제14조의2 제1항이 위헌인지 여부: 소극[합헌] (헌재 2019.6.28. 2018헌바400)

1. 과잉금지원칙 위반 여부(심판대상조항들): 소극

심판대상조항들은 공기총을 안전하게 관리하고 공기총으로 인한 위험과 재해를 미리 방지하여 공공의 안전을 유지하기 위한 것으로서, 공기총을 지정된 장소에 보관하도록 한 것은 위와 같은 목적을 달성하는 데에 적합한 수단이다. 따라서 심판대상조항들은 목적의 정당성 및 수단의 적합성이 인정된다. 공기총도 사람의 생명이나 신체에 위해를 발생케 할 위험성이 충분히 인정되고, 실제 공기총을 가지고 있음을 기화로 발생하는 범죄나 안전사고를 예방하기 위하여는 모든 공기총을 일률적으로 별도의 장소에 보관케 할 필요가 있다. 심판대상조항들은 보관방법에 대한 제한일 뿐 총포소지허가 자체에 어떠한 변경을 가하거나 총포사용 자체를 금지하는 것은 아니고, 일정한 경우 보관을 해제하고 반환받을 수 있으며, 그러한 절차가 크게 부담이 되는 것도 아니다. 따라서 심판대상조항들은 침해의 최소성도 인정된다. 심판대상조항들을 통하여 달성하고자 하는 공익은 공기총을 직접 보관하지 못하게 됨으로써 입는 불이익보다 훨씬 크므로, 법익의 균형성도 인정된다. 따라서 심판대상조항들은 과잉금지원칙에 반하지 않는다.

2. 신뢰보호원칙 위반 여부(이 사건 부칙조항): 소극

총포소지허가를 받은 사람이 해당 공기총을 직접 보관할 수 있을 것이라는 데에 대한 신뢰는 헌법상 보호가치 있는 신뢰라고 보기 어렵다. 설령 헌법상 보호가치 있는 신뢰라고 하더라도 총포 보관방법을 비롯하여 총포의 안전관리에 관한 사항들은 사회환경이나 정책의 변화에 따라 구법질서가 더 이상 적절하지 아니하다는 입법자의 판단 아래 언제든지 새로이 규정될 수 있으므로, 그 보호가치가 크다고 할 수 없는 반면에 총포의 직접보관을 제한하여 공공의 안전을 보호해야 할 공익적 가치는 중대하다. 따라서 이 사건 부칙조항은 신뢰보호원칙에 반하지 않는다.

선거범죄 조사에 있어서 자료제출의무 부과 사건 [합헌] (헌재 2019.9.26. 2016헌바381)

▶ 판시사항

1. 각급선거관리위원회 위원 · 직원의 선거범죄 조사에 있어서 피조사자에게 자료제출의무를 부과한 공직선거법 제272조의2 제3항 중 '제1항의 규정에 의한 자료의 제출을 요구받은 자'에 관한 부분 및 허위자료를 제출하는 경우 형사처벌하는 구 공직선거법 제256조 제5항 제12호 중 '제272조의2 제3항의 규정에 위반하여 허위의 자료를 제출한 자'에 관한 부분(이하 위 각 조항을 합하여 '심판대상조항'이라 한다)이 영장주의에 위반되는지 여부: 소극
2. 심판대상조항이 일반적 행동자유권을 침해하는지 여부: 소극

1. 선거관리위원회의 본질적 기능은 선거의 공정한 관리 등 행정기능이고, 그 효과적인 기능 수행과 집행의 실효성을 확보하기 위한 수단으로서 선거범죄 조사권을 인정하고 있다. 심판대상조항에 의한 자료제출요구는 위와 같은 조사권의 일종으로서 행정조사에 해당하고, 선거범죄 혐의 유무를 명백히 하여 공소의 제기와 유지 여부를 결정하려는 목적으로 범인을 발견 · 확보하고 증거를 수집 · 보전하기 위한 수사기관의 활동인 수사와는 근본적으로 그 성격을 달리한다. 심판대상조항에 의한 자료제출요구는 그 성질상 대상자의 자발적 협조를 전제로 할 뿐이고 물리적 강제력을 수반하지 아니한다. 심판대상조항은 피조사자로 하여금 자료제출요구에 응할 의무를 부과하고, 허위 자료를 제출한 경우 형사처벌하고 있으나, 이는 형벌에 의한 불이익이라는 심리적 · 간접적 강제수단을 통하여 진실한 자료를 제출하도록 함으로써 조사권 행사의 실효성을 확보하기 위한 것이다. 이와 같이 심판대상조항에 의한 자료제출요구는 행정조사의 성격을 가지는 것으로 수사기관의 수사와 근본적으로 그 성격을 달리하며, 청구인에 대하여 직접적으로 어떠한 물리적 강제력을 행사하는 강제처분을 수반하는 것이 아니므로 영장주의의 적용대상이 아니다.

2. 심판대상조항은 선거범죄에 관하여 전문성을 가지고 있는 선거관리위원회 위원 · 직원으로 하여금 단속활동의 신속성, 효율성, 실효성을 확보하기 위한 것으로 입법 목적이 정당하고, 피조사자가 허위자료를 제출하는 경우 형사처벌하는 것은 조사권 행사의 실효성을 확보하기 위한 것으로서 목적 달성을 위한 적합한 수단이다. 짧은 선거기간에 집중되는 선거범죄에 대하여는 보다 신속한 조사를 통하여 범죄행위를 차단하는 등 즉각적으로 대처할 필요가 있다. 심판대상조항에 의한 자료제출요구는 그 성질상 상대방의 자발적 협조를 전제로 하고 물리적 강제력을 수반하지 아니한다. 선거관리위원회 위원 · 직원은 자료제출요구시 관계인에게 신분을 표시하는 증표를 제시하고 소속과 성명을 밝히고 그 목적과 이유를 설명하면서 이에 응하지 아니하는 경우 처벌받을 수 있음을 함께 고지함으로써(공직선거법 제272조의2 제6항, 공직선거관리규칙 제146조의3 제1항), 상대방이 어떠한 이유로 자료제출을 요구받는지 알 수 있도록 하고 있을 뿐만 아니라 이와 같은 요구에 응하여 진실한 자료를 제출할 것인지를 스스로 선택할 수 있도록 하고 있다. 또한 심판대상조항의 법정형은 1년 이하의 징역 또는 200만원 이하의 벌금으로 법정형의 상한 자체가 높지 않고, 징역형과 벌금형을 선택할 수 있을 뿐만 아니라 죄질에 따라서는 작량감경이나 법률상 감경을 하지 않아도 선고유예 또는 집행유예 선고의 길이 열려 있다. 수사기관의 압수 · 수색 영장의 청구를 위한 수사사건 수리 또는 입건, 수사기관의 법원에 대한 압수 · 수색영장 청구, 법원의 압수 · 수색 영장 발부 절차를 고려할 때 선거범죄와 관련된 단속활동의 신속성과 효율성에 있어 일반 형사절차가 심판대상조항과 동등하거나 유사한 효과가 있다고 단정할 수 없다. 선거범죄의 수사사건 입건 이후에는 단순 경고 등으로 그치기 어려운 점을 감안할 때 선거범죄에 대한 조사에 대하여 일반 형사절차를 거치도록 하는 것이 피조사자의 일반적 행동자유권을 덜 제한하는 수단이라고 단언하기도 어렵다.

심판대상조항을 통하여 선거범죄를 신속하고 효율적으로 단속하고 자료를 확보함으로써 공정하고 자유로운 선거의 실현을 달성하고자 하는 공익은 허위자료가 아닌 자료를 제출해야 함으로써 제한되는 피조사자의 일반적 행동자유권에 비해 결코 작다고 볼 수 없다. 그러므로 심판대상조항은 과잉금지원칙에 위배되어 피조사자의 일반적 행동자유권을 침해한다고 볼 수 없다.

특정공무원범죄의 범인에 대한 추징판결을 범인 외의 자가 그 정황을 알면서 취득한 불법재산 및 그로부터 유래한 재산에 대하여 그 범인 외의 자를 상대로 집행할 수 있도록 한 '공무원범죄에 관한 몰수 특례법' 제9조의2가 적법절차원칙에 위배되는지 여부: 소극[합헌] (헌재 2020.2.27, 2015헌가4)

심판대상조항에 따른 추징판결의 집행은 그 성질상 신속성과 밀행성을 요구하는데, 제3자에게 추징판결의 집행사실을 사전에 통지하거나 의견 제출의 기회를 주게 되면 제3자가 또다시 불법재산 등을 처분하는 등으로 인하여 집행의 목적을 달성할 수 없게 될 가능성이 높다. 따라서 심판대상조항이 제3자에 대하여 특정공무원범죄를 범한 범인에 대한 추징판결을 집행하기에 앞서 제3자에게 통지하거나 의견을 진술할 기회를 부여하지 않은 데에는 합리적인 이유가 있다. 나아가 제3자는 심판대상조항에 의한 집행에 관한 검사의 처분이 부당함을 이유로 재판을 선고한 법원에 재판의 집행에 관한 이의신청을 할 수 있다(형사소송법 제489조). 또한 제3자는 각 집행절차에서 소송을 통해 불복하는 등 사후적으로 심판대상조항에 의한 집행에 대하여 다툴 수 있다. 따라서 심판대상조항은 적법절차원칙에 위배된다고 볼 수 없다.

특정공무원범죄의 범인에 대한 추징판결을 범인 외의 자가 그 정황을 알면서 취득한 불법재산 및 그로부터 유래한 재산에 대하여 그 범인 외의 자를 상대로 집행할 수 있도록 한 '공무원범죄에 관한 몰수 특례법' 제9조의2가 재산권을 침해하는지 여부: 소극[합헌] (헌재 2020.2.27, 2015헌가4)

특정공무원범죄로 취득한 불법재산의 철저한 환수를 통하여 국가형벌권의 실현을 보장하고 공직사회의 부정부패 요인을 근원적으로 제거하고자 하는 심판대상조항의 입법목적은 우리 사회에서 매우 중대한 의미를 지닌다. 반면, 심판대상조항으로 인하여 제3자는 그 정황을 알고 취득한 불법재산 및 그로부터 유래한 재산에 대하여 집행을 받게 되는데, 그 범위는 범인이 특정공무원범죄의 범죄행위로 얻은 재산과 그 재산에서 비롯된 부분으로 한정되고, 제3자는 사후적으로 집행에 관한 법원의 판단을 받을 수 있다. 그렇다면 심판대상조항으로 인하여 제3자가 받는 불이익이 심판대상조항이 달성하고자 하는 공익보다 중대하다고 보기 어려우므로, 심판대상조항은 법익의 균형성원칙에도 위배되지 않는다. 따라서 심판대상조항이 과잉금지원칙에 반하여 재산권을 침해한다고 볼 수 없다.

선거운동에 이용할 목적으로 기관·단체·시설에 금전·물품 등 재산상의 이익을 제공하거나 제공의 의사표시, 약속한 자를 처벌하는 공직선거법 제230조 제1항 제2호(이해유도죄 조항)의 '선거운동에 이용할 목적', '재산상 이익'이 죄형법정주의의 명확성원칙을 위반하는지 여부: 소극[합헌] (헌재 2020.3.26, 2018헌바3)

'재산상의 이익'이란 재산상태의 증가를 가져오는 일체의 이익을 의미하고, 지방의회의원이 심의·확정권을 가진 지방자치단체의 예산의 지원 역시 재산상의 이익에 해당한다. 지방의회의원이 어느 공공기관·사회단체 등의 기관·단체·시설에 예산을 지원하겠다는 의사표시가 선거운동에 이용할 목적의 일환이었는지, 아니면 의정활동 등 직무상의 통상적인 권한 행사였는지 등은 개별 사안에서 법관의 법률조항에 대한 보충적 해석·적용을 통해 가려질 수 있다.

따라서 이해유도죄 조항은 죄형법정주의의 명확성원칙을 위반하지 아니한다. 이해유도죄 조항에 따라 금지되는 행위는 '선거운동에 이용할 목적'의 금전·물품 등 재산상 이익제공 등 행위이다. 위와 같은 목적이 없이 지방의회의원의 직무상의 권한이자 책무인 예산의 심의·확정의 일환으로 공공기관이나 기타 단체에게 재산상 이익을 제공하거나 이를 약속하는 행위는 당연히 위 조항의 금지대상이 아니므로, 지방의회의원의 정당한 직무상 권한 행사나, 정당원으로서의 통상적인 활동까지 제한되는 것은 아니다. 금권선거로 인한 폐해를 방지하고 공정한 선거를 실현하는 것은 이해유도죄 조항에 의해 달성되는 중요한 공익이다. 따라서 이해유도죄 조항은 과잉금지원칙을 위반하여 청구인의 정치적 표현의 자유를 침해하지 아니한다.

업무상 군사기밀 누설행위를 3년 이상의 유기징역에 처하는 군사기밀 보호법 제13조 제1항이 헌법에 위반되는지 여부: 소극[합헌] (헌재 2020.5.27, 2018헌바233)

▶ 판시사항

1. 업무상 군사기밀을 취급하는 사람 또는 취급하였던 사람이 그 업무상 알게 되거나 점유한 군사기밀을 타인에게 누설한 경우 3년 이상의 유기징역에 처하도록 한 '군사기밀 보호법'(2011.6.9. 법률 제10792호로 개정된 것) 제13조 제1항(이하 '심판대상조항'이라 한다) 중 '업무상 군사기밀을 취급하는 사람 또는 취급하였던 사람' 부분이 죄형법정주의의 명확성원칙에 위반되는지 여부: 소극

2. 심판대상조항이 책임과 형벌간의 비례원칙에 위반되는지 여부: 소극

1. 심판대상조항 중 '업무상 군사기밀을 취급하는 사람 또는 취급하였던 사람' 부분은 다소 일반적·규범적 개념으로 규정되어 있으나, 법원은 그 의미, 범위, 판단기준 등에 관하여 구체화하고 있고, 업무의 내용, 유형이나 취급의 범위 등을 입법자가 일일이 세분하여 규정하기 어렵다는 점을 고려하면 심판대상조항의 구체적인 내용은 '군사기밀 보호법'의 입법목적을 고려한 법관의 해석·적용으로 보완될 수 있으므로, 죄형법정주의의 명확성원칙에 위반된다고 볼 수 없다.

2. 군사기밀을 보호하여 국가의 안전을 보장하고자 하는 심판대상조항의 보호법익은 중대하고, 군사기밀에 관련된 업무를 담당하는 사람은 쉽게 군사기밀을 지득할 수 있을 뿐 아니라 그 자체로 군사기밀을 보호할 책무가 있음에도 이를 누설한 것이어서 죄질이 중하며, 행위태양, 피해 정도, 수법 등 구체적 사정은 법정형의 범위 내에서 충분히 고려될 수 있으므로, 책임과 형벌간의 비례원칙에 위반된다 할 수 없다.

121

임원의 선거운동기간 및 선거운동에 필요한 사항을 정관에서 정할 수 있도록 규정한 신용협동조합법 제27조의2 제2항이 죄형법정주의에 위반되는지 여부: 적극[위헌] (헌재 2020.6.25, 2018헌바278)

신용협동조합법 제27조의2 제2항은 허용되는 선거운동 방법에 관하여 정하면서 제3항에서는 선거운동의 기간에 관하여, 제4항에서는 선거운동의 구체적인 방법 등에 관하여 각 정관에 위임하고 있다. 위 조항들은 모두 선거운동에 관한 기간과 방법 등에 있어 불가분적으로 결합되어 있다고 볼 수 있으므로, 신용협동조합법 제27조의2 제2항 내지 제4항이 헌법에 위반되는지 여부에 따라 당해 사건 판결의 주문이 달라질 가능성이 있다.

신용협동조합법 제27조의2 제2항 내지 제4항은 구체적으로 허용되는 선거운동의 기간 및 방법을 시행령이나 시행규칙이 아닌 정관에 맡기고 있어 정관으로 정하기만 하면 임원 선거운동의 기간 및 방법에 관한 추가적인 규제를 설정할 수 있도록 열어 두고 있다.

이는 범죄와 형벌은 입법부가 제정한 형식적 의미의 법률로 정하여야 한다는 죄형법정주의를 위반한 것이므로 헌법에 위반된다.

병에 대한 징계처분으로 일정기간 부대나 함정 내의 영창, 그 밖의 구금장소에 감금하는 영창처분이 가능하도록 규정한 구 군인사법 제57조 제2항 중 '영창'에 관한 부분이 과잉금지원칙에 위배되는지 여부: 적극[위헌] (헌재 2020.9.24, 2017헌바157)

사건개요

1. 2017헌바157 사건의 청구인은 육군에서 병포수로 근무하던 사람으로, 2016.7.28. 영창 7일의 징계처분을 받고, 위 징계처분의 취소를 구하는 소를 제기한 후 위 재판 계속 중 군인사법 제57조 제2항 본문 및 제2호에 대하여 위헌법률심판제청을 신청하였으나 기각되자 2017.3.13. 이 사건 헌법소원심판을 청구하였다.

2. 2018헌가10 사건의 제청신청인은 해군에서 조리병으로 근무하던 사람으로, 2016.12.6. 영창 15일의 징계처분을 받고, 위 징계처분의 취소를 구하는 소를 제기하였으나 기각되자 항소하고 위 재판 계속 중 군인사법 제57조 제2항 본문 중 '영창' 부분 및 제2호에 대하여 위헌법률심판제청을 신청하였으며, 제청법원은 위 신청을 받아들여 2018.4.18. 이 사건 위헌법률심판을 제청하였다.

▶ 심판대상

구 군인사법(2011.5.24. 법률 제10703호로 개정되고, 2020.2.4. 법률 제16928호로 개정되기 전의 것)
제57조 【징계의 종류】 ② 병에 대한 징계처분은 강등, 영창(營倉), 휴가 제한 및 근신으로 구분하되 징계의 종류에 따른 구체적인 내용은 다음 각 호와 같다.
  2. 영창은 부대나 함정(艦艇) 내의 영창, 그 밖의 구금장소(拘禁場所)에 감금하는 것을 말하며, 그 기간은 15일 이내로 한다.

▶ 이유의 요지

심판대상조항은 병의 복무규율 준수를 강화하고, 복무기강을 엄정히 하기 위하여 제정된 것으로, 군의 지휘명령체계의 확립과 전투력 제고를 목적으로 하는바, 그 입법목적은 정당하고, 심판대상조항은 병에 대하여 강력한 위하력을 발휘하는바, 수단의 적합성도 인정된다.

헌법 제12조 제1항 전문은 신체의 자유를 천명하는데, 이는 가장 기본적인 최소한의 자유로서 모든 기본권 보장의 전제가 되므로, 신체의 자유는 최대한 보장되어야 한다. 그런데 심판대상조항에 의한 영창처분은 공무원의 신분적 이익을 박탈하는 것을 그 내용으로 하는 징계처분임에도 불구하고 신분상 불이익 외에 신체의 자유 박탈까지 그 내용으로 삼고 있는바, 징계의 한계를 초과한 것이다. 특히, 심판대상조항에 의한 영창처분은 그 실질이 구류형의 집행과 유사하게 운영되므로 극히 제한된 범위에서 형사상 절차에 준하는 방식으로 이루어져야 한다. 그러나 영창처분이 가능한 징계사유는 지나치게 포괄적이고, 그 기준이 불명확하여 영창처분의 보충성이 담보되고 있지 아니한바, 이를 두고 최소한의 범위에서 제한적으로만 활용되는 제도라고 볼 수 없다. 한편, 심판대상조항은 징계권자의 요구가 있으면 징계위원회의 심의·의결과 인권담당 군법무관의 적법성 심사를 거쳐 처분되는데, 모두 해당 징계권자의 부대 또는 기관에 설치되거나 소속된 것이어서 형사절차에 견줄만한 중립적이고 객관적인 절차가 마련되어 있다고 볼 수 없다. 병의 복무규율 준수를 강화하고, 복무기강을 엄정히 하는 것은 인신구금과 같이 징계를 중하게 하는 것으로 달성되는 데 한계가 있고, 병의 비위행위를 개선하고 행동을 교정할 수 있도록 적절한 교육과 훈련을 제공하는 것 등으로 가능할 것이다. 이와 같은 점은 일본, 독일, 미국 등 외국의 입법례를 살펴보더라도 그러하다. 따라서 심판대상조항은 침해의 최소성원칙에 어긋난다.

군대 내 지휘명령체계를 확립하고 전투력을 제고한다는 공익은 매우 중요한 공익이나, 심판대상조항으로 과도하게 제한되는 병의 신체의 자유가 위 공익에 비하여 결코 가볍다고 볼 수 없어, 심판대상조항은 법익의 균형성 요건도 충족하지 못한다. 이와 같은 점을 종합할 때, 심판대상조항은 과잉금지원칙에 위배된다.

▶ 법정의견에 대한 보충의견

[재판관 이석태, 김기영, 문형배, 이미선]

심판대상조항은 과잉금지원칙에 위배될 뿐만 아니라, 다음과 같은 이유에서 영장주의에도 위배되어 위헌이다. 신체의 자유를 보장하는 헌법 제12조 제1항은 문언상 형사절차만을 염두에 둔 것이 아니고, 신체의 자유는 그 제한이 형사절차, 행정절차에서 가해진 것인지를 불문하고 보장되어야 하는 자연권적 속성의 기본권이다. 따라서 헌법 제12조 각 항은 신체의 자유 보장방법의 속성상 형사절차에만 적용되는 것이 분명한 경우가 아니라면 형사절차에 한정되지 않는 것으로 해석하는 것이 타당하다. 헌법 제12조 제3항이 형사절차상의 체포 · 구속을 전제한 것으로 규정한 것은 수사단계에서 국민의 기본권 침해가능성이 크기 때문에 수사단계의 영장주의를 특히 강조한 것이지, 이것이 형사절차 이외의 국가권력작용에 대하여 영장주의를 배제하는 것은 아니다. 헌법 제12조 제3항이 영장주의를 별도로 규정하여 강화된 절차적 보호장치를 마련한 것은 인신구속과 같은 강제처분이 신체의 자유에 대한 중대한 침해로서 회복할 수 없는 피해를 초래한다는 점을 고려한 것이므로, 영장주의의 본질은 인신구속과 같이 중대한 기본권 침해를 야기할 때는 법관이 구체적 판단을 거쳐 발부한 영장에 의하여야만 한다는 데 있다. 따라서 형사절차가 아니라 하더라도 실질적으로 수사기관에 의한 인신구속과 동일한 효과를 발생시키는 인신구금은 영장주의의 본질상 그 적용대상이 되어야 한다. 심판대상조항에 의한 영창처분은 행정징계벌의 하나지만, 인신의 구금을 그 내용으로 규정할 뿐 교정, 교육 등의 내용을 전혀 포함하지 않고 있고, 그 실질이 구류형의 집행과 유사하게 운영되며, 실제 징역 · 금고 · 구류의 형사처벌과 동일한 효과를 보이고 있는바, 형식적으로는 형벌이 아니라 하더라도 실질적으로는 형사처벌과 다르다는 평가를 내리기 어렵다. 따라서 심판대상조항에 의한 영창처분은 그 본질이 사실상 형사절차에서 이루어지는 인신구금과 같이 기본권에 중대한 침해를 가져오는 것으로 헌법 제12조 제1항 · 제3항의 영장주의 원칙이 적용된다.

그런데 심판대상조항에 의한 영창처분은 그 과정 어디에도 중립성과 독립성이 보장되는 제3자인 법관이 관여하도록 규정되어 있지 않다. 결국 심판대상조항에 의한 영창처분에는 법관에 의한 영장이 필요함에도 불구하고 법관의 판단 없이 인신구금이 이루어질 수 있도록 한 것으로, 헌법 제12조 제1항 · 제3항의 영장주의의 본질을 침해하는 것이다. 따라서 심판대상조항은 헌법 제12조 제1항 · 제3항의 영장주의에 위배된다.

▶ 결정의 의의

2020.2.4. 군인사법의 개정으로 영창제도가 폐지되었고, 이 사건 결정은 개정되기 전의 조항을 심판대상으로 한 것이다. 헌법재판소는 종전 결정에서 전투경찰순경에 대한 영창처분의 근거조항에 대하여 재판관 5인이 위헌의견, 재판관 4인이 합헌의견으로 위헌결정을 위한 심판정족수에 이르지 못하여 헌법에 위반되지 않는다고 판단하였다(헌재 2016.3.31. 2013헌바190). 그러나 이 사건 결정으로 병에 대한 영창처분의 근거조항이 헌법에 위반된다고 판단함으로써, 영창처분에 의한 징계구금이 헌법에 위반됨을 명확히 하였다.

한편, 종전 결정은 재판관 4인의 합헌의견에서 형사절차가 아닌 징계절차상의 인신구금에 대하여는 영장주의의 적용을 부정한 반면, 재판관 5인의 위헌의견에서는 행정상 징계절차에 대하여도 영장주의의 적용을 긍정하여 행정절차상 인신구금에 대한 영장주의 적용 여부에 대하여 그 의견이 나뉘었는데, 이 사건 결정 역시 재판관 4인의 법정의견에 대한 보충의견은 징계절차로서의 인신구금에 대해서도 영장주의가 적용된다고 본 반면, 재판관 2인의 합헌의견은 행정절차에는 영장주의가 적용되지 않는다고 보아, 징계구금에 대한 영장주의 적용 여부에 대하여 그 의견이 나뉘었다.

자본시장법상 부정거래행위에 대한 필요적 벌금 병과 사건 [합헌] (헌재 2020.12.23, 2018헌바230)

▶ 판시사항

금융투자상품의 매매, 그 밖의 거래와 관련하여 중요사항에 관하여 거짓의 기재를 한 문서를 사용하여 재산상 이익을 얻고자 하거나 금융투자상품의 매매, 그 밖의 거래를 할 목적이나 시세의 변동을 도모할 목적으로 위계를 사용하는 등의 행위를 한 자를 징역에 처하는 경우 그 위반행위로 얻은 이익 또는 회피한 손실액의 1배 이상 3배 이하에 해당하는 벌금형을 필요적으로 병과하도록 정하고 있는 구 '자본시장과 금융투자업에 관한 법률' 제443조 제1항 중 "그 위반행위로 얻은 이익 또는 회피한 손실액의 1배 이상 3배 이하에 상당하는 벌금에 처한다." 가운데 '제8호 중 제178조 제1항 제2호에 관한 부분, 제9호 부분' 및 '자본시장과 금융투자업에 관한 법률' 제447조 제1항(이하 '심판대상조항'이라 한다)이 책임과 형벌간의 비례원칙에 위배되는지 여부: 소극

▶ 결정요지

금융투자상품의 매매, 그 밖의 거래와 관련하여 중요사항에 관하여 거짓의 기재를 한 문서를 사용하여 재산상 이익을 얻고자 하거나 금융투자상품의 매매, 그 밖의 거래를 할 목적이나 시세의 변동을 도모할 목적으로 위계를 사용하는 등의 행위는 불특정 다수의 투자자들에게 경제적 피해를 입게 하고, 자본시장의 공정성·신뢰성 및 효율성을 저해하여 자본시장의 본질적인 기능에도 심각한 위협이 되는 범죄이다. 심판대상조항은 범죄 수익을 초월하는 재산형을 필요적으로 병과하여 범죄수익을 통한 경제적 혜택을 일절 누릴 수 없게 하고, 나아가 더 큰 경제적 손실까지 입을 수 있다는 경고를 통해 범죄를 근절하기 위한 것으로 여기에는 합리적 이유가 있다. 몰수·추징과 벌금형은 전혀 다른 제도이므로 필요적 몰수·추징 규정이 있다는 이유만으로 필요적 벌금형의 부과를 과중한 이중의 제재로 볼 수 없고, 여러 명이 공모하여 범행을 한 경우 행위자가 범행으로 실제 취득한 이득액이 벌금의 기준이 되는 전체 범행 이익보다 적을 수 있으나, 이는 공범 처벌의 법리에 따른 것일 뿐 심판대상조항의 위헌사유가 될 수 없으며, 벌금을 납부하지 못하는 경우 노역장에 유치되는 것은 형법상 노역장유치조항에 기인한 결과로 심판대상조항으로 인하여 직접 발생하는 문제가 아니다. 또한 법관은 구체적인 사건에서 정상을 참작하여 벌금액수를 정하는 등 구체적 형평을 기할 수 있다. 따라서 심판대상조항은 책임과 형벌간의 비례원칙에 위배되지 아니한다.

마약류 종류에 따른 구별 없이 가액만을 기준으로 동일하게 가중처벌 사건 [합헌] (헌재 2021. 4. 29. 2019헌바83)

▶ 판시사항

1. 500만원 이상 5천만원 이하 가액의 '마약류 관리에 관한 법률'(이하 '마약류관리법'이라 한다) 제2조 제3호 나목의 향정신성의약품(이하 '나목 향정신성의약품'이라 한다)을 소지한 경우 무기 또는 3년 이상의 징역에 처하도록 규정한 '특정범죄 가중처벌 등에 관한 법률' 제11조 제2항 제2호 중 마약류관리법 제60조 제1항 제2호 가운데 '제2조 제3호 나목의 향정신성의약품'의 '소지'에 관한 부분(이하 '심판대상조항'이라 한다)이 죄형법정주의의 명확성원칙에 위배되는지 여부: 소극

2. 심판대상조항이 책임과 형벌간의 비례원칙에 위배되는지 여부: 소극

3. 심판대상조항이 마약류 종류에 따른 구별 없이 가액만을 기준으로 동일하게 가중처벌하는 것이 평등원칙에 위배되는지 여부: 소극

▶ 결정요지

1. 심판대상조항의 '가액'은 그 문언상 의미에 비추어 '시장에서의 통상 거래가액'을 의미하는 점은 건전한 상식과 통상적인 법감정을 가진 사람이라면 쉽게 예측 가능하다. 대법원도 마약류 가액은 '시장에서의 통상 거래가액'을 의미하고, 통상 거래가액이 형성되어 있지 아니한 경우 '실지 거래된 가액'에 의한다고 판시하여 마약류 가액산정에 대한 합리적 해석기준을 제시해오고 있다. 마약류가 거래금지품목으로 시장거래가액을 쉽게 파악할 수 없으나, 현실적으로 암거래 시장 등을 통해 거래가 이루어지는 이상 파악이 불가능하지 않고, 법원의 사실인정의 문제일 뿐이다. 따라서 심판대상조항은 죄형법정주의의 명확성원칙에 반한다고 볼 수 없다.

2. 나목 향정신성의약품을 매매 또는 매매의 알선을 목적으로 소지하는 행위(이하 '매매소지'라 한다)는 매도행위로 이어져 마약류의 확산을 촉진하는 범죄라는 점에서 죄질과 책임이 결코 가볍지 아니하다. 그 외 소유, 사용, 관리, 제공 등을 위해 소지하는 행위(이하 '단순소지'라 한다)의 경우에도, 나목 향정신성의약품의 가액이 500만원 이상 5천만원 미만인 경우와 같은 대량의 마약류 소지는 마약류시장의 특성상 다시 유통행위로 이어질 가능성이 농후하고, 설령 단순 소비만을 위한 것이라 하더라도 집단투약의 양상으로 이어질 수도 있다. 결국 매매소지뿐 아니라 단순소지라 하더라도 대량의 나목 향정신성의약품 소지행위는 그 불법성과 비난가능성이 가중된다. 또한, 심판대상조항은 법정형의 하한이 징역 3년으로 피고인의 책임에 상응하는 형의 선고가 가능하다. 한편, 마약범죄는 유통되는 마약류의 가액에 따라 국가와 사회에 미치는 병폐가 가중되는 특징을 보이는바, 가액의 다과는 죄의 경중을 가늠하는 중요한 기준이므로 이를 기준으로 가중처벌하는 것은 충분히 수긍할 수 있다. 따라서 심판대상조항은 책임과 형벌 사이의 비례원칙에 위배된다고 볼 수 없다.

3. 심판대상조항은 마약류관리법과 달리 마약 및 가목 향정신성의약품이나 나목 및 다목 향정신성의약품의 구별 없이 가액만을 기준으로 그 단순소지를 동일하게 가중처벌하고 있으나, 대량의 소지행위인 경우 유통의 가능성을 높여 마약류의 대량 확산에 기여한다는 점에서 국민건강에 미치는 유해성이나 사회적 위험성이 가중된다. 이와 같이 행위유형이 갖는 사회적 위험성이 크면 마약류의 종류가 다르더라도 그 불법성을 동일하게 높게 평가하여 법정형에 반영하는 입법적 기조가 불합리하다 보기 어렵다. 따라서 심판대상조항은 평등원칙에 위배되지 아니한다.

식품에 관하여 의약품으로 오인 · 혼동할 우려가 있는 내용의 광고를 금지하고, 그 위반시 형사처벌하는 구 식품위생법 조항 사건 [합헌] (헌재 2019.7.25, 2017헌바513)

▶ 판시사항

1. 구 식품위생법(2016.2.3. 법률 제14022호로 개정되고, 2018.3.13. 법률 제15484호로 개정되기 전의 것) 제13조 제1항 제1호 중 '의약품으로 오인 · 혼동할 우려가 있는 내용의 광고' 부분(이하 '이 사건 금지조항'이라 한다)이 죄형법 정주의의 명확성원칙에 위반되는지 여부: 소극

2. 이 사건 금지조항이 과잉금지원칙을 위반하여 기본권을 침해하는지 여부: 소극

3. 이 사건 금지조항이 평등원칙에 위반되는지 여부: 소극

4. 구 식품위생법(2014.3.18. 법률 제12496호로 개정되고, 2018.3.13. 법률 제15484호로 개정되기 전의 것) 제94조 제1항 제2호의2 중 제13조 제1항 제1호 가운데 '의약품으로 오인 · 혼동할 우려가 있는 내용의 광고'에 관한 부분 (이하 '이 사건 처벌조항'이라 한다)이 평등원칙에 위반되는지 여부: 소극

▶ 결정요지

1. 이 사건 금지조항은 식품광고가 질병 예방 · 치료 효능에 관하여 광고하였는지 여부 및 그 효능의 유무와는 상관 없이, 식품광고로서의 한계를 벗어나 의약품으로 오인 · 혼동할 정도에 이른 경우를 금지한다고 볼 수 있다. 그렇 다면 건전한 상식과 통상적인 법감정을 가진 사람은 이 사건 금지조항으로 인하여 어떠한 행위가 금지되고 있는 지 충분히 알 수 있고 법관의 자의적인 해석으로 확대될 염려가 없다고 할 것이므로, 이 사건 금지조항은 죄형법 정주의의 명확성원칙에 위반되지 않는다.

2. 헌법재판소는 2000.3.30, 97헌마108 결정과 2004.9.23, 2003헌바6 결정에서 식품 · 식품첨가물에 관하여 의약 품과 혼동할 우려가 있는 표시 · 광고를 금지하는 구 식품위생법 조항이 청구인의 영업의 자유, 광고표현의 자유, 학문의 자유 및 평등권을 침해하지 않는다고 결정한 바 있다. 질병의 치료 · 예방 효과가 있는 물질을 특허등록하 였다고 하더라도 특허받은 효과의 광고가 의약품으로 오인 · 혼동할 우려가 있다면 이 사건 금지조항에 의하여 그 광고는 금지된다. 그러나 특허받은 발명에 실제로 그와 같은 효과가 존재하는지 단정할 수 없고, 설령 그와 같은 효과가 실제로 존재한다고 하더라도 특허대상의 사람에 대한 안전성 · 유효성이 충분히 검증되었다고 보기 어려 우며, 이 사건 금지조항은 식품에 관하여 의약품으로 오인 · 혼동할 수 있는 특허의 내용을 광고하는 것을 금지할 뿐 다른 형태로 특허권을 향유하는 것은 금지하지 않고 특허권자는 의약품으로 정식 허가를 받아 그 기능을 광고 할 수 있는 점 등을 고려할 때, 이 사건 금지조항이 과잉금지원칙을 위반하여 기본권을 침해한다고 볼 수 없다.

3. 이 사건 금지조항은 질병의 예방 · 치료 효능과는 무관하게, 식품에 관하여 의약품으로 오인 · 혼동할 우려가 있는 내용의 광고를 하였다는 점에 착안하여 처벌하는 것이다. 따라서 이 사건 금지조항이 질병 예방 · 치료 효능이 있 는 식품과 그러한 효능이 없는 식품에 대하여 의약품으로 오인 · 혼동할 우려가 있는 광고를 한 경우를 동일하게 금지한다고 하더라도 이는 본질적으로 다른 것을 같게 취급한 것이라고 할 수 없다. 또한 예외적으로 허용되는 식품학 · 영양학 문헌 광고 등에 해당하더라도 의약품으로 오인 · 혼동할 우려가 있는 내용의 광고라면 이 사건 금 지조항에 의하여 금지되므로, 일정한 식품학 · 영양학 문헌 광고 등과 특허 광고를 차별한다고 볼 수 없다. 그렇 다면 이 사건 금지조항은 평등원칙에 위반되지 않는다.

4. 이 사건 처벌조항과 식품위생법 제94조 제1항의 나머지 각 호는 모두 국민 건강에 위해를 초래할 수 있는 행위를 처벌하기 위한 것이고, 이러한 점에서 불법의 크기가 동일하다고 본 입법자의 판단이 현저히 자의적인 것이라고 단정하기 어렵다. 이 사건 처벌조항이 식품을 의약품으로 오인·혼동시켜 국민 건강에 대한 간접적인 위해를 가할 우려가 있을 뿐 직접적으로 위해를 가하지 않는 광고행위를 식품위생법 제94조 제1항의 나머지 각 호와 같은 법정형으로 처벌하는 것이 불합리하다고 볼 여지는 있으나, 법관이 구체적인 양형을 통하여 불법과 책임을 일치시키고 불합리성을 시정할 수 있으므로 이 사건 처벌조항이 형벌체계의 균형성에 반하여 헌법상 평등원칙에 위반된다고 할 수 없다.

126

승용자동차를 이용한 출퇴근 카풀에 한하여 자가용자동차의 유상운송 제공을 예외적으로 허용하는 '여객자동차 운수사업법' 규정이 명확성의 원칙에 위배되는지 여부: 소극[합헌] (헌재 2021.4.29, 2018헌바100)

심판대상조항의 문언, 입법의 배경, 규율 체계와 취지 등을 종합하면, 심판대상조항은 운전자가 출근 또는 퇴근을 주된 목적으로 삼아 주거지와 근무지 사이를 통상적인 경로를 통하여 이동하는 중에, 출근 또는 퇴근의 경로가 일부 또는 전부 일치하는 사람에게 자신이 운전하는 자가용승용차의 탑승 기회를 제공하고 금전적 대가를 받는 행위에 한하여 자가용자동차의 유상운송 제공을 허용한다고 해석된다. 수범자는 심판대상조항을 통하여 허용되는 출퇴근 카풀의 기준을 충분히 예측할 수 있고, 심판대상조항이 법집행기관의 자의적인 법 해석과 적용을 야기할 정도로 불명확하다고 할 수도 없다. 따라서 심판대상조항은 죄형법정주의의 명확성원칙에 위배되지 아니한다.

127

주거침입강제추행치상죄 사건 [합헌] (헌재 2021.5.27, 2018헌바497)

"사건개요"

청구인은 타인이 관리하는 건조물에 침입하여 피해자를 강제추행하려다 미수에 그치고, 이로 인하여 피해자에게 3주간의 치료가 필요한 상해를 입게 하였다는 혐의로 기소되었고, 재판 계속 중 청구인에게 적용된 성폭력범죄의 처벌 등에 관한 특례법 제8조 제1항에 대하여 위헌법률심판제청신청을 하였으나 기각되자, 2018.12.11. 이 사건 헌법소원심판을 청구하였다.

▶ 심판대상

성폭력범죄의 처벌 등에 관한 특례법(2012.12.18. 법률 제11556호로 전부개정된 것)
제8조【강간 등 상해·치상】① 제3조 제1항, 제4조, 제6조, 제7조 또는 제15조(제3조 제1항, 제4조, 제6조 또는 제7조의 미수범으로 한정한다)의 죄를 범한 사람이 다른 사람을 상해하거나 상해에 이르게 한 때에는 무기징역 또는 10년 이상의 징역에 처한다.

▶ 이유의 요지

심판대상조항에서 정한 주거침입강제추행치상죄는 사람의 주거 등에 침입한 자가 피해자를 강제추행하여 다른 사람을 상해에 이르게 한 경우에 성립하는 것으로 주거침입죄(형법 제319조 제1항)와 강제추행치상죄(형법 제301조)의 결합범이다. 강제추행죄는 성적 자기결정권을 보호법익으로 하고 주거침입죄는 주거의 평온과 안전을 보호법익으로 하는데, 개인의 인격을 훼손하고 사적 영역을 침해하는 각 범죄의 특성상 주거에서 성적 자기결정권이 침해당한다면 그로 인한 피해는 보다 심각할 수 있으며, 범행의 형태에 따라서는 가정의 파괴까지도 초래할 수 있다. 비록 강제추행죄가 미수에 그쳤다고 하더라도 범행 과정에서 피해자에게 상해까지 입게 한 경우에는 개인적 법익 중 생명권 다음으로 중요한 신체의 안전성을 해쳤다는 점에서 그 죄질과 법정이 매우 무겁고 비난가능성 또한 대단히 높다고 보아야 한다. 입법자는 이러한 중대한 법익 침해에 관하여 단순히 형법상의 주거침입죄와 강제추행치상죄의 경합범으로 처벌하여서는 이와 같은 범죄를 예방하고 척결하기에 미흡하다고 보고, 결합범으로 더 무겁게 처벌하여 그 범행행위에 상응하는 책임을 묻고 이러한 범죄를 예방하고 근절하겠다는 형사정책적 고려에 따라, 특별형법인 성폭력처벌법에 '주거침입강제추행치상죄'라는 새로운 범죄의 구성요건을 별도로 신설한 것이다. 이와 같은 주거침입강제추행치상죄의 보호법익의 중요성, 죄질, 행위자 책임의 정도 및 일반예방이라는 형사정책의 측면 등 여러 요소를 고려하여 보면, 심판대상조항이 책임과 형벌간의 비례원칙에 위반되지 않는다.
강제추행이란 성욕을 만족시키거나 성욕을 자극하기 위하여 상대방의 성적 수치심이나 혐오감을 불러일으키는 성기삽입 외의 일체의 행위를 말하는 것으로서 그 범위가 매우 넓기 때문에 강간의 경우에 비해 그 피해가 상대적으로 경미하고 불법의 정도도 낮은 경우가 많지만, 구체적인 사안에 따라서는 그 행위태양이나 불법의 정도, 행위자의 죄질에 비추어 강간이나 유사강간을 한 경우보다 무겁게 처벌하거나 적어도 동일하게 처벌하여야 할 필요가 있는 경우도 실무상 얼마든지 있을 수 있다. 또한 죄질의 중한 정도가 어느 수준을 넘어서게 되면 그 각각의 범죄 자체가 갖는 매우 높은 불법성 때문에 비록 구체적 범죄유형에 따라 죄질에 있어 약간의 차이가 있다고 하더라도 그러한 범죄행위에 대하여 일반인이 느끼는 비난가능성이나 그 범죄의 일반예방효과를 달성하기 위해서 요구되는 법정형의 수준은 별반 차이가 없는 경우도 발생한다.
따라서 주거침입강제추행치상죄의 법정형을 주거침입강간치상죄나 강간치사죄보다 가볍게 정하지 않은 것이 현저히 형벌체계상의 균형성을 잃은 자의적인 입법이라고 할 수 없다.

2회 이상 음주운전 금지규정을 위반한 사람을 2년 이상 5년 이하의 징역이나 1천만원 이상 2천만원 이하의 벌금에 처하도록 규정한 구 도로교통법 제148조의2 제1항 중 '제44조 제1항을 2회 이상 위반한 사람'에 관한 부분이 책임과 형벌간의 비례원칙과 평등원칙에 반하여 위헌인지 여부: 적극[위헌] [헌재 2021.11.25, 2019헌바446 · 2020헌가17 · 2021헌바77(병합)]

사건개요

1. 청구인들(2019헌바446, 2021헌바77)은 음주운전 금지규정을 2회 이상 위반(각 2019.8.17, 2019.11.7. 위반)하였다는 공소사실로 기소되어 형사재판 계속 중 도로교통법 제148조의2 제1항, 구 도로교통법 제148조의2 제1항에 대하여 위헌법률심판제청신청을 하였으나 기각되자, 각각 이 사건 헌법소원심판을 청구하였다.

2. 제청법원(2020헌가17)은 2019.11.28. 음주운전 금지규정을 2회 이상 위반하였다는 공소사실로 기소된 피고인에 대한 형사재판 계속 중 직권으로 도로교통법 제148조의2 제1항에 대하여 이 사건 위헌법률심판을 제청하였다.

▶ 심판대상

구 도로교통법(2018.12.24. 법률 제16037호로 개정되고, 2020.6.9. 법률 제17371호로 개정되기 전의 것)

제148조의2【벌칙】① 제44조 제1항 또는 제2항을 2회 이상 위반한 사람(자동차 등 또는 노면전차를 운전한 사람으로 한정한다)은 2년 이상 5년 이하의 징역이나 1천만원 이상 2천만원 이하의 벌금에 처한다.

관련조항

도로교통법(2018.3.27. 법률 제15530호로 개정된 것)

제44조【술에 취한 상태에서의 운전 금지】① 누구든지 술에 취한 상태에서 자동차 등(건설기계관리법 제26조 제1항 단서에 따른 건설기계 외의 건설기계를 포함한다. 이하 이 조, 제45조, 제47조, 제93조 제1항 제1호부터 제4호까지 및 제148조의2에서 같다), 노면전차 또는 자전거를 운전하여서는 아니 된다.

▶ **이유의 요지**

1. 죄형법정주의 명확성원칙 위반 여부

심판대상조항의 문언, 입법목적과 연혁, 관련규정과의 관계 및 법원의 해석 등을 종합하여 볼 때, 심판대상조항에서 '제44조 제1항을 2회 이상 위반한 사람'이란 '2006.6.1. 이후 도로교통법 제44조 제1항을 위반하여 술에 취한 상태에서 운전을 하였던 사실이 인정되는 사람으로서, 다시 같은 조 제1항을 위반하여 술에 취한 상태에서 운전한 사람'을 의미함을 충분히 알 수 있으므로, 심판대상조항은 죄형법정주의의 명확성원칙에 위반된다고 할 수 없다.

2. 책임과 형벌간의 비례원칙 위반 여부

심판대상조항은 음주운전 금지규정을 반복하여 위반하는 사람에 대한 처벌을 강화하기 위한 규정인데, 그 구성요건을 '제44조 제1항을 2회 이상 위반'한 경우로 정하여 가중요건이 되는 과거 음주운전 금지규정 위반행위와 처벌대상이 되는 재범 음주운전 금지규정 위반행위 사이에 아무런 시간적 제한이 없고, 과거 위반행위가 형의 선고나 유죄의 확정판결을 받은 전과일 것을 요구하지도 않는다.

그런데 과거 위반행위가 예컨대 10년 이상 전에 발생한 것이라면 처벌대상이 되는 재범 음주운전이 준법정신이 현저히 부족한 상태에서 이루어진 반규범적 행위라거나 사회구성원에 대한 생명·신체 등을 '반복적으로' 위협하는 행위라고 평가하기 어려워 이를 일반적 음주운전 금지규정 위반행위와 구별하여 가중처벌할 필요성이 있다고 보기 어렵다. 범죄 전력이 있음에도 다시 범행한 경우 재범인 후범에 대하여 가중된 행위책임을 인정할 수 있다고 하더라도, 전범을 이유로 아무런 시간적 제한 없이 무제한 후범을 가중처벌하는 예는 찾기 어렵고, 공소시효나 형의 실효를 인정하는 취지에도 부합하지 않으므로, 심판대상조항은 예컨대 10년 이상의 세월이 지난 과거 위반행위를 근거로 재범으로 분류되는 음주운전 행위자에 대해서는 책임에 비해 과도한 형벌을 규정하고 있다고 하지 않을 수 없다. 도로교통법 제44조 제1항을 2회 이상 위반한 경우라고 하더라도 죄질을 일률적으로 평가할 수 없고 과거 위반 전력, 혈중알코올농도 수준, 운전한 차량의 종류에 비추어, 교통안전 등 보호법익에 미치는 위험 정도가 비교적 낮은 유형의 재범 음주운전행위가 있다. 그런데 심판대상조항은 법정형의 하한을 징역 2년, 벌금 1천만원으로 정하여 그와 같이 비난가능성이 상대적으로 낮고 죄질이 비교적 가벼운 행위까지 지나치게 엄히 처벌하도록 하고 있으므로, 책임과 형벌 사이의 비례성을 인정하기 어렵다. 반복적 음주운전에 대한 강한 처벌이 국민일반의 법감정에 부합할 수는 있으나, 결국에는 중벌에 대한 면역성과 무감각이 생기게 되어 법의 권위를 실추시키고 법질서의 안정을 해할 수 있으므로, 재범 음주운전을 예방하기 위한 조치로서 형벌 강화는 최후의 수단이 되어야 한다. 심판대상조항은 음주치료나 음주운전 방지장치 도입과 같은 비형벌적 수단에 대한 충분한 고려 없이 과거 위반 전력 등과 관련하여 아무런 제한도 두지 않고 죄질이 비교적 가벼운 유형의 재범 음주운전행위에 대해서까지 일률적으로 가중처벌하도록 하고 있으므로 형벌 본래의 기능에 필요한 정도를 현저히 일탈하는 과도한 법정형을 정한 것이다. 그러므로 심판대상조항은 책임과 형벌간의 비례원칙에 위반된다.

▶ **결정의 의의**

1. 이 사건은 반복적인 음주운전 금지규정 위반행위에 대한 가중처벌을 규정하는 도로교통법 조항에 대하여 헌법재판소가 처음으로 위헌 여부를 판단한 사건이다.

2. 헌법재판소는 과거 위반 전력 등과 관련하여 아무런 제한을 두지 않고 죄질이 비교적 가벼운 재범 음주운전행위까지 일률적으로 법정형의 하한인 징역 2년, 벌금 1천만원을 기준으로 가중처벌하도록 하는 것은 책임과 형벌 사이의 비례성을 인정할 수 없다고 보아 헌법에 위반된다고 판단하였다.

‘국내에 널리 인식된 타인의 성명, 상호, 표장(標章), 그 밖에 타인의 영업임을 표시하는 표지와 동일하거나 유사한 것을 사용하여 타인의 영업상의 시설 또는 활동과 혼동하게 하는 행위’를 부정경쟁행위로 정의하고 있는 ‘부정경쟁방지 및 영업비밀보호에 관한 법률’ 제2조 제1호 나목이 명확성원칙에 위배되는지 여부: 소극[합헌] (헌재 2021.9.30, 2019헌바217)

심판대상조항은 ‘부정경쟁방지 및 영업비밀보호에 관한 법률’(이하 ‘부정경쟁방지법’이라 한다)상 ‘국내에 널리 인식된’, ‘타인의 영업임을 표시하는 표지’와 ‘동일’하거나 ‘유사’한 것을 사용하여 타인의 영업상의 시설 및 활동과 ‘혼동하게 하는 행위’를 부정경쟁행위로 정의하고 있는바, 각 요건의 문언적 의미, 중한 법익침해를 입법공백 없이 규제하려는 심판대상조항의 입법취지 및 경위, 등록주의를 원칙으로 하고 있는 상표법의 예외로서 특히 주지성을 취득한 영업표지에 한하여 보호하는 점 등에 비추어 본다면, 심판대상조항은 영업표지가 국내 수요자 사이에 자타식별 및 출처표시기능을 가지는 특정인의 영업표지라고 널리 인식되고 알려지는 것을 규율하는 것임을 충분히 알 수 있고, 법원 역시 일관되게 위 각 요건에 관한 보충적 해석기준을 제시해오고 있다. 따라서 심판대상조항은 명확성원칙에 위배되지 아니한다.

고속도로 등에서 갓길 통행 금지 사건 [합헌] (헌재 2021.8.31, 2020헌바100)

▶ 판시사항

1. 구 도로교통법 제60조 제1항 본문 중 “자동차의 운전자는 고속도로 등에서 자동차의 고장 등 부득이한 사정이 있는 경우를 제외하고는 갓길(도로법에 따른 길어깨를 말한다)로 통행하여서는 아니 된다.” 부분(이하 ‘금지조항’이라 한다) 중 ‘부득이한 사정’ 부분이 죄형법정주의 명확성원칙에 위배되는지 여부: 소극
2. 금지조항을 위반한 사람은 20만원 이하의 벌금이나 구류 또는 과료에 처한다고 규정한 구 도로교통법 제156조 제3호 중 제60조 제1항 본문 가운데 위 해당 부분(이하 ‘처벌조항’이라 한다)이 책임과 형벌 사이의 비례원칙에 위배되는지 여부: 소극

▶ 결정요지

1. ‘부득이’의 사전적 의미는 ‘마지못하여 하는 수 없이’로, 자동차가 고속도로 등을 통행하는 중에는 다양한 상황이 발생할 수 있으므로, 법률에 구체적이고 일의적인 기준이 제시될 경우 갓길 통행이 불가피한 예외적인 사정이 포섭되지 않는 등으로 인하여 오히려 비상상황에서 적절한 대처를 할 수 없게 될 가능성을 배제하기 어렵다. 결국 금지조항이 규정한 ‘부득이한 사정’이란 사회통념상 차로의 통행을 기대하기 어려운 특별한 사정을 의미한다고 해석된다. 건전한 상식과 통상적인 법감정을 가진 수범자는 금지조항이 규정한 부득이한 사정이 어떠한 것인지 충분히 알 수 있고, 법관의 보충적인 해석을 통하여 그 의미가 확정될 수 있다. 그러므로 금지조항 중 ‘부득이한 사정’ 부분은 죄형법정주의의 명확성원칙에 위배되지 않는다.

2. 고속도로 등은 자동차들이 일반도로에 비하여 고속으로 주행하여 중대한 위험이 발생할 가능성이 높고, 긴급자동차 등이 위험 발생 지역에 접근하기 어려운 특성이 있어 비상시에 이용하기 위하여 갓길이 설치된 것이므로, 갓길이 그 본래의 설치목적에 따라 이용될 수 있도록 갓길 통행 금지의무의 준수를 담보할 필요성이 높다. 행정질서벌의 부과만으로는 갓길 통행을 충분히 억제할 수 없다고 판단하고 형벌이라는 수단을 선택한 입법자의 판단이 명백하게 잘못되었다고 볼 수 없다. 처벌조항은 법정형을 '20만원 이하의 벌금이나 구류 또는 과료'로 선택적으로 규정하면서 그 하한에 제한을 두고 있지 아니하므로, 그 처벌의 정도가 중하다고 보기 어렵다. 나아가 처벌조항으로 규율되는 행위는 도로교통법 제162조 이하에서 정한 '범칙행위의 처리에 관한 특례'를 적용받게 된다. 따라서 갓길 통행 금지의무를 위반한 자에게는 그의 선택에 따라 형사적 제재의 압박으로부터 벗어날 수 있는 절차가 추가적으로 보장되어 있다. 그러므로 처벌조항은 책임과 형벌 사이의 비례원칙에 위배되지 않는다.

131

음주운전 금지규정 위반 또는 음주측정거부 전력이 있는 사람이 다시 음주운전 금지규정 위반행위를 한 경우 또는 음주운전 금지규정 위반 전력이 있는 사람이 다시 음주측정거부행위를 한 경우를 가중처벌하는 도로교통법이 책임과 형벌간의 비례원칙에 위반되는지 여부: 적극[위헌] (헌재 2022.5.26. 2021헌가30)

심판대상조항은 ① 음주운전 금지규정 위반 또는 음주측정거부 전력이 1회 이상 있는 사람이 다시 음주운전 금지규정 위반행위를 한 경우 또는 ② 음주운전 금지규정 위반 전력이 1회 이상 있는 사람이 다시 음주측정거부행위를 한 경우 이에 대한 처벌을 강화하기 위한 규정인데, 그 구성요건을 '제44조 제1항 또는 제2항을 1회 이상 위반한 사람으로서 다시 같은 조 제1항을 위반한 경우' 또는 '제44조 제1항을 1회 이상 위반한 사람으로서 다시 같은 조 제2항을 위반한 경우'로 정하여 가중요건이 되는 과거의 위반행위와 처벌대상이 되는 재범 음주운전 금지규정 위반행위 또는 음주측정거부행위 사이에 아무런 시간적 제한을 두지 않고 있다.

심판대상조항은 과거 위반 전력의 시기 및 내용이나 음주운전 당시의 혈중알코올농도 수준 또는 음주측정거부 당시의 음주 의심 정도와 발생한 위험 등을 고려할 때 비난가능성이 상대적으로 낮은 음주운전 또는 음주측정거부 재범행위까지도 법정형의 하한인 2년 이상의 징역 또는 1천만원 이상의 벌금을 기준으로 처벌하도록 하고 있어, 책임과 형벌 사이의 비례성을 인정하기 어렵다.

반복적인 음주운전 금지규정 위반행위 또는 음주측정거부행위에 대한 강한 처벌이 국민일반의 법감정에 부합할 수는 있으나, 결국에는 중한 형벌에 대한 면역성과 무감각이 생기게 되어 범죄예방과 법질서 수호에 실질적인 기여를 하지 못하는 상황이 발생할 수 있으므로, 반복적인 위반행위를 예방하기 위한 조치로서 형벌의 강화는 최후의 수단이 되어야 한다. 심판대상조항은 음주치료나 음주운전 방지장치 도입과 같은 비형벌적 수단에 대한 충분한 고려 없이 과거 위반 전력 등과 관련하여 아무런 제한도 두지 않고 죄질이 비교적 가벼운 유형의 음주운전 또는 음주측정거부 재범행위에 대해서까지 일률적으로 가중처벌하도록 하고 있으므로 형벌 본래의 기능에 필요한 정도를 현저히 일탈하는 과도한 법정형을 정한 것이다. 그러므로 심판대상조항은 책임과 형벌간의 비례원칙에 위반된다.

음주운항 전력이 있는 사람이 다시 음주운항을 한 경우 2년 이상 5년 이하의 징역이나 2천만원 이상 3천만원 이하의 벌금에 처하도록 규정한 해사안전법 제104조의2 제2항 중 '제41조 제1항을 위반하여 2회 이상 술에 취한 상태에서 선박의 조타기를 조작한 운항자'에 관한 부분이 책임과 형벌간의 비례원칙에 위반되는지 여부: 적극[위헌] (헌재 2022.8.31, 2022헌가10)

심판대상조항은 가중요건이 되는 과거의 위반행위와 처벌대상이 되는 재범 음주운항 사이에 시간적 제한을 두지 않고 있다. 그런데 과거의 위반행위가 상당히 오래 전에 이루어져 그 이후 행해진 음주운항을 '해상교통법규에 대한 준법정신이나 안전의식이 현저히 부족한 상태에서 이루어진 반규범적 행위' 또는 '반복적으로 사회구성원에 대한 생명·신체 등을 위협하는 행위'라고 평가하기 어렵다면, 이를 가중처벌할 필요성이 인정된다고 보기 어렵다. 또한 심판대상조항은 과거 위반 전력의 시기 및 내용이나 음주운항 당시의 혈중알코올농도 수준 등을 고려할 때 비난가능성이 상대적으로 낮은 재범행위까지도 법정형의 하한인 2년 이상의 징역 또는 2천만원 이상의 벌금을 기준으로 처벌하도록 하고 있어, 책임과 형벌 사이의 비례성을 인정하기 어렵다. 따라서 심판대상조항은 책임과 형벌간의 비례원칙에 위반된다.

음주측정거부 전력이 1회 이상 있는 사람이 다시 음주운전 금지규정 위반행위를 한 경우 2년 이상 5년 이하의 징역이나 1천만원 이상 2천만원 이하의 벌금에 처하도록 한 구 도로교통법 제148조의2 제1항 중 '제44조 제2항을 1회 이상 위반한 사람으로서 다시 같은 조 제1항을 위반한 사람'에 관한 부분이 책임과 형벌간의 비례원칙에 위반되는지 여부: 적극[위헌] (헌재 2022.8.31, 2022헌가14)

심판대상조항은 음주측정거부 전력이 1회 이상 있는 사람이 다시 음주운전 금지규정 위반행위를 한 경우에 대한 처벌을 강화하기 위한 규정인데, 가중요건이 되는 과거의 위반행위와 처벌대상이 되는 재범 음주운전 금지규정 위반행위 사이에 아무런 시간적 제한을 두지 않고 있다. 그런데 과거의 위반행위가 상당히 오래전에 이루어져 그 이후 행해진 음주운전 금지규정 위반행위를 '교통법규에 대한 준법정신이나 안전의식이 현저히 부족한 상태에서 이루어진 반규범적 행위' 또는 '반복적으로 사회구성원에 대한 생명·신체 등을 위협하는 행위'라고 평가하기 어렵다면, 이를 가중처벌할 필요성이 인정된다고 보기 어렵다. 그리고 범죄 전력이 있음에도 다시 범행한 경우 가중된 행위책임을 인정할 수 있다고 하더라도, 전범을 이유로 아무런 시간적 제한 없이 후범을 가중처벌하는 예는 발견하기 어렵고, 공소시효나 형의 실효를 인정하는 취지에도 부합하지 않는다. 또한 심판대상조항은 과거 위반 전력의 시기 및 내용이나 음주운전 당시의 혈중알코올농도 수준과 발생한 위험 등을 고려할 때 비난가능성이 상대적으로 낮은 재범행위까지도 법정형의 하한인 2년 이상의 징역 또는 1천만원 이상의 벌금을 기준으로 처벌하도록 하고 있어, 책임과 형벌 사이의 비례성을 인정하기 어렵다. 따라서 심판대상조항은 책임과 형벌간의 비례원칙에 위반된다.

가족 중 성년자가 예비군훈련 소집통지서를 예비군대원 본인에게 전달하여야 하는 의무를 위반한 행위를 형사처벌하는 것이 위헌인지 여부: 적극[위헌] (헌재 2022.5.26, 2019헌가12)

예비군훈련을 위한 소집통지서 전달 업무는 정부가 수행하여야 하는 공적 사무로서, 정부는 직접 전달방식 외에도 우편법령에 따른 송달이나 전자문서의 방식을 사용하여 예비군대원 본인에게 소집통지서를 충분히 전달할 수 있음에도 불구하고, 심판대상조항은 예비군대원 본인이 부재중이기만 하면 예비군대원 본인과 세대를 같이한다는 이유만으로 위와 같은 협력의 범위를 넘어서 가족 중 성년자에게 소집통지서를 전달할 의무를 위반하면 6개월 이하의 징역 또는 500만원 이하의 벌금이라는 형사처벌까지 하고 있는데, 이러한 심판대상조항의 태도는 예비군훈련을 위한 소집통지서의 전달이라는 정부의 공적 의무와 책임을 단지 행정사무의 편의를 위하여 개인에게 전가하는 것으로 이것이 실효적인 예비군훈련 실시를 위한 전제로 그 소집을 담보하고자 하는 것이라도 지나치다고 아니할 수 없다. 예비군대원 본인과 세대를 같이 하는 가족 중 성년자라면 특별한 사정이 없는 한 소집통지서를 본인에게 전달함으로써 훈련불참으로 인한 불이익을 받지 않도록 각별히 신경을 쓸 것임이 충분히 예상되고, 설령 그들이 소집통지서를 전달하지 아니하여 행정절차적 협력의무를 위반한다고 하여도 과태료 등의 행정적 제재를 부과하는 것만으로도 그 목적의 달성이 충분히 가능하다고 할 것임에도 불구하고, 심판대상조항은 훨씬 더 중한 형사처벌을 하고 있어 그 자체만으로도 형벌의 보충성에 반하고, 책임에 비하여 처벌이 지나치게 과도하여 비례원칙에도 위반된다고 할 것이다. 심판대상조항은 책임과 형벌간의 비례원칙에 위배되어 헌법에 위반된다. 심판대상조항이 헌법에 위반된다고 판단한 이상, 제청법원의 평등원칙 위반 주장에 대하여는 더 나아가 살피지 아니한다.

전기통신사업법 제83조 제3항 중 '검사 또는 수사관서의 장, 정보수사기관의 장의 수사, 형의 집행 또는 국가안전보장에 대한 위해 방지를 위한 정보수집을 위한 통신자료 제공요청'에 관한 부분에 대하여 사후통지절차를 마련하지 않은 것이 적법절차원칙에 위배되는지 여부: 적극[헌법불합치] (헌재 2022.7.21, 2016헌마388)

1. 영장주의 위배 여부: 위배 ×

헌법상 영장주의는 체포·구속·압수·수색 등 기본권을 제한하는 강제처분에 적용되므로, 강제력이 개입되지 않은 임의수사에 해당하는 수사기관 등의 통신자료 취득에는 영장주의가 적용되지 않는다.

2. 명확성원칙 위배 여부: 위배 ×

'국가안전보장에 대한 위해를 방지하기 위한 정보수집'은 국가의 존립이나 헌법의 기본질서에 대한 위험을 방지하기 위한 목적을 달성함에 있어 요구되는 최소한의 범위 내에서의 정보수집을 의미하는 것으로 해석되므로, 명확성원칙에 위배되지 않는다.

3. 과잉금지원칙 위배 여부: 위배 ✕

이 사건 법률조항은 범죄수사나 정보수집의 초기단계에서 수사기관 등이 통신자료를 취득할 수 있도록 함으로써 수사나 형의 집행, 국가안전보장 활동의 신속성과 효율성을 도모하고, 이를 통하여 실체적 진실발견, 국가 형벌권의 적정한 행사 및 국가안전보장에 기여하므로, 입법목적의 정당성 및 수단의 적합성이 인정된다.

이 사건 법률조항은 수사기관 등이 통신자료 제공요청을 할 수 있는 정보의 범위를 성명, 주민등록번호, 주소 등 피의자나 피해자를 특정하기 위한 불가피한 최소한의 기초정보로 한정하고, 민감정보를 포함하고 있지 않으며, 그 사유 또한 '수사, 형의 집행 또는 국가안전보장에 대한 위해를 방지하기 위한 정보수집'으로 한정하고 있다. 더불어 전기통신사업법은 통신자료 제공요청 방법이나 통신자료 제공현황 보고에 관한 규정 등을 두어 통신자료가 수사 등 정보수집의 목적달성에 필요한 최소한의 범위 내에서 이루어지도록 하고 있다. 따라서 침해의 최소성 및 법익균형성에 위배되지 않는다.

4. 적법절차원칙 위배 여부: 위배 ○

이 사건 법률조항에 의한 통신자료 제공요청이 있는 경우 통신자료의 정보주체인 이용자에게는 통신자료 제공요청이 있었다는 점이 사전에 고지되지 아니하며, 전기통신사업자가 수사기관 등에게 통신자료를 제공한 경우에도 이러한 사실이 이용자에게 별도로 통지되지 않는다.

그런데 당사자에 대한 통지는 당사자가 기본권 제한 사실을 확인하고 그 정당성 여부를 다툴 수 있는 전제조건이 된다는 점에서 매우 중요하다. 효율적인 수사와 정보수집의 신속성, 밀행성 등의 필요성을 고려하여 사전에 정보주체인 이용자에게 그 내역을 통지하도록 하는 것이 적절하지 않다면 수사기관 등이 통신자료를 취득한 이후에 수사 등 정보수집의 목적에 방해가 되지 않는 범위 내에서 통신자료의 취득사실을 이용자에게 통지하는 것이 얼마든지 가능하다. 그럼에도 이 사건 법률조항은 통신자료 취득에 대한 사후통지절차를 두지 않아 적법절차원칙에 위배되어 개인정보자기결정권을 침해한다.

강제퇴거명령을 받은 사람을 보호할 수 있도록 하면서 보호기간의 상한을 마련하지 아니한 출입국관리법 제63조 제1항(이하 '심판대상조항'이라 한다)이 과잉금지원칙 및 적법절차원칙에 위배되어 피보호자의 신체의 자유를 침해하는지 여부: 적극[헌법불합치] (헌재 2023.3.23. 2020헌가1)

1. 심판대상조항은 강제퇴거대상자를 대한민국 밖으로 송환할 수 있을 때까지 보호시설에 인치·수용하여 강제퇴거명령을 효율적으로 집행할 수 있도록 함으로써 외국인의 출입국과 체류를 적절하게 통제하고 조정하여 국가의 안전과 질서를 도모하고자 하는 것으로, 입법목적의 정당성과 수단의 적합성은 인정된다. 그러나 보호기간의 상한을 두지 아니함으로써 강제퇴거대상자를 무기한 보호하는 것을 가능하게 하는 것은 보호의 일시적·잠정적 강제조치로서의 한계를 벗어나는 것이라는 점, 보호기간의 상한을 법에 명시함으로써 보호기간의 비합리적인 장기화 내지 불확실성에서 야기되는 피해를 방지할 수 있어야 하는데, 단지 강제퇴거명령의 효율적 집행이라는 행정목적 때문에 기간의 제한이 없는 보호를 가능하게 하는 것은 행정의 편의성과 획일성만을 강조한 것으로 피보호자의 신체의 자유를 과도하게 제한하는 것인 점, 강제퇴거명령을 받은 사람을 보호함에 있어 그 기간의 상한을 두고 있는 국제적 기준이나 외국의 입법례에 비추어 볼 때 보호기간의 상한을 정하는 것이 불가능하다고 볼 수 없는 점, 강제퇴거명령의 집행 확보는 심판대상조항에 의한 보호 외에 주거지 제한이나 보고, 신원보증인의 지정, 적정한 보증금의 납부, 감독관 등을 통한 지속적인 관찰 등 다양한 수단으로도 가능한 점, 현행 보호일시해제제도나 보호명령에 대한 이의신청, 보호기간 연장에 대한 법무부장관의 승인제도만으로는 보호기간의 상한을 두지 않은 문제가 보완된다고 보기 어려운 점 등을 고려하면, 심판대상조항은 침해의 최소성과 법익균형성을 충족하지 못한다. 따라서 심판대상조항은 <u>과잉금지원칙을 위반하여 피보호자의 신체의 자유를 침해한다.</u>

2. 행정절차상 강제처분에 의해 신체의 자유가 제한되는 경우 강제처분의 집행기관으로부터 독립된 중립적인 기관이 이를 통제하도록 하는 것은 적법절차원칙의 중요한 내용에 해당한다. 심판대상조항에 의한 보호는 신체의 자유를 제한하는 정도가 박탈에 이르러 형사절차상 '체포 또는 구속'에 준하는 것으로 볼 수 있는 점을 고려하면, 보호의 개시 또는 연장 단계에서 그 집행기관인 출입국관리공무원으로부터 독립되고 중립적인 지위에 있는 기관이 보호의 타당성을 심사하여 이를 통제할 수 있어야 한다. 그러나 현재 출입국관리법상 보호의 개시 또는 연장 단계에서 집행기관으로부터 독립된 중립적 기관에 의한 통제절차가 마련되어 있지 아니하다. 또한 당사자에게 의견 및 자료 제출의 기회를 부여하는 것은 적법절차원칙에서 도출되는 중요한 절차적 요청이므로, 심판대상조항에 따라 보호를 하는 경우에도 피보호자에게 위와 같은 기회가 보장되어야 하나, 심판대상조항에 따른 보호명령을 발령하기 전에 당사자에게 의견을 제출할 수 있는 절차적 기회가 마련되어 있지 아니하다. 따라서 심판대상조항은 <u>적법절차원칙에 위배되어 피보호자의 신체의 자유를 침해한다.</u>

가짜석유제품을 제조 또는 판매하여 조세를 포탈한 경우 '사기나 그 밖의 부정한 행위' 유무와 관계없이 형사처벌하는 한편, 법정형을 5년 이하의 징역 또는 포탈한 세액의 5배 이하의 벌금으로 정한 '조세범 처벌법' 제5조가 책임과 형벌간의 비례원칙에 위배되는지 여부: 소극 (헌재 2023.6.29. 2019헌바433)

가짜석유제품 제조·판매와 관련된 조세포탈은 그 규모가 막대하고 방법이 교묘한 점, 계속된 제재에도 불구하고 근절되지 않고 있는 점, '사기 기타 부정한 행위'가 수반되는 경우만 처벌하던 시기에는 처벌의 공백이 발생하였던 점 등을 고려할 때, 입법자가 '사기나 그 밖의 부정한 행위' 유무를 불문하고 행정적 제재를 넘어 형사처벌이라는 수단을 선택한 것이 헌법적 한계를 넘은 것이라고 보기 어렵다. 한편, 가짜석유제품 제조·판매와 관련된 조세포탈이 지니는 반사회성·비윤리성의 정도를 고려한다면 법정형의 상한이 지나치게 높다고 할 수 없고, 법정형의 하한이 없어 법관이 개별 사건의 죄질과 비난가능성에 부합하는 판결을 선고할 수 있으며, 징역형 또는 벌금형의 선택적 선고만이 가능하기도 하다. 따라서 조세범 처벌법 제5조는 책임과 형벌간의 비례원칙에 위배되지 않는다.

종합문화재수리업을 하려는 자에게 요구되는 기술능력의 등록 요건을 대통령령에 위임하고 있는 '문화재수리 등에 관한 법률' 제14조 제1항 문화재수리업 중 '종합문화재수리업'을 하려는 자의 '기술능력'에 관한 부분이 죄형법정주의 및 포괄위임금지원칙에 위배되는지 여부: 소극 (헌재 2023.6.29. 2020헌바109)

종합문화재수리업의 기술능력에 관한 구체적인 사항은 문화재수리업의 시장 현실, 문화재수리 기술 및 관련 정책의 변화 등을 고려하여 그때그때의 상황에 맞게 규율하여야 할 필요가 있으므로 위임의 필요성이 인정된다. 또한, 관련 조항 등을 종합하여 보면, 대통령령에 규정될 내용은 종합문화재수리업에 필요한 일정한 기술 및 자격을 갖춘 문화재수리기술자·문화재수리기능자 등의 인원수 내지 수준 등에 관한 사항이 될 것임을 충분히 예측할 수 있다. 따라서 심판대상조항은 죄형법정주의 및 포괄위임금지원칙에 위배되지 아니한다.

> 소방시설을 법령과 화재안전기준에 맞게 시공할 의무를 위반한 소방시설공사업자와, 공사업자가 한 소방시설등의 시공이 설계도서와 화재안전기준에 맞는지에 대한 지도·감독 의무를 위반한 소방공사감리업자를 처벌하는 소방시설공사업법 제36조 제2호 중 '제12조 제1항을 위반하여 시공을 한 자'에 관한 부분 및 제36조 제3호 중 '제16조 제1항 제5호를 위반하여 감리를 한 자'에 관한 부분(이하 위 조항들 모두를 '심판대상조항'이라 한다)이 책임과 형벌간의 비례원칙에 위배되는지 여부: 소극 (헌재 2023.6.29. 2020헌바489)

심판대상조항은 소방시설공사업자가 소방시설을 법령과 화재안전기준에 맞게 시공하지 않았거나 소방공사감리업자가 그러한 시공을 지도·감독하지 못한 경우, 하자의 경중이나 고의·과실 여부를 불문하고 일률적으로 1년 이하의 징역 또는 1천만원 이하의 벌금에 처하도록 규정하고 있다. 이는 소방시설이 법령이나 화재안전기준에 맞지 않게 시공될 경우에는 설령 그 하자가 경미한 것이라고 할지라도, 화재 발생시 사람의 생명, 신체 및 재산상 피해가 초래되거나 그러한 피해가 확대될 위험이 있음을 고려한 것이다. 특히 위와 같은 피해는 한 번 발생하면 돌이킬 수 없는 것이므로 사전에 철저하게 예방할 필요가 있는바, 사후적인 보완명령이나 과태료 처분 등 단순한 행정상의 제재수단만으로는 이와 같은 위험을 충분히 방지할 수 있다고 단정하기 어렵다. 그러므로 소방시설의 시공단계에 직접 관여하는 소방시설공사업자와 소방공사감리업자로 하여금 소방시설을 법령과 화재안전기준에 맞게 시공·감리하도록 하고, 이에 실질적 강제력을 부여하기 위해 그 위반행위에 대하여 일률적으로 형벌을 부과하도록 규정한 입법자의 판단이 현저히 잘못되었다고 볼 수 없다. 나아가 법관의 양형을 통한 형벌개별화 가능성을 고려할 때, 이 조항이 정한 법정형도 책임의 범위를 벗어나 과도한 것이라고 볼 수 없다. 따라서 심판대상조항은 책임과 형벌간의 비례원칙에 위배되지 아니한다.

> 청구인이 민사재판에 출정하여 법정 대기실 내 쇠창살 격리시설에 유치되어 있는 동안 ○○교도소장(이하 '피청구인'이라 한다)이 청구인에게 양손수갑 1개를 앞으로 사용한 행위(이하 '이 사건 보호장비 사용행위'라 한다)가 과잉금지원칙을 위반하여 청구인의 신체의 자유 및 인격권을 침해하는지 여부: 소극 (헌재 2023.6.29. 2018헌마1215)

이 사건 보호장비 사용행위는 수형자가 도주나 자해, 다른 사람에 대한 위해와 같은 교정사고를 저지르는 것을 예방하고, 법원 내 질서 유지에 협력하기 위한 것으로, 그 목적의 정당성 및 수단의 적합성이 인정된다.
법정 대기실 내 쇠창살 격리시설은 수시로 출입문이 여닫고, 법원 외부나 법정과 연결된 구조로 되는 반면, 법정 대기실을 담당하는 교정 인원은 소수에 그쳐 교정시설에 비해 구금 기능이 취약하다. 또한 법정 대기실 내 쇠창살 격리시설에서 수형자 사이의 분쟁이 발생할 가능성이 있다. 그러므로 법정 대기실 내 쇠창살 격리시설에서 수갑과 같은 보호장비를 사용하는 것은 불가피한 측면이 있다. 수갑은 청구인의 신체를 비교적 적게 억압하면서 외부로의 노출 정도 또한 크지 않은 보호장비에 해당하고, 여러 명의 교도관이 계호하는 방법으로 보호장비 사용을 대체할 수도 없으므로 침해의 최소성이 인정된다.
구금 기능이 취약해질 수밖에 없는 법정 대기실 내 쇠창살 격리시설에서 수형자의 도주를 예방하고 법정 내 질서 유지에 협력하고자 하는 공익은 매우 중요한 반면, 이 사건 보호장비 사용행위로 인해 영향을 받은 신체의 자유와 인격권은 그 목적 달성을 위한 범위 내에서 제한적이므로 법익의 균형성도 인정된다. 따라서 이 사건 보호장비 사용행위는 과잉금지원칙을 위반하여 청구인의 신체의 자유 및 인격권을 침해하지 않는다.

집단급식소에 근무하는 영양사의 직무를 규정한 조항인 식품위생법 제52조 제2항(이하 '직무수행조항'이라 한다)을 위반한 자를 처벌하는, 식품위생법 제96조 중 '제52조 제2항을 위반한 자'에 관한 부분(이하 '처벌조항'이라 한다)이 헌법에 위반되는지 여부: 적극[위헌] (헌재 2023.3.23, 2019헌바141)

1. 재판관 이석태, 이종석, 이영진, 김기영, 문형배의 위헌의견

처벌조항은 직무수행조항을 위반한 자를 처벌하고 있는데, 직무수행조항은 집단급식소에 근무하는 영양사의 직무를 포괄적으로 규정하고 있다. 이로 인해 처벌조항에 규정된 처벌범위가 지나치게 광범위해질 수 있다는 문제가 발생한다. 처벌조항과 관련된 입법연혁 및 관련 입법자료, 그 밖에 식품위생법의 여러 규정을 살펴보아도 처벌대상에 관한 구체적이고 유용한 기준은 도출해낼 수 없고, 이에 관한 법원의 확립된 판례도 존재한다고 보기 어렵다. 집단급식소에 근무하는 영양사가 집단급식소에 전혀 출근을 하지 않고 아무런 업무를 수행하지 아니하는 경우에는 직무수행조항에 정한 직무를 수행하지 않았음이 분명하다고 볼 수 있지만, 사안에 따라서는 직무수행조항에 정한 각 호의 업무를 어떤 경우에 수행하지 않았다고 볼 것인지 불분명할 수 있다. 처벌조항에 관해 위와 같은 광범성 및 불명확성 문제가 발생한 근본적인 이유는, 입법자가 질적 차이가 현저한 두 가지 입법기능을 하나의 조항으로 규율하고자 하였기 때문이다. 직무수행조항은 집단급식소에 근무하는 영양사와 조리사의 직무범위를 구분하는 기능을 함과 동시에, 처벌조항을 통해 구성요건이 된다. 전자는 포괄적 규정의 필요성이 인정될 수 있지만, 후자는 죄형법정주의 등을 고려하여 제한된 범위 내에서 구체적으로 범죄행위를 규정할 것이 요청된다. 그러나 처벌조항에 규정된 '위반'이라는 문언은 집단급식소에 근무하는 영양사가 직무를 수행하지 아니한 경우 처벌한다는 의미만을 전달할 뿐, 그 판단기준에 관해서는 구체적이고 유용한 지침을 제공하지 않는다. 이는 식품위생법의 다른 금지규정 및 형벌규정과 대조된다. 이상과 같은 점을 고려할 때 처벌조항은 죄형법정주의의 명확성원칙에 위반된다.

2. 재판관 유남석, 이선애의 위헌의견

형벌을 부과하는 법률조항의 내용이 포괄적이고 광범위하다는 것이 곧 해당 법률조항 의미 자체의 불명확성을 뜻하는 것은 아니다. 직무수행조항 및 처벌조항의 문언 및 법규범의 체계적 구조를 고려할 때, 처벌조항은 집단급식소에 근무하는 영양사가 직무수행조항에 정한 직무를 수행하지 아니한 행위 일체를 처벌대상으로 삼고 있음이 분명하다. 처벌조항은 그 내용이 포괄적이고 광범위하기는 하지만, 그로 인하여 법규범의 의미내용에 대한 예측가능성이 없다거나, 자의적인 법해석이나 법집행이 배제되지 않는다고 보기는 어렵다. 따라서 처벌조항은 죄형법정주의의 명확성원칙에 위반되지는 않는다.

직무수행조항은 집단급식소의 영양사와 조리사의 권한과 책임을 명확히 하기 위해 신설된 규정 중 하나인데, 그로 인해 직무수행조항은 집단급식소에 근무하는 영양사의 직무를 극히 포괄적으로 규정하여, 영양사가 '특별히' 이행하여야 할 직무가 아니라 집단급식소에 근무하는 영양사가 이행할 수 있는 사실상 '모든' 직무를 규정하고 있다. 그럼에도 불구하고 처벌조항은 아무런 제한 없이 직무수행조항을 위반하면 형사처벌을 하도록 함으로써 형사제재의 필요성이 인정된다고 보기 어려운 행위에 대해서까지 처벌의 대상으로 삼을 수 있도록 하고 있다. 처벌조항으로 인해 집단급식소에 근무하는 영양사는 그 경중 또는 실질적인 사회적 해악의 유무에 상관없이 직무수행조항에서 규정하고 있는 직무를 단 하나라도 불이행한 경우 상시적인 형사처벌의 위험에 노출된다. 이는 범죄의 설정에 관한 입법재량의 한계를 현저히 일탈하여 과도하다고 하지 않을 수 없다. 그러므로 처벌조항은 과잉금지원칙에 위반된다.

토지등소유자의 100분의 30 이상이 정비예정구역의 해제를 요청하는 경우 특별시장, 광역시장, 특별자치시장, 특별자치도지사, 시장 또는 군수(이하 '해제권자'라 한다)로 하여금 지방도시계획위원회의 심의를 거쳐 정비예정구역의 지정을 해제할 수 있도록 한 구 '도시 및 주거환경정비법' 제4조의3 제4항 제3호 중 '정비예정구역'에 관한 부분(이하 '심판대상조항'이라 한다)이 적법절차원칙에 위반되는지 여부: 소극 (헌재 2023.6.29, 2020헌바63)

심판대상조항은 정비예정구역으로 지정되어 있는 상태에서 정비사업이 장기간 방치됨으로써 발생하는 법적 불안정성을 해소하고, 정비예정구역 내 토지등소유자의 재산권 행사를 보장하기 위한 것이다.

아직 정비계획의 수립 및 정비구역 지정이 이루어지지 않고 있는 정비예정구역을 대상으로 하는 점, 경기, 사업성 또는 주민갈등 등 다양한 사유로 인하여 정비예정구역에 대한 정비계획 수립 등이 이루어지지 않을 가능성도 있는 점, 정비예정구역으로 지정되어 있을 뿐인 단계에서부터 토지등소유자의 100분의 30 이상이 정비예정구역 해제를 요구하고 있는 상황이라면 추후 정비사업의 시행이 지연되거나 좌초될 가능성이 큰 점, 토지등소유자에게는 정비계획의 입안을 제안할 수 있는 방법이 있는 점, 정비예정구역 해제를 위해서는 지방도시계획위원회의 심의를 거쳐야 하고, 정비예정구역의 해제는 해제권자의 재량적 행위인 점, 정비예정구역 해제에 관한 위법이 있는 경우 항고소송을 통하여 이를 다툴 수 있는 점 등을 종합적으로 고려하면, 심판대상조항이 적법절차원칙에 위반된다고 볼 수 없다.

조세범 처벌법 제7조 제1항 위헌소원 [합헌] (헌재 2023.8.31, 2020헌바498)

▶ 판시사항

납세의무자가 체납처분의 집행을 면탈할 목적으로 그 재산을 은닉·탈루하거나 거짓 계약을 하였을 때 형사처벌하는 '조세범 처벌법' 제7조 제1항 중 '납세의무자가 체납처분의 집행을 면탈할 목적으로' 부분(이하 '심판대상조항'이라 한다)이 죄형법정주의의 명확성원칙에 위배되는지 여부: 소극

▶ 결정요지

국세기본법에서 규정하고 있는 납세의무자의 정의 및 납세의무의 성립시기 등에 의하면, 심판대상조항의 '납세의무자'란 면탈하고자 하는 체납처분과 관련된 국세를 납부할 의무가 있는 자를 의미하는 것이고, 그 지위는 과세요건이 충족되어 해당 납세의무가 성립된 때 취득하게 되므로, 심판대상조항은 '납세의무가 성립된 이후'의 시기에 행해진 행위만을 처벌하는 것임이 명백하다. 또한 심판대상조항은 정부의 국세징수권을 보호법익으로 하는 점, 심판대상조항이 명시적으로 요구하고 있는 '체납처분의 집행을 면탈할 목적'은 적어도 체납처분의 집행을 받을 우려가 있는 시점에서야 인정될 수 있는 점 등을 고려한다면, 심판대상조항은 '체납처분의 집행을 받을 우려가 있는 객관적인 상태가 발생한 이후'의 시기에 행해진 행위만을 처벌하는 것임이 명백하다. 심판대상조항은 죄형법정주의의 명확성원칙에 위배되지 않는다.

사생활의 자유

144

인체면역결핍바이러스(HIV) 전파매개행위죄 사건 [합헌] (헌재 2023.10.26, 2019헌가30)

▶ 판시사항

1. 인체면역결핍바이러스에 감염된 사람이 혈액 또는 체액을 통하여 다른 사람에게 전파매개행위를 하는 것을 금지하고 이를 위반한 경우를 3년 이하의 징역형으로 처벌한다고 규정한 '후천성면역결핍증 예방법' 제19조, 제25조 제2호(이하 '심판대상조항'이라 한다)가 죄형법정주의의 명확성원칙을 위반하는지 여부: 소극

2. 심판대상조항이 과잉금지원칙을 위반하여 인체면역결핍바이러스 감염인의 사생활의 자유 및 일반적 행동자유권을 침해하는지 여부: 소극

▶ 결정요지

1. 인체면역결핍바이러스 감염을 예방하고자 하는 심판대상조항의 입법취지를 고려하면 심판대상조항이 규정하는 '체액'이란 타인에게 감염을 일으킬 만한 인체면역결핍바이러스를 가진 체액으로 한정되고, '전파매개행위'는 체액이 전달되는 성행위 등과 같이 인체면역결핍바이러스 감염가능성이 있는 행위에 국한될 것임을 예측할 수 있다. 인체면역결핍바이러스의 전파가능성에 대한 현재의 의학수준과 국민의 법의식을 반영한 규범적 재평가의 필요성, 상대방의 자기결정권 보장 등을 고려하면, 심판대상조항은 '의학적 치료를 받아 인체면역결핍바이러스의 전파가능성이 현저히 낮은 감염인이 상대방에게 자신이 감염인임을 알리고 한 행위'에는 적용되지 않는 것으로 해석함이 타당하다. 이러한 보충적 해석을 통하여 의학적 치료를 받아 타인을 인체면역결핍바이러스에 감염시킬 가능성이 현저히 낮은 감염인이라 하더라도 상대방에게 자신이 감염인임을 알리지 않고 예방조치 없이 성행위를 한 경우에는, 심판대상조항에서 금지 및 처벌대상으로 규정한 '전파매개행위'에 해당할 것임을 예측할 수 있다. 따라서 심판대상조항은 죄형법정주의의 명확성원칙을 위반하지 않는다.

2. 심판대상조항에 대한 앞서 본 바와 같은 해석을 전제로, 의학적 치료를 받아 인체면역결핍바이러스의 전파가능성이 현저히 낮은 감염인은 상대방에게 자신이 감염인이라는 사실을 알리고 그의 동의를 받은 경우 예방조치 없이도 성행위를 할 수 있다.
   심판대상조항에 따라 처벌 가능한 법정형의 종류에는 벌금형이 없으나, 징역형의 하한에 제한을 두지 않고 있으므로 1월부터 3년까지 다양한 기간의 징역형, 또는 징역형의 집행유예나 선고유예를 선고할 수 있으므로, 책임에 비례한 형을 선고하는 것이 가능하다.
   심판대상조항으로 인하여 감염인에게는 상대방에게 감염사실을 고지하거나 예방조치를 사용해야 하므로 자유로운 방식의 성행위가 제한되나, 그렇지 않으면 상대방은 감염인과의 성행위로 인하여 완치가 불가능한 바이러스에 감염되어 평생 매일 약을 복용하여야 하는 등 심각한 위험에 처하게 될 수 있다. 이러한 점을 감안하면, 감염인의 사생활의 자유 및 일반적 행동자유권이 제약되는 것에 비하여 국민의 건강 보호라는 공익을 달성하는 것은 더욱 중대하다.
   따라서 심판대상조항은 과잉금지원칙을 위반하여 감염인의 사생활의 자유 및 일반적 행동자유권을 침해하지 아니한다.

군형법 제92조의6 위헌제청 등 [합헌] [헌재 2023.10.26. 2017헌가16, 2020헌가3, 2017헌바357, 414, 501(병합)]

▶ 판시사항

1. 군형법 제92조의6 중 '그 밖의 추행'에 관한 부분(이하 '이 사건 조항'이라 한다)이 죄형법정주의의 명확성원칙에 위배되는지 여부: 소극

2. 이 사건 조항이 과잉금지원칙에 위배되어 군인의 성적 자기결정권 또는 사생활의 비밀과 자유를 침해하는지 여부: 소극

3. 이 사건 조항이 평등원칙에 위배되는지 여부: 소극

▶ 결정요지

1. 군형법 제92조의6의 제정취지, 개정연혁 등을 살펴보면, 이 사건 조항은 동성 간의 성적 행위에만 적용된다고 할 것이고, 추행죄의 객체 또한 군인·군무원 등으로 명시하고 있으므로 불명확성이 있다고 볼 수 없다. 이러한 점에 비추어보면, 건전한 상식과 통상적인 법 감정을 가진 군인, 군무원 등 군형법 피적용자는 어떠한 행위가 이 사건 조항의 구성요건에 해당되는지 여부를 충분히 파악할 수 있다고 판단되므로, 이 사건 조항은 죄형법정주의의 명확성원칙에 위배되지 아니한다.

2. 군대는 상명하복의 수직적 위계질서체계하에 있으므로, 직접적인 폭행·협박이 없더라도 위력에 의한 경우 또는 자발적 의사합치가 없는 동성 군인 사이의 추행에 대해서는 처벌의 필요성이 인정된다. 뿐만 아니라, 동성 군인 사이의 합의에 의한 성적 행위라 하더라도 그러한 행위가 근무장소나 임무수행 중에 이루어진다면, 이는 국군의 전투력 보존에 심각한 위해를 초래할 위험성이 있으므로, 이를 처벌한다고 하여도 과도한 제한이라고 할 수 없다. 그렇다면 이 사건 조항은 과잉금지원칙에 위배하여 군인의 성적 자기결정권 또는 사생활의 비밀과 자유를 침해한다고 볼 수 없다.

3. 여전히 절대 다수의 군 병력은 남성으로 이루어져 있고, 이러한 젊은 남성 의무복무자들은 생활관이나 샤워실 등 생활공간까지 모두 공유하면서 장기간의 폐쇄적인 단체생활을 해야 하므로, 일반 사회와 비교하여 동성 군인 사이에 성적 행위가 발생할 가능성이 높다. 이러한 점에 비추어보면, 이 사건 조항이 이성 군인과 달리 동성 군인 간 합의에 의한 성적 행위를 처벌하는 것에는 합리적인 이유가 있다고 볼 수 있으므로, 이 사건 조항은 평등원칙에 위반되지 아니한다.

146

법무부장관은 변호사시험 합격자가 결정되면 즉시 명단을 공고하여야 한다고 규정한 변호사시험법 제11조 중 '명단 공고' 부분이 개인정보자기결정권을 침해하는지 여부: 소극[기각] (헌재 2020.3.26. 2018헌마77)

심판대상조항의 입법목적은 공공성을 지닌 전문직인 변호사에 관한 정보를 널리 공개하여 법률서비스 수요자가 필요한 정보를 얻는 데 도움을 주고, 변호사시험 관리업무의 공정성과 투명성을 간접적으로 담보하는 데 있다. 심판대상조항은 법무부장관이 시험 관리업무를 위하여 수집한 응시자의 개인정보 중 합격자의 성명을 공개하도록 하는 데 그치므로, 청구인들의 개인정보자기결정권이 제한되는 범위와 정도는 매우 제한적이다. 합격자 명단이 공고되면 누구나, 언제든지 이를 검색할 수 있으므로, 심판대상조항은 공공성을 지닌 전문직인 변호사의 자격 소지에 대한 일반 국민의 신뢰를 형성하는 데 기여하며, 변호사에 대한 정보를 얻는 수단이 확보되어 법률서비스 수요자의 편의가 증진된다. 합격자 명단을 공고하는 경우, 시험 관리 당국이 더 엄정한 기준과 절차를 통해 합격자를 선정할 것이 기대되므로 시험 관리업무의 공정성과 투명성이 강화될 수 있다. 따라서 심판대상조항이 과잉금지원칙에 위배되어 청구인들의 개인정보자기결정권을 침해한다고 볼 수 없다.

147

가정폭력 가해자인 전 배우자라도 직계혈족으로서 그 자녀의 가족관계증명서와 기본증명서를 사실상 자유롭게 발급받을 수 있게 하고 이에 대한 제한규정을 두지 않은 것이 개인정보자기결정권을 침해하는지 여부: 적극[헌법불합치] (헌재 2020.8.28. 2018헌마927)

〞 사건개요 〟

청구인은 0000.0.0. 배우자의 가정폭력 때문에 이혼하고, 아들 ○○○의 친권자 및 양육자로 지정되어 현재 ○○○을 양육하고 있는 사람이다.

전 배우자는 청구인의 아버지를 찾아가 폭행과 상해를 가하고, ㅁㅁ지방법원으로부터 청구인에 대한 접근금지 및 전기통신을 이용한 접근금지처분을 받았으며, 0000.0.0.부터 0000.0.0.까지 청구인에 대한 100미터 이내의 접근금지 및 통신수단을 이용한 일체의 접근을 금지하는 피해자보호명령을 받았다. 그럼에도 전 배우자는 계속해서 청구인의 휴대전화로 전화를 걸거나, 청구인을 협박하는 내용의 문자메시지를 수차례 보내는 등 법원의 피해자보호명령을 위반하였고, 이로 인하여 0000.0.0. 가정폭력범죄의 처벌 등에 관한 특례법 위반 등으로 징역형 및 벌금형에 처하는 판결을 받았다.

청구인은, 가정폭력 가해자인 전 남편이 이혼 후에도 가정폭력 피해자인 청구인을 찾아가 추가 가해를 행사하려는 데 필요한 청구인의 개인정보를 무단으로 취득할 목적으로 그 자녀의 가족관계증명서 및 기본증명서의 교부를 청구하는 것이 분명한 경우에도 이를 제한하는 규정을 제정하지 아니한 '가족관계의 등록 등에 관한 법률'의 입법부작위가 청구인의 개인정보자기결정권을 침해한다는 취지의 주장을 하면서, 2018.9.11. 입법부작위의 위헌확인을 구하는 이 사건 헌법소원심판을 청구하였다.

▶ 심판대상

이 사건에서 청구인이 실질적으로 다투고자 하는 것은 '가족관계의 등록 등에 관한 법률' 제14조 제1항 본문이 불완전·불충분하게 규정되어 있어 가정폭력 피해자의 개인정보를 보호하기 위한 구체적 방안을 마련하지 아니한 부진정 입법부작위를 다투는 취지로 볼 수 있다. 따라서 이 사건 심판대상은 '가족관계의 등록 등에 관한 법률'(2017.10.31. 법률 제14963호로 개정된 것, 이하 '가족관계등록법'이라 한다) 제14조 제1항 본문 중 '직계혈족이 제15조에 규정된 증명서 가운데 가족관계증명서 및 기본증명서의 교부를 청구'하는 부분(이하 '이 사건 법률조항'이라 한다)이 청구인의 기본권을 침해하는지 여부이다.

가족관계의 등록 등에 관한 법률(2017.10.31. 법률 제14963호로 개정된 것)

제14조 【증명서의 교부 등】 ① 본인 또는 배우자, 직계혈족(이하 이 조에서는 "본인 등"이라 한다)은 제15조에 규정된 등록부 등의 기록사항에 관하여 발급할 수 있는 증명서의 교부를 청구할 수 있고, 본인 등의 대리인이 청구하는 경우에는 본인 등의 위임을 받아야 한다. (단서 생략)

▶ 이유의 요지

1. 이 사건 법률조항의 청구인의 개인정보자기결정권 침해 여부

(1) 목적의 정당성 및 수단의 적절성

가족관계증명서 및 기본증명서를 쉽고 편리하게 발급받을 수 있도록 직계혈족과 자녀 등의 편익 증진을 위해 직계혈족에게 가족관계증명서 및 기본증명서의 교부청구권을 부여하고 있는 이 사건 법률조항의 입법목적은 정당하다. 또한, 이 사건 법률조항이 특별한 제한 없이 직계혈족에게 가족관계등록법상 가족관계증명서 및 기본증명서의 교부청구권을 부여하는 것은 그 목적 달성을 위하여 적합한 수단이 된다.

(2) 침해의 최소성: 위배 ○

가족관계증명서 및 기본증명서에서는 민감한 정보도 포함되어 있는데, 이러한 정보가 유출될 경우 의사에 반하여 타인에게 알려지는 것 자체가 개인의 인격에 대한 침해가 될 수 있으며, 유출된 경우 그 피해회복이 사실상 불가능한 경우도 발생한다. 가족이라는 이유만으로 가족 개인의 정보를 알게 하거나 이용할 수 있도록 해서는 안 되고, 이들 사이에도 오남용이나 유출의 가능성을 차단할 수 있는 제도를 형성하여야 할 필요성이 있다.

이 사건 법률조항은 주민등록법과는 달리 가정폭력 피해자의 개인정보보호를 위한 별도의 조치를 마련하고 있지 않아서, 가정폭력 가해자는 언제든지 그 자녀 명의의 가족관계증명서 및 기본증명서를 교부받아서 이를 통하여 가정폭력 피해자의 개인정보를 획득할 수 있다. 가정폭력 가해자라고 하더라도 자녀의 이익이나 정당한 알 권리의 충족 등을 이유로 그 자녀 명의의 가족관계증명서와 기본증명서를 청구하는 경우, 자녀 본인의 사전 동의를 얻도록 하거나, 가정폭력 가해자인 직계혈족이 가정폭력 피해자에 대하여 추가가해를 행사하려는 등의 부당한 목적이 없음을 구체적으로 소명한 경우에만 발급하도록 하고 그러한 경우에도 가정폭력 피해자의 개인정보를 삭제하도록 하는 등의 대안적 조치를 마련함으로써 그 해결이 충분히 가능하다.

(3) 법익균형성: 위배 ○

이 사건 법률조항으로 말미암아 가정폭력 가해자인 직계혈족이 그 자녀의 가족관계증명서 및 기본증명서를 청구하여 발급받음으로써 거기에 기재되어 있는 가정폭력 피해자인 전 배우자의 개인정보가 유출됨으로써 전 배우자가 입는 피해는 실로 중대하다고 볼 수 있으므로 이 사건 법률조항에 대해서는 법익의 균형성을 인정하기 어렵다.

2. 헌법불합치결정의 필요성

이 사건 법률조항을 위헌으로 선언할 경우 가정폭력 가해자가 아닌 일반 직계혈족까지도 그 자녀의 가족관계증명서와 기본증명서를 발급받을 수 없게 되는 법적 공백이 발생하므로, 이 사건 법률조항에 대하여 단순위헌결정을 하는 대신 헌법불합치결정을 선고하되, 2021년 12월 31일을 시한으로 입법자가 이 사건 법률조항의 위헌성을 제거하고 합리적인 내용으로 법률을 개정할 때까지 이를 계속 적용하도록 할 필요가 있다.

148

법원에서 불처분결정된 소년부송치 사건에 대한 수사경력자료의 보존기간 및 삭제에 관하여 규정하지 않은 형의 실효 등에 관한 법률 조항에 관한 위헌제청 사건 [헌법불합치] (헌재 2021.6.24. 2018헌가2)

▶ 판시사항

1. 소년에 대한 수사경력자료의 삭제와 보존기간에 대하여 규정하면서 법원에서 불처분결정된 소년부송치 사건에 대하여 규정하지 않은 '형의 실효 등에 관한 법률' 제8조의2 제1항 및 제3항(이하 '현행법 조항'이라 하고, 구법 조항과 통칭하여 '심판대상조항'이라 한다)이 과잉금지원칙에 반하여 개인정보자기결정권을 침해하는지 여부: 적극
2. 헌법불합치결정을 하면서 구법 조항 적용 중지, 현행법 조항 계속 적용을 명한 사례

▶ 결정요지

1. 심판대상조항은 소년에 대한 수사경력자료의 삭제 및 보존기간에 대하여 규정하면서 법원에서 불처분결정된 소년부송치 사건에 대하여는 규정하지 않아 수사경력자료에 기록된 개인정보가 당사자의 사망시까지 보존된다. 수사경력자료는 불처분결정의 효력을 뒤집고 다시 형사처벌을 할 필요성이 인정되는 경우 재수사에 대비한 기초자료 또는 소년이 이후 다른 사건으로 수사나 재판을 받는 경우 기소 여부의 판단자료나 양형자료가 되므로, 해당 수사경력자료의 보존은 목적의 정당성과 수단의 적합성이 인정된다. 하지만 반사회성이 있는 소년의 환경 조정과 품행 교정을 통해 소년이 우리 사회의 건전한 구성원으로 성장할 수 있도록, 죄를 범한 소년에 대하여 형사재판이 아닌 보호사건으로 심리하여 보호처분을 할 수 있는 절차를 마련한 소년법의 취지에 비추어, 법원에서 소년부송치된 사건을 심리하여 보호처분을 할 수 없거나 할 필요가 없다고 인정하여 불처분결정을 하는 경우 소년부송치 및 불처분결정된 사실이 소년의 장래 신상에 불이익한 영향을 미치지 않는 것이 마땅하다. 또한 어떤 범죄가 행해진 후 시간이 흐를수록 수사의 단서로서나 상습성 판단자료, 양형자료로서의 가치는 감소하므로, 모든 소년부송치 사건의 수사경력자료를 해당 사건의 경중이나 결정 이후 경과한 시간 등에 대한 고려 없이 일률적으로 당사자가 사망할 때까지 보존할 필요가 있다고 보기는 어렵고, 불처분결정된 소년부송치 사건의 수사경력자료가 조회 및 회보되는 경우에도 이를 통해 추구하는 실체적 진실발견과 형사사법의 정의 구현이라는 공익에 비해, 당사자가 입을 수 있는 실질적 또는 심리적 불이익과 그로 인한 재사회화 및 사회복귀의 어려움이 더 크다. 따라서 심판대상조항은 과잉금지원칙을 위반하여 소년부송치 후 불처분결정을 받은 자의 개인정보자기결정권을 침해한다.
2. 심판대상조항에 대하여 단순위헌결정을 하는 경우 수사경력자료의 삭제 및 소년에 대한 수사경력자료의 보존기간에 대한 근거규정이 사라지게 되는 불합리한 결과가 발생하고, 심판대상조항의 위헌성을 제거하는 방식에 대하여는 입법자의 재량이 인정된다. 따라서 구법 조항에 대하여 헌법불합치결정을 선고하되, 계속적용을 명한다면

위헌선언의 효력이 당해 사건에 미치지 못할 우려가 있으므로 그 적용을 중지하고, 현행법 조항에 대하여는 헌법불합치결정을 선고하되, 2023.6.30.을 시한으로 개선입법이 이루어질 때까지 계속 적용을 명한다.

149

> 의료기관의 장으로 하여금 보건복지부장관에게 비급여 진료비용에 관한 사항을 보고하도록 한 의료법 제45조의2 제1항 중 '비급여 진료비용'에 관한 부분 및 의원급 의료기관의 비급여 진료비용에 관한 현황조사·분석 결과를 공개하도록 한 '비급여 진료비용 등의 공개에 관한 기준' 등이 개인정보자기결정권을 침해하는지 여부: 소극[기각]
> (헌재 2023.2.23. 2021헌마374)

▶ 판시사항

1. 의료기관의 장으로 하여금 보건복지부장관에게 비급여 진료비용에 관한 사항을 보고하도록 한 의료법 제45조의2 제1항 중 '비급여 진료비용'에 관한 부분(이하 '보고의무조항'이라 한다)이 법률유보원칙에 반하여 의사의 직업수행의 자유와 환자의 개인정보자기결정권을 침해하는지 여부: 소극

2. 보고의무조항이 포괄위임금지원칙에 반하여 의사의 직업수행의 자유와 환자의 개인정보자기결정권을 침해하는지 여부: 소극

3. 보고의무조항이 과잉금지원칙에 반하여 의사의 직업수행의 자유와 환자의 개인정보자기결정권을 침해하는지 여부: 소극

4. 의원급 의료기관의 비급여 진료비용에 관한 현황조사·분석 결과를 공개하도록 한 '비급여 진료비용 등의 공개에 관한 기준' 제3조 중 '의료법 제3조 제2항 제1호에 따른 의료기관'의 '비급여 진료비용'에 관한 부분(이하 '이 사건 고시조항'이라 한다)이 법률유보원칙에 반하여 의사의 직업수행의 자유를 침해하는지 여부: 소극

5. 이 사건 고시조항이 과잉금지원칙에 반하여 의사의 직업수행의 자유를 침해하는지 여부: 소극

▶ 결정요지

1. 보고의무조항은 '비급여 진료비용의 항목, 기준, 금액, 진료내역'을 보고하도록 함으로써 보고의무에 관한 기본적이고 본질적인 사항을 법률에서 직접 정하고 있으므로, 법률유보원칙에 반하여 청구인들의 기본권을 침해하지 아니한다.

2. 비급여는 그 유형과 종류가 다양하므로 보고의무에 관한 세부적인 사항은 하위법령에 위임할 필요가 있고, 보고의무조항의 입법목적과 '개인정보 보호법'의 내용 등을 고려하면, 보고대상인 '진료내역'에는 상병명, 수술·시술명 등 비급여 진료의 실태파악에 필요한 진료정보만 포함될 뿐 환자 개인의 신상정보는 포함되지 않을 것임을 예상할 수 있다. 따라서 보고의무조항은 포괄위임금지원칙에 반하여 청구인들의 기본권을 침해하지 아니한다.

3. 비급여는 급여와 달리 사회적 통제기전이 없어 국민들이 비급여 진료의 필요성과 위험성을 바탕으로 진료 여부를 결정할 수 있는 체계가 부족하고, 그동안 시행되었던 표본조사의 방법으로는 비급여 현황을 정확히 파악하는 데 한계가 있다. 병원마다 제각각 비급여 진료의 명칭과 코드를 사용하고 있으므로 구체적인 진료내역을 추가로 조사할 수밖에 없고, 보고된 정보는 입법목적에 필요한 용도로만 제한적으로 이용하고 안전하게 관리되도록 관련 법률에서 명확히 규정하고 있으며, 보고의무의 이행에 드는 노력이나 시간도 의사의 진료활동에 큰 부담을 주는

정도라고 보기 어렵다.

따라서 보고의무조항은 과잉금지원칙에 반하여 청구인들의 기본권을 침해하지 아니한다.

4. 비급여 진료비용의 '현황조사·분석 및 결과 공개의 범위·방법·절차'에 관한 사항은 그 내용이 전문적·기술적
이어서 하위법령에 위임할 필요가 있고, '사회적 수요가 큰 비급여 항목'에 대하여 기존 '병원급 의료기관'과 유사
한 방법으로 진료비용이 공개될 것임을 예측할 수 있다. 따라서 이 사건 고시조항의 상위법령인 의료법 제45조의2
제4항은 위임입법의 한계를 준수하였다.

또한 의료법령의 체계와 관련규정에 비추어 보면, '전체 비급여에서 차지하는 비중이 큰 항목'들이 보고대상이 될
것이고, '그러한 비급여 진료를 주로 수행하는 의료기관'이 보고 및 결과공개 대상인 의료기관이 될 것임을 알 수
있다. 따라서 '현황조사·분석 및 결과 공개 대상인 의료기관'을 고시로 정하도록 한 의료법 시행규칙 제42조의3
제2항 중 '비급여 진료비용'에 관한 부분은 백지위임에 해당한다고 볼 수 없다.

따라서 이 사건 고시조항은 위임입법의 한계를 준수한 상위법령의 위임범위 내에서 규정하고 있으므로 법률유보
원칙에 반하여 청구인들의 기본권을 침해하지 아니한다.

5. 비급여 진료비용이 공개되면 국민들은 자신이 방문하고자 하는 지역의 비급여 진료비용을 미리 알 수 있고 각 의
료기관의 비급여 진료비용을 비교하여 선택할 수 있다. 비급여 고지제도 및 병원급 의료기관의 비급여 진료비용
공개만으로는 의료소비자의 알권리와 의료선택권을 충분히 보장할 수 없고, 비급여 진료비용을 공개하더라도 여
전히 의료기관들은 자유롭게 비급여 진료를 하고 진료비용을 정할 수 있으므로 이 사건 고시조항이 진료비용을
규제하거나 획일화하는 것이라고 보기 어렵다. 의료소비자는 비용 외에도 다양한 요소를 고려하여 의료기관을 선
택할 것이므로 최저가 경쟁이 심화될 것이라고 보기 어렵고, 무리하게 진료비를 낮춰 환자를 유인한 후 불필요한
비급여 진료를 받게 하는 사례는 별도의 의료법 규정과 제도들로 규제가 가능하다. 그러므로 이 사건 고시조항은
과잉금지원칙에 반하여 청구인들의 기본권을 침해하지 아니한다.

150

대한적십자사 회비모금 목적의 자료제공 사건 [기각] (헌재 2023.2.23, 2019헌마1404)

▶ 판시사항

1. 대한적십자사가 국가 등에 요청할 수 있는 자료의 범위를 대통령령에 위임한 '대한적십자사 조직법' 제8조 제2항
(이하 '이 사건 위임조항'이라 한다)이 포괄위임금지원칙에 반하여 청구인들의 개인정보자기결정권을 침해하는지
여부: 소극

2. 대한적십자사의 회비모금 목적으로 자료제공을 요청받은 국가와 지방자치단체는 특별한 사유가 없으면 그 자료
를 제공하여야 한다고 규정한 '대한적십자사 조직법' 제8조 제3항 중 같은 조 제1항의 '회비모금'에 관한 부분(이
하 '이 사건 자료제공조항'이라 한다)이 명확성원칙에 반하여 청구인들의 개인정보자기결정권을 침해하는지 여부:
소극

3. 이 사건 자료제공조항과, 대한적십자사가 요청할 수 있는 자료로 세대주의 성명 및 주소를 규정한 '대한적십자사
조직법 시행령' 제2조 제1호 중 같은 법 제8조 제1항의 '회비모금'에 관한 부분(이하 '이 사건 시행령조항'이라 한
다)이 과잉금지원칙에 반하여 청구인들의 개인정보자기결정권을 침해하는지 여부: 소극

1. 적십자사가 요청하고 국가 등이 적십자사에 제공하는 자료의 범위는 '적십자사의 운영, 회원모집, 회비모금 및 기부금영수증 발급'이라는 각 목적별로 달라질 수밖에 없으므로 '필요한 자료'의 구체적인 범위를 미리 법률에 상세하게 규정하는 것은 입법기술상 어렵다. 국가가 자료 제공의 목적과 필요한 자료의 범위, 자료 제공의 용이성, 적십자사의 운영 상황 및 회비모금 실무의 변화 등을 고려하여 탄력적으로 정할 필요가 있으므로, 그 구체적인 내용을 하위법령에 위임할 필요성이 인정된다. 또한 '대한적십자사 조직법'(이하 '적십자법'이라 한다) 제8조 제1항과 제6조 제4항 등을 종합하면 회원모집, 회비모금 및 기부금 영수증 발급 목적의 경우 대통령령으로 정하여질 자료의 범위는 '적십자법 제6조 제4항에서 정한 정보주체들에 대하여 회비모금 등을 위해 필요한 정보'임을 알 수 있고, 회비모금 등을 위해 각 정보주체에 대하여 연락할 수 있는 인적사항이 포함될 것임을 예측할 수 있다. 따라서 이 사건 위임조항이 포괄위임금지원칙에 위반되어 청구인들의 개인정보자기결정권을 침해한다고 볼 수 없다.

2. 이 사건 자료제공조항은 자료제공을 요청받은 국가 등은 '특별한 사유'가 없으면 자료를 제공하여야 한다고 규정하고 있는바 이때 '특별한 사유'가 명확성원칙에 반하는 것이 아닌지 의문이 든다. 그런데 이 사건 자료제공조항은 '개인정보 보호법'상 개인정보처리자가 수집한 목적 외의 용도로 제3자에게 개인정보를 제공하는 경우의 한 형태에 해당한다. 그렇다면 '특별한 사유'라는 문언 자체는 비록 불확정적 개념이라 하더라도, 개인정보의 목적 외 제3자 제공을 더욱 엄격하게 제한하는 '개인정보 보호법'의 취지를 고려해보면 이 사건 자료제공조항의 '특별한 사유'도 '정보주체 또는 제3자의 이익을 부당하게 침해할 우려가 있을 때'에 준하는 경우로서 그 규율 범위의 대강을 예측할 수 있다. 따라서 이 사건 자료제공조항이 명확성원칙에 위반하여 청구인들의 개인정보자기결정권을 침해한다고 볼 수 없다.

3. 이 사건 자료제공조항 및 이 사건 시행령조항은 적십자 회비모금을 위해 국가 등이 보유하고 있는 자료를 적십자사에 제공하도록 하는 것으로서 궁극적으로는 적십자 사업의 원활한 운영에 그 목적이 있다. 우리나라는 제네바협약의 체약국으로서 정부가 적십자사의 활동을 지원하여야 할 의무가 있는 점, 전시 또는 평시의 인도주의 사업을 수행하는 적십자사의 설립목적과 공익성, 적십자사가 정부의 인도적 활동에 대한 보조적 역할을 수행하는 점, 특히 남북교류사업이나 혈액사업 등 다른 공익법인들이 수행하지 못하는 특수한 사업들을 수행하는 점 등을 고려하면 이와 같은 입법목적은 정당하다. 또한 이러한 정보를 적십자사에 제공하는 것은 입법목적 달성을 위한 적합한 수단이다.

   이 사건 자료제공조항과 이 사건 시행령조항을 종합하면 자료제공의 목적은 적십자회비 모금을 위한 것으로 한정되고, 제공되는 정보의 범위는 세대주의 성명과 주소로 한정된다. 이때 '주소'는 지로통지서 발송을 위해 필수적인 정보이며, '성명'은 사회생활 영역에서 노출되는 것이 자연스러운 정보로서, 다른 위험스러운 정보에 접근하기 위한 식별자(識別子) 역할을 하거나, 다른 개인정보들과 결합함으로써 개인의 전체적·부분적 인격상을 추출해내는 데 사용되지 않는 한 그 자체로 언제나 엄격한 보호의 대상이 된다고 하기 어렵다. 한편 적십자사는 '개인정보 보호법'상 공공기관에 해당하므로(개인정보 보호법 제2조 제6호 나목, 같은 법 시행령 제2조 제2호), 적십자사는 '개인정보 보호법'상 개인정보처리자로서 '개인정보 보호법'을 준수하여야 하며 위반 시 과태료나 형사처벌에 처해질 수 있다. 또한 성명과 주소는 주민등록사항이므로, 적십자사가 주민등록전산정보자료를 이용하고자 하는 경우에는 주민등록법과 같은 법 시행령을 준수하여야 한다. 이를 종합하면 이 사건 자료제공조항 및 이 사건 시행령조항은 청구인들의 개인정보자기결정권에 대한 제한을 최소화하고 있으며 법익의 균형성도 갖추었다. 따라서 이 사건 자료제공조항 및 이 사건 시행령조항이 과잉금지원칙에 반하여 청구인들의 개인정보자기결정권을 침해한다고 볼 수 없다.

양형자료통보 취소 등 [기각] (헌재 2023.9.26, 2022헌마926)

▶ **판시사항**

피청구인이 미결수용자인 청구인에게 징벌을 부과한 뒤 그 규율위반 내용 및 징벌처분 결과 등을 관할 법원에 양형 참고자료로 통보한 행위(이하 '이 사건 통보행위'라 한다)가 청구인의 개인정보자기결정권을 침해하는지 여부: 소극

▶ **결정요지**

이 사건 통보행위는 해당 미결수용자에 대한 적정한 양형을 실현하고 형사재판절차를 원활하게 진행하기 위한 것이다. 이로 인하여 제공되는 개인정보의 내용은 정보주체와 관련한 객관적이고 외형적인 사항들로서 엄격한 보호의 대상이 되지 아니하고, 개인정보가 제공되는 상대방이 체포·구속의 주체인 법원으로 한정되며, 양형 참고자료를 통보받은 법원으로서는 관련 법령에 따라 이를 목적 외의 용도로 이용하거나 제3자에게 제공할 수 없다. 이 사건 통보행위로 인해 제공되는 정보의 성격이나 제공 상대방의 한정된 범위를 고려할 때 그로 인한 기본권 제한의 정도가 크지 않은 데 비해, 이로 인하여 달성하고자 하는 적정한 양형의 실현 및 형사재판절차의 원활한 진행과 같은 공익은 훨씬 중대하다.
이 사건 통보행위는 과잉금지원칙에 위배되어 청구인의 개인정보자기결정권을 침해하였다고 볼 수 없다.

개인정보 보호법 제28조의2 등 위헌확인 [기각] (헌재 2023.10.26, 2020헌마1476)

▶ **판시사항**

'개인정보 보호법' 제28조의2 제1항이 통계작성, 과학적 연구, 공익적 기록보존을 위하여 정보주체의 동의 없이 가명정보를 처리할 수 있도록 하고, '신용정보의 이용 및 보호에 관한 법률' 제32조 제6항 제9호의2 중 같은 조 제1항 본문 및 제2항 전문을 적용하지 않는 부분(이하 위 두 조항을 합하여 '심판대상조항'이라 한다)이 신용정보제공·이용자, 신용정보회사, 신용정보집중기관이 통계작성, 연구, 공익적 기록보존을 위하여 가명정보를 제공하는 경우에는 신용정보주체로부터 개별적으로 동의를 받지 않아도 된다고 규정함으로써 청구인들의 개인정보자기결정권을 침해하는지 여부: 소극

▶ **결정요지**

심판대상조항은 데이터의 이용을 활성화하여 신산업을 육성하고 "통계작성, 연구, 공익적 기록보존"을 보다 효과적으로 수행하기 위한 것으로서, 그 입법목적이 정당하고 수단의 적합성이 인정된다. 가명정보는 그 자체만으로는 특

정 개인을 알아볼 수 없어 인격권이나 사생활의 자유에 미치는 영향이 크지 않고, 정보주체의 동의 없는 처리는 "통계작성, 연구, 공익적 기록보존" 목적으로만 가능하며, 법률에서 정보주체를 보호하기 위한 여러 규정을 두고 있으므로, 침해의 최소성도 인정된다. "통계작성, 연구, 공익적 기록보존"을 효과적으로 수행하고자 하는 공익이 가명정보가 제한된 목적으로 동의 없이 처리되는 정보주체의 불이익보다 크다고 할 수 있으므로, 법익의 균형성도 갖추었다. 따라서 심판대상조항은 청구인들의 개인정보자기결정권을 침해하지 않는다.

153

개인정보 보호법 제28조의7 등 위헌확인 [기각] [헌재 2023.10.26, 2020헌마1477, 2021헌마748(병합)]

▶ 판시사항

1. '개인정보 보호법' 제28조의5(이하 '재식별금지조항'이라 한다)가 가명정보의 재식별을 예외 없이 금지함으로써 청구인들의 개인정보자기결정권을 침해하는지 여부: 소극

2. '개인정보 보호법' 제28조의7, '신용정보의 이용 및 보호에 관한 법률' 제40조의3(이하 위 두 조항을 합하여 '적용제외조항'이라 한다)이 개인정보 보호를 위한 일부 규정들을 가명정보에는 적용하지 않도록 함으로써 청구인들의 개인정보자기결정권을 침해하는지 여부: 소극

▶ 결정요지

1. 재식별금지조항은 가명정보를 통해서는 특정 개인을 알아볼 수 없도록 함으로써 정보주체의 개인정보자기결정권을 충분히 보호하고자 하는 것으로서 그 입법목적이 정당하고, 재식별을 금지하여 특정 개인을 알아볼 가능성을 최소화하는 것은 그와 같은 입법목적을 달성하기에 적합한 수단이다.
   최초 가명처리자에 한하여 재식별이 가능하도록 하면 가명정보로서 처리되던 정보를 다시 정보주체에게 미치는 영향이 큰 정보로 되돌림으로써 정보주체에게 예기치 못한 피해를 입힐 우려가 있고, 정보주체의 요청이 있는 경우에 한하여 재식별이 가능하도록 하면 다른 정보주체들의 가명정보도 모두 함께 재식별될 우려가 있다. 따라서 재식별을 전면적, 일률적으로 금지하는 것 외에 덜 침해적인 수단이 있다고 보기 어려워 침해의 최소성이 인정된다. 재식별을 금지하여 정보주체의 법익 침해 가능성을 최소화하고자 하는 공익은 이로 인하여 제한되는 정보주체의 사익보다 크므로, 법익의 균형성도 인정된다. 따라서 재식별금지조항은 청구인들의 개인정보자기결정권을 침해하지 않는다.

2. 적용제외조항은 가명정보의 활용을 원활하게 하여 데이터의 이용을 활성화하고자 하는 것으로서 그 입법목적이 정당하고, 가명정보의 성질상 적용이 어려운 규정들을 배제하는 것은 그와 같은 입법목적을 달성하기에 적합한 수단이다.
   가명정보는 그 자체만으로는 특정 개인을 알아볼 수 없으므로 일반적인 개인정보에 적용되는 통지 의무 등을 그대로 적용하기가 불가능하거나 어렵고, 정보주체를 보호하기 위한 다른 규정들이 존재하므로, 침해의 최소성이 인정된다. 가명정보의 원활한 활용이라는 공익은 중대하고, 그 자체로 식별이 불가능한 가명정보를 제한된 목적으로만 동의 없이 처리할 수 있도록 하여 정보주체의 불이익은 크지 않으므로, 법익의 균형성도 갖추었다. 따라서 적용제외조항은 청구인들의 개인정보자기결정권을 침해하지 않는다.

통신의 자유

154

이동통신서비스 가입 본인확인 사건 [기각] (헌재 2019.9.26, 2017헌마1209)

▶ 판시사항

1. 전기통신역무제공에 관한 계약을 체결하는 경우 전기통신사업자로 하여금 가입자에게 본인임을 확인할 수 있는 증서 등을 제시하도록 요구하고 부정가입방지시스템 등을 이용하여 본인인지 여부를 확인하도록 한 전기통신사업법(2014.10.15. 법률 제12761호로 개정된 것) 제32조의4 제2항·제3항 및 전기통신사업법 시행령(2015.4.14. 대통령령 제26191호로 개정된 것) 제37조의6 제1항, 제2항 제1호, 제3항, 제4항(이를 전부 합하여 '심판대상조항'이라 한다)에 의하여 제한되는 기본권

2. 심판대상조항이 익명으로 이동통신서비스에 가입하여 자신들의 인적 사항을 밝히지 않은 채 통신하고자 하는 자들의 개인정보자기결정권 및 통신의 자유를 침해하는지 여부: 소극

▶ 결정요지

1. 헌법 제18조로 보장되는 기본권인 통신의 자유란 통신수단을 자유로이 이용하여 의사소통할 권리이다. '통신수단의 자유로운 이용'에는 자신의 인적 사항을 누구에게도 밝히지 않는 상태로 통신수단을 이용할 자유, 즉 통신수단의 익명성 보장도 포함된다. 심판대상조항은 휴대전화를 통한 문자·전화·모바일 인터넷 등 통신기능을 사용하고자 하는 자에게 반드시 사전에 본인확인 절차를 거치는 데 동의해야만 이를 사용할 수 있도록 하므로, 익명으로 통신하고자 하는 청구인들의 통신의 자유를 제한한다.

반면, 심판대상조항이 통신의 비밀을 제한하는 것은 아니다. 가입자의 인적사항이라는 정보는 통신의 내용·상황과 관계없는 '비내용적 정보'이며 휴대전화 통신계약 체결 단계에서는 아직 통신수단을 통하여 어떠한 의사소통이 이루어지는 것이 아니므로 통신의 비밀에 대한 제한이 이루어진다고 보기는 어렵기 때문이다. 심판대상조항에 의하여 휴대전화 통신계약 체결을 원하는 자가 이동통신사에 제공하는 데 동의해야 하는 정보는 성명, 생년월일, 주소(여기까지는 온라인·대면 가입 공통), 대면 가입의 경우에는 주민등록번호와 신분증 발급일자, 온라인 가입의 경우에는 공인인증정보나 신용카드정보로서, 개인의 동일성을 식별할 수 있게 하는 정보에 해당한다. 가입자가 이러한 정보 제공에 동의하지 않으면 이동통신사는 휴대전화 통신계약 체결을 거부할 수 있다. 따라서 심판대상조항은 가입자의 개인정보에 대한 제공·이용 여부를 스스로 결정할 권리를 제한하고 있으므로, 개인정보자기결정권을 제한한다.

사생활의 비밀과 자유에 포섭될 수 있는 사적 영역에 속하는 통신의 자유는 헌법이 제18조에서 별도의 기본권으로 보장하고 있고, 개인정보의 제공으로 인한 사생활의 비밀과 자유가 제한되는 측면은 개인정보자기결정권의 보호영역과 중첩되는 범위에서 관련되어 있다. 따라서 심판대상조항이 청구인들의 통신의 자유, 개인정보자기결정권을 침해하는지 여부를 판단하는 이상 사생활의 비밀과 자유 침해 여부에 관하여는 별도로 판단하지 아니한다. 청구인들은 그 외에도 휴대전화 단말기와 가입자의 인적사항이 연결됨으로써 휴대전화로 생성된 위치정보, 아이피(IP)주소 등 인터넷 접속 정보를 파악할 수 있는 길이 열리게 되어 사생활의 자유가 제한된다고 주장한다. 그러나 심판대상조항은 본인확인을 거친 후에는 더 이상의 개인정보 수집이나 보관을 의무화하는 규정이 아니며, 이동통신서비스 가입자의 개인정보가 통신에 관한 각종 정보와 연결될 수 있다는 가능성이 있다고 하여 그것만으로 본인의

통신 이용 상황과 내용이 수사기관 등 제3자에 의하여 파악될 것이라고 단정할 수는 없다. 청구인들의 위와 같은 주장을 이유로 한 사생활의 비밀과 자유의 제한 문제는 심판대상조항으로 인하여 발생하는 것이 아니다.

2. 심판대상조항이 이동통신서비스 가입시 본인확인절차를 거치도록 함으로써 타인 또는 허무인의 이름을 사용한 휴대전화인 이른바 대포폰이 보이스피싱 등 범죄의 범행도구로 이용되는 것을 막고, 개인정보를 도용하여 타인의 명의로 가입한 다음 휴대전화 소액결제나 서비스요금을 그 명의인에게 전가하는 등 명의도용범죄의 피해를 막고자 하는 입법목적은 정당하고, 이를 위하여 본인확인절차를 거치게 한 것은 적합한 수단이다. 가입자는 자신의 주민등록번호를 제공해야 하지만 특히 뒷자리 중 성별을 지칭하는 숫자 외의 6자리는 일회적인 확인 후 폐기되므로 주민등록번호가 이동통신사에 보관되어 계속적으로 이용되는 것이 아니다. 가입자는 대면(오프라인)가입 대신 온라인 가입절차에서 공인인증서로 본인확인하는 방법을 택하여 주민등록번호의 직접 제공을 피할 수도 있다. 또한 가입자의 이름과 주소, 생년월일, 주민등록번호 등 개인정보 수집에 따른 유출피해 등 부작용을 방지하기 위해 '개인정보 보호법'과 '정보통신망 이용촉진 및 정보보호 등에 관한 법률'에서는 정보처리자에게 개인정보의 기술적·관리적 보호조치를 취할 것을 요구하고 그 준수 여부를 행정청이 점검하는 등 적절한 통제장치를 마련함으로써 개인정보자기결정권의 제한을 최소화하고 있다. 심판대상조항에 의해서는 아직 의사소통이 이루어지지 않은 이동통신서비스 가입단계에서의 본인확인절차를 거치는 것이므로, 이동통신서비스 가입자가 누구인지 식별가능해진다고 하여도 곧바로 그가 누구와 언제, 얼마동안 통화하였는지 등의 정보를 파악할 수 있는 것은 아니다. 따라서 심판대상조항으로 인해 가입자가 개개의 통신내용과 이용 상황에 기한 처벌을 두려워하여 이동통신서비스 이용 여부 자체를 진지하게 고려하게 할 정도라고 할 수 없다. 개인정보자기결정권, 통신의 자유가 제한되는 불이익과 비교했을 때, 명의도용피해를 막고, 차명휴대전화의 생성을 억제하여 보이스피싱 등 범죄의 범행도구로 악용될 가능성을 방지함으로써 잠재적 범죄 피해 방지 및 통신망 질서 유지라는 더욱 중대한 공익의 달성효과가 인정된다. 따라서 심판대상조항은 청구인들의 개인정보자기결정권 및 통신의 자유를 침해하지 않는다.

수용자 서신 개봉 · 열람 행위 사건 [기각] (헌재 2021.9.30, 2019헌마919)

▶ 판시사항

1. 피청구인 교도소장이 청구인에게 온 서신을 개봉한 행위가 청구인의 통신의 자유를 침해하는지 여부: 소극
2. 피청구인 교도소장이 법원, 검찰청 등이 청구인에게 보낸 문서를 열람한 행위가 청구인의 통신의 자유를 침해하는지 여부: 소극

▶ 결정요지

1. 피청구인의 서신개봉행위는 법령상 금지되는 물품을 서신에 동봉하여 반입하는 것을 방지하기 위하여 구 형의 집행 및 수용자의 처우에 관한 법률(이하 '형집행법'이라 한다) 제43조 제3항 및 구 형집행법 시행령 제65조 제2항에 근거하여 수용자에게 온 서신의 봉투를 개봉하여 내용물을 확인한 행위로서, 교정시설의 안전과 질서를 유지하고 수용자의 교화 및 사회복귀를 원활하게 하기 위한 것이다. 개봉하는 발신자나 수용자를 한정하거나 엑스레이 기기 등으로 확인하는 방법 등으로는 금지물품 동봉 여부를 정확하게 확인하기 어려워, 입법목적을 같은 정도로 달성하면서, 소장이 서신을 개봉하여 육안으로 확인하는 것보다 덜 침해적인 수단이 있다고 보기 어렵다. 또한 서신을 개봉하더라도 그 내용에 대한 검열은 원칙적으로 금지된다. 따라서 서신개봉행위는 청구인의 통신의 자유를 침해하지 아니한다.

2. 피청구인의 문서열람행위는 형집행법 시행령 제67조에 근거하여 법원 등 관계기관이 수용자에게 보내온 문서를 열람한 행위로서, 문서 전달업무에 정확성을 기하고 수용자의 편의를 도모하며 법령상의 기간준수 여부 확인을 위한 공적 자료를 마련하기 위한 것이다. 수용자 스스로 고지하도록 하거나 특별히 엄중한 계호를 요하는 수용자에 한하여 열람하는 등의 방법으로는 목적 달성에 충분하지 않고, 다른 법령에 따라 열람이 금지된 문서는 열람할 수 없으며, 열람한 후에는 본인에게 신속히 전달하여야 하므로, 문서열람행위는 청구인의 통신의 자유를 침해하지 아니한다.

웹사이트 차단 위헌확인 [기각] [헌재 2023.10.26. 2019헌마158, 232(병합)]

▶ 판시사항

1. 피청구인 방송통신심의위원회가 2019.2.11. 주식회사 ○○ 외 9개 정보통신서비스제공자 등에 대하여 895개 웹사이트에 대한 접속차단의 시정을 요구한 행위(이하 '이 사건 시정요구'라 한다)가 헌법소원의 대상인 공권력 행사에 해당하는지 여부: 적극

2. 이 사건 시정요구에 대한 심판청구가 보충성을 갖추었는지 여부: 적극

3. 이 사건 시정요구가 청구인들의 통신의 비밀과 자유 및 알 권리를 침해하는지 여부: 소극

▶ 결정요지

1. 피청구인은 공권력 행사의 주체인 국가행정기관이고, 정보통신서비스제공자는 조치결과 통지의무 등을 부담하며, 시정요구에 따르지 않을 경우 제재수단이 있으므로, 이 사건 시정요구는 헌법소원심판의 대상이 되는 공권력 행사에 해당한다.

2. 정보통신망을 통하여 정보통신서비스를 제공받는 이용자인 청구인들이 이 사건 시정요구에 대하여 행정소송으로 다툴 수 있는지 여부가 불확실하고 다른 구제절차가 없으므로 보충성이 인정된다.

3. 이 사건 시정요구는 불법정보 등의 유통을 차단함으로써 정보통신에서의 건전한 문화를 창달하고 정보통신의 올바른 이용환경을 조성하고자 하는 것으로서 그 목적이 정당하다. 보안접속 프로토콜(https)을 사용하는 경우에도 접근을 차단할 수 있도록 서버 이름 표시(이하 'SNI'라 한다)를 확인하여 불법정보 등을 담고 있는 특정 웹사이트에 대한 접속을 차단하는 것은 수단의 적합성이 인정된다.

보안접속 프로토콜이 일반화되어 기존의 방식으로는 차단이 어렵기 때문에 SNI 차단 방식을 동원할 필요가 있고, 인터넷을 통해 유통되는 정보는 복제성, 확장성, 신속성을 가지고 있어 사후적 조치만으로는 이 사건 시정조치의 목적을 동일한 정도로 달성할 수 없다. 또한, 시정요구의 상대방인 정보통신서비스제공자 등에 대해서는 의견진술 및 이의신청의 기회가 보장되어 있고, 해외에 서버를 둔 웹사이트의 경우 다른 조치에 한계가 있어 접속을 차단하는 것이 현실적인 방법이다. 따라서 침해의 최소성 및 법익의 균형성도 인정된다. 그렇다면 이 사건 시정요구는 청구인들의 통신의 비밀과 자유 및 알 권리를 침해하지 아니한다.

거주 · 이전의 자유

157

외교부장관의 허가 없이 여행금지국가를 방문한 사람을 처벌하는 여권법 제26조 제3호가 거주 · 이전의 자유를 침해하는지 여부: 소극[기각] (헌재 2020.2.27, 2016헌마945)

외교부장관으로부터 허가를 받은 경우에는 이 사건 처벌조항으로 형사처벌되지 않도록 가벌성이 제한되어 있고, 이를 위반한 경우에도 1년 이하의 징역 또는 1천만원 이하의 벌금으로 처벌수준이 비교적 경미하다. 따라서 이 사건 처벌조항으로 인하여 거주 · 이전의 자유가 제한되는 것을 최소화하고 있다. 국외 위난상황이 우리나라의 국민 개인이나 국가 · 사회에 미칠 수 있는 피해는 매우 중대한 반면, 이 사건 처벌조항으로 인한 불이익은 완화되어 있으므로, 이 사건 처벌조항이 법익의 균형성원칙에 반하지 않는다. 그러므로 이 사건 처벌조항은 과잉금지원칙에 반하여 청구인의 거주 · 이전의 자유를 침해하지 않는다.

158

복수국적자가 병역준비역에 편입된 때부터 3개월이 지난 경우 병역의무 해소 전에는 대한민국 국적에서 이탈할 수 없도록 제한하는 국적법 제12조 제2항 본문 등이 국적이탈의 자유를 침해하는지 여부: 적극[헌법불합치, 기각] (헌재 2020.9.24, 2016헌마889)

▶ 판시사항

1. 국적법 제12조 제2항 본문, 국적법 제14조 제1항 단서 중 제12조 제2항 본문에 관한 부분(이하 이들 조항을 합하여 '심판대상 법률조항'이라 한다)이 청구인의 국적이탈의 자유를 침해하는지 여부: 적극

2. 국적법 시행규칙 제12조 제2항 제1호(이하 '심판대상 시행규칙조항'이라 하고, 위 심판대상 법률조항과 이를 합하여 '심판대상조항'이라 한다)가 명확성원칙에 위배되는지 여부 및 청구인의 국적이탈의 자유를 침해하는지 여부: 소극

3. 심판대상 법률조항에 대하여 헌법불합치결정을 선고한 사례

4. 심판대상 법률조항과 동일한 내용의 국적법 조항들이 헌법에 위반되지 않는다는 취지로 판시한 선례를 변경한 사례

▶ **결정요지**

1. 심판대상 법률조항의 입법목적은 병역준비역에 편입된 사람이 병역의무를 면탈하기 위한 수단으로 국적을 이탈하는 것을 제한하여 병역의무 이행의 공평을 확보하려는 것이다.

   복수국적자의 주된 생활근거지나 대한민국에서의 체류 또는 거주 경험 등 구체적 사정에 따라서는 사회통념상 심판대상 법률조항이 정하는 기간 내에 국적이탈 신고를 할 것으로 기대하기 어려운 사유가 인정될 여지가 있다. 주무관청이 구체적 심사를 통하여, 주된 생활근거를 국내에 두고 상당한 기간 대한민국 국적자로서의 혜택을 누리다가 병역의무를 이행하여야 할 시기에 근접하여 국적을 이탈하려는 복수국적자를 배제하고 병역의무 이행의 공평성이 훼손되지 않는다고 볼 수 있는 경우에만 예외적으로 국적선택기간이 경과한 후에도 국적이탈을 허가하는 방식으로 제도를 운용한다면, 병역의무 이행의 공평성이 훼손될 수 있다는 우려는 불식될 수 있다. 병역준비역에 편입된 복수국적자의 국적선택기간이 지났다고 하더라도, 그 기간 내에 국적이탈 신고를 하지 못한 데 대하여 사회통념상 그에게 책임을 묻기 어려운 사정, 즉 정당한 사유가 존재하고, 병역의무 이행의 공평성 확보라는 입법목적을 훼손하지 않음이 객관적으로 인정되는 경우라면, 병역준비역에 편입된 복수국적자에게 국적선택기간이 경과하였다고 하여 일률적으로 국적이탈을 할 수 없다고 할 것이 아니라, 예외적으로 국적이탈을 허가하는 방안을 마련할 여지가 있다. 심판대상 법률조항의 존재로 인하여 복수국적을 유지하게 됨으로써 대상자가 겪어야 하는 실질적 불이익은 구체적 사정에 따라 상당히 클 수 있다. 국가에 따라서는 복수국적자가 공직 또는 국가안보와 직결되는 업무나 다른 국적국과 이익충돌 여지가 있는 업무를 담당하는 것이 제한될 가능성이 있다. 현실적으로 이러한 제한이 존재하는 경우, 특정 직업의 선택이나 업무 담당이 제한되는 데 따르는 사익 침해를 가볍게 볼 수 없다. 심판대상 법률조항은 과잉금지원칙에 위배되어 청구인의 국적이탈의 자유를 침해한다.

2. 심판대상 시행규칙조항은 국적이탈 신고자에게 신고서에 '가족관계기록사항에 관한 증명서'를 첨부하여 제출하도록 규정하는바, 실무상 국적이탈 신고자는 가족관계등록법에 따른 국적이탈자 본인의 기본증명서와 가족관계증명서, 부와 모의 기본증명서, 대한민국 국적의 부와 외국국적의 모 사이에서 출생한 경우에는 부의 혼인관계증명서 등(이하 '기본증명서 등'이라 한다)을 제출해야 한다. 국적이탈 신고자의 대한민국 국적 및 다른 국적 취득 경위, 성별, 부모의 국적 등 그 신고 당시의 구체적 사정이 다양하므로 시행규칙에서 첨부서류의 명칭을 직접 규정하는 것이 적절하지 않을 수 있고, 첨부할 서류의 내용이나 증명 취지를 고려하여 지금과 같이 표현하는 것 외에 다른 방법을 상정하기 어려우므로, 심판대상 시행규칙조항은 명확성원칙에 위배되지 않는다. 기본증명서 등은 신고자 본인을 특정하고 국적이탈의 전제가 되는 대한민국 국적보유 사실 등을 확인하는 데 필요한 자료이다. 법무부장관으로서는 국적이탈 요건 충족 여부를 정확히 판단하기 위하여 신고자에게 정형화되고 신뢰성이 높은 문서를 제출하도록 할 수밖에 없는바, 가족관계등록법상 기본증명서 등은 그러한 정보가 기재된 대한민국의 공문서로서, 법무부장관이 요건 충족 여부를 판단하는 데 필요한 정보를 충분히 담고 있으면서 또한 신뢰성이 확보되는 다른 유형의 서류를 상정하기 어렵다. 출생신고는 출생자의 부 또는 모가 부담하는 가족관계등록법상 의무이며, 국적이탈 신고시에 비로소 출생신고를 하여야 하는 부담은 청구인의 부 또는 모가 가족관계등록법에 따른 출생신고 의무를 이행하지 않았기 때문에 발생하는 문제일 뿐이다. 따라서 심판대상 시행규칙조항은 과잉금지원칙에 위배되어 청구인의 국적이탈의 자유를 침해하지 않는다.

3. 헌법재판소가 심판대상 법률조항에 대한 단순위헌결정을 하여 효력이 즉시 상실되면, 국적선택이나 국적이탈에 대한 기간 제한이 정당한 경우에도 그 제한이 즉시 사라지게 되어 병역의무의 공평성 확보에 어려움이 발생할 수 있으므로, 심판대상 법률조항에 대하여 헌법불합치결정을 선고하되, 입법자의 개선입법이 있을 때까지 잠정적용을 명하기로 한다.

4. 종래 이와 견해를 달리하여 심판대상 법률조항과 동일한 내용의 국적법 조항들이 헌법에 위반되지 아니한다고 판시하였던 헌재 2006.11.30. 2005헌마739 결정 및 헌재 2015.11.26. 2013헌마805 · 2014헌마788(병합) 결정은 이 결정 취지와 저촉되는 범위 안에서 이를 변경하기로 한다.

카메라 등 이용촬영죄로 유죄판결이 확정된 성범죄자의 신상정보 등록 사건 [기각] (헌재 2020.10.29, 2018
헌마1067)

1. 이 사건 등록대상자조항에 대한 판단

이 사건 등록대상자조항은 성범죄자의 재범을 억제하고 수사의 효율성을 제고하기 위한 것이다. 처벌범위 확대, 법
정형 강화만으로 카메라 등 이용촬영죄를 억제하기에 한계가 있으므로 위 범죄로 처벌받은 사람에 대한 정보를 국가
가 관리하는 것은 재범을 방지하는 유효하고 현실적인 방법이 될 수 있고, 신상정보 등록대상자가 된다고 하여 그
자체로 사회복귀가 저해되거나 전과자라는 사회적 낙인이 찍히는 것은 아니므로 침해되는 사익은 크지 않은 반면 이
를 통해 달성되는 공익은 매우 중요하다. 이 사건 등록대상자조항은 성범죄자 관리의 기초를 마련하기 위한 것이므
로 반드시 재범의 위험성을 등록요건으로 하여야 하는 것은 아니며, 더욱이 현재 사용되는 재범의 위험성 평가도구
로는 성범죄자의 재범가능성 여부를 완벽하게 예측할 수 없으므로 성범죄자를 일률적으로 등록대상자로 정하는 것
이 불가피하다. 이 사건 등록대상자조항은 청구인의 개인정보자기결정권을 침해한다고 볼 수 없다.

2. 이 사건 제출조항에 대한 판단

이 사건 제출조항은, 재범 방지와 수사의 효율성 담보라는 입법목적 달성에 불가피하고, 입법목적과 직접적인 관련성
이 인정되지 않는 정보의 제출은 요청하고 있지 아니하므로, 청구인의 개인정보자기결정권을 침해한다고 볼 수 없다.

3. 이 사건 처벌조항들에 대한 판단

(1) 이 사건 처벌조항들은 성범죄의 재범을 억제하고 재범시 수사의 효율성을 제고하기 위하여, 신상정보 등록대상
자로 하여금 신상정보가 변경된 때마다 그 사유와 변경내용을 제출하도록 형사처벌로 강제하고(이 사건 제출위
반 처벌조항), 일정한 주기로 관할경찰관서에 출석하여 관할경찰관서의 장의 사진 촬영에 응하도록 형사처벌로
강제한다(이 사건 촬영위반 처벌조항).
(2) 성범죄의 재범 방지와 수사의 효율성이라는 공익의 중대성, 신상정보 및 변경정보 등록의무를 확실하게 이행하
게 할 필요성 등 여러 요소를 고려하여 형벌이라는 제재수단을 선택한 입법자의 판단이 명백히 잘못되었다고 할
수 없고, 법정형이 비교적 경미하여 재판과정에서 법관이 개별 등록대상자의 구체적 사정을 심리하여 책임에 부
합하는 양형을 할 수 있다.
(3) 이 사건 처벌조항들은 청구인의 일반적 행동의 자유를 침해한다고 볼 수 없다.

선거운동기간 중 인터넷게시판 실명확인 사건 [위헌] (헌재 2021.1.28. 2018헌마456 등)

▶ 판시사항

1. 인터넷언론사는 선거운동기간 중 당해 홈페이지 게시판 등에 정당·후보자에 대한 지지·반대 등의 정보를 게시하는 경우 실명을 확인받는 기술적 조치를 하도록 정한 공직선거법 조항(이하 '실명확인조항'이라 한다) 중 '인터넷언론사' 및 '지지·반대' 부분이 명확성원칙에 위배되는지 여부: 소극

2. 위 실명확인조항을 비롯하여, 행정안전부장관 및 신용정보업자는 실명인증자료를 관리하고 중앙선거관리위원회가 요구하는 경우 지체 없이 그 자료를 제출해야 하며, 실명확인을 위한 기술적 조치를 하지 아니하거나 실명인증의 표시가 없는 정보를 삭제하지 않는 경우 과태료를 부과하도록 정한 공직선거법 조항(이하 '심판대상조항'이라 한다)이 게시판 등 이용자의 익명표현의 자유 및 개인정보자기결정권과 인터넷언론사의 언론의 자유를 침해하는지 여부: 적극

▶ 결정요지

1. 공직선거법 및 관련법령이 구체적으로 '인터넷언론사'의 범위를 정하고 있고, 중앙선거관리위원회가 설치·운영하는 인터넷선거보도심의위원회가 심의대상인 인터넷언론사를 결정하여 공개하는 점 등을 종합하면 '인터넷언론사'는 불명확하다고 볼 수 없으며, '지지·반대'의 사전적 의미와 심판대상조항의 입법목적, 공직선거법 관련조항의 규율 내용을 종합하면, 건전한 상식과 통상적인 법 감정을 가진 사람이면 자신의 글이 정당·후보자에 대한 '지지·반대'의 정보를 게시하는 행위인지 충분히 알 수 있으므로, 실명확인조항 중 '인터넷언론사' 및 '지지·반대' 부분은 명확성원칙에 반하지 않는다.

2. 심판대상조항의 입법목적은 정당이나 후보자에 대한 인신공격과 흑색선전으로 인한 사회경제적 손실과 부작용을 방지하고 선거의 공정성을 확보하기 위한 것이고, 익명표현이 허용될 경우 발생할 수 있는 부정적 효과를 막기 위하여 그 규제의 필요성을 인정할 수는 있다.

   그러나 심판대상조항과 같이 인터넷홈페이지의 게시판 등에서 이루어지는 정치적 익명표현을 규제하는 것은 인터넷이 형성한 '사상의 자유시장'에서의 다양한 의견 교환을 억제하고, 이로써 국민의 의사표현 자체가 위축될 수 있으며, 민주주의의 근간을 이루는 자유로운 여론 형성이 방해될 수 있다. 선거운동기간 중 정치적 익명표현의 부정적 효과는 익명성 외에도 해당 익명표현의 내용과 함께 정치적 표현행위를 규제하는 관련제도, 정치적·사회적 상황의 여러 조건들이 아울러 작용하여 발생하므로, 모든 익명표현을 사전적·포괄적으로 규율하는 것은 표현의 자유보다 행정편의와 단속편의를 우선함으로써 익명표현의 자유와 개인정보자기결정권 등을 지나치게 제한한다. 정치적 의사표현을 자유롭게 할 수 있는 핵심적 기간이라 볼 수 있는 선거운동기간 중 익명표현의 제한이 구체적 위험에 기초한 것이 아니라 심판대상조항으로 인하여 위법한 표현행위가 감소할 것이라는 추상적 가능성에 의존하고 있는 점, 심판대상조항의 적용대상인 '인터넷언론사'의 범위가 광범위하다는 점까지 고려하면 심판대상조항으로 인한 기본권 제한의 정도는 결코 작다고 볼 수 없다.

   실명확인제가 표방하고 있는 선거의 공정성이라는 목적은 인터넷 이용자의 표현의 자유나 개인정보자기결정권을 제약하지 않는 다른 수단에 의해서도 충분히 달성할 수 있다. 공직선거법은 정보통신망을 이용한 선거운동 규제를 통하여 공직선거법에 위반되는 정보의 유통을 제한하고 있고, '정보통신망 이용촉진 및 정보보호 등에 관한 법률'상 사생활 침해나 명예훼손 등의 침해를 받은 사람에게 인정되는 삭제요청 등의 수단이나 임시조치 등이 활용될 수도 있으며, 인터넷 이용자의 표현의 자유나 개인정보자기결정권을 제약하지 않고도 허위 정보로 인한

여론 왜곡을 방지하여 선거의 공정성을 확보하는 새로운 수단을 도입할 수도 있다. 인터넷을 이용한 선거범죄에 대하여는 명예훼손죄나 후보자비방죄 등 여러 사후적 제재수단이 이미 마련되어 있다. 현재 기술 수준에서 공직선거법에 규정된 수단을 통하여서도 정보통신망을 이용한 행위로서 공직선거법에 위반되는 행위를 한 사람의 인적사항을 특정하고, 궁극적으로 선거의 공정성을 확보할 수 있다.

심판대상조항은 정치적 의사표현이 가장 긴요한 선거운동기간 중에 인터넷언론사 홈페이지 게시판 등 이용자로 하여금 실명확인을 하도록 강제함으로써 익명표현의 자유와 언론의 자유를 제한하고, 모든 익명표현을 규제함으로써 대다수 국민의 개인정보자기결정권도 광범위하게 제한하고 있다는 점에서 이와 같은 불이익은 선거의 공정성 유지라는 공익보다 결코 과소평가될 수 없다. 그러므로 심판대상조항은 과잉금지원칙에 반하여 인터넷언론사 홈페이지 게시판 등 이용자의 익명표현의 자유와 개인정보자기결정권, 인터넷언론사의 언론의 자유를 침해한다.

161

보안관찰처분대상자에 대한 신고의무 부과 사건 [합헌, 헌법불합치] (헌재 2021.6.24. 2017헌바479)

🖉 출소사실을 7일 이내에 신고하도록 정한 것은 합헌, 거주지변동 때마다 7일 이내에 신고하도록 정한 것은 헌법불합치결정을 하였다.

▶ 판시사항

1. 보안관찰처분대상자가 교도소 등에서 출소한 후 7일 이내에 출소사실을 신고하도록 정한 구 보안관찰법 제6조 제1항 전문 중 출소 후 신고의무에 관한 부분 및 이를 위반할 경우 처벌하도록 정한 보안관찰법 제27조 제2항 중 구 보안관찰법 제6조 제1항 전문 가운데 출소 후 신고의무에 관한 부분(이하 위 두 조항을 합하여 '출소 후 신고조항 및 위반시 처벌조항'이라 한다)이 과잉금지원칙을 위반하여 청구인의 사생활의 비밀과 자유 및 개인정보자기결정권을 침해하는지 여부: 소극

2. 출소 후 신고조항 및 위반시 처벌조항이 평등원칙에 위반되는지 여부: 소극

3. 보안관찰처분대상자가 교도소 등에서 출소한 후 기존에 보안관찰법 제6조 제1항에 따라 신고한 거주예정지 등 정보에 변동이 생길 때마다 7일 이내에 이를 신고하도록 정한 보안관찰법 제6조 제2항 전문(이하 '변동신고조항'이라 한다)이 포괄위임금지원칙에 위배되는지 여부: 소극

4. 변동신고조항 및 이를 위반할 경우 처벌하도록 정한 보안관찰법 제27조 제2항 중 제6조 제2항 전문에 관한 부분(이하 변동신고조항과 합하여 '변동신고조항 및 위반시 처벌조항'이라 한다)이 과잉금지원칙을 위반하여 청구인의 사생활의 비밀과 자유 및 개인정보자기결정권을 침해하는지 여부: 적극

5. 변동신고조항 및 위반시 처벌조항에 대하여 위헌의견이 4인, 헌법불합치의견이 2인인 경우 주문의 표시 및 헌법불합치결정을 선고하면서 계속 적용을 명한 사례

1. 출소 후 출소사실을 신고하여야 하는 신고의무 내용에 비추어 보안관찰처분대상자(이하 '대상자'라 한다)의 불편이 크다거나 7일의 신고기간이 지나치게 짧다고 할 수 없다. 보안관찰 해당 범죄는 민주주의체제의 수호와 사회질서의 유지, 국민의 생존 및 자유에 중대한 영향을 미치는 범죄인 점, 보안관찰법은 대상자를 파악하고 재범의 위험성 등 보안관찰처분의 필요성 유무의 판단자료를 확보하기 위하여 위와 같은 신고의무를 규정하고 있다는 점 등에 비추어 출소 후 신고의무 위반에 대한 제재수단으로 형벌을 택한 것이 과도하다거나 법정형이 다른 법률들에 비하여 각별히 과중하다고 볼 수도 없다.

   따라서 출소 후 신고조항 및 위반시 처벌조항은 과잉금지원칙을 위반하여 청구인의 사생활의 비밀과 자유 및 개인정보자기결정권을 침해하지 아니한다.

2. 대상자와 피보안관찰자에 맞게 각각에 대하여 신고의무를 부과하는 것 자체가 불합리하다고 볼 수 없고, 각 신고의무 모두 그 이행을 통한 관련자료 확보의 필요성이 있다는 점 등에 비추어, 각자에게 '신고의무'를 부과하고 그 위반에 대해 동일한 법정형을 정한 것이 곧바로 평등원칙에 위반된다고 보기 어렵다. 또한 보안관찰과 치료감호·보호관찰이 신고의무 부과 및 제재에 있어 다른 이유는 각 제도의 목적과 취지, 법적 성질, 대상자의 지위와 처분의 내용에 차이가 있기 때문이다. 따라서 출소 후 신고조항 및 위반시 처벌조항은 평등원칙에 위반되지 않는다.

3. 사회적 변화에 대응하기 위해 대상자가 신고해야 할 구체적 사항을 하위법령에 위임할 필요성이 인정된다. 보안관찰법 제6조 제1항에서 위임한 신고사항에는 대상자의 생활환경, 성행 등을 파악하는 데 필요한 직업, 재산, 가족 및 교우관계 등 재범의 위험성을 판단하기 위한 정보가 포함될 것임을 충분히 예측할 수 있다. 따라서 위 제6조 제1항에 의한 신고사항에 변동이 있을 경우 신고하도록 정한 변동신고조항은 포괄위임금지원칙에 위배되지 아니한다.

4. **변동신고조항 및 위반시 처벌조항이 과잉금지원칙을 위반하여 청구인의 사생활의 비밀과 자유 및 개인정보자기결정권을 침해하는지 여부**

(1) **재판관 이석태, 김기영, 문형배, 이미선의 위헌의견**

변동신고조항 및 위반시 처벌조항은 아직 재범의 위험성 판단이 이루어지지 아니한 대상자에게, 재범의 위험성이 인정되어 보안관찰처분을 받은 사람과 유사한 신고의무 및 그 위반시 동일한 형사처벌을 규정하고 있다. 이는 재범의 위험성이 없으면 보안처분을 부과할 수 없다는 보안처분에 대한 죄형법정주의적 요청에 위배되고, 입법목적 달성에 필요하지 않은 제한까지 부과하는 것이다. 피보안관찰자의 경우 2년마다 그 시점을 기준으로 재범의 위험성을 심사하여 갱신 여부를 결정하도록 하고 있는데, 대상자의 경우에는 정기적 심사도 없이 무기한의 신고의무를 부담하게 된다. 이 때문에 종국결정이라 할 수 있는 보안관찰처분이 없음에도 보안관찰처분이 있는 것과 유사한 효과를 선취하는 불합리한 결과를 초래하고 있다.

따라서 변동신고조항 및 위반시 처벌조항은 과잉금지원칙을 위반하여 청구인의 사생활의 비밀과 자유 및 개인정보자기결정권을 침해한다.

(2) **재판관 유남석, 이은애의 헌법불합치의견**

변동신고조항은 출소 후 기존에 신고한 거주예정지 등 정보에 변동이 생기기만 하면 신고의무를 부과하는바, 의무기간의 상한이 정해져 있지 아니하여, 대상자로서는 보안관찰처분을 받은 자가 아님에도 무기한의 신고의무를 부담한다. 대상자는 보안관찰처분을 할 권한이 있는 행정청이 어느 시점에 처분을 할지 모르는 불안정한 상태에 항상 놓여 있게 되는바, 이는 행정청이 대상자의 재범 위험성에 대하여 판단을 하지 아니함에 따른 부담을 오히려 대상자에게 전가한다는 문제도 있다. 대상자가 면제결정을 받으면 신고의무에서 벗어날 수 있으나, 이러한 예외적인 구제절차가 존재한다는 사정만으로는 기간의 상한 없는 변동신고의무의 위헌성을 근본적으로 치유하기에는 부족하다. 그렇다면 변동신고조항 및 위반시 처벌조항은 대상자에게 보안관찰처분의 개시 여부를 결정하기 위함이라는 공익을 위하여 지나치게 장기간 형사처벌의 부담이 있는 신고의무를 지도록 하므로, 이는 과잉금지원칙을 위반하여 청구인의 사생활의 비밀과 자유 및 개인정보자기결정권을 침해한다.

변동신고조항 및 위반시 처벌조항의 위헌성은 대상자가 무기한의 변동신고의무를 부담하게 된다는 데에 있다. 이에 대해 단순위헌결정을 할 경우 대상자에 대하여 변동사항 신고의무를 부과함이 정당한 경우에도 그러한 의무가 즉시 사라지게 되어 법적 공백이 발생한다. 따라서 위 조항들에 대하여 헌법불합치결정을 선고하고, 입법자의 개선입법이 있을 때까지 잠정적용을 명하는 것이 타당하다.

5. 변동신고조항 및 위반시 처벌조항에 대하여는 4인의 위헌의견에 2인의 헌법불합치의견을 가산하면 위헌 정족수를 충족하게 된다. 따라서 위 조항들은 헌법에 합치되지 아니한다고 선언하고, 입법자가 2023.6.30. 이전에 개선입법을 할 때까지 계속 적용한다.

162

직계존속이 외국에서 영주할 목적 없이 체류한 상태에서 출생한 자는 병역의무를 해소한 경우에만 국적이탈을 신고할 수 있도록 하는 국적법 제12조 제3항이 국적이탈의 자유를 침해하는지 여부: 소극[합헌] (헌재 2023. 2.23. 2019헌바462)

▶ 판시사항

1. 직계존속이 외국에서 영주할 목적 없이 체류한 상태에서 출생한 자는 병역의무를 해소한 경우에만 국적이탈을 신고할 수 있도록 하는 구 국적법 제12조 제3항(이하 '심판대상조항'이라 한다)이 명확성원칙에 위배되는지 여부: 소극

2. 심판대상조항이 국적이탈의 자유를 침해하는지 여부: 소극

▶ 결정요지

1. 심판대상조항에서 '외국에서 영주할 목적'이 없다는 표현은 입법취지 및 그에 사용된 단어의 사전적 의미 등을 고려할 때 다른 나라에서 오랫동안 살고자 하는 목적이 없음을 뜻함이 명확하므로 명확성원칙에 위배되지 아니한다.

2. 심판대상조항은 공평한 병역의무 분담에 관한 국민적 신뢰를 확보하려는 것으로, 장차 대한민국과 유대관계가 형성되기 어려울 것으로 예상되는 사람에 대해서는 병역의무 해소 없는 국적이탈을 허용함으로써 국적이탈의 자유에 대한 제한을 조화롭게 최소화하고 있는 점, 병역기피 목적의 국적이탈에 대하여 사후적 제재를 가하거나 생활근거에 따라 국적이탈을 제한하는 방법으로는 입법목적을 충분히 달성할 수 있다고 보기 어려운 점, 심판대상조항으로 제한받는 사익은 그에 해당하는 사람이 국적이탈을 하려는 경우 모든 대한민국 남성에게 두루 부여된 병역의무를 해소하도록 요구받는 것에 지나지 않는 반면 심판대상조항으로 달성하려는 공익은 대한민국이 국가 공동체로서 존립하기 위해 공평한 병역분담에 대한 국민적 신뢰를 보호하여 국방역량이 훼손되지 않도록 하려는 것으로 매우 중요한 국익인 점 등을 감안할 때 심판대상조항은 과잉금지원칙에 위배되어 국적이탈의 자유를 침해하지 아니한다.

복수국적자가 외국에 주소가 있는 경우에만 국적이탈을 신고할 수 있도록 하는 국적법 제14조 제1항 본문이 국적이탈의 자유를 침해하는지 여부: 소극[합헌] (헌재 2023.2.23, 2020헌바603)

▶ 판시사항

1. 복수국적자가 외국에 주소가 있는 경우에만 국적이탈을 신고할 수 있도록 하는 국적법 제14조 제1항 본문(이하 '심판대상조항'이라 한다)이 명확성원칙에 위배되는지 여부: 소극

2. 심판대상조항이 국적이탈의 자유를 침해하는지 여부: 소극

▶ 결정요지

1. 국적법 제14조 제1항 본문의 '외국에 주소가 있는 경우'라는 표현은 입법취지 및 그에 사용된 단어의 사전적 의미 등을 고려할 때 다른 나라에 생활근거가 있는 경우를 뜻함이 명확하므로 명확성원칙에 위배되지 아니한다.

2. 심판대상조항은 국가 공동체의 운영원리를 보호하고자 복수국적자의 기회주의적 국적이탈을 방지하기 위한 것으로, 더 완화된 대안을 찾아보기 어려운 점, 외국에 생활근거 없이 주로 국내에서 생활하며 대한민국과 유대관계를 형성한 자가 단지 법률상 외국 국적을 지니고 있다는 사정을 빌미로 국적을 이탈하려는 행위를 제한한다고 하여 과도한 불이익이 발생한다고 보기도 어려운 점 등을 고려할 때 심판대상조항은 과잉금지원칙에 위배되어 국적이탈의 자유를 침해하지 아니한다.

언론·출판의 자유

164

사전심의를 받지 않은 건강기능식품의 기능성 광고를 금지하고 이를 어길 경우 형사처벌하도록 한 구 건강기능식품에 관한 법률 제18조 등이 위헌인지 여부: 적극[위헌] (헌재 2019.5.30, 2019헌가4)

▶ 판시사항

사전심의를 받지 않은 건강기능식품의 기능성 광고를 금지하고 이를 어길 경우 형사처벌하도록 한 구 '건강기능식품에 관한 법률' 제18조 제1항 제6호 중 '제16조 제1항에 따라 심의를 받지 아니한 광고' 부분 및 구 '건강기능식품에 관한 법률' 제44조 제4호 중 제18조 제1항 제6호 가운데 '제16조 제1항에 따라 심의를 받지 아니한 광고를 한 자'에 관한 부분이 사전검열금지원칙에 위배되는지 여부: 적극

▶ 결정요지

헌법상 사전검열은 표현의 자유 보호대상이면 예외 없이 금지된다. 건강기능식품의 기능성 광고는 인체의 구조 및 기능에 대하여 보건용도에 유용한 효과를 준다는 기능성 등에 관한 정보를 널리 알려 해당 건강기능식품의 소비를 촉진시키기 위한 상업광고이지만, 헌법 제21조 제1항의 표현의 자유의 보호대상이 됨과 동시에 같은 조 제2항의 사전검열 금지대상도 된다.

광고의 심의기관이 행정기관인지 여부는 기관의 형식에 의하기보다는 그 실질에 따라 판단되어야 하고, 행정기관이 자의로 개입할 가능성이 열려 있다면 개입 가능성의 존재 자체로 헌법이 금지하는 사전검열이라고 보아야 한다. '건강기능식품에 관한 법률'에 따르면 기능성 광고의 심의는 식품의약품안전처장으로부터 위탁받은 한국건강기능식품협회에서 수행하고 있지만, 법상 심의주체는 행정기관인 식품의약품안전처장이며, 언제든지 그 위탁을 철회할 수 있고, 심의위원회의 구성에 관하여도 법령을 통해 행정권이 개입하고 지속적으로 영향을 미칠 가능성이 존재하는 이상 그 구성에 자율성이 보장되어 있다고 볼 수 없다. 식품의약품안전처장이 심의기준 등의 제정과 개정을 통해 심의 내용과 절차에 영향을 줄 수 있고, 식품의약품안전처장이 재심의를 권하면 심의기관이 이를 따라야 하며, 분기별로 식품의약품안전처장에게 보고가 이루어진다는 점에서도 그 심의업무의 독립성과 자율성이 있다고 보기 어렵다.

따라서 이 사건 건강기능식품 기능성 광고 사전심의는 행정권이 주체가 된 사전심사로서, 헌법이 금지하는 사전검열에 해당하므로 헌법에 위반된다.

헌법재판소는 헌재 2018.6.28, 2016헌가8 등 사건에서 '사전심의를 받은 내용과 다른 내용의' 건강기능식품 기능성 광고를 금지하고 이를 위반한 경우 처벌하는 건강기능식품법 조항에 대해서 위헌결정을 내린 바 있다. 이 사건 심판대상조항은 '사전심의를 받지 아니한' 건강기능식품 기능성 광고를 금지하고 이를 위반한 경우 처벌하는 건강기능식품법 조항으로, 위 선례의 심판대상과 실질적인 내용이 동일하다.

이 사건에서 헌법재판소는, 상업광고도 표현의 자유 보호대상이고, 표현의 자유 보호대상이면 예외 없이 사전검열금지원칙이 적용되며, 행정권의 개입가능성이 있다면 헌법상 금지되는 사전검열에 해당한다고 판단한 헌재 2018.6.28, 2016헌가8 등 결정의 논리를 다시 한 번 확인하였다.

165

변호사시험 성적 공개 청구기간을 개정 변호사시험법 시행일로부터 6개월로 제한하는 변호사시험법 부칙이 정보공개청구권을 침해하는지 여부: 적극[위헌] (헌재 2019.7.25, 2017헌마1329)

사건개요

청구인은 2015.4.10. 제4회 변호사시험에 합격하였고, 2015.8.부터 2018.7.까지 공익법무관으로 근무하였다. 2017.12.12. 법률 제15154호로 개정된 변호사시험법 제18조 제1항은 "시험에 응시한 사람은 해당 시험의 합격자 발표일부터 1년 내에 법무부장관에게 본인의 성적 공개를 청구할 수 있다."라고 규정하고 있고, 같은 법 부칙 제2조는 "이 법 시행 전에 시험에 합격한 사람은 제18조 제1항의 개정규정에도 불구하고 이 법 시행일부터 6개월 내에 법무부장관에게 본인의 성적 공개를 청구할 수 있다."라고 규정하고 있다. 이에 청구인은 변호사시험법 제18조 제1항 및 같은 법 부칙 제2조가 자신의 알 권리와 표현의 자유 등을 침해한다고 주장하면서, 2017.12.12. 이 사건 헌법소원심판을 청구하였다.

▶ 심판대상

변호사시험법(2017.12.12. 법률 제15154호로 개정된 것)

제18조 【시험정보의 공개】 ① 시험에 응시한 사람은 해당 시험의 합격자 발표일부터 1년 내에 법무부장관에게 본인의 성적 공개를 청구할 수 있다. 이 경우 법무부장관은 청구한 사람에 대하여 그 성적을 공개하여야 한다.

변호사시험법 부칙(2017.12.12. 법률 제15154호)

제2조 【시험정보 공개에 관한 특례】 이 법 시행 전에 시험에 합격한 사람은 제18조 제1항의 개정규정에도 불구하고 이 법 시행일부터 6개월 내에 법무부장관에게 본인의 성적 공개를 청구할 수 있다.

▶ 이유의 요지

1. 성적공개조항에 대한 심판청구의 적법 여부: 소극

성적공개조항은 합격자 발표일로부터 1년 내에 본인의 성적 공개를 청구할 수 있다고 규정하고, 특례조항은 개정법 시행 전에 합격한 사람의 경우 성적공개조항에도 불구하고 개정법 시행일로부터 6개월 내에 본인의 성적 공개를 청구할 수 있다고 규정한다. 따라서 성적공개조항은 변호사시험법이 개정된 2017.12.12. 이후에 실시하는 변호사시험에 응시한 사람에게 적용되고, 특례조항은 그 이전에 실시된 변호사시험에 합격한 사람에게 적용된다.

청구인은 2015년 실시된 제4회 변호사시험에 합격하였으므로, 성적공개조항의 수범자가 아닌 제3자에 불과하다. 따라서 성적공개조항에 대한 심판청구는 기본권 침해의 자기관련성을 인정할 수 없어 부적법하다.

2. 특례조항의 기본권 침해 여부: 적극

특례조항은 개정 변호사시험법 시행일로부터 6개월로 성적 공개 청구기간을 한정하므로, 제한되는 기본권은 알 권리 중 정보공개청구권이다. 특례조항은 변호사시험 성적에 관한 정보 유출 사고의 위험을 낮추고 성적 정보 등의 관리에 관한 국가의 업무 부담을 줄이려는 목적을 가지는바, 이러한 입법목적은 정당하다. 성적 공개 청구기간을 일정한 기간으로 제한하는 것은 입법목적 달성을 위한 적합한 수단이다.

변호사시험 성적은 변호사시험 합격자의 우수성의 징표로 작용할 수 있고, 각종 법조직역의 진출과정에서 객관적 지표로서 기능할 수 있다. 실제 변호사 채용 과정에서 변호사시험 성적 제출을 요구하는 경우도 적지 않으며, 구직자 스스로 채용에 유리하다고 판단하여 성적을 제출하는 경우도 있다. 이처럼 변호사시험 합격자는 변호사시험 성적에 관하여 특별한 이해관계를 맺는다. 변호사시험 성적은 전산화되어 인터넷에 공개되므로, 보안 사고가 발생할 경우 성적 정보가 외부에 유출될 가능성이 있다. 그러나 정보 유출 사고는 내부적으로는 정보에 대한 접근 권한을 엄격하게 통제하고, 외부적으로는 기술적인 보안 대책을 수립하는 방법 등을 통하여 충분히 예방할 수 있다. 매년 3,000여 명이 변호사시험에 응시하므로 국가가 관리하는 답안지 등 답안 자료의 분량이 적지 않다. 그러나 변호사시험 성적을 상당한 기간 공개함으로써 직접적으로 늘어나는 국가의 업무 부담은 성적 정보 보관에 관한 것이지, 답안 자료 보관에 관한 것이 아니다. 설령 변호사시험 성적을 상당한 기간 공개함으로써 답안 자료 보관에 대한 업무 부담이 늘어난다고 하더라도, 이는 답안지를 스캔하는 등 정보기술을 이용하여 상당 부분 해결할 수 있다.

변리사시험, 의사국가시험, 공인회계사시험의 성적 정보는 현재 전산화되어 인터넷을 통해 공개되고, 각 시험의 응시자는 기간 제한 없이 성적을 열람할 수 있다. 대학수학능력시험 성적이나 대학교 성적도 일반적으로 인터넷을 통해 공개되고 있지만, 그 공개기간에 제한은 없다. 이러한 점에 비추어 보면, 변호사시험 성적을 상당한 기간 공개하더라도 국가의 업무 부담은 크지 않으리라고 보인다. 변호사의 취업난이 가중되고 있는 현실을 고려할 때, 변호사시험 합격자에게 취업에 필요한 상당한 기간 자신의 성적 정보를 활용할 기회를 부여할 필요가 있다는 점에서, '이 법 시행일부터 6개월 내'라는 기간은 변호사시험 합격자가 취업시장에서 성적 정보에 접근하고 이를 활용하기에 지나치게 짧다. 특례조항은 짧은 성적 공개 청구기간에도 불구하고 예외 사유를 인정하지 아니하므로, 위 기간 동안 출산, 육아, 병역, 질병 등의 사유로 취업하지 못한 사람은 그 이후 취업시장에 진출하려는 시점에 본인의 성적에 접근할 수가 없다. 변호사시험 합격자는 취업뿐만 아니라 이직을 위해서도 변호사시험 성적이 필요할 수 있으므로, 변호사시험 합격자가 법조직역에 진출한 뒤 일정한 기간이 지날 때까지는 자신의 성적에 접근할 수 있어야 한다.

변호사시험 합격자는 성적 공개 청구기간 내에 열람한 성적 정보를 인쇄하는 등의 방법을 통해 개별적으로 자신의 성적 정보를 보관할 수 있으나, 성적 공개 청구기간이 지나치게 짧아 정보에 대한 접근을 과도하게 제한하는 이상, 이러한 점을 들어 기본권 제한이 충분히 완화되어 있다고 보기도 어렵다. 이상을 종합하면, 특례조항은 과잉금지원칙에 위배되어 청구인의 정보공개청구권을 침해한다.

인터넷언론사에 대해 선거일 전 90일부터 선거일까지 후보자 명의의 칼럼 등을 게재하는 보도를 제한하는 '인터넷선거보도 심의기준 등에 관한 규정' 조항이 과잉금지원칙에 위배되어 표현의 자유를 침해하는지 여부: 적극[위헌, 각하] (헌재 2019.11.28, 2016헌마90)

▶ 심판대상

공직선거법(2004.3.12. 법률 제7189호로 개정된 것)

제8조의5 【인터넷선거보도심의위원회】 ⑥ 인터넷선거보도심의위원회는 인터넷 선거보도의 정치적 중립성·형평성·객관성 및 권리구제 기타 선거보도의 공정을 보장하기 위하여 필요한 사항을 정하여 이를 공표하여야 한다.

구 인터넷선거보도 심의기준 등에 관한 규정(2011.12.23. 인터넷선거보도심의위원회 훈령 제9호로 제정되고, 2017.12.8. 인터넷선거보도심의위원회 훈령 제10호로 개정되기 전의 것)

제8조 【시기에 따른 특별제한】 ② 인터넷언론사는 선거일 전 90일부터 선거일까지 후보자 명의의 칼럼이나 저술을 게재하는 보도를 하여서는 아니 된다. 다만, 선거일 전 180일 전부터 계속 연재하였고 후보자의 명의가 드러나지 않는 저술의 경우에는 그러하지 아니하다.

인터넷선거보도 심의기준 등에 관한 규정(2017.12.8. 인터넷선거보도심의위원회 훈령 제10호로 개정된 것)

제8조 【시기에 따른 특별제한】 ② 인터넷언론사는 선거일 전 90일부터 선거일까지 후보자 명의의 칼럼, 논평, 기고문, 저술 등을 게재하여서는 아니 된다.

▶ 판시사항

1. 인터넷선거보도심의위원회(이하 '이 사건 심의위원회'라 한다)로 하여금 인터넷 선거보도의 공정을 보장하기 위하여 필요한 사항을 정하여 공표하도록 정한 공직선거법(2004.3.12. 법률 제7189호로 개정된 것) 제8조의5 제6항(이하 '이 사건 공선법조항'이라 한다)에 대한 심판청구가 기본권 침해의 직접성을 갖추고 있는지 여부: 소극

2. 인터넷언론사에 대하여 선거일 전 90일부터 선거일까지 후보자 명의의 칼럼이나 저술을 게재하는 보도를 제한하는 구 '인터넷선거보도 심의기준 등에 관한 규정'(2011.12.23. 인터넷선거보도심의위원회 훈령 제9호로 제정되고, 2017.12.8. 인터넷선거보도심의위원회 훈령 제10호로 개정되기 전의 것) 제8조 제2항 본문과 '인터넷선거보도 심의기준 등에 관한 규정'(2017.12.8. 인터넷선거보도심의위원회 훈령 제10호로 개정된 것, 이하 '이 사건 심의기준규정'이라 한다) 제8조 제2항(이하 위 두 조항을 합하여 '이 사건 시기제한조항'이라 한다)이 법률유보원칙에 반하여 청구인의 표현의 자유를 침해하는지 여부: 소극

3. 이 사건 시기제한조항이 과잉금지원칙에 반하여 청구인의 표현의 자유를 침해하는지 여부: 적극

▶ **결정요지**

1. 이 사건 공선법조항은 이 사건 심의위원회로 하여금 인터넷 선거보도의 공정을 보장하기 위하여 필요한 사항을 정하여 공표하도록 위임하고 있고, 청구인의 표현의 자유를 제한하는 것은 이 사건 시기제한조항으로 인한 것이므로, 이 사건 공선법조항에 대한 심판청구는 기본권 침해의 직접성을 갖추지 못하였다.

2. 이 사건 시기제한조항은 공직선거법 제8조의5 제6항·제9항, '인터넷선거보도심의위원회의 구성 및 운영에 관한 규칙' 제17조 등의 위임에 따라 제정된 것으로서 법률에 근거를 두고 있다. 이 사건 시기제한조항의 효과와 인터넷 선거보도 심의제도의 취지, 이 사건 심의위원회의 성격 등에 비추어 보면, 모법에서 이 사건 시기제한조항을 포함한 이 사건 심의기준 규정에 포함될 내용에 대해 어느 정도 포괄적으로 위임할 필요성이 인정되므로, 이 사건 심의위원회가 어느 시기부터 인터넷언론사에 후보자 명의의 칼럼 등을 게재하는 것을 제한할 것인지를 공직선거법의 취지와 내용을 고려하여 정한 것이라면, 이를 모법의 위임범위를 벗어난 것이라고 볼 수 없다. 공직선거법은 선거일 전 90일을 기준으로 다양한 규제를 부과하고 있는데, 이 사건 심의위원회도 이러한 입법자의 판단을 존중하여 이 사건 시기제한조항에도 선거일 전 90일을 기준으로 설정하였다. 따라서 이 사건 시기제한조항이 모법의 위임범위를 벗어났다고 볼 수 없으므로 법률유보원칙에 반하여 청구인의 표현의 자유를 침해하지 않는다.

3. 이 사건 시기제한조항은 선거일 전 90일부터 선거일까지 후보자 명의의 칼럼 등을 게재하는 인터넷 선거보도가 불공정하다고 볼 수 있는지에 대해 구체적으로 판단하지 않고 이를 불공정한 선거보도로 간주하여 선거의 공정성을 해치지 않는 보도까지 광범위하게 제한한다. 공직선거법상 인터넷 선거보도 심의의 대상이 되는 인터넷언론사의 개념은 매우 광범위한데, 이 사건 시기제한조항이 정하고 있는 일률적인 규제와 결합될 경우 이로 인해 발생할 수 있는 표현의 자유 제한이 작다고 할 수 없다. 인터넷언론의 특성과 그에 따른 언론시장에서의 영향력 확대에 비추어 볼 때, 인터넷언론에 대하여는 자율성을 최대한 보장하고 언론의 자유에 대한 제한을 최소화하는 것이 바람직하고, 계속 변화하는 이 분야에서 규제 수단 또한 헌법의 틀 안에서 다채롭고 새롭게 강구되어야 한다. 이 사건 시기제한조항의 입법목적을 달성할 수 있는 덜 제약적인 다른 방법들이 이 사건 심의기준 규정과 공직선거법에 이미 충분히 존재한다. 따라서 이 사건 시기제한조항은 과잉금지원칙에 반하여 청구인의 표현의 자유를 침해한다.

167

정치활동이 가능한 지방의원에 대해 공무원의 지위를 이용한 선거운동을 금지하고 이를 처벌하는 공직선거법 규정이 정치적 표현의 자유를 침해하는지 여부: 소극[합헌] (헌재 2020.3.26, 2018헌바3)

지방의회의원에게는 선거에 있어서는 정무직공무원의 지위와, 부여받은 공적 권한을 주민 전체의 복리추구라는 공익실현을 위하여 사용하여야 하는 국민에 대한 봉사자로서의 지위간의 균형이 요구되고, 선거의 공정성을 준수하여야 할 의무가 있다. 그런데 지방의회의원이 선거운동을 함에 있어 지방의회의원의 지위를 이용하면, 이는 주민 전체의 복리를 위해 행사하도록 부여된 자원과 권한을 일방적으로 특정 정당과 개인을 위하여 남용하는 것이고, 그로 인해 선거의 공정성을 해칠 우려뿐 아니라 공직에 대한 국민의 신뢰 실추라는 폐해도 발생한다. 공무원 지위이용 선거운동을 포괄적으로 금지하는 방식 대신 금지되는 특정 방법이나 태양을 구체적으로 나열하는 방법으로는 입법목적을 달성하기 어렵다. 지방의회의원이 공무원 지위이용 선거운동죄로 금고 이상의 형을 선고받으면 지방의회의원직을 상실하게 되는 불이익이 있으나, 이는 위 조항이 아니라 피선거권의 제한요건을 규율한 공직선거법 제19조 제2호라는 다른 관련규정에 근거하여 발생하는 것이다. 따라서 공무원 지위이용 선거운동죄 조항은 과잉금지원칙을 위반하여 청구인의 정치적 표현의 자유를 침해하지 아니한다.

의료기기법상 의료기기 광고에 대한 사전심의제도가 검열인지 여부: 적극[위헌] (헌재 2020.8.28, 2017헌가 35)

▶ 판시사항

의료기기와 관련하여 심의를 받지 아니하거나 심의받은 내용과 다른 내용의 광고를 하는 것을 금지하고 이를 위반한 경우 행정제재와 형벌을 부과하도록 한 의료기기법 제24조 제2항 제6호 및 구 의료기기법 제36조 제1항 제14호 중 '제24조 제2항 제6호를 위반하여 의료기기를 광고한 경우' 부분, 구 의료기기법 제52조 제1항 제1호 중 '제24조 제2항 제6호를 위반한 자' 부분(이하 위 조항들을 합하여 '심판대상조항'이라 한다)이 사전검열금지원칙에 위반되는지 여부: 적극

▶ 결정요지

현행 헌법상 사전검열은 표현의 자유 보호대상이면 예외 없이 금지된다. 의료기기에 대한 광고는 의료기기의 성능이나 효능 및 효과 또는 그 원리 등에 관한 정보를 널리 알려 해당 의료기기의 소비를 촉진시키기 위한 상업광고로서 헌법 제21조 제1항의 표현의 자유의 보호대상이 됨과 동시에 같은 조 제2항의 사전검열금지원칙의 적용대상이 된다. 광고의 심의기관이 행정기관인지 여부는 기관의 형식에 의하기보다는 그 실질에 따라 판단되어야 하고, 행정기관의 자의로 민간심의기구의 심의업무에 개입할 가능성이 열려 있다면 개입 가능성의 존재 자체로 헌법이 금지하는 사전검열이라고 보아야 한다. 의료기기법상 의료기기 광고의 심의는 식약처장으로부터 위탁받은 한국의료기기산업협회가 수행하고 있지만, 법상 심의주체는 행정기관인 식약처장이고, 식약처장이 언제든지 그 위탁을 철회할 수 있으며, 심의위원회의 구성에 관하여도 식약처고시를 통해 행정권이 개입하고 지속적으로 영향을 미칠 가능성이 존재하는 이상 그 구성에 자율성이 보장되어 있다고 보기 어렵다. 식약처장이 심의기준 등의 개정을 통해 심의 내용 및 절차에 영향을 줄 수 있고, 심의기관의 장이 매 심의결과를 식약처장에게 보고하여야 하며, 식약처장이 재심의를 요청하면 심의기관은 특별한 사정이 없는 한 이에 따라야 한다는 점에서도 그 심의업무 처리에 있어 독립성 및 자율성이 보장되어 있다고 보기 어렵다.

따라서 이 사건 의료기기 광고 사전심의는 행정권이 주체가 된 사전심사로서 헌법이 금지하는 사전검열에 해당하고, 이러한 사전심의제도를 구성하는 심판대상조항은 헌법 제21조 제2항의 사전검열금지원칙에 위반된다.

네이버 블로그 게시중단조치 사건 [기각] (헌재 2020.11.26, 2016헌마275)

▶ **판시사항**

1. 정보통신망을 통해 일반에게 공개된 정보로 사생활 침해, 명예훼손 등 타인의 권리가 침해된 경우 그 침해를 받은 자가 삭제요청을 하면 정보통신서비스 제공자는 권리의 침해 여부를 판단하기 어렵거나 이해당사자간에 다툼이 예상되는 경우에는 30일 이내에서 해당 정보에 대한 접근을 임시적으로 차단하는 조치를 하여야 한다고 규정한 '정보통신망 이용촉진 및 정보보호 등에 관한 법률' 제44조의2 제2항 중 '임시조치'에 관한 부분 및 같은 조 제4항(이하 위 조항을 합하여 '이 사건 법률조항'이라 한다)이 명확성원칙에 위반되어 표현의 자유를 침해하는지 여부: 소극

2. 이 사건 법률조항이 과잉금지원칙에 위반되어 청구인들의 표현의 자유를 침해하는지 여부: 소극

▶ **결정요지**

1. 이 사건 법률조항은 권리침해 주장자가 제출한 자료나 주장만으로는 정보통신망에 게재된 정보가 권리침해에 이르는지 여부를 판단할 수 없거나 이에 관하여 이해당사자 사이의 주장이 대립되는 경우에 일단 정보통신서비스 제공자로 하여금 임시조치를 하도록 한 것으로, 구체적으로 어떠한 경우가 이에 해당하는지 여부는 통상적 법감정을 가진 일반인이라면 이를 예측할 수 있으며, 달리 자의적 해석의 위험이 있다고 보기 어려우므로, 명확성원칙에 위반되어 표현의 자유를 침해하지 않는다.

2. 헌법재판소는 2012.5.31, 2010헌마88 결정에서 이 사건 법률조항이 예정하는 임시조치 이외에 정보게재자의 표현의 자유를 덜 제약하면서도 입법목적을 효과적으로 달성할 수 있는 다른 수단이 존재한다고 보기 어렵고, 이 사건 법률조항이 규정하고 있는 임시조치의 절차적 요건과 내용 역시 정보게재자의 표현의 자유를 필요최소한으로 제한하도록 설정되어 있으므로 이 사건 법률조항은 과잉금지원칙에 위반되지 않는다고 판단하였다.
정보통신서비스 제공자와 이용자는 게시판 등 정보통신서비스 이용계약의 당사자의 지위에 있고, 정보통신서비스 이용자인 정보게재자는 정보통신서비스 제공자가 약관 등에서 정한 바에 따라 이의제기나 복원을 요청할 수 있는데, 정보통신망에서 무수하게 발생할 수 있는 권리침해적 정보와 관련한 정보통신서비스 제공자의 손해배상책임으로 인하여 그 서비스 자체가 위축되는 것을 방지하고자 이 사건 법률조항에 임시조치가 규정된 것임을 고려하면, 정보게재자의 이의제기권이나 복원권 등을 규정하지 않고 이를 정보통신서비스 제공자의 정책에 남겨두었다고 하여 정보게재자의 표현의 자유에 대한 제한이 과도하다고 볼 수 없는 점, 사인인 정보통신서비스 제공자가 임시조치를 하였다고 하여, 그것이 해당 정보에 대한 표현의 금지를 의미하는 것은 아니고, 정보게재자는 해당 정보를 다시 게재할 수 있으며, 의사표현의 통로가 다양하게 존재하고 있어, 이 사건 법률조항에 기한 임시조치로 인해 자유로운 여론 형성이 방해되고 있다거나 그로 인한 표현의 자유 제한이 심대하다고 보기 어려운 점 등에 비추어 볼 때, 이 사건에서 선례의 판단을 변경할 특별한 사정 변경이나 필요성이 있다고 할 수 없으므로, 이 사건 법률조항은 과잉금지원칙에 위반되어 표현의 자유를 침해하지 않는다.

문화예술계 블랙리스트의 작성 등과 지원사업 배제 지시가 개인정보자기결정권, 정치적 표현의 자유 및 평등권을 침해하는지 여부: 적극[인용(위헌확인)] (헌재 2020.12.23, 2017헌마416)

사건개요

2013.9.경부터 2014.5.경까지 박근혜 대통령의 지시로 대통령 비서실장과 관련 비서관들은 '민간단체 보조금 TF'를 운영하면서 이른바 좌편향 인사 및 단체에 대한 데이터베이스 구축과, 이들에 대한 정부 지원의 축소·배제 관련 내용이 포함된 '문제단체 조치내역 및 관리방안'을 구축하였고, 그 과정에서 정부 지원 배제대상 명단을 문화체육관광부에 하달하였다. 2014.5.경부터 문체부는 대통령비서실에서 전달받은 지원배제 명단을 비롯하여, 국정원 정보보고 문건, 국정원에 검토 의뢰하여 받은 명단 등을 취합해 가면서 문화예술계 지원배제 명단을 계속 보완하였고, 여기에 포함된 개인·단체가 정부지원 대상자로 선정되지 않도록 하는 한편, 이러한 지원 배제의 이행을 지속적으로 점검하는 '건전 콘텐츠 활성화 TF'를 운영하였다.

문화체육관광부는 청와대로부터 하달된 지시에 따라, 한국문화예술위원회, 영화진흥위원회, 한국출판문화산업진흥원 직원들에 대하여, 각종 문화예술 지원사업에서 청구인들을 배제하라고 지시하여 그 지원을 차단하였다. 이에 청구인들은, 피청구인들의 행위가 청구인들의 개인정보자기결정권, 표현의 자유, 평등권 등을 침해한다고 주장하며, 2017.4.19. 이 사건 헌법소원심판을 청구하였다.

▶ 판시사항

1. 비법인사단이 폐업한 경우 심판절차가 종료되는지 여부: 적극

2. 피청구인 대통령의 지시로 피청구인 대통령 비서실장, 정무수석비서관, 교육문화수석비서관, 문화체육관광부장관이 야당 소속 후보를 지지하였거나 정부에 비판적 활동을 한 문화예술인이나 단체를 정부의 문화예술 지원사업에서 배제할 목적으로 개인의 정치적 견해에 관한 정보를 수집·보유·이용한 행위(이하 '이 사건 정보수집 등 행위'라 한다)가 법률유보원칙을 위반하여 개인정보자기결정권을 침해하는지 여부: 적극

3. 이 사건 정보수집 등 행위가 과잉금지원칙을 위반하여 청구인들의 개인정보자기결정권을 침해하는지 여부: 적극

4. 피청구인 대통령의 지시로 피청구인 대통령 비서실장, 정무수석비서관, 교육문화수석비서관, 문화체육관광부장관이 야당 소속 후보를 지지하였거나 정부에 비판적 활동을 한 문화예술인이나 단체를 정부의 문화예술 지원사업에서 배제할 목적으로, 한국문화예술위원회, 영화진흥위원회, 한국출판문화산업진흥원 소속 직원들로 하여금 특정 개인이나 단체를 문화예술인 지원사업에서 배제하도록 한 일련의 지시행위(이하 '이 사건 지원배제 지시'라 한다)가 법률유보원칙을 위반하여 표현의 자유를 침해하는지 여부: 적극

5. 이 사건 지원배제 지시가 과잉금지원칙을 위반하여 청구인들의 표현의 자유를 침해하는지 여부: 적극

6. 이 사건 지원배제 지시가 청구인들의 평등권을 침해하는지 여부: 적극

▶ 결정요지

1. 비법인사단은 그 해산 이후에도 청산사무가 완료될 때까지 청산의 목적범위 내에서 권리·의무의 주체가 되나, 이 사건 헌법소원심판청구는 청구인 ○○패의 청산목적과 관련되어 있다고 보기 어려우므로, 그 당사자능력을 인정할 수 없어 심판절차가 종료되었다.

2. 이 사건 정보수집 등 행위의 대상인 정치적 견해에 관한 정보는 공개된 정보라 하더라도 개인의 인격주체성을 특징짓는 것으로, 개인정보자기결정권의 보호범위 내에 속하며, 국가가 개인의 정치적 견해에 관한 정보를 수집·보유·이용하는 등의 행위는 개인정보자기결정권에 대한 중대한 제한이 되므로 이를 위해서는 법령상의 명확한 근거가 필요함에도 그러한 법령상 근거가 존재하지 않으므로 이 사건 정보수집 등 행위는 법률유보원칙을 위반하여 청구인들의 개인정보자기결정권을 침해한다.

3. 이 사건 정보수집 등 행위는 청구인들의 정치적 견해를 확인하여 야당 후보자를 지지한 이력이 있거나 현 정부에 대한 비판적 의사를 표현한 자에 대한 문화예술 지원을 차단하는 위헌적인 지시를 실행하기 위한 것으로, 그 목적의 정당성을 인정할 여지가 없어 청구인들의 개인정보자기결정권을 침해한다.

4. 이 사건 지원배제 지시는 특정한 정치적 견해를 표현한 자에 대하여 문화예술 지원 공모사업에서의 공정한 심사기회를 박탈하여 사후적으로 제재를 가한 것으로, 개인 및 단체의 정치적 표현의 자유에 대한 제한조치에 해당하는바, 그 법적 근거가 없으므로 법률유보원칙을 위반하여 표현의 자유를 침해한다.

5. 이 사건 지원배제 지시는 정부에 대한 비판적 견해를 가진 청구인들을 제재하기 위한 목적으로 행한 것인데, 이는 헌법의 근본원리인 국민주권주의와 자유민주적 기본질서에 반하므로, 그 목적의 정당성을 인정할 수 없어 청구인들의 표현의 자유를 침해한다.

6. 이 사건 지원배제 지시는 특정한 정치적 견해를 표현한 청구인들을, 그러한 정치적 견해를 표현하지 않은 다른 신청자들과 구분하여 정부 지원사업에서 배제하여 차별적으로 취급한 것인데, 헌법상 문화국가원리에 따라 정부는 문화의 다양성·자율성·창조성이 조화롭게 실현될 수 있도록 중립성을 지키면서 문화를 육성하여야 함에도, 청구인들의 정치적 견해를 기준으로 이들을 문화예술계 지원사업에서 배제되도록 한 것은 자의적인 차별행위로서 청구인들의 평등권을 침해한다.

진정한 양심에 따른 예비군훈련 거부사건 (대판 2021.1.28, 2018도4708)

▶ 판시사항

1. 진정한 양심에 따른 병역거부가 병역법 제88조 제1항에서 정한 '정당한 사유'에 해당하는지 여부(적극) 및 이때 '진정한 양심'의 의미와 증명 방법

2. 진정한 양심에 따른 예비군훈련 거부의 경우에도 예비군법 제15조 제9항 제1호에서 정한 '정당한 사유'에 해당하는 지 여부(적극) 및 정당한 사유가 없다는 사실에 대한 증명책임 소재(= 검사)와 증명 방법

▶ 판결요지

1. 병역법 제88조 제1항에서 정한 '정당한 사유'가 있는지를 판단할 때에는 병역법의 목적과 기능, 병역의무의 이행이 헌법을 비롯한 전체 법질서에서 가지는 위치, 사회적 현실과 시대적 상황의 변화 등은 물론 피고인이 처한 구체적이고 개별적인 사정도 고려해야 한다.

양심에 따른 병역거부, 이른바 양심적 병역거부는 종교적·윤리적·도덕적·철학적 또는 이와 유사한 동기에서 형성된 양심상 결정을 이유로 집총이나 군사훈련을 수반하는 병역의무의 이행을 거부하는 행위를 말한다. 양심적 병역거부자에게 병역의무의 이행을 일률적으로 강제하고 그 불이행에 대하여 형사처벌 등 제재를 하는 것은 양심의 자유를 비롯한 헌법상 기본권 보장체계와 전체 법질서에 비추어 타당하지 않을 뿐만 아니라 소수자에 대한 관용과 포용이라는 자유민주주의 정신에도 위배된다. 따라서 진정한 양심에 따른 병역거부라면, 이는 병역법 제88조 제1항의 '정당한 사유'에 해당한다고 보아야 한다.

이때 진정한 양심이란 그 신념이 깊고, 확고하며, 진실한 것을 말한다. 인간의 내면에 있는 양심을 직접 객관적으로 증명할 수는 없으므로 사물의 성질상 양심과 관련성이 있는 간접사실 또는 정황사실을 증명하는 방법으로 진정한 양심에 따른 병역거부인지 여부를 판단할 수 있다.

2. 한편 예비군법 제15조 제9항 제1호는 병역법 제88조 제1항과 마찬가지로 국민의 국방의 의무를 구체화하기 위하여 마련된 것이고, 예비군훈련도 집총이나 군사훈련을 수반하는 병역의무의 이행이라는 점에서 병역법 제88조 제1항에서 정한 '정당한 사유'에 관한 대법원 2018.11.1, 선고 2016도10912 전원합의체 판결의 법리에 따라 예비군법 제15조 제9항 제1호에서 정한 '정당한 사유'를 해석함이 타당하다. 따라서 진정한 양심에 따른 예비군훈련 거부의 경우에도 예비군법 제15조 제9항 제1호에서 정한 '정당한 사유'에 해당한다고 보아야 한다. 정당한 사유가 없다는 사실은 범죄구성요건이므로 검사가 증명하여야 한다. 다만, 진정한 양심의 부존재를 증명한다는 것은 마치 특정되지 않은 기간과 공간에서 구체화되지 않은 사실의 부존재를 증명하는 것과 유사하다. 위와 같은 불명확한 사실의 부존재를 증명하는 것은 사회통념상 불가능한 반면 그 존재를 주장·증명하는 것이 좀더 쉬우므로, 이러한 사정은 검사가 증명책임을 다하였는지를 판단할 때 고려하여야 한다. 따라서 양심상의 이유로 예비군훈련 거부를 주장하는 피고인은 자신의 예비군훈련 거부가 그에 따라 행동하지 않고서는 인격적 존재가치가 파멸되고 말 것이라는 절박하고 구체적인 양심에 따른 것이며 그 양심이 깊고 확고하며 진실한 것이라는 사실의 존재를 수긍할 만한 소명자료를 제시하고, 검사는 제시된 자료의 신빙성을 탄핵하는 방법으로 진정한 양심의 부존재를 증명할 수 있다. 이때 예비군훈련 거부자가 제시하여야 할 소명자료는 적어도 검사가 그에 기초하여 정당한 사유가 없다는 것을 증명하는 것이 가능할 정도로 구체성을 갖추어야 한다.

공연히 사실을 적시하여 사람의 명예를 훼손한 경우 2년 이하의 징역·금고 또는 500만원 이하의 벌금에 처하도록 규정한 형법 제307조 제1항이 청구인들의 표현의 자유를 침해하는지 여부: 소극[기각] (헌재 2021.2.25. 2017헌마1113)

" 사건개요 "

청구인 이○○은 2017.8.27. 반려견의 치료를 받았는데, 부당한 진료를 받아 반려견이 불필요한 수술을 하고 실명 위기까지 겪게 되었다고 생각하여 반려견의 치료를 담당하였던 수의사의 실명과 잘못된 진료행위를 구체적으로 적시하고자 하였다. 그런데 공연히 사실을 적시하여 사람의 명예를 훼손한 자를 형사처벌하도록 규정한 형법 제307조 제1항으로 인해 이를 공연히 적시할 수 없게 되자, 위 청구인은 위 법률조항으로 인하여 표현의 자유가 침해된다고 주장하면서 2017.10.6. 헌법재판소법 제68조 제1항에 의한 헌법소원심판을 청구하였다.

▶ 심판대상

형법(1995.12.29. 법률 제5057호로 개정된 것)

제307조 【명예훼손】 ① 공연히 사실을 적시하여 사람의 명예를 훼손한 자는 2년 이하의 징역이나 금고 또는 500만원 이하의 벌금에 처한다.

▶ 법정의견의 요지

1. 이 사건의 쟁점

심판대상조항은 공연히 사실을 적시하여 사람의 명예를 훼손한 자를 형사처벌하도록 규정함으로써 표현의 자유를 제한하고 있으므로, 과잉금지원칙에 반하여 표현의 자유를 침해하는지 여부가 문제된다.

2. 표현의 자유 침해 여부

(1) 목적의 정당성 및 수단의 적합성

오늘날 사실 적시 매체가 매우 다양해짐에 따라 명예훼손적 표현의 전파속도와 파급효과는 광범위해지고 있으며, 일단 훼손되면 완전한 회복이 어렵다는 외적 명예의 특성상, 명예훼손적 표현행위를 제한해야 할 필요성은 더 커지게 되었다. 심판대상조항은 공연히 사실을 적시하여 타인의 명예를 훼손하는 행위를 금지함으로써 개인의 명예, 즉 인격권을 보호하기 위한 것이므로 입법목적의 정당성이 인정된다. 또한 이러한 금지의무를 위반한 경우 형사처벌하는 것은 그러한 명예훼손적 표현행위에 대해 상당한 억지효과를 가질 것이므로 수단의 적합성도 인정된다.

(2) 침해의 최소성

① 명예는 사회에서 개인의 인격을 발현하기 위한 기본조건이므로 표현의 자유와 인격권의 우열은 쉽게 단정할 성질의 것이 아닌 점, ② 일단 훼손되면 완전한 회복이 사실상 불가능하다는 보호법익(외적 명예)의 특성과 사회적으로 명예가 중시되나 명예훼손으로 인한 피해는 더 커지고 있는 우리 사회의 특수성, ③ 징벌적 손해배상(punitive damages)이 인정되는 입법례와 달리 우리나라의 민사적 구제방법만으로는 형벌과 같은 예방이나 위하효과를 확보하기 어려워, 입법목적을 동일하게 달성하면서도 덜 침익적인 수단이 있다고 보기 어려운 점, ④ 형법 제310조는 "심판대상조항의 행위가 진실한 사실로서 오로지 공공의 이익에 관한 때에 처벌하지 아니한다."라고 규정하고 있고, 헌법재판소와 대법원은 이러한 형법 제310조의 적용범위를 넓게 해석함으로써 심판대상조항으로 인한 표현의 자유 제한을 최소화함과 동시에 사실 적시 명예훼손죄가 공적인물과 국가기관에 대한 비판을 억압하는 수단으로 남용되지 않도록 하고 있는 점, ⑤ 만약 표현의 자유에 대한 위축효과를 고려하여 심판대상조항을 전부위헌으로 결정한다면 사람의 가치에 대한 사회적 평가인 외적 명예가 침해되는 것을 방치하게 되고, 그로 인해 어떠한 사실이 진실에 부합하더라도 개인이 숨기고 싶은 병력, 성적 지향(性的 志向), 가정사 등 사생활의 비밀이 침해될 수 있는 점, ⑥ 이에 대해서는 심판대상조항의 '사실'을 '사생활의 비밀에 해당하는 사실'로 한정하는 방향으로 일부위헌결정을 함으로써 사생활의 비밀 보호와 표현의 자유 보장을 조화시킬 수 있다는 의견도 제시될 수 있으나, 그러한 경우에도 '사생활의 비밀에 해당하는 사실'과 '그렇지 않은 사실' 사이의 불명확성으로 인한 위축효과가 발생할 가능성은 여전히 존재하는 점을 종합적으로 고려할 때, 심판대상조항은 침해의 최소성도 인정된다.

(3) 법익의 균형성

① 헌법 제21조는 제1항에서 표현의 자유를 보장하면서도 제4항에서 표현의 자유의 한계로 타인의 명예와 권리를 선언하는 점, ② 타인으로부터 부당한 피해를 받았다고 생각하는 사람이 손해배상청구 또는 형사고소와 같은 민·형사상 절차에 따르지 아니한 채 공연히 사실을 적시하여 가해자의 명예를 훼손하려는 것은 가해자의 책임에 부합하지 않는 사적 제재수단으로 악용될 수 있기에 심판대상조항으로 규제할 필요성이 있는 점, ③ 형법 제310조의 공익성이 인정되지 않음에도 불구하고 단순히 타인의 명예가 허명(虛名)임을 드러내기 위해 개인의 약점과 허물을 공연히 적시하는 것은 자유로운 논쟁과 의견의 경합을 통해 민주적 의사형성에 기여한다는 표현의 자유의 목적에도 부합하지 않는 점을 고려하면, 심판대상조항은 법익의 균형성도 인정된다.

공연히 허위의 사실을 적시하여 명예를 훼손한 자를 형사처벌하도록 한 형법 제307조 제2항이 표현의 자유를 침해하는지 여부: 소극[합헌] (헌재 2021.2.25, 2016헌바84)

" 사건개요 "

청구인은 시사프로그램에서 허위사실을 적시하여 피해자의 명예를 훼손하였다는 혐의로 기소되었고, 재판 계속 중 청구인에게 적용된 형법 제307조 제2항에 대하여 위헌법률심판제청신청을 하였으나 기각되자, 2016.3.2. 이 사건 헌법소원심판을 청구하였다.

▶ 심판대상

형법(1995.12.29. 법률 제5057호로 개정된 것)

제307조【명예훼손】② 공연히 허위의 사실을 적시하여 사람의 명예를 훼손한 자는 5년 이하의 징역, 10년 이하의 자격정지 또는 1천만원 이하의 벌금에 처한다.

관련조항

형법(1995.12.29. 법률 제5057호로 개정된 것)

제307조【명예훼손】① 공연히 사실을 적시하여 사람의 명예를 훼손한 자는 2년 이하의 징역이나 금고 또는 500만원 이하의 벌금에 처한다.

제312조【고소와 피해자의 의사】② 제307조와 제309조의 죄는 피해자의 명시한 의사에 반하여 공소를 제기할 수 없다.

형법(1953.9.18. 법률 제293호로 제정된 것)

제310조【위법성의 조각】제307조 제1항의 행위가 진실한 사실로서 오로지 공공의 이익에 관한 때에는 처벌하지 아니한다.

▶ 이유의 요지

1. 공연히 허위의 사실을 적시하여 사람의 명예를 훼손하는 행위를 금지하는 심판대상조항은 헌법 제10조가 보장하는 개인의 일반적 인격권, 명예에 관한 권리를 보호하고, 민주사회의 여론 형성에 핵심적인 공론의 장이 제 기능을 다 하도록 하기 위한 것으로서 그 입법목적이 정당하고, 공연히 허위의 사실을 적시하여 타인의 명예를 훼손하는 행위를 형사처벌함으로써 이를 예방하고 억제할 수 있으므로 수단의 적합성도 인정된다.

2. 허위사실에 기초하여 명예를 훼손하는 행위는 타인의 명예를 부당하게 실추시켜 개인의 인격권을 심각하게 침해할 위험이 크다. 더군다나 오늘날은 매체의 급속한 발달로 개인의 명예를 훼손할 만한 허위 사실이 적시되는 순간 통제 불가능할 정도로 빠르게 전파될 가능성이 높고, 허위사실 적시로 인하여 개인의 사회적 가치 내지 평가

가 부당하게 침해된 후에는 반론과 토론을 통한 자정작용이 사실상 무의미한 경우도 적지 않기 때문에 피해자의 인격을 회복불능 상태에 이르게 할 수도 있다. 나아가 허위의 사실이 통용되는 것을 방치할 경우 여론이 왜곡되고 공론의 장에 대한 신뢰가 무너져 민주사회의 여론 형성에도 부정적인 영향을 끼치게 될 가능성도 배제하기 어렵다. 따라서 개인의 인격권을 보다 충실히 보호하고 민주사회의 자유로운 여론 형성을 위한 공론의 장이 제 기능을 다 할 수 있도록 하기 위하여 허위사실을 적시하여 타인의 명예를 훼손하는 표현행위를 형사처벌을 통해 규제할 필요가 있다.

3. '허위사실'의 표현은 증거에 의하여 허위성이 입증된 경우에만 처벌되는데, '적시된 사실이 객관적으로 허위'이고 피고인이 적시한 사실이 '허위임을 인식'하였는지에 대한 증명책임은 원칙적으로 검사에게 있고(대판 1994.10.28, 94도2186 ; 대판 2010.10.28, 2009도4949 참조), 법원은 적시된 사실의 내용 전체의 취지를 살펴볼 때 중요한 부분이 객관적 사실과 합치되는 경우에는 세부에서 진실과 약간 차이가 나거나 다소 과장된 표현이 있다 하더라도 이를 허위의 사실이라고 볼 수는 없다는 취지의 판례를 확립하여(대판 1998.10.9, 97도158 ; 대판 1999.10.22, 99도3213 참조), 심판대상조항의 구성요건을 엄격히 해석·적용하는 등 표현의 자유에 대한 위축을 최소화하고 있다. 따라서 심판대상조항은 침해의 최소성원칙에 위배되지 않는다.

4. 허위사실을 인식하면서 타인의 명예를 훼손하는 행위는 표현의 자유 보장을 통해 달성하고자 하는 개인의 인격 실현과 자치정체의 이념 실현에 기여한다고 볼 수 없고, 오히려 신뢰를 바탕으로 한 비판과 검증을 통하여 형성되어야 할 공적 여론 형성에도 부정적인 영향을 끼치게 될 것이다. 따라서 심판대상조항으로 인한 표현의 자유 제한 정도가 심판대상조항을 통하여 달성되는 공익에 비하여 지나치게 크다고 볼 수 없으므로 법익균형성원칙을 충족한다.

그러므로 심판대상조항이 과잉금지원칙에 위배되어 표현의 자유를 침해한다고 볼 수 없다.

174

정치자금법상 회계보고된 자료의 열람기간을 3월간으로 정한 정치자금법 제42조 제2항 본문 중 '3월간' 부분이 알 권리를 침해하는지 여부: 적극[위헌] (헌재 2021.5.27. 2018헌마1168)

▶ 심판대상

정치자금법(2010.1.25. 법률 제9975호로 개정된 것)

제42조【회계보고서 등의 열람 및 사본교부】② 관할 선거관리위원회는 제40조 제3항 및 제4항의 규정에 의하여 보고된 재산상황, 정치자금의 수입·지출내역 및 첨부서류를 그 사무소에 비치하고 제1항의 규정에 의한 공고일부터 3월간(이하 "열람기간"이라 한다) 누구든지 볼 수 있게 하여야 한다. 다만, 선거비용에 한하여 열람대상 서류 중 제40조(회계보고) 제4항 제1호의 수입과 지출명세서를 선거관리위원회의 인터넷 홈페이지를 통하여 공개할 수 있되, 열람기간이 아닌 때에는 이를 공개하여서는 아니 된다.

▶ 이유의 요지

이 사건 열람기간제한조항이 회계보고된 자료의 열람기간을 3월간으로 제한한 것은, 정치자금을 둘러싼 법률관계 또는 분쟁을 조기에 안정시키고, 선거관리위원회가 방대한 양의 자료를 보관하면서 열람을 허용하는 데 따르는 업무부담을 줄이기 위한 것으로 입법목적이 정당하며, 위 입법목적을 달성하는 데 기여하는 적합한 수단이다. 국민의 정치자금 자료에 대한 자유로운 접근을 허용하고 국민 스스로 정치자금의 투명성을 살필 수 있도록 하는 것은 정치자금법의 입법목적 및 기본원칙에 부합하고, 이는 정치자금의 투명성 강화 및 부정부패 근절이 시대정신이 된 지금에 와서는 더욱 그러하다. 또한 정치자금의 지출 내역 등은 정치인이 어떻게 활동하는지 보여주는 핵심적 지표로서 유력한 평가자료가 되므로 국민들이 필요로 하는 만큼의 자료를 제공할 필요가 있다. 따라서 국민의 정치자금 자료에 대한 접근 제한은 필요 최소한으로 이루어져야 한다.

정치자금의 수입과 지출명세서 등에 대한 사본교부 신청이 허용된다고 하더라도, 검증자료에 해당하는 영수증, 예금통장을 직접 열람함으로써 정치자금 수입·지출의 문제점을 발견할 수 있다는 점에서 이에 대한 접근이 보장되어야 한다. 영수증, 예금통장은 현행 법령하에서 사본교부가 되지 않아 열람을 통해 확인할 수밖에 없음에도 열람 중 필사가 허용되지 않고 열람기간마저 3월간으로 짧아 그 내용을 파악하고 분석하기 쉽지 않다. 또한 열람기간이 공직선거법상의 단기 공소시효조차 완성되지 아니한, 공고일부터 3개월 후에 만료된다는 점에서도 지나치게 짧게 설정되어 있다. 한편 선거관리위원회는 데이터 생성·저장 기술의 발전을 이용해 자료 보관, 열람 등의 업무부담을 상당 부분 줄여왔고, 앞으로도 그 부담이 과도해지지 않도록 할 수 있을 것으로 보인다. 이를 종합하면 정치자금을 둘러싼 분쟁 등의 장기화 방지 및 행정부담의 경감을 위해 열람기간의 제한 자체는 둘 수 있다고 하더라도, 현행 기간이 지나치게 짧다는 점은 명확하다. 짧은 열람기간으로 인해 청구인 신○○는 회계보고된 자료를 충분히 살펴 분석하거나, 문제를 발견할 실질적 기회를 갖지 못하게 되는바, 달성되는 공익과 비교할 때 이러한 사익의 제한은 정치자금의 투명한 공개가 민주주의 발전에 가지는 의미에 비추어 중대하다. 그렇다면 이 사건 열람기간제한조항은 과잉금지원칙에 위배되어 청구인 신○○의 알 권리를 침해한다.

▶ 결정의 의의

헌법재판소는 2010.12.28. 2009헌마466 결정에서 이 사건 열람기간제한조항과 동일한 내용의 구 정치자금법(2005.8.4. 법률 제7682호로 전부개정되고 2010.1.25. 법률 제9975호로 개정되기 전의 것) 제42조 제2항 본문 중 '제1항의 규정에 의한 공고일부터 3월간' 부분이 헌법에 위반되지 아니한다고 결정하였으나, 이 사건에서 정치자금의 투명성 강화 및 부정부패 근절에 대한 국민적 요구가 커지고 선거관리위원회가 데이터 생성·저장·유통 기술 발전을 이용해 업무부담을 줄일 수 있다는 점 등을 고려해 위 선례를 변경하고 이 사건 열람기간제한조항에 대하여 위헌결정을 하였다.

방송편성 간섭 금지 및 처벌 사건 [합헌] (헌재 2021.8.31, 2019헌바439)

▶ 판시사항

1. 방송편성에 관하여 간섭을 금지하는 방송법 제4조 제2항의 '간섭'에 관한 부분(이하 '금지조항'이라 한다)이 죄형법정주의의 명확성원칙에 위반되는지 여부: 소극

2. 위 금지조항 및 그 위반 행위자를 처벌하는 구 방송법 제105조 제1호 중 제4조 제2항의 '간섭'에 관한 부분(두 조항을 합하여 '심판대상조항'이라 한다)이 과잉금지원칙에 위반되어 표현의 자유를 침해하는지 여부: 소극

▶ 결정요지

1. 금지조항은 방송편성의 자유와 독립을 보장하기 위하여, 방송사 외부에 있는 자가 방송편성에 관계된 자에게 방송편성에 관해 특정한 요구를 하는 등의 방법으로, 방송편성에 관한 자유롭고 독립적인 의사결정에 영향을 미칠 수 있는 행위 일체를 금지한다는 의미임을 충분히 알 수 있다. 따라서 금지조항은 죄형법정주의의 명확성원칙에 위반되지 아니한다.

2. 방송의 자유는 민주주의의 원활한 작동을 위한 기초인바, 국가권력은 물론 정당, 노동조합, 광고주 등 사회의 여러 세력이 법률에 정해진 절차에 의하지 아니하고 방송편성에 개입한다면 국민 의사가 왜곡되고 민주주의에 중대한 위해가 발생하게 된다.
심판대상조항은 방송편성의 자유와 독립을 보장하기 위하여 방송에 개입하여 부당하게 영향력을 행사하는 '간섭'에 이르는 행위만을 금지하고 처벌할 뿐이고, 방송법과 다른 법률들은 방송 보도에 대한 의견 개진 내지 비판의 통로를 충분히 마련하고 있다. 따라서 심판대상조항이 과잉금지원칙에 반하여 표현의 자유를 침해한다고 볼 수 없다.

중소기업중앙회 회장선거 관련 선거운동 제한 사건 [합헌] (헌재 2021.7.15. 2020헌가9)

▶ 판시사항

1. 선거운동기간 외에는 중소기업중앙회 회장선거에 관한 선거운동을 제한하고, 이를 위반하면 형사처벌하는 중소기업협동조합법 제125조 전문 중 제53조 제1항을 준용하는 부분 및 제137조 제2항 중 제125조 전문에서 제53조 제1항을 준용하는 부분(이하 '심판대상조항'이라 한다)이 죄형법정주의의 명확성원칙에 위반되는지 여부: 소극

2. 심판대상조항이 결사의 자유나 표현의 자유를 침해하는지 여부: 소극

3. 심판대상조항이 평등원칙에 위반되는지 여부: 소극

▶ 결정요지

1. 선거운동의 의미, 심판대상조항의 입법취지, 관련법률의 규정 등에 비추어, 심판대상조항에서의 '선거운동'은 '특정 후보자의 당선 내지 득표나 낙선을 위하여 필요하고도 유리한 모든 행위로서 당선 또는 낙선을 도모한다는 목적의사가 객관적으로 인정될 수 있는 능동적·계획적인 행위를 말하는 것'으로 풀이할 수 있다.
심판대상조항은 '선거운동기간'의 의미에 관하여 '후보자등록마감일의 다음 날부터 선거일 전일까지'라고 명확하게 규정하고 있고, 다의적인 해석가능성이 있다고 볼 수 없다. 나아가, 심판대상조항의 입법목적이나 입법취지, 입법연혁, 관련법률의 규정 등을 종합하여 보면, 건전한 상식과 통상적인 법감정을 가진 사람이라면 선거운동이 금지되는 선거운동기간이 언제인지 합리적으로 파악할 수 있으며, 아울러 법집행기관의 자의적인 법해석이나 법집행의 가능성도 배제되어 있다. 그러므로 심판대상조항은 죄형법정주의의 명확성원칙에 위반되지 아니한다.

2. 중소기업중앙회가 사적 결사체여서 결사의 자유, 단체 내부 구성의 자유의 보호대상이 된다고 하더라도, 공법인적 성격 역시 강하게 가지고 있다.
심판대상조항은 후보자간의 지나친 경쟁과 과열로 선거의 공정성을 해할 위험이나 선거인들 상호간의 반목 등 선거 후유증을 초래할 위험을 방지하기 위한 것으로, 선거인 수가 소규모이고 선거인들의 선거에 대한 관심이 매우 높은 점 등에 비추어 보면, 선거운동기간 동안의 선거운동만으로도 선거에 관한 정보획득, 교환 및 의사결정에 충분하다고 볼 수 있으므로, 예비후보자 제도를 두지 않은 것이 특별히 불합리하다거나 부당하다고 판단하기 어렵다. 선거운동기간 제한으로 인해 기존에 인지도를 확보한 후보자보다 새로운 후보자가 다소 불이익을 입을 수 있다고 하더라도, 중소기업중앙회 회장선거에서의 입후보는 정회원의 대표자만이 할 수 있고, 중소기업중앙회의 정회원 수(선거인 수)가 한정되어 있는 점을 고려할 때, 선거운동기간 제한으로 인해 새로운 후보자가 입는 불이익이 이를 통해 달성하고자 하는 공익보다 크지 않다. 그러므로 심판대상조항은 결사의 자유나 표현의 자유를 침해하지 않는다.

3. 중소기업중앙회 회장선거에는 농업협동조합중앙회, 수산업협동조합중앙회 회장선거에서는 인정되지 않는 후보자 상호간의 합동연설회, 공개토론회가 인정되는 등 그 규율의 여러 측면에서 차이가 있어 단지 예비후보자 제도를 두고 있는지 여부를 가지고 자의적인 차별인지 여부를 결론지을 수는 없다.
입법자는 각 중앙회가 담당하는 규모와 역할 및 사회 제반 여건 등을 종합적으로 고려하여 그 특성에 맞게 선거운동의 방법이나 제한의 정도를 달리 규율하고 있다고 볼 수 있으므로, 위 차별은 합리적인 이유가 있는 경우에 해당하고 심판대상조항은 평등원칙에 반하지 아니한다.

국가공무원법상 정당가입권유금지조항, 공직선거법상 경선운동금지조항, 경선운동방법조항, 기부행위금지조항, 분리선고조항 사건 [합헌] (헌재 2021.8.31. 2018헌바149)

▶ 판시사항

1. 공무원이 선거에서 특정정당 또는 특정인을 지지하기 위하여 타인에게 정당에 가입하도록 권유운동을 한 경우 형사처벌하는 국가공무원법 제65조 제2항 제5호 중 정당가입 권유에 관한 부분, 제84조 제1항 중 제65조 제2항 제5호의 정당가입 권유에 관한 부분(이하 '정당가입권유금지조항'이라 함)이 정치적 표현의 자유를 침해하고, 명확성원칙과 평등원칙에 위반되는지 여부: 소극

2. 공무원이 당내경선에서 경선운동을 한 경우 형사처벌하는 공직선거법 제57조의6 제1항 본문 중 제60조 제1항 제4호에 관한 부분, 제255조 제1항 제1호 중 제57조의6 제1항 본문 가운데 제60조 제1항 제4호에 관한 부분(이하 '경선운동금지조항'이라 함), 정당이 당원과 당원이 아닌 자에게 투표권을 부여하여 실시하는 당내경선에서 '선거사무소를 설치하거나 그 선거사무소에 간판·현판 또는 현수막을 설치·게시하는 행위, 자신의 성명 등을 게재한 명함을 직접 주거나 지지를 호소하는 행위, 정당이 경선후보자가 작성한 1종의 홍보물을 1회에 한하여 발송하는 방법, 정당이 합동연설회 또는 합동토론회를 옥내에서 개최하는 방법' 외의 방법으로 경선운동을 한 경우 형사처벌하는 공직선거법 제57조의3 제1항, 제255조 제2항 제3호(이하 '경선운동방법조항'이라 함)가 명확성원칙에 위반되는지 여부: 소극

3. 국회의원 '후보자가 되고자 하는 자'로 하여금 당해 선거구 안에 있는 자나 당해 선거구 밖에 있더라도 그 선거구민과 연고가 있는 자에 대한 기부행위를 금지하고 이를 위반한 경우 형사처벌하도록 규정한 공직선거법 제113조 제1항 중 '후보자가 되고자 하는 자' 부분, 제257조 제1항 제1호 중 제113조 제1항 가운데 '후보자가 되고자 하는 자' 부분(이하 '기부행위금지조항'이라 함)이 명확성원칙에 위반되고, 선거운동의 자유를 침해하는지 여부: 소극

4. '선거범, 정치자금법 제45조 및 제49조에 규정된 죄, 대통령·국회의원·지방의회의원·지방자치단체의 장으로서 그 재임 중의 직무와 관련하여 형법 제129조 내지 제132조, 특정범죄 가중처벌 등에 관한 법률 제3조에 규정된 죄'와 '다른 죄'의 경합범에 대하여 분리 선고하도록 규정한 공직선거법 제18조 제3항 중 '형법 제38조에도 불구하고 제1항 제3호에 규정된 죄와 다른 죄의 경합범에 대하여는 이를 분리 선고하고' 부분(이하 '분리선고조항'이라 함)이 명확성원칙과 평등원칙에 위반되는지 여부: 소극

▶ 결정요지

1. 정당가입권유금지조항은 선거에서 특정정당·특정인을 지지하기 위하여 정당가입을 권유하는 적극적·능동적 의사에 따른 행위만을 금지함으로써 공무원의 정치적 표현의 자유를 최소화하고 있고, 이러한 행위는 단순한 의견 개진의 수준을 넘어 선거운동에 해당하므로 입법자는 헌법 제7조 제2항이 정한 공무원의 정치적 중립성 보장을 위해 이를 제한할 수 있다. 그러므로 정당가입권유금지조항은 과잉금지원칙에 반하여 정치적 표현의 자유를 침해하지 아니한다.
정당가입권유금지조항의 '선거'에는 공직선거는 물론 공직선거에 후보자를 추천하기 위한 당내경선도 포함되고, '권유운동'은 타인에게 정당에 가입하도록 권하고 힘쓰는 것으로 해석되므로, 명확성원칙에 위반되지 아니한다. 정당가입권유금지조항이 수범자를 공무원에 한정한 것은 헌법이 정하고 있는 공무원의 정치적 중립성을 보장하기 위한 것으로 합리적 이유가 있어 평등원칙에 위반되지 아니하고, 관련규정의 행위태양과 죄질을 고려할 때 정당가입권유금지조항의 법정형은 형벌체계의 균형을 상실하지 아니하여 평등원칙에 위반되지 아니한다.

2. 경선운동금지조항과 경선운동방법조항에서의 '경선운동'이란 정당이 공직선거에 추천할 후보자를 선출하기 위해 실시하는 선거에서 특정인을 당선되게 하거나 되지 못하게 하기 위해 힘쓰는 일로 해석되므로, 명확성원칙에 위반되지 아니한다.

3. 기부행위금지조항의 '후보자가 되고자 하는 자'는 당사자의 주관에 의해서만 판단하는 것이 아니라 후보자 의사를 인정할 수 있는 객관적 징표 등을 고려하여 그 해당 여부를 판단하고 있으며, 문제되는 당해 선거를 기준으로 하여 기부 당시 후보자가 되려는 의사를 인정할 수 있는 객관적 징표를 고려하여 판단하면 되므로, 기부행위금지조항은 명확성원칙에 위반되지 아니한다.
   기부행위가 금지되는 시기와 대상자는 한정되어 있고, 관련규정에 따라 기부행위가 허용되는 예외도 인정되고 있으며, 그러한 예외에 해당되지 않더라도 사회상규에 위배되지 않는 경우 법원에서 위법성이 조각될 수 있으므로, 기부행위금지조항은 과잉금지원칙에 반하여 선거운동의 자유를 침해하지 아니한다.

4. 분리선고조항은 '선거범죄, 정치자금법 위반죄, 선거로 당선된 공무원의 재임 중 직무관련 뇌물죄 및 알선수재죄'(이하 '선거범죄 등'이라 함)와 '다른 죄'의 경합범에 분리 선고를 허용하고 있지 않음이 명확하므로, 명확성원칙에 위반되지 아니한다.
   '선거범죄 등'과 '다른 죄'를 점진적으로 분리 선고하도록 개정되어 온 입법연혁, 입법자는 그 성격이 유사한 '선거범죄 등'을 '다른 죄'와 분리 선고하도록 규정한 것인 점, 법원은 관련조항들로 인해 선거권·공무담임권이 제한되는 사정을 고려하여 구체적 타당성에 부합하는 선고형을 정할 수 있는 점을 고려하면, '선거범죄 등'에 해당하는 죄들의 경합범에 대하여 분리 선고를 정하지 않은 것에 합리적 이유가 인정되므로 평등원칙에 위반되지 아니한다.

178

> 정보위원회 회의를 비공개하도록 규정한 국회법 조항이 알 권리를 침해하는지 여부: 적극[위헌] (헌재 2022.1. 27, 2018헌마1162)

심판대상조항은 정보위원회의 회의 일체를 비공개하도록 정함으로써 정보위원회 활동에 대한 국민의 감시와 견제를 사실상 불가능하게 하고 있다. 또한 헌법 제50조 제1항 단서에서 정하고 있는 비공개사유는 각 회의마다 충족되어야 하는 요건으로 입법과정에서 재적의원 과반수의 출석과 출석의원 과반수의 찬성으로 의결되었다는 사실만으로 헌법 제50조 제1항 단서의 '출석위원 과반수의 찬성'이라는 요건이 충족되었다고 볼 수도 없다. 따라서 심판대상조항은 헌법 제50조 제1항에 위배되는 것으로 청구인들의 알 권리를 침해한다.

신문의 편집인 · 발행인, 방송사의 편집책임자 등으로 하여금 아동보호사건에 관련된 '아동학대행위자'를 특정하여 파악할 수 있는 인적 사항이나 사진 등을 신문 등 출판물에 싣거나 방송매체를 통하여 방송할 수 없게 금지하는 것이 언론 · 출판의 자유와 국민의 알 권리를 침해하는지 여부: 소극[합헌] (헌재 2022.10.27. 2021헌가4)

성인에 의한 학대로부터 아동을 특별히 보호하여 그들의 건강한 성장을 도모하는 것은 이 사회가 양보할 수 없는 중요한 법익이다(헌재 2021.3.25. 2018헌바388). 이에는 아동학대 자체로부터의 보호뿐만 아니라 사건처리 과정에서 발생할 수 있는 사생활 노출 등 2차 피해로부터의 보호도 포함된다.

아동학대행위자의 대부분은 피해아동과 평소 밀접한 관계에 있으므로 행위자를 특정하여 파악할 수 있는 인적 사항 등(이하 '식별정보'라 한다)을 신문의 편집인 등이 보도하는 것은 피해아동의 2차 피해로 이어질 가능성이 매우 높다. 정보통신 기술과 매체의 높은 발전 수준을 감안할 때, 아동학대행위자의 식별정보가 보도된 후에는 2차 피해를 차단하기 어려울 수 있다. 이러한 상황에서 아동학대행위자에 대한 식별정보 보도를 허용할 경우, 학대범죄의 피해자로서 대중에 알려질 가능성을 두려워하는 피해아동들로 하여금 진술 또는 신고를 자발적으로 포기하게 만들 우려도 있다. 따라서 일률적 보도금지는 불가피한 측면이 있다.

심판대상조항은 아동을 특별히 보호하여 건강한 성장을 도모하는 데 취지가 있으므로 보도 여부를 그 피해아동의 의사에 맡길 수는 없다. 한편 수사기관의 피의자 신상공개제도는 심판대상조항과 보호대상 및 목적을 전혀 달리하므로 동일선상에서 비교할 수 있는 성질의 것이 아니다.

심판대상조항은 아동학대사건에 대한 보도를 전면적으로 금지하는 것이 아니고 아동학대행위자의 식별정보에 대한 보도를 금지하고 있을 뿐이다. 따라서 국민적 관심의 대상이 된 사건에서 재발 방지를 위한 보도의 필요성이 큰 경우라도, 익명화된 형태로 사건을 보도하는 방법을 통해 언론기능을 충실히 수행하는 동시에 국민의 알 권리도 충족시킬 수 있다.

심판대상조항에 의해 제한되는 사익은 아동학대행위자의 식별정보를 보도하는 자극적인 보도가 금지되는 것에 지나지 않는다. 반면 심판대상조항을 통해 보호하려는 아동의 건강한 성장이라는 공익은 매우 중요하다. 그렇다면 심판대상조항은 과잉금지원칙에 반하여 언론 · 출판의 자유와 국민의 알 권리를 침해하지 않는다.

공공기관등으로 하여금 정보통신망 상에 게시판을 설치 · 운영하려면 게시판 이용자의 본인 확인을 위한 방법 및 절차의 마련 등 대통령령으로 정하는 필요한 조치를 하도록 한 것이 익명표현의 자유를 침해하는지 여부: 소극[기각] (헌재 2022.12.22. 2019헌마654)

1. 제한되는 기본권

심판대상조항은 게시판 이용자로 하여금 게시판에 정보를 게시하려면 본인확인을 위한 정보를 제공하도록 함으로써 표현의 자유 중 게시판 이용자가 자신의 신원을 누구에게도 밝히지 아니한 채 익명으로 자신의 사상이나 견해를 표명하고 전파할 익명표현의 자유를 제한한다.

2. 익명표현의 자유 침해 여부

(1) 목적의 정당성 및 수단의 적합성

공공기관등이 설치·운영하는 정보통신망 상의 게시판 이용자에 대한 본인확인조치는 정보통신망의 익명성 등에 따라 발생하는 부작용을 최소화하여 공공기관등의 게시판 이용에 대한 책임성을 확보·강화하고, 게시판 이용자로 하여금 언어폭력, 명예훼손, 불법정보의 유통 등의 행위를 자제하도록 함으로써 건전한 인터넷 문화를 조성하기 위한 것이다. 따라서 심판대상조항은 그 입법목적의 정당성과 수단의 적합성이 인정된다.

(2) 침해의 최소성

심판대상조항에 따른 본인확인조치 의무는 그 적용범위가 공공기관등이 설치·운영하는 게시판에 한정되어 있다. 심판대상조항이 규율하는 게시판은 그 성격상 대체로 공공성이 있는 사항이 논의되는 곳으로서 공공기관등이 아닌 주체가 설치·운영하는 게시판에 비하여 통상 누구나 이용할 수 있는 공간이므로, 공동체 구성원으로서의 책임이 더욱 강하게 요구되는 곳이라고 할 수 있다.

공공기관등이 설치·운영하는 게시판에 언어폭력, 명예훼손, 불법정보 등이 포함된 정보가 게시될 경우 그 게시판에 대한 신뢰성이 저하되고 결국에는 게시판 이용자가 피해를 입을 수 있으며, 공공기관등의 정상적인 업무수행에 차질이 빚어질 수도 있다. 따라서 공공기관등이 설치·운영하는 게시판의 경우 본인확인조치를 통해 책임성과 건전성을 사전에 확보함으로써 해당 게시판에 대한 공공성과 신뢰성을 유지할 필요성이 크며, 그 이용조건으로 본인확인을 요구하는 것이 과도하다고 보기는 어렵다.

이미 게시된 정보에 대한 삭제요청이나 임시조치, 손해배상 또는 형사처벌 등과 같은 사후적 구제수단이, 정보를 게시하고자 할 때 사전적으로 본인확인을 받도록 하는 심판대상조항과 동일한 정도로 입법목적에 기여한다고 볼 수는 없다. 개별 게시판의 설치·운영 목적에 따라서 본인확인이 필요한 경우에 한해 본인확인조치를 하는 대안 역시 게시판을 설치·운영하는 공공기관등의 의도와는 무관하게 이용자는 언어폭력, 명예훼손, 불법정보의 유통 등의 행위를 할 가능성이 있기 때문에 입법목적 달성에 심판대상조항과 동일한 정도로 기여하는 수단이 된다고 보기는 어렵다. 따라서 심판대상조항은 침해의 최소성을 충족한다.

(3) 법익의 균형성

게시판의 활용이 공공기관등을 상대방으로 한 익명표현의 유일한 방법은 아닌 점, 공공기관등에 게시판을 설치·운영할 일반적인 법률상 의무가 존재한다고 보기 어려운 점, 심판대상조항은 공공기관등이 설치·운영하는 게시판이라는 한정적 공간에 적용되는 점 등에 비추어 볼 때 기본권 제한의 정도가 크지 않다. 그에 반해 공공기관등이 설치·운영하는 게시판에 언어폭력, 명예훼손, 불법정보의 유통이 이루어지는 것을 방지함으로써 얻게 되는 건전한 인터넷 문화 조성이라는 공익은 중요하다. 따라서 심판대상조항은 법익의 균형성을 충족한다.

(4) 소결

심판대상조항은 과잉금지원칙을 준수하고 있으므로 청구인의 익명표현의 자유를 침해하지 않는다.

▶ 결정의 의의

1. 헌법재판소는 2012.8.23. 2010헌마47 등 결정에서 인터넷게시판을 설치·운영하는 정보통신서비스 제공자에게 본인확인조치의무를 부과하여 게시판 이용자로 하여금 본인확인절차를 거쳐야만 게시판을 이용할 수 있도록 하는 본인확인제를 규정한 정보통신망법 조항 및 같은 법 시행령 조항들이 과잉금지원칙에 위배하여 인터넷게시판 이용자의 표현의 자유, 개인정보자기결정권 및 인터넷게시판을 운영하는 정보통신서비스 제공자의 언론의 자유를 침해하여 헌법에 위반된다고 판시한 바 있다.

2. 위 선례와 달리 이 사건에서는 공공기관등이 설치·운영하는 게시판이 문제되었다. 법정의견은 위와 같은 게시판이 공공기관등이 아닌 주체가 설치·운영하는 게시판에 비하여 공동체 구성원으로서의 책임이 더욱 강하게 요구되는 곳임을 전제로 심판대상조항이 과잉금지원칙을 준수하고 있으므로 청구인의 익명표현의 자유를 침해하지 않는다고 판단하였다.

안성시시설관리공단의 상근직원이 당내경선에서 경선운동을 할 수 없도록 하고 이를 위반할 경우 처벌하는 공직선거법이 정치적 표현의 자유를 침해하는지 여부: **적극[위헌]** (헌재 2022.12.22. 2021헌가36)

▶ 이유의 요지

심판대상조항이 '당원이 아닌 자'에게도 투표권을 부여하여 실시하는 당내경선에서 안성시시설관리공단의 상근직원에 대하여 경선운동을 금지하고 그 위반행위를 처벌하는 것은 당내경선의 형평성과 공정성을 확보하기 위한 것으로 정당한 목적 달성을 위한 적합한 수단이다.

안성시시설관리공단의 상근임원인 이사장은 안성시장이 임명하고 공단을 대표하며 그 업무를 총괄하고 경영성과에 대하여 책임을 지며, 안성시시설관리공단 업무에 관한 중요 사항을 심의·의결하는 이사회의 구성원이다. 반면, 안성시시설관리공단의 상근직원은 시험성적, 근무성적, 그 밖의 능력의 실증에 따라 이사장이 임면하는데, 안성시시설관리공단의 경영에 관여하거나 실질적인 영향력을 미칠 수 있는 권한이 있다고 인정하기 어렵다.

이러한 지위와 권한에 비추어 볼 때, 안성시시설관리공단의 상근직원이 특정 경선후보자의 당선 또는 낙선을 위한 경선운동을 한다고 하여 그로 인한 부작용과 폐해가 일반 사기업 직원의 경우보다 크다고 보기 어렵다. 공직선거법 제53조 제1항 제6호가 지방공단의 상근임원과 달리 상근직원은 그 직을 유지한 채 공직선거에 입후보할 수 있도록 규정한 것도 상근직원의 영향력이 상근임원보다 적다는 점을 고려한 것이다.

그럼에도 불구하고 심판대상조항이 안성시시설관리공단 상근임원의 경선운동을 금지하는 데 더하여 상근직원에게까지 경선운동을 금지하는 것은 당내경선의 형평성과 공정성을 확보한다는 입법목적에 비추어 보았을 때 과도한 제한으로 판단된다.

공직선거법은 이미 당원이 아닌 자에게도 투표권을 부여하여 실시하는 당내경선에서 허용되는 경선운동방법을 한정하고(공직선거법 제57조의3, 제255조 제2항 제3호 참조), 업무·고용 그 밖의 관계로 인하여 자기의 보호·지휘·감독을 받는 자에게 특정 경선후보자를 지지·추천하거나 반대하도록 강요한 자는 형사처벌하는 등(공직선거법 제237조 제5항 제3호 참조) 안성시시설관리공단의 상근직원이 당내경선에서 직·간접적으로 영향력을 행사하는 행위들을 금지하고 처벌하는 규정을 마련하고 있다.

설령 위와 같은 공직선거법 규정들만으로 당내경선의 형평성과 공정성을 확보하기 부족하더라도, 안성시시설관리공단의 상근직원이 그 지위를 이용하여 경선운동을 하는 행위를 금지·처벌하는 규정을 두는 것은 별론으로 하고, 당원이 아닌 자에게도 투표권을 부여하여 실시하는 당내경선에서 안성시시설관리공단 상근직원의 경선운동을 일률적으로 금지·처벌하는 것은 정치적 표현의 자유를 과도하게 제한하는 것이다. 따라서 심판대상조항은 침해의 최소성에 위반된다.

이처럼 심판대상조항이 정치적 표현의 자유를 중대하게 제한하는 반면, 당내경선의 형평성과 공정성의 확보라는 공익에 기여하는 바가 크다고 보기 어렵다. 따라서 심판대상조항은 법익의 균형성을 충족하지 못하였다. 심판대상조항은 과잉금지원칙에 반하여 정치적 표현의 자유를 침해한다.

2024 해커스경찰 신동욱 경찰헌법 최신 3개년 판례집

정보통신망을 통하여 음란한 화상 또는 영상을 공공연하게 전시하여 유통하는 것을 금지하고 이를 위반하는 자를 처벌하는 것이 과잉금지원칙에 위배되어 표현의 자유를 침해하는지 여부: 소극[합헌] (헌재 2023.2.23, 2019헌바305)

▶ **판시사항**

1. 정보통신망을 통하여 음란한 화상 또는 영상을 공공연하게 전시하여 유통하는 것을 금지하고 이를 위반하는 자를 처벌하도록 정한 '정보통신망 이용촉진 및 정보보호 등에 관한 법률' 제44조의7 제1항 제1호 중 '음란한 화상 또는 영상을 공공연하게 전시하는 내용의 정보'에 관한 부분, 제74조 제1항 제2호 중 '제44조의7 제1항 제1호를 위반하여 음란한 화상 또는 영상을 공공연하게 전시한 자'에 관한 부분(이하 위 두 조항을 합하여 '심판대상조항'이라 한다)이 죄형법정주의의 명확성원칙에 위배되는지 여부: 소극

2. 심판대상조항이 과잉금지원칙에 위배되어 표현의 자유를 침해하는지 여부: 소극

▶ **결정요지**

1. 헌법재판소와 대법원은 음란의 개념에 대하여, 단순히 저속하거나 문란하다는 정도를 넘어 사람의 존엄성과 가치를 심각하게 훼손·왜곡하였다고 할 수 있을 정도로 노골적인 방법에 의하여 성적 부위나 행위를 적나라하게 표현한 것으로서, 사회통념에 비추어 전적으로 또는 지배적으로 성적 흥미에만 호소하고 하등의 문학적·예술적·사상적·과학적·의학적·교육적 가치를 지니지 아니하는 것이라고 판시함으로써 그 해석 기준을 제시해 왔고, 이에 따라 자의적인 법해석이나 법집행을 배제할 수 있으므로, 심판대상조항은 죄형법정주의의 명확성원칙에 위배되지 않는다.

2. 심판대상조항은 정보통신망을 건전하고 안전하게 이용할 수 있는 환경을 조성하고 그 이용자를 보호하여 국민생활의 향상과 공공복리를 증진하기 위한 것으로 입법목적이 정당하며, 음란한 영상 등의 유통을 금지하고 위반 시 형사처벌하는 것은 위 입법목적을 달성하는 데 기여하는 적합한 수단이다. 헌법재판소와 대법원의 음란에 대한 해석 기준에 의하여 심판대상조항의 적용을 받는 표현물의 요건이 엄격하게 제한되어 있고, 유통 목적 없이 음란한 영상 등을 단순소지하는 행위는 제한하지 않고 이를 유통하는 행위만을 금지하고 있으며, 그 수단에 있어서도 전파가능성이 아주 높은 정보통신망을 이용한 유통 행위만을 규율하고 있다는 점 등에 비추어 보면, 심판대상조항은 침해의 최소성 및 법익의 균형성에 위배되지 않는다. 결국 심판대상조항은 과잉금지원칙에 위배되지 않으므로 표현의 자유를 침해하지 않는다.

누구든지 선거일 전 180일 전부터 화환 설치를 금지하는 공직선거법 조항이 정치적 표현의 자유를 침해하는지 여부: 적극[헌법불합치] (헌재 2023.6.29. 2023헌가12)

심판대상조항은 선거일 전 180일부터 선거일까지라는 장기간 동안 선거와 관련한 정치적 표현의 자유를 광범위하게 제한하고 있다.

화환의 설치는 경제적 차이로 인한 선거 기회 불균형을 야기할 수 있으나, 그러한 우려가 있다고 하더라도 공직선거법상 선거비용 규제 등을 통해서 해결할 수 있다. 또한 공직선거법상 후보자 비방 금지 규정 등을 통해 무분별한 흑색선전 등의 방지도 가능하다.

이러한 점들을 종합하면, 심판대상조항은 목적 달성에 필요한 범위를 넘어 장기간 동안 선거에 영향을 미치게 하기 위한 화환의 설치를 금지하는 것으로, 과잉금지원칙에 위반되어 정치적 표현의 자유를 침해한다.

다만, 심판대상조항의 위헌성은 선거에 영향을 미치게 하기 위하여 화환을 설치하는 행위를 장기간 동안 포괄적으로 규제하는 데 있고, 이와 관련하여 정치적 표현행위의 방법을 구체적으로 어느 정도로 허용할 것인가는 입법자가 논의를 거쳐 결정해야 할 사항이다.

따라서 심판대상조항에 대하여 2024.5.31.을 시한으로 입법자가 개정할 때까지 계속 적용을 명하는 헌법불합치결정을 한다.

공직선거법 제104조 중 '누구든지 이 법의 규정에 의한 공개장소에서의 연설·대담장소에서 기타 어떠한 방법으로도 연설·대담장소 등의 질서를 문란하게 하거나'에 관한 부분(이하 '심판대상조항'이라 한다) 중 '기타 어떠한 방법으로도'가 죄형법정주의의 명확성원칙 및 정치적 표현의 자유를 침해하는지 여부: 소극[합헌] (헌재 2023.5.25. 2019헌가13)

1. 심판대상조항의 입법취지와 목적, 다른 공직선거법 규정과의 관계, 문언적 의미 등을 종합하면, '기타 어떠한 방법으로도'가 연설·대담을 방해할 정도에 이르지 않더라도 자유롭고 평온한 분위기를 깨뜨려 후보자 등과 선거인 사이에 원활한 소통을 저해하거나 사고가 발생할 우려가 있는 모든 행위태양을 의미한다는 것을 알 수 있다. 따라서 심판대상조항은 죄형법정주의의 명확성원칙에 위배되지 않는다.

2. 공개장소에서의 연설·대담은 후보자 등이 직접 선거인들을 만나 자신의 식견이나 자질, 정견, 정책 등을 알릴 수 있는 기회이므로, 만약 연설 자체를 방해하는 정도에 이르지 않는다는 이유로 질서문란행위가 허용된다면, 원활한 연설이나 대담을 확보할 수 없을 뿐만 아니라 경우에 따라서는 선거운동을 방해하는 수단으로 악용될 우려가 있다. 심판대상조항은 질서문란행위만을 금지하고 질서를 문란하게 하지 않는 범위 내에서는 다소 소음을 유발하거나 후보자나 정당에 대한 부정적인 견해나 비판적인 의사표현도 가능하다. 따라서 심판대상조항이 과잉금지원칙에 위배되어 정치적 표현의 자유를 침해한다고 보기 어렵다.

185

일정기간 동안(선거일 전 180일부터 선거일) 선거에 영향을 미치게 하기 위한 벽보 게시, 인쇄물 배부 · 게시를 금지하는 공직선거법 제93조 제1항 본문 중 '인쇄물 살포'에 관한 부분 및 이에 위반한 경우 처벌하는 공직선거법 제255조 제2항 제5호 중 '제93조 제1항 본문의 인쇄물 살포'에 관한 부분(이하 '심판대상조항'이라 한다)이 정치적 표현의 자유를 침해하는지 여부: 적극[헌법불합치] (헌재 2023.3.23, 2023헌가4)

심판대상조항은 선거에서의 균등한 기회를 보장하고 선거의 공정성을 확보하기 위한 것으로서 입법목적의 정당성 및 수단의 적합성이 인정된다. 그러나 인쇄물은 시설물 등과 비교하여 보더라도 투입되는 비용이 상대적으로 적어 경제력 차이로 인한 선거 기회 불균형의 문제가 크지 않고, 그러한 우려도 공직선거법상 선거비용 규제나 인쇄물의 종류 또는 금액을 제한하는 수단을 통해서 방지할 수 있다. 또한 공직선거법상 후보자 비방 금지 규정이나 허위사실 공표 금지 규정 등을 통해 무분별한 흑색선전 등의 방지도 가능한 점을 종합하면, 심판대상조항은 목적 달성에 필요한 범위를 넘어 장기간 동안 인쇄물 살포를 금지 · 처벌하는 것으로서 침해의 최소성에 반한다. 또한 심판대상조항으로 인하여 일반 유권자나 후보자가 받는 정치적 표현의 자유에 대한 제약이 위 조항을 통하여 달성되는 공익보다 중대하므로 심판대상조항은 법익의 균형성에도 위배된다. 따라서 심판대상조항은 과잉금지원칙에 반하여 정치적 표현의 자유를 침해한다.

186

독점규제 및 공정거래에 관한 법률 제52조의2 제2문 등 위헌소원 [합헌] (헌재 2023.7.20, 2019헌바417)

▶ 판시사항

공정거래위원회(이하 '공정위'라 한다)의 처분과 관련된 자료를 대상으로 한 당사자의 열람 · 복사 요구에 대하여 공정위로 하여금 자료를 제출한 자의 동의가 있거나 공익상 필요하다고 인정할 때에는 이에 응하도록 한 구 '독점규제 및 공정거래에 관한 법률' 제52조의2 후문 중 '당사자'에 관한 부분(이하 '심판대상조항'이라 한다)이 알 권리를 침해하는지 여부: 소극

▶ 결정요지

심판대상조항은 공정위의 처분에 관련된 자료를 제출한 자의 개인정보, 영업비밀 또는 사생활을 보호하는 한편, 자료제출자와의 신뢰 · 협력관계를 유지하여 불공정거래행위의 효과적인 규제를 도모하려는 데 목적이 있다. 공정위는 당사자의 자료열람 · 복사 요구에 대하여 선택적 또는 자의적으로 거부할 수 있는 것이 아니라, 자료제출자를 보호함과 동시에 열람 · 복사를 요구하는 당사자의 알 권리를 조화시키기 위하여 당사자의 방어권과 거부에 의하여 보호되는 이익을 비교형량하여 열람 · 복사의 허용 여부를 결정하여야 한다. 따라서 당사자의 방어권 또는 그 행사를 위한 알 권리는 자료열람 · 복사 요구에 대하여 공정위가 심판대상조항에 해당하는 사유가 있는지를 판단하는 과정에서 충분히 보장될 수 있다. 그리고 당사자의 열람 · 복사요구가 정당한 사유 없이 거부되었다면 당사자는 그 거부처분의 취소를 구하는 항고소송을 제기할 수도 있고, 또한 공정위가 정당한 사유 없이 열람 · 복사를 거부한다면 당사자의 방어권

행사에 실질적으로 지장이 초래되었다고 볼 수 없는 예외적인 경우가 아닌 한 그 자체로 제재처분에 관한 공정위의 심의의결은 절차적 정당성이 결여된 것이어서 취소되어야 하므로, 공정위의 거부처분이 자의적으로 집행될 가능성은 그 거부처분의 위법을 다투는 재판뿐만 아니라 공정위의 제재처분의 위법을 다투는 재판을 통해서도 적절히 통제될 수 있다. 나아가 심판대상조항에 의한 청구인들의 사익 제한이 중대하다고 보기 어렵고, 위 조항이 추구하는 공익이 그보다 더 크다고 할 것이므로, 심판대상조항은 과잉금지원칙에 위반되어 알 권리를 침해하지 않는다.

187

국가보안법 제2조 제1항 등 위헌소원 등 [합헌] (헌재 2023.9.26. 2017헌가27 등)

▶ **판시사항**

국가보안법 제7조 제1항 중 '찬양·고무·선전 또는 이에 동조한 자'에 관한 부분(이하 '이적행위조항'이라 한다) 및 제7조 제5항 중 '제1항 가운데 찬양·고무·선전 또는 이에 동조할 목적으로 제작·소지·운반·반포 또는 취득한 자'에 관한 부분(이하 '이적표현물조항'이라 한다)이 죄형법정주의의 명확성원칙, 책임과 형벌의 비례원칙에 위배되고, 과잉금지원칙에 위배되어 표현의 자유, 양심의 자유 내지 사상의 자유를 침해하는 것으로 헌법에 위반되는지 여부: 소극

▶ **결정요지**

1. 헌법재판소는 2015.4.30. 2012헌바95 등 결정에서 이적행위조항은 죄형법정주의의 명확성원칙에 위배되지 않고, 과잉금지원칙에 위배되어 표현의 자유를 침해하지 아니하며, 이적표현물조항은 죄형법정주의의 명확성원칙에 위배되지 않고, 과잉금지원칙에 위배되어 표현의 자유 및 양심의 자유를 침해하지 아니하며, 책임과 형벌의 비례원칙에도 위배되지 아니하여, 모두 헌법에 위반되지 않는다고 판단한 바 있다. 이하에서는 이러한 선례를 변경할 필요성이 인정되는지에 대해 본다.

2. 한반도를 둘러싼 지정학적 갈등은 여전히 계속되고 있고, 북한으로 인한 대한민국의 체제 존립의 위협 역시 지속되고 있는바, 북한을 반국가단체로 보아 온 국가보안법의 전통적 입장을 변경하여야 할 만큼 국제정세나 북한과의 관계가 본질적으로 변화하였다고 볼 수 없다.

3. 선례는 국가보안법의 개정연혁과 입법취지를 고려할 때, 수범자가 이적행위조항 및 이적표현물조항의 각각의 구성요건이 의미하는 바를 합리적으로 파악할 수 있다고 판단하였으며, 선례 결정 이후 법원 판례의 축적 등을 통해 위와 같은 해석에 따른 규범적 질서는 더욱 확고하게 형성되었으므로, 이적행위조항 및 이적표현물조항이 죄형법정주의의 명확성원칙에 위배되지 아니한다는 선례의 입장은 여전히 타당하다.

4. 국가보안법의 개정, 헌법재판소 결정 및 대법원의 판결 등을 통해 이적행위조항 및 이적표현물조항의 적용 범위는 이미 최소한으로 축소되었다. 또한 위험성이 구체화되고 실제로 임박하여 현존하는 단계에서야 비로소 이루어지는 공권력 개입을 통해서는 국가의 안전과 존립이라는 중대한 법익을 지키기 어려우므로, 구체적 위험이 임박하여 현존하지는 않더라도 그 위험성이 명백한 단계에서 공권력을 시의적절하게 발동하는 것은 국가의 안전과 존립, 국민의 생존과 자유를 보호하기 위한 불가피한 선택이라는 선례의 판단은 현시점에도 여전히 유효하며, 이를 표현의 자유나 양심의 자유에 대한 지나친 제한으로 볼 수 없다.

청구인들은 '동조' 행위를 처벌하는 것이 과도하다고도 주장하나, 이적행위조항에 의해 처벌되는 동조행위는 '반국가단체 등의 활동을 찬양·고무·선전'하는 것과 같이 평가될 정도로 적극적인 의사를 외부에 표시하는 정도에 이른 행위에 국한되므로, 그 위험성이 찬양·고무·선전 행위에 비해 결코 작지 않다.

청구인들은 이적표현물의 소지·취득행위를 처벌하는 것이 지나친 제한이라고도 주장하나, 이적표현물조항의 처벌대상이 축소되어 이적표현물 소지·취득조항이 이념적 성향에 대한 처벌수단이나 소수자를 탄압하는 도구로 악용될 가능성은 거의 없을 뿐만 아니라, 최근 전자매체 형태의 이적표현물이 증가하고 있어 이적표현물을 소지·취득하는 행위를 금지할 필요성은 종전보다 더욱 커졌다고도 볼 수 있다.

형법상의 '내란의 죄'나 '외환의 죄'만으로 이적행위나 이적행위를 할 목적의 이적표현물 제작·소지·운반·반포·취득행위를 모두 처벌할 수 있는지가 불확실한 상황에서 국가보안법을 폐지할 경우, 용인하기 어려운 처벌의 공백이 발생할 우려가 있다.

이러한 내용을 종합적으로 살펴보면, 이적행위조항 및 이적표현물조항이 과잉금지원칙에 위배되지 아니한다고 판단한 선례를 변경할 만한 규범이나 사실상태의 변경이 있다고 볼 수 없다.

5. 선례에서 헌법재판소는 이적표현물조항 중 '소지·취득'에 관한 부분이 책임과 형벌의 비례원칙에 위배되지 아니한다고 판단하였다. 그리고 한반도의 이념적 대립상황 등에 비추어 볼 때 이적행위조항 및 이적표현물조항이 법정형으로 징역형만을 규정한 것이나, 이적행위조항이 '동조' 행위를 '찬양·고무·선전' 행위와 동일한 법정형으로 처벌하도록 정하고 있는 것이 형벌 체계상 균형을 잃었다고 할 정도로 과중하다고 볼 수도 없다. 그러므로 이적행위조항 및 이적표현물조항은 책임과 형벌 사이의 비례원칙에도 위배되지 아니한다.

6. 이상에서 살펴본 내용을 종합하면, 종전 선례 결정을 변경할만한 규범 또는 사실상태의 변화가 있다고 볼 수 없으므로, 이적행위조항 및 이적표현물조항이 헌법에 위반되지 아니한다고 판단한 선례의 입장은 지금도 타당하다.

대북 전단 등의 살포 금지·처벌 사건 [위헌] (헌재 2023.9.26. 2020헌마1724)

사건개요

청구인들은 북한 접경지역에서 대형풍선 등을 이용하여 북한 지역으로 북한의 통치체제를 비판하는 내용을 담은 전단을 살포하는 등의 활동을 해 온 자연인 또는 북한 인권 개선 등을 목적으로 조직된 법인·단체이다. 국회는 2020.12.14. '전단등 살포', 즉 '선전, 증여 등을 목적으로 전단, 물품, 금전 또는 그 밖의 재산상 이익을 승인받지 아니하고 북한의 불특정 다수인에게 배부하거나 북한으로 이동시키는 행위'를 통하여 국민의 생명·신체에 위해를 끼치거나 심각한 위험을 발생시키는 것을 금지하고, 이를 위반한 경우 3년 이하의 징역 또는 3천만원 이하의 벌금에 처하며, 그 미수범도 처벌하는 등의 내용을 담은 '남북관계 발전에 관한 법률 개정법률안'을 의결하였고, 이는 2020.12.29. 공포되어, 2021.3.30.부터 시행되었다.

청구인들은 위와 같은 내용으로 개정된 '남북관계 발전에 관한 법률' 제24조 제1항, 제25조 등이 청구인들의 표현의 자유 등 기본권을 침해한다고 주장하며 2020.12.29. 이 사건 헌법소원심판을 청구하였다.

▶ 심판대상

남북관계 발전에 관한 법률(2020.12.29. 법률 제17763호로 개정된 것)

제24조 【남북합의서 위반행위의 금지】 ① 누구든지 다음 각 호에 해당하는 행위를 하여 국민의 생명·신체에 위해를 끼치거나 심각한 위험을 발생시켜서는 아니 된다.

　3. 전단 등 살포

제25조 【벌칙】 ① 제24조 제1항을 위반한 자는 3년 이하의 징역 또는 3천만원 이하의 벌금에 처한다. 다만, 제23조 제2항 및 제3항에 따라 남북합의서(제24조 제1항 각 호의 금지행위가 규정된 것에 한정한다)의 효력이 정지된 때에는 그러하지 아니하다.

　② 제1항의 미수범은 처벌한다.

▶ 결정주문

남북관계 발전에 관한 법률(2020.12.29. 법률 제17763호로 개정된 것) 제24조 제1항 제3호, 제25조 중 제24조 제1항 제3호에 관한 부분은 모두 헌법에 위반된다.

제2편 2024 해커스경찰 신동욱 경찰헌법 최신 3개년 판례집

▶ 이유의 요지

1. 재판관 이은애, 이종석, 이영진, 김형두의 위헌의견

(1) 과잉금지원칙 위반 여부: ○

심판대상조항의 궁극적인 의도는 북한 주민을 상대로 하여 북한 정권이 용인하지 않는 일정한 내용의 표현을 금지하는 데 있으므로, 심판대상조항은 표현의 내용을 제한하는 결과를 가져온다.

국가가 이러한 표현 내용을 규제하는 것은 원칙적으로 중대한 공익의 실현을 위하여 불가피한 경우에 한하여 허용되고, 특히 정치적 표현의 내용 중에서도 특정한 견해, 이념, 관점에 기초한 제한은 과잉금지원칙 준수 여부를 심사할 때 더 엄격한 기준이 적용되어야 한다.

심판대상조항은 국민의 생명·신체의 안전을 보장하고 남북 간 긴장을 완화하며 평화통일을 지향하여야 하는 국가의 책무를 달성하기 위한 것으로서 목적의 정당성이 인정되며, 심판대상조항은 입법목적 달성에 적합한 수단이 된다.

심판대상조항과 같이 전단 등 살포를 금지·처벌하지 않더라도, 현장에 출동한 경찰이 전단 등 살포로 국민의 생명·신체에 위해나 심각한 위험이 발생할 우려가 있다고 판단하면, '경찰관 직무집행법'에 기하여 행위자에게 경고하고, 위해 방지를 위하여 필요한 경우 살포를 직접 제지하는 등 상황에 따른 유연한 조치를 할 수 있다. 또한 전단 등 살포 전에 살포 시간, 장소, 방법 등을 사전에 신고하도록 하고, 관할 경찰서장은 관련 법률에 저촉될 여지가 있는 경우 '살포 금지 통고'를 할 수 있도록 하는 등의 입법적 보완을 하면, 경찰이 이에 대응하기 용이해지므로, 심판대상조항을 통한 제한보다 덜 침익적인 수단이 될 수 있다.

더욱이 심판대상조항은 전단 등 살포를 금지하면서 미수범도 처벌하고, 징역형까지 두고 있는데, 이는 국가형벌권의 과도한 행사라 하지 않을 수 없는바, 심판대상조항은 침해의 최소성을 충족하지 못한다.

심판대상조항으로 접경지역 주민의 안전이 확보되고, 평화통일의 분위기가 조성될지는 단언하기 어려운 반면, 심판대상조항이 초래하는 정치적 표현의 자유에 대한 제한은 매우 중대하므로, 법익의 균형성도 인정되지 않는다. 그렇다면 심판대상조항은 과잉금지원칙에 위배되어 청구인들의 표현의 자유를 침해한다.

(2) 책임주의원칙 위반 여부: ○

국민의 생명·신체에 발생할 수 있는 위해나 심각한 위험은 전적으로 제3자인 북한의 도발로 초래된다는 점을 고려하면, 심판대상조항은 북한의 도발로 인한 책임을 전단 등 살포 행위자에게 전가하는 것이다.

법원이 구체적 사건에서 인과관계와 고의의 존부를 판단할 수 있다고 하더라도, 이러한 위해나 심각한 위험을 초래하는 북한에 대하여 행위자의 지배가능성이 인정되지 않는 이상, 비난가능성이 없는 자에게 형벌을 가하는 것과 다름이 없다.

따라서 심판대상조항은 책임주의원칙에도 위배되어 청구인들의 표현의 자유를 침해한다.

2. 재판관 유남석, 이미선, 정정미의 위헌의견

(1) 책임주의원칙 위반 여부: ✕

심판대상조항이 정하는 죄가 성립하기 위해서는, 행위자는 전단 등 살포 행위로 인하여 국민의 생명·신체에 위해를 끼치거나 심각한 위험을 발생시킨다는 점에 대한 고의가 있어야 한다. 또한 심판대상조항은 행위자의 행위 외에 일정한 결과 발생을 요구하므로 전단 등 살포 행위와 국민의 생명·신체에 대한 위해나 심각한 위험 발생 사이에 인과관계가 존재하여야 한다.

심판대상조항이 정한 결과의 발생이 북한의 개입으로 실현되는 것이기는 하나, 이는 전단 등 살포 행위를 원인으로 하여 이루어진 것임을 전제로 하는 것이고, 결과 발생에 대한 고의와 인과관계를 요하므로, 타인의 행위로 인한 결과에 대하여 그 책임 유무를 묻지 않고 형벌을 부과하는 것은 아니다.

따라서 심판대상조항이 비난가능성 있는 행위를 하지 않는 사람에게 책임을 물어 처벌하는 것이라고 볼 수 없으므로, 책임주의원칙 위반은 문제되지 아니한다.

(2) 과잉금지원칙 위반 여부: O

심판대상조항의 궁극적인 의도가 북한 주민을 상대로 한 북한 체제 비판 등의 내용을 담은 표현을 제한하는 데 있고, 심판대상조항이 그 효과에 있어서 주로 특정 관점에 대한 표현을 제한하는 결과를 가져오므로, 심판대상조항은 표현의 내용을 규제하는 것이다. 표현의 자유는 헌법상 민주주의의 근간이 되는 핵심적 기본권이므로, 공익을 위해 그 제한이 불가피한 경우라도 최소한에 그쳐야 하고, 표현된 관점을 근거로 한 제한은 중대한 공익의 실현을 위하여 불가피한 경우에 한하여 엄격한 요건하에 허용될 수 있다.

심판대상조항은 국민의 생명·신체의 안전보장과 남북 간 평화통일을 지향하여야 하는 국가의 책무 달성을 위한 것으로 그 입법목적은 정당하고, 심판대상조항은 이에 적합한 수단이 된다.

그런데, 표현된 관점을 근거로 표현의 자유를 제한하고 형사처벌하는 것은 입법목적을 달성하는 데 반드시 필요한 경우로 한정되어야 한다. 심판대상조항이 추구하는 주된 목적인 국민, 특히 접경지역 주민의 생명·신체의 안전 보장을 위해서는 반드시 형벌권을 행사하지 않고도 '경찰관 직무집행법' 등에 따라 대응할 수 있으므로, 심판대상조항은 형벌의 보충성 및 최후수단성에 부합한다고 보기 어렵다.

외부로부터의 정보 유입과 내부의 정보 유통을 엄격히 통제하고 있는 북한의 특성상, 북한을 자극하여 도발을 일으킬 수 있을 만한 표현의 내용은 상당히 포괄적이므로, 심판대상조항에 의해 제한되는 표현 내용이 광범위하고, 그로 인하여 표현의 자유가 지나치게 제한된다.

행위자로서는 표현행위가 심판대상조항의 구성요건 중 일부인 '전단등 살포'에 해당되는 것이 확실한 이상, 표현행위로 수사·재판절차에 회부될 수 있다는 사실만으로도 매우 효과적인 위협 기제가 되므로, 심판대상조항이 초래하는 표현의 자유에 대한 위축효과가 결코 작다고 할 수 없다.

심판대상조항으로 달성하고자 하는 국민의 생명·신체의 안전 보장은 중대한 공익에 해당하고 국가는 남북 간 평화통일을 지향할 책무가 있으나, 표현행위자가 받게 되는 표현의 자유에 대한 제약은 그 표현의 의미와 역할의 중요성에 비해 매우 크다.

그렇다면 심판대상조항은 과잉금지원칙을 위반하여 청구인들의 표현의 자유를 침해한다.

▶ 결정의 의의

헌법재판소는 심판대상조항이 국민의 생명·신체의 안전을 보장하고 남북 간 긴장을 완화하며 평화통일을 지향하여야 하는 국가의 책무를 달성하기 위한 것으로서 그 입법목적이 정당하다고 보면서도, 심판대상조항에 따라 제한되는 표현의 내용이 매우 광범위하고, 최후의 수단이 되어야 할 국가형벌권까지 동원한 것이어서, 표현의 자유를 지나치게 제한한다고 판단하였다.

헌법재판소의 이번 결정은 표현의 내용을 제한하는 법률에 대하여 위헌 여부를 심사할 때는 더 엄격한 기준에 따라야 한다는 선례의 입장에 기초한 것으로서, 표현의 자유가 민주주의의 근간이 되는 헌법적 가치라는 점과 그 보장의 중요성을 다시 한번 강조한 것으로 볼 수 있다.

헌법재판소의 이번 결정에 따라 접경지역에서 대북 전단 등을 살포하는 행위에 대한 일반적 제한은 철폐되었다. 다만 위헌의견에서 제시된 대안에서 보는 바와 같이, 전단 등 살포 현장에서는 현행 '경찰관 직무집행법' 등에 따라 접경지역 주민의 위해를 방지하기 위한 조치가 이루어질 수 있다. 입법자는 향후 전단 등 살포가 이루어지는 양상을 고찰하여 접경지역 주민의 안전보장을 위한 경찰 등의 대응 조치가 용이하게 이루어질 수 있도록 하기 위하여 전단 등 살포 이전에 관계 기관에 대한 신고 의무를 부과하는 등의 입법적 조치를 고려할 필요가 있다.

정보통신망 이용촉진 및 정보보호 등에 관한 법률 제70조 제1항 위헌소원 [합헌] [헌재 2023.9.26, 2021헌바 281, 2022헌바19·62(병합)]

▶ 판시사항

1. '정보통신망 이용촉진 및 정보보호 등에 관한 법률'(이하 '정보통신망법'이라 한다) 제70조 제1항(이하 '심판대상조항'이라 한다) 중 '비방할 목적' 부분, '명예', '훼손' 부분이 명확성원칙에 위반되는지 여부: 소극

2. 사람을 비방할 목적으로 정보통신망을 통하여 공공연하게 사실을 드러내어 다른 사람의 명예를 훼손한 자를 형사처벌하도록 규정한 심판대상조항이 과잉금지원칙에 반하여 표현의 자유를 침해하는지 여부: 소극

▶ 결정요지

1. 심판대상조항의 '비방할 목적'이란 고의 외에 추가로 요구되는 주관적 구성요건으로서, 사람의 가치에 대한 사회적 평가를 훼손하거나 저해하려는 인식 내지 인용을 넘어 사람의 명예에 대한 가해 의사나 목적을 의미하고, 사람의 사회적 평가를 훼손하려는 '비방할 목적'은 공공의 이익을 위하여 '비판할 목적'과 충분히 구별될 수 있으며, 법 집행기관의 자의적인 해석이나 적용 가능성이 있는 불명확한 개념이라고 보기 어렵다.
   심판대상조항의 '명예훼손'이란 명예훼손죄의 보호법익인 '외적 명예'로서 사람의 가치에 대한 사회적 평가를 '저하시키는 행위'를 의미하고, '명예' 및 '훼손'이란 용어는 정보통신망법에서만 사용되는 고유한 개념이 아니라 일반인이 일상적으로 사용하거나 다른 법령들에서도 사용되는 일반적인 용어로서, 일반인들이 그 대강의 의미를 이해할 수 있는 표현이므로, 법 집행기관이 이를 자의적으로 해석하거나 적용할 염려가 있다고 보기 어렵다.
   따라서 심판대상조항은 명확성원칙에 위반되지 아니한다.

2. 진실한 사실이라도 사람을 비방할 목적으로 정보통신망을 통하여 이루어지는 명예훼손적 표현은, 정보통신망이 갖는 익명성과 비대면성, 빠른 전파가능성으로 말미암아 개인에 대한 정보가 무차별적으로 살포될 가능성이 있고, 이로 인하여 개인의 인격을 형해화시키고 회복불능의 상황으로 몰아갈 위험이 존재한다.
   심판대상조항은 타인의 명예를 침해하는 정보가 무분별하게 유통되는 것을 방지하면서도 '비방할 목적'이라는 초과주관적 구성요건을 추가로 요구하여 규제 범위를 최소한도로 제한하고 있고, 헌법재판소와 대법원은 정부의 정책결정 등에 관련된 사항에 대해서는 표현의 자유를 최대한 보장함으로써 정보통신망에서의 명예보호가 표현의 자유에 대한 지나친 위축효과로 이어지지 않도록 하고 있다. 한편 정보통신망에서 정하고 있는 구제방법이나 민사상 손해배상 등과 같은 민사적 구제방법이 형사처벌을 대체하여 정보통신망에서의 악의적이고 공격적인 명예훼손행위를 방지하기에 충분한 덜 제약적인 수단이라고 보기 어렵다.
   심판대상조항의 입법목적이나 도입경위에 비추어 법정형으로 벌금형 외에 자유형을 규정한 것이 가혹하다고 볼 수 없고, 심판대상조항이 법정형의 하한을 두지 않아 법관은 정상참작감경 없이도 선고유예나 집행유예를 선고할 수 있는 점 등을 고려할 때, 심판대상조항에서 정한 법정형이 과중하다고 볼 수 없다.
   심판대상조항의 '사실'을 '사생활의 비밀에 해당하는 사실'로 한정하더라도 '사생활의 비밀에 해당하는 사실'과 '사생활의 비밀에 해당하지 아니하는 사실'의 불명확성으로 인해 위축효과가 발생할 가능성은 여전히 존재하는 점 등을 고려하면, 심판대상조항은 과잉금지원칙에 반하여 표현의 자유를 침해하지 아니한다.

정치자금법 제45조 제1항 등 위헌소원 [합헌] (헌재 2023.10.26. 2020헌바402)

▶ 판시사항

1. 심판대상조항의 '정치자금' 및 '기부' 부분이 죄형법정주의의 명확성원칙에 위배되는지 여부: 소극

2. 정치자금법에 정하지 않은 방법으로 정치자금을 기부받는 것을 금지하는 조항이 과잉금지원칙에 위배되어 정치인에게 기부하는 자의 정치활동 내지 정치적 표현의 자유를 침해하는지 여부: 소극

3. 국회의원에 대해서는 상시 후원회를 통하여 정치자금을 모금할 수 있도록 한 반면, 국회의원이 아닌 원외 당협위원장 또는 국회의원선거를 준비하는 자 등을 후원회지정권자에서 제외하여 정치자금을 모금할 수 없도록 하고 이를 위반하면 처벌하는 것이 평등원칙에 위배되는지 여부: 소극

▶ 결정요지

1. '정치자금'은 '정치활동을 위하여 제공되는 금전이나 유가증권 기타 물건, 정치활동을 위하여 정당, 공직선거법에 따른 후보자가 되려는 사람, 후보자 또는 당선된 사람, 후원회·정당의 간부 또는 유급사무직원, 그 밖에 정치활동을 하는 사람의 정치활동에 소요되는 비용'을 의미한다. 정치자금에 해당하는 모든 경우를 개별적, 구체적으로 일일이 나열하기 어렵고 구체적인 사건에서 어떤 경우가 여기에 해당하는지 법관의 보충적 해석을 통해 판단할 수 있으므로 심판대상조항의 '정치자금' 부분은 죄형법정주의의 명확성원칙에 반한다고 할 수 없다.
   또한 정치자금법 제3조 제2호는 '기부'를 '정치활동을 위하여 개인 또는 후원회 그 밖의 자가 정치자금을 제공하는 일체의 행위'라고 정의하고 이어서 "제3자가 정치활동을 하는 자의 정치활동에 소요되는 비용 부담하거나 지출하는 경우와 금품이나 시설의 무상대여, 채무의 면제·경감 그 밖의 이익을 제공하는 행위 등은 이를 기부로 본다."라고 정하고 있어 정치자금법상 기부가 무슨 의미인지에 관하여 불명료성은 없다.
   심판대상조항의 '기부' 부분에 의하여 금지되고 처벌되는 행위는 정치자금법 등 관련 조항의 문언과 입법취지, 규정형식 등을 종합하여 구체화될 수 있으므로 심판대상조항의 '기부' 부분은 죄형법정주의의 명확성원칙에 반한다고 할 수 없다.

2. 정치자금법은 특정 정치인에 대한 정치자금 기부를 후원회에 후원금을 내는 방법으로만 허용하고 후원금 기부한도, 모금 방법, 수입과 지출에 대한 회계처리 등에 관하여 상세히 정하고 있다. 그런데 정치인에게 노무를 제공하여 정치활동에 소요되는 비용을 직접 부담하는 등의 기부행위는 음성적으로 이루어질 가능성이 높고 정치자금 기부에 대한 법적 규제를 잠탈하는 수단으로 악용될 수 있어 사전에 차단할 필요성이 크다. 이처럼 정치자금의 적정 제공을 보장하기 위하여 정치자금법에 정하지 않은 방법으로 정치자금을 기부받는 행위를 금지하는 것은 불가피한 조치라고 볼 수 있다. 따라서 심판대상조항은 과잉금지원칙에 위배되어 정치자금을 기부하고자 하는 자의 정치활동 내지 정치적 표현의 자유를 침해하지 않는다.

3. 심판대상조항이 원외 당협위원장을 후원회지정권자에서 제외하여 정치자금을 모금할 수 없도록 한 것은 지역구 국회의원과의 지위, 정치활동의 대상 및 범위에 있어서의 차이, 후원회의 효과적인 통제 등을 고려한 것이다. 또한 지역구국회의원 선거를 준비하는 자를 후원회지정권자에서 제외한 것은 어느 시점을 기준으로 정치활동을 위한 경비의 지출이 객관적으로 예상되는 위치에 있다고 볼 것인지 명확하지 아니하기 때문이다.
   이처럼 원외 당협위원장이나 지역구국회의원 선거를 준비하는 자를 지역구국회의원과 달리 취급하는 것은 합리적인 이유가 인정되므로 심판대상조항은 평등원칙에 위배되지 않는다.

집회의 자유

191

> 대통령 관저 인근에서 집회를 금지하고 이를 위반하여 집회를 주최한 자를 처벌하는 집시법 제11조 제2호가 집회의 자유를 침해하는지 여부: 적극[헌법불합치] (헌재 2022.12.22, 2018헌바48)

▶ 심판대상

> 집회 및 시위에 관한 법률(2020.6.9. 법률 제17393호로 개정된 것)
> 제11조 【옥외집회와 시위의 금지 장소】 누구든지 다음 각 호의 어느 하나에 해당하는 청사 또는 저택의 경계 지점으로부터 100미터 이내의 장소에서는 옥외집회 또는 시위를 하여서는 아니 된다.
> 　3. 대통령 관저(官邸), 국회의장 공관, 대법원장 공관, 헌법재판소장 공관
> 제23조 【벌칙】 제10조 본문 또는 제11조를 위반한 자, 제12조에 따른 금지를 위반한 자는 다음 각 호의 구분에 따라 처벌한다.
> 　1. 주최자는 1년 이하의 징역 또는 100만원 이하의 벌금

▶ 이유의 요지

1. 심판대상조항이 집회의 자유를 침해하는지 여부: 적극

심판대상조항은 대통령과 그 가족의 신변 안전 및 주거 평온을 확보하고, 대통령과 그 가족, 대통령 관저 직원과 관계자 등(이하 '대통령 등'이라 한다)이 자유롭게 대통령 관저에 출입할 수 있도록 하며, 경우에 따라서는 대통령의 원활한 직무수행을 보장함으로써, 궁극적으로는 대통령의 헌법적 기능 보호를 목적으로 한다. 이러한 심판대상조항의 입법목적은 정당하고, 대통령 관저 인근에 옥외집회 및 시위(이하 '옥외집회 및 시위'를 통틀어 '집회'라 한다) 금지장소를 설정하는 것은 입법목적 달성을 위한 적합한 수단이다.

심판대상조항은 대통령 관저 인근 일대를 광범위하게 집회금지장소로 설정함으로써, 집회가 금지될 필요가 없는 장소까지도 집회금지장소에 포함되게 한다. 대규모 집회 또는 시위로 확산될 우려가 없는 소규모 집회(이하 '소규모 집회'라고만 한다)의 경우, 심판대상조항에 의하여 보호되는 법익에 대해 직접적인 위협이 발생할 가능성은 상대적으로 낮다. 나아가 '대통령 등의 안전이나 대통령 관저 출입과 직접적 관련이 없는 장소'에서 '소규모 집회'가 열릴 경우에는, 이러한 위험성은 더욱 낮아진다. 결국 심판대상조항은 법익에 대한 위험 상황이 구체적으로 존재하지 않는 집회까지도 예외 없이 금지하고 있다.

집시법은 폭력적이고 불법적인 집회에 대처할 수 있도록, 공공의 안녕질서에 직접적인 위협을 끼칠 것이 명백한 집회의 주최 금지(제5조 제1항) 등 다양한 규제수단을 두고 있고, 집회 과정에서의 폭력행위 등은 형사법상의 범죄행위로서 처벌된다. 또한, '대통령 등의 경호에 관한 법률'은 경호구역의 지정(제5조 제1항) 등 이러한 상황에 대처할 수 있는 조항을 두고 있다. 그렇다면 대통령 관저 인근에서의 일부 집회를 예외적으로 허용한다고 하더라도, 위와 같은 수단들을 통하여 대통령의 헌법적 기능은 충분히 보호될 수 있다. 따라서 막연히 폭력·불법적이거나 돌발적인 상황이 발생할 위험이 있다는 가정만을 근거로 하여 대통령 관저 인근에서 열리는 모든 집회를 금지하는 것은 정당화되기 어렵다. 심판대상조항은 침해의 최소성에 위배된다.

국민이 집회를 통해 대통령에게 의견을 표명하고자 하는 경우, 대통령 관저 인근은 그 의견이 가장 효과적으로 전달될 수 있는 장소이다. 따라서 대통령 관저 인근에서의 집회를 전면적·일률적으로 금지하는 것은 집회의 자유의 핵심적인 부분을 제한한다. 심판대상조항을 통한 대통령의 헌법적 기능 보호라는 목적과 집회의 자유에 대한 제약 정도를 비교할 때, 심판대상조항은 법익의 균형성에도 어긋난다. 따라서 심판대상조항은 과잉금지원칙에 위배되어 집회의 자유를 침해한다.

2. 헌법불합치결정

대통령 관저 인근의 집회 중 어떠한 형태의 집회를 예외적으로 허용함으로써 집회의 자유를 필요최소한의 범위에서 제한할 것인지에 관하여서는 이를 입법자의 판단에 맡기는 것이 바람직하다. 따라서 이 사건 구법조항에 대하여 단순위헌결정을 하는 대신 헌법불합치결정을 한다. 이 사건 구법조항은 이미 개정되어 향후 적용될 여지가 없지만 계속 적용을 명하는 경우에는 구체적 규범 통제의 실효성이 보장되지 못할 가능성이 있으므로, 이 사건 구법조항에 대하여 헌법불합치결정을 선고하되 그 적용을 중지한다.

이 사건 현행법조항은 이 사건 구법조항과 내용이 같으므로, 이 사건 현행법조항에 대해서도 위헌을 선언할 필요가 있다. 그러나 이 사건 현행법조항에 대하여 단순위헌결정을 하여 그 효력을 상실시킬 경우, 대통령의 헌법적 기능 보호에 관한 법적 공백이 초래될 우려가 있다. 따라서 이 사건 현행법조항에 대해서 헌법불합치결정을 선고하되, 2024.5.31.을 시한으로 입법자의 개선입법이 이루어질 때까지 잠정적으로 이를 적용하도록 한다.

192

국회의장 공관의 경계 지점으로부터 100미터 이내의 장소에서의 옥외집회 또는 시위를 일률적으로 금지하고, 이를 위반한 집회·시위의 참가자를 처벌하는 '집회 및 시위에 관한 법률' 제11조 제3호 중 '국회의장 공관'에 관한 부분 및 제23조 제3호 중 제11조 제3호 가운데 '국회의장 공관'에 관한 부분이 집회의 자유를 침해하는지 여부: 적극[헌법불합치] (헌재 2023.3.23, 2021헌가1)

심판대상조항은 국회의장 공관 인근에서 옥외집회·시위가 개최될 경우 국회의장의 원활한 직무 수행과 공관 거주자 등의 신변 안전, 주거의 평온, 공관으로의 자유로운 출입 등이 저해될 위험이 있음을 고려하여, 그와 같은 옥외집회·시위를 사전에 차단함으로써 국회의장 공관의 기능과 안녕을 보호하기 위한 것이다. 그런데 심판대상조항이 집회 금지 장소로 설정한 '국회의장 공관의 경계 지점으로부터 100미터 이내에 있는 장소'에는, 해당 장소에서 옥외집회·시위가 개최되더라도 국회의장에게 물리적 위해를 가하거나 국회의장 공관으로의 출입 내지 안전에 위협을 가할 우려가 없는 장소까지 포함되어 있다. 또한 대규모로 확산될 우려가 없는 소규모 옥외집회·시위의 경우, 심판대상조항에 의하여 보호되는 법익에 직접적인 위협을 가할 가능성은 상대적으로 낮다. '집회 및 시위에 관한 법률'은 국회의장 공관의 기능과 안녕을 보호할 다양한 규제 수단을 마련하고 있고, 집회·시위 과정에서의 폭력행위나 업무방해 행위 등은 형사법상의 범죄행위로 처벌되므로, 국회의장 공관 인근에서 예외적으로 옥외집회·시위를 허용한다고 하더라도 국회의장 공관의 기능과 안녕은 충분히 보장될 수 있다. 그럼에도 심판대상조항은 국회의장 공관 인근 일대를 광범위하게 전면적인 집회 금지 장소로 설정함으로써 입법목적 달성에 필요한 범위를 넘어 집회의 자유를 과도하게 제한하고 있는바, 과잉금지원칙에 반하여 집회의 자유를 침해한다.

집회 및 시위에 관한 법률 제11조 제4호 위헌소원 [합헌] (헌재 2023.7.20, 2020헌바131)

▶ **판시사항**

1. 국내 주재 외교기관 인근의 옥외집회 또는 시위를 예외적으로 허용하는 구 '집회 및 시위에 관한 법률'(이하 '집시법'이라 한다) 제11조 제4호 중 '국내 주재 외국의 외교기관'에 관한 부분(이하 '심판대상조항'이라 한다)이 죄형법정주의의 명확성원칙에 위배되는지 여부: 소극

2. 심판대상조항이 헌법 제21조 제2항의 허가제 금지에 위배되는지 여부: 소극

3. 심판대상조항이 과잉금지원칙에 위반하여 집회의 자유를 침해하는지 여부: 소극

▶ **결정요지**

1. 심판대상조항이 규정한 예외적 허용사유 중 '대규모 집회 또는 시위로 확산될 우려'는, 집회 또는 시위의 구체적 장소, 소요시간, 참석인원, 방법 등을 종합적으로 고려할 때 일반 대중이 합세하는 등으로 당초 예상보다 규모가 커짐으로써 우발적인 사고나 위험에 대응하기 곤란한 집회 또는 시위가 될 가능성 내지 개연성을 말한다고 볼 수 있으므로 심판대상조항은 죄형법정주의의 명확성원칙에 위배되지 않는다.

2. 심판대상조항은 입법자가 법률로써 직접 집회의 장소적 제한을 규정한 것으로, 행정청이 주체가 되어 집회의 허용 여부를 사전에 결정하는 것이 아니므로 헌법 제21조 제2항의 허가제 금지에 위배되지 않는다.

3. 헌법재판소는 2010.10.28, 2010헌마111 결정을 통해, 심판대상조항은 외교기관의 기능보장과 안전보호를 달성하기 위한 것으로 외교기관의 기능이나 안녕을 침해할 우려가 없다고 인정되는 세 가지의 예외적인 경우에는 집회, 시위를 허용하고 있어 집회의 자유를 침해하지 않는다고 판단한 바 있고, 이 사건에서 선례의 판단을 변경할 사정이 있다고 할 수 없으므로, 심판대상조항은 과잉금지원칙에 위반하여 집회의 자유를 침해한다고 볼 수 없다.

인천애(愛)뜰의 사용 및 관리에 관한 조례 사건 [위헌] (헌재 2023.9.26. 2019헌마1417)

사건개요

청구인들은 인천광역시에서 거주·활동하는 자연인 또는 법인·단체이다. 인천광역시는 인천 남동구 구월동 시청사 부지 가장자리에 설치되어 있던 외벽과 화단 등을 철거하여 잔디마당과 그 경계 내 부지에 광장을 조성하고(이하 이들을 합하여 '잔디마당'이라 한다), 시청 앞 도로 건너편 미래광장에 있었던 다목적광장과 수경공간에 '바닥분수 광장'과 '음악분수 광장'을 조성하였으며(이하 이들을 합하여 '분수광장'이라 한다), 잔디마당과 분수광장을 서로 연결하였다. 인천광역시는 잔디마당과 분수광장 일대의 명칭을 '인천애(愛)뜰'(이하 '인천애뜰'이라 한다)이라 정하고, 2019.11.1.부터 일반인에게 널리 개방하였다.

청구인들은 잔디마당에서 '인천애뜰, 모두를 위한 뜰'이라는 이름으로 집회를 개최하기 위하여, 2019.12.13. 잔디마당에 대한 사용허가 신청을 하였으나, 인천광역시장은 잔디마당에서 집회 또는 시위를 하려고 하는 경우 그 사용허가를 할 수 없도록 규정한 '인천애(愛)뜰의 사용 및 관리에 관한 조례' 제7조 제1항 제5호 가목을 들어 이를 허가하지 않았다.

이에 청구인들은, '인천애(愛)뜰의 사용 및 관리에 관한 조례' 제6조, 제7조가 청구인들의 집회의 자유 등 기본권을 침해한다고 주장하며, 2019.12.20. 이 사건 헌법소원심판을 청구하였다.

▶ 심판대상

인천애(愛)뜰의 사용 및 관리에 관한 조례(2019.9.23. 인천광역시조례 제6255호로 제정된 것)

제7조 【사용허가 또는 제한】 ① 시장은 제6조에 따른 신청이 있는 경우 다음 각 호의 어느 하나에 해당되지 않은 경우에 한하여 허가할 수 있다.

　5. 인천애뜰의 잔디마당과 그 경계 내 부지를 사용하고자 하는 사항 중 다음 각 목에 해당하는 경우

　　가. 집회 또는 시위

▶ 결정주문

인천애(愛)뜰의 사용 및 관리에 관한 조례(2019.9.23. 인천광역시조례 제6255호로 제정된 것) 제7조 제1항 제5호 가목은 헌법에 위반된다.

▶ 이유의 요지

1. 법률유보원칙 위반 여부에 대한 판단: 소극

이 사건 조례는 지방자치법 등에 근거하여 인천광역시 소유의 공유재산이자 공공시설인 인천애뜰의 사용 및 관리에 필요한 사항을 규율하기 위하여 제정된 것이다.

따라서 심판대상조항은 법률의 위임 내지는 이에 근거하여 규정된 것이므로, 법률유보원칙에 위배되는 것으로 볼 수 없다.

2. 과잉금지원칙 위반 여부에 대한 판단: 적극

잔디마당에서 집회·시위가 평화적으로 이루어지지 않을 경우 이와 근접한 시청사의 안전과 기능 유지에 직접적인 위협이 되므로, 심판대상조항은 시청사의 안전과 기능을 확보하기 위한 것이다. 또한, 심판대상조항은 집회·시위 참여자의 잔디마당에 대한 독점적·배타적 사용을 차단하여, 집회·시위에 참여하지 않는 시민이 자유롭게 잔디마당을 산책, 운동, 휴식 등의 장소로 이용할 수 있도록 하기 위한 것이기도 하다. 이러한 입법목적은 정당하고, 집회·시위를 위한 잔디마당 사용허가를 전면적·일률적으로 제한하는 것은 이에 적합한 수단이다.

잔디마당은 도심에 위치하고 일반인에게 자유롭게 개방된 공간이며, 접근하기 편리하고 다중의 이목을 집중시키기에 유리하여, 인천광역시 또는 그 인근 지역에 거주하거나 생활근거지를 둔 다수인이 모여 공통의 의견을 표명하기에 적합하다. 특히 잔디마당을 둘러싸고 인천광역시, 시의회 청사 등이 자리 잡고 있으므로, 지방자치단체의 행정사무에 대한 의견을 표명하려는 목적이나 내용의 집회를 여는 경우에는 장소와의 관계가 매우 밀접하여 상징성이 큰 곳이다. 이러한 장소적 특성을 고려하면, 집회 장소로 잔디마당을 선택할 자유는 원칙적으로 보장되어야 하고, 공유재산의 관리나 공공시설의 설치·관리 등의 명목으로 일방적으로 제한되어서는 안 된다.

잔디마당에서 집회·시위가 개최되는 경우 시청사의 안전과 기능 유지에 위협이 될 수도 있으나, 인천광역시가 스스로 결단하여 시청사에 인접한 곳까지 개방된 공간을 조성한 이상, 이는 불가피한 측면이 있다. 인천광역시로서는 시청사 보호를 위한 방호인력을 확충하는 등의 대안 마련을 통하여, 잔디마당에서의 집회·시위를 전면적으로 제한하지 않고도 시청사의 안전과 기능 유지라는 입법목적을 달성할 수 있다.

잔디마당이 현재 일반인에게 널리 개방되어 자유로운 통행과 휴식 등 공간으로 활용되고 있는 이상, 이곳이 여전히 국토계획법상 공공청사 부지에 속하고, 집회·시위를 목적으로 한 분수광장의 사용이 용이하다는 점만으로, 심판대상조항에 따른 제한이 정당화될 수 없다. 따라서 심판대상조항은 침해의 최소성 요건을 갖추지 못하였다.

심판대상조항을 통하여 시청사의 안전과 기능을 확보하고, 공무원이 외부로부터의 심리적 압력을 받지 않고 공무에 집중할 수 있는 환경이 조성되며, 집회·시위의 영향을 받지 않고 잔디마당을 산책, 운동, 휴식을 위한 공간으로 사용하려 하는 사람의 편익이 증진될 여지가 있는 반면, 잔디마당을 집회 장소로 선택할 자유는 완전히 제한되는바, 공공에 위험을 야기하지 않고 시청사의 안전과 기능에도 위협이 되지 않는 집회나 시위까지도 예외 없이 금지되는 불이익이 발생하게 된다. 그렇다면 심판대상조항으로 인하여 제한되는 사익이 위 공익보다 중대하여, 심판대상조항은 법익의 균형성 요건도 갖추지 못하였다.

그렇다면 심판대상조항은 과잉금지원칙에 위배되어 청구인들의 집회의 자유를 침해한다.

▶ 결정의 의의

헌법재판소 선례는, '집회 장소가 집회의 목적과 효과에 대하여 중요한 의미를 가지기 때문에, 누구나 '어떤 장소에서' 자신이 계획한 집회를 할 것인가를 원칙적으로 자유롭게 결정할 수 있어야만 집회의 자유가 비로소 효과적으로 보장된다'는 점을 강조한 바 있다(헌재 2003.10.30. 2000헌바67등 참조).

잔디마당은 인천광역시 스스로 결단하여 종래의 시청사 외벽 등을 철거하고 새롭게 조성한 공간으로, 평소 일반인에게 자유롭게 개방되어 있으며, 도심에 위치하여 도보나 대중교통으로 접근하기 편리하고 다중의 이목을 집중시키기에 유리하며, 주변에 지방자치단체 주요 행정기관들의 청사가 있다.

헌법재판소는 위와 같은 잔디마당의 장소적 특성과 현황을 고려할 때, 집회 장소로 잔디마당을 선택할 자유는 원칙적으로 보장되어야 하고, 공유재산의 관리나 공공시설의 설치·관리 등의 명목으로 일방적으로 제한되어서는 안 되는바, 집회·시위를 목적으로 하는 경우에는 잔디마당의 사용을 전면적·일률적으로 제한하는 심판대상조항이 과잉금지원칙에 위배된다고 판단하였다.

한편, 잔디마당에서의 집회·시위는 '집회 및 시위에 관한 법률'에 따른 절차 및 제한을 준수하여야 하므로, 심판대상조항을 위헌으로 선언하더라도 시청사의 안전과 기능 보장, 시민의 자유로운 이용이라는 목적은 달성될 수 있을 것이다.

양심의 자유

195

가해학생에 대한 조치로 피해학생에 대한 서면사과를 규정한 구 '학교폭력예방 및 대책에 관한 법률' 제17조 제1항 제1호가 가해학생의 양심의 자유와 인격권을 침해하는지 여부: 소극[합헌] (헌재 2023. 2. 23. 2019헌바93)

▶ 판시사항

1. 학교폭력대책자치위원회(이하 '자치위원회'라 한다)의 설치·운영 등에 관한 사항과 자치위원회의 구성·운영 등에 관한 사항을 대통령령에 위임하도록 규정한 구 '학교폭력예방 및 대책에 관한 법률'(이하 '구 학교폭력예방법'이라 한다) 제12조 제4항, 제13조 제1항, 제4항(이하 '이 사건 자치위원회 위임규정'이라 한다)이 포괄위임금지원칙에 위배되는지 여부: 소극

2. 가해학생에 대한 조치별 적용 기준을 대통령령에 위임하도록 규정한 구 학교폭력예방법 제17조 제1항 본문 후단(이하 '이 사건 조치별 적용기준 위임규정'이라 한다)이 포괄위임금지원칙에 위배되는지 여부: 소극

3. 가해학생에 대한 조치로 피해학생에 대한 서면사과를 규정한 구 학교폭력예방법 제17조 제1항 제1호(이하 '이 사건 서면사과조항'이라 한다)가 가해학생의 양심의 자유와 인격권을 침해하는지 여부: 소극

4. 가해학생에 대한 조치로 피해학생 및 신고·고발한 학생에 대한 접촉, 협박 및 보복행위의 금지를 규정한 구 학교폭력예방법 제17조 제1항 제2호(이하 '이 사건 접촉 등 금지조항'이라 한다)가 가해학생의 일반적 행동자유권을 침해하는지 여부: 소극

5. 가해학생에 대한 조치로 학급교체를 규정한 구 학교폭력예방법 제17조 제1항 제7호(이하 '이 사건 학급교체조항'이라 한다)가 가해학생의 일반적 행동자유권을 침해하는지 여부: 소극

6. 학부모대표가 전체위원의 과반수를 구성하고 있는 자치위원회에서 일정한 요건을 갖춘 경우 반드시 회의를 소집하여 가해학생에 대한 조치의 내용을 결정하게 하고 학교의 장이 이에 구속되도록 규정한 구 학교폭력예방법 제13조 제1항, 제2항, 제17조 제1항, 제6항(이하 '이 사건 의무화 규정'이라 한다)이 과잉금지원칙을 위반하여 가해학생의 양심의 자유, 인격권 및 일반적 행동자유권을 침해하는지 여부: 소극

▶ 결정요지

1. 학교폭력의 원인은 다양하고, 자치위원회는 개별 학교에 설치되는 기구이므로, 구체적인 학교 현실과 교육적인 측면의 정책적 판단이 반영될 수 있도록 자치위원회의 설치·운영·구성 등에 관한 사항을 대통령령에 위임할 필요성이 인정된다. 또한, 구 학교폭력예방법에서는 자치위원회의 설치 장소, 위원의 구성, 회의의 개최 시기, 소집요건 등 기본적인 사항을 직접 규정하고 있으므로, 이 사건 자치위원회 위임규정에 따라 대통령령에 규정될 내용이 위원장 및 위원의 자격요건이나 선출 또는 위촉방법, 회의의 구체적인 소집절차나 심의방법 등 자치위원회의 설치·운영 등에 관하여 필요한 구체적인 사항이 될 것임을 충분히 예측할 수 있다. 따라서 이 사건 자치위원회 위임규정은 포괄위임금지원칙에 위배되지 않는다.

2. 가해학생에 대한 각 조치별 적용기준을 학교폭력의 태양이나 심각성, 피해학생의 피해 정도나 가해학생에 미치는 교육적 효과 등 여러 가지 요소를 종합적으로 고려하여 정하는 것이 피해학생의 보호와 가해학생의 선도 및 교육에 보다 효과적인 방법이 될 수 있으므로, 대통령령에 위임할 필요성이 인정된다. 또한, 구 학교폭력예방법 제17

조는 가해학생에 대한 조치의 경중 및 각 조치의 병과 여부 등 조치별 적용 기준의 기본적인 내용을 법률에서 직접 규정하고 있으므로, 이 사건 조치별 적용기준 위임규정에 따라 대통령령에 규정될 내용은 자치위원회가 가해학생에 대한 조치의 내용을 정함에 있어 고려해야 할 학교폭력의 태양이나 정도, 피해학생의 피해 정도나 피해회복 여부, 가해학생의 태도 등 세부적인 기준에 관한 내용이 될 것임을 충분히 예측할 수 있다. 따라서 이 사건 조치별 적용기준 위임규정은 포괄위임금지원칙에 위배되지 않는다.

3. 이 사건 서면사과조항은 가해학생에게 반성과 성찰의 기회를 제공하고 피해학생의 피해 회복과 정상적인 학교생활로의 복귀를 돕기 위한 것이다. 학교폭력은 여러 복합적인 원인으로 발생하고, 가해학생도 학교와 사회가 건전한 사회구성원으로 교육해야 할 책임이 있는 아직 성장과정에 있는 학생이므로, 학교폭력 문제를 온전히 응보적인 관점에서만 접근할 수는 없고 가해학생의 선도와 교육이라는 관점도 함께 고려하여야 한다.

학교폭력의 가해학생과 피해학생은 모두 학교라는 동일한 공간에서 생활하므로, 가해학생의 반성과 사과 없이는 피해학생의 진정한 피해회복과 학교폭력의 재발방지를 기대하기 어렵다. 서면사과 조치는 단순히 의사에 반한 사과명령의 강제나 강요가 아니라, 학교폭력 이후 피해학생의 피해회복과 정상적인 교우관계회복을 위한 특별한 교육적 조치로 볼 수 있다. 가해학생은 서면사과를 통해 자신의 잘못된 행위에 대하여 책임을 지는 방법과 피해학생의 피해를 회복하는 방법을 배우고, 이를 통해 건전한 사회구성원으로 성장해나갈 수 있다.

서면사과 조치는 내용에 대한 강제 없이 자신의 행동에 대한 반성과 사과의 기회를 제공하는 교육적 조치로 마련된 것이고, 가해학생에게 의견진술 등 적정한 절차적 기회를 제공한 뒤에 학교폭력 사실이 인정되는 것을 전제로 내려지는 조치이며, 이를 불이행하더라도 추가적인 조치나 불이익이 없다. 또한 이러한 서면사과의 교육적 효과는 가해학생에 대한 주의나 경고 또는 권고적인 조치만으로는 달성하기 어렵다. 따라서 이 사건 서면사과조항이 가해학생의 양심의 자유와 인격권을 과도하게 침해한다고 보기 어렵다.

4. 가해학생의 접촉, 협박이나 보복행위를 금지하는 것은 피해학생과 신고·고발한 학생의 안전한 학교생활을 위한 불가결한 조치이다. 이 사건 접촉 등 금지조항은 가해학생의 의도적인 접촉 등만을 금지하고 통상적인 학교 교육활동 과정에서 의도하지 않은 접촉까지 모두 금지하는 것은 아니며, 학교폭력의 지속성과 은닉성, 가해학생의 접촉, 협박 및 보복행위 가능성, 피해학생의 피해 정도 등을 종합적으로 고려하여 이루어지는 것이므로, 가해학생의 일반적 행동자유권을 침해한다고 보기 어렵다.

5. 이 사건 학급교체조항은 학교폭력의 심각성, 가해학생의 반성 정도, 피해학생의 피해 정도 등을 고려하여 가해학생과 피해학생의 격리가 필요한 경우에 행해지는 조치로서 가해학생은 학급만 교체될 뿐 기존에 받았던 교육 내용이 변경되는 것은 아니다. 피해학생이 가해학생과 동일한 학급 내에 있으면서 지속적으로 학교폭력의 위험에 노출된다면 심대한 정신적, 신체적 피해를 입을 수 있으므로, 이 사건 학급교체조항이 가해학생의 일반적 행동자유권을 과도하게 침해한다고 보기 어렵다.

6. 이 사건 의무화 규정은 학교폭력의 축소·은폐를 방지하고 피해학생의 보호 및 가해학생의 선도 교육을 위하여, 학부모들의 자치위원회 참여를 확대 보장하고 자치위원회의 회의소집과 가해학생에 대한 조치 요청, 학교의 장의 가해학생에 대한 조치를 모두 의무화한 것이다. 학부모들의 참여는 학교폭력의 부당한 축소·은폐를 방지하고 안전한 교육환경 조성에 기여할 수 있으며, 학부모 대표의 공정성 확보나 부족한 전문성을 보완할 수 있는 제도도 마련되어 있다. 또한 자치위원회의 가해학생에 대한 조치 요청이나 학교장의 조치는 모두 학교폭력 사실이 인정되는 것을 전제로 의무화된 것이고, 의무화 규정 도입 당시 학교 측의 불합리한 처리나 은폐가능성을 차단하고 학교폭력에 대한 교사와 학교의 책임을 강화하려는 사회적 요청이 있었으며, 가해학생 측에 의견진술 등 적정한 절차가 보장되고, 가해학생 측이 이에 불복하는 경우 민사소송이나 행정소송 등을 통하여 다툴 수 있다는 점 등을 고려하면, 이 사건 의무화 규정이 가해학생의 양심의 자유와 인격권, 일반적 행동자유권을 침해한다고 보기 어렵다.

헌법재판소는 사죄광고나 사과문 게재를 명하는 조항에 대하여 양심의 자유와 인격권 침해를 인정하여 왔으나(헌재 1991.4.1, 89헌마160 ; 헌재 2012.8.23, 2009헌가27 ; 헌재 2015.7.30, 2013헌가8), 이 사건에서는 가해학생의 선도와 피해학생의 피해회복 및 정상적인 교육관계회복을 위한 특별한 교육적 조치로 보아 피해학생에 대한 서면사과 조치가 가해학생의 양심의 자유와 인격권을 침해하지 않는다고 판단하였다.

그러나 이에 대하여는, 사과는 외부에서 강제할 수 없는 성질의 것이므로 아직 성장과정에 있는 학생이라 하더라도 이를 강제하는 것은 가해학생의 양심의 자유와 인격권을 침해한다는 반대의견이 있었다.

종교의 자유

196

육군훈련소장이 훈련병들에 대하여 육군훈련소 내 종교 시설에서 개최되는 개신교, 불교, 천주교, 원불교 종교 행사 중 하나에 참석하도록 한 행위가 종교의 자유를 침해하여 위헌인지 여부: 적극[인용(위헌확인)] (헌재 2022.11.24, 2019헌마941)

" 사건개요 "

청구인들은 모두 종교를 가지고 있지 않은 자들로, 2019.5.30. 육군훈련소에 입소하여 2019.6.27.까지 기초군 사훈련을 받았다.

기초군사훈련 1주차였던 2019.6.2. 일요일 오전 8시 30분경, 육군훈련소 분대장은 훈련병들에게 '육군훈련소 내에서 개최되는 개신교, 불교, 천주교, 원불교 종교행사 중 하나를 선택하여 참석해보라'고 말하였다. 이에 청구인들은 종교가 없으니 어느 종교행사에도 참석하고 싶지 않다는 의사를 밝혔으나 위 분대장은 '다시 한 번 생각해보되 생각이 바뀌지 않으면 다시 와서 불참의사를 확정적으로 밝히라'는 취지로 말하였다. 이후 청구인들은 재차 불참의사를 밝히지 않고 육군훈련소 내 각 종교시설에서 진행되는 종교행사에 참석하였다.

청구인들은 피청구인이 2019.6.2. 청구인들에 대하여 육군훈련소 내 종교 시설에서 개최되는 종교행사에 참석하도록 한 조치가 자신들의 종교의 자유를 침해하고 정교분리원칙에 위반된다고 주장하면서, 2019.8.23. 이 사건 헌법소원심판을 청구하였다.

1. 적법요건에 대한 판단

이 사건 종교행사 참석조치는 피청구인 육군훈련소장이 우월적 지위에서 청구인들에게 일방적으로 강제한 행위로, 헌법소원심판의 대상이 되는 권력적 사실행위에 해당한다.

이 사건 종교행사 참석조치는 이미 종료된 행위이나, 반복 가능성과 헌법적 해명의 중요성을 고려할 때 심판의 이익을 인정할 수 있다.

2. 본안에 대한 판단

(1) 이 사건 종교행사 참석조치는, 청구인들의 내심이나 신앙에 실제 변화가 있었는지 여부와는 무관하게, 청구인들의 종교의 자유를 제한하는 것이다.

타인에 대한 종교나 신앙의 강제는 결국 종교적 행위, 즉 신앙고백, 기도, 예배 참석 등 외적 행위를 통하여만 가능하다. 따라서 이 사건 종교행사 참석조치로 인하여 청구인들의 내심이나 신앙에 실제 변화가 있었는지 여부와는 무관하게, 종교시설에서 개최되는 종교행사에의 참석을 강제한 것만으로 청구인들이 신앙을 가지지 않을 자유와 종교적 집회에 참석하지 않을 자유를 제한하는 것이다.

(2) 이 사건 종교행사 참석조치는 국가의 종교에 대한 중립성을 위반하고, 국가와 종교의 밀접한 결합을 초래하여 정교분리원칙에 위배된다.

이 사건 종교행사 참석조치는 피청구인 육군훈련소장이 위 4개 종교를 승인하고 장려한 것이자, 여타 종교 또는 무종교보다 이러한 4개 종교 중 하나를 가지는 것을 선호한다는 점을 표현한 것이라고 보여질 수 있으므로 국가의 종교에 대한 중립성을 위반하여 특정 종교를 우대하는 것이다.

또한, 이 사건 종교행사 참석조치는 국가가 종교를, 군사력 강화라는 목적을 달성하기 위한 수단으로 전락시키거나, 반대로 종교단체가 군대라는 국가권력에 개입하여 선교행위를 하는 등 영향력을 행사할 수 있는 기회를 제공하므로, 국가와 종교의 밀접한 결합을 초래한다는 점에서 정교분리원칙에 위배된다.

(3) 이 사건 종교행사 참석조치는 과잉금지원칙에 위배되어 청구인들의 종교의 자유를 침해한다.

이 사건 종교행사 참석조치는 군에서 필요한 정신전력을 강화하는 데 기여하기보다 오히려 해당 종교와 군 생활에 대한 반감이나 불쾌감을 유발하여 역효과를 일으킬 소지가 크고, 훈련병들의 정신전력을 강화할 수 있는 방법으로 종교적 수단 이외에 일반적인 윤리교육 등 다른 대안도 택할 수 있으며, 종교는 개인의 인격을 형성하는 가장 핵심적인 신념일 수 있는 만큼 종교에 대한 국가의 강제는 심각한 기본권 침해에 해당하는 점을 고려할 때, 이 사건 종교행사 참석조치는 과잉금지원칙을 위반하여 청구인들의 종교의 자유를 침해한다.

197

> 연 2회 실시하는 2021년도 간호조무사 국가시험의 시행일시를 모두 토요일 일몰 전으로 정한 '2021년도 간호조무사 국가시험 시행계획 공고'(이하 '이 사건 공고'라 한다)가 청구인의 종교의 자유를 침해하는지 여부: 소극
> (헌재 2023.6.29. 2021헌마171)

간호조무사 국가시험이 어느 요일에 실시되느냐에 따라 일부 수험생들은 시험 응시에 어느 정도 지장이나 불편을 감내할 수밖에 없으므로 시험 요일은 피해를 최소화할 수 있는 방안으로 결정하여야 한다. 시험일을 평일로 정할 경우 시험장의 확보와 전국적인 시험 관리에 어려움이 발생하고, 직장인이거나 재학 중인 수험생의 시험 응시가 어렵게 된다. 시험일을 일요일로 정하는 경우 제칠일안식일예수재림교(이하 '재림교'라 한다)를 믿는 청구인의 종교의 자유에 대한 제한은 없을 것이나, 일요일에 종교적 의미를 부여하는 응시자의 종교의 자유를 제한하게 되므로, 종교의 자유 제한 문제는 기본권의 주체만을 달리하여 그대로 존속하게 된다. 또한 대부분의 지방자치단체에서 시험장소 임차 및 인력동원 등의 이유로 일요일 시험실시가 불가하거나 어려워, 현재로서는 일요일에 시험을 시행하는 것도 현실적으로 어려운 상황이다. 이러한 사정을 고려할 때, 연 2회 실시되는 간호조무사 국가시험을 모두 토요일에 실시한다고 하여 그로 인한 기본권 제한이 지나치다고 볼 수 없다. 따라서 이 사건 공고는 과잉금지원칙에 반하여 청구인의 종교의 자유를 침해하지 아니한다.

198

재건축부담금 사건 [합헌] (헌재 2019.12.27, 2014헌바381)

> **사건개요**

청구인은 서울 용산구 (주소 생략) 지상 건축물을 철거하고 새로운 건축물을 신축하기 위하여 설립된 주택재건축정비사업조합인바, 2012.9.25. 서울특별시 용산구청장으로부터 1,718,727,300원의 재건축부담금 부과처분(이하 '이 사건 부과처분'이라 한다)을 받았다.

청구인은 이 사건 부과처분의 취소를 구하는 소송을 제기하고(서울행정법원 2012구합42281), 그 소송 계속 중 '재건축초과이익 환수에 관한 법률' 제3조, 제5조, 제7조, 제9조에 대하여 위헌법률심판제청신청을 하였으나 2014.7.25. 기각되자, 2014.9.3. 이 사건 헌법소원심판을 청구하였다.

▶ **판시사항**

1. 주택재건축사업에서 발생되는 재건축초과이익에 대하여 재건축부담금을 징수하도록 규정한 구 '재건축초과이익 환수에 관한 법률' 제3조, 구 '재건축초과이익 환수에 관한 법률' 제5조(이하 위 두 조항을 합하여 '이 사건 환수조항 등'이라 한다)가 과잉금지원칙에 반하여 청구인의 재산권을 침해하는지 여부: 소극

2. 이 사건 환수조항 등이 평등원칙에 위반되는지 여부: 소극

3. 일반분양분의 종료시점 주택가액을 분양시점 분양가격을 기준으로 산정하도록 규정한 '재건축초과이익 환수에 관한 법률' 제7조 중 '분양시점 분양가격' 부분(이하 '이 사건 일반분양조항'이라 한다)이 명확성원칙에 위반되는지 여부: 소극

4. 이 사건 일반분양조항이 평등원칙에 위반되는지 여부: 소극

5. 개시시점 주택가액과 종료시점 주택가액의 산정기준과 절차를 규정한 구 '재건축초과이익 환수에 관한 법률' 제9조(이하 '이 사건 가액산정조항'이라 한다)가 청구인의 재산권을 침해하는지 여부: 소극

▶ **결정요지**

1. 이 사건 환수조항 등은 주택가격을 안정시키고 사회적 형평을 기하기 위하여 주택재건축사업을 통하여 발생한 정상주택가격상승분을 초과하는 주택가액의 증가분 중 일부를 환수하도록 규정하고 있는바, 재건축조합의 비용과 노력이 투입된 개발비용 등을 모두 공제하여 산정하도록 규정한 재건축부담금 부과기준 산정방법, 재건축초과이익 중 조합원 1인당 3천만원을 초과하는 경우에 한하여 비례적으로 높아지도록 설계된 부과율, 부과종료시점으로부터 역산하여 최대 10년이 되는 날을 부과개시시점으로 규정한 부과산정기간, 재건축부담금과 양도소득세의 부담을 조정하기 위하여 마련된 각종 공제규정의 존재 등을 종합하여 보면, 이 사건 환수조항 등은 과잉금지원칙에 반하여 청구인의 재산권을 침해하지 아니한다.

2. 주택재건축사업과 주택재개발사업은 사업목적과 대상, 구체적인 사업의 시행방식 및 절차, 개발이익 환수의 방식과 정도가 모두 달라, 헌법적으로 의미 있는 비교집단이 될 수 없으므로, 이 사건 환수조항 등은 평등원칙에 위반되지 아니한다.

3. 재산권 보장의 일반원칙, '재건축초과이익 환수에 관한 법률'의 입법취지, 조합원분양분에 대한 부과기준과의 관계 등을 종합하여 보면, 이 사건 일반분양조항의 '분양시점의 분양가격'은 '실제의 분양가격'이라고 명확하게 해석될 수 있으므로, 명확성원칙에 위반되지 아니한다.

4. 이 사건 일반분양조항은 최종적인 재건축부담금을 산정하기 위한 중간 단계의 기술적인 조항에 불과하여, 재건축조합에 대한 어떤 차별이 존재한다고 볼 수 없으므로, 평등원칙에 위반되지 아니한다.

5. 이 사건 가액산정조항에 의하여 산정되는 '개시시점 주택가액'과 '종료시점 주택가액'은 실질적으로 동일한 기준과 절차에 따라 산정된다고 할 것이므로, 청구인의 주장과 같이 상이한 조건에서 주택가액을 산정함으로써 청구인의 재산권을 침해하여 헌법에 위반된다고 할 수 없다.

199

피상속인의 4촌 이내의 방계혈족을 4순위 법정상속인으로 규정한 민법 제1000조 제1항 제4호가 재산권을 침해하는지 여부: 소극[합헌] (헌재 2020.2.27, 2018헌가11)

민법은 제1019조 내지 제1021조에서 상속인으로 하여금 법정의 고려기간 내에 상속을 단순승인 또는 한정승인하거나 상속을 포기할 수 있도록 하는 한편 상속인의 구체적 상황에 따라 고려기간의 기산점을 달리 하거나 특별한정승인을 할 수 있도록 규정함으로써, 상속의 효과를 귀속받을지 여부에 관한 상속인의 선택권을 보장하고 상속인에게 불측의 부담이 부과되는 것을 막는 법적 장치를 마련하고 있다.

그렇다면 입법자가 피상속인의 4촌 이내의 방계혈족을 일률적으로 4순위 법정상속인으로 규정한 것이 자의적인 입법형성권의 행사라고 보기 어렵고, 구체적 사안에서 피상속인의 4촌 이내의 방계혈족이 개인적 사정으로 고려기간 내에 상속포기를 하지 못하여 피상속인의 채무를 변제하게 되는 경우가 발생할 수 있다는 이유만으로 심판대상조항이 입법형성권의 한계를 일탈하였다고 볼 수도 없다. 따라서 심판대상조항은 피상속인의 4촌 이내의 방계혈족의 재산권 및 사적 자치권을 침해하지 아니한다.

회원제 골프장용 부동산의 재산세에 대하여 1천분의 40의 중과세율을 규정한 것이 재산권을 침해하는지 여부: 소극[합헌] (헌재 2020.3.26. 2016헌가17 등)

회원제 골프장의 회원권 가격 및 비회원의 그린피 등을 고려할 때 골프장 이용행위에 사치성이 없다고 단정할 수는 없고, 골프가 아직은 많은 국민들이 경제적으로 부담 없이 이용하기에는 버거운 고급 스포츠인 점을 부인할 수 없다. 따라서 심판대상조항에 의한 회원제 골프장에 대한 재산세 중과가 사치·낭비풍조를 억제하고 국민계층간의 위화감을 해소하여 건전한 사회기풍을 조성하고자 하는 목적의 정당성을 상실하였다고 볼 수 없고, 심판대상조항은 위와 같은 목적을 달성하기 위한 적합한 수단이 된다. 결국 심판대상조항은 사치·낭비 풍조를 억제함으로써 바람직한 자원배분을 달성하고자 하는 유도적·형성적 정책조세조항으로서 그 중과세율이 입법자의 재량의 범위를 벗어나 회원제 골프장의 운영을 사실상 봉쇄하는 등 소유권의 침해를 야기한다고 보기 어려울 뿐만 아니라, 회원제 골프장을 운영하는 자 또는 골프장 운영을 희망하는 자로서도 자신의 선택에 따라 중과세라는 규제로부터 벗어날 수 있는 길이 열려 있다고 할 것이므로, 과잉금지원칙에 반하여 회원제 골프장 운영자 등의 재산권을 침해한다고 볼 수 없다.

공무원이 재직 중 사유로 금고 이상의 형을 받은 경우 퇴직급여 및 퇴직수당의 일부를 감액하여 지급함에 있어, 그 이후 형의 선고의 효력을 상실하게 하는 특별사면 및 복권을 받은 경우를 달리 취급하는 규정을 두지 아니한 것이 재산권, 인간다운 생활을 할 권리를 침해하는지 여부: 소극[합헌] (헌재 2020.4.23. 2018헌바402)

심판대상조항은 공무원으로서의 신분이나 직무상 의무를 다하지 못한 공무원과 성실히 근무한 공무원을 동일하게 취급하는 것이 오히려 불합리하다는 측면과 아울러 보상액에 차이를 둠으로써 공무원 범죄를 예방하고 공무원이 재직 중 성실히 근무하도록 유도하는 효과를 고려한 것으로, 그 정당성이 인정된다. 공무원이 범죄행위로 형사처벌을 받은 경우 국민의 신뢰가 손상되고 공직 전체에 대한 신뢰를 실추시켜 공공의 이익을 해하는 결과를 초래하는 것은 그 이후 특별사면 및 복권을 받아 형의 선고의 효력이 상실된 경우에도 마찬가지이다. 또한, 형의 선고의 효력을 상실하게 하는 특별사면 및 복권을 받았다 하더라도 그 대상인 형의 선고의 효력이나 그로 인한 자격상실 또는 정지의 효력이 장래를 향하여 소멸되는 것에 불과하고, 형사처벌에 이른 범죄사실 자체가 부인되는 것은 아니므로, 공무원 범죄에 대한 제재수단으로서의 실효성을 확보하기 위하여 특별사면 및 복권을 받았다 하더라도 퇴직급여 등을 계속 감액하는 것을 두고 현저히 불합리하다고 평가할 수 없다. 나아가 심판대상조항에 의하여 퇴직급여 등의 감액대상이 되는 경우에도 본인의 기여금 부분은 보장하고 있다.

따라서 심판대상조항은 그 합리적인 이유가 인정되는바, 재산권 및 인간다운 생활을 할 권리를 침해한다고 볼 수 없어 헌법에 위반되지 아니한다.

관리처분계획인가의 고시가 있으면 별도의 영업손실보상 없이 재건축사업구역 내 임차권자의 사용·수익을 중지시키는 '도시 및 주거환경정비법' 제81조 제1항 본문 중 재건축사업구역 내 임차권자에 관한 부분이 임차권자의 재산권을 침해하여 헌법에 위배되는지 여부: 소극[합헌] (헌재 2020.4.23. 2018헌가17)

재건축사업의 임차권자에 대해서는 '공익사업을 위한 토지 등의 취득 및 보상에 관한 법률'에 규정된 세입자 보상에 관한 조항들이 원칙적으로 적용되지 않는데, 이는 '도시 및 주거환경정비법'이 임차권자에 대한 보상 역시 건축물의 소유자인 임대인과 임차인 사이의 임대차계약에 따라 사적 자치에 의해 해결하도록 한 것으로 볼 수 있다.

임차권은 사적 자치의 원칙이 적용되어 그 내용과 형태 및 설정방식 등이 다양한데 임차인의 복잡·다양한 사정까지 고려하여 미리 보상규정을 마련한다는 것은 매우 비효율적일 뿐만 아니라, 획일적이고 현실성 없는 보상규정으로 말미암아 자칫 보상의 실효성을 떨어뜨리고, 구상문제 등으로 새로운 분쟁을 초래함으로써 재건축사업의 원활한 진행에 차질을 빚을 수 있다. 임대인과 임차인은 재건축사업이 진행되고 있는 건축물에 대해서는 특약사항이 포함된 임대차계약을 체결하는 등의 방식으로 충분히 이해관계를 조정할 수 있고, 실제 많은 임차인들이 임차료가 낮게 형성된 재건축지역에서 낮은 차임이라는 경제적 이익을 누리고 있는 것으로 보이므로, 사적 자치에 의한 이익 조정이 불가능하다거나 현실적이지 않다고 단정하기는 어렵다.

이러한 사정들을 종합하면 임차권자에 대한 보상을 임대인과 임차인 사이의 임대차계약 등에 따라 사적 자치에 의해 해결하도록 한 입법자의 판단이 잘못되었다고 보기 어려우므로, 심판대상조항은 과잉금지원칙을 위반하여 임차권자의 재산권을 침해하지 아니한다.

농지소유자로 하여금 원칙적으로 농지의 위탁경영을 할 수 없도록 한 농지법 제9조가 재산권을 침해하는지 여부: 소극[기각] (헌재 2020.5.27. 2018헌마362)

농지에 대한 위탁경영을 널리 허용할 경우 농지가 투기 수단으로 전락할 수 있고, 식량 생산의 기반으로서 농지의 공익적 기능이 저해될 가능성을 배제하기 어렵다. 한편 위탁경영금지조항에서는 예외적으로 농지의 위탁경영이 허용되는 사유를 규정함으로써 그 농지를 합리적으로 사용·수익할 수 있도록 하고 있으므로 위탁경영금지조항은 침해의 최소성도 인정된다.

위탁경영금지조항으로 농지의 공익적 기능을 유지할 수 있고 궁극적으로 건전한 국민경제의 발전을 도모할 수 있게 된다. 이러한 공익은 위탁경영금지조항으로 인하여 제한되는 청구인의 재산권보다 현저히 크다고 할 것이므로, 위탁경영금지조항은 법익의 균형성도 인정된다.

그러므로 위탁경영금지조항은 청구인의 재산권을 침해하지 않는다.

수용된 토지 등의 인도의무 위반시 형사처벌하는 것이 재산권을 침해하여 위헌인지 여부: 소극[합헌] (헌재 2020. 5.27. 2017헌바464)

행정적 조치나 민사적 수단만으로는 이 조항들의 입법목적을 달성하기 어렵고, 엄격한 경제적 부담을 수반하는 행정적 제재를 통한 강제가 덜 침해적인 방법이라고 단정하기 어렵다. 나아가, 벌칙조항은 법정형에 하한을 두고 있지 않아 행위에 상응하는 처벌이 가능하므로 심판대상조항은 침해의 최소성 요건을 충족한다. 인도의무자의 권리가 절차적으로 보호되고 의견제출 및 불복수단이 마련되어 있는 점 등을 고려할 때, 인도의무의 강제로 인한 부담이 공익사업의 적시 수행이라는 공익의 중요성보다 크다고 볼 수 없어 법익균형성을 상실하였다고 볼 수 없다. 그렇다면, 심판대상조항은 청구인들의 재산권, 거주·이전의 자유, 직업의 자유를 침해한다고 할 수 없다.

임대차 목적물인 상가건물이 유통산업발전법 제2조에 따른 대규모점포의 일부인 경우 임차인의 권리금 회수기회 보호규정 적용을 하지 않도록 한 것이 재산권을 침해하는지 여부: 소극[합헌] (헌재 2020.7.16. 2018헌바242)

대규모점포의 경우 임대인이 막대한 비용과 노력을 들여 상권을 형성하고 유지·관리하며 임차인은 그 결과로 형성된 지명도나 고객을 이용하여 영업을 하는 측면이 있으며, 대규모점포는 공간구조에 어떤 상품, 어떤 임차인을 갖출 것인지에 관한 임대인의 계획에 따라 전체 매장의 성공 여부가 좌우된다. 권리금 회수기회 보호규정을 대규모점포에 적용함에 있어서는 이러한 대규모점포의 특성을 고려하여 임대인의 계약 상대방 선택의 자유를 보다 넓게 인정하는 등 임대인의 지위와의 조화를 도모할 필요가 있다. 대규모점포의 경우에도 부속물매수청구권(민법 제646조) 또는 비용상환청구권(민법 제626조 제2항)을 행사하여 투하자본을 회수할 가능성이 있으며, 상가임대차법에서 임차인에게 보장하는 계약갱신요구권(제10조)이나 대항력(제3조)규정의 적용을 받아 권리금 회수를 간접적으로 보호받고 있다. 이상과 같은 점을 종합할 때, 심판대상조항이 입법형성권의 한계를 일탈하여 청구인들의 재산권을 침해한다고 보기 어렵다.

물이용부담금을 부과하는 한강수계법 사건 [합헌] (헌재 2020.8.28. 2018헌바425)

▶ 판시사항

1. '한강수계 상수원수질개선 및 주민지원 등에 관한 법률'(이하 '한강수계법'이라 한다) 제19조 제1항이 규정한 '물사용량에 비례한 부담금'(이하 '물이용부담금'이라 한다)의 법적 성격

2. 물이용부담금의 산정방법 등 필요한 사항을 대통령으로 위임하도록 한 한강수계법 제19조 제1항 본문 중 '공공수역으로부터 취수된 원수를 정수하여 공급받는 최종 수요자'에 관한 부분 및 같은 조 제5항(이하 '심판대상조항'이라 한다)이 포괄위임금지원칙에 위배되는지 여부: 소극

3. 한강을 취수원으로 한 수돗물의 최종 수요자에게 물이용부담금을 부과하는 한강수계법 제19조 제1항 본문 중 '공공수역으로부터 취수된 원수를 정수하여 공급받는 최종 수요자'에 관한 부분(이하 '부담금부과조항'이라 한다)이 물이용부담금 납부의무자의 재산권을 침해하거나 평등원칙에 위배되는지 여부: 소극

▶ 결정요지

1. 물이용부담금은 한강수계법상 한강수계관리기금을 조성하는 재원이다. 물이용부담금은 수도요금과 구별되는 별개의 금전으로서 한강수계로부터 취수된 원수를 정수하여 직접 공급받는 최종 수요자라는 특정 부류의 집단에만 강제적·일률적으로 부과된다. 물이용부담금은 한강수계관리기금으로 포함되어 한강수계법에서 열거한 용도로 사용되고, 한강수계관리위원회는 조성된 한강수계관리기금은 별도의 운용계획에 따라 집행 및 결산보고를 하게 된다. 이를 종합하면 물이용부담금은 조세와 구별되는 것으로서 부담금에 해당한다.
물이용부담금은 한강수계관리기금의 재원을 마련하는 데에 그 부과의 목적이 있고, 그 부과 자체로써 수돗물 최종 수요자의 행위를 특정한 방향으로 유도하거나 물이용부담금 납부의무자 이외의 다른 집단과의 형평성 문제를 조정하고자 하는 등의 목적이 있다고 보기 어려우므로, 재정조달목적 부담금에 해당한다.

2. 물이용부담금의 산정 방법과 기준 등을 정하는 것은 성격상 기술적·전문적 판단이 필요하고 수시로 변화하는 상황에 맞게 탄력적으로 대응할 필요가 있으므로 이를 대통령령에 위임할 필요성이 있다. 심판대상조항은 물이용부담금이 '물사용량에 비례하여' 산정된다는 점을 명시하여 그 산정기준을 구체적으로 제시하고 있고, 한강수계법 제21조 및 제22조 등을 체계적으로 해석하면 물이용부담금의 산정 방법과 기준은 수질개선사업과 관련된 한강수계관리기금 조성의 필요성이 있는 범위 내라는 점을 쉽게 예측할 수 있으므로 심판대상조항은 대통령령에 규정될 내용의 대강을 정하고 있는 것으로 볼 수 있다. 따라서 심판대상조항은 포괄위임금지원칙에 위배되지 아니한다.

3. 물이용부담금 납부대상자는 공공재로서 한강에서 취수된 물을 공급받아 소비한다는 점, 수질개선을 위한 토지 이용규제 등 공적 부담을 지고 있지 않는 집단이라는 점에서 동질적인 특정 요소를 갖추고 있고, 수질개선을 통해 양질의 수자원을 제공받는 특별한 이익을 얻고 있으므로 한강 수질개선이라는 공적 과제와 부담금 납부대상자 사이에 특별히 밀접한 관련성을 인정할 수 있기 때문에 물이용부담금의 부과는 공적 과제 달성을 위한 적합한 수단에 해당한다.
한강 수질개선 사업은 해당 국민의 건강·생활환경과 밀접한 관련을 갖는 중대한 공적 과제인 반면, 부담금 납부대상자에게 부과되는 물이용부담금 부과요율이 과다하다고 볼 수 없기 때문에 이 조항으로 인한 재산권 제한이 공익에 비하여 크다고 볼 수 없으므로 침해의 최소성과 법익의 균형성 요건을 충족한다. 따라서 부담금부과조항이 과잉금지원칙에 반하여 재산권을 침해한다고 볼 수 없다. 부담금의 선별적 부과라는 차별에 합리성이 있는지 여부는 그것이 행위 형식의 남용으로서 부담금의 헌법적 정당화 요건을 갖추었는지 여부와 관련이 있는데, 한강

수질개선이라는 공적 과제와 부담금 납부대상자 사이에 특별히 밀접한 관련성을 인정할 수 있으므로 물이용부담 금의 부과는 헌법적 정당화 요건을 갖추었다. 따라서 물이용부담금의 납부의무자 집단을 선정하면서 한강 하류 지역의 수돗물 최종 수요자를 납부의무자로 정한 부담금부과조항이 평등원칙에 위배된다고 볼 수 없다.

207

지방자치단체의 장선거의 예비후보자에 대한 기탁금 반환사유를 제한한 구 공직선거법 제57조 제1항 중 제1호 다목의 '지방자치단체의 장선거'에 관한 부분이 재산권을 침해하는지 여부: 적극[헌법불합치] (헌재 2020.9.24. 2018헌가15)

사건개요

제청신청인들은 제6회·제7회 전국동시지방선거에서 각 지방자치단체장 예비후보자로 등록하면서 기탁금 1,000만원씩을 관할 선거관리위원회에 납부하였다. 제청신청인들은 정당의 후보자가 되기 위하여 공천신청을 하였으나 공천심사에서 탈락한 후 위 각 선거에 후보자등록을 하지 않았고, 관할 선거관리위원회는 제청신청인 들에게 납부한 기탁금이 국가에 귀속된다는 통지를 하였다.
제청신청인들은 기탁금을 돌려달라는 취지의 소송을 각각 제기하였고, 그 소송에서 정당의 공천심사에서 탈락 한 후 후보자등록을 하지 않은 경우를 기탁금 반환 사유로 규정하지 않은 구 공직선거법(2010.1.25. 법률 제 9974호로 개정되고, 2020.3.25. 법률 제17127호로 개정되기 전의 것) 제57조 제1항 중 제1호 다목의 '지방자 치단체의 장선거'에 관한 부분에 대하여 각각 위헌법률심판제청신청을 하였으며, 제청법원들은 이를 받아들여 위헌법률심판제청을 하였다.

▶ 심판대상

구 공직선거법(2010.1.25. 법률 제9974호로 개정되고, 2020.3.25. 법률 제17127호로 개정되기 전의 것)
제57조【기탁금의 반환 등】① 관할 선거구선거관리위원회는 다음 각 호의 구분에 따른 금액을 선거일 후 30일 이내에 기탁자에게 반환한다. 이 경우 반환하지 아니하는 기탁금은 국가 또는 지방자치단체에 귀속한다.
1. 대통령선거, 지역구국회의원선거, 지역구지방의회의원선거 및 지방자치단체의 장선거
   다. 예비후보자가 사망하거나 제57조의2 제2항 본문에 따라 후보자로 등록될 수 없는 경우에는 제60조의2 제2항에 따라 납부한 기탁금 전액

▶ 이유의 요지

1. 재산권 침해 여부: 적극

헌법재판소는 2018.1.25. 2016헌마541 결정에서 지역구국회의원선거 예비후보자의 기탁금 반환사유로 정당의 공천심사에서 탈락하고 후보자등록을 하지 않은 경우를 규정하지 않은 구 공직선거법(2010.1.25. 법률 제9974호로 개정되고, 2020.3.25. 법률 제17127호로 개정되기 전의 것) 제57조 제1항 제1호 다목 중 '지역구국회의원선거'와 관련된 부분이 과잉금지원칙에 반하여 예비후보자인 청구인의 재산권을 침해한다고 보아 아래와 같은 이유를 들어 헌법불합치결정을 하였다.

"예비후보자가 본선거의 후보자로 등록하지 않는 경우, 예비후보자의 무분별한 난립과 선거운동의 과열·혼탁을 방지하고 그 성실성과 책임성을 담보하기 위하여 납부한 기탁금을 반환하지 아니하는 것은 예비후보자 기탁금제도의 본래적인 취지에 상응하는 것이므로, 예비후보자의 기탁금 반환사유는 후보자등록을 하지 못할 정도에 이르는 객관적이고 예외적인 사유로 한정함이 상당하다. 정당의 추천을 받고자 공천신청을 하였음에도 정당의 후보자로 추천받지 못한 예비후보자로서는 소속 정당에 대한 신뢰·소속감 또는 당선가능성 때문에 본선거의 후보자로 등록을 하지 않을 수도 있으므로, 이를 처음부터 진정성이 없이 예비후보자등록을 하였다거나 예비후보자로서 선거운동에 불성실하였다고 단정할 수 없는 점 등을 고려하면, 예비후보자가 본선거의 정당후보자로 등록하려 하였으나 자신의 의사와 관계없이 정당 공천관리위원회의 심사에서 탈락하여 본선거의 후보자로 등록하지 아니한 것은 후보자등록을 하지 못할 정도에 이르는 객관적이고 예외적인 사유에 해당한다.

따라서 정당의 추천을 받고자 공천신청을 하였음에도 정당의 후보자로 추천받지 못한 예비후보자가 납부한 기탁금은 반환되어야 하므로, 예비후보자에게 기탁금을 반환하지 아니하는 것은 입법형성권의 범위를 벗어난 과도한 제한이라고 할 수 있으므로 침해최소성에 어긋난다. 심판대상조항은 과잉금지원칙에 반하여 청구인의 재산권을 침해한다."

지역구국회의원선거와 지방자치단체의 장선거는 선거제도의 규정 방식이나 선거대상의 지위와 성격, 기관의 직무 및 기능, 선거구 수 등에 있어 차이가 있을 뿐, 예비후보자의 무분별한 난립을 막고 책임성을 강화하며 그 성실성을 담보하고자 하는 기탁금제도의 취지 측면에서는 동일하므로, 위와 같은 선례의 판단은 이 사건에서도 그대로 타당하고, 위와 같은 견해를 변경하여야 할 사정이 있다고 보기 어려우므로, 심판대상조항은 과잉금지원칙에 반하여 헌법에 위반된다.

2. 헌법불합치결정의 필요성

2020.3.25. 법률 제17127호로 개정된 공직선거법 제57조 제1항 제1호 다목에서는 예비후보자가 사망한 경우 외에도 '당헌·당규에 따라 소속 정당에 후보자로 추천하여 줄 것을 신청하였으나 해당 정당의 추천을 받지 못하여 후보자로 등록하지 않은 경우'를 기탁금 반환사유로 규정하였으므로, 지방자치단체의 장선거에서 예비후보자가 정당의 공천심사에서 탈락한 후 후보자등록을 하지 않은 경우 기탁금을 반환받을 가능성이 열리게 되었다. 그러나 위 개정 법률 부칙 제3조는 개정법 시행 후 최초로 실시하는 선거부터 위 개정된 규정을 적용하도록 하므로, 개정법 시행 전에 실시된 선거의 경우에는 여전히 심판대상조항이 적용된다.

심판대상조항이 헌법에 위반되는 이유는 일정한 경우 예비후보자에게 기탁금을 반환하도록 한 것 그 자체에 있는 것이 아니라, 기탁금 반환대상이 불완전·불충분하게 규정되어 있어 예비후보자가 정당 공천관리위원회의 심사에서 탈락하여 본선거의 후보자로 등록하지 아니한 경우까지 그 기탁금 전액을 반환하지 아니하도록 한 것에 있다. 따라서 만약 심판대상조항에 대해 단순위헌결정을 하여 즉시 효력을 상실시킨다면, 예비후보자의 기탁금 납입조항은 효력을 그대로 유지한 채 기탁금 반환의 근거규정만 사라지게 되어 법적 공백이 발생할 우려가 있다. 따라서 심판대상조항에 대하여 단순위헌결정을 하는 대신 헌법불합치결정을 하기로 한다.

헌법재판소는 2018.1.25. 2016헌마541 결정에서 지역구국회의원선거의 예비후보자로 등록하고 기탁금을 납부하였으나 정당의 공천심사에서 탈락한 예비후보자들의 기탁금을 반환하지 않는 것을 재산권 침해로 판단하였다. 기탁금을 납부하도록 하는 취지는 지역구국회의원선거와 지방자치단체의 장선거가 동일하므로, 이 사건에서 헌법재판소는 선례에서 제시하였던 이유를 원용하여 심판대상조항을 위헌으로 판단하였다. 다만, 단순위헌결정을 할 경우 발생할 수 있는 법적 공백을 막기 위해 헌법불합치결정을 하였다.

208

환매권의 발생기간을 '토지의 협의취득일 또는 수용의 개시일부터 10년 이내'로 제한한 공익사업을 위한 토지 등의 취득 및 보상에 관한 법률 제91조 제1항 부분이 재산권을 침해하여 위헌인지 여부: 적극[헌법불합치] (헌재 2020.11.26. 2019헌바131)

사건개요

창원시는 2005.9.경 내지 2006.1.경 청구인들로부터 '괴정 - 외성간 해양관광도로 개설공사'를 추진하기 위하여 '공익사업을 위한 토지 등의 취득 및 보상에 관한 법률'(이하 '토지보상법'이라 한다)에 따라 창원시 진해구 ○○ 등 6필지 토지(이하 '이 사건 토지'라 한다)에 관하여 공공용지 협의취득에 의한 소유권이전등기를 마쳤다. 창원시는 위 해양관광도로 개설공사를 진행하던 중 부산 - 진해 경제자유구역청이 추진하는 '남산유원지 개발계획'과 중복되는 부분이 있음이 밝혀져 사업진행을 보류하다가, 2017.5.25. 이 사건 토지를 위 해양관광도로 사업부지에서 제외하는 내용의 창원도시관리계획 결정(변경) 고시를 하였다(창원시 고시 제2017-102호). 청구인들은 2018.1.8. 창원시를 상대로 주위적으로 환매를 원인으로 한 소유권이전등기절차 이행을 구하고, 예비적으로 환매권 통지를 하지 않은 불법행위에 기한 손해배상을 구하는 소를 제기하였다.
청구인들은 위 소송 계속 중 2019.3.14. 토지보상법 제91조 제1항에 대하여 위헌법률심판제청을 신청하였고, 2019.4.5. 위 신청이 기각되자 같은 달 19. 이 사건 헌법소원심판을 청구하였다.

▶ 심판대상

이 사건 심판대상은 '공익사업을 위한 토지 등의 취득 및 보상에 관한 법률'(2011.8.4. 법률 제11017호로 개정된 것) 제91조 제1항 중 '토지의 협의취득일 또는 수용의 개시일(이하 이 조에서 "취득일"이라 한다)부터 10년 이내에' 부분 (이하 '이 사건 법률조항'이라 한다)이 헌법에 위반되는지 여부이다.

공익사업을 위한 토지 등의 취득 및 보상에 관한 법률(2011.8.4. 법률 제11017호로 개정된 것)
제91조 【환매권】 ① 토지의 협의취득일 또는 수용의 개시일(이하 이 조에서 "취득일"이라 한다)부터 10년 이내에 해당 사업의 폐지·변경 또는 그 밖의 사유로 취득한 토지의 전부 또는 일부가 필요 없게 된 경우 취득일 당시의 토지소유자 또는 그 포괄승계인(이하 "환매권자"라 한다)은 그 토지의 전부 또는 일부가 필요 없게 된 때부터 1년 또는 그 취득일부터 10년 이내에 그 토지에 대하여 받은 보상금에 상당하는 금액을 사업시행자에게 지급하고 그 토지를 환매할 수 있다.

1. 환매권의 법적 성격과 심사기준

우리 헌법은 국민의 재산권 보장을 원칙으로 하고 예외적으로 공공필요 등 헌법상 요건을 갖춘 경우 토지수용 등을 인정하고 있다. 따라서 토지수용 등 절차를 종료하였다고 하더라도 공익사업에 해당 토지가 필요 없게 된 경우에는 토지수용 등의 헌법상 정당성이 장래를 향하여 소멸한 것이므로, 이러한 경우 종전 토지소유자가 소유권을 회복할 수 있는 권리인 환매권은 헌법이 보장하는 재산권의 내용에 포함되는 권리이다.

이 사건 법률조항은 '취득일로부터 10년 이내'로 환매권의 발생기간을 제한하고 있는데, 이러한 제한은 환매권의 구체적 행사를 위한 내용을 정한 것이라기보다는 환매권 발생 여부 자체를 정하는 것이어서 사실상 원소유자의 환매권을 배제하는 결과를 초래할 수 있으므로, 헌법 제37조 제2항에서 정한 기본권 제한입법의 한계를 준수하고 있는지 살펴본다.

2. 과잉금지원칙 위반 여부

환매권의 발생기간을 제한한 것은 사업시행자의 지위나 이해관계인들의 토지이용에 관한 법률관계 안정, 토지의 사회경제적 이용 효율 제고, 사회일반에 돌아가야 할 개발이익이 원소유자에게 귀속되는 불합리 방지 등을 위한 것인데, 그 입법목적은 정당하고 이와 같은 제한은 입법목적 달성을 위한 유효적절한 방법이라 할 수 있다. 그러나 2000년대 이후 다양한 공익사업이 출현하면서 공익사업간 중복·상충 사례가 발생하였고, 산업구조 변화, 비용 대비 편익에 대한 지속적 재검토, 인근 주민들의 반대 등에 직면하여 공익사업이 지연되다가 폐지되는 사례가 발생하고 있다. 2020년 6월 기준 토지취득절차 돌입 후 10년 6개월이 경과하였음에도 공사가 완료되지 않은 공익사업이 156건, 이를 위해 사인으로부터 취득한 토지가 약 14,000필지에 이른다.

이와 같은 상황에서 이 사건 법률조항의 환매권 발생기간 '10년'을 예외 없이 유지하게 되면 토지수용 등의 원인이 된 공익사업의 폐지 등으로 공공필요가 소멸하였음에도 단지 10년이 경과하였다는 사정만으로 환매권이 배제되는 결과가 초래될 수 있다. 다른 나라의 입법례에 비추어 보아도 발생기간을 제한하지 않거나 더 길게 규정하면서 행사기간 제한 또는 토지에 현저한 변경이 있을 때 환매거절권을 부여하는 등 보다 덜 침해적인 방법으로 입법목적을 달성하고 있다. 이 사건 법률조항은 침해의 최소성원칙에 어긋난다.

이 사건 법률조항으로 제한되는 사익은 헌법상 재산권인 환매권의 발생 제한이고, 이 사건 법률조항으로 환매권이 발생하지 않는 경우에는 환매권 통지의무도 발생하지 않기 때문에 환매권 상실에 따른 손해배상도 받지 못하게 되므로, 사익 제한 정도가 상당히 크다. 그런데 10년 전후로 토지가 필요 없게 되는 것은 취득한 토지가 공익목적으로 실제 사용되지 못한 경우가 대부분이다. 토지보상법은 부동산등기부상 협의취득이나 토지수용의 등기원인 기재가 있는 경우 환매권의 대항력을 인정하고 있어 공익사업에 참여하는 이해관계인들은 환매권이 발생할 수 있음을 충분히 알 수 있다. 토지보상법은 이미 환매대금증감소송을 인정하여 당해 공익사업에 따른 개발이익이 원소유자에게 귀속되는 것을 차단하고 있다.

따라서 이 사건 법률조항이 추구하고자 하는 공익은 원소유자의 사익침해 정도를 정당화할 정도로 크다고 보기 어려우므로, 법익의 균형성을 충족하지 못한다. 결국 이 사건 법률조항은 헌법 제37조 제2항에 반하여 국민의 재산권을 침해하여 헌법에 위반된다.

3. 헌법불합치결정과 적용중지

다만 이 사건 법률조항의 위헌성은 환매권의 발생기간을 제한한 것 자체에 있다기보다는 그 기간을 10년 이내로 제한한 것에 있다. 이 사건 법률조항의 위헌성을 제거하는 다양한 방안이 있을 수 있고 이는 입법재량 영역에 속한다. 이 사건 법률조항의 적용을 중지하더라도 환매권 행사기간 등 제한이 있기 때문에 법적 혼란을 야기할 뚜렷한 사정이 있다고 보이지는 않는다.

따라서 이 사건 법률조항 적용을 중지하는 헌법불합치결정을 하고, 입법자는 가능한 한 빠른 시일 내에 이와 같은 결정 취지에 맞게 개선입법을 하여야 한다.

1. 종래 이 사건 법률조항과 동일한 내용의 구 '공공용지의 취득 및 손실보상에 관한 특례법' 및 구 토지수용법 조항이 헌법에 위반되지 아니한다고 판시한 헌재 1994.2.24, 92헌가15 등 결정은 이 결정 취지와 저촉되는 범위 안에서 이를 변경한다.

2. 이 사건은 토지보상법상 환매권의 발생기간을 일률적으로 10년으로 제한한 것이 국민의 재산권을 과도하게 제한하여 헌법에 위반된다고 한 결정이다. 입법자는 이 결정의 취지에 따라 최대한 빠른 시일 내에 개선입법을 하여 위헌적 상태를 제거하여야 한다.

209

전자세금계산서 발급 관련 가산세 사건 [합헌] (헌재 2020.12.23, 2018헌바439)

▶ 판시사항

전자세금계산서를 발급하여야 할 의무가 있는 자가 전자세금계산서를 발급하지 아니하고 세금계산서의 발급시기에 전자세금계산서 외의 세금계산서를 발급한 경우에는 그 공급가액의 1퍼센트를 곱한 금액을 납부세액에 더하거나 환급세액에서 빼도록 한 구 부가가치세법 제60조 제2항 제2호 단서(이하 '심판대상조항'이라 한다)가 재산권을 침해하는지 여부: 소극

▶ 결정요지

심판대상조항은 납세 관련 비용을 절감하고 투명한 거래질서를 확립하기 위하여 도입된 전자세금계산서 발급의무의 이행을 확보하기 위한 것인바, 그 입법목적은 정당하고, 전자세금계산서 발급 의무자가 전자세금계산서 외의 세금계산서를 발급한 경우에 세제상의 불이익을 부담하게 하는 것은 전자세금계산서의 발급을 담보하는 유효한 방법이므로 수단의 적합성 역시 인정된다. 종이 세금계산서로 인한 문제점을 해결하기 위하여 전자세금계산서 발급을 강제할 수단이 필요하다는 점, 전자세금계산서 발급의무자가 종이 세금계산서를 발급한 경우에 세금계산서 미발급에 비하여 제재를 완화하고 있다는 점, 전자세금계산서 발급대상 및 그 의무발급기간이 한정되어 있는 점, 전자세금계산서 의무 발급기간 전에 이를 통지한다는 점, 전자세금계산서 발급 방법이 다양하고 절차 등이 어렵지 않다는 점, 전자세금계산서를 발급하지 않고 그 외 세금계산서를 발급한 것에 정당한 사유가 있다면 가산세는 부과되지 않을 수 있다는 점 등을 고려하면 심판대상조항은 피해의 최소성원칙에 반하지 않는다.
또한 심판대상조항을 통하여 달성하고자 하는 납세 관련 비용 절감 및 세무거래 투명성 제고라는 공익은 공급가액의 1퍼센트 가산세라는 재산상 손실에 비해 결코 작지 않으므로 법익의 균형성원칙에도 반하지 아니한다.
그러므로 심판대상조항은 과잉금지원칙에 위배되어 청구인의 재산권을 침해한다고 할 수 없다.

간이한 소유권이전등기절차를 정한 구 '부동산소유권 이전등기 등에 관한 특별조치법' 조항에 관한 사건 [합헌]
(헌재 2020.12.23. 2019헌바41)

▶ **판시사항**

부동산을 사실상 양수한 사람 또는 그 대리인이 등기원인을 증명하는 서면 없이 보증서를 바탕으로 발급받은 확인서로써 단독으로 소유권이전등기를 신청할 수 있도록 한 구 '부동산소유권 이전등기 등에 관한 특별조치법'(이하 '소유권특조법'이라 한다) 제7조 제1항 · 제2항(이하 위 두 조항을 합하여 '심판대상조항'이라 한다)이 청구인의 재산권을 침해하는지 여부: 소극

▶ **결정요지**

심판대상조항은 과거 전란으로 인한 등기부와 지적공부 등의 멸실, 등기제도에 대한 인식 부족, 부동산 매수 관련 증명서류의 소실 등의 이유로 실체관계에 부합하지 않는 등기가 많았던 문제를 해소할 목적으로, 부동산의 사실상 양수인 또는 그 대리인이 보증서를 바탕으로 발급받은 확인서로써 등기원인을 증명하는 서면 없이 단독으로 신속 · 간이하게 소유권이전등기를 신청할 수 있도록 하였다. 한편 소유권특조법은 심판대상조항에 따른 등기의 진실성을 보장하기 위해 보증인의 최소인원과 자격을 제한하고, 확인서 발급 관련 공고 및 이의신청절차를 두고, 허위의 방법으로 확인서를 발급받거나 허위의 보증서를 작성한 사람 등을 처벌하는 조항을 마련하였다. 또한 심판대상조항이 예정한 바와 달리 진실과 불일치하는 등기가 마쳐지더라도 소송으로써 이를 바로잡는 것도 가능하다. 그렇다면 심판대상조항은 입법형성권의 한계를 벗어났다고 보기 어려운바, 청구인의 재산권을 침해하지 않는다.

부당이득반환청구권 등 채권의 경우 권리를 행사할 수 있는 때로부터 10년간 행사하지 아니하면 소멸시효가 완성된다고 규정한 민법 제162조 제1항, 제166조 제1항이 재산권을 침해하여 위헌인지 여부: 소극[합헌] (헌재 2020.12.23. 2019헌바129)

부당이득반환청구권은 미지의 당사자간에 예기치 못한 사건으로 발생하는 경우가 많고 부당이득반환관계에서 수익자의 법적 지위가 다소 불안정하므로, 객관적 기산점인 권리를 행사할 수 있는 때로부터 채권 일반에 관한 원칙적 시효기간인 10년이 지나면 소멸시효가 완성되도록 함으로써 민사 법률관계의 안정을 도모할 필요가 있다. 따라서 민법상 소멸시효조항은 합리적이며, 입법형성권의 범위를 벗어난 것이라고 할 수 없다.

토지구획정리사업에 있어 학교교지를 환지처분의 공고가 있은 다음 날에 국가 등에 귀속하게 하되, 국가 등은 그 대가를 지급하도록 한 토지구획정리사업법이 재산권을 침해하는지 여부: 소극[합헌] (헌재 2021.4.29. 2019헌바444)

▶ 판시사항

1. 토지구획정리사업에 있어 학교교지를 환지처분의 공고가 있은 다음 날에 국가 등에 귀속하게 하되, 유상으로 귀속되도록 한 구 토지구획정리사업법 제63조 중 '학교교지'에 관한 부분(이하 제63조 본문 중 '학교교지'에 관한 부분을 '귀속조항'이라 하고, 같은 조 단서 중 '학교교지'에 관한 부분을 '유상조항'이라 하며, 이를 합하여 '심판대상조항'이라고 한다)이 헌법 제23조 제3항의 '정당한 보상'원칙에 위배되는지 여부: 소극

2. 토지구획정리사업에 있어 학교교지를 환지처분의 공고가 있은 다음 날에 국가 등에 귀속하게 한 귀속조항이 과잉금지원칙에 위배되어 사업시행자의 재산권을 침해하는지 여부: 소극

3. 학교교지를 유상으로 국가 등에 귀속되도록 한 유상조항이 명확성원칙에 위배되는지 여부: 소극

▶ 결정요지

1. 토지구획정리사업에 있어 공공용지의 귀속은 사업주체의 재산권을 박탈·제한하는 수용이 아니라 공공용지의 소유관계를 정하여 사업주체의 지위를 장래를 향하여 획일적으로 확정하기 위한 것이므로, 귀속조항에 따른 학교교지의 소유권 귀속은 헌법 제23조 제3항의 수용에 해당하지 않고, 유상조항이 수용에 대한 보상의 의미를 가지는 것도 아니다. 따라서 심판대상조항이 헌법 제23조 제3항의 정당한 보상의 원칙에 위배되는지는 문제되지 않는다.

2. 토지구획정리사업의 시행으로 인하여 생긴 학교교지의 경우, 환지처분의 공고 다음 날에 그 소유권이 국가 또는 지방자치단체에 귀속하도록 한 것은 국가 등이 국민의 교육을 받을 권리를 보장하고자 적기에 적절한 학교교지를 확보하여 교육에 관한 국가의 의무 실현을 위하여 불가피하다. 국가 등은 사업시행자에게 학교교지 취득의 대가를 지급하는 점, 사업계획의 단계에서 학교교지의 위치 및 면적에 대하여 미리 계획되고 협의될 것이 요구된다는 점, 국가 등이 학교교지를 취득함으로써 종전 토지소유자 등이 입은 손실(감보)은 효용이 상승된 환지로 인하여 이미 보상이 되었다는 점 등을 고려하면, 귀속조항이 과잉금지원칙에 위배되어 사업시행자의 재산권을 침해한다고 할 수 없다.

3. 감보율의 증가로 인한 토지소유자의 불이익을 고려하여 학교교지를 유상으로 취득하게 한 입법취지 및 감보로 인한 토지소유자의 손실은 환지된 토지의 효용의 증가로 보상된다는 토지구획정리사업의 목적과 본질 등을 고려하면, 학교교지 대가산정의 기준은 토지구획정리사업으로 인하여 토지의 개발이익이 발생하기 전, 즉 사업시행 전의 토지가격에 학교교지의 조성·개발에 소요된 비용을 더한 금액을 기준으로 산정된다는 점을 사업시행자는 알 수 있으므로, 유상조항은 명확성원칙에 위배되지 아니한다.

유한회사가 납부하여야 할 국세 · 가산금과 체납처분비에 대한 제2차 납세의무를 '유한책임사원 1명과 그의 특수관계인 중 대통령령으로 정하는 자로서 그들의 출자액 합계가 해당 법인의 출자총액의 100분의 50을 초과하면서 그에 관한 권리를 실질적으로 행사하는 자들'에게 부과하도록 하고 있는 구 국세기본법 제39조 제2호의 '법인' 중 유한회사에 관한 부분이 과잉금지원칙에 위배되어 재산권을 침해하는지 여부: 소극[합헌] (헌재 2021.8.31. 2020헌바181)

심판대상조항은 조세의 징수를 확보하고 실질적인 조세평등을 이루기 위한 것으로 목적의 정당성 및 수단의 적합성이 인정된다. 심판대상조항은 실제로 출자액에 관한 권리를 행사할 수 있는 지위에 있지 아니한 과점주주에 대해서는 제2차 납세의무를 부과하지 아니하는 등 과점주주의 범위를 한정하고, 과점주주의 책임범위도 '그 부족한 금액을 법인의 출자총액으로 나눈 금액에 해당 과점주주가 실질적으로 권리를 행사하는 출자액을 곱하여 산출한 금액'으로 제한하는 등 과점주주의 재산권에 대한 제한을 최소화하고 있으므로 침해의 최소성도 인정된다. 아울러 제2차 납세의무를 부과함으로써 조세정의를 실현함과 동시에 실질적 조세평등을 이루고자 하는 공익은 매우 중대한 반면, 이로 인한 과점주주의 불이익은 해당 법인을 실질적으로 운영하는 일정한 범위의 과점주주가 출자 비율의 범위 내에서 유한회사가 납부하지 아니한 국세 · 가산금 및 체납처분비를 보충적 · 추가적으로 부담하는 것에 불과하므로 심판대상조항은 법익의 균형성도 충족하였다. 따라서 심판대상조항은 과잉금지원칙에 위배되어 유한회사의 과점주주의 재산권을 침해하지 아니한다.

면세유류 관리기관인 수산업협동조합이 관리 부실로 인하여 면세유류 구입카드 또는 출고지시서를 잘못 교부 · 발급한 경우 해당 석유류에 대한 부가가치세 등 감면세액의 100분의 20에 해당하는 금액을 가산세로 징수하도록 규정한 구 조세특례제한법 제106조의2 제11항 제2호 중 각 '면세유류 관리기관인 조합' 가운데 '수산업협동조합법에 따른 조합'에 관한 부분이 과잉금지원칙에 반하여 면세유류 관리기관인 수협의 재산권을 침해하는지 여부: 소극[합헌] (헌재 2021.7.15. 2018헌바338)

어업용 면세유의 부정 유통을 근본적으로 차단하려면, 면세유류 관리기관인 수협의 관리 부실로 면세유류 구입카드 등이 잘못 교부 · 발급된 경우 면세유가 실제로 부정 유통되었는지 여부와 관계없이 수협에 관리 · 감독 책임을 물을 필요가 있다.
심판대상조항이 해당 석유류에 대한 감면세액의 일부에 해당하는 금액을 가산세로 징수하도록 한 것은 의무위반의 정도를 고려한 제재를 규정한 것으로 볼 수 있고, 100분의 20이라는 가산세율이 본래의 제재 목적을 달성하는 데 필요한 정도를 현저히 일탈하였다고 보기도 어렵다. 나아가, 어업용 면세유의 부정 유통을 사전에 방지하여 어업용 면세유 제도의 실효성을 확보하고 조세정의를 실현하고자 하는 공익은 면세유류 관리기관인 수협이 감면세액의 일부에 해당하는 금액을 가산세로 징수당하여 입게 되는 불이익에 비하여 중대하다.
따라서 심판대상조항이 과잉금지원칙에 반하여 면세유류 관리기관인 수협의 재산권을 침해한다고 볼 수 없다.

사업연도가 1년 미만인 경우 과세표준을 1년으로 환산한 금액을 기준으로 누진세율을 적용하여 세액을 산출하도록 한 법인세법 제55조 제2항이 재산권을 침해하는지 여부: 소극[합헌] (헌재 2021.6.24, 2018헌바44)

심판대상조항은 사업연도의 기간에 따른 세액불균형의 발생을 막고 법인이 사업연도를 임의로 1년 미만의 짧은 기간으로 정하여 과세표준을 낮추는 방법으로 누진세율의 적용을 회피하는 것을 방지하기 위한 것이다. 이로 인하여 침해되는 사익은 사업기간이 짧고 일회적인 소득이 발생한 예외적인 경우에도 연 환산에 의하여 높은 누진세율이 적용되거나 산출세액이 증가하는 것이나, 이것이 누진세율을 적용하는 법인세 과세에서 심판대상조항에 의하여 달성할 수 있는 조세형평 및 조세행정의 효율성이라는 공익에 비하여 크다고 보기는 어렵다. 그러므로 심판대상조항이 재산권을 침해한다고 볼 수 없다.

대구교육대학교 총장임용후보자선거에서 후보자가 제1차 투표에서 최종 환산득표율의 100분의 15 이상을 득표한 경우에만 기탁금의 반액을 반환하도록 하고 나머지 기탁금은 발전기금에 귀속되도록 규정한 '대구교육대학교 총장임용후보자 선정규정'이 재산권을 침해하는지 여부: 적극[위헌] (헌재 2021.12.23, 2019헌마825)

✎ 후보자가 되려는 사람은 1,000만원의 기탁금을 납부하도록 규정한 부분: 기각

❝ 사건개요 ❞

청구인은 1996.3.1. 국립대학인 대구교육대학교에 전임강사로 임용되었고, 2002.4.1. 부교수로 임용되었으며, 2007.4.1. 교수로 임용되어 현재까지 재직 중이다.

대구교육대학교는 2019.5.2. 교수회의 심의·의결을 거쳐 2019.5.8. '대구교육대학교 총장임용후보자 선정규정'을 전부개정하였다. 위 규정 제23조 제1항 제2호는 총장임용후보자선거의 후보자로 등록하기 위해서는 기탁금 영수증을 제출하도록 규정하였고, 제24조 제1항은 1,000만원의 기탁금을 납부하도록 규정하였으며, 같은 조 제2항은 후보자가 후보자 등록 후 사망한 경우에는 납부한 기탁금의 전액을, 후보자가 제1차 투표에서 최종 환산득표율의 100분의 15 이상을 득표한 경우에는 납부한 기탁금의 반액을 후보자에게 반환하도록 하되, 이 경우 반환하지 아니하는 기탁금은 대구교육대학교 발전기금에 귀속되도록 규정하였다.

대구교육대학교는 2019.6.14. 제16대 총장 임용을 위한 총장임용후보자선거의 관리를 대구광역시 남구선거관리위원회에 위탁하는 등 선거절차를 개시하였다. 이에 청구인은 위 규정 제23조 제1항 제2호, 제24조가 총장임용후보자선거의 후보자로 등록하고자 하는 청구인의 공무담임권 등을 침해한다고 주장하면서 2019.7.26. 이 사건 헌법소원심판을 청구하였다.

✎ 총장임용후보자선거에서 최다득표를 한 후보자와 차순위득표를 한 후보자가 총장임용후보자로 선정된다(대구교육대학교 총장임용후보자 선정규정 제39조, 제40조). 총장이 이들을 교육부장관에게 추천하면, 그중 1인을 교육부장관이 제청하여 대통령이 총장으로 임용한다(교육공무원법 제24조 제1항).

대구교육대학교 총장임용후보자 선정규정(2019.5.8. 대구교육대학교규정 제656호로 전부개정된 것)

제23조【후보자 등록 등】① 후보자가 되려는 사람은 위탁선거법 제18조에 따라 후보자 등록기간(선거기간개시일 전 2일부터 2일 동안)에 다음 각 호의 서류 등을 관할 선관위에 제출하여 후보자 등록을 신청하여야 한다.

2. 기탁금 영수증

제24조【기탁금의 납부 및 반환】① 후보자가 되려는 사람은 후보자 등록을 신청할 때 관할 선관위가 정하는 방법에 따라 일천만원의 기탁금을 납부하여야 한다.

② 관할 선관위는 다음 각 호의 구분에 따른 금액을 선거일 후 10일 이내에 기탁자에게 반환한다. 이 경우 반환하지 아니하는 기탁금은 대구교육대학교 발전기금에 귀속된다.

1. 후보자가 후보 등록 후 사망한 경우에는 기탁금의 전액을 반환받는다.

2. 후보자가 제1차 투표에서 최종 환산득표율의 100분의 15 이상을 득표한 경우에는 기탁금의 100분의 50에 해당하는 금액을 반환받는다.

▶ 이유의 요지

1. 이 사건 기탁금귀속조항에 대한 판단: 위헌

(1) 재판관 이석태, 김기영, 문형배, 이미선의 위헌의견

이 사건 기탁금귀속조항은 총장임용후보자선거의 과열 방지 및 후보자의 성실성 확보를 위하여 기탁금의 반환과 귀속에 관한 원칙을 규정하고 있다. 그런데 이 사건 기탁금귀속조항에 따르면, 선거를 성실하게 완주하여 성실성을 충분히 검증받은 후보자는 물론, 최다 득표를 하여 총장임용후보자로 선정된 사람조차도 기탁금의 반액은 결코 반환받지 못하게 된다. 이는 난립후보라고 할 수 없는 진지하고 성실한 후보자들을 상대로도 기탁금의 발전기금 귀속을 일률적으로 강요함으로써 대학의 재정을 확충하는 것과 다름없다. 반환되지 않는 기탁금은 대구교육대학교의 선거관리비용과 무관한 발전기금에 귀속되므로, 이렇게 엄격한 기탁금 귀속제도가 선거의 운영에 반드시 필요하다고 할 수도 없다.

후보자가 총장임용후보자로 선정되거나 일정한 비율의 표를 획득한 경우에는 기탁금 전액을 반환하도록 하는 등, 이 사건 기탁금귀속조항의 기탁금 반환 조건을 현재보다 완화하더라도 충분히 후보자의 난립을 방지하고 후보자의 성실성을 확보할 수 있으므로, 이 사건 기탁금귀속조항은 침해의 최소성을 갖추지 못하였다.

이 사건 기탁금귀속조항은 비록 후보자가 성실하게 선거를 완주하더라도 기탁금의 반액은 돌려받지 못하게 하므로 후보자의 성실성 확보라는 목적에 기여하는 바가 크지 않은 반면, 이 사건 기탁금귀속조항으로 인해 후보자의 재산권은 크게 제한되므로, 이 사건 기탁금귀속조항은 법익의 균형성에도 위반된다.

이와 같이 이 사건 기탁금귀속조항은 후보자가 성실성이나 노력 여하를 막론하고 기탁금의 절반은 반환받을 수 없도록 하고, 나머지 금액의 반환 조건조차 지나치게 까다롭게 규정하고 있으므로, 과잉금지원칙에 위반되어 청구인의 재산권을 침해한다.

(2) 재판관 유남석, 이선애, 이은애의 위헌의견

이 사건 기탁금귀속조항은 이 사건 기탁금납부조항을 전제로 이와 결합하여 대구교육대학교 총장임용후보자선거의 기탁금제도를 형성하고 있으므로, 이 사건 기탁금귀속조항만으로는 법적으로 독립된 의미를 갖지 아니한다. 그런데 재판관 유남석, 재판관 이선애, 재판관 이은애의 이 사건 기탁금납부조항에 대한 반대의견과 같은 이유로 이 사건 기탁금납부조항이 청구인의 공무담임권을 침해하여 헌법에 위반되므로, 이 사건 기탁금납부조항을 전제로 설계된 이 사건 기탁금귀속조항 역시 헌법에 위반된다.

2. 이 사건 기탁금납부조항에 대한 판단: 기각

선거제도는 선거권자 및 피선거권자의 자격, 허용되는 선거운동 및 그 관리 방안 등을 어떻게 설계하느냐에 따라 구체적인 양상에서 큰 차이가 있을 수 있으므로, 선거 관련 기탁금제도의 필요성은 간선제 또는 직선제와 같은 선거방식의 큰 분류만이 아닌 개별 제도의 구체적인 내용까지 고려해서 판단하여야 한다.

대구교육대학교는 총장임용후보자선거에서 과거 간선제를 택하였을 때 추천위원회가 지원자 및 참고인 등에 대한 자료 제출 요구 및 열람, 출석 요구 및 진술 청취를 할 수 있도록 규정한 것 외에 지원자로서는 어떤 홍보수단도 활용할 수 없도록 하고 오직 추천위원회의 심의를 통하여 총장임용후보자를 선정한 것과 달리, 현재 직선제하에서는 홈페이지, 연설회 및 토론회, 전화, 문자, 선거벽보, 소형인쇄물, 선거공보, 전자우편 등 다양한 방법의 선거운동을 허용하고 있으므로, 과거에 비해 선거가 과열되거나 혼탁해질 위험성이 증대되었다.

이 사건 기탁금납부조항은 대구교육대학교의 구체적인 현실을 고려하여 교수회의 심의 등을 거쳐 규정된 것이므로, 대학 구성원들의 이러한 판단에도 불구하고 이 사건 기탁금납부조항과 같은 기탁금제도 없이도 충분히 후보자의 난립을 방지하고 후보자의 성실성을 확보할 수 있다고 단언하기 어렵다. 기탁금제도를 두는 대신에 피선거권자의 자격 요건을 강화하면 공무담임권이 오히려 더 제한될 소지가 있고, 추천인 요건을 강화하는 경우 사전 선거운동이 과열될 수 있으며, 선거운동 방법의 제한 및 이에 관한 제재를 강화하면 선거운동의 자유가 위축될 염려도 있다.

이 사건 기탁금납부조항은 선거의 과열 방지 및 후보자의 성실성 확보에 기여하는 반면, 이 사건 기탁금납부조항이 규정하는 일천만원이라는 기탁금액이 후보자가 되려는 사람이 납부할 수 없을 정도로 과다하다거나 입후보 의사를 단념케 할 정도로 과다하다고 할 수 없다.

이를 종합하면, 이 사건 기탁금납부조항은 과잉금지원칙에 위반되지 아니한다.

▶ 결정의 의의

1. 이 사건에서는 대구교육대학교 총장임용후보자선거의 후보자가 되려는 사람이 1,000만원의 기탁금을 납부하도록 규정한 조항과, 후보자가 100분의 15 이상을 득표한 경우에만 기탁금의 반액을 반환하도록 하고 반환하지 않는 기탁금은 대학 발전기금에 귀속되도록 한 조항의 위헌성이 문제되었다.

2. 기탁금제도는 선거 과열의 방지 및 후보자의 성실성 확보 등을 목적으로 널리 활용되고 있으나, 개별 선거제도하에서 기탁금제도를 구체적으로 어떻게 설계하느냐에 따라 후보자의 기본권을 과도하게 제한할 가능성이 있다.

3. 헌법재판소는 2018.4.26. 재판관 전원일치 의견으로, 전북대학교 총장임용후보자선거의 기탁금제도가 청구인의 공무담임권을 침해하여 헌법에 위반된다는 결정을 선고한 바 있다. 당시 전북대학교는 간선제 방식을 택하였었고, 후보자에게 허용되는 선거운동 방법이 합동연설회뿐이었다.
이 사건에서는, 대구교육대학교 총장임용후보자선거는 직선제 방식으로서 후보자에게 다양한 선거운동 방법이 허용되는 등 선거 과열의 우려가 큰 편이므로 기탁금 납부제도의 필요성과 적정성은 인정되었으나, 최다득표자조차 기탁금의 반액은 반환받지 못할 정도로 기탁금의 반환 요건이 지나치게 까다롭게 규정된 부분은 과잉금지원칙에 위반되어 청구인의 재산권을 침해한다고 보았다.

경북대학교 총장기탁금 [기각] (헌재 2022.5.26, 2020헌마1219)

▶ **판시사항**

1. 경북대학교 총장임용후보자선거의 후보자로 등록하려면 3,000만원의 기탁금을 납부하고 후보자등록신청시 기탁금납부영수증을 제출하도록 정한 '경북대학교 총장임용후보자 선정 규정' 제20조 제1항 및 제26조 제2항 제7호(이하 두 조항을 합하여 '이 사건 기탁금납부조항'이라 한다)가 청구인의 공무담임권을 침해하는지 여부: 소극

2. 제1차 투표에서 유효투표수의 100분의 15 이상을 득표한 경우에는 기탁금 전액을, 100분의 10 이상 100분의 15 미만을 득표한 경우에는 기탁금 반액을 반환하고, 반환되지 않은 기탁금은 경북대학교발전기금에 귀속하도록 정한 '경북대학교 총장임용후보자 선정 규정' 제20조 제2항 및 제3항(이하 두 조항을 합하여 '이 사건 기탁금귀속조항'이라 한다)이 청구인의 재산권을 침해하는지 여부: 소극

▶ **결정요지**

1. 이 사건 기탁금납부조항은 후보자 난립에 따른 선거의 과열을 방지하고 후보자의 성실성을 확보하기 위한 것이다. 경북대학교는 총장임용후보자 선정 방식으로 직선제를 채택하고, 전화, 정보통신망을 이용한 지지 호소 등 다양한 방식의 선거운동을 허용하고 있으므로, 선거가 과열되거나 혼탁해질 위험이 인정된다. 기탁금 제도를 두는 대신에 피선거권자의 자격 요건을 강화하면 공무담임권이 더 크게 제한될 소지가 있고, 추천인 요건을 강화하는 경우 사전 선거운동이 과열될 수 있으며, 선거운동 방법의 제한 및 이에 관한 제재를 강화하면 선거운동의 자유가 위축될 우려도 있다. 3,000만원의 기탁금액은 경북대학교 전임교원의 급여액 등을 고려하면 납부할 수 없거나 입후보 의사를 단념케 할 정도로 과다하다고 할 수 없다. 따라서 이 사건 기탁금납부조항은 청구인의 공무담임권을 침해하지 아니한다.

2. 이 사건 기탁금귀속조항이 적용된 총장임용후보자선거에서 9명에 이르는 적지 않은 후보자가 후보자로 등록하였고, 이 중 3명의 후보자가 납부한 기탁금 전액 내지 반액을 반환받았다. 기탁금 반환 요건을 완화하면 기본권 제한은 완화되지만, 기탁금 납부 부담 또한 줄게 되어 후보자 난립 방지 및 후보자의 성실성 확보라는 목적은 달성하기 어려울 수 있다. 기탁금 반환 요건을 충족하지 못한 후보자들을 모두 불성실하다고 평할 수 없지만, 이러한 반환 요건을 둔 것은 이를 완화할 경우 우려되는 폐해를 막기 위한 불가피한 선택이자 후보자의 진지성과 성실성을 담보하기 위한 최소한의 제한이다. 따라서 이 사건 기탁금귀속조항은 청구인의 재산권을 침해하지 않는다.

✎ 총장 기탁금 판례 비교

구분	대구교대총장	경북대총장	전북대총장
기탁금조항 – 공무담임권	1,000만 – 합헌	3,000만 – 합헌	1,000만 – 위헌
반환조항 – 재산권	15% 이상 득표 – 반액: 위헌	15% 이상 – 전액 10~15% – 반액: 합헌	

개별공시지가 산정 및 개발부담금의 종료시점지가 산정에 관한 규정이 재산권을 침해하여 위헌인지 여부: 소극

[합헌] (헌재 2021.12.23, 2018헌바435)

사건개요

청구인들은 오산시장으로부터 오산시 ○○동 □□ 외 16필지(이후 오산시 ○○동 △△로 합병됨)를 사업시행지로 한 도시계획시설사업(자동차 및 건설기계 운전학원 설치사업)의 사업시행자로 지정됨과 동시에 위 사업의 실시계획인가를 받았다.

오산시장은 2015.6.1. 위 토지의 2015년도 개별공시지가를 846,500원/m²으로 결정·고시하였으나, 청구인 황◇◇이 이의하자 2015.7.30. 이를 720,100원/m²으로 조정하여 결정·고시하였다(이하 '이 사건 개별공시지가결정'이라 한다). 청구인들은 2015.6.18. 위 운전학원 신축공사를 완료하였고, 오산시장은 같은 날 청구인들에게 도시계획시설사업 준공검사필증을 교부하고 공사완료 공고를 하였다. 오산시장은 2015.11.10. 청구인들에게 개발부담금 2,137,767,740원을 부과하였으나, 이후 행정심판을 거쳐 2016.9.8. 청구인들에게 개발부담금을 2,132,879,110원으로 감액하는 처분(이하 위와 같이 감액되고 남은 2015.11.10.자 처분을 '이 사건 개발부담금 부과처분'이라 한다)을 하였다.

청구인들은 이 사건 개발부담금부과처분의 취소를 구하는 소를 제기하여 일부 승소판결을 선고받았다. 청구인들은 이에 불복하여 항소하고, 항소심 계속 중 구 '부동산 가격공시 및 감정평가에 관한 법률' 제11조 제3항·제7항 및 구 '개발이익 환수에 관한 법률' 제10조 제1항에 대하여 위헌법률심판제청신청을 하였으나, 항소가 기각되고 위 신청도 기각되자 2018.11.2. 위 조항들에 대하여 헌법소원심판을 청구하였다(2018헌바435).

청구인 황◇◇은 이 사건 개별공시지가결정의 취소를 구하는 소를 제기하여, 1심에서 청구기각판결을 선고받고 항소하였으나 기각되었다. 위 청구인은 이에 불복하여 상고하고, 상고심 계속 중 구 '부동산 가격공시 및 감정평가에 관한 법률' 제11조 제3항 및 제7항에 대하여 위헌법률심판제청신청을 하였으나 상고가 심리불속행 기각되고 위 신청도 기각되자, 2018.11.2. 위 조항들에 대하여 헌법소원심판을 청구하였다(2018헌바436).

▶ 심판대상

2018헌바435 사건의 심판대상은 구 '부동산 가격공시 및 감정평가에 관한 법률'(2005.1.14. 법률 제7335호로 전부개정되고, 2016.1.19. 법률 제13796호로 전부개정되기 전의 것, 이하 연혁에 관계없이 '부동산공시법'이라 한다) 제11조 제3항(이하 '이 사건 개별공시지가산정조항'이라 한다), 같은 조 제7항 중 '개별공시지가의 산정'에 관한 부분(이하 '이 사건 개별공시지가위임조항'이라 하고, 이 사건 개별공시지가산정조항과 합하여 '이 사건 구 부동산공시법조항'이라 한다) 및 구 '개발이익 환수에 관한 법률'(2014.1.14. 법률 제12245호로 개정되고, 2016.1.19. 법률 제13796호로 개정되기 전의 것, 이하 연혁에 관계없이 '개발이익환수법'이라 한다) 제10조 제1항(이하 '이 사건 종료시점지가조항'이라 하고, 이 사건 구 부동산공시법조항과 합하여 '심판대상조항'이라 한다)이 헌법에 위반되는지 여부이고, 2018헌바436 사건의 심판대상은 이 사건 구 부동산공시법조항이 헌법에 위반되는지 여부이다.

구 부동산 가격공시 및 감정평가에 관한 법률(2005.1.14. 법률 제7335호로 전부개정되고, 2016.1.19. 법률 제13796호로 전부개정되기 전의 것)

제11조 【개별공시지가의 결정·공시 등】 ③ 시장·군수 또는 구청장이 개별공시지가를 결정·공시하는 경우에는 당해 토지와 유사한 이용가치를 지닌다고 인정되는 하나 또는 둘 이상의 표준지의 공시지가를 기준으로 토지가격비준표를 사용하여 지가를 산정하되, 당해 토지의 가격과 표준지공시지가가 균형을 유지하도록 하여야 한다.

⑦ 제1항 내지 제6항에 규정된 것 외에 개별공시지가의 산정·검증·결정 및 공시, 이해관계인의 의견청취, 감정평가업자의 지정 등에 관하여 필요한 사항은 대통령령으로 정한다.

구 개발이익 환수에 관한 법률(2014.1.14. 법률 제12245호로 개정되고, 2016.1.19. 법률 제13796호로 개정되기 전의 것)

제10조 【지가의 산정】 ① 종료시점지가는 부과 종료시점 당시의 부과대상 토지와 이용 상황이 가장 비슷한 표준지의 공시지가를 기준으로 부동산 가격공시 및 감정평가에 관한 법률 제9조 제2항에 따른 표준지와 지가산정 대상토지의 지가형성 요인에 관한 표준적인 비교표에 따라 산정한 가액(價額)에 해당 연도 1월 1일부터 부과 종료시점까지의 정상지가상승분을 합한 가액으로 한다.

▶ 결정요지

1. 이 사건 개별공시지가산정조항의 명확성원칙 위배 여부

개별공시지가는 '법령이 정하는 목적을 위한 지가산정에 사용하도록 하기 위하여 시장·군수 또는 구청장이 결정·공시하는 매년 공시지가의 공시기준일 현재 관할구역 안의 개별토지의 단위면적당 가격'을 의미한다[구 부동산공시법(2007.4.27. 법률 제8409호로 개정되고, 2016.1.19. 법률 제13796호로 전부개정되기 전의 것) 제11조 제1항 참조]. 이 사건 구 부동산공시법조항의 입법취지는 개별공시지가 결정·공시의 목적에 부합하는 산정 기준 및 방법을 규정함으로써 궁극적으로는 국토의 효율적인 이용을 도모하고 토지의 적정한 가격형성과 국민경제의 발전에 이바지하기 위한 것으로 볼 수 있다.

이 사건 개별공시지가산정조항의 문언과 입법취지 및 부동산공시법의 관련규정에 비추어 볼 때, 개별공시지가 산정 대상 토지와 '유사한 이용가치'를 지닌다고 인정되는 표준지란 해당 토지와 자연적·사회적 조건이 일반적으로 유사하다고 인정되는 표준지를 의미하고, '토지가격비준표를 사용'한다는 것은 대상 토지의 지가형성요인에 대한 조사·평가를 전제로, 비교표준지와 대상 토지의 지가형성요인을 비교할 수 있도록 고안된 토지가격비준표를 통해 그 차이를 반영한다는 것을 의미한다. 또한, 당해 토지의 가격과 표준지공시지가가 '균형을 유지'하도록 하여야 한다는 것은 대상 토지의 가격이 비교표준지의 공시지가에 비하여 과다하거나 과소하지 않도록 하여야 한다는 의미로 충분히 해석할 수 있다.

따라서 개별공시지가산정조항은 명확성원칙에 위배되지 아니한다.

2. 이 사건 개별공시지가위임조항의 포괄위임금지원칙 위배 여부

이 사건 개별공시지가산정조항에서 비교표준지의 선정 기준으로 규정하고 있는 '토지의 이용가치'는 매우 다양하고, 그 표준적인 비교 방법을 고안하는 것은 전문적 지식과 기술을 요하므로, 개별공시지가 산정 기준 및 방법에 관한 세부 사항을 하위 법령에 위임할 필요가 있다.

이 사건 구 부동산공시법조항의 입법취지, 부동산공시법상 표준지공시지가의 산정 기준 및 방법 등을 종합하면, 이 사건 개별공시지가위임조항에 의하여 대통령령으로 규정될 내용은 지가형성요인에 대한 조사·평가 기준 및 방법, 비교표준지 선정의 구체적인 기준 및 방법, 토지가격비준표의 사용 방법, 대상 토지의 개별공시지가와 비교표준지의 공시지가가 균형을 유지하도록 하기 위한 가격 조정에 관한 사항 등이 될 것임을 충분히 예측할 수 있다. 따라서 이 사건 개별공시지가위임조항은 포괄위임금지원칙에 위배되지 아니한다.

3. 이 사건 종료시점지가조항의 재산권 침해 여부

이 사건 종료시점지가조항이 비교표준지의 선정 기준으로 규정한 '부과 종료시점 당시의 부과대상 토지와 이용 상황이 가장 비슷한 표준지'란 개발사업이 완료된 상태의 대상 토지와 자연적 · 사회적 조건이 가장 유사한 인근의 표준지로서, 그 공시지가는 대상 토지의 객관적 가치 산정을 위한 적정한 기준이 된다. 위 조항은 종료시점지가 산정시 토지의 특성 차이를 계량화한 토지가격비준표를 사용하도록 하여 자의적 판단을 방지하고, 정상지가상승분의 합산을 통해 지가변동을 반영한다. 또한, 개발이익환수법 제10조 제2항에서는 일정한 경우 대상 토지의 처분 가격을 종료시점지가로 할 수 있도록 예외를 인정한다. 나아가, 개발부담금 납부의무자가 받는 불이익이 개발부담금제도의 실효성과 공정성 확보, 개발부담금의 효율적인 부과 · 징수라는 공익에 비하여 크다고 보기도 어렵다.
따라서 이 사건 종료시점지가조항이 과잉금지원칙에 반하여 개발부담금 납부의무자의 재산권을 침해한다고 볼 수 없다.

▶ 결정의 의의

1. 헌법재판소는 이 결정에서 개별공시지가 산정에 관한 이 사건 구 부동산공시법조항의 위헌 여부에 대하여 처음 판단하여 재판관 전원일치의 의견으로 합헌결정하였다. 다만, 이 사건에서는 개별공시지가 산정의 기준 및 방법을 규정하고 있는 이 사건 개별공시지가산정조항의 명확성원칙 위배 여부 및 개별공시지가 산정 기준 및 방법의 세부 사항을 대통령령으로 정하도록 위임한 이 사건 개별공시지가위임조항의 포괄위임금지원칙 위배 여부가 쟁점이 되었을 뿐, 위 조항들에 규정된 개별공시지가의 산정 기준 및 방법이 대상 토지의 가격을 공평 · 정확하게 결정할 수 있도록 적정하게 규정된 것인지 여부가 쟁점이 되었던 것은 아니다.

2. 헌법재판소는 2000.8.31. 99헌바104 결정에서 재판관 전원일치의 의견으로, 표준지공시지가 및 토지가격비준표에 의한 개별 토지 가격 산정 방법의 객관성 · 합리성이 인정된다는 등의 이유로 개발부담금의 종료시점지가 산정에 관한 구 개발이익환수법 제10조 제1항 본문이 재산권을 침해하지 아니한다고 판단한 바 있다. 이 사건에서 법정의견은 표준지공시지가 및 토지가격비준표에 의한 개별 토지 가격 산정 방법의 객관성 · 합리성을 다시 한 번 확인하면서, 종료시점지가 산정시 정상지가상승분의 반영을 통해 지가변동을 반영하고 일정한 경우 대상 토지의 처분 가격을 종료시점지가로 할 수 있도록 예외가 인정된다는 점 등에 비추어 이 사건 종료시점지가조항이 개발부담금 납부의무자의 재산권을 침해하지 않는다는 결론에 이르게 되었다.

개성공단 전면중단 조치가 관련 기업인들의 영업의 자유와 재산권을 침해하는지 여부: 소극[기각] (헌재 2022. 1.27, 2016헌마364)

이 사건 중단조치는 남북관계, 북미관계, 국제관계가 복잡하게 얽혀 있는 상황에서 단계적 중단만으로는 일괄 중단의 경우와 동일한 정도로 경제제재 조치를 통해 달성하고자 하는 목적을 달성하기 어렵다는 정치적 판단하에 채택된 것이고, 그러한 판단이 현저히 비합리적이라고는 보이지 않는다. 북한의 태도 변화를 쉽사리 예상할 수 없는 상황에서 중단 기간을 미리 한정하기 어렵고, 체류인원 제한 조치 역시 설비나 생산 물품 반출에 대한 북한 당국의 협조 여하에 따라 일부는 변경도 가능한 임시조치의 성격을 가진다. 따라서 이 사건 중단조치는 피해의 최소성 원칙에도 부합한다. 개성공단에서의 협력사업과 투자자산에 대한 보호는 지역적 특수성과 여건에 따른 한계가 있을 수밖에 없으며, 관련 개성공업지구 지원에 관한 법령은 그러한 특수성 등으로 인해 개성공단 투자기업에게 피해가 발생한 경우 각종 지원을 할 수 있도록 정하고 있다. 이 사건 중단조치는 그러한 법령에 따른 피해지원을 전제로 한 조치였고, 실제 그 예정된 방식에 따라 상당 부분 지원이 이루어졌다. 이 사건 중단조치로 투자기업인 청구인들이 입은 피해가 적지 않지만, 그럼에도 불구하고 북한의 핵개발에 맞서 개성공단의 운영 중단이라는 경제적 제재조치를 통해, 대한민국의 존립과 안전 및 계속성을 보장할 필요가 있다는 피청구인 대통령의 판단이 명백히 잘못된 것이라 보기도 어려운바, 이는 헌법이 대통령에게 부여한 권한 범위 내에서 정치적 책임을 지고 한 판단과 선택으로 존중되어야 한다. 따라서 이 사건 중단조치는 법익의 균형성 요건도 충족하는 것으로 보아야 한다. 따라서 이 사건 중단조치는 과잉금지원칙에 위반되어 투자기업인 청구인들의 영업의 자유와 재산권을 침해하지 아니한다.

지방의회의원으로서 받게 되는 보수가 연금에 미치지 못하는 경우에도 연금 전액의 지급을 정지하는 것이 재산권을 과도하게 제한하여 헌법에 위반되는지 여부: 적극[헌법불합치] (헌재 2022.1.27, 2019헌바161)

이 사건 구법 조항은 악화된 연금재정을 개선하여 공무원연금제도의 건실한 유지·존속을 도모하고 연금과 보수의 이중수혜를 방지하기 위한 것으로 입법목적의 정당성과 수단의 적합성이 인정된다. 퇴직공무원의 적정한 생계 보장이라는 공무원연금제도의 취지에 비추어, 연금 지급을 정지하기 위해서는 '연금을 대체할 만한 소득'이 전제되어야 한다. 지방의회의원이 받는 의정비 중 의정활동비는 의정활동 경비 보전을 위한 것이므로, 연금을 대체할 만한 소득이 있는지 여부는 월정수당을 기준으로 판단하여야 한다.
퇴직연금수급자인 지방의회의원 중 약 4분의 3에 해당하는 의원이 퇴직연금보다 적은 액수의 월정수당을 받고, 2020년 기준 월정수당이 정지된 연금월액보다 100만원 이상 적은 지방의회의원도 상당수 있다. 월정수당은 지방자치단체에 따라 편차가 크고 안정성이 낮다.
이 사건 구법 조항과 같이 소득 수준을 고려하지 않으면 재취업 유인을 제공하지 못하여 정책목적 달성에 실패할 가능성도 크다. 다른 나라의 경우 연금과 보수 중 일부를 감액하는 방식으로 선출직에 취임하여 보수를 받는 것이 생활보장에 더 유리하도록 제도를 설계하고 있다. 따라서 기본권을 덜 제한하면서 입법목적을 달성할 수 있는 다양한 방법이 있으므로 이 사건 구법 조항은 침해의 최소성 요건을 충족하지 못하고, 법익의 균형성도 충족하지 못한다. 이 사건 구법 조항은 과잉금지원칙에 위배되어 청구인들의 재산권을 침해하므로 헌법에 위반된다.

민법에 따라 등기를 하지 아니한 경우라도 부동산을 사실상 취득한 경우 그 취득물건의 소유자 또는 양수인을 취득자로 보도록 한 구 지방세법이 재산권을 침해하는지 여부: 소극[합헌] (헌재 2022.3.31, 2019헌바107)

등기와 같은 소유권 취득의 형식적 요건을 갖추지는 못하였으나 대금의 지급과 같은 소유권 취득의 실질적 요건을 갖춘 경우, 형식적 요건을 갖추지 않았다는 이유로 취득세를 부과하지 않는다면 소유권을 사실상 취득하고도 소유권 이전 등기와 같은 형식적 요건을 갖추지 않음으로써 취득세 납부시기를 무한정 늦추거나 그 사이 다른 사람에게 전매하여 취득세를 면탈하는 등으로 국민의 납세의무를 잠탈할 가능성이 높다. 따라서 사실상 취득의 경우 그에 상응하는 납세의무를 부담하도록 하는 것은 과도하다고 보기 어렵다. 심판대상조항이 사실상 소유권을 취득한 양수인에게 취득세를 부과하는 것은 조세공평과 조세정의를 실현하기 위한 것으로서, 비록 소유권 취득의 형식적 요건을 갖추기 전에 취득세를 납부하게 된다고 하더라도 이로 인한 재산권의 제한은 위 공익만큼 크다고 보기 어렵다. 따라서 심판대상조항은 법익의 균형성도 갖추었다. 심판대상조항은 과잉금지원칙에 반하여 청구인의 재산권을 침해한다고 볼 수 없다.

주택법상 사업주체가 공급질서 교란행위를 이유로 주택공급계약을 취소한 경우 선의의 제3자 보호규정을 두고 있지 않는 구 주택법 제39조 제2항이 재산권을 침해하는지 여부: 소극[합헌] (헌재 2022.3.31, 2019헌가26)

공급질서 교란행위에도 불구하고 선의의 제3자를 보호한다면 거래의 안전성 증진에는 긍정적인 효과를 기대할 수 있지만, 분양단계에서 훼손된 투명성과 공정성을 회복하지 못한다는 점에서 심판대상조항의 입법취지에 부합하지 않는 면이 있다. 한편 심판대상조항은 '주택공급계약을 취소할 수 있다'고 규정하여 사업주체가 선의의 제3자 보호의 필요성 등을 고려하여 주택공급계약의 효력을 유지할 수 있는 가능성을 열어두고 있다. 심판대상조항은 입법형성권의 한계를 벗어났다고 보이지 않으므로 재산권을 침해하지 않아 헌법에 위반되지 아니한다.

공무원이 감봉의 징계처분을 받은 경우 일정기간 승급, 정근수당을 제한하는 국가공무원법이 재산권을 침해하는지 여부: 소극[기각] (헌재 2022.3.31, 2020헌마211)

공무원이 징계처분을 받은 지 얼마 되지 않아서 곧바로 승급되어 승급된 호봉에 따라 보수 상승이라는 재산적 이익을 누리게 되거나, 성실한 근무에 대한 보상과 격려 차원에서 지급되는 정근수당을 감액 없이 전액 지급받게 된다면, 공무원 조직 내부 기강을 확립하고 공무원이 수행하는 국가작용에 대한 국민의 신뢰를 확보하고자 하는 징계제도의 목적을 효과적으로 달성하지 못할 우려가 있을 수 있다. 이 사건 승급조항 및 수당제한규정은 과잉금지원칙을 위반하여 청구인의 재산권을 침해하지 않는다.

통일부장관의 북한에 대한 신규투자 불허 및 투자확대 금지를 내용으로 하는 대북조치로 인하여 개성공업지구의 토지이용권을 사용·수익할 수 없게 됨에 따라 재산상 손실을 입은 경제협력사업자에 대하여 보상입법을 해야 할 입법의무가 있는지 여부: 소극[각하] (헌재 2022.5.26. 2016헌마95)

1. 진정입법부작위에 대한 헌법소원심판청구의 적법요건

진정입법부작위에 대한 헌법소원심판청구는 헌법에서 기본권 보장을 위하여 법률에 명시적으로 입법위임을 하였음에도 입법자가 이를 이행하지 아니한 경우이거나, 헌법 해석상 특정인에게 구체적인 기본권이 생겨 이를 보장하기 위한 국가의 행위의무 내지 보호의무가 발생하였음이 명백함에도 불구하고 입법자가 아무런 입법조치를 취하지 아니한 경우에 한하여 허용된다.

2. 이 사건 대북조치가 헌법 제23조 제3항의 공용제한에 해당하는지 여부: 소극

이 사건 대북조치는 개성공단 내에 존재하는 토지나 건물, 설비, 생산물품 등에 직접 공용부담을 가하여 개별적, 구체적으로 이용을 제한하고자 하는 것이 아니다. 이 사건 대북조치가 개성공단에서의 신규투자와 투자확대를 불허함에 따라 청구인이 이 사건 토지이용권을 사용·수익하지 못하게 되는 제한이 발생하기는 하였으나, 이는 개성공단이라는 특수한 지역에 위치한 사업용 재산이 받는 사회적 제약이 구체화된 것일 뿐이므로, 공익목적을 위해 이미 형성된 구체적 재산권을 개별적, 구체적으로 제한하는 헌법 제23조 제3항 소정의 공용제한과는 구별된다.

3. 헌법 제23조 제1항, 제2항에 근거한 재산권의 제한으로서 이 사건 대북조치에 대한 보상입법의무가 발생하는지 여부: 소극

이 사건 대북조치로 인한 토지이용권의 제한은 헌법 제23조 제1항, 제2항에 따라 재산권의 내용과 한계를 정한 것인 동시에 재산권의 사회적 제약을 구체화하는 것으로 볼 수 있는데, 헌법 제23조 제1항, 제2항은 '모든 국민의 재산권은 보장된다. 그 내용과 한계는 법률로 정한다. 재산권의 행사는 공공복리에 적합하도록 하여야 한다.'고 규정하고 있을 뿐이고, 이 사건 대북조치로 인한 재산권 제한에 대하여 보상하도록 하는 내용의 법률을 제정하여야 할 명시적이고 구체적인 입법의무를 부여하고 있지는 아니하다.

그렇다면 헌법 해석상으로 보상입법 의무가 도출되는 경우인지 여부가 문제된다.

북한에 대한 투자는 그 본질상 다양한 요인에 의하여 변화하는 남북관계에 따라 불측의 손해가 발생할 가능성이 당초부터 있었고, 경제협력사업을 하고자 하는 자들은 이러한 사정을 모두 감안하여 자기 책임하에 스스로의 판단으로 사업 여부를 결정하였다고 볼 것이다. 재산상 손실의 위험성이 이미 예상된 상황에서 발생한 재산상 손실에 대해 헌법 해석상으로 어떠한 보상입법의 의무가 도출된다고까지 보기는 어렵다. 이러한 사정을 종합하면 헌법 해석상으로도 청구인의 재산상 손실에 대하여 보상입법을 마련할 의무가 도출된다고 할 수 없다.

전기통신금융사기의 사기이용계좌에 대한 지급정지 및 전자금융거래 제한이 재산권을 침해하는지 여부: 소극
[기각] (헌재 2022.6.30, 2019헌마579)

전기통신금융사기는 범행 이후 피해금 인출이 신속히 이루어지고 전기통신금융사기의 범인은 동일한 계좌를 이용하여 다수의 피해자를 상대로 여러 차례 범행을 저지를 가능성이 있으므로, 어느 한 피해자의 피해구제 신청으로 사기이용계좌라는 점이 드러난 경우 전기통신금융사기로 인한 피해를 실효적으로 구제하기 위하여는 피해금 상당액을 넘어 사기이용계좌 전부에 대하여 지급정지를 하는 것이 불가피하다. 지급정지조항으로 인하여 사후적으로 전기통신금융사기와 무관함이 밝혀진 계좌 명의인의 재산권이 일시적으로 제한될 수는 있으나, 그 제한의 정도가 전기통신금융사기 피해자를 실효적으로 구제하려는 공익에 비하여 결코 중하다고 볼 수 없다. 따라서 지급정지조항은 과잉금지원칙을 위반하여 청구인의 재산권을 침해하지 않는다.

경유차 소유자로부터 환경개선부담금을 부과 · 징수하도록 정한 환경개선비용 부담법 제9조 제1항이 재산권 및 평등권을 침해하는지 여부: 소극[합헌] (헌재 2022.6.30, 2019헌바440)

이 사건 법률조항의 입법목적은 경유차가 유발하는 대기오염으로 인해 발생하는 경제적 비용을 환경오염 원인자인 경유차 소유자에게 부과함으로써 경유차 소유 및 운행의 자제를 유도하는 한편, 징수된 부담금으로 환경개선을 위한 투자재원을 합리적으로 조달하여, 궁극적으로 국가의 지속적인 발전의 기반이 되는 쾌적한 환경을 조성하는 데 이바지하기 위한 것이다(법 제1조 참조). 이러한 입법목적은 헌법 제35조 제1항에 따라 국가에게 부여된 환경보전이라는 헌법적 과제실현을 위한 것이므로 그 입법목적의 정당성이 인정된다.

경유차 운행의 책임자에 해당하는 경유차 소유자들에게 환경개선부담금을 부과하는 것은 위와 같은 입법목적 내지 정책목적을 실현하기 위한 적합한 수단이다. 국가의 지속적인 발전의 기반이 되는 쾌적한 환경 조성이라는 공익은 경유차 소유자가 받는 위와 같은 불이익에 비해 결코 작다고 할 수 없다. 따라서 이 사건 법률조항은 법익의 균형성에 반한다고 할 수 없다. 그렇다면, 이 사건 법률조항이 과잉금지원칙을 위반하여 청구인의 재산권을 침해한다고 볼 수 없다. 경유차는 휘발유차에 비해 미세먼지, 초미세먼지, 질소산화물 등 대기오염물질을 훨씬 더 많이 배출하는 것으로 조사되고 있고, 경유차가 초래하는 환경피해비용 또한 휘발유차에 비해 월등히 높은 것으로 연구되고 있다. 입법자는 이와 같은 과학적 조사 · 연구결과 등을 토대로 자동차의 운행으로 인한 대기오염물질 및 환경피해비용을 저감하기 위해서는 환경개선부담금의 부과를 통해 휘발유차보다 경유차의 소유 · 운행을 억제하는 것이 더 효과적이라고 판단한 것으로 보이고, 위와 같은 입법자의 판단은 합리적인 이유가 있다. 대기오염물질 배출 저감 및 쾌적한 환경조성이라는 목적을 고려할 때, 환경개선부담금을 경유차 소유자에게만 부담시키는 것은 합리적인 이유가 있다고 할 것이므로, 이 사건 법률조항은 평등원칙에 위반되지 아니한다.

재혼을 유족연금수급권 상실사유로 규정한 구 공무원연금법 제59조 제1항 제2호 중 '유족연금'에 관한 부분이 재혼한 배우자의 인간다운 생활을 할 권리와 재산권을 침해하는지 여부: 소극[합헌] (헌재 2022.8.31, 2019 헌가31)

부부는 민법상 서로 동거하며 부양하고 협조할 의무를 부담하므로, 공무원연금법은 공무원 또는 공무원이었던 자의 사망 당시 그에 의하여 부양되고 있던 배우자를 갑작스러운 소득상실의 위험으로부터 보호해야 할 필요성과 중요성을 인정하여 유족연금수급권자로 규정하고 있다. 또한, 공무원연금법은 법률혼뿐만 아니라 사실혼 배우자도 유족으로 인정하고 있는데, 이는 사실혼 배우자도 법률혼 배우자와 마찬가지로 서로 동거·부양·협조의무가 인정된다는 점을 고려한 것이다. 따라서 심판대상조항이 배우자의 재혼을 유족연금수급권 상실사유로 규정한 것은 배우자가 재혼을 통하여 새로운 부양관계를 형성함으로써 재혼 상대방 배우자를 통한 사적 부양이 가능해짐에 따라 더 이상 사망한 공무원의 유족으로서의 보호의 필요성이나 중요성을 인정하기 어렵다고 보았기 때문이다. 이는 한정된 재원의 범위 내에서 부양의 필요성과 중요성 등을 고려하여 유족들을 보다 효과적으로 보호하기 위한 것이므로, 입법재량의 한계를 벗어나 재혼한 배우자의 인간다운 생활을 할 권리와 재산권을 침해하였다고 볼 수 없다.

집합건물 공용부분에 발생한 일부 하자에 대하여 구분소유자의 하자담보청구권 제척기간을 사용검사일 등부터 5년 이하로 제한한 집합건물의 소유 및 관리에 관한 법률이 재산권을 침해하는지 여부: 소극[합헌] (헌재 2022. 10.27, 2020헌바368)

공용부분에 발생한 주요구조부와 지반공사의 하자 외의 비교적 경미한 하자와 관련한 하자담보청구권에 대하여 사용검사일 또는 사용승인일(이하 '사용검사일 등'이라 한다)부터 5년 이하의 제척기간을 둔 것은 집합건물의 하자를 둘러싼 분쟁의 증가 및 장기화를 방지하여 법적 불안정성을 조기에 해소하기 위한 것으로 그 입법목적이 정당하고, 위와 같은 권리 행사기간의 제한은 입법목적 달성을 위한 적절한 수단이다.

공용부분은 원칙적으로 구분소유자 전원의 공유에 속하므로, 통일적인 분쟁해결을 도모하려면 하나의 집합건물에 공통되는 제척기간의 기산점을 정할 필요가 있다. 공용부분 하자에 개별적으로 제척기간이 진행되도록 하면 분양자 등이 지나치게 장기간 담보책임을 부담하게 된다. 비록 미분양 집합건물, 분양전환된 임대주택 등은 사용검사일 등과 구분소유자에 대한 인도일이 근접하지 않을 수 있으나, 위 경우는 일반적인 선분양과 달리 건물 완성 후 분양계약을 체결하므로 하자를 확인하고 하자의 보수비용이나 그로 인한 손해를 반영하여 분양가격을 결정할 수 있다. 또한, 이 사건 아파트와 같이 분양전환된 임대주택의 경우 임차인이 임대인에게 공용부분의 수선·보수를 요청할 수 있는 제도적 장치도 마련되어 있다. 따라서 사용검사일 등을 공용부분 하자에 관한 제척기간의 기산점으로 정한 것이 불합리하다고 할 수 없다.

주요구조부와 지반공사의 하자 외의 하자는 표면적이고 소모되기 쉬운 부분에 해당하여 하자가 일찍 발현되고 그 하자를 인식하기도 비교적 용이하므로, 사용검사일 등부터 5년 이하의 제척기간이 지나치게 단기간이라고 할 수 없다. 따라서 심판대상조항은 청구인의 재산권을 침해하지 않는다.

신규성 상실의 예외를 제한하는 디자인보호법 조항이 재산권을 침해하여 위헌인지 여부: 소극[합헌] (헌재 2023. 7.20. 2020헌바497)

심판대상조항은 신규성 상실의 예외가 인정되지 않는 경우로서 디자인이 법률에 따라 국내에서 출원공개된 경우를 규정한다. 이는 디자인 개발 후 사업준비 등으로 미처 출원하지 못한 디자인에 대하여 출원의 기회를 부여하는 신규성 상실 예외 제도의 취지를 고려할 때, 이미 출원되어 공개된 디자인은 재출원의 기회를 부여하지 않아도 출원인에게 불이익이 없고 재출원의 기회를 부여할 필요도 없기 때문이다. 특히 일반에 공개된 디자인은 공공의 영역에 놓인 것으로서 원칙적으로 누구나 자유롭게 이용할 수 있어야 한다는 점을 고려하면, 이미 출원공개된 디자인에 대하여 신규성 상실의 예외를 인정하지 않는 것에 합리적 이유가 없다고 볼 수 없다. 또한 디자인보호법상 디자인권의 효력, 관련디자인제도 등을 고려할 때 법률에 따라 국내에서 출원공개된 경우 신규성 상실의 예외를 인정하지 않는다고 하더라도 디자인 등록 출원인에게 가혹한 결과를 초래한다고 볼 수 없다. 그러므로 심판대상조항은 입법형성권의 한계를 일탈하였다고 보기 어렵다.

집합제한 조치로 발생한 손실을 보상하는 규정을 두지 않은 '감염병의 예방 및 관리에 관한 법률'이 위헌인지 여부: 소극[기각] (헌재 2023.6.29. 2020헌마1669)

1. 심판대상조항이 재산권을 제한하는지 여부: 소극

헌법 제23조에서 보장하는 재산권은 사적 유용성 및 그에 대한 원칙적 처분권을 내포하는 재산가치 있는 구체적 권리이므로, 구체적인 권리가 아닌 단순한 이익이나 재화의 획득에 관한 기회 또는 기업활동의 사실적·법적 여건 등은 재산권보장의 대상에 포함되지 아니한다. 감염병예방법 제49조 제1항 제2호에 근거한 집합제한 조치로 인하여 청구인들의 일반음식점 영업이 제한되어 영업이익이 감소되었다 하더라도, 청구인들이 소유하는 영업 시설·장비 등에 대한 구체적인 사용·수익 및 처분권한을 제한받는 것은 아니므로, 보상규정의 부재가 청구인들의 재산권을 제한한다고 볼 수 없다.

2. 심판대상조항이 평등권을 침해하는지 여부: 소극

심판대상조항은 지역사회 전파가 거의 이루어지지 않아 집합제한 또는 금지 조치가 일반적으로 시행되지 않았던 2015년 메르스 사태를 계기로 현행법과 같이 개정되었다. 감염병 예방을 위한 '집합'의 제한 또는 금지 조치는 그 자체로 구체적인 재산상 손실을 초래하는 것이 아니고, 다만 이러한 조치로 인하여 사람의 모임·방문을 전제로 하는 영업이 제한되는 경우 영업손실이 발생한다. 유례없이 높은 전파력과 치명률의 코로나19 유행으로 인하여 집합제한 또는 금지가 장기화되는 상황은 처음 겪는 것이었기 때문에, 장기간의 집합제한 또는 금지 조치로 인하여 중대한 영업상 손실이 발생하리라는 것을 예상하기 어려웠다. 따라서 입법자가 미리 집합제한 또는 금지 조치로 인한 영업상 손실을 보상하는 규정을 마련하지 않았다고 하여 곧바로 평등권을 침해하는 것이라고 할 수 없다.

임차인이 3기의 차임액에 해당하는 금액에 이르도록 차임을 연체한 사실이 있는 경우 임대인의 권리금 회수기회 보호의무가 발생하지 않는 것으로 규정한 상가건물 임대차보호법 재산권을 침해하는지 여부: 소극[합헌] (헌재 2023.6.29, 2021헌바264)

심판대상조항은 임차인이 차임을 단순히 3회 연체하는 경우가 아니라 3기의 차임액에 해당하는 금액에 이르도록 차임을 연체하였을 경우에 한하여 임대인의 권리금 회수기회 보호의무가 발생되지 않도록 규정하고 있는 점 등도 고려해 볼 때, 심판대상조항이 3기 이상의 차임 연체에 임차인의 귀책사유가 있는지 여부를 불문하고 임대인의 권리금 회수기회 보호의무가 발생하지 않는 것으로 정하였다고 해서 임차인에게 일방적으로 가혹하다고 할 수는 없다. 이와 같은 점들을 종합하여보면, 심판대상조항은 임차인의 재산권을 침해한다고 할 수 없으므로 헌법에 위반되지 아니한다.

면허의 유효기간이 정하여져 있지 아니하거나 그 기간이 1년을 초과하는 면허에 대하여 매년 그 면허가 갱신된 것으로 보아 등록면허세를 매년 부과하도록 정하고 있는 지방세법 제35조 제2항 전단(이하 '심판대상조항'이라 한다)이 재산권을 침해하는지 여부: 소극[합헌] (헌재 2023.3.23, 2019헌바482)

1. 심판대상조항은 면허의 유효기간이 정하여져 있지 아니하거나 그 기간이 1년을 초과하는 면허에 대하여 면허의 효력이 유지되는 기간 동안 지속적으로 등록면허세가 부과되도록 함으로써 과세형평을 도모하고자 하는 것으로 목적의 정당성 및 수단의 적합성이 인정된다. 또한 면허를 받게 된 때에 한번만 등록면허세를 납부하도록 하는 것이 납세자의 부담을 경감시킨다고 단정할 수 없고, 소득세와 등록면허세는 성격을 달리 하는 것으로 소득세와 별개로 면허에 대한 등록면허세를 부과한다는 이유만으로 조세부담이 과도하다고 볼 수도 없으므로 심판대상조항은 침해의 최소성을 갖추었으며, 심판대상조항을 통해 달성하고자 하는 조세정의 및 조세형평의 중요성을 고려할 때 법익의 균형성도 인정된다. 따라서 심판대상조항은 재산권을 침해하지 아니한다.

2. 지방세법 제35조 제3항이 면허의 유효기간이 정하여져 있지 아니하거나 그 기간이 1년을 초과하는 면허 중 제조·가공 또는 수입의 면허로서 각각 그 품목별로 받는 면허와 건축허가 및 그 밖에 이와 유사한 면허로서 대통령령으로 정하는 면허의 경우에 면허를 할 때 한 번만 등록면허세를 부과하도록 규정하고 있는 것은 면허의 특성이나 성질을 고려하여 조세부담의 형평을 도모하고 조세행정의 효율을 기하기 위한 것으로 합리적인 이유가 인정된다. 따라서 심판대상조항은 조세평등주의에 위배되지 아니한다.

법인인 채무자가 파산폐지의 결정으로 소멸하는 경우 위 결정은 파산채권자가 채무자의 보증인에 대하여 가지는 권리에 영향을 미치지 아니한다고 규정한 '채무자 회생 및 파산에 관한 법률' 제548조 제2항 가운데 '제567조 중 보증인에 관한 부분은 법인인 채무자가 파산폐지의 결정으로 소멸하는 경우에 관하여 준용한다' 부분(이하 '심판대상조항'이라 한다)이 보증인의 재산권을 침해하는지 여부: 소극[합헌] (헌재 2023. 3. 23. 2021헌바183)

심판대상조항은 파산채권자를 보호하기 위하여 법인인 채무자가 파산폐지의 결정으로 소멸하는 경우에도 보증인이 파산채권자에 대하여 원래의 내용에 따른 채무를 부담하도록 규정하고 있는데, 이는 정당한 입법목적을 달성하기 위한 적합한 수단이다. 보증은 채무자의 변제능력 상실에 대비하기 위한 제도이므로, 법인인 채무자가 파산폐지로 소멸하여 채무를 이행할 수 없는 경우 비로소 제 기능을 다하게 된다. 이를 고려한다면, 심판대상조항이 파산절차가 진행되는 동안 발생한 지연이자를 포함한 원래의 내용에 따른 채무를 보증인에게 부담시킨다고 하여도 침해의 최소성에 위반된다고 할 수 없다. 보증인이 제한받는 재산권 정도가 보증을 신뢰하고 자금을 융통해준 파산채권자를 보호한다는 공익보다 더 크다고 할 수 없으므로 법익의 균형성도 인정된다. 심판대상조항은 과잉금지원칙에 반하여 보증인의 재산권을 침해한다고 할 수 없다.

서울특별시장의 정비구역 직권해제 대상에서 '상업지역의 도시정비형 재개발사업을 제외한 '서울특별시 도시 및 주거환경정비 조례' 부칙 제23조 제2항 중 '상업지역의 도시정비형 재개발사업' 부분(이하 '심판대상조항'이라 한다)이 법률유보원칙에 반하여 청구인들의 재산권 및 평등권을 침해하는지 여부: 소극[기각] (헌재 2023. 3. 23. 2019헌마758)

1. 조례는 선거를 통해 지역적 민주적 정당성 있는 주민의 대표기관인 지방의회가 제정하는 것이고, 헌법이 지방자치단체에 포괄적인 자치권을 보장하는 취지를 고려할 때, 조례에 대한 지나친 제약은 바람직하지 않다. 특히 지방자치단체마다 구체적인 도시환경 개선 필요성 등은 서로 다를 수 있으므로, 개별 정비구역에 대한 직권해제의 구체적 내용은 개별 지방자치단체의 실정을 고려하여 지방의회가 조례를 통해 개별적으로 정하도록 허용할 필요성이 크다. 이에 국회는 그러한 사정을 고려하여 도시정비법 제21조 제1항 후문에 따른 '구체적인 기준 등에 필요한 사항'을 개별 조례에 위임하였고, 서울특별시의회는 그 위임에 근거하여 구체적인 기준을 보충하면서 '상업지역의 도시정비형 재개발사업'을 그 직권해제 대상에서 제외하였다. 결국 심판대상조항은 도시정비법 제21조 제1항 후문의 위임범위를 일탈하였다고 보기 어려우므로, 법률유보원칙에 반하여 청구인들의 재산권을 침해하지 아니한다.

2. 심판대상조항은 정비구역 직권해제에 있어 '상업지역'을 '주거지역·준공업지역'과 다르게 취급하고 있다. 그런데 '도시정비형 재개발사업'은 '주택정비형 재개발사업'과 달리, 주거환경 개선이 아닌 상권활성화 등 도시환경 개선에 사업목적이 있으므로, 이를 전략적으로 실현하기 위하여 상업지역을 '주거지역'과 다르게 취급할 필요성이 인정된다. 또한 2030 서울도시기본계획으로 기존의 도심 공간구조가 개편되면서 영등포지역 등에 금융중심지 기능이 부여되고, 그 결과 '도시정비형 재개발사업'에서 일부 주거지역이 상업지역으로 용도지역 변경됨에 따라, 만약 정비구역이 해제될 경우 그 용도지역은 이전 상태로 환원되게 되었다. 반면 서울특별시에서 정비구역 지정 후 남아있던 준공업지역은 기존에도 준공업지역이었으므로, 정비구역이 해제되더라도 용도지역이 환원되지 않는다는 차이점이 있다. 이러한 차이점을 고려하여 서울특별시의회가 정비구역 직권해제에 있어 '상업지역'을 '주거지역·준공업지역'과 다르게 취급한 것은 합리적 이유가 있으므로, 청구인들의 평등권을 침해하지 아니한다.

주식소각 등에 따른 의제배당소득을 산정함에 있어, '주식을 취득하기 위하여 사용한 금액'(이하 '취득가액'이라 한다)이 불분명한 경우 액면가액을 그 취득가액으로 보도록 정한 소득세법 제17조 제4항 중 '제2항 제1호를 적용할 때 주식을 취득하기 위하여 사용한 금액이 불분명한 경우에는 그 주식의 액면가액을 그 주식의 취득에 사용한 금액으로 본다' 부분(이하 '심판대상조항'이라 한다)이 과잉금지원칙을 위반하여 재산권을 침해하는지 여부: 소극 [합헌] (헌재 2023.3.23. 2019헌바140)

주식소각 등에 의한 의제배당액을 산정함에 있어 해당 주식의 취득가액은 실제 취득에 사용한 금액으로 함이 원칙이고, 심판대상조항은 어디까지나 그 주식의 취득가액이 불분명한 경우에 한정하여 적용되는 규정인 점, 통상의 경우 납세자는 매매, 증여 등 주식의 취득과정에서 그 실제 취득가액을 증명할 수 있는 자료를 확보하여, 이를 어렵지 않게 증명할 수 있는 점 등을 고려할 때 심판대상조항이 주식의 취득가액이 불분명하여 의제배당소득세의 산정이 불가능한 경우, 통상적으로 그 취득에 사용한 비용을 알 수 있는 납세자에게 사실상의 증명책임을 부여하고, 그러한 입증을 하지 못한 경우에 한하여 객관적으로 정하여진 기준, 즉 액면가액에 따라 배당소득세를 산정하도록 정한 것이 납세자에게 과중한 부담을 지우는 것이라 보기는 어렵다. 청구인들의 재산권 제한이 심판대상조항에서 달성하고자 하는 공익보다 중대하다고 보기도 어려우므로, 위 조항은 침해의 최소성 및 법익의 균형성을 갖추었다. 따라서 심판대상조항은 과잉금지원칙을 위반하여 재산권을 침해하지 아니한다.

국유 일반재산에 대한 사용허가나 대부계약 기간이 끝난 후 다시 사용허가나 대부계약 없이 그 재산을 계속 사용·수익하거나 점유한 자(이하 '국유 일반재산의 후발적 무단점유자'라 한다)를 변상금의 부과대상자에 포함한다고 정한 국유재산법 제2조 제9호 중 '사용허가나 대부계약 기간이 끝난 후 다시 사용허가나 대부계약 없이 국유재산을 계속 사용·수익하거나 점유한 자를 포함한다' 가운데 일반재산에 관한 부분 및 국유 일반재산의 후발적 무단점유자에 대하여 그 재산에 대한 사용료나 대부료의 100분의 120에 상당하는 변상금을 징수한다고 정한 구 국유재산법 제72조 제1항 본문 중 '사용허가나 대부계약 기간이 끝난 후 다시 사용허가나 대부계약 없이 국유 일반재산을 계속 사용·수익하거나 점유한 자'에 관한 부분(이하 위 두 조항을 합하여 '이 사건 법률조항'이라 한다)이 국유 일반재산의 후발적 무단점유자의 재산권을 침해하는지 여부: 소극[합헌] (헌재 2023.3.23. 2019헌바208)

1. 이 사건 법률조항은 변상금 자체가 국유 일반재산의 후발적 무단점유자에게 일정한 부담으로 작용하도록 하여, 국유 일반재산의 효율적인 보호·관리 및 적정한 운용이라는 입법목적 달성에 기여하도록 정하고 있는바, 변상금의 부과요율 100분의 120이 입법형성권의 범위를 벗어나 지나치게 고율이라고 보기는 어렵다.
   이 사건 법률조항은 변상금의 징수를 처분청의 재량이 허용되지 않는 기속행위로 정하고 있는데, 처분권자의 재량에 따라 임의적으로 변상금을 징수하도록 하는 방법이 이 사건 법률조항과 같은 정도로 국유 일반재산에 대한 무단점유행위를 예방·억제하는 효과를 거둘 수 있다고 단정할 수 없다. 따라서 이 사건 법률조항은 과잉금지원칙에 반하여 국유 일반재산의 후발적 무단점유자의 재산권을 침해하지 않는다.

2. 국유 일반재산도 그 유지·보호 및 운용의 적정이라는 공익상의 목적과 기능을 수행하기 위하여 필요한 경우에는 공법적 규율이 가능한바, 사유재산의 후발적 무단점유자와 달리 국유 일반재산의 후발적 무단점유자에게 행정적 제재인 변상금을 징수하도록 정한 데에는 공법적 규율을 통한 국유 일반재산의 효율적인 보호·관리 및 적정한 운용이라는 합리적인 이유가 있으므로, 평등원칙에 위반된다고 보기 어렵다.

237

수사기관의 수사결과 사무장병원으로 확인된 의료기관에 대한 요양급여비용 지급보류 사건 [헌법불합치] (헌재 2023.3.23, 2018헌바433)

▶ 판시사항

1. 요양기관이 의료법 제33조 제2항을 위반하였다는 사실을 수사기관의 수사 결과로 확인한 경우 공단으로 하여금 해당 요양기관이 청구한 요양급여비용의 지급을 보류할 수 있도록 규정한 구 국민건강보험법 제47조의2 제1항 중 '의료법 제33조 제2항'에 관한 부분(이하 '이 사건 구법조항'이라 한다), 국민건강보험법 제47조의2 제1항 전문 중 '의료법 제33조 제2항'에 관한 부분(이하 '이 사건 현행법조항'이라 하고, 이 사건 구법조항과 통틀어 '이 사건 지급보류조항'이라 한다)이 <u>무죄추정의 원칙에 위반되는지 여부</u>: 소극

2. 이 사건 지급보류조항이 의료기관 개설자의 <u>재산권을 침해하는지 여부</u>: 적극

▶ 결정요지

1. 이 사건 지급보류조항은 사후적인 부당이득 환수절차의 한계를 보완하고, 건강보험의 재정 건전성이 악화될 위험을 방지하고자 마련된 조항으로서, 사무장병원일 가능성이 있는 요양기관이 일정 기간 동안 요양급여비용을 지급받지 못하는 불이익을 받더라도 이를 두고 유죄의 판결이 확정되기 전에 죄 있는 자에 준하여 취급하는 것이라고 보기 어렵다. 따라서 이 사건 지급보류조항은 무죄추정의 원칙에 위반된다고 볼 수 없다.

2. 지급보류처분은 잠정적 처분이고, 그 처분 이후 사무장병원에 해당하지 않는다는 사실이 밝혀져서 무죄판결의 확정 등 사정변경이 발생할 수 있다는 점 등을 고려하면, 지급보류처분의 '처분요건'뿐만 아니라 '지급보류처분의 취소'에 관하여도 명시적인 규율이 필요하고, 그 '취소사유'는 '처분요건'과 균형이 맞도록 규정되어야 한다. 또한 무죄판결이 확정되기 전이라도 하급심 법원에서 무죄판결이 선고되는 경우에는 그때부터 일정 부분에 대하여 요양급여비용을 지급하도록 할 필요가 있다. 나아가, 사정변경사유가 발생할 경우 지급보류처분이 취소될 수 있도록 한다면, 이와 함께 지급보류기간 동안 의료기관의 개설자가 수인해야 했던 재산권 제한상황에 대한 적절하고 상당한 보상으로서의 이자 내지 지연손해금의 비율에 대해서도 규율이 필요하다. 이러한 사항들은 이 사건 지급보류조항으로 인한 기본권 제한이 입법목적 달성에 필요한 최소한도에 그치기 위해 필요한 조치들이지만, 현재 이에 대한 어떠한 입법적 규율도 없다. 따라서 이 사건 <u>지급보류조항은 과잉금지원칙에 반하여 요양기관 개설자의 재산권을 침해한다.</u>

초고가 아파트 구입용 주택담보대출 금지 사건 [기각] (헌재 2023.3.23, 2019헌마1399)

▶ **판시사항**

1. 피청구인 금융위원회위원장이 2019.12.16. 시중 은행을 상대로 투기지역·투기과열지구 내 초고가 아파트(시가 15억원 초과)에 대한 주택구입용 주택담보대출을 2019.12.17.부터 금지한 조치(이하 '이 사건 조치'라 한다)가 헌법소원심판의 대상인 공권력 행사에 해당하는지 여부: 적극

2. 피청구인의 이 사건 조치가 법률유보원칙에 반하여 청구인의 재산권 및 계약의 자유를 침해하는지 여부: 소극

3. 피청구인의 이 사건 조치가 과잉금지원칙에 반하여 청구인의 재산권 및 계약의 자유를 침해하는지 여부: 소극

▶ **결정요지**

1. 이 사건 조치는 비록 행정지도의 형식으로 이루어졌으나, 일정한 경우 주택담보대출을 금지하는 것을 내용으로 하므로 규제적 성격이 강하고, 부동산 가격 폭등을 억제할 정책적 필요성에 따라 추진되었으며, 그 준수 여부를 확인하기 위한 현장점검반 운영이 예정되어 있었다. 그러므로 이 사건 조치는 규제적·구속적 성격을 갖는 행정지도로서 헌법소원의 대상이 되는 공권력 행사에 해당된다.

2. 피청구인은 언제든 은행업감독규정 〈별표6〉을 개정하여 이 사건 조치와 동일한 내용의 규제를 할 수 있는 권한이 있고, 은행업감독규정 〈별표6〉에 근거한 주택담보대출의 규제에는 은행법 제34조와 은행법 시행령 제20조 제1항 등 법률적 근거가 있다. 또한 피청구인은 해당 권한을 행사하여 이 사건 조치를 통해 은행업감독규정 〈별표6〉을 개정할 것임을 예고하고 개정될 때까지 당분간 개정될 내용을 준수해 줄 것을 요청한 것이고, 이 사건 조치에 불응하더라도 불이익한 조치가 이루어지지 않을 것임이 명시적으로 고지되었으므로 이 사건 조치로 인한 기본권 제한의 정도는 은행업감독규정의 기본권 제한 정도에는 미치지 않는다. 결국 행정지도로 이루어진 이 사건 조치는 금융위원회에 적법하게 부여된 규제권한을 벗어나지 않았으므로, 법률유보원칙에 반하여 청구인의 재산권 및 계약의 자유를 침해하지 아니한다.

3. 이 사건 조치는 전반적인 주택시장 안정화를 도모함과 동시에 금융기관의 대출 건전성 관리 차원에서 부동산 부문으로의 과도한 자금흐름을 개선하기 위한 것으로 목적이 정당하다. 또한 초고가 주택에 대한 주택담보대출 금지는 수요 억제를 통해 주택 가격 상승 완화에 기여할 것이므로 수단도 적합하다. 이 사건 조치 당시 주택시장의 과열로 주택담보대출이 급격히 증가함에 따라, 장래 주택가격이 하락하거나 금리가 상승할 경우 금융안정성과 국가경제 전반에 미치는 부정적 파급효과가 클 수밖에 없었다. 이에 2018년 이후 계속되어 온 고가주택에 대한 주택담보대출 규제의 일환에서, 기존 규제에도 불구하고 주택가격이 급등하는 등 주택시장 안정화 및 금융시장의 건전성 관리라는 목표 달성이 어려워지자, 피청구인이 이 사건 조치를 통해 일시적으로 이를 한 단계 강화한 것에 불과하다. 또한 이 사건 조치는 투기지역·투기과열지구로 그 적용 '장소'를 한정하고, 시가 15억원 초과 아파트로 '대상'을 한정하였으며, 초고가 아파트를 담보로 한 주택구입목적의 주택담보대출로 '목적'을 구체적으로 한정하였음을 고려할 때, 침해의 최소성과 법익의 균형성도 인정된다. 따라서 이 사건 조치는 과잉금지원칙에 반하여 청구인의 재산권 및 계약의 자유를 침해하지 아니한다.

구 상속세 및 증여세법 제78조 제4항 위헌소원 [합헌] (헌재 2023.7.20. 2019헌바223)

▶ 판시사항

1. 공익법인이 유예기한이 지난 후에도 보유기준을 초과하여 주식을 보유하는 경우 10년을 초과하지 않는 범위에서 매년 가산세를 부과하도록 정한 구 상속세 및 증여세법 제78조 제4항 중 제49조 제1항 제2호에 관한 부분(이하 '심판대상조항'이라 한다)이 진정소급입법에 해당하는지 여부: 소극

2. 심판대상조항이 신뢰보호원칙에 반하는지 여부: 소극

3. 심판대상조항이 과잉금지원칙에 반하여 재산권을 침해하는지 여부: 소극

▶ 결정요지

1. 심판대상조항은 청구인이 법정 보유기준을 초과하는 주식을 과거에 매각하지 않았다고 하여 개정법 기준으로 가산세를 부과하는 것이 아니라 개정법이 시행된 이후에 도래하는 유예기한이 지난 후에도 주식을 매각하지 않을 경우 가산세를 부과한다는 것이므로 이미 종료된 사실관계나 법률관계에 개정법을 적용하는 진정소급입법에 해당하지 않는다.

2. 출연재산을 변칙적인 탈세나 부의 증식 내지 세습수단으로 악용하는 것을 방지하기 위하여 입법자는 공익법인에 출연한 내국법인 주식 중 증여세과세가액에 산입하지 않는 한도기준을 낮추고, 더 나아가 유예기한 경과 후까지 기준을 초과하여 보유하는 경우에는 가산세를 부과하는 것으로 법을 개정하여 왔으며, 심판대상조항은 기존 입법들의 연장선상에서 그 문제점을 보완한 것이다. 관련 규정의 개정 경과에 비추어 청구인과 같은 공익사업 영위자는 제도의 시행과정에서 발생하는 문제점을 제거하기 위하여 추가적인 법률개정이 필요할 수 있음을 충분히 예상할 수 있었으므로 법률의 존속에 대한 신뢰이익의 보호가치는 크다고 할 수 없는 반면 조세회피나 부의 세습을 방지함으로써 얻게 되는 공익은 막중하므로 심판대상조항은 신뢰보호원칙에 반하지 아니한다.

3. 심판대상조항이 시행된 후에도 2년의 유예기한이 부여되어 있고, 유예기한이 지난 뒤에도 초과분 내국법인 주식을 처분하는 시점부터는 가산세가 부과되지 않으며, 일정한 요건을 갖춤으로써 법정 보유기준을 초과하여 주식을 보유하면서도 가산세 부과의 전제가 되는 의무를 면할 수도 있는 등 심판대상조항이 재산권을 제약하는 정도가 제한적인 반면, 공익의 증진 효과는 크므로 심판대상조항은 과잉금지원칙에 반하여 재산권을 침해하지 않는다.

주택법 제22조 제1항 제1호 위헌소원 [합헌] [헌재 2023.8.31, 2019헌바221, 2021헌바269(병합)]

▶ 판시사항

사업계획승인을 받은 민간사업주체가 주택건설대지면적의 95퍼센트 이상의 사용권원을 확보한 경우 사용권원을 확보하지 못한 대지의 모든 소유자에게 매도청구를 할 수 있도록 하는 주택법 제22조 제1항 전문 제1호가 과잉금지원칙에 위배되어 재산권을 침해하는지 여부: 소극

▶ 결정요지

심판대상조항은 국토계획법 제49조에 따른 지구단위계획의 결정이 필요한 주택건설사업에서 주택건설대지면적의 95퍼센트 이상의 사용권원을 확보한 민간사업주체에게 매도청구권을 부여하고 있다. 이는 지구단위계획에 따라 승인받은 주택건설사업을 가능하게 하여 주택의 건설·공급을 촉진함으로써 국민의 주거를 안정화하고 주거환경을 개선하기 위한 것으로서 입법목적의 정당성이 인정되고, 공공필요성의 요건도 갖추었다. 일정 규모 이상의 주택을 건설하는 경우 필요한 일단의 연접 대지를 확보할 수 있게 하려면 그 사업부지 내의 대지를 취득할 수단을 허용할 필요가 있으므로, 지구단위계획에 따라 일정 규모 이상의 주택건설사업을 시행하는 민간사업주체에게 매도청구권을 부여한 것은 위와 같은 입법목적 달성을 위한 적합한 수단이 된다. 매도청구권 행사를 위해 사업주체가 사용권원을 확보해야 하는 주택건설대지 면적은 95퍼센트 이상으로 전체 면적에 가깝다. 주택법은 매도청구권 행사 이전의 협의기간 및 행사시기를 엄격히 제한하고, 개발이익이 포함된 가격인 시가를 매매대금으로 명시할 뿐 아니라, 일정한 경우 건물 명도에 대하여 적당한 기간을 허락할 수 있게 하여 대지소유자의 재산권이 침해될 가능성을 최소화하고 있다.

우리나라의 주택보급률이 서울과 수도권에서 100%에 이르지 못하고 있다는 점, 지구단위계획에 따라 30호 이상의 단독주택 또는 30세대 이상의 공동주택을 건설하는 사업은 민간사업주체가 시행하는 경우에도 공공성이 강하고 이를 위해서 일단의 연접 토지가 반드시 필요하다는 점 등을 고려하면 지구단위계획에 따른 주택건설을 통해 국민 주거의 안정과 주거 수준을 향상시키고자 하는 공익이 이로 인하여 제한받는 사익을 능가한다 할 것이므로, 심판대상조항은 과잉금지원칙에 위배되어 재산권을 침해한다고 할 수 없다.

공익사업을 위한 토지 등의 취득 및 보상에 관한 법률 제91조 제1항 등 위헌소원 [합헌] (헌재 2023.8.31, 2020헌바178)

▶ 판시사항

환매권의 요건 등에 관하여 규정한 구 '공익사업을 위한 토지 등의 취득 및 보상에 관한 법률' 제91조 제1항 중 '필요 없게 된 경우' 부분(이하 '심판대상조항'이라 한다)이 명확성원칙에 위반되는지 여부: 소극

▶ 결정요지

관련 규정의 내용과 환매권의 목적 등을 종합할 때, 심판대상조항에서 정하는 '필요 없게 된 경우'란 토지의 협의취득 또는 수용의 목적이 된 구체적인 특정 공익사업이 폐지되거나 변경되는 등의 사유로 인하여 당해 토지가 더 이상 그 공익사업에 직접 이용될 필요가 없어졌다고 볼 만한 객관적인 사정이 발생한 경우를 뜻한다. 이처럼 심판대상조항은 문언상 그 의미가 비교적 명백하고, 구체적 사안에서 법원이 원소유자의 재산권의 존속보장이라는 사익과 공익사업 시행을 전제로 하여 형성된 법률관계의 안정이라는 공익을 형량하여, 협의취득 또는 수용된 토지가 해당 사업의 폐지·변경 또는 그 밖의 사유로 필요 없게 되었는지 여부를 충분히 판단할 수 있다. 그러므로 심판대상조항이 수범자의 예측가능성을 해친다거나, 법 집행기관의 자의적인 해석을 가능하게 하는 불명확한 법률조항이라고 볼 수는 없다.

따라서 심판대상조항은 명확성원칙에 위반되지 아니한다.

242

산업재해보상보험법 제59조 제3항 위헌소원 [합헌] (헌재 2023.10.26. 2020헌바310)

▶ 판시사항

장해보상연금 수급권자의 의사나 귀책사유 없이 요양 종결 후 상당한 기간이 경과한 후에 장해급여를 청구한 경우에도 예외 없이 장해등급 재판정을 1회 실시하도록 한, 산업재해보상보험법 제59조 제3항 중 장해등급의 재판정에 관한 '1회 실시하되' 부분이 장해급여 수급권자의 재산권을 침해하는지 여부: 소극

▶ 결정요지

장해급여는 장해상태에 따른 노동력 상실 또는 감소에 관한 손해배상 또는 손실보상적 급부의 성격을 가진다. 장해등급 재판정 제도는 장해급여의 요건이 되는 장해등급을 적정하게 결정하기 위한 것이므로, 장해등급 결정이 수급권자의 귀책사유 없이 상당한 기간 늦어진 경우 재판정을 면제하지 않았다고 하여 적정 수준의 손해배상 또는 손실보상적 급부의 범위를 설정하는 데 불합리한 제한이 있다고 보기 어렵다. 장해등급의 재판정을 1회만 실시하도록 한 것은 장해급여 수급권자의 지위에 안정을 기하려는 것이고, 재판정 실시 결과 최종적인 장해등급이 수급권자에게 불리하게 정해진 경우에 이의가 있는 수급권자는 심사 및 재심사 청구, 행정소송으로 불복할 수 있다는 점에서도, 합리성이 인정된다. 따라서 심판대상조항은 합리적인 입법형성의 범위를 넘어 장해급여 수급권자의 재산권을 침해하지 않는다.

243

금고 이상의 형의 집행유예를 선고받은 경우를 변호사 결격사유로 정한 변호사법 제5조 제2호가 직업수행의 자유를 침해하는지 여부: 소극[기각] (헌재 2019.5.30, 2018헌마267)

사건개요

청구인은 변호사로서, 변호사가 아닌 사람에게 청구인의 변호사 명의를 대여하여 그로 하여금 개인회생 등 비송사건에 관한 법률사무를 취급하게 함으로써 변호사법을 위반하였다는 이유로 기소되었다. 서울중앙지방법원은 2017.5.2. 징역 1년에 집행유예 2년을 선고하였고, 청구인이 항소 및 상고하였으나 모두 기각되어 2017.12.7. 위 판결이 확정되었다.

청구인은 금고 이상의 형의 집행유예를 선고받고 그 유예기간이 지난 후 2년이 지나지 아니한 자는 변호사가 될 수 없도록 한 변호사법 제5조 제2호가 청구인의 기본권을 침해한다고 주장하면서, 2018.3.13. 이 사건 헌법소원심판을 청구하였다.

▶ 심판대상

변호사법(2008.3.28. 법률 제8991호로 개정된 것)
제5조 【변호사의 결격사유】 다음 각 호의 어느 하나에 해당하는 자는 변호사가 될 수 없다.
 2. 금고 이상의 형의 집행유예를 선고받고 그 유예기간이 지난 후 2년이 지나지 아니한 자

▶ 이유의 요지

헌법재판소는 심판대상조항과 같은 내용을 규정한 구 변호사법(2000.1.28. 법률 제6207호로 전부개정되고 2008.3.28. 법률 제8991호로 개정되기 전의 것) 제5조 제2호 및 심판대상조항이 직업선택의 자유와 평등권을 침해하지 않는다고 결정하였다(헌재 2009.10.29, 2008헌마432 ; 헌재 2016.6.30, 2015헌마916 참조). 그 결정이유 중 이 사건과 관련된 내용의 요지는 다음과 같다.

법원이 범죄의 모든 정황을 고려하여 금고 이상의 형을 선고하였다면 그 사실만으로 사회적 비난가능성이 높다. 입법자는 변호사가 형사 제재를 받은 경우 국민이 당해 변호사뿐만 아니라 변호사 단체에 대한 신뢰를 회복하기에 충분한 기간을 형법과는 별도의 기준으로 설정할 수 있고, 이에 따라 집행유예기간에 2년을 더한 기간 동안 변호사 활동을 금지하는 것이 직업선택의 자유에 대한 과도한 제한이라 할 수 없다. 의사, 약사, 관세사와 달리, 변호사는 기본적 인권 옹호와 사회정의 실현을 사명으로 하여 직무의 공공성이 강조되고 그 독점적 지위가 법률사무 전반에 미치므로, 변호사 결격사유가 되는 범죄의 종류를 직무 관련 범죄로 제한하지 않았다고 하더라도 자의적인 차별이라고 할 수 없다.

심판대상조항이 금고 이상의 형의 집행유예를 선고받은 경우를 결격사유로 정한 것은 국민의 기본적 인권을 옹호하고 사회정의를 실현함을 사명으로 하는 변호사제도에 대한 국민의 신뢰 및 공공의 이익을 보호하기 위함이며 이는 변호사 수의 많고 적음과는 무관하다. 따라서 이 사건에서 위 선례와 달리 판단할 만한 사정변경이 있다고 보기 어렵다.

244

변리사 2차 시험과목 중 특허법과 상표법 과목에 실무형 문제를 각 1개씩 출제하도록 한 것이 직업수행의 자유를 침해하는지 여부: 소극[기각] (헌재 2019.5.30, 2018헌마1208)

사건개요

피청구인은 변리사시험 실시를 주관하는 기관으로, 2018.11.12. '2019년도 제56회 변리사 국가자격시험 시행계획 공고(공고 제2018-151호)'를 하였는데, 위 공고는 2019년에 시행되는 제56회 변리사 제2차 시험에서 그 이전의 시험과는 달리 특허법과 상표법 과목에 배점 20점의 '실무형 문제'를 각 1개씩 출제하도록 되어 있었다. 청구인들은 2019년 제56회 변리사 제2차 시험에 응시하고자 하는 사람들로, 피청구인의 위 공고 가운데 변리사 제2차 시험 중 특허법과 상표법 과목에 실무형 문제를 각 1개씩 출제하도록 한 부분이 청구인들의 평등권, 직업선택의 자유 등을 침해한다고 주장하며 2018.12.24.(2018헌마1208) 및 2018.12.31.(2018헌마1227)에 각 위 부분의 취소를 구하는 헌법소원심판을 청구하였다.

▶ 판시사항

1. 피청구인의 '2019년도 제56회 변리사 국가자격시험 시행계획 공고(공고 제2018-151호)' 가운데 '2019년 제2차 시험과목 중 특허법과 상표법 과목에 실무형 문제를 각 1개씩 출제' 부분(이하 '이 사건 공고'라 한다)이 헌법소원의 대상이 되는 공권력의 행사에 해당하는지 여부: 적극

2. 2019년 변리사 제2차 시험에 응시할 자격이 인정되지 않는 청구인들의 이 사건 공고에 대한 헌법소원심판 청구의 자기관련성 요건을 부정한 사례

3. 이 사건 공고의 근거법률인 변리사법 제4조의2 제5항이 포괄위임금지원칙에 위배되는지 여부: 소극

4. 이 사건 공고가 변리사법 시행령 제3조 제2항에 위배되는지 여부: 소극

5. 이 사건 공고가 과잉금지원칙을 위반하여 직업선택의 자유를 침해하는지 여부: 소극

6. 이 사건 공고가 평등권을 침해하는지 여부: 소극

▶ 결정요지

1. 이 사건 공고의 근거법령의 내용만으로는 변리사 제2차 시험에서 '실무형 문제'가 출제되는지 여부가 정해져 있다고 볼 수 없고, 이 사건 공고에 의하여 비로소 2019년 제56회 변리사 제2차 시험에 실무형 문제가 출제되는 것이 확정된다. 이 사건 공고는 법령의 내용을 구체적으로 보충하고 세부적인 사항을 확정함으로써 대외적 구속력을 가지므로, 헌법소원의 대상이 되는 공권력의 행사에 해당한다.

2. 이 사건 공고는 2019년 제56회 변리사 제2차 시험에 관한 것이므로, 기본권 침해의 자기관련성이 인정되기 위해서는 위 제2차 시험에 응시할 자격이 인정되어야 한다. 2019년 변리사 제1차 시험에 불합격하거나 응시하지 아니한 청구인들은 위 제2차 시험에 응시할 자격이 인정되지 않으므로, 기본권 침해의 자기관련성이 인정되지 않는다.

3. 시험과목 및 그 밖에 시험에 관한 사항은 전문적·기술적인 영역에 해당하므로, 이를 법률로 전부 규정하는 것은 입법기술상 적절하지 않아 이러한 사항을 대통령령에 위임할 필요성이 인정된다. 또한, 변리사의 직무범위, 변리사시험 제도의 목적, 변리사법 제4조의3이 정한 변리사시험 일부 면제자의 요건 등을 종합하면, 변리사시험의 시험과목은 변리사 업무에 필요한 지식·소양 및 그 소송대리를 수행하기 위한 능력을 갖추기 위하여 공부하여야 할 과목이 될 것임을 예측할 수 있고, 변리사시험 시행의 세부사항, 합격자 결정기준 등에 관한 사항이 '그 밖에 시험에 필요한 사항'으로서 대통령령에 규정될 것임을 예측할 수 있다. 따라서 변리사법 제4조의2 제5항은 포괄위임금지원칙에 위배되지 않는다.

4. 변리사법 시행령 제3조 제2항은 변리사 제2차 시험을 '주관식 논술시험'으로 하도록 하고 있다. '주관식'은 주어진 물음이나 지시에 따라 답안을 작성하게 하는 방식을 의미하고, '논술'이란 어떤 것에 관하여 의견을 논리적으로 서술하는 것을 의미한다. 피청구인이 출제하려는 실무형 문제란, 법 해석, 판례 동향, 각종 제도·이론 등에 대한 이해를 바탕으로 주어진 문제와 자료에 따라 의견서, 이의신청서, 심판청구서, 소장 중 신청·청구의 취지 또는 그 신청·청구의 타당성을 논리적으로 밝히는 이유를 작성하도록 하거나, 특허에 있어 구체적인 청구범위를 논리적으로 서술하여야 하는 명세서의 청구범위란을 작성하도록 하는 것이다. 따라서 실무형 문제가 변리사법 시행령 제3조 제2항이 예정한 '주관식 논술시험'의 범주에서 벗어난다고 볼 수 없다.

5. 이 사건 공고는 변리사시험 응시자로 하여금 일정 수준 이상의 기술적 전문지식과 실무능력을 평가받도록 함으로써 심화되는 국내외 산업재산권 분쟁에 대응할 수 있는 능력을 갖춘 변리사를 선발·양성하기 위한 것으로, 목적의 정당성 및 수단의 적합성이 인정된다.
변리사 제2차 시험 중 특허법 및 상표법 과목에 실무형 문제를 출제하는 것이 목적달성에 가장 효과적인 수단이라고 본 피청구인의 판단이 명백히 불합리하다고 보기 어려운 점, 실무형 문제의 출제가 변리사시험의 본질, 변리사의 직무범위에 비추어 부당하다고 보기 어려운 점, 피청구인은 2015년부터 실무형 문제의 출제 등을 예고하면서, 예시문제, 준비방법 등을 제시하기도 하였던 점, 따라서 실무형 문제가 수험생들이 전혀 준비할 수 없거나, 감당할 수 없는 방식의 문제라고 볼 수 없는 점, 피청구인은 이 사건 공고를 하면서도, 문제의 난도, 답안의 분량 등을 고려하여 실무형 문제가 출제되는 과목의 시험시간을 각 20분 연장하였고, 그 배점도 각 20점으로 한 점, 변리사시험 단계에서 실무형 문제를 출제하는 방식과 동등하게 직무능력 강화 효과를 달성하면서도 기본권을 덜 제한하는 방식이 있다고 단정하기 어려운 점 등을 종합하면, 이 사건 공고가 피해의 최소성원칙에 위배된다고 볼 수 없다.
이 사건 공고로 인하여 청구인들이 실무형 문제를 풀어야 하는 부담을 지게 되지만, 청구인들이 제한받게 되는 사익이 이 사건 공고로 달성하고자 하는 공익보다 크다고 보기 어려우므로, 이 사건 공고는 법익의 균형성원칙에 위배되지 않는다. 그렇다면 이 사건 공고는 과잉금지원칙을 위반하여 청구인들의 직업선택의 자유를 침해하지 않는다.

6. 전문직업인인 변리사로서 일정 수준 이상의 기술적·전문적 지식 및 실무적 소양을 갖춰야 한다는 점에 있어 일반응시자와 특허청 경력응시자가 본질적으로 다른 집단이라고 볼 수 없다. 설령 위 두 집단이 본질적으로 다른 집단이라고 하더라도, 이 사건 공고는 달성하고자 하는 목적에 따라 모든 응시자에 대하여 똑같이 변리사로서 일정 수준 이상의 기술적·전문적 지식 및 실무적 소양을 요구하고 있는 것이므로, 합리적인 이유가 있다.

연락운송 운임수입의 배분에 관한 협의가 성립하지 아니한 때에는 당사자의 신청을 받아 국토교통부장관이 결정하도록 한 도시철도법 제34조 제2항이 위헌인지 여부: 소극[합헌] (헌재 2019.6.28, 2017헌바135)

사건개요

서울도시철도공사와 서울메트로(서울도시철도공사와 서울메트로는 이후 합병하여 신설법인 '서울교통공사'가 이 사건 절차를 수계하였으므로, 양자를 구별할 필요가 없을 때는 '청구인'이라 함)는 2012.4.13. 다른 도시철도 운영기관들(모든 운영기관을 통칭하여 '이 사건 운영기관들'이라 함)과 '수도권 광역·도시철도 운영기관간 연락운임 및 일일정산 방안 연구용역 추진협약'을 체결하였다.

위 협약은 서울도시철도공사가 다른 기관의 의견을 반영하여 용역수행기관을 선정하고, 각 발주기관은 용역결과를 수용하기로 되어 있었으며, 서울도시철도공사는 운임 배분, 정산기준 등에 관한 연구용역 수행기관으로 서울시 산하기관인 서울연구원을 선정하였다.

이 사건 운영기관들은 2012.6.21. 연락운송에 의하여 발생하는 운임 정산방법 등에 대하여 운영기관들 사이에 따로 협의하여 정하기로 연락운송협정을 체결하였다.

서울연구원은 2013.3.29. 용역 수행을 마치고 이 사건 운영기관들에 준공검사원을 제출하였는바, 청구인을 제외한 나머지 운영기관들은 2013.4.19. 위 용역결과에 합격처리를 하였으나, 청구인은 위 용역결과의 시정을 요구하고, 2015.3.11. 국토교통부장관(이하 '국토부장관'이라 함)에게 심판대상조항에 따른 연락운송 수입배분에 관한 결정신청을 하였다.

국토교통부장관은 2015.11.5. 서울연구원 연구용역 결과에 따른다는 취지의 결정을 하였고, 청구인은 위 결정에 대한 취소소송을 제기한 후 심판대상조항에 대한 위헌제청신청을 하였으나 기각되자, 이 사건 헌법소원심판을 청구하였다.

▶ 판시사항

1. 연락운송 운임수입의 배분에 관한 협의가 성립하지 아니한 때에는 당사자의 신청을 받아 국토교통부장관이 결정하도록 한 도시철도법(2014.1.7. 법률 제12216호로 전부개정된 것) 제34조 제2항 중 '제1항에 따른 운임수입의 배분에 관한 협의가 성립되지 아니한 때에는 당사자의 신청을 받아 국토교통부장관이 결정한다' 부분(이하 '심판대상조항'이라 한다)이 명확성원칙에 위배되는지 여부: 소극

2. 심판대상조항이 적법절차원칙에 위배되는지 여부: 소극

3. 심판대상조항이 과잉금지원칙에 위배되어 도시철도운영자 등의 직업수행의 자유를 침해하는지 여부: 소극

▶ 결정요지

1. 심판대상조항 중 '당사자의 신청'은 그 문언 및 연락운송 운임의 정산에 관한 분쟁을 조속히 해결하고자 하는 입법목적 등에 비추어 보면 분쟁 당사자 일방의 신청으로도 가능하다고 충분히 해석할 수 있고, 국토교통부장관은 도시철도운영자들이 운영하는 노선이나 도시철도시설의 규모, 이에 지출되는 비용, 이용자의 수, 이용자의 이용 노선, 환승경로, 이용요금, 이용의 편의성 등 제반 요소들을 종합적으로 고려하여 공평하고 합리적인 방법으로 결정을 내릴 것이 요구되며, 그 결정은 위 분쟁을 조속히 해결하기 위한 것이므로 당사자의 협의에 갈음하는 효력을 가지는 것이다. 이처럼 심판대상조항은 그 문언, 입법목적 등에 비추어 그 의미와 내용을 알 수 있으므로, 명확성원칙에 위배되지 아니한다.

2. 심판대상조항이 국토교통부장관이 운임수입 배분에 관한 결정을 하기 전에 거쳐야 하는 일반적인 절차에 대해 따로 규정하고 있지는 않지만, 행정절차법은 처분의 사전통지, 의견제출의 기회, 처분의 이유제시 등을 규정하고 있고, 이는 국토교통부장관의 결정에도 적용되어 절차적 보장이 이루어지므로, 심판대상조항은 적법절차원칙에 위배되지 아니한다.

3. 국토교통부장관은 도시철도운영자에 대한 감독 및 조정기능을 담당하는 주무관청으로서 전문성과 객관성을 갖추고 있고, 당사자들은 행정절차법에 따라 의견제출이 가능하며, 공청회를 통한 의견 수렴도 가능하므로, 심판대상조항이 별도의 위원회를 구성하여 그 판단을 받도록 규정하지 않았다는 사정만으로 기본권을 덜 제한하는 수단을 간과하였다고 보기 어렵다. 국토교통부장관은 당사자의 신청을 요건으로 결정하게 되므로, 원칙적으로는 분쟁 해결 과정에서 당사자의 자율성이 존중되고, 국토교통부장관의 결정에 대하여는 취소소송을 통한 불복도 가능하다. 심판대상조항으로 인해 제한되는 직업수행의 자유는 도시철도운영자 등이 연락운송 운임수입 배분을 자율적으로 정하지 못한다는 정도에 그치나, 이를 통해 달성되는 공익은 도시교통 이용자의 편의 증진에 이바지하는 것으로서 위와 같은 불이익에 비하여 더 중대하다. 따라서 심판대상조항은 과잉금지원칙을 위반하여 도시철도운영자 등의 직업수행의 자유를 침해하였다고 볼 수 없다.

유치원의 학교에 속하는 회계의 예산과목 구분을 정한 '사학기관 재무·회계 규칙'이 사립유치원 설립·경영자의 사립유치원 운영의 자유를 침해하는지 여부: 소극[기각] (헌재 2019.7.25. 2017헌마1038)

사건개요

청구인들은 사립유치원을 운영하고 있는 사람들로서 사립학교법 제31조 제1항, 제51조에 따라 유치원의 예산 및 결산을 관할 교육청에 보고하고 공시하여야 하는 사람들이다.

청구인 염○○은 2017.9.15. 학교에 속하는 회계의 예산과목 구분을 규정한 '사학기관 재무·회계 규칙'(2017. 2.24. 교육부령 제122호) 제15조의2 제1항, 별표 5, 별표 6이 자신의 직업의 자유, 재산권, 평등권을 침해하고 신뢰보호의 원칙, 법률유보원칙에 위반된다고 주장하면서 그 위헌확인을 구하는 헌법소원심판을 청구하였고 (2017헌마1038), 청구인 강□□ 외 122명은 2017.10.23. 위 '사학기관 재무·회계 규칙' 별표 5, 별표 6이 청구인들의 직업의 자유, 재산권, 평등권을 침해한다고 주장하면서 그 위헌확인을 구하는 헌법소원심판을 청구하였다(2017헌마1180).

▶ 심판대상

사학기관 재무·회계 규칙(2017.2.24. 교육부령 제122호로 개정된 것)

제15조의2【예산과목의 구분】① 법인의 업무에 속하는 회계와 학교에 속하는 회계의 예산과목의 구분은 별표 1 부터 별표 4까지에 따른다. 다만, 유아교육법 제2조 제2호에 따른 유치원의 경우 학교에 속하는 회계의 예산 과목 구분은 별표 5 및 별표 6에 따른다.

▶ 이유의 요지

1. 사학운영의 자유 침해 여부: 소극

개인이 설립한 사립유치원 역시 사립학교법·유아교육법상 학교로서 공교육 체계에 편입되어 그 공공성이 강조되고 공익적인 역할을 수행하고, 국가 및 지방자치단체로부터 재정지원 및 세제혜택을 받고 있다. 따라서 사립유치원의 재정 및 회계의 투명성은 그 유치원에 의하여 수행되는 교육의 공공성과 직결된다. 심판대상조항은 개인이 경영하는 사립유치원의 실정에 맞는 재무·회계기준을 제시하고 이에 따르도록 함으로써 그 재정의 건전성과 투명성을 확보한다. 이는 국가와 지방자치단체의 재정지원을 받는 사립유치원이 개인의 영리추구에 매몰되지 아니하고 교육기관으로서 양질의 유아교육을 제공하는 동시에 유아교육의 공공성을 지킬 수 있는 재정적 기초를 다지기 위한 것으로서 그 목적이 정당하다. 사립유치원이 그 재정을 건전하고 투명하게 운영하지 못한다면 교육의 질 저하로 유아교육의 공공성 및 그에 대한 신뢰는 나빠지고 나아가 국가의 교육재정의 건전성에도 악영향을 미칠 수 있다. 따라서 유아교육을 담당하고 국가 및 지방자치단체로부터 재정 지원을 받는 사립유치원은 그 운영에 공공성이 담보될 수 있도록 국가가 관여하는 것은 불가피하고, 사립유치원의 재무회계를 국가가 관리·감독하는 것은 사립유치원 경영의 투명성을 제고할 수 있는 적합한 수단이다.

비록 심판대상조항의 사립유치원 세입·세출예산 과목에 청구인들이 주장하는 바와 같은 항목들(유치원 설립을 위한 차입금 및 상환금, 유치원 설립자에 대한 수익배당, 통학 및 업무용 차량 이외의 설립자 개인 차량의 유류대 등)을 두지 않았다고 하더라도, 그러한 사정만으로는 심판대상조항이 현저히 불합리하거나 자의적이라고 볼 수 없다. 따라서 심판대상조항이 입법형성의 한계를 일탈하여 사립유치원 설립·경영자의 사립유치원 운영의 자유를 침해한다고 볼 수 없다.

2. 재산권 제한 여부: 소극

심판대상조항은 사립유치원의 세입·세출예산 과목을 규정할 뿐 교사 등 시설물 자체에 대한 청구인들의 소유권이나 처분권에는 어떠한 영향도 미치지 않는다. 뿐만 아니라 유치원 설립·경영자가 자기 자신에게 교지·교사의 사용대가를 지급할 수 없는 것은 유아교육법상 요구되는 유치원설립기준의 충족을 위해 스스로 교지·교사를 제공한 것에 기인한 것으로서 심판대상조항에 의한 별도의 재산권 제한은 인정되지 않는다.

3. 평등권 침해 여부: 소극

사립유치원은 국가 및 지방자치단체의 재정지원을 받는 점에서 개인병원과 본질적 차이가 있으므로 비교집단이 될 수 없다. 또한 어린이집의 경우 청구인들의 주장과 달리 사립유치원과 거의 동일한 정도의 회계관리가 이루어지고 있으므로 차별취급 자체가 존재하지 않는다. 한편 사립유치원 역시 공공성이 강조되는 교육을 담당하는 사립학교법상 학교라는 점에서 국·공립학교나 다른 사립학교와 본질적 차이가 없으므로 이들을 동일하게 취급한다고 하여 평등원칙에 위반된다고 볼 수 없다. 결국 심판대상조항으로 인한 평등권 침해는 문제되지 않는다.

▶ **결정의 의의**

심판대상조항은 유치원에 적용되는 학교에 속하는 회계의 예산과목 구분을 정하고 있는데, 이 결정을 통하여 헌법재판소는, 개인이 설립한 사립유치원 역시 법률상 '학교'로서 공익적 역할을 수행하며, 그 재정 및 회계의 투명성을 담보하기 위한 심판대상조항이 자의적 규제로서 사립유치원 설립·경영자의 사립유치원 운영의 자유를 침해한다고 볼 수 없음을 명확히 하였다.

> 현금영수증 의무발행업종 사업자로 하여금 건당 10만원 이상의 현금거래시 현금영수증을 의무발급하도록 하고, 위반시 현금영수증 미발급 거래대금의 100분의 50에 상당하는 과태료를 부과하도록 하는 것이 직업수행의 자유를 침해하는지 여부: 소극[합헌] (헌재 2019.8.29. 2018헌바265)

심판대상조항은 현금거래가 많은 업종의 사업자에 대하여 과세표준을 양성화하여 세금탈루를 방지하고 공정한 거래질서를 확립하기 위한 것으로 입법목적의 정당성과 수단의 적합성이 인정된다. 또한 탈세의 유인이 큰 현금거래로 그 적용범위가 한정되어 있고, 현금영수증 미발급행위 자체는 위법성의 정도에 있어 큰 차이가 있다고 볼 수 없는 점, 고액 현금거래가 많아 소득탈루의 가능성이 높은 업종으로 그 대상을 한정하는 점, 현금영수증 발급절차가 까다롭거나, 많은 시간과 비용이 소요되지 않고, 자진납부나 수급자 요건 등에 해당하는 경우 과태료를 감면받을 수 있는 점, 현금영수증의 발급시기와 방식 등을 다양화하고 있는 점, 착오나 누락에 의한 경우 과태료 감경규정이 별도로 마련된 점 등에 비추어 침해의 최소성원칙에도 반하지 않는다. 투명하고 공정한 거래질서를 확립하고 과세표준을 양성화하려는 공익은 현금영수증 의무발행업종 사업자가 입게 되는 불이익보다 훨씬 커 법익균형성도 충족하므로 심판대상조항은 과잉금지원칙에 반하여 직업수행의 자유를 침해하지 않는다.

또한 법인세법이 2014.1.1. 개정되어 의무발급의 기준금액이 건당 10만원 이상으로 변경된 것은 거래의 투명성과 세원관리의 효율성을 위한 것인 점, 2018.12.31. 조세범 처벌법 및 법인세법 등의 개정으로 과태료가 가산세로 바뀌고 그 부과금액도 낮아졌으나 이는 정책적 판단에 따른 것이지 반성적 고려에 터 잡은 것이라 볼 수 없는 점 등에 비추어 볼 때, 종전 헌법재판소의 합헌 선례(헌재 2015.7.30. 2013헌바56 등 ; 헌재 2017.5.25. 2017헌바57)에서 밝힌 이유와 같이 심판대상조항은 과잉금지원칙에 위반되지 아니한다.

한편, 과태료조항은 현금영수증 미발급 거래대금의 100분의 50으로 과태료 부과기준을 일률적으로 정하고 있으므로 사업자별로 실질적인 이익에 따른 차이를 고려하지 않고 있으나, 현금영수증 미발급행위 자체에는 위법성의 정도에 있어서 큰 차이가 있다고 보기 어렵고, 현금영수증 미발급 거래대금이 클수록 비난가능성 또한 커진다는 점 등에 비추어 보면, 실제 취득한 이익이 아니라 현금영수증 미발급 거래대금을 과태료 부과의 기준으로 삼았다는 점만으로 과태료조항이 평등원칙에 위반되었다고 볼 수도 없다.

제2편 2024 해커스경찰 신동욱 경찰헌법 최신 3개년 판례집

형법상 상해죄로 벌금형을 선고받고 5년이 지나지 아니한 사람에 대하여 화약류관리보안책임자 면허자격을 제한하는 조항에 관한 위헌제청 사건 [합헌] (헌재 2019.8.29, 2016헌가16)

▶ 판시사항

1. 재판의 전제와 관련된 제청법원의 법률적 견해가 유지될 수 없어 헌법재판소가 직권으로 재판의 전제성을 부인한 사례
2. 형법상 상해죄를 범하여 벌금형을 선고받고 5년이 지나지 아니한 사람은 화약류관리보안책임자의 면허를 받을 수 없다고 정한 구 '총포·도검·화약류 등 단속법' 제29조 제1항 제4호 중 '총포·도검·화약류 등의 안전관리에 관한 법률'(이하 입법연혁에 관계없이 '총포화약법'이라 한다) 제13조 제1항 제6호의2 나목 중 형법 제257조 제1항 가운데 화약류관리보안책임자의 면허에 관한 부분(이하 '이 사건 결격조항'이라 한다)이 화약류관리보안책임자가 되고자 하는 사람의 직업의 자유를 침해하는지 여부: 소극
3. 이 사건 결격조항이 평등원칙에 위반되는지 여부: 소극

▶ 결정요지

1. 형법상 상해죄를 범하여 벌금형을 선고받고 5년이 지나지 아니한 사람의 화약류관리보안책임자 면허를 취소하도록 정한 총포화약법 제30조 제1항 단서 제3호의 제29조 제1항 제4호 중 제13조 제1항 제6호의2 나목 중 형법 제257조 제1항 가운데 화약류관리보안책임자 면허를 받은 사람에 관한 부분(이하 '이 사건 취소조항'이라 한다)은 총포화약법 제13조 제1항 제6호의2에 해당하는 사람의 화약류관리보안책임자 면허를 취소하는 조항이고, 제13조 제1항 제6호의2는 총포화약법이 2015.7.24. 법률 제13429호로 개정되면서 신설되었다. 총포화약법 부칙(2015.7.24. 법률 제13429호) 제1조와 제2조는 결격사유가 신설된 총포화약법 개정법률의 시행일을 2015.11.2.로 정하고, 화약류관리보안책임자의 결격사유가 신설된 제13조 제1항의 규정을 개정법률 시행 후 최초로 접수된 화약류관리보안책임자 면허의 신청 및 갱신부터 적용하도록 규정하고 있으므로, 위 개정법률 시행일 이전인 2010.12.20. 발급받은 제청신청인의 화약류관리보안책임자 면허에 대하여 이 사건 취소조항을 적용할 여지가 없다.
   그렇다면 이 사건 취소조항은 당해 사건 재판에 적용될 법률이 아니며, 그 위헌 여부에 따라 당해 사건 재판의 주문이 달라지거나 재판의 내용과 효력에 관한 법률적 의미가 달라지는 경우라고 볼 수 없으므로, 이 사건 취소조항에 대한 위헌법률심판제청은 재판의 전제성이 없어 부적법하다.
2. 형법상 상해죄를 범한 사람은 통상 폭력성향, 충동성향을 가지고 있을 가능성이 높다고 판단할 수 있다. 위험성이 상존하는 화약류를 직업으로 다루는 화약류관리보안책임자가 폭력적·충동적 성향을 가지고 있는 경우 화약류 관련사고가 일어날 가능성이 커질 수 있고, 사고로 인한 위험성은 극대화될 수 있으므로 이를 방지할 필요성이 있다. 상해죄의 죄질이 다양한 것은 사실이지만, 법원이 범죄의 모든 정황을 고려한 후 상해죄에 대하여 벌금형의 선고를 하였다면, 구체적 범죄의 태양, 벌금형의 액수와 무관하게, 상해죄로 벌금형을 선고받았다는 사정은 화약류관리보안책임자 업무에 요구되는 윤리성과 책임감, 준법의식 수준에 미달되었다고 평가할 수 있다. 이 사건 결격조항은 어느 범죄이든 벌금형을 받기만 하면 결격사유가 되는 것으로 규정한 것이 아니라 고의범인 형법상 상해죄로 범죄를 한정하고 있고, 상해죄의 혐의가 인정되더라도 사안이 경미한 경우 기소유예 처분이 내려지거나, 벌금형의 선고유예 내지 집행유예가 선고될 수도 있다. 또한, 이 사건 결격조항이 적용된다 하더라도 5년의 기간 동안만 화약류관리보안책임자로서의 업무 수행이 금지된다. 위와 같은 점을 고려했을 때, 이 사건 결격조항이 직업의 자유를 침해한다고 볼 수 없다.

3. 입법자에게는 특정한 유형의 범죄를 범한 자에 대하여 다른 유형의 범죄를 범한 자에 비해 더 길거나 짧은 결격기간을 규정할 수 있는 입법재량이 있다. 입법자가 화약류관리보안책임자의 자격 요건 중 특별히 상해죄와 같은 폭력성향을 가진 경우를 비교적 엄격하게 규율하고자 하여, 상해죄로 벌금형을 선고받은 사람의 결격기간과 총포화약법을 위반하여 금고 이상의 형의 집행유예를 선고받은 사람의 결격기간을 다르게 규정하였고, 이로 인하여 상해죄로 벌금형을 선고받은 사람에 대한 결격기간이 총포화약법을 위반하여 금고 이상의 형의 집행유예를 선고받은 사람에 대한 결격기간에 비하여 다소 긴 경우가 발생한다고 하여도 이를 자의적인 차별이라 볼 수는 없다. 따라서 이 사건 결격조항은 평등원칙에 위반되지 아니한다.

249

사고 후 미조치시 운전면허 임의적 취소 사건 [합헌] (헌재 2019.8.29. 2018헌바4)

" 사건개요 "

청구인은 2017.3.10. 서울지방경찰청장으로부터 교통사고로 사람을 사상케 한 후 필요한 조치 등을 하지 않았다는 이유로 운전면허 취소처분(이하 '이 사건 처분'이라 한다)을 받았다.

청구인은 이 사건 처분의 취소를 구하는 소를 제기하여 재판 계속 중 도로교통법 제93조 제1항 제6호 및 제82조 제2항 제4호에 대하여 위헌제청신청을 하였으나 기각 및 각하되자, 2018.1.5. 위 조항들에 대하여 헌법재판소법 제68조 제2항의 헌법소원심판을 청구함과 동시에, 도로교통법 시행규칙 제91조 제1항 [별표 28] 중 2. 취소처분 개별기준 일련번호란 1 부분의 위헌확인을 구하는 취지의 헌법재판소법 제68조 제1항에 따른 헌법소원심판을 청구하였다.

▶ 심판대상

구 도로교통법(2016.1.27. 법률 제13829호로 개정되고, 2017.7.26. 법률 제14839호로 개정되기 전의 것)

제93조【운전면허의 취소·정지】① 지방경찰청장은 운전면허(연습운전면허는 제외한다. 이하 이 조에서 같다)를 받은 사람이 다음 각 호의 어느 하나에 해당하면 행정자치부령으로 정하는 기준에 따라 운전면허(운전자가 받은 모든 범위의 운전면허를 포함한다. 이하 이 조에서 같다)를 취소하거나 1년 이내의 범위에서 운전면허의 효력을 정지시킬 수 있다. (단서 생략)

6. 교통사고로 사람을 사상한 후 제54조 제1항 또는 제2항에 따른 필요한 조치 또는 신고를 하지 아니한 경우

도로교통법(2015.8.11. 법률 제13458호로 개정된 것)

제82조【운전면허의 결격사유】② 다음 각 호의 어느 하나의 경우에 해당하는 사람은 해당 각 호에 규정된 기간이 지나지 아니하면 운전면허를 받을 수 없다. (단서 생략)

4. 제43조부터 제46조까지의 규정에 따른 사유가 아닌 다른 사유로 사람을 사상한 후 제54조 제1항 및 제2항에 따른 필요한 조치 및 신고를 하지 아니한 경우에는 운전면허가 취소된 날부터 4년

2024 해커스경찰 신동욱 경찰헌법 최신 3개년 판례집

▶ 이유의 요지

1. 이 사건 취소조항의 법률유보원칙 위배 여부: 소극

이 사건 취소조항은 교통사고로 사람을 사상한 후 필요한 조치를 하지 않은 경우 '행정자치부령으로 정하는 기준에 따라' 운전면허를 취소 또는 정지시킬 수 있다고 규정하고 있다. 그런데 운전자가 교통사고로 사람을 사상한 후 필요한 조치를 하지 않은 경우의 구체적 유형은 사고의 경중이나 경위, 피해의 정도 및 위법성의 정도 등에 따라 매우 다양하므로, 사고 후 미조치의 모든 유형이 기본권 제한의 본질적인 사항으로서 입법자가 반드시 법률로써 규율하여야 하는 사항이라고 볼 수 없다. 그렇다면 이 사건 취소조항이 기본권 제한의 본질적인 사항을 하위법령에 위임함으로써 법률유보원칙을 위배하였다고 볼 수 없다.

2. 이 사건 취소조항의 포괄위임금지원칙 위배 여부: 소극

현대 생활에서 자동차 등 이용이 일상생활에서 보편화되면서 자동차 등에 대한 의존도가 높아짐에 따라 도로교통상의 위험과 장해의 유형 또한 다양해진 현실에 대응하여 운전면허의 취소 또는 정지에 관한 구체적 기준을 적절히 규율하기 위해서는 전문성을 가진 행정기관이 사회적·경제적 여건의 변화 및 교통 관련정책의 변화 등을 고려하여 유연하게 규율할 필요가 있다. 따라서 이 사건 취소조항이 운전면허의 취소 또는 정지의 기준에 관하여 행정자치부령에 위임할 필요성을 인정할 수 있다.

운전면허제도 및 그 취소제도의 취지, 도로교통법의 입법목적, 도로교통법 제93조 제1항 각 호의 규율 내용 및 이 사건 취소조항의 문언적 의미 등을 유기적·체계적으로 종합하면, 이 사건 취소조항에 의하여 행정자치부령에 규정될 내용은 해당 운전자가 구호조치를 이행하지 않음으로 인하여 추가적으로 발생할 수 있는 도로교통상 위험 내지 교통에의 장해의 정도에 따른 행정청의 처분기준이 될 것임을 충분히 예측할 수 있다. 따라서 이 사건 취소조항은 포괄위임금지원칙에 위배되지 아니한다.

3. 이 사건 취소조항의 일반적 행동의 자유 및 직업의 자유 침해 여부: 소극

이 사건 취소조항은 교통사고로 타인의 생명 또는 신체를 침해하고도 이에 따른 피해자의 구호조치의무를 위반한 사람이 계속하여 교통에 관여하는 것을 금지함으로써 국민의 생명·신체를 보호하고 도로교통에 관련된 공공의 안전을 확보함과 동시에, 교통사고 발생시 운전자가 구호조치의무를 이행하여 도로교통상의 위험과 피해의 확대를 방지하게 함으로써 궁극적으로 안전하고 원활한 교통을 확보하고자 하는 입법목적을 가진다. 이러한 입법목적은 정당하고, 그 수단의 적합성 또한 인정된다.

자동차 등 운전이 가지는 본질적인 위험성에 비추어 운전면허의 요건으로 일정 수준 이상의 교통 관련법규에 대한 준법의식 및 사고발생시 책임 있는 태도가 요구된다. 교통사고로 인하여 사람을 사상한 후 교통상의 위험과 장해를 제거·방지하고 2차 피해를 방지하기 위한 구호조치를 하지 아니한 자는 자동차 등 운전에 요구되는 안전의식 및 책임의식이 결여되었음을 징표하는 행위를 한 사람에 해당하므로, 이러한 자들을 교통 관여에서 배제하는 것은 불가피한 수단이다. 이 사건 취소조항은 사상 후 미조치를 운전면허의 임의적 취소사유로 규정하여, 처분청이 구체적·개별적 사정에 따라 운전면허 취소 외에 다른 내용의 처분을 할 가능성을 허용하고 있고, 운전면허 취소처분을 받은 당사자가 그 처분의 위법성 등을 다툴 수 있는 길을 열어두고 있다. 따라서 위 조항이 침해최소성원칙에 반한다고 할 수 없다.

이 사건 취소조항은 직업수행에 있어 자동차 운전이 필수적인 사람들에 있어서 직업의 자유를 제한하는 효과를 가져오지만, 이러한 사람들은 도로교통과 관련한 공공의 안전에 미치는 효과가 다른 직업군에 비하여 더 크므로, 이들이 구호조치를 하지 않았을 경우 교통 관여에서 배제할 필요성은 더욱 크다. 이 사건 취소조항에 의한 기본권 제한에는 그 제한되는 사익에 상응하는 정도 이상의 중대한 공익이 인정되므로, 위 조항은 법익균형성 요건 또한 충족하였다.

헌법재판소는 2002.4.25. 2001헌가19 등 결정에서 사상 후 미조치를 운전면허의 필요적 취소사유로 규정하였던 구도로교통법 조항에 대하여 6 : 2로 합헌결정을 내린 바 있다. 그 후 도로교통법 개정으로 사상 후 미조치가 임의적 면허 취소·정지사유로 변경되었다. 이 사건 취소조항은 합헌으로 선고된 구 도로교통법 조항에 비하여 기본권 제한을 완화하고 있으므로 위헌의 소지가 줄어들었다고 할 수 있다. 이 사건은 이러한 점을 확인하며 재판관 전원일치로 합헌결정을 선고하였다는 데 의의가 있다.

250

일반택시운송사업자에 대하여 그 운송사업의 양도를 금지하는 조항에 관한 위헌제청 사건 [합헌] (헌재 2019. 9.26. 2017헌바467)

사건개요

청구인은 일반택시운송사업을 영위하고 있던 여객자동차운수사업자로, 2016.12.15. 택시 30대를 양수한 후 서울특별시장에게 양도·양수 신고를 하였으나 반려되었고, 이에 위 반려처분의 취소를 구하는 소송을 제기하였다. 청구인은 항소심 계속 중 '택시운송사업의 발전에 관한 법률'(2014.1.28. 법률 제12378호로 제정된 것) 제11조 제3항에 대하여 위헌제청신청을 하였으나 기각되자, 2017.11.21. 이 사건 헌법소원심판을 청구하였다.

▶ 심판대상

택시운송사업의 발전에 관한 법률(2014.1.28. 법률 제12378호로 제정된 것)
제11조【감차계획의 수립 및 시행 등】③ 제10조 제1항 제3호의 사업구역 내에 있는 다음 각 호의 택시운송사업자는 제1항의 감차계획에 따른 감차보상을 신청하는 외에 택시운송사업을 양도할 수 없다. 다만, 제1항의 감차계획이 수립되지 아니하거나 감차계획을 달성한 경우, 국가나 지방자치단체에서 감차예산을 확보하지 못하는 경우 등 대통령령으로 정하는 경우에는 그러하지 아니하다.
  1. 일반택시운송사업자

2024 해커스경찰 신동욱 경찰헌법 최신 3개년 판례집

▶ 이유의 요지

심판대상조항은 택시의 공급과잉을 해소하고 운행 대수의 적정량을 유지하여 택시운송업의 건전한 발전을 도모하기 위한 것으로서, 감차사업구역 내에 있는 일반택시운송사업자로 하여금 택시운송사업의 양도를 금지하고 감차보상을 신청하도록 한 것은 위와 같은 목적을 달성하는 데 적합한 수단이다. 따라서 심판대상조항은 목적의 정당성 및 수단의 적합성이 인정된다. 일반택시운송사업자가 참여하는 감차위원회에서 적정 공급 규모를 초과하는 부분에 관한 감차계획과 감차목표를 심의하도록 하고, 감차목표를 수립하지 못하거나 목표를 조기에 달성한 감차사업구역의 경우에는 사업의 양도·양수를 예외적으로 허용하도록 하고 있다. 또한 감차보상을 신청하면 적정한 수준의 감차보상금을 제공하고 있어 양도금지로 인한 불이익을 여러 측면에서 보완하고 있다. 따라서 심판대상조항은 침해의 최소성도 인정된다.

심판대상조항을 통하여 달성하고자 하는 택시운송업의 수급균형 회복과 안정적 발전이라는 공익은 원하는 시기에 일반택시운송사업을 양도하지 못하게 됨으로써 입는 불이익보다 크므로, 법익의 균형성도 인정된다. 따라서 심판대상조항은 과잉금지원칙을 위반하여 일반택시운송사업자의 재산권과 직업수행의 자유를 침해한다고 볼 수 없다.

251

> 여객자동차 운수사업법 제53조 제3항 중 학원이나 체육시설에서 어린이통학버스를 운영하는 자는 어린이통학버스에 보호자를 동승하여 운행하도록 한 부분이 청구인들의 직업수행의 자유를 침해하는지 여부: 소극[기각]
> (헌재 2020.4.23. 2017헌마479)

사건개요

청구인들은 학원 또는 체육시설을 운영하는 자로서, 15인승 이하의 승합자동차를 수강생들의 통학에 제공하고 있다.

청구인들은 자가용자동차 사용제한 등에 관하여 규정한 여객자동차 운수사업법 제83조 제1항 제2호, 제90조 제8호, 유상운송용 자가용자동차의 차령에 관하여 규정한 여객자동차 운수사업법 시행규칙 제103조의2, 어린이통학버스 운영자의 보호자동승의무에 관하여 규정한 도로교통법 제53조 제3항이 청구인들의 영업의 자유, 재산권을 침해한다고 주장하며 2017.4.28. 이 사건 헌법소원심판을 청구하였다.

▶ 판시사항

1. 유예기간을 두고 있는 법령의 경우, 헌법소원심판의 청구기간 기산점을 그 법령의 시행일이 아니라 유예기간 경과일이라고 본 사례
2. 도로교통법 제53조 제3항 전단 중 '학원의 설립·운영 및 과외교습에 관한 법률'에 따라 설립된 학원 및 '체육시설의 설치·이용에 관한 법률'에 따라 설립된 체육시설에서 어린이통학버스를 운영하는 자에 관한 부분(이하 '이 사건 보호자동승조항'이라 한다)이 청구인들의 직업수행의 자유를 침해하는지 여부: 소극

▶ 결정요지

1. 유예기간을 경과하기 전까지 청구인들은 이 사건 보호자동승조항에 의한 보호자동승의무를 부담하지 않는다. 이 사건 보호자동승조항이 구체적이고 현실적으로 청구인들에게 적용된 것은 유예기간을 경과한 때부터라 할 것이므로, 이때부터 청구기간을 기산함이 상당하다. 종래 이와 견해를 달리하여, 법령의 시행일 이후 일정한 유예기간을 둔 경우 이에 대한 헌법소원심판 청구기간의 기산점을 법령의 시행일이라고 판시한 우리 재판소 결정들은, 이 결정의 취지와 저촉되는 범위 안에서 변경한다.

2. 이 사건 보호자동승조항이 학원 등 운영자로 하여금 어린이통학버스에 학원 강사 등의 보호자를 함께 태우고 운행하도록 한 것은 어린이 등이 안전사고 위험으로부터 벗어나 안전하고 건강한 생활을 영위하도록 하기 위한 것이다. 어린이통학버스의 동승보호자는 운전자와 함께 탑승함으로써 승·하차시 뿐만 아니라 운전자만으로 담보하기 어려운 '차량 운전 중' 또는 '교통사고 발생 등의 비상상황 발생시' 어린이 등의 안전을 효과적으로 담보하는 중요한 역할을 하는 점 등에 비추어 보면, 이 사건 보호자동승조항이 과잉금지원칙에 반하여 청구인들의 직업수행의 자유를 침해한다고 볼 수 없다.

▶ 결정의 의의

헌법재판소는 어린이통학버스에 어린이 등과 함께 보호자를 의무적으로 동승하여 운행하도록 한 이 사건 보호자동승조항이 청구인들의 직업수행의 자유를 침해하지 않는다고 결정하였다. 아울러 유예기간을 둔 법령에 대한 헌법소원심판의 청구기간 기산점에 관하여 유예기간이 경과한 때를 청구기간의 기산점으로 봄으로써, 법령의 시행일에 기본권 침해사유가 발생하였다고 본 종래의 결정을 변경하였다.

252

택시운전자격을 취득한 자가 친족관계인 사람을 강제추행하여 금고 이상의 실형을 선고받은 경우 그 택시운전자격을 취소하도록 규정한 '여객자동차 운수사업법' 제87조 제1항 단서 제3호 중 해당 부분이 직업선택의 자유에 대한 과도한 제한에 해당되는지 여부: 소극[합헌] (헌재 2020.5.27. 2018헌바264)

택시운전을 주된 업이자 생계수단으로 영위해 온 사람은 심판대상조항에 의하여 직업선택의 자유에 상당한 제한을 받게 되나, 현대 대중교통에서 택시가 차지하는 비중 및 특수성과 더불어 성폭력 범죄의 중대성, 반사회성 등을 고려해 볼 때 국가가 택시를 이용하는 국민의 생명·신체 등에 중대한 침해를 가할 수 있는 위험이 현실화되는 것을 방지하기 위하여 성폭력처벌법상 범죄로 실형을 선고받은 사람을 택시운송사업의 운전업무에서 배제해야 할 공익상 필요는 매우 크다. 이와 같은 점을 종합할 때, 심판대상조항은 과잉금지원칙에 위배되지 아니한다.

거짓이나 그 밖의 부정한 수단으로 운전면허를 받은 경우 모든 범위의 운전면허를 필요적으로 취소하도록 한 것이 직업의 자유를 침해하는지 여부: 적극[위헌] (헌재 2020.6.25. 2019헌가9)

심판대상조항이 '부정 취득한 운전면허'를 필요적으로 취소하도록 한 것은, 피해의 최소성과 법익의 균형성원칙에 위배되지 않는다. 부정 취득한 운전면허를 취소하지 않는다면, 형사처벌 등 다른 제재수단이 가해지더라도 여전히 해당 운전면허로 자동차 운행이 가능하므로, 교통의 안전과 원활이라는 목적을 달성할 수 없다. 따라서 피해의 최소성원칙에 위배되지 않는다. 부정 취득한 운전면허는 그 요건이 처음부터 갖추어지지 못한 것이므로, 해당 면허를 박탈하더라도 기본권이 추가적으로 제한된다고 보기 어렵다. 따라서 법익의 균형성원칙에도 위배되지 않는다

반면, 심판대상조항이 '부정 취득하지 않은 운전면허'까지 필요적으로 취소하도록 한 것은, 다음과 같은 이유에서 피해의 최소성과 법익의 균형성원칙에 위배된다. 임의적 취소·정지 사유로 하는 등 기본권을 덜 제한하는 완화된 수단에 의해서도 입법목적을 같은 정도로 달성하기에 충분하므로, 피해의 최소성원칙에 위배된다.

심판대상조항은 부정 취득하지 않은 운전면허라고 하더라도, 위법의 정도나 비난의 정도가 미약한 사안 등을 포함한 모든 경우에 필요적으로 취소하도록 하고, 이로 인해 취소된 날부터 2년 동안은 해당 운전면허도 다시 받을 수 없게 되는바, 이는 달성하려는 공익의 중대성을 감안하더라도 지나치게 운전면허 소지자의 기본권을 제한하는 것이다. 따라서 법익의 균형성원칙에도 위배된다. 심판대상조항 중 부정 취득하지 않은 운전면허를 필요적으로 취소하도록 한 부분은, 과잉금지원칙에 반하여 일반적 행동의 자유 또는 직업의 자유를 침해한다.

법무법인의 영리행위 겸업금지가 법무법인의 영업의 자유를 침해하는지 여부: 소극[합헌] (헌재 2020.7.16, 2018헌바195)

▶ **판시사항**

법무법인에 대하여 변호사법 제38조 제2항을 준용하지 않고 있는 변호사법(2008.3.28. 법률 제8991호로 개정된 것) 제57조(이하 '심판대상조항'이라 한다)가 법무법인의 영업의 자유를 침해하는지 여부: 소극

▶ **결정요지**

심판대상조항은 자연인인 변호사의 영리행위 겸직을 원칙적으로 금지하고 지방변호사회의 허가를 받아 예외적으로 겸직할 수 있도록 한 변호사법 제38조 제2항을 법무법인에 대하여 준용하지 않고 있는데, 이것은 법무법인이 변호사 직무에 속하는 업무를 집중적으로 수행할 수 있도록 하는 한편, 법무법인이 변호사 직무와 구분되는 영리행위는 할 수 없도록 함으로써 법무법인이 단순한 영리추구 기업으로 변질되는 것을 방지하고, 또한 법무법인이 변호사 직무와 영리행위를 함께 수행할 때 발생할 수 있는 양자의 혼입(混入)을 방지하기 위한 것이다. 심판대상조항은 목적의 정당성 및 수단의 적합성이 인정된다.

법무법인이 영리기업으로 변질될지 여부를 영리행위 겸업 허가 당시에 심사하는 것은 매우 어려운 점, 법무법인이 영리기업으로 변질됨에 따라 변호사 직무의 일반적 신뢰 저하나 법률소비자의 불측의 손해가 발생할 수 있고, 그 정도 또한 클 것으로 예상되는 점, 현행 변호사법 규정으로는 영리추구 기업으로 변질된 법무법인에 대한 실질적인 감독ㆍ제재가 어려운 점 등을 종합하면, 법무법인이 변호사회 등의 허가를 받아 영리행위를 할 수 있도록 하는 방법으로는 심판대상조항과 동등한 수준으로 입법목적을 달성할 것으로 보기 어렵다. 또한 법무법인이 영리행위를 겸업할 경우에는 변호사와 달리 '법무법인'의 명칭 사용이 불가피하여 영리행위와 변호사 직무의 구분이 현실적으로 어렵게 되고, 법무법인의 구성원 변호사들은 자신에 대한 겸직허가를 받아 영리행위를 하거나 영리법인을 설립할 수 있으므로, 법무법인의 구성원 변호사의 기본권실현에 특별한 지장이 있다고 보기도 어렵다. 이러한 점들을 종합하면, 심판대상조항이 피해의 최소성 및 법익의 균형성원칙에 위반된다고 볼 수 없다.

그렇다면 심판대상조항은 과잉금지원칙에 위반되어 법무법인의 영업의 자유를 침해하지 않는다.

2019학년도 약학대학 정원 중 덕성여자대학교의 정원을 80명, 동덕여자대학교의 정원을 40명, 숙명여자대학교의 정원을 80명, 이화여자대학교의 정원을 120명으로 배정한 '2019학년도 대학 보건의료계열 학생정원 조정계획'이 약학대학에 편입학하고자 하는 남성의 직업선택의 자유를 침해하는지 여부: 소극[기각] (헌재 2020.7.16. 2018헌마566)

청구인은 여자대학을 제외한 다른 약학대학에 입학하여 소정의 교육을 마친 후 약사국가시험을 통해 약사가 될 수 있는 충분한 기회와 가능성을 가지고 있다. 따라서 이 사건 조정계획으로 인하여 청구인이 받게 되는 불이익보다 원활하고 적정한 보건서비스를 제공하려는 공익이 더 크다고 할 것이므로, 이 사건 조정계획은 법익의 균형성도 갖추었다. 그러므로 이 사건 조정계획은 청구인의 직업선택의 자유를 침해한다고 볼 수 없다.

업무상 재해로 인해 휴업하여 당해 연도에 출근의무가 없는 근로자에게도 유급휴가를 주도록 되어 있는 근로기준법 조항이 과잉금지원칙에 위배되어 사용자의 직업수행의 자유를 침해하는지 여부: 소극[합헌] (헌재 2020. 9.24. 2017헌바433)

근로조건인 연차 유급휴가와 관련하여 어떠한 제도를 택할 것인지 등은 입법자가 여러 가지 사회적·경제적 여건 등을 고려하여 정할 것이므로, 심판대상조항이 사용자의 직업수행의 자유를 침해하는지 여부에 대하여는 과잉금지원칙 위반 여부로 심사할 경우에도 그 강도를 완화할 필요가 있다.

심판대상조항은 일정기간 출근한 근로자에게 일정기간 유급으로 근로의무를 면제함으로써 정신적·육체적 휴양의 기회를 제공하고 문화적 생활의 향상을 기하기 위한 것으로 그 입법목적이 정당하며, 1년간 80% 이상 출근한 근로자에게 15일의 유급휴가를 주되 3년 이상 계속하여 근로한 근로자에게 25일을 한도로 하여 최초 1년을 초과하는 계속 근로 연수 매 2년에 대하여 1일을 가산한 유급휴가를 주도록 한 것은 그와 같은 입법목적 달성을 위한 적합한 수단에 해당한다. 근로기준법상 연차 유급휴가 규정은 당해 연도가 아닌 전년도 80%의 출근율을 기준으로 함으로써 근로 보상적 시각에서 제도화되었다. 연차 유급휴가는 근로자의 정신적·육체적 휴양의 필요성에 기초한 것으로 기본적으로는 상당기간 계속되는 근로의무의 이행과 불가분의 관계에 있고, 직전 연도의 근속과 출근에 대한 근로 보상적인 성격을 가지고 있음을 부인하기 어렵다. 그렇다면 이로 인한 사용자의 금전적 부담은 전년도에 제공받은 근로에 대한 대가를 당해 연도에 지급하는 것으로 볼 수 있다. 그럼에도 연차 유급휴가의 성립에 당해 연도 출근율을 요건으로 추가한다면 이는 과거의 근로에 대한 보상이라는 연차 유급휴가 제도의 취지에 반하게 될 것이다.

근로기준법은 근로자가 업무상의 부상 또는 질병으로 휴업한 기간을 출근한 것으로 본다는 점, 연차 유급휴가는 1년간 사용하지 않으면 소멸되며, 연차 유급휴가 미사용 수당은 3년의 시효로 소멸하므로 이로 인한 사용자의 부담 또한 그 시효완성과 함께 소멸한다는 점까지 고려하면 이 조항이 과잉금지원칙에 위배되어 청구인의 직업수행의 자유를 침해한다고 보기 어렵다.

변호사시험 응시한도를 '5년 내 5회'로 정한 변호사시험법 제7조 제1항이 직업선택의 자유를 침해하는지 여부: 소극[기각] (헌재 2020.9.24. 2018헌마739)

사건개요

청구인들은 법학전문대학원을 졸업한 사람들이다. 청구인 10, 12는 2017년도 제6회 변호사시험에 불합격함으로써, 청구인 11, 16, 17은 2018년도 제7회 변호사시험에 응시하지 아니함으로써, 청구인 7, 8, 9, 13, 14는 2018년도 제7회 변호사시험에 불합격함으로써, 청구인 2, 4, 6, 15는 2019년도 제8회 변호사시험에 응시하지 아니함으로써 변호사시험의 응시를 5년 내 5회로 제한한 변호사시험법 제7조 제1항에 따라 더 이상 변호사시험에 응시할 수 없게 되었다.

청구인들은 위 변호사시험법 제7조 제1항 및 병역의무의 이행기간만을 위 응시기간의 예외로 정한 변호사시험법 제7조 제2항이 자신들의 직업선택의 자유 등을 침해한다고 주장하며 이 사건 헌법소원심판을 청구하였다.

▶ 판시사항

1. 변호사시험의 응시기간과 응시횟수를 법학전문대학원의 석사학위를 취득한 달의 말일 또는 취득예정기간 내 시행된 시험일부터 5년 내에 5회로 제한한 변호사시험법 제7조 제1항(이하 '이 사건 한도조항'이라 한다)을 대상으로, 법학전문대학원 졸업자로서 아직 변호사시험 응시가 가능한 청구인들이 제기한 심판청구가 기본권 침해의 현재성 요건을 갖추었는지 여부: 소극

2. 변호사시험에 합격한 청구인의 이 사건 한도조항에 대한 심판청구가 자기관련성 요건을 갖추었는지 여부: 소극

3. 2017년도 제6회 변호사시험에 불합격함으로써 더 이상 변호사시험에 응시할 수 없게 된 청구인들이 위 변호사시험 합격자발표일로부터 1년을 경과하여 제기한 이 사건 한도조항에 대한 심판청구가 청구기간을 준수하였는지 여부: 소극

4. 2018년도 제7회 변호사시험에 응시하지 아니함으로써 더 이상 변호사시험에 응시할 수 없게 된 청구인이 위 변호사시험 접수일 마지막 날 또는 변호사시험 시행일 첫 날로부터 90일을 경과하여 제기한 이 사건 한도조항에 대한 심판청구가 청구기간을 준수하였는지 여부: 소극

5. 병역의무의 이행만을 응시기회 제한의 예외로 인정하는 구 변호사시험법 제7조 제2항(이하 '이 사건 예외조항'이라 한다)에 대하여, 2018년도 제7회 변호사시험에 응시하여 불합격한 청구인들이 위 변호사시험 시행일 첫 날로부터 90일을 경과하여 제기한 심판청구가 청구기간을 준수하였는지 여부: 소극

6. 이 사건 예외조항에 관한 기본권 침해사유를 구체적으로 소명하지 않고 있는 청구인들의 이 사건 예외조항에 대한 심판청구가 자기관련성 요건을 갖추었는지 여부: 소극

7. 이 사건 한도조항이 직업선택의 자유를 침해하는지 여부: 소극

▶ 결정요지

1. 변호사시험에 응시할 기회가 남아있는 청구인들에게는 이 사건 한도조항에 따른 기본권 제한이 현실화되지 아니하였으므로, 위 청구인들의 이 부분 심판청구는 현재성 요건을 갖추지 못하여 부적법하다.

2. 변호사시험에 응시하여 합격한 청구인은 이 사건 한도조항으로 인하여 어떠한 기본권 제한을 받고 있다고 볼 수 없다. 위 청구인의 이 부분 심판청구는 자기관련성 요건을 갖추지 못하여 부적법하다.

3. 2017년도 제6회 변호사시험에 불합격함으로써 이 사건 한도조항에 의하여 기본권 제한을 받게 된 청구인들은 위 시험 합격자발표일로부터 1년이 지나 이 사건 헌법소원심판을 청구하였으므로, 위 청구인들의 이 부분 심판청구는 청구기간을 경과하여 부적법하다.

4. 자신이 마지막으로 응시할 수 있었던 2018년도 제7회 변호사시험에 응시하지 않은 청구인은 위 시험 접수일 마지막 날 또는 위 시험 시행일 첫 날에는 이 사건 한도조항에 따라 더 이상 변호사시험에 응시할 수 없음을 알았다고 할 것인데, 위 청구인의 이 부분 심판청구는 이로부터 90일이 경과하여 제기되었으므로 부적법하다.

5. 2018년도 제7회 변호사시험에 응시하여 불합격한 청구인들이 위 변호사시험 시행일 첫 날로부터 90일을 경과하여 이 사건 예외조항에 대하여 제기한 헌법소원심판청구는 청구기간을 경과하여 제기된 것으로 부적법하다.

6. 이 사건 예외조항에 관한 기본권 침해사유를 구체적으로 소명하지 않고 있는 청구인들의 이 사건 예외조항에 대한 심판청구는 기본권 침해의 자기관련성 요건을 갖추었다고 볼 수 없어 부적법하다.

7. 헌법재판소는 2016.9.29. 2016헌마47 결정 및 2018.3.29. 2017헌마387 등 결정에서, 변호사시험의 응시를 '5년 내 5회'로 제한한 이 사건 한도조항이 직업선택의 자유를 침해하지 않는다고 판단하였다. 그와 같은 선례의 판시이유는 여전히 타당하고, 이 사건에서 그와 달리 판단하여야 할 사정변경이 있다고 볼 수 없다. 이 사건 한도조항은 청구인들의 직업선택의 자유를 침해하지 않는다.

▶ 결정의 의의

변호사시험 응시한도를 '5년 내 5회'로 정한 변호사시험법 제7조 제1항에 대하여, 헌법재판소는 2016.9.29. 2016헌마47 등 결정, 2018.3.29. 2017헌마387 등 결정에서 직업선택의 자유를 침해하지 않는다고 판단한 바 있다. 헌법재판소는 이 사건에서도 위 선례를 그대로 유지하였다.

비약사 자연인의 약국 개설금지 및 위반시 형사처벌 사건 (헌재 2020.10.29. 2019헌바249)

▶ 판시사항

1. '약사 또는 한약사가 아닌 자연인'의 약국 개설을 금지하고 위반시 형사처벌하는, 약사법 제20조 제1항 중 '약사 또는 한약사가 아닌 자연인'에 관한 부분 및 약사법 제93조 제1항 제2호 중 '약사 또는 한약사가 아닌 자연인'에 관한 부분(이하 위 두 조항을 합하여 '심판대상조항'이라 한다)이 죄형법정주의의 명확성원칙에 반하는지 여부: 소극

2. 심판대상조항이 과잉금지원칙에 반하여 직업의 자유를 침해하는지 여부: 소극

▶ 결정요지

1. '개설'의 사전적 의미, 약국 개설과 관련된 법률조항의 내용 등을 종합하면, 약국 개설이란 '약국의 시설, 인력의 충원과 관리, 필요한 자금의 조달과 운영성과의 귀속 등을 주도적인 입장에서 처리하는 것'을 의미한다고 예측할 수 있다. 심판대상조항의 입법취지는 의약품 오남용 및 국민 건강상의 위험을 예방하는 한편 건전한 의약품 유통체계 및 판매질서를 확립하려는 것에 있으므로, 비약사가 의약품 조제 · 판매를 하지 않고 약국의 운영을 주도하는 것만으로도 '비약사의 약국 개설'에는 해당할 수 있음이 명확하다. 심판대상조항은 죄형법정주의의 명확성원칙에 반하지 않는다.

2. 비약사의 약국 개설이 허용되면, 영리 위주의 의약품 판매로 인해 의약품 오남용 및 국민 건강상의 위험이 증대할 가능성이 높고, 대규모 자본이 약국시장에 유입되어 의약품 유통체계 및 판매질서를 위협할 우려가 있다. 또한 비약사의 약국 개설은, 개설등록 취소나 약사의 자격정지, 부당이득 보험급여 징수 등 행정제재만으로는 예방하기에 미흡하고, 그에 가담한 약사를 형사처벌대상에서 제외할 특별한 사정이 있다고도 할 수 없다. 약국 개설은 전 국민의 건강과 보건, 나아가 생명과도 직결된다는 점에서, 달성되는 공익보다 제한되는 사익이 더 중하다고 볼 수 없다. 심판대상조항은 과잉금지원칙에 반하여 직업의 자유를 침해하지 않는다.

변호사시험 응시자격 제한, 사법시험 폐지, 판·검사 임용자격, 법학전문대학원 입학자격·전형자료 사건 [기각]
(헌재 2020.10.29, 2017헌마1128)

사건개요

청구인들은 사법시험을 준비하여 왔던 자들로 변호사, 판사, 검사 등 법조인의 자격을 취득하고자 하는 자들이나, 대학교 학사 학위가 없거나 경제적 어려움 등으로 법학전문대학원에 진학하지 못한다고 주장한다.
청구인들은 변호사시험법 제5조 제1항, 같은 법 부칙 제2조, 제4조, 법원조직법 제42조 제2항, 검찰청법 제29조 제2호, '법학전문대학원 설치·운영에 관한 법률' 제18조 제1항, 제22조, 제23조 제1항·제2항이 직업선택의 자유, 공무담임권 및 평등권을 침해한다고 주장하며 이 사건 헌법소원심판을 청구하였다.

▶ 판시사항

1. 변호사시험의 응시자격을 법학전문대학원 석사학위 취득자로 제한한 변호사시험법 제5조 제1항 본문(이하 '응시자격제한조항'이라 한다)에 의하여 제한되는 기본권

2. 응시자격제한조항이 청구인들의 직업선택의 자유를 침해하는지 여부: 소극

3. 사법시험법을 폐지한다고 규정한 변호사시험법 부칙(2009.5.28. 법률 제9747호) 제2조(이하 '사법시험폐지조항'이라 한다)가 청구인들의 직업선택의 자유를 침해하는지 여부: 소극

4. 판사와 검사의 임용자격을 각각 변호사 자격이 있는 자로 제한하는 법원조직법 제42조 제2항, 검찰청법 제29조 제2호(이하 둘을 합하여 '임용자격조항'이라 한다)가 청구인들의 공무담임권을 침해하는지 여부: 소극

5. 법학전문대학원의 입학자격을 학사학위를 가지고 있거나 법령에 따라 이와 동등 이상의 학력이 있다고 인정된 자로 제한한 '법학전문대학원 설치·운영에 관한 법률'(이하 '법학전문대학원법'이라 한다) 제22조가 청구인들의 직업선택의 자유를 침해하는지 여부: 소극

6. 법학전문대학원으로 하여금 필수적으로 외국어능력, 학사학위과정의 성적과 적성시험 결과를 입학전형자료로 활용하도록 하되, 법학지식의 측정을 금지한 법학전문대학원법 제23조 제2항이 청구인들의 직업선택의 자유를 침해하는지 여부: 소극

▶ 결정요지

1. 판사 또는 검사(이하 '판·검사'라 한다) 임용에 변호사자격이 필요하더라도 이러한 자격요건을 정하고 있는 것은 별도의 다른 법률조항이므로 응시자격제한조항이 청구인들의 공무담임권 제한과 직접적인 관련이 있다고 보기 어렵다.
법학전문대학원의 등록금과 수업료는 법학전문대학원을 설치한 대학이 개별적으로 정할 뿐 법률상 그 금액이 규정되어 있지 않으며, 법학전문대학원의 교재비·생활비 등의 부대비용과 기회비용은 개인의 선택과 여건에 따라서 달라질 수 있고, 특별전형 선발의 비율을 매년 법학전문대학원 입학자 중 7퍼센트 이상으로 하여야 한다는 제한의 도입, 법학전문대학원 등록금에 대한 정부 및 법학전문대학원의 지원 등을 고려해 볼 때, 법학전문대학원의 석사학위라는 변호사시험 응시자격의 취득에 있어서 규범적인 차별은 존재하지 않는다.

2. 헌법재판소는 2012.3.29. 2009헌마754 사건 등에서 다음과 같은 이유로 응시자격제한조항이 직업선택의 자유를 침해하지 아니한다는 결정을 선고한 바 있다.

"이 사건 법률조항은, 양질의 법률서비스를 제공하기 위하여 다양한 학문적 배경을 가진 전문법조인을 법률이론과 실무교육을 통해 양성하고, 법학교육을 정상화하며, 과다한 응시생이 장기간 사법시험에 빠져 있음으로 인한 국가인력의 극심한 낭비와 비효율성을 막기 위한 취지에서 도입된 법학전문대학원 제도의 목적을 변호사시험 제도와의 연계를 통하여 효과적으로 달성하기 위한 것이다.

사법시험 병행제도하에서는 영어대체시험제도, 법학과목이수제도 등을 통해 사법시험에 응시할 수 있어 법조인 선발·양성과정과 법과대학에서의 법학교육이 제도적으로 연계되어 있지 않다. 그리고 예비시험제도 역시 법학전문대학원의 과정을 거치지 않은 채 시험을 통하여 일정한 지식을 검증받게 하는 것에 그치므로, 이로써는 법학전문대학원의 도입목적을 달성하는 것이 어렵다. 법학전문대학원법은 특별 전형제도, 장학금제도 등을 통해 경제적 자력이 없는 사람들에게도 법학전문대학원 과정을 이수할 기회를 부여하고 있다."

위 헌법재판소 선례를 변경할 특별한 사정의 변경이나 필요성이 있다고 인정되지 아니하므로, 이 사건에서도 위 견해를 그대로 유지하기로 한다. 따라서 응시자격제한조항은 청구인들의 직업선택의 자유를 침해하지 아니한다.

3. 헌법재판소는 2016.9.29. 2012헌마1002 등 사건 등에서 사법시험폐지조항이 직업선택의 자유를 침해하지 아니한다는 결정을 선고한 바 있고, 그 이유의 요지는 다음과 같다.

"사법시험폐지조항은 법조인 양성 방식을 '시험을 통한 선발'에서 '교육을 통한 양성'으로 전환함으로써 법학교육을 정상화하고 전문성과 국제 경쟁력을 갖춘 법조인을 양성하며 국가인력을 적재적소에 효율적으로 배치하기 위한 것이다. 사법시험은 대학에서의 법학교육과 제도적으로 충분히 연계되어 있지 않아 이를 존치할 경우 위와 같은 입법목적 달성이 어려워질 수 있다. 법학전문대학원제도를 도입함에 따라 대학원 진학이 어려운 경제적 약자가 법조인이 되기 어려워진 것은 사실이나, 이 문제를 해결하기 위해 법학전문대학원법은 장학금제도를 비롯하여 다양한 재정적·경제적 지원방안 등에 관한 규정을 두고 있다.

또한, 사법시험법을 폐지하고 법학전문대학원을 도입하는 과정에서 입법자는 사법시험 준비자들의 신뢰를 보호하기 위하여 8년간의 유예기간을 두었다. 나아가 사법시험법이 폐지된다고 하더라도 법학전문대학원에 입학하여 소정의 교육과정을 마치고 석사학위를 취득하는 경우 변호사시험에 응시하여 법조인이 되는 데 아무런 제한이 없다."

위 헌법재판소 선례를 변경할 특별한 사정의 변경이나 필요성이 있다고 인정되지 아니하므로, 이 사건에서도 위 견해를 그대로 유지하기로 한다. 따라서 사법시험폐지조항은 청구인들의 직업선택의 자유를 침해하지 아니한다.

4. 헌법 제25조의 공무담임권은 모든 국민이 누구나 그 능력과 적성에 따라 공직에 취임할 수 있는 균등한 기회를 보장함을 내용으로 한다. 임용자격조항이 판사 또는 검사 임용의 전제로 변호사 자격을 요구하는 것 자체로는 직무수행능력과 무관한 요소에 의한 공직취임의 기회 차단이라 할 수 없다. 다만 변호사 자격이 없는 경우 다른 경로를 통해서는 판·검사로 임용될 수 없도록 한 것이 공무담임권을 침해하는지가 문제된다. 2011.7.18. 법원조직법 개정으로 판사로 임용되기 위해서는 변호사자격을 요구하되, 판사임용자격에 10년 이상의 법조경력을 요구한 취지(법원조직법 제42조 제2항)는 법원이 국민으로부터 신뢰와 존경을 받을 수 있도록 사법제도의 개혁이 필요하다는 사회적 요청에 부응하여 사법부의 인사제도를 개선할 필요에 따라 판사의 임용자격을 강화하여 충분한 사회적 경험과 연륜을 갖춘 판사가 재판할 수 있도록 하기 위함이다. 검찰청법 제29조 제2호가 검사 임용시 변호사자격을 요구하고 변호사자격 없는 자들을 위한 별도의 교육후보생 선발시험을 도입하지 않은 이유는 법률가로서의 기본소양 및 자질은 지속적인 교육과정 이수를 통하여 배양하여야 한다는 입법자의 정책적 판단에 의한 것이다.

그런데 별도의 선발시험을 거쳐 국가가 실시하는 교육과정을 거치면 판사 또는 검사로 즉시 임용하는 것은 위와 같은 새로운 법조인 양성제도의 취지에 부합한다고 보기 어렵다. 따라서 임용자격조항이 변호사시험과 별도로 판·검사 교육후보자로 선발하는 시험 및 국가가 실시하는 교육과정을 거쳐 판·검사로 임용되는 별개의 제도를 도입하지 않았다 하여 공무담임권을 침해하였다고 볼 수 없다.

5. 헌법재판소는 2016.3.31. 2014헌마1046 선고한 사건에서 법학전문대학원법 제22조에 대하여 직업선택의 자유를 침해하지 않는다는 결정을 선고한 바 있고, 그 이유의 요지는 다음과 같다.

"이 사건 법률조항은 다양한 전공과 풍부한 교양을 바탕으로 하여 법학교육이 효율적으로 이루어지게 하고, 학부 전공과 법학을 접목시킴으로써 현대사회의 복잡다기한 법적 분쟁을 전문적으로 해결할 수 있는 법조인을 양성한다는 법학전문대학원의 교육이념을 실현하기 위하여 학사학위 취득을 법학전문대학원 입학자격으로 규정한 것이다. 기존 법과대학 학사과정의 교육기간을 연장하는 대안으로는 다양한 전공을 갖춘 자들을 대상으로 한 법조인 양성에 한계가 있는 점, 학사학위 수여기관과 전공에 제한이 없으므로 고등교육법상 대학에서 학사학위를 취득하지 않더라도 독학사, 학점인정 등을 통하여 입학자격을 갖출 수 있다."

위 헌법재판소 선례를 변경할 특별한 사정의 변경이나 필요성이 있다고 인정되지 아니하므로, 이 사건에서도 위 견해를 그대로 유지하기로 한다. 따라서 법학전문대학원법 제22조는 청구인들의 직업선택의 자유를 침해하지 아니한다.

6. 헌법재판소는 2016.12.29. 선고한 2016헌마550 사건에서 법학전문대학원법 제23조 제2항 중 '외국어능력'을 법학전문대학원의 입학전형자료로 활용하도록 한 부분에 대하여 직업선택의 자유를 침해하지 않는다는 결정을 선고한 바 있고, 그 이유의 요지는 다음과 같다.

"심판대상조항의 목적은 법조계의 국제화 및 개방화 추세를 감안하여, 복잡다기한 법적 분쟁을 전문적·효율적으로 해결할 수 있는 능력과 국제적인 경쟁력을 갖춘 법조인을 양성하기 위한 것이다. 오늘날 최소한의 외국어능력을 갖추지 못한 경우 현대사회의 법적 분쟁을 전문적·효율적으로 해결하기 위한 특화된 전문지식을 쌓는 데 어려움이 있을 수밖에 없다. 또한, 외국어능력의 구체적인 반영 방법 내지 그 비율 등은 각 법학전문대학원이 자율적으로 결정하고 있으므로, 지원자로서는 각 대학원의 입학전형을 살펴보고 자신에게 가장 유리한 외국어나 공인시험 등을 선택하여 입학전형자료로 제출할 수 있다."

위 헌법재판소 선례를 변경할 특별한 사정의 변경이나 필요성이 있다고 인정되지 아니하므로, 이 사건에서도 위 견해를 그대로 유지하기로 한다.

그리고 위 조항이 학사학위 성적을 법학전문대학원의 입학전형자료로 활용하도록 한 부분은, 학부 전공과 법학을 접목시킴으로써 현대사회의 복잡다기한 법적 분쟁을 전문적으로 해결할 수 있는 법조인을 양성하기 위해 학사과정에서 전공분야를 충실히 공부하도록 할 필요성이 있기 때문이다. 적성시험 결과를 반영하도록 한 대신 법학지식의 측정을 금지한 부분은, 법학을 전공하지 않은 자들도 3분의 1 이상 선발하여야 하는 법학전문대학원의 입장에서 입학대상자들 전체에 걸쳐 이들의 학업능력을 단일한 기준으로 평가할 필요성이 있기 때문인 한편, 법학 외의 분야를 전공한 지원자들이 아직 법학교육을 받은 적이 없으므로, 법학지식이 없다는 이유만으로 법학전문대학원 입학에 불리해지지 않도록 하기 위함이다. 지원자로서는 각 법학전문대학원별로 대학교 학부 성적, 적성시험 성적의 구체적인 반영 비율을 살펴보고 자신에게 가장 유리한 곳을 선택하여 지원할 수 있다. 위 조항이 비법학 전공지식 등을 유리하게 평가하고 있지 않다는 점을 고려할 때, 사법시험 준비 등 법학공부를 일정기간 이상 하였던 자들만 입학전형에 있어 일방적으로 불리하게 취급하였다고 볼 수 없다.

청구인들이 받게 되는 불이익에 비해 다양한 전공에 기반한 이해를 갖추고, 학업성취도 높은 학생들을 선발하여 전문적인 법률교육을 시켜 양질의 법률서비스를 제공할 수 있는 법조인을 양성하려는 공익이 크다.

따라서 법학전문대학원법 제23조 제2항은 청구인들의 직업선택의 자유를 침해하지 아니한다.

악취관리지역 지정요건을 정한 악취방지법 조항이 직업의 자유를 침해하는지 여부: 소극[합헌] (헌재 2020. 12. 23, 2019헌바25)

사건개요

제주특별자치도지사는 축산시설에서 배출되는 악취를 규제하여 주민의 건강과 생활환경을 보전한다는 이유로, 2018.1.5. 제주시 한림읍 금악리 외 10개 지역의 돼지사육시설 59개소 합계 561,066m²를 악취관리지역으로 지정하는 내용의 '제주도 악취관리지역 지정계획(제주특별자치도 공고 제2018-43호)'을 공고하여 그 열람절차를 거친 뒤, 고시하였다(제주특별자치도 고시 제2018-64호, 이하 '이 사건 처분'이라 한다).

청구인들은 위 악취관리지역으로 지정된 지역 내에서 양돈농장을 운영하면서 가축사육업, 식육판매 도소매업 등을 영위하고 있는 개인, 농업회사법인 또는 영농조합법인이다. 청구인들은 2018.6.19. 이 사건 처분이 위법하다고 주장하며 그 취소를 구하는 소를 제기하였고(제주지방법원 2018구합5561), 소송 계속 중 이 사건 처분의 근거법률인 악취방지법 제6조 제1항 제1호에 대하여 위헌법률심판제청을 신청하였다.

당해 사건 법원이 2018.12.12. 청구인들의 위헌법률심판제청신청을 기각하자, 청구인들은 2019.1.9. 이 사건 헌법소원심판을 청구하였다.

▶ 이유의 요지

1. 명확성원칙 위반 여부

심판대상조항 중 '악취와 관련된 민원이 1년 이상 지속되고' 부분은 악취관리지역 지정요건 중 하나로, 악취방지법의 입법취지, 심판대상조항의 목적과 기능 및 악취방지법 전체의 체계 등을 종합하여 합리적으로 해석되어야 한다. 법문언, 심판대상조항의 목적과 기능, 그리고 악취방지법의 입법취지 및 법 전체의 체계 등을 종합하여 보았을 때, 심판대상조항 중 '악취와 관련된 민원이 1년 이상 지속되고' 부분은 악취관리지역으로 지정하고자 하는 그 지역 내 시설들에서 발생하는 악취로 인한 민원이 1년 이상의 기간 동안에 거듭 제기되어 계속적·연속적으로 제기되고 있다고 평가할 수 있는 경우를 의미함을 충분히 알 수 있다. 심판대상조항 중 위 부분은 명확성원칙에 위반되지 않는다.

2. 직업수행의 자유 침해 여부

(1) 목적의 정당성 및 수단의 적합성

심판대상조항은 헌법상 국가와 국민의 환경보전의무를 바탕으로 주민의 건강과 생활환경의 보전을 위하여 사업장에서 배출되는 악취를 규제·관리하고자 하는 데 그 목적이 있으므로, 정당성이 인정된다. 그리고 심판대상조항이 악취가 배출되는 사업장이 있는 지역을 악취관리지역으로 지정함으로써 악취방지를 위한 예방적·관리적 조처를 할 수 있도록 한 것은 이러한 목적을 달성하기에 적합한 수단이다.

(2) 피해의 최소성

심판대상조항이 악취관리지역 지정권자의 자의에 따른 악취관리지역 지정이 가능하도록 하고 있다고 볼 수 없고, 오히려 그 요건을 강화할 경우 악취관리지역 지정제도의 입법목적이나 개정경위에도 불구하고 그 제도를 실효적으로 활용하기 어려워지게 되는 점, 악취방지법은 제6조 제4항에서 악취관리지역 지정을 위한 이해관계인의 의견진술절차를 두고 있는 점, 악취관리지역 지정에 따라 악취배출시설 설치·운영자들이 부담하게 되는 의무는 악취관리지역에서 발생하는 악취를 해소하거나 저감하기 위하여 필요한 것으로서 그 의무부담의 정도가 과도하다고 볼 수 없는 점, 그리고 이에 더하여 헌법 제35조 제1항이 국가뿐만 아니라 국민에게도 환경보전을 위하여 노력할 의무를 지우고 있는 점 등을 종합하여 살펴보면, 심판대상조항이 피해의 최소성원칙에 위반된다고 볼 수 없다.

(3) 법익의 균형성

심판대상조항이 정한 악취관리지역 지정기준만으로 악취관리지역 내 악취배출시설 운영자가 제한받게 되는 사익의 정도가 매우 중대하다고 보기 어렵다. 반면, 악취로 인한 민원이 장기간 지속되는 지역을 악취관리지역으로 지정함으로써 해당 지역의 악취문제를 해소하고 결과적으로 국민이 건강하고 쾌적한 환경에서 생활할 수 있도록 한다는 공익은 오늘날 국가와 사회에 긴요하고도 중요한 공익이라고 할 것이므로, 심판대상조항이 법익의 균형성원칙에 위반된다고 볼 수 없다.

(4) 소결

심판대상조항은 과잉금지원칙에 위반되어 악취배출시설 운영자인 청구인들의 직업수행의 자유를 침해하지 않는다.

261

상조회사에 선수금 보전의무를 부여하고 이를 보전하지 않고 영업할 경우 시정조치를 명할 수 있도록 규정한 할부거래법 조항이 직업의 자유를 침해하는지 여부: 소극[합헌] (헌재 2020.12.23, 2018헌바382)

> **사건개요**

청구인 주식회사 ㅁㅁ(이하 '청구인 회사'라 한다)는 관할 시·도지사에게 선불식 할부거래업 등록을 한 상조회사이고, 청구인 전○○는 청구인 회사의 대표자이다.

청구인 회사는 '할부거래에 관한 법률'(이하 '할부거래법'이라 한다) 제27조, '할부거래에 관한 법률 시행령'(이하 '할부거래법 시행령'이라 한다) 제16조 제3항에 따라 선불식 할부거래업자가 소비자로부터 선불식 할부계약과 관련되는 재화 등의 대금으로서 미리 수령한 금액(이하 '선수금'이라 한다)에서 선불식 할부거래업자가 소비자에게 공급한 재화 등의 가액을 제외한 금액의 50%를 보전하기 위해 소비자피해보상보험계약 등을 체결해야 함에도 불구하고 2014.3.18.부터 2016.12.20.까지 보전해야 할 금액보다 적은 금액만을 은행과의 선수금 예치계약으로 예치하고 영업을 하였다는 이유로, 2017.8.31. 공정거래위원회로부터 시정명령을 받았다.

청구인들은 위 시정명령에 대한 취소소송을 제기한 후 할부거래법 제2조 제2호, 제27조 제1항·제2항 및 제34조 제9호에 대한 위헌제청신청을 하였으나 각하 및 기각되자, 이 사건 헌법소원심판을 청구하였다.

1. 당해 소송사건에서 원고적격을 갖추지 못한 청구인의 헌법소원심판청구에 재판의 전제성이 인정되는지 여부: 소극

2. 선불식 할부거래업자로 하여금 소비자피해보상보험계약 등을 통해 소비자로부터 미리 수령한 선수금을 그 합계액의 100분의 50을 초과하지 아니하는 범위에서 보전하도록 규정한 '할부거래에 관한 법률' 제27조 제2항 및 선불식 할부거래업자가 보전하여야 할 금액을 보전하지 아니하고 영업을 할 경우 시정조치를 명할 수 있도록 규정한 같은 법 제39조 제1항 제2호 중 제34조 제9호에 관한 부분이 선불식 할부거래업자의 직업수행의 자유를 침해하는지 여부: 소극

1. 당해 소송사건 중 공정거래위원회의 시정명령의 취소를 구하는 청구인 전○○의 청구 부분은 원고적격이 인정되지 않는다는 이유로 각하되었고 그 판결이 확정되었다. 따라서 청구인 전○○의 이 사건 심판청구는 재판의 전제성을 갖추지 못하여 부적법하다.

2. 선불식 할부거래업자가 지급받는 선수금의 규모는 2020년 기준 84개 업체의 선수금이 약 5조 8천억원에 이르러 선불식 할부거래업자의 최소 자본금과는 비교할 수 없는 수준으로 커졌으므로, 선불식 할부거래업자의 파산과 같이 소비자가 서비스를 이행받지 못하는 상황이 생기는 경우 그 피해 보상을 담보하기 위해서는 선수금 자체에 대하여 보전의무를 부과할 필요성이 있다.

   이 사건 보전의무조항(할부거래에 관한 법률 제27조 제1항 및 제27조 제2항) 자체는 보전해야 할 금액의 상한만을 규정하고 구체적인 금액은 대통령령에서 정하도록 위임함으로써 대통령령에서 그 비율을 더 낮출 수 있는 여지를 남겨 두고 있으므로, 그 자체로 과도한 규제라고 보기 어렵고, 이 사건 시정조치조항(할부거래에 관한 법률 제39조 제1항 제2호 중 제34조 제9호에 관한 부분)에 따른 시정조치는 재량행위로서 법 위반의 경위나 정도 등 상조회사가 처한 구체적인 상황에 따라 해당 위반행위의 중지, 할부거래법에 규정된 의무의 이행 등을 탄력적으로 명할 수 있게 되어 있어, 일률적이고 획일적인 제재에 따른 지나친 기본권 제한을 방지하고 있다. 선불식 할부거래업자가 지급받은 선수금이 제대로 보전되지 아니하여 소비자 피해가 급증했던 과거의 현실과 날로 늘어가는 상조업의 규모 및 상조업체 이용자의 수 등을 감안하면, 선불식 할부거래업자의 건전한 경영과 가입자의 피해 방지 및 신뢰 확보라는 공익은 매우 중대하다고 볼 수 있다.

   따라서 이 사건 보전의무조항과 시정조치조항은 과잉금지원칙에 위배되어 선불식 할부거래업자의 직업수행의 자유를 침해하지 아니한다.

게임물 관련사업자가 게임물을 통해 경품 등을 제공하는 것을 원칙적으로 금지하고, 예외적인 경우에만 이를 허용하는 '게임산업진흥에 관한 법률' 제28조 제3호가 직업의 자유를 침해하는지 여부: 소극[합헌] (헌재 2020. 12.23, 2017헌바463)

사건개요

청구인들은 게임물 관련사업자로서 경품지급기준을 초과하는 인형 등을 경품으로 제공하여 사행성을 조장하는 등 게임물 관련사업자의 준수사항을 위반하였다는 범죄사실로 기소되어 유죄판결을 선고받았다.

청구인들은 소송 계속 중 '게임산업진흥에 관한 법률'(이하 '게임산업법'이라 한다) 제28조 제3호, 제44조 제1항 제1호의2, 같은 법 시행령 제16조의2에 대하여 위헌법률심판제청을 신청하였는데, 당해 사건 법원이 위 신청 중 게임산업법 시행령 제16조의2에 대한 부분은 각하하고, 나머지 부분은 기각하자, 위 조항들에 대하여 이 사건 헌법소원심판을 청구하였다.

▶ 판시사항

1. 구 '게임산업진흥에 관한 법률 시행령' 제16조의2 제1호 나목, 제2호, '게임산업진흥에 관한 법률 시행령' 제16조의2 제1호 가목, 제3호(이하 합하여 '이 사건 시행령조항'이라 한다)에 대한 헌법재판소법 제68조 제2항에 의한 헌법소원심판청구가 적법한지 여부: 소극

2. 게임물 관련사업자에 대하여 '경품 등의 제공을 통한 사행성 조장'을 원칙적으로 금지시키고, 예외적으로 청소년게임제공업의 전체이용가 게임물에 대하여 대통령령이 정하는 경품의 종류·지급기준·제공방법 등에 의한 경품제공을 허용한 '게임산업진흥에 관한 법률'(이하 '게임산업법'이라 한다) 제28조 제3호(이하 '이 사건 의무조항'이라 한다)가 죄형법정주의의 명확성원칙에 위배되는지 여부: 소극

3. 이 사건 의무조항이 경품제공이 허용되는 경우를 대통령령이 정하도록 위임한 것이 죄형법정주의 내지 포괄위임금지원칙에 위배되는지 여부: 소극

4. 이 사건 의무조항 및 그에 대한 처벌규정인 게임산업법 제44조 제1호의2(이하 '이 사건 처벌조항'이라 하고, '이 사건 의무조항'과 합하여 '이 사건 법률조항들'이라 한다)가 게임물 관련사업자인 청구인들의 직업수행의 자유를 침해하는지 여부: 소극

▶ 결정요지

1. 헌법재판소법 제68조 제2항에 의한 헌법소원심판청구에 있어 심판의 대상은 재판의 전제가 되는 '법률'이므로, 이 사건 시행령조항에 대한 심판청구는 부적법하다.

2. 이 사건 의무조항의 법률문언, 입법목적, 입법연혁 등을 종합하여 보면, '경품 등'이란 '게임물을 이용한 결과물로 게임물 이용자에게 제공되는 재화 또는 이와 유사한 것으로 재산상 이익이 되는 것', '사행성'이란 '우연한 사정에 기하여 금전적인 손실 또는 이익을 가져오고 그와 같은 결과가 사회적 상당성을 결여하여 행위자에게 사행심을 유발하는 경향이나 성질', '사행성을 조장한다'는 것은 '위와 같은 경향이나 성질이 더 심해지도록 부추긴다'는 의미라고 해석된다. 또한, 게임물 관련사업자가 이 사건 시행령 조항이 정하는 경품지급기준을 초과하는 경품을

제공하는 등 이 사건 의무조항 중 단서 부분을 위반하여 경품을 제공하였다면, 이는 곧 이 사건 의무조항이 금지하는 '사행성을 조장하는 경품제공행위'에 해당한다고 해석된다.

이와 같이 건전한 상식과 통상적인 법감정을 가진 사람들은 어떠한 행위가 이 사건 의무조항이 정하는 구성요건에 해당되는지 여부를 충분히 파악할 수 있다고 판단되고, 그것이 지나치게 불명확하여 법 집행기관의 자의적인 해석을 가능하게 한다고 보기는 어려우므로, 이 사건 의무조항은 죄형법정주의의 명확성원칙에 위배되지 아니한다.

3. 현대 과학기술의 발달로 경품을 제공하는 방식으로 운영되는 게임물의 기능과 종류가 급속하게 발달·증가하고 있고, 이에 맞추어 게임이용자에게 제공되는 경품의 종류, 제공방법 등 또한 빠른 속도로 변모와 증가를 거듭하고 있다. 또한 어떤 종류의 경품을 어떠한 방식으로 어느 정도 제공하는 것이 사행성을 조장하지 않는다고 볼 것인지에 관하여는 경제규모와 물가수준, 게임산업진흥과 관련된 국가의 경제적·사회적 정책 등 여러 가지 요소를 고려하여 탄력적으로 규율할 필요성이 인정된다. 이러한 사정을 종합하면, 예외적으로 제공이 허용되는 경품의 종류·지급기준·제공방법 등에 관한 구체적인 내용을 하위법령에 위임할 필요성이 인정된다.

게임산업법 및 이 사건 의무조항의 입법목적, 관련조항들을 유기적·체계적으로 종합하여 해석해보면, 대통령령으로 정해질 경품의 종류는 완구류·문구류 및 이와 유사한 것들이고, 현금을 비롯한 상품권 및 유가증권과 같은 환가성이 높은 물건, 청소년에게 유해한 영향을 끼치는 물건이 제외될 것이라는 점이 어렵지 않게 예측된다. 또한 이 사건 의무조항이 위임하는 '경품의 지급기준'에 관하여 대통령령으로 정하여질 내용은 게임물의 사행화는 억제하되 게임이용자의 흥미는 유발시킬 있는 정도의 최소한의 금액이 그 기준이 되고, '경품의 제공방법'은 경품의 환전이나 재매입 등의 우려가 없는 등 사행성을 제거할 수 있는 방법이 될 것이라는 점에 대한 대강의 예측이 가능하다.

따라서 이 사건 의무조항은 죄형법정주의 내지 포괄위임금지원칙에 위배되지 아니한다.

4. 이 사건 의무조항에 의하면 일반게임제공업의 경우 경품제공방식의 영업이 전면적으로 금지된다. 과거 '바다이야기 사태'가 가져온 사회적·경제적 폐해에 비추어 볼 때, 게임물의 사행화 방지라는 목적을 위해 청소년이용불가 게임물의 경우 경품 등의 제공을 전면적으로 금지한 입법자의 판단은 충분히 수긍할 수 있다. 한편, 이 사건 의무조항은 청소년이용불가 게임물에 비하여 사행화될 가능성이 비교적 낮은 게임물인 청소년게임제공업의 전체이용가 게임물에 대해서는 예외적으로 이 사건 시행령조항이 정한 경품의 종류, 지급기준, 제공방법에 의한 경품제공을 허용하여 피해를 최소화하고 있다.

이 사건 처벌조항이 제재수단을 형벌로 정하고 있으나, 과태료 등 행정상 제재만을 둔다면 불법·탈법적인 경품제공을 통해 얻을 수 있는 경제적 이익이 큰 경우 게임물 관련사업자는 이를 감수하고 사행성을 조장하는 경품제공행위를 할 가능성이 크므로 이 사건 법률조항들의 입법목적을 충분히 달성할 수 있다고 보기 어렵다는 점, 사행성을 조장하는 경품제공행위가 초래할 수 있는 사회적·경제적 폐해가 크다는 점, 이 사건 처벌조항이 징역형을 규정하면서도 벌금형을 선택적으로 규정하고 있으며 법정형의 하한을 정하고 있지 않다는 점 등을 고려하면, 그것이 지나치다고 보기 어렵다.

이 사건 법률조항들로 인해 게임물 관련사업자인 청구인들의 직업수행의 자유가 다소 제한되는 면이 있으나, 그에 비하여 게임물의 사행화를 근절함으로써 게임산업을 진흥하고 건전한 게임문화를 확립하여 얻는 공익이 훨씬 크다고 할 것이므로 이 사건 법률조항들은 법익의 균형성도 충족하고 있다. 따라서 이 사건 법률조항들은 청구인들의 직업수행의 자유를 침해하지 아니한다.

승차정원 11인승 이상 15인승 이하인 승합자동차의 경우, 관광을 목적으로, 6시간 이상 대여하거나, 대여 또는 반납 장소가 공항 또는 항만인 경우에 한정하여 자동차대여사업자로 하여금 승합자동차의 임차인에게 운전자를 알선할 수 있도록 하는 '여객자동차 운수사업법'이 직업의 자유를 침해하는지 여부: 소극[기각] (헌재 2021.6. 24, 2020헌마651)

" 사건개요 „

청구인 주식회사 쏘카는 자동차렌트업, 카셰어링 및 관련 중개업 등을 목적으로 설립된 회사이고(이하 '청구인 쏘카'라 한다), 청구인 브이씨엔씨 주식회사(이하 '청구인 VCNC'라 한다)는 소프트웨어 개발, 데이터베이스 검색, 개발 및 판매, 콘텐츠 제작 및 개발 등을 목적으로 설립된 회사이다(이하 이들을 합하여 '청구인 회사들'이라 한다). 청구인 쏘카는 청구인 VCNC의 지분 100%를 인수하였고, 청구인 VCNC는 2018.10.경 청구인 쏘카 소유의 11인승 카니발 승합차의 임차와 운전자의 알선을 결합하는 '타다' 애플리케이션을 개발하여 이를 이용자에게 실시간 호출 서비스로 제공하는 모빌리티 서비스 사업인 '타다 베이직' 서비스(이하 '타다 서비스'라 한다)를 개시하였다.

청구인 한○○, 김□□는 청구인 회사들 소속 직원으로 타다 서비스 관련 업무를 담당하였으며(이하 이들을 합하여 '청구인 직원들'이라 한다), 청구인 전△△, 최◇◇은 타다 서비스 운전자들이고(이하 이들을 합하여 '청구인 운전자들'이라 한다), 청구인 천▽▽, 김☆☆, 한◆◆, 서■■은 타다 서비스를 이용하던 이용자들이다(이하 이들을 합하여 '청구인 이용자들'이라 한다).

'여객자동차 운수사업법' 제34조 제2항이 2020.4.7. 개정되면서 자동차대여사업자의 운전자 알선 허용 요건에 '관광을 목적으로' 및 대여시간, 대여 또는 반납 장소에 대한 요건이 추가되자 청구인들은 이러한 개정내용이 청구인들의 직업의 자유 등 기본권을 침해한다고 주장하면서 2020.5.1. 이 사건 헌법소원심판을 청구하였다.

▶ 판시사항

1. 자동차대여사업자의 운전자 알선을 포함하는 승합자동차 대여 요건을 정한 '여객자동차 운수사업법' 제34조 제2항 단서 제1호 바목 전문 중 '관광을 목적으로' 부분 및 후문(이하 '심판대상조항'이라 한다)에 대하여 위 사업자 소속의 직원, 위 대여서비스의 운전 및 이용자가 자기관련성을 갖는지 여부: 소극

2. 임차인이 승차정원 11인승 이상 15인승 이하인 승합자동차를, 관광목적으로, 대여시간이 6시간 이상이거나, 대여 또는 반납 장소가 공항 또는 항만인 경우에 한하여 자동차대여사업자로 하여금 운전자를 알선할 수 있도록 한 심판대상조항 중 '관광의 목적으로' 부분이 죄형법정주의 명확성원칙에 위반되는지 여부: 소극

3. 심판대상조항이 과잉금지원칙에 위반되어 자동차대여사업자의 직업의 자유를 침해하는지 여부: 소극

4. 심판대상조항이 신뢰보호원칙에 위반되어 기존에 운전자 알선을 포함하는 승합자동차 대여서비스를 하던 자동차대여사업자의 직업의 자유를 침해하는지 여부: 소극

1. 심판대상조항으로 인하여 운전자 알선을 포함하는 승합자동차 대여서비스를 하는 자동차대여사업자의 직원 및 운전자의 경우, 담당하는 업무영역이 달라지거나, 위 대여서비스의 운전자로 근무하지 못하게 되었으며, 이용자의 경우 더 이상 위 서비스를 이용하지 못하게 되었으나, 이는 심판대상조항이 자동차대여사업자의 영업 방식을 규율하는 과정에서 발생한 간접적이고 사실적인 불이익에 해당하므로, 심판대상조항에 대한 위 직원 및 운전자, 이용자의 자기관련성은 인정하기 어렵다.

2. '관광'의 사전적 의미 및 '관광진흥법'에서의 용례 등에 비추어 보면, 업무나 학업 등을 위한 이동행위가 관광의 범위에서 제외될 것임은 충분히 파악할 수 있고, 심판대상조항이 위 관광의 목적 외에 대여시간과 대여 또는 반납 장소에 관한 제한을 추가하여 위 부분의 의미를 구체화하고 있으므로, 심판대상조항 중 '관광을 목적으로' 부분은 죄형법정주의의 명확성원칙에 위반되지 아니한다.

3. 심판대상조항은 공정한 여객운송질서 확립과 여객자동차운수사업의 종합적인 발달을 도모함과 동시에 중소규모 관광객들의 편의 증진을 위하여 자동차대여사업자가 운전자 알선을 할 수 있는 대여의 목적과 시간, 대여 또는 반납 장소에 관한 제한을 규정하였다.
   자동차대여사업은 본래 여객의 운송이 아니라 임차인이 운전할 것을 전제로 자동차를 대여하여 일정 기간 사용하고 사업자에게 반환하는 구조를 띠는데, 자동차대여사업이 운전자 알선과 결합하는 경우 여객을 운송하는 택시운송사업과 사실상 유사하게 운영될 우려가 있으므로 '여객자동차 운수사업법'은 이들 사업의 목적과 기능 등을 고려하여 그 허용요건과 규제를 달리하고 있다. 심판대상조항은 본래의 관광목적에 부합하는 운전자 알선 요건을 명확히 하고, 신설된 여객자동차운송플랫폼사업 체계와도 부합할 수 있도록 자동차대여사업의 기능과 범위를 조정한 것으로, 대여시간이나 대여 또는 반납의 장소에 대한 제한이 과도하다고 보기도 어려우며, 유예기간의 설정을 통해 법적 여건의 변화로 인한 피해를 최소화하고 있다. 심판대상조항을 통하여 추구하는 여객자동차운수사업의 종합적인 발전과 적정한 교통 서비스의 제공이라는 공익은 심판대상조항으로 인하여 자동차대여사업자가 입는 직업의 자유에 대한 제한보다 중대하다. 따라서 심판대상조항은 과잉금지원칙에 위반되어 자동차대여사업자의 직업의 자유를 침해하지 아니한다.

4. '여객자동차 운수사업법'의 입법취지 및 자동차대여사업자의 승합자동차 임차인에 대한 운전자 알선을 예외적으로 허용하는 입법취지, 하위법령에 위임하는 등의 규율방식, 첨예한 업계간 갈등 등 여러 사정을 종합하여 살펴보면, 면허제도를 통해 여객운송수단의 공공성 등을 추구하던 기존의 택시운송사업제도를 우회하여 그와 같은 규제는 받지 않으면서 실질적으로 같은 사업을 운영할 수 있는 여지를 준 자동차대여사업자에 대한 운전자 알선의 예외적 허용조항이 향후에도 지속될 것이라는 신뢰는 보호받기 어렵다. 경과규정을 두어 법적 여건의 변화로 인한 피해를 최소화하고자 한 점 등을 고려할 때, 심판대상조항은 신뢰보호원칙에 위반되어 기존에 운전자 알선을 포함하는 승합자동차 대여서비스를 하던 자동차대여사업자의 직업의 자유를 침해한다고 할 수 없다.

소송사건의 대리인인 변호사가 수용자를 접견하고자 하는 경우 소송계속 사실을 소명할 수 있는 자료를 제출하도록 요구하는 것이 변호사의 직업수행의 자유를 침해하여 헌법에 위반되는지 여부: 적극[위헌] (헌재 2021. 10.28. 2018헌마60)

" 사건개요 "

청구인은 변호사이고, 박○○은 살인죄 등으로 징역 13년을 선고받고 그 형이 확정되어 화성직업훈련교도소에 수용되어 있던 수형자이다.

청구인은 박○○의 재심청구를 위한 변호인으로 선임되어 화성직업훈련교도소에 구 '형의 집행 및 수용자의 처우에 관한 법률 시행령'(이하 '형의 집행 및 수용자의 처우에 관한 법률'은 '형집행법', 같은 법 시행령은 '형집행법 시행령', 같은 법 시행규칙은 '형집행법 시행규칙'이라 한다) 제59조의2에 따라 박○○에 대한 접견을 하겠다는 취지의 접견신청을 하였으나, 다음 날 '소송계속 사실'을 소명할 수 있는 자료를 제출하도록 규정한 형집행법 시행규칙 제29조의2 제1항 제2호를 이유로 거부되어, 박○○과 변호사접견을 하지 못하고 부득이 구 형집행법 시행령 제58조에 따른 일반접견을 하였다.

이에 청구인은 위 시행규칙 제29조의2 제1항 제2호의 위헌확인을 구하는 이 사건 헌법소원심판을 청구하였다.

▶ 이유의 요지

1. 제한되는 기본권 및 심사기준

청구인은 수형자인 박○○의 형사재심청구를 대리하기 위해 선임된 변호사로서 박○○과의 접견은 청구인의 직업수행에 속하는데, 심판대상조항은 소송계속 사실 소명자료를 제출하지 못하는 경우 변호사접견이 아니라 일반접견만 가능하도록 규정하고 있어 <u>변호사인 청구인의 직업수행의 자유를 제한한다.</u>

<u>변호사의 직업수행의 자유 침해 여부는 원칙적으로 과잉금지원칙에 따라 심사해야 한다. 다만, 소송사건의 대리인인 변호사가 수형자인 의뢰인을 접견하는 경우 변호사의 직업활동은 변호사 개인의 이익을 넘어 수형자의 재판청구권 보장, 나아가 사법을 통한 권리구제라는 법치국가적 공익을 위한 것이기도 하므로, 이러한 변호사의 직업수행의 자유 제한에 대한 심사에 있어서는 접견의 상대방인 수형자의 재판청구권이 제한되는 효과도 함께 고려하여 일반적인 경우보다 엄격하게 심사한다.</u>

2. 직업수행의 자유 침해 여부

심판대상조항은 소송계속 사실 소명자료를 제출하도록 규정하여 집사 변호사가 접견권을 남용하여 수형자와 접견하는 것을 방지하고자 하나, 집사 변호사라면 소 제기 여부를 진지하게 고민할 필요가 없으므로 얼마든지 불필요한 소송을 제기하고 변호사접견을 이용할 수 있다. 집사 변호사를 고용하는 수형자 역시 소송의 승패와 상관없이 변호사를 고용할 확실한 동기가 있고 이를 위한 자력이 있는 경우가 보통이므로 손쉽게 변호사접견을 이용할 수 있다. 그에 반해 진지하게 소 제기 여부 및 변론 방향을 고민해야 하는 변호사라면 일반접견만으로는 수형자에게 충분한 조력을 제공하기가 어렵고, 수형자 역시 소송의 승패가 불확실한 상황에서 접견마저 충분하지 않다면 변호사를 신뢰하고 소송절차를 진행하기가 부담스러울 수밖에 없다. 따라서 심판대상조항은 <u>수단의 적합성이 인정되지 아니한다.</u>

수형자에 대한 변호사접견은 그 시간이 60분, 그 횟수가 월 4회로 이미 한정되어 있어 집사 변호사가 영리를 목적으로 이를 이용하고자 하더라도 한계가 있고, 만약에 변호사접견을 이용한 접견권 남용 문제가 발생한다 하더라도 그러한 문제는 해당 사유가 확인되었을 때 사후적으로 이를 제재함으로써 충분히 방지할 수 있다. 형집행법 제41조 제1항, 제42조 등은 사후적 제재에 필요한 법적 근거를 이미 마련해 두고 있다.

헌법재판소는 일련의 선례(헌재 2013.8.29. 2011헌마122 ; 헌재 2013.9.26. 2011헌마398 ; 헌재 2015.11.26. 2012헌마858)를 통해 변호사접견을 일반접견보다 더 강하게 보장함으로써 수형자의 재판청구권이 억울하게 침해되는 일이 없도록 방지하고자 하였는데, 심판대상조항은 소송사건의 대리인인 변호사라 하더라도 변호사접견을 하기 위해서는 소송계속 사실 소명자료를 제출하도록 규정함으로써 이를 제출하지 못하는 변호사는 일반접견을 이용할 수밖에 없게 되었는바, 위와 같은 헌법재판소의 결정 취지와 반대되는 결과를 낳았다.

이로 인한 문제점은 단순히 변호사 개인의 직업 활동상 불편이 초래되는 차원에 그치는 것이 아니다. 변호사는 수형자와의 접견을 위해 부득이 일반접견을 이용할 수밖에 없는데, 일반접견은 접촉차단시설이 설치된 일반접견실에서 10분 내외 짧게 이루어지므로 그 시간은 변호사접견의 6분의 1 수준에 그치고 그 대화 내용은 청취 · 기록 · 녹음 · 녹화의 대상이 된다. 변호사의 도움이 가장 필요한 시기에 접견에 대한 제한의 정도가 위와 같이 크다는 점에서 수형자의 재판청구권 역시 심각하게 제한될 수밖에 없고, 이로 인해 법치국가원리로 추구되는 정의에 반하는 결과를 낳을 수도 있다는 점에서, 위와 같은 불이익은 매우 크다고 볼 수 있다.

심판대상조항은 과잉금지원칙에 위배되어 변호사인 청구인의 직업수행의 자유를 침해한다.

▶ 결정의 의의

1. 헌법재판소는 2015.11.26. 2012헌마858 결정에서 소송대리인인 변호사와의 접견시간 및 횟수에 대한 별도의 규정을 두지 않고 일반접견에 포함시켜 이를 제한하는 것은 수형자의 재판청구권을 침해한다는 이유로 그러한 내용의 형집행법 시행령 조항에 대하여 헌법불합치결정을 하였고, 이후 구 형집행법 시행령(2016.6.28. 대통령령 제27262호로 개정되고 2019.10.22. 대통령령 제30134호로 개정되기 전의 것) 제59조의2 제1항 · 제2항으로 변호사접견이 도입되면서 소송사건의 대리인인 변호사는 위 시행령 조항에 따라 별도의 접견시간 및 횟수를 이용할 수 있게 되었다.

2. 그러나 심판대상조항이 만들어지면서 소송사건의 대리인인 변호사라 하더라도 변호사접견을 하기 위해서는 소송계속 사실 소명자료를 제출해야만 하였고, 아직 소를 제기하지 않았다는 등의 사정으로 이를 제출하지 못하는 변호사는 다시 일반접견을 이용할 수밖에 없었다.

✎ 재판청구권의 침해가 아니라 직업수행의 자유를 침해하였다는 점에 주의하여야 한다.

금융감독원의 4급 이상 직원에 대하여 퇴직일부터 3년간 퇴직 전 5년 동안 소속하였던 부서 또는 기관의 업무와 밀접한 관련성이 있는 취업심사대상기관에의 취업을 제한하는 공직자윤리법이 직업의 자유를 침해하는지 여부: 소극[기각] (헌재 2021.11.25, 2019헌마555)

❝ 사건개요 ❞

청구인들은 금융감독원에 3급 또는 4급으로 재직 중인 사람들이다. 청구인들은 금융감독원의 4급 이상 직원에 대하여 공직자윤리위원회의 승인 없이 퇴직일부터 3년간 퇴직 전 5년 동안 소속하였던 부서 또는 기관의 업무와 밀접한 관련성이 있는 취업심사대상기관에 취업할 수 없도록 규정한 공직자윤리법 제17조 제1항 등이 청구인들의 직업의 자유 및 평등권을 침해한다고 주장하면서 2019.5.29. 이 사건 헌법소원심판을 청구하였다.

▶ 이유의 요지

헌법재판소는 금융감독원 소속 4급 이상 직원에 대하여 퇴직일부터 2년간 사기업체 등에의 취업을 제한하였던 '구 공직자윤리법 제17조 제1항 중 공직자윤리법 시행령 제31조에 의하여 적용되는 제3조 제4항 제15호에 관한 부분'(이하 '이 사건 취업제한조항'이라 한다)이 직업의 자유 및 평등권을 침해하지 아니한다는 결정을 선고한 바 있다(헌재 2014.6.26, 2012헌마331).

1. 직업의 자유 침해 여부

"이 사건 취업제한조항은 금융감독원 직무의 공정성을 확보하고 건전한 금융질서를 확보하려는 것으로서 그 입법목적이 정당하고, 적합한 수단에 해당한다. 이 사건 취업제한조항은 공직자윤리법에서 정하는 일정한 규모 이상에 해당하면서 취업제한 대상자가 퇴직 전 소속하였던 부서의 업무와 밀접한 관련성이 인정되는 사기업체 등에의 취업만 제한하고, 금융감독원의 모든 직원이 아니라, 업무의 내용을 고려하여 4급 이상의 직원만을 포함하고 있으며, 퇴직 후 2년이 경과하면 아무런 제한 없이 재취업이 허용되고, 사전에 취업제한 여부의 확인을 요청하거나 우선취업을 신청할 수도 있으며, 소속하였던 부서의 업무와 밀접한 관련성이 있더라도 공직자윤리위원회의 승인을 받아 취업할 수 있는 예외를 마련하고 있다. 연고주의 성향이 강한 우리나라에서 특정 이해충돌행위를 금지하는 것만으로는 입법목적을 달성하기에 충분하다고 볼 수 없다."

심판대상조항은 취업제한기간을 퇴직일부터 2년간에서 3년간으로 연장하고, 취업심사대상기관의 범위를 확대하여 규정하고 있으나, 민관유착의 폐해를 방지하고 공직수행의 공공성을 강화해야 한다는 사회적 요청과 공직자 부패가 사회에 미치는 영향 등을 고려할 때 위와 같은 사정만으로 위 헌법재판소 선례의 판단을 변경할 만한 필요성이 인정된다고 보기 어려우므로, 이 사건에서도 위 견해를 그대로 유지하기로 한다. 따라서 심판대상조항은 청구인들의 직업의 자유를 침해하지 아니한다.

2. 평등권 침해 여부

"금융위원회는 금융기관에 대한 감독 및 제재 업무도 소관 업무로 하는 등 금융기관과의 유착 및 영향력 행사 가능성 측면에서 금융감독원과 다를 바 없고, 한국은행 및 예금보험공사가 담당하는 업무는 각각 통화신용정책의 수립 및 부실금융기관의 정리 등으로 금융감독원의 업무와 기본적으로 차이가 있다는 점에서 이 사건 취업제한조항이 청구인들의 평등권을 침해한다고 볼 수 없다."

위 헌법재판소 선례를 변경할 특별한 사정의 변경이나 필요성이 있다고 인정되지 아니하므로, 이 사건에서도 위 견해를 그대로 유지하기로 한다. 따라서 심판대상조항은 청구인들의 평등권을 침해하지 아니한다.

▶ 결정의 의의

1. 헌법재판소는 2014.6.26. 2012헌마331 결정에서 금융감독원의 4급 이상 직원에 대하여 퇴직일부터 2년간 업무와 밀접한 관련성이 있는 취업심사대상기관에 취업을 제한하던 이 사건 취업제한조항에 대하여 재판관 전원일치의 의견으로 합헌이라 판단하였다.

2. 이 사건은 심판대상조항이 이 사건 취업제한조항보다 취업제한기간이 3년으로 길어지고 취업심사대상기관의 범위가 확대되었다는 차이는 존재하나 입법목적 등에 비추어 이러한 사정만으로 선례를 변경할 만한 필요성을 인정하기 어렵다고 보고 선례의 견해에 따라 합헌으로 판단하였다. 다만, 이에 대해 심판대상조항의 취업제한기간이 지나치게 길고 다른 덜 침해적인 수단도 상정할 수 있다는 취지의 반대의견이 개진되었다.

266

사립유치원의 교비회계에 속하는 예산·결산 및 회계 업무를 교육부장관이 지정하는 정보처리장치로 처리하도록 규정한 사학기관 재무·회계 규칙(교육부령 제175호) 본문 중 사립유치원에 관한 부분이 청구인들의 사립학교 운영의 자유를 침해하는지 여부: 소극[기각] (헌재 2021.11.25. 2019헌마542)

사건개요

청구인들은 유아교육법에 따른 사립유치원을 운영하는 사람들이다.
청구인들은 2019.2.25. 개정된 '사학기관 재무·회계 규칙' 제53조의3이 유치원을 포함한 고등학교 이하 각급 학교로 하여금 교비회계에 속하는 예산·결산 및 회계 업무를 교육부장관이 지정하는 정보처리장치로 처리하도록 하자, 위 규칙 조항이 청구인들의 사립학교 운영의 자유 등을 침해한다고 주장하며 2019.5.27. 이 사건 헌법소원심판을 청구하였다.

사립유치원은 국가나 지방자치단체가 설립하고 운영하는 것은 아니지만, 사인이 설립한 '사립학교'로서(사립학교법 제2조 제1호) 공교육이라는 공익적 서비스를 제공하고 있고, 이러한 사립유치원의 공공성은 국가 및 지방자치단체의 재정지원에 의하여 더욱 뒷받침되고 있다. 2012년 이후 어린이집과 유치원에 다니는 유아들의 공평한 교육과 보육 기회 보장을 위하여 국가 수준의 공통 교육과정, 즉 누리과정이 시행되어 왔는데, 이를 위하여 유아교육지원특별회계법 시행 이후 매년 약 3조 8천억원 정도가 유아교육지원특별회계에서 지원되고 있다. 이 중에서 특히 사립유치원에 대하여만 위 특별회계에서 연간 약 1조 6천억원 정도가 지원된다. 이와 같은 국가 및 지방자치단체의 사립유치원에 대한 재정적 지원에도 불구하고, 이 사건 규칙이 시행되기 이전의 개인이 설립한 사립유치원에는 통일적인 회계 관리시스템이 부재하였다. 따라서 수기식의 개인 장부를 사용하거나 개별 프로그램으로 회계가 관리됨으로써 교비의 교육목적 외 사용이 발생하거나 교비와 설립자의 개인자금이 혼용되는 경우가 다수 발생하는 등 사립유치원 회계의 투명성 확보에 많은 어려움이 있었다. 사립유치원의 회계를 국가가 관리하는 공통된 회계시스템을 이용하여 처리하도록 하여 세입과 세출의 이력을 보전토록 하는 것은 사립유치원 회계의 투명성을 제고할 수 있는 적합한 수단이 된다.

사립유치원의 재정 및 회계의 건전성과 투명성은 그 유치원에 의하여 수행되는 교육의 공공성과 직결된다고 할 것이므로, 유아교육의 공공성을 전제로 국가와 지방자치단체의 재정지원을 받는 사립유치원이 개인의 영리추구에 매몰되지 아니하고 교육기관으로서 양질의 유아교육을 제공하는 동시에 유아교육의 공공성을 지킬 수 있는 재정적 기초를 다지는 것은 양보할 수 없는 매우 중요한 법익이다.

이 사건 규칙은 사립유치원의 회계업무를 교육부장관이 지정하는 정보처리장치를 이용하여 기록하도록 하고 있을 뿐, 세출용도를 지정·제한하거나 시설물 자체에 대한 청구인들의 소유권 내지 처분권에 어떠한 영향도 미치지 않는다는 점까지 덧붙여 고려하여 보면, 이 사건 규칙이 사립유치원의 회계업무를 특정한 회계시스템을 통하여 처리하도록 하였다고 하여도 이를 두고 입법형성의 한계를 현저히 일탈하여 사립유치원 설립·경영자의 사립학교 운영의 자유를 침해한다고 볼 수 없다.

▶ 결정의 의의

사립유치원은 비록 설립주체의 사유재산으로 설립·운영되기는 하지만, 유아교육법, 사립학교법 등 교육관계법령에 의하여 국·공립학교와 마찬가지의 재정적 지원과 감독·통제를 받는 학교로서, 사립유치원의 재정 및 회계의 건전성과 투명성은 그 유치원에 의하여 수행되는 교육의 공공성과 직결된다고 할 것이므로, 사립유치원의 회계투명성을 확보하기 위하여 교비회계업무를 처리함에 있어 국가관리회계시스템(에듀파인)을 이용하도록 한 것은 사립유치원 설립·경영자의 사립학교 운영의 자유를 침해하지 아니한다고 결정한 사건이다.

'국내에 널리 인식된 타인의 성명, 상호, 표장(標章), 그 밖에 타인의 영업임을 표시하는 표지와 동일하거나 유사한 것을 사용하여 타인의 영업상의 시설 또는 활동과 혼동하게 하는 행위'를 부정경쟁행위로 정의하고 있는 '부정경쟁방지 및 영업비밀보호에 관한 법률' 제2조 제1호 나목 직업의 자유를 침해하는지 여부: **소극[합헌]** (헌재 2021.9.30, 2019헌바217)

심판대상조항은 상당한 노력과 투자를 한 영업주체의 이익을 보호하는 한편, 소비자를 포함한 일반 수요자의 신뢰를 보호하고, 건전한 거래질서를 유지하며, 자유시장 경제체제의 원활한 작동을 도모하기 위한 것이다. '영업주체 혼동행위'는 기존 영업주체가 가지는 신용과 명성을 무단으로 이용하는 행위이고, 기존 영업주체가 얻어야 할 영업상 이익을 가로채는 행위이므로 이와 같은 행위를 부정경쟁행위로 규제할 필요성이 충분히 인정된다. 영업주체 혼동행위로 인해 불필요한 거래비용이 발생할 수 있으므로, 거래의 안정성을 꾀하고, 수요자 또는 거래자의 신용을 보호하는 등 일반 공중의 이익을 보호하기 위해서도 규제의 필요성을 인정할 수 있다.

심판대상조항은 모든 영업표지를 먼저 사용되었다는 이유로 보호하는 것이 아니라 '주지성'을 획득한 영업표지일 것을 요하고, '혼동가능성'이 인정되어야 한다고, 법원이 영업주체 혼동행위의 해석기준을 엄격하고 일관되게 제시하고 있어 기본권 제한범위가 확장될 우려가 적고, 후발주자의 자유로운 경쟁을 저해할 우려는 법원이 개별 사건에서 구체적 타당성을 확보함으로써 조절된다. 한편, 부정경쟁행위에 해당하기 위한 요건으로 실제 경제적 이익의 침해 혹은 침해가능성을 요구하게 된다면, 이는 부정경쟁방지법에 의한 보호를 받기 전에 이미 회복할 수 없는 손해를 입게 하는 것이 되므로 부정경쟁방지법의 취지에 부합하지 않는다. 따라서 심판대상조항은 직업의 자유를 침해하지 아니한다.

변호사의 자격이 있는 자에게 더 이상 세무사 자격을 부여하지 않는 세무사법 사건 **[기각]** (헌재 2021.7.15, 2018헌마279)

▶ 판시사항

1. 변호사의 자격이 있는 자에게 더 이상 세무사 자격을 부여하지 않는 구 세무사법 제3조(이하 '이 사건 법률조항'이라 한다)가 시행일 이후 변호사 자격을 취득한 청구인들의 직업선택의 자유를 침해하는지 여부: **소극**

2. 이 사건 법률조항의 시행일과 시행일 당시 종전 규정에 따라 세무사의 자격이 있던 변호사는 개정 규정에도 불구하고 세무사 자격이 있는 것으로 변호사의 세무사 자격에 관한 경과조치를 정하고 있는 세무사법 부칙 (2017.12.26. 법률 제15288호) 제1조 중 세무사법 제3조에 관한 부분 및 제2조(이하 '이 사건 부칙조항'이라 한다)가 신뢰보호원칙에 반하여 청구인들의 직업선택의 자유를 침해하는지 여부: **소극**

3. 이 사건 부칙조항이 청구인들의 평등권을 침해하는지 여부: **소극**

1. 이 사건 법률조항은 세무사 자격시험에 합격한 사람 이외에 변호사 자격 소지자에 대하여 세무사 자격을 인정(이하 '세무사 자격 자동부여'라 한다)하는 것과 관련된 특혜시비를 없애고 세무사시험에 응시하는 일반 국민과의 형평을 도모함과 동시에 세무분야의 전문성을 제고하여 소비자에게 고품질의 세무서비스를 제공하고자 마련된 조항이다. 이와 같은 입법목적은 정당하고, 변호사에 대한 세무사 자격 자동부여제도의 폐지는 입법목적을 달성하기 위한 적합한 수단이다. 변호사가 세무나 회계 등과 관련한 법률사무를 처리할 수 있다고 하여 변호사에게 반드시 세무사의 자격이 부여되어야 하는 것은 아니고 변호사에 대하여 세무사 자격을 부여할 것인지 여부는 국가가 입법 정책적으로 결정할 사안이라는 점, 세무사법은 세무사제도가 정착되고 세무대리시장의 수급이 안정됨에 따라 세무사 자격 자동부여 대상을 점차 축소하는 방향으로 개정되어 왔다는 점, 변호사에게 세무사의 자격을 부여하면서도 현행법상 실무교육에 더하여 세무대리업무에 특화된 추가교육을 이수하도록 하는 등의 대안을 통해서는 세무사 자격 자동부여와 관련된 특혜시비를 없애고 일반 국민과의 형평을 도모한다는 입법목적을 달성할 수 없는 점, 변호사의 자격을 가진 사람은 세무사 자격이 없더라도 세무사법 제2조 각호에 열거되어 있는 세무사의 직무 중 변호사의 직무로서 할 수 있는 세무대리를 수행할 수 있고 현행법상 조세소송대리는 변호사만이 독점적으로 수행할 수 있는 점 등을 고려하면, 이 사건 법률조항이 피해의 최소성원칙에 반한다고 보기 어렵다.

   나아가, 청구인들은 이 사건 법률조항으로 인하여 변호사의 직무로서 세무대리를 하는 것 외에는 세무대리를 할 수 없게 되어 업무의 범위가 축소되는 불이익을 입었으나, 이러한 불이익이 위 조항으로 달성하고자 하는 공익보다 크다고 볼 수 없다.

   따라서 이 사건 법률조항은 과잉금지원칙에 반하여 청구인들의 직업선택의 자유를 침해한다고 볼 수 없다.

2. 이 사건 부칙조항은 이 사건 법률조항의 공익적 목적을 달성하기 위하여 그 시행일을 2018.1.1.로 정하고 변호사의 세무사 자격에 관한 경과조치를 규정한 것이다. 청구인들의 신뢰는 입법자에 의하여 꾸준히 축소되어 온 세무사 자격 자동부여제도에 관한 것으로서 그 보호의 필요성이 크다고 보기 어렵다. 나아가 설령 그것이 보호가치가 있는 신뢰라고 하더라도 변호사인 청구인들은 변호사법 제3조에 따라 변호사의 직무로서 세무대리를 할 수 있으므로 신뢰이익을 침해받는 정도가 이 사건 부칙조항이 달성하고자 하는 공익에 비하여 크다고 보기 어렵다. 따라서 이 사건 부칙조항은 신뢰보호원칙을 위배하여 청구인들의 직업선택의 자유를 침해하지 않는다.

3. 이 사건 부칙조항이 2017.12.26. 개정된 이 사건 법률조항의 시행일을 2018.1.1.로 정한 것은 이 사건 법률조항의 입법목적을 가급적 빨리 달성하기 위한 고려에서 내려진 입법적 결단으로 인정할 수 있다. 또한, 이 사건 부칙조항은 이 사건 법률조항의 시행일인 2018.1.1.을 기준으로 이미 변호사 자격을 취득한 사람과 그렇지 않은 사람을 달리 취급하고 있다. 위 두 집단은 사법연수원 입소 당시 또는 법학전문대학원 입학 당시 장차 변호사 자격을 취득하면 세무사 자격도 자동으로 부여받을 수 있으리라는 기대를 갖고 있었다는 점에 있어서는 동일하다고 할 수 있다. 그러나 전자는 2018.1.1. 당시 이미 변호사 자격을 취득함으로써 개정 전 세무사법에 따를 경우 세무사 자격을 자동으로 부여받을 수 있는 요건을 현실적으로 구비하고 있었던 반면, 후자는 2018.1.1. 당시 그와 같은 요건을 현실적으로 구비하고 있지 않은 채 장차 변호사 자격을 취득하면 세무사 자격까지 자동으로 부여받을 수 있으리라는 기대만을 갖고 있었던 것에 그친다. 후자의 경우 본인 및 주위 여건에 따라 사법연수원 과정이나 법학전문대학원 과정을 마치지 못할 가능성 내지 법학전문대학원 졸업 후 변호사시험에 합격하지 못할 가능성 역시 배제할 수는 없다는 점에서도 전자와는 분명한 차이가 있다. 이러한 점을 고려하면, 이 사건 부칙조항이 2018.1.1.을 기준으로 이미 변호사 자격을 취득한 사람과 그렇지 않은 사람을 달리 취급하는 것에는 합리적인 이유가 있으므로, 위 조항은 청구인들의 평등권을 침해하지 않는다.

유골 500구 이상을 안치할 수 있는 사설봉안시설을 설치 · 관리하려는 자는 민법에 따라 봉안시설의 설치 · 관리를 목적으로 하는 재단법인을 설립하도록 하는 것이 직업의 자유를 침해하는지 여부: 소극[합헌] (헌재 2021. 8.31. 2019헌바453)

▶ 판시사항

1. 유골 500구 이상을 안치할 수 있는 사설봉안시설을 설치 · 관리하려는 자는 민법에 따라 봉안시설의 설치 · 관리를 목적으로 하는 재단법인을 설립하도록 하는 구 '장사 등에 관한 법률' 제15조 제3항 본문(이하 '심판대상조항'이라 한다) 중 '설치 · 관리하려는 자' 부분이 명확성원칙에 위반되는지 여부: 소극

2. 심판대상조항이 과잉금지원칙에 위반되어 직업의 자유를 침해하는지 여부: 소극

3. 심판대상조항이 신뢰보호원칙에 위반되는지 여부: 소극

4. 청구인이 심판대상조항을 적용받지 아니함으로써 재단법인의 설립 없이 유골 수를 추가 설치 · 관리하여 수익을 창출하려 하였던 사정이 재산권의 보호영역에 포함될 수 있는지 여부: 소극

▶ 결정요지

1. 봉안시설을 설치 · 관리한다는 것은 봉안묘, 봉안당 등 봉안시설에 필요한 설비를 하고, 그러한 설비를 갖춘 봉안시설을 유지하고 개량하는 행위를 하는 것으로, '장사 등에 관한 법률'(이하 '장사법'이라 한다)에서 구 '매장 및 묘지 등에 관한 법률'(이하 '매장법'이라 한다)과 달리 신고제를 택하면서도 사설봉안시설의 적정한 관리를 위하여 일정 규모 이상의 봉안시설에 대하여 재단법인의 설립을 요하는 입법취지 등을 종합적으로 살펴보면, 심판대상조항 중 '설치 · 관리하려는 자'의 의미에 장사법에 의하여 새로이 봉안시설을 설치 · 관리하려는 자뿐만 아니라 이미 구 매장법에 따라 봉안시설을 설치 · 관리하던 자가 추가 설치하려는 경우도 포함된다는 것을 충분히 예측할 수 있다. 따라서 심판대상조항은 법률의 명확성원칙에 위반되지 아니한다.

2. 심판대상조항은 민법상 재단법인의 설립을 통하여 영세하고 부실한 사설봉안시설의 난립을 방지하고, 관리의 안정성을 보장하여 사설봉안시설을 이용하는 국민의 권익을 보호하려는 것으로서 목적의 정당성과 수단의 적합성이 인정된다. 오늘날 장사방법은 매장 중심에서 점차 화장 중심으로 변화하고 있는데, 사설봉안시설은 방만하고 부실한 운영으로 불특정 다수의 이용객에게 피해를 입힐 우려가 있으므로 관리인 개인의 역량이나 경제적 여건에 영향을 받지 않고 체계적이고 안정적으로 운영될 수 있도록 할 필요가 있다. 민법상 재단법인은 설립자와 별개의 법인격과 기본재산을 가지며, 이사는 선관주의의무로 재단법인의 사무를 담당하여야 하는 등 개인보다 안정적이고 목적사업에 충실하게 봉안시설을 운영할 수 있고, 봉안시설에 함양된 의미와 이용의 보편적 측면에 비추어 안정적이고 영속적인 봉안시설의 운영을 위하여 일정한 자격요건은 불가피한 측면이 있으며, 심판대상조항은 종중 · 문중이나 종교단체 등의 경우에 예외를 마련하고 있다. 재단법인을 설립할 의무라는 심판대상조항으로 인하여 제한되는 사익이 심판대상조항을 통하여 추구하는 봉안시설의 안정성과 영속성이라는 공익에 비하여 더 크다고 보기 어려우므로, 심판대상조항은 침해의 최소성과 법익의 균형성을 갖추었다. 따라서 심판대상조항은 과잉금지원칙에 위반되어 직업의 자유를 침해하지 아니한다.

3. 구 매장법이 장사법으로 전부개정되면서 그 부칙 제3조에서 종전의 법령에 따라 설치된 봉안시설을 장사법에 의하여 설치된 봉안시설로 보도록 함으로써 구 매장법에 따라 설치허가를 받은 봉안시설 설치·관리인의 기존의 법상태에 대한 신뢰는 이미 보호되었다. 더 나아가 장사법 시행 후 추가로 설치되는 부분에 대해서까지 기존의 법상태에 대한 보호가치 있는 신뢰가 있다고 보기 어렵다. 따라서 심판대상조항은 신뢰보호원칙에 위반되지 아니한다.

4. 청구인이 심판대상조항의 적용을 받지 않고 재단법인의 설립 없이 유골 수를 추가 설치·관리함으로써 수익을 창출하려고 하였던 사정은 법적 여건에 따른 영리획득의 기회를 활용하려던 것에 불과하므로 재산권의 보호영역에 포함된다고 볼 수 없다.

270

정보통신망 악성프로그램 유포 금지 사건 [합헌] (헌재 2021.7.15. 2018헌바428)

▶ 판시사항

1. 정당한 사유 없이 정보통신시스템, 데이터 또는 프로그램 등의 운용을 방해할 수 있는 프로그램의 유포를 금지한 '정보통신망 이용촉진 및 정보보호 등에 관한 법률' 제48조 제2항(이하 '금지조항'이라 한다) 중 '운용을 방해할 수 있는' 부분이 죄형법정주의의 명확성원칙에 위반되는지 여부: 소극

2. 금지조항 및 정보통신시스템, 데이터 또는 프로그램 등의 운용을 방해할 수 있는 악성프로그램을 유포한 자를 형사처벌하도록 규정한 구 '정보통신망 이용촉진 및 정보보호 등에 관한 법률' 제71조 제9호(이하 금지조항과 합하여 '심판대상조항'이라 한다)가 과잉금지원칙에 반하여 직업의 자유 및 일반적 행동의 자유를 침해하는지 여부: 소극

▶ 결정요지

1. 금지조항은 정보통신망의 안정성 및 정보의 신뢰성을 저해하는 침해사고가 증가하자 그러한 저해행위를 금지하고 정보보호 관리체계를 확립하기 위하여 도입되었다. 금지조항의 '운용 방해' 대상인 정보통신시스템, 데이터, 프로그램은 그 형태나 이용방법이 다양하고, 기술의 발달에 따라 현재도 계속 생성·변화하고 있으며, 그 운용을 방해할 수 있는 프로그램의 유형이나 방해의 방법도 계속 변화하고 있어 방해의 정도나 위험성의 정도를 금지조항에 미리 구체적으로 규정하는 것은 곤란한 측면이 있다.
'운용'은 사전적 의미로 '무엇을 움직이게 하거나 부리어 쓰는 것'으로 다수의 법령에서 일반적 용어로 사용되고 있고, '방해'는 사전적으로 '남의 일에 간섭하고 막아 해를 끼치는 것'을 의미하는데, 종전 헌법재판소 및 대법원의 해석 내용, 대법원이 여러 사안에서 '운용을 방해할 수 있는 프로그램'인지 여부를 판단해 온 기준 등을 종합하면, 정보통신시스템, 데이터 또는 프로그램 등의 운용을 방해하는 악성프로그램에 해당하는지 여부를 그 사용용도 및 기술적 구성, 작동방식, 정보통신시스템 등에 미치는 영향, 프로그램 설치에 대한 운용자의 동의 여부 등을 종합적으로 고려하여 판단할 수 있다. 따라서 금지조항 중 '운용을 방해할 수 있는 부분'이 죄형법정주의의 명확성원칙에 위반된다고 볼 수 없다.

2. 심판대상조항은 정보통신시스템, 데이터 또는 프로그램 등의 '운용을 방해할 수 있는 악성프로그램'으로 대상을 한정하고, 그중에서도 '정당한 사유가 없는 악성프로그램의 유포행위'만을 금지·처벌하여 그 범위를 목적 달성에 필요한 범위로 합리적으로 제한하고 있다. 그 위반행위에 대하여 징역형과 벌금형을 선택할 수 있게 하고, 법정형에서 형벌의 상한만 규정하여 구체적 사안에 따라 죄질에 상응하는 형을 선고할 수 있다. 또한, 악성프로그램을 유포하는 자들이 받게 되는 직업의 자유 및 일반적 행동의 자유의 제한에 비하여 심판대상조항을 통하여 달성하려는 정보통신망의 안정성 및 정보의 신뢰성 확보와 이용자의 안전 보호라는 공익이 월등히 중요하다. 따라서 심판대상조항은 직업의 자유 및 일반적 행동의 자유를 침해하지 아니한다.

271

> 건설업 등록기준 중 자본금기준에 미달하여 영업정지처분을 받았던 건설업자가 3년 안에 다시 동일한 자본금기준에 미달한 경우 건설업 등록을 필요적으로 말소하도록 한 구 건설산업기본법 제83조 단서 중 제3호의3 가운데 제10조 제2호에 관한 부분(이하 '심판대상조항'이라 한다)이 직업의 자유를 침해하는지 여부: 소극[합헌] (헌재 2021.7.15. 2019헌바230)

건설업 등록제도는 건설업자로 하여금 적정한 시공을 담보할 수 있는 최소한의 요건을 갖추도록 하여 부실공사를 방지하고 국민의 생명과 재산을 보호하고자 하는 것으로, 자본금기준의 미달은 다른 건설업 등록기준에도 영향을 미쳐 등록기준의 총체적 부실을 초래할 가능성이 높고, 업체의 부도나 하자담보책임의 회피, 임금 체납 등 발주자나 근로자에 대한 피해뿐 아니라 전반적으로 건설공사의 적정한 시공과 건설 산업의 건전한 발전을 저해할 우려가 있다. 심판대상조항에 의하여 규제되는 행위는 자본금기준을 단기간 내에 반복적으로 충족하지 못한 경우로서 행정제재의 경고기능을 무시하였다는 점에서 비난가능성이 가중된다. 국민의 재산과 신체를 보호하며, 자본금기준을 유지하도록 함으로써 건설업자의 건전성과 성실성을 담보하고 건설업체의 무분별한 난립을 막으며 건설 산업을 발전시킨다는 공익은 건설업자가 입는 직업의 자유에 대한 제한보다 긴절하고 중대하다. 따라서 심판대상조항은 과잉금지원칙에 위반되어 직업의 자유를 침해하지 아니한다.

매립대상 건설폐기물 절단을 위한 임시보관장소 수집·운반행위 금지 사건 [기각] (헌재 2021.7.15, 2019헌마406)

▶ **판시사항**

1. 건설폐기물 수집·운반업자가 건설폐기물을 임시보관장소로 수집·운반할 수 있는 사유 중 하나로 '매립대상 폐기물을 반입규격에 맞게 절단하기 위한 경우'를 포함하지 않고 있는 '건설폐기물의 재활용촉진에 관한 법률' 제13조의2 제2항(이하 '심판대상조항'이라 한다)이 신뢰보호원칙에 반하여 직업수행의 자유를 침해하는지 여부: 소극

2. 심판대상조항이 과잉금지원칙에 반하여 직업수행의 자유를 침해하는지 여부: 소극

▶ **결정요지**

1. 절단을 위한 임시보관장소 수집·운반행위는 원래 허용되지 않고 있다가 2009년부터 규제유예제도의 일환으로 허용되었던 점, 허용되었던 시기에는 비산먼지, 소음 등으로 인근 주민의 피해가 발생하였고 매립대상 폐기물의 절단행위뿐만 아니라 모든 폐기물의 분리·선별·파쇄행위까지 행해지는 경우도 있었던 점, 2017년 이를 다시 금지하는 법 개정이 이루어진 뒤 2년의 유예기간을 둔 점 등을 고려하면, 심판대상조항은 신뢰보호원칙에 반하여 직업수행의 자유를 침해하지 않는다.

2. 임시보관장소는 본래 '적재능력이 작은 차량으로 건설폐기물을 수집하여 적재능력이 큰 차량으로 옮겨 싣기 위한 경우'에 활용되는 장소로서, 다수의 건설공사장이 존재하는 대도시에 상당수 위치할 수밖에 없으므로, 절단을 허용하면서 비산먼지, 소음 등을 방지하는 방법을 마련하는 것만으로는 입법목적을 달성하기 어렵다. 또한 임시보관장소에서 절단을 허용할 경우, 절단에 그치지 않고 건설폐기물 중간처리업의 엄격한 요건을 회피하여 분리·선별·파쇄행위까지 행하려는 유인이 발생할 가능성이 높으므로, 위법행위 발생시 사후적인 제재를 강화하는 방법으로도 입법목적 달성은 어렵다. 절단을 위한 임시보관장소 수집·운반행위는 건설폐기물 수집·운반업자가 수행가능한 여러 행위 가운데 극히 일부만을 차지하므로 제한되는 사익이 크지 않은 반면, 인근 주민의 환경권, 건강권 등을 보호하고 적절한 건설폐기물 처리질서를 확립하고자 하는 공익은 중대하다. 심판대상조항은 과잉금지원칙에 반하여 직업수행의 자유를 침해하지 않는다.

변호사법 제109조 사건 [합헌] (헌재 2021.6.24, 2020헌바38)

▶ 판시사항

1. 변호사가 아닌 자가 금품 등 이익을 얻을 목적으로 법률사무를 취급하는 행위 등을 처벌하는 변호사법 제109조 제1호 다목 중 '중재사무를 취급한 자'에 관한 부분, 제109조 제1호 마목 중 '대리사무를 취급한 자'에 관한 부분 (이하 이를 합하여 '심판대상조항'이라 한다) 가운데 '대리', '중재', '일반의 법률사건' 부분이 죄형법정주의의 명확성원칙에 위반되는지 여부: 소극

2. 심판대상조항이 직업의 자유를 침해하거나 평등원칙에 위반되는지 여부: 소극

▶ 결정요지

1. 심판대상조항에서 '대리'란, 소송사건 등 법률사건에 관하여 본인을 대신하여 사건을 처리하는 제반행위로서 법률사무 취급의 한 태양을 의미한다. 심판대상조항에서 '중재'란, 분쟁당사자가 아닌 제3자가 법률사건에 관계된 사항에 관하여 재판 외의 절차에서 당사자들의 의사를 조율하는 등으로 분쟁의 원활한 해결을 도모하는 행위를 의미한다. 심판대상조항에서 '일반의 법률사건'이란, 법률상의 권리·의무의 발생·변경·소멸에 관한 다툼 또는 의문에 관한 사건을 의미한다. 건전한 상식과 통상적인 법감정을 가진 사람이라면 심판대상조항에 따라 처벌되는 행위가 무엇인지 파악할 수 있고, 그 구체적인 내용은 법관의 통상적인 해석·적용에 의하여 보완될 수 있으므로, 심판대상조항 중 '대리', '중재', '일반의 법률사건' 부분은 죄형법정주의의 명확성원칙에 위반되지 아니한다.

2. 심판대상조항은 법률사무에 대한 전문성, 공정성 및 신뢰성을 확보하기 위하여 변호사제도를 보호·유지하려는 데 그 목적이 있는 점, 변호사제도의 목적을 달성하기 위해서는 비변호사의 법률사무취급의 금지는 불가피한 점, 금품 등 이익을 얻을 목적의 법률사무취급만을 금지하고 있는 점 등에 비추어 보면, 심판대상조항이 청구인의 직업의 자유를 침해한다고 볼 수 없다. 법률사무 관련직업에 대한 자격제도는 그 제도를 도입하게 된 배경과 목적, 각 전문분야가 갖는 특성 등이 서로 다르므로, 심판대상조항이 변호사와 비교하여 다른 법률사무 관련 직종에 종사하는 자를 부당하게 차별하는 것으로서 평등원칙에 위반된다고 볼 수도 없다.

안경사 면허를 가진 자연인에게만 안경업소의 개설 등을 할 수 있도록 한 구 의료기사 등에 관한 법률 제12조 제1항 및 의료기사 등에 관한 법률 제12조 제1항과, 그 위반시 처벌하도록 정한 구 의료기사 등에 관한 법률 제30조 제1항 제6호 등이 과잉금지원칙에 반하여 자연인 안경사와 법인의 직업의 자유를 침해하는지 여부: 소극[합헌] (헌재 2021.6.24, 2017헌가31)

국민의 눈 건강과 관련된 국민보건의 중요성, 안경사 업무의 전문성, 안경사로 하여금 자신의 책임하에 고객과의 신뢰를 쌓으면서 안경사 업무를 수행하게 할 필요성 등을 고려할 때, 안경업소 개설은 그 업무를 담당할 자연인 안경사로 한정할 것이 요청된다. 법인 안경업소가 허용되면 영리추구 극대화를 위해 무면허자로 하여금 안경 조제·판매를 하게 하는 등의 문제가 발생할 가능성이 높아지고, 안경 조제·판매 서비스의 질이 하락할 우려가 있다. 또한 대규모 자본을 가진 비안경사들이 법인의 형태로 안경시장을 장악하여 개인 안경업소들이 폐업하면 안경사와 소비자 간 신뢰관계 형성이 어려워지고, 독과점으로 인해 안경 구매비용이 상승할 수 있다. 반면 현행법에 의하더라도 안경사들은 협동조합, 가맹점 가입, 동업 등의 방법으로 법인의 안경업소 개설과 같은 조직화·대형화 효과를 어느 정도 누릴 수 있다. 따라서 심판대상조항은 과잉금지원칙에 반하지 아니하여 자연인 안경사와 법인의 직업의 자유를 침해하지 아니한다.

청소년 보호법 사건 [기각] (헌재 2021.6.24, 2017헌마408)

▶ 판시사항

1. 청소년유해물건 중 청소년의 심신을 심각하게 손상시킬 우려가 있는 성 관련 물건을 대통령령으로 정하는 기준에 따라 청소년보호위원회가 결정하고 여성가족부장관이 고시하도록 한 '청소년 보호법' 제2조 제4호 나목 1)(이하 '이 사건 정의조항'이라 한다)이 포괄위임금지원칙에 위반되는지 여부: 소극

2. 이 사건 정의조항, '청소년 보호법' 제28조 제1항 본문 중 제2조 제4호 나목 1)에 의하여 청소년유해물건으로 고시된 '요철식 특수콘돔(GAT-101) 등' 및 '약물주입 콘돔(AMOR LONG LOVE) 등'의 판매에 관한 부분(이하 '이 사건 금지조항'이라 한다), '청소년유해물건(성기구) 및 청소년 출입·고용금지업소 결정 고시' 중 '⊙ 청소년유해물건(성기구)목록, 3. 남성용 여성 성기자극 기구류, - 요철식 특수콘돔(GAT-101) 등, - 약물주입 콘돔(AMOR LONG LOVE) 등' 부분(이하 '이 사건 고시조항'이라 하고, 위 세 조항을 모두 합하여 '심판대상조항'이라 한다)이 과잉금지원칙에 반하여 성기구 판매자의 직업수행의 자유와 청소년의 사생활의 비밀과 자유를 침해하는지 여부: 소극

1. 어떠한 물건이 청소년의 심신을 심각하게 손상시킬 우려가 있는지 여부에 대한 판단을 하기 위해서는 해당 물건이 청소년의 신체적·정신적 발달에 미치는 영향을 판단할 수 있는 전문적인 식견과 능력이 필요하다. 또한 기술의 발전에 따라 다양한 형태의 성기구가 새롭게 제작·유통될 가능성이 있으므로, 탄력적이고 신속한 청소년 보호 조치를 취할 필요도 인정된다. 이 사건 정의조항은 하위법령에 입법위임을 할 필요성이 인정된다. 이 사건 정의조항 자체에서 예시를 들고 구체적인 기준을 어느 정도 제시하고 있다는 점, 관련조항과 '청소년 보호법'의 입법목적을 아울러 고려할 때, 이 사건 정의조항에서 하위법령에 위임한 내용은 청소년이 이용할 경우 신체적 또는 정신적으로 건전한 성장에 심각한 악영향을 줄 수 있는 성 관련 물건이 될 것임을 어렵지 않게 예측할 수 있다. 따라서 이 사건 정의조항은 포괄위임금지원칙에 위반되지 아니한다.

2. 청소년보호위원회는 전문가들의 검토 의견을 반영하여 요철식 특수콘돔 및 약물주입 콘돔(이하 '이 사건 성기구'라 한다) 등을 청소년유해물건으로 결정한 것이므로, 특별한 사정이 없는 한 절차적 정당성과 전문성의 측면에서 그 내용이 적정하게 결정되었으리라 신뢰할 수 있다. 청소년에 대한 '유해성'과 의료기기로서의 '안전성'은 구별되는 개념으로서, 이 사건 성기구가 의료기기 허가를 받았다 하더라도 반드시 청소년 유해성이 없다고 할 수 없다. 청소년의 건전한 성장과 발달을 위하여 특별한 보호가 제공될 필요가 있다는 점을 고려하면, 개별 청소년의 신체적·정신적 성숙도의 차이, 콘돔의 세부적인 형태나 종류를 고려하지 않고 청소년에 대한 판매를 전면적으로 금지하는 것이 과도한 제한이라 볼 수 없다. 심판대상조항은 과잉금지원칙을 위반하여 성기구 판매자의 직업수행의 자유 및 청소년의 사생활의 비밀과 자유를 침해하지 않는다.

276

의료인의 의료기관 중복 개설을 금지하는 의료법 제33조 제8항 본문 중 '개설' 부분 및 이를 위반한 자를 처벌하는 구 의료법 제87조 제1항 제2호 중 제33조 제8항 본문 가운데 '개설' 부분이 의료인의 직업수행의 자유를 침해하는지 여부: 소극[합헌] (헌재 2021.6.24. 2019헌바342)

▶ 결정요지

심판대상조항은 의료인의 의료기관 중복 개설을 허용할 경우 예상되는 폐해를 미리 방지하여 건전한 의료질서를 확립하고 궁극적으로는 국민의 건강을 보호·증진하기 위한 것으로 입법목적의 정당성이 인정된다. 의료인의 의료기관 중복 개설을 허용할 경우, 의료인의 역량이 분산되거나, 비의료인으로 하여금 의료행위를 하도록 하는 등 위법행위에 대한 유인이 증가할 우려가 있고, 국민의 생명·신체에 대한 위험이나 보건위생상 위해를 초래할 수 있다. 또한, 영리 추구가 의료의 주된 목적이 될 경우 의료서비스 수급의 불균형, 의료시장의 독과점 등 부작용이 발생할 우려가 있는바, 이를 사전에 방지할 필요가 있다.

일정 기간의 의료업 정지나 중복 개설된 의료기관에 대한 폐쇄명령 등의 조치만으로 실효적인 제재가 된다고 단정하기 어렵고, 심판대상조항 중 처벌조항에 규정된 법정형은 5년 이하 징역이나 5천만원 이하 벌금으로 하한이 없어 행위자의 책임에 비례하는 형벌을 부과할 수 있다. 건전한 의료질서를 확립하고 국민 건강을 보호·증진하고자 하는 공익이 의료기관 중복 개설 금지로 인하여 청구인이 입게 되는 불이익에 비하여 중대하다.

따라서 심판대상조항이 의료인의 직업수행의 자유를 침해한다고 볼 수 없다.

외국인근로자의 사업장 변경사유를 제한하는 외국인근로자의 고용 등에 관한 법률 제25조 제1항이 직장선택의 자유를 침해하는지 여부: 소극[기각] (헌재 2021.12.23, 2020헌마395)

〃 사건개요 〃

청구인들은 '외국인근로자의 고용 등에 관한 법률'(이하 '외국인고용법'이라 한다)에 의한 고용허가를 받아 현재 대한민국에서 일하고 있는 외국인근로자들이다. 청구인들은 사용자의 일방적 근무시간 변경, 연장근로수당 미지급, 기숙사비 추가 공제, 무면허 건설기계 조종 강요, 협박성 발언, 근로계약 불이행 위약금 예정 계약, 보호장구 미지급, 산재 사고 목격 등의 사유로 사업장 변경을 하려고 하나, '외국인근로자의 고용 등에 관한 법률(이하 '외국인고용법'이라 한다)' 및 '외국인근로자의 책임이 아닌 사업장 변경사유(이하 '이 사건 고시'라 한다)' 조항이 정하는 사업장 변경사유에 해당하지 않는다고 하면서 위 조항들에 대한 헌법소원심판을 청구하였다.

▶ 이유의 요지

1. 이 사건 횟수제한조항에 대한 심판청구의 적법 여부: 소극

청구인들은 3회 이상 사업장 변경을 시도하지 않았으므로, 이 사건 횟수제한조항으로 인한 기본권 침해가 현재 확실히 예측된다고 볼 수 없다. 따라서 이 사건 횟수제한조항에 대한 심판청구는 부적법하다.

2. 이 사건 사유제한조항의 기본권 침해 여부: 소극

이 사건 사유제한조항의 문언상 의미와 입법취지 및 관련 법률조항 전체를 유기적·체계적으로 종합하여 고려하면, 이 사건 사유제한조항의 위임을 받아 고용노동부고시에 규정될 '사용자의 근로조건 위반 또는 부당한 처우'에는, 근로관계의 지속을 어렵게 할 정도에 이르는 중대한 근로조건 위반 또는 부당한 처우가 포함될 것으로 예측할 수 있다. 구체적으로는 임금, 근로시간, 산업안전 등 핵심적인 근로조건 위반 및 고용관계에서 발생할 수 있는 인격적 모멸행위 또는 내국인근로자와의 차별대우 등이 포함될 것을 충분히 예상할 수 있고, 실제로 이 사건 고시조항도 이와 같은 취지에서 사용자의 근로조건 위반 또는 부당한 처우를 구체화한 것으로 보인다. 이 사건 사유제한조항은 법률에서 구체적으로 범위를 정하여 사용자의 근로조건 위반 또는 부당한 처우의 내용을 고용노동부 고시에 위임하고 있으므로, 위 조항은 포괄위임금지원칙에 위배된다고 할 수 없다. 이 사건 사유제한조항은 원칙적으로 외국인근로자의 의사에 따른 사업장 변경을 금지하고 예외적 사유가 있는 경우에만 허용함으로써 중소기업 등이 안정적으로 노동력을 확보할 수 있도록 하고, 내국인근로자의 고용기회나 근로조건을 교란하는 것을 방지하며, 외국인근로자에 대한 효율적인 고용관리를 도모하기 위한 것이다. 외국인근로자가 근로계약을 해지하거나 갱신을 거절하고 자유롭게 사업장 변경을 신청할 수 있도록 한다면, 사용자로서는 인력의 안정적 확보와 원활한 사업장 운영에 큰 어려움을 겪을 수밖에 없다. 최근 불법체류자가 급격히 늘어나는 상황에서 외국인근로자의 효율적인 관리 차원에서도 사업장의 잦은 변경을 억제하고 취업활동기간 내에서는 장기 근무를 유도할 필요가 있다. 이 사건 사유제한조항은 외국인근로자의 책임 없는 사유에 따른 사업장 변경을 비교적 폭넓게 인정하고 있으며, 부상 또는 질병 등으로 외국인근로자가 해당 사업 또는 사업장에서 계속 근무하기는 부적합하나 다른 사업 또는 사업장에서 근무하는 것은 가능하다고 인정되는 경우에도 사업장 변경이 허용된다. 세계 각국은 고용허가제와 노동허가제 가운데 자국의 실정에 맞는 제도를 도입하여 운영하고 있고, 우리 입법자 역시 노동허가제와 고용허가제 등 외국인고용제도를 자유롭게 선택할 입법재량을 가진다. 외국인고용법이 채택한 고용허가제는 사용자에 대한 규율을 중심으로 하는 제도이기 때문에 입국하는 외국인근로자 본인에 대한 검증이 노동허가제에 비하여 상대적으로 약하므로, 외국인근로자 본인에 대한 입국에서의 완화된 통제를 체류와 출국에서의 강화된 규제로 만회할 필요성을 가지며, 외국인근로자가 근로계약을 해지하거나 갱신을 거절할 때 자유로운 사업장 변경 신청권을 부여하지 않는 것은 불가피하다. 따라서 이 사건 사유제한조항이 외국인근로자의 자유로운 사업장 변경 신청권을 인정하지 않는 것은 고용허가제를 취지에 맞게 존속시키기 위해 필요한 제한으로 볼 수 있다.

이 사건 사유제한조항은 포괄위임금지원칙에 위반되거나 입법재량의 범위를 넘어 명백히 불합리하다고 볼 수 없으므로 청구인들의 직장선택의 자유를 침해하지 아니한다.

방문취업 외국인근로자는 비전문취업 외국인근로자와 외국국적동포 여부, 체류자격 요건, 취업활동 범위, 도입 취지, 취업절차 등에 있어 차이가 있다. 따라서 외국인고용법이 방문취업 외국인근로자에 대해서는 사업장 변경사유를 제한하지 않으면서도, 이와 달리 이 사건 사유제한조항이 청구인들에 대해서는 엄격한 사유를 요구하는 것은 합리적 이유가 있다. 이 사건 사유제한조항은 청구인들의 평등권을 침해하지 아니한다.

3. 이 사건 고시조항의 기본권 침해 여부: 소극

이 사건 고시조항은 근로조건 위반의 경우 임금체불 및 지급지연, 근로조건 저하, 근로시간대 변경, 산재 후 미조치가 사업장 변경사유가 됨을 규정하고 있고(제4조), 부당한 처우에 관해서는 성희롱, 성폭력, 폭행, 상습적 폭언, 차별 대우, 비닐하우스 숙소 제공 등을 명시하고 있다(제5조). 이는 외국인근로자들이 사업장 현장에서 경험하는 불합리한 대우를 반영하여 종합한 것이라고 볼 수 있다. 또한, 종래 추상적인 용어를 객관적이고 구체적인 기준으로 개정하여 사유의 불명확성이 상당 부분 해소되었고, 변화하는 상황에 대응하여 지속적으로 사업장 변경사유를 추가하고 있다. 사업장 변경사유에 대한 입증이 부족하거나 사업장 변경사유에 준하는 사유가 있는 경우에는 외국인근로자 권익보호협의회를 통해 사업장 변경을 허용할 수 있는 제도가 갖추어져 있다. 따라서 이 사건 고시조항은 입법재량의 범위를 벗어나 명백히 불합리하다고 볼 수 없으므로, 청구인들의 직장선택의 자유를 침해하지 않는다.

방문취업 외국인근로자는 비전문취업 외국인근로자와 외국국적동포 여부, 체류자격 요건, 취업활동 범위, 도입 취지 등에 있어 차이가 있다. 따라서 외국인고용법이 방문취업 외국인근로자에 대해서 사업장 변경의 자유를 전면적으로 인정하면서도, 이와 달리 이 사건 고시조항이 청구인들에는 엄격한 사유를 요구하는 것은 합리적 이유가 있다. 따라서 이 사건 고시조항은 청구인들의 평등권을 침해하지 아니한다.

시각장애인만이 안마사 자격인정을 받을 수 있다고 규정한 의료법 규정이 직업선택의 자유를 침해하는지 여부:
소극[기각] (헌재 2021.12.23, 2019헌마656)

사건개요

청구인들은 비시각장애인으로 시·도지사로부터 안마사 자격인정을 받지 아니한 채, 체형관리 등 다른 업종으로 사업자등록을 한 다음 사실상 안마시술소 내지 안마원을 운영하는 사람들이다.

청구인들은, 시각장애인만이 안마사 자격인정을 받을 수 있다고 규정한 의료법 제82조 제1항 중 '장애인복지법에 따른 시각장애인 중' 부분, 시·도지사로부터 안마사 자격인정을 받지 아니한 자가 안마시술소 또는 안마원을 개설할 수 없도록 규정한 의료법 제82조 제3항 중 제33조 제2항 제1호를 준용하는 부분, 시·도지사로부터 안마사 자격인정을 받지 아니한 채 영리목적으로 안마를 한 자를 형사처벌하도록 규정하고 있는 의료법 제88조 제3호가 청구인들의 직업선택의 자유 등을 침해한다고 주장하며, 2019.6.21. 위 조항들의 위헌확인을 구하는 이 사건 헌법소원심판을 청구하였다.

▶ **심판대상**

의료법(2010.1.18. 법률 제9932호로 개정된 것)

제82조【안마사】 ① 안마사는 장애인복지법에 따른 시각장애인 중 다음 각 호의 어느 하나에 해당하는 자로서 시·도지사에게 자격인정을 받아야 한다.

1. 초·중등교육법 제2조 제5호에 따른 특수학교 중 고등학교에 준한 교육을 하는 학교에서 제4항에 따른 안마사의 업무한계에 따라 물리적 시술에 관한 교육과정을 마친 자
2. 중학교 과정 이상의 교육을 받고 보건복지부장관이 지정하는 안마수련기관에서 2년 이상의 안마수련과정을 마친 자

▶ **이유의 요지**

1. 적법요건 판단

청구인 1 내지 67, 공동심판참가인 정○○은 심판대상조항들 시행 이후 기본권 침해사유가 발생한 날부터 1년이 도과하였거나, 심판대상조항들 시행과 동시에 기본권 침해사유가 발생하였는데 그로부터 1년이 도과한 후 이 사건 심판청구를 하였으므로, 청구기간을 준수하지 못하여 부적법하다.

2. 본안 판단

(1) 이 사건 자격조항 및 개설조항에 관한 판단

안마업을 시각장애인에게 독점시키는 이 사건 자격조항으로 말미암아 일반국민의 직업선택의 자유가 제한되는 것은 사실이지만, 안마업은 시각장애인이 정상적으로 영위할 수 있는 거의 유일한 직업이므로 시각장애인 안마사제도는 시각장애인의 생존권 보장을 위한 불가피한 선택으로 볼 수밖에 없다. 이러한 시각장애인과 달리, 비장애인은 상대적으로 높은 교육기회를 바탕으로 안마업 이외에 선택가능한 직업의 종류와 범위가 상당히 넓고, 특히 물리치료사의 경우는 안마사와 유사한 측면이 있는 직종으로서 일련의 수련과정과 시험을 거쳐 물리치료사 자격을 취득하고 그 분야에서 직업에 종사할 수 있다는 점에 비추어 보면, 반드시 안마 등의 시술을 직업으로 선택할 다른 방법이 완전히 봉쇄되었다고 볼 수도 없다.

이 사건 개설조항은 안마사 자격인정을 받은 자만이 안마시술소 등을 개설할 수 있도록 함으로써 일반국민에게 제공되는 안마의 질을 담보하고, 시각장애인들이 목표를 가지고 자아를 실현할 수 있도록 보다 적극적인 기회를 제공하며, 시각장애인 안마사들이 열악한 환경에서 노동력을 착취당하는 것을 방지한다는 공익 달성에 기여한다. 시각장애인 중 다수가 후천적으로 시각장애인이 되는 이른바 중도 실명자라 할 것인데, 시각장애인의 안마사 교육은 무료로 이루어지는 것으로서 안마교육을 통하여 재취업의 기회를 얻을 수 있는 등 안마업은 중도 실명자인 시각장애인의 생계 보장을 위한 중요한 대안이 된다. 결국 시각장애인 안마사제도는 여전히 시각장애인들, 특히 중증시각장애인 내지 중도 실명자들의 최소한의 삶을 지탱해주는 직업교육 및 취업의 틀로서 기능한다. 그렇다면 이 사건 자격조항 및 개설조항은 비시각장애인의 직업선택의 자유 및 평등권을 과도하게 침해한다고 보기 어렵다.

(2) 이 사건 처벌조항에 관한 판단

이 사건 처벌조항은 벌금형과 징역형을 모두 규정하고 있으나, 그 하한에는 제한을 두지 않고 그 상한만 3년 이하의 징역형 또는 3천만원 이하의 벌금형으로 제한함으로써 죄질에 따라 벌금형이나 선고유예까지 선고될 수 있는 점 등을 종합하여 보면, 이 사건 처벌조항은 책임과 형벌 사이의 비례원칙에 반하여 헌법에 위반된다고 볼 수 없다.

279

접촉차단시설이 설치되지 않은 장소에서 수용자와 접견할 수 있는 예외 대상의 범위에 소송대리인이 되려는 변호사를 포함시키지 않은 것이 변호사인 청구인의 직업수행의 자유를 침해하는지 여부: 소극[기각] (헌재 2022. 2.24. 2018헌마1010)

1. 제한되는 기본권

심판대상조항은 소송대리인이 되려고 하는 변호사인 청구인이 접촉차단시설이 설치된 장소에서 일반접견의 형태로 수용자를 접견하도록 하여, 소송사건의 수임단계에서 자유로운 의사소통을 하며 업무를 진행할 수 없게 함으로써 직업수행의 자유를 제한한다.

2. 직업수행의 자유 침해 여부

소송대리인이 되려는 변호사의 경우 접촉차단시설이 설치된 장소에서 수용자와 접견하도록 되어 있어 다소 불편을 겪을 가능성이 있다 하더라도 선임 여부의 의사를 확인하는 데 지장을 초래할 정도라 할 수 없고, 접견 외 여러 방법을 통하여 수용자의 의사를 확인할 길이 있으므로 심판대상조항으로 인한 불이익의 정도가 크지 않은 반면, 심판대상조항이 달성하고자 하는 교정시설의 안전과 질서 유지라는 공익은 청구인이 입게 되는 불이익에 비하여 중대하다. 따라서 심판대상조항은 청구인에 대한 기본권 제한과 공익목적의 달성 사이에 법익의 균형성을 갖추었다. 따라서 심판대상조항은 변호사인 청구인의 업무를 원하는 방식으로 자유롭게 수행할 수 있는 자유를 침해한다고 할 수 없다.

280

> 비의료인의 문신시술을 금지하고 위반하면 처벌하는 것이 직업의 자유를 침해하는지 여부: 소극[기각] (헌재 2022.3.31. 2017헌마1343)

문신시술은, 바늘을 이용하여 피부의 완전성을 침해하는 방식으로 색소를 주입하는 것으로, 감염과 염료 주입으로 인한 부작용 등 위험을 수반한다. 이러한 시술 방식으로 인한 잠재적 위험성은 피시술자뿐 아니라 공중위생에 영향을 미칠 우려가 있고, 문신시술을 이용한 반영구화장의 경우라고 하여 반드시 감소된다고 볼 수도 없다. 심판대상조항은 의료인만이 문신시술을 할 수 있도록 하여 그 안전성을 담보하고 있다. 국민건강과 보건위생을 위하여 의료인만이 문신시술을 하도록 허용하였다고 하여 헌법에 위반된다고 볼 수 없다. 따라서 심판대상조항은 과잉금지원칙을 위반하여 청구인들의 직업선택의 자유를 침해하지 않는다.

281

> 의료인이 아닌 사람도 문신시술을 업으로 행할 수 있도록 그 자격 및 요건을 법률로 정하지 아니한 입법부작위가 직업선택의 자유를 침해하는지 여부: 소극[각하] (헌재 2022.3.31. 2017헌마1343)

의료인이 아닌 사람도 문신시술을 업으로 행할 수 있도록 그 자격 및 요건을 법률로 제정하도록 하는 내용의, 명시적인 입법위임은 헌법에 존재하지 않으며, 문신시술을 위한 별도의 자격제도를 마련할지 여부는 여러 가지 사회적·경제적 사정을 참작하여 입법부가 결정할 사항으로, 그에 관한 입법의무가 헌법해석상 도출된다고 보기는 어렵다. 따라서 이 사건 입법부작위에 대한 심판청구는 입법자의 작위의무를 인정할 수 없어 부적법하다.

변호사 광고의 내용, 방법 등을 규제하는 대한변호사협회의 '변호사 광고에 관한 규정'(변협 규정 제44호)이 표현의 자유와 직업의 자유를 침해하는지 여부: 적극[위헌] (헌재 2022.5.26, 2021헌마619)

1. 유권해석위반 광고금지규정이 법률유보원칙에 위반되는지: 적극

이 사건 규정 제4조 제14호 중 '협회의 유권해석에 반하는 내용의 광고' 부분, 제8조 제2항 제4호 중 '협회의 유권해석에 위반되는 행위를 목적 또는 수단으로 하여 행하는 경우' 부분은(이하 '유권해석위반 광고금지규정'이라 한다), 변호사가 변협의 유권해석에 위반되는 광고를 할 수 없도록 금지하고 있다.

위 규정은 '협회의 유권해석에 위반되는'이라는 표지만을 두고 그에 따라 금지되는 광고의 내용 또는 방법 등을 한정하지 않고 있고, 이에 해당하는 내용이 무엇인지 변호사법이나 관련 회규를 살펴보더라도 알기 어렵다. 유권해석위반 광고금지규정 위반이 징계사유가 될 수 있음을 고려하면 적어도 수범자인 변호사는 유권해석을 통해 금지될 수 있는 내용들의 대강을 알 수 있어야 함에도, 규율의 예측가능성이 현저히 떨어지고 법집행기관의 자의적인 해석을 배제할 수 없는 문제가 있다. 따라서 유권해석위반 광고금지규정은 수권법률로부터 위임된 범위 내에서 명확하게 규율 범위를 정하고 있다고 보기 어려우므로, 법률유보원칙에 위반되어 청구인들의 표현의 자유, 직업의 자유를 침해한다.

2. 대가수수 광고금지규정이 과잉금지원칙에 위반되는지: 적극

이 사건 규정 제5조 제2항 제1호 중 '변호사등을 광고·홍보·소개하는 행위' 부분(이하 '대가수수 광고금지규정'이라 한다)의 규율 대상은 이 사건 규정의 수범자인 변호사이고, 규제 대상이 되는 상대방의 행위는 '변호사 또는 소비자로부터 대가를 받고 법률상담 또는 사건 등을 소개·알선·유인하기 위하여 변호사등을 광고·홍보·소개하는 행위'이다.

위 규정이 규제하는 광고·홍보·소개행위의 목적으로 소개·알선·유인을 정하면서도 그 대상을 특정 변호사로 제한하고 있지 아니한 점과 광고·홍보·소개행위의 목적이 소비자를 설득하여 구매를 유도하는 데 있는 점을 고려하면, 대가수수 광고금지규정이 단순히 변호사법이 금지하는 소개·알선·유인행위를 다시 한 번 규제하는 것에 불과하다고 보기 어렵다. 즉, 법률상담 또는 사건 등을 소개하거나 유인할 목적으로 불특정 다수의 변호사를 동시에 광고·홍보·소개하는 행위도 위 규정에 따라 금지되는 범위에 포함된다고 해석된다.

변호사광고에 대한 합리적 규제는 필요하지만, 광고표현이 지닌 기본권적 성질을 고려할 때 광고의 내용이나 방법적 측면에서 꼭 필요한 한계 외에는 폭넓게 광고를 허용하는 것이 바람직하다. 각종 매체를 통한 변호사 광고를 원칙적으로 허용하는 변호사법 제23조 제1항의 취지에 비추어 볼 때, 변호사등이 다양한 매체의 광고업자에게 광고비를 지급하고 광고하는 것은 허용된다고 할 것인데, 이러한 행위를 일률적으로 금지하는 위 규정은 수단의 적합성을 인정하기 어렵다. 대가수수 광고금지규정이 아니더라도 변호사법이나 다른 규정들에 의하여 입법목적을 달성할 수 있고, 공정한 수임질서를 해치거나 소비자에게 피해를 줄 수 있는 내용의 광고를 특정하여 제한하는 등 완화된 수단에 의해서도 입법목적을 같은 정도로 달성할 수 있다. 나아가, 위 규정으로 입법목적이 달성될 수 있을지 불분명한 반면, 변호사들이 광고업자에게 유상으로 광고를 의뢰하는 것이 사실상 금지되어 청구인들의 표현의 자유, 직업의 자유에 중대한 제한을 받게 되므로, 위 규정은 침해의 최소성 및 법익의 균형성도 갖추지 못하였다.

따라서 대가수수 광고금지규정은 과잉금지원칙에 위반되어 청구인들의 표현의 자유와 직업의 자유를 침해한다.

사회복무요원이 복무기관의 장의 허가 없이 다른 직무를 겸하는 것을 제한하는 병역법 제33조 제2항 본문 제4호 후단이 직업의 자유를 침해하는지 여부: 소극[기각] (헌재 2022.9.29, 2019헌마938)

다른 직무의 내용과 근무시간의 장단, 사회복무요원이 배치되는 복무기관의 성질이나 담당하는 복무분야, 근무환경 등은 매우 다양하고 상이하므로, 겸직 제한 대상이 되는 직무를 유형화하여 규정하는 등 사회복무요원 일반에 대하여 통일적이고 일관된 규율을 마련하는 것은 현실적으로 매우 어렵다. 그러므로 심판대상조항이 사회복무요원의 겸직행위 일반을 원칙적으로 금지한 다음, 사회복무요원을 지휘·감독할 지위에 있는 각 복무기관의 장으로 하여금 구체적 사안마다 겸직행위가 사회복무요원의 직무전념성, 직무 수행의 공정성을 저해하는지 판단하여 겸직 허가 여부를 결정하도록 한 것이 과도하다고 보기 어렵다. 게다가 심판대상조항에 따르더라도 사회복무요원이 다른 직무를 일절 겸할 수 없는 것은 아니고, 복무기관의 장으로부터 사전에 허가를 받으면 다른 직무를 수행할 수 있으며, 실제로 상당수의 사회복무요원이 매년 겸직허가를 받아 다른 직무를 수행해오고 있다. 또한 일정한 기간 동안 병역의무 이행으로서 의무복무를 하는 사회복무요원의 특수한 지위를 감안할 때, 사회복무요원이 허가 없이 겸직행위를 한 경우 경고처분 및 복무기간 연장의 불이익을 부과하는 것이 과도한 제재라고 보기도 어렵다. 따라서 심판대상조항은 침해의 최소성 및 법익의 균형성에 위배되지 않는다. 그렇다면 심판대상조항은 과잉금지원칙에 반하여 청구인의 직업의 자유 및 일반적 행동자유권을 침해한다고 볼 수 없다.

아동학대관련범죄로 벌금형이 확정된 날부터 10년이 지나지 아니한 사람은 어린이집을 설치·운영하거나 어린이집에 근무할 수 없도록 한 것이 직업의 자유를 침해하는지 여부: 적극[위헌] (헌재 2022.9.29, 2019헌마813)

아동학대관련범죄전력자에 대해 범죄전력만으로 장래에 동일한 유형의 범죄를 다시 저지를 것이라고 단정하기는 어려움에도 불구하고, 심판대상조항은 오직 아동학대관련범죄전력에 기초해 10년이라는 기간 동안 일률적으로 취업제한의 제재를 부과하는 점, 이 기간 내에는 취업제한 대상자가 그러한 제재로부터 벗어날 수 있는 어떠한 기회도 존재하지 않는 점, 재범의 위험성에 대한 사회적 차원의 대처가 필요하다 해도 개별 범죄행위의 태양을 고려한 위험의 경중에 대한 판단이 있어야 하는 점 등에 비추어 볼 때, 심판대상조항은 침해의 최소성 요건을 충족했다고 보기 어렵다. 심판대상조항은 일률적으로 10년의 취업제한을 부과한다는 점에서 죄질이 가볍고 재범의 위험성이 낮은 범죄전력자들에게 지나치게 가혹한 제한이 될 수 있어, 그것이 달성하려는 공익의 무게에도 불구하고 법익의 균형성 요건을 충족하지 못한다. 따라서 심판대상조항은 과잉금지원칙에 위배되어 직업선택의 자유를 침해한다.

택시운전근로자의 최저임금에 산입되는 범위를 정한 최저임금법 제6조 제5항 중 '생산고에 따른 임금을 제외한' 부분이 계약의 자유와 직업의 자유를 침해하는지 여부: 소극[합헌] (헌재 2023.2.23. 2020헌바11)

▶ 판시사항

1. 심판대상조항이 일반택시운송사업자의 계약의 자유와 직업의 자유를 침해하는지 여부: 소극
2. 심판대상조항이 일반택시운송사업자의 평등권을 침해하는지 여부: 소극

▶ 결정요지

1. 심판대상조항은 대중교통의 중요한 역할을 담당하고 있음에도 대표적인 저임금, 장시간 근로 업종에 해당하는 택시운전근로자들의 임금의 불안정성을 일부나마 해소하여 생활안정을 보장한다는 사회정책적 배려를 위하여 제정된 규정으로서 입법목적이 정당하고, 그 내용은 입법목적을 실현하기 위하여 적합한 수단이다. 심판대상조항은 입법목적 달성을 위하여 임금의 구성 비율 조정이라는 상대적으로 가벼운 제한을 부과하고 있다. 또한 생산고에 따른 임금 전부를 비교대상 임금에서 제외하는 방식이 아니라 그중 일부를 제외하는 대안이나, 지역에 따라 그 포함 여부와 비율을 달리하는 대안도 고려해볼 수 있으나, 이러한 대안들이 심판대상조항과 입법목적을 같은 정도로 달성하면서도 일반택시운송사업자들의 기본권을 덜 제한하는 것으로 볼 수는 없다. 심판대상조항이 달성하려는 공익은 열악한 근로조건 아래 놓여 있는 택시운전근로자들의 임금에 일부나마 안정성을 부여하는 것으로서 택시운전근로자들의 인간다운 생활을 보장하고, 헌법에서 국가에게 명한 근로자의 적정임금의 보장에 노력하고 법률이 정하는 최저임금제를 시행할 의무를 이행하는 것이므로 중대한 공익에 해당하고, 초과운송수입금이 임금의 많은 부분을 차지하는 임금체계를 그대로 둔다면 과속과 난폭운전 등이 늘어나 택시운송질서를 위협할 수 있으므로 국민의 안전을 보장할 국가의 의무 이행이라는 측면에서도 중요하다. 반면 심판대상조항에 의해 일반택시운송사업자들의 계약의 자유나 직업의 자유가 제한되는 정도는 고정급의 비율을 높여 근로계약을 체결하여야 한다는 의무를 수인하는 정도에 그친다. 여기에 택시의 공급 과잉, 열악한 근로조건에 따른 택시운전근로자들의 이탈, 심판대상조항과 운송수입금 전액관리제의 기반이 되는 적정한 요금 및 서비스체계의 미비 등 우리 택시산업이 안고 있는 오래된 구조적 문제가 코로나19의 확산에 따른 사회적 거리두기 등으로 인한 택시수요의 급속한 감소와 맞물려 일반택시운송사업자의 경영난에 큰 영향을 준 점 등을 고려하면, 심판대상조항을 통해 택시운송사업자들의 계약의 자유와 직업의 자유를 다소간 제한하는 것을 감수하고서라도 택시운전근로자들의 생활안정 및 국민의 교통안전을 확보하고자 한 입법자의 판단이 공익과 사익 사이의 비례관계를 명백하게 벗어났다고 볼 수 없다.

2. 택시산업은 대중교통의 한 축을 이루는 공공성이 강한 업종이고, 택시운전근로자의 생활안정이 보장되지 않을 경우 사고의 증가 등 사회적 폐해를 낳을 수 있으며, 사납금제하에서 택시운전근로자의 임금 불안정성이 더욱 크다고 볼 여지가 있으므로, 심판대상조항이 이러한 사정을 두루 고려하여 택시운전근로자들에 관하여만 생활안정을 위한 규율을 둔 것은 차별의 합리적인 이유가 있다.

'제10회 변호사시험 일시.장소 및 응시자준수사항 공고'(법무부공고 제2020-360호) 및 '코로나19 관련 제10회 변호사시험 응시자 유의사항 등 알림' 중 코로나19 확진환자의 응시를 금지하고, 자가격리자 및 고위험자의 응시를 제한한 부분이 직업선택의 자유를 침해하는지 여부: 적극[인용(위헌확인)] (헌재 2023.2.23, 2020헌마1736)

▶ 판시사항

1. 피청구인이 2020.11.23.에 한 '코로나19 관련 제10회 변호사시험 응시자 유의사항 등 알림'(이하 '이 사건 알림'이라 한다) 중 코로나바이러스감염증-19(이하 '코로나19'라 한다) 확진환자의 시험 응시를 금지한 부분이 청구인들의 직업선택의 자유를 침해하는지 여부: 적극

2. 피청구인이 2020.11.20.에 한 '제10회 변호사시험 일시 · 장소 및 응시자준수사항 공고'(법무부공고 제2020-360호)(이하 '이 사건 공고'라 한다) 및 이 사건 알림 중 각 자가격리자의 사전 신청 마감 기한을 '2021.1.3.(일) 18:00'까지로 제한한 부분이 청구인들의 직업선택의 자유를 침해하는지 여부: 적극

3. 이 사건 알림 중 고위험자를 의료기관에 이송하도록 한 부분이 청구인들의 직업선택의 자유를 침해하는지 여부: 적극

▶ 결정요지

1. 시험장 개수가 확대됨으로써 응시자들이 분산되고, 시험장 내에서 마스크를 착용하게 함으로써 비말이 전파될 가능성을 최소화할 수 있으며, 자가격리자나 유증상자는 별도의 장소에서 시험에 응시하도록 하는 등 시험장에서의 감염위험을 예방하기 위한 각종 장치가 마련된 사정을 고려할 때, 피청구인으로서는 응시자들의 응시 제한을 최소화하는 방법을 택하여야 할 것이다. 감염병의 유행은 일률적이고 광범위한 기본권 제한을 허용하는 면죄부가 될 수 없고, 감염병의 확산으로 인하여 의료자원이 부족할 수도 있다는 막연한 우려를 이유로 확진환자 등의 응시를 일률적으로 금지하는 것은 청구인들의 기본권을 과도하게 제한한 것이라고 볼 수밖에 없다.
   확진환자가 시험장 이외에 의료기관이나 생활치료센터 등 입원치료를 받거나 격리 중인 곳에서 시험을 치를 수 있도록 한다면 감염병 확산 방지라는 목적을 동일하게 달성하면서도 확진환자의 시험 응시 기회를 보장할 수 있다. 따라서 이 사건 알림 중 코로나19 확진환자의 시험 응시를 금지한 부분은 청구인들의 직업선택의 자유를 침해한다.

2. 자가격리자를 위한 별도의 시험장과 감독관 등의 인원이 미리 준비된 이상, 신청기한 이후에 발생한 자가격리자에 대하여 위 별도의 시험장에서 응시할 수 있도록 하는 것이 불가능하거나 어렵다고 보이지 않고, 그렇게 하더라도 시험의 운영이나 관리에 심각한 문제가 발생할 것이라고 단정할 수 없다. 그럼에도 불구하고 시험 운영 및 관리의 편의만을 이유로 신청기한 이후에 자가격리 통보를 받은 사람의 응시 기회를 박탈하는 것은 정당화되기 어렵다. 따라서 이 사건 공고 및 이 사건 알림 중 자가격리자의 사전 신청 마감 기한을 '2021.1.3.(일) 18:00'까지로 제한한 부분은 청구인들의 직업선택의 자유를 침해한다.

3. 피청구인은 시험장 출입 시나 시험 중에 발열이나 호흡기 증상이 발현된 사람을 일반 시험실과 분리된 예비 시험실에서 시험에 응시할 수 있도록 하고 있으므로 이를 통해 감염병 확산 방지의 목적을 충분히 달성할 수 있다. 또한 감염병 증상이 악화된 응시자는 본인의 의사에 따라 응시 여부를 판단할 수 있게 하더라도 시험의 운영이나 관리에 심각한 지장이 초래될 것이라고 보기 어렵다. 따라서 이 사건 알림 중 고위험자를 의료기관에 이송하도록 한 부분은 청구인들의 직업선택의 자유를 침해한다.

다른 사람에게 자기의 건설업 등록증을 빌려준 경우 그 건설업자의 건설업 등록을 필요적으로 말소하도록 하는 것이 직업의 자유를 침해하는지 여부: 소극[합헌] (헌재 2023.2.23, 2019헌바196)

▶ 판시사항

다른 사람에게 자기의 건설업 등록증을 빌려준 경우 그 건설업자의 건설업 등록을 필요적으로 말소하도록 정하고 있는 구 건설산업기본법 제83조 단서 중 제5호 가운데 '제21조 제1항을 위반하여 다른 사람에게 자기의 건설업 등록 증을 빌려준 경우'에 관한 부분(이하 '심판대상조항'이라 한다)이 직업의 자유를 침해하는지 여부: 소극

▶ 결정요지

건설업 등록제도는, 건설업자로 하여금 적정한 시공을 담보할 수 있는 최소한의 요건을 갖추도록 하여, 부실공사를 방지하고 국민의 생명과 재산을 보호하고자 하는 것이다. 건설업 등록증 대여 행위는 이러한 등록제도의 취지를 형해화하는 것이고, 그 결과 건설공사의 적정한 시공과 시설물을 안전에 위험을 야기하여 국민의 생명·재산에 돌이킬 수 없는 손해를 초래할 수 있으므로, 임의적 등록말소만으로 이러한 위험을 충분히 방지할 수 있다고 단정하기 어렵다. 또한 건설산업기본법은 등록말소 후에도 일정기간이 경과하면 다시 건설업 등록이 가능하도록 하며, 등록말소 전 도급계약을 체결하거나 이미 착공한 건설공사는 등록말소에도 불구하고 계속 시공할 수 있도록 함으로써 불이익을 최소화하고 있다. 따라서 심판대상조항은 과잉금지원칙에 위배되어 직업의 자유를 침해한다고 할 수 없다.

간행물 판매자에게 정가 판매 의무를 부과하고, 가격할인의 범위를 가격할인과 경제상의 이익을 합하여 정가의 15퍼센트 이하로 제한하는 출판문화산업 진흥법 제22조 제4항 및 제5항이 직업의 자유를 침해하는지 여부: 소극 [기각] (헌재 2023.7.20, 2020헌마104)

간행물 판매자는 이 사건 심판대상조항에 의해 영업상 가격을 자유롭게 책정할 수 없는 기본권의 제한을 받으나, 비가격적 서비스경쟁을 여전히 할 수 있고, 단기적 측면 및 가격 책정의 측면에서는 직업의 자유가 축소되는 면이 있으나 장기적 측면 및 시장 전체의 측면으로는 직업의 자유를 보장·확대하는 효과를 기대할 수 있으며, 이 사건 심판대상조항이 적용되지 않는 전자출판물 제공 방식을 선택할 수 있으므로, 이 사건 심판대상조항으로 인한 제한의 정도가 크지는 않다. 이 사건 심판대상조항은 과잉금지원칙에 위배되어 청구인의 직업의 자유를 침해한다고 할 수 없다.

금고 이상의 형의 집행유예선고를 받고 그 유예기간 중에 있는 자는 특수경비원이 될 수 없다고 규정한 구 경비업법 제10조 제2항 제2호 중 제1항 제4호에 관한 부분(이하 '심판대상조항'이라 한다)이 과잉금지원칙에 위배하여 특수경비원의 직업의 자유를 침해하는지 여부: 소극 (헌재 2023.6.29. 2021헌마157)

심판대상조항은 특수경비원의 도덕성, 준법의식 등을 확보하고, 성실하고 공정한 직무수행을 위한 자질을 담보하여 국민의 신뢰를 제고하기 위한 것이므로, 입법목적의 정당성 및 수단의 적합성이 인정된다. 법원이 범죄의 모든 정황을 고려하여 금고 이상의 형에 대한 집행유예의 판결을 하였다면 그와 같은 사실은 사회적 비난가능성이 결코 적지 아니함을 의미하고, 집행유예는 선고유예보다 범죄의 죄질 및 범정이 훨씬 중한 사유이므로, 범죄의 유형 등을 한정하지 아니하였다는 이유로 특수경비원의 직업의 자유를 과도하게 제한한다고 보기 어렵다. 심판대상조항은 범죄행위로 금고 이상의 형의 집행유예를 선고받은 경우 특수경비원의 신분을 영원히 박탈하는 것이 아니라 집행유예기간 동안만을 결격사유로 규정하고 있고, 그 기간은 개인이 받는 형벌의 정도에 따라 달리 정해지므로, 기본권침해를 최소화하고 있다. 따라서 심판대상조항은 과잉금지원칙에 반하여 특수경비원의 직업의 자유를 침해하지 않는다.

문화체육관광부장관이 정부광고 업무를 한국언론진흥재단에 위탁하도록 한 것이 광고대행업에 종사하는 청구인들의 직업수행의 자유를 침해하는지 여부: 소극 (헌재 2023.6.29. 2019헌마227)

정부광고가 전체 국내 광고시장에서 차지하는 비중이 크지 않고, 정부기관등을 제외한 나머지 광고주들이 의뢰하는 광고는 이 사건 시행령조항의 적용을 받지 않으므로, 이 사건 시행령조항으로 인한 기본권제한의 정도는 제한적이다. 나아가 민간 광고 사업자들이 경우에 따라 한국언론진흥재단을 통하여 정부광고에 참여할 수 있는 길은 열려 있다. 그렇다면 이 사건 시행령조항으로 인하여 청구인들이 입는 불이익이 이 사건 시행령조항이 추구하는 공익에 비하여 크다고 보기 어렵다. 따라서 이 사건 시행령조항은 과잉금지원칙에 위배되어 청구인들의 직업수행의 자유를 침해한다고 볼 수 없다.

동물약국 개설자가 수의사 또는 수산질병관리사의 처방전 없이 판매할 수 없는 동물용의약품을 규정한 '처방대상 동물용의약품 지정에 관한 규정'(2020.11.12. 농림축산식품부고시 제2020-90호로 개정된 것) 제3조가 동물약국 개설자인 청구인들의 직업수행의 자유를 침해하는지 여부: 소극 (헌재 2023.6.29. 2021헌마199)

1. 동물보호자인 청구인들의 심판청구: 부적법[각하]

심판대상조항은 '동물약국 개설자'를 그 직접적인 규율대상으로 하고 있으며, 동물보호자인 청구인들과 같은 동물용의약품 소비자는 직접적인 규율대상이 아닌 제3자에 불과하다.

심판대상조항으로 인해 동물보호자인 청구인들은 수의사 또는 수산질병관리사(이하 '수의사 등'이라 한다)의 처방전 없이는 '동물약국 개설자'로부터 심판대상조항이 규정한 동물용의약품을 구매할 수 없게 되었는바, 이로 인한 불편함이나 경제적 부담은 간접적 · 사실적 · 경제적인 것에 지나지 않는다. 따라서 동물보호자인 청구인들의 심판청구는 기본권 침해의 자기관련성이 인정되지 아니하여 부적법하다.

2. 동물약국 개설자인 청구인들의 직업수행의 자유 침해 여부: 소극[기각]

심판대상조항의 입법목적은 수의사 등의 동물용의약품에 대한 전문지식을 통해 동물용의약품 오 · 남용 및 그로 인한 부작용 피해를 방지하여 동물복지의 향상을 도모함은 물론, 이를 통해 동물용의약품 오 · 남용에 따른 내성균 출현과 축산물의 약품 잔류 등을 예방하여 국민건강의 증진을 이루고자 함에 있으며 이러한 입법목적은 정당하며 필요 최소한의 제한이다.

허가된 어업의 어획효과를 높이기 위하여 다른 어업의 도움을 받아 조업활동을 하는 행위를 금지(공조조업금지)한 수산자원관리법 제22조 제2호가 과잉금지원칙에 위배되어 직업수행의 자유를 침해하는지 여부: 소극[합헌] (헌재 2023.5.25. 2020헌바604)

심판대상조항은 어업허가를 부여할 때 고려한 어획능력을 훨씬 초과하여 매우 적극적인 형태의 어업이 이루어질 경우 발생할 수 있는 어업인들 사이의 분쟁을 예방하고, 어업인들 간의 균등한 자원 배분과 수산자원의 보호를 도모하기 위한 것으로, 수산자원관리법상의 수산자원 포획 · 채취 금지 기간 또는 금지 체장의 설정, 총허용어획량제도의 실시만으로는 수산자원의 남획을 방지하거나 감소된 수산자원의 회복을 위한 충분한 대책이 될 수 없고, 심판대상조항이 신설된 때로부터 30년이 지났음에도 여전히 지속적 · 반복적으로 위반행위를 한 사례들이 다수 적발되고 있는 점 등을 고려할 때 과잉금지원칙에 위배되어 직업수행의 자유를 침해하지 아니한다.

어린이집 원장 또는 보육교사가 아동학대관련범죄로 처벌을 받은 경우 행정청이 재량으로 그 자격을 취소할 수 있도록 정한 영유아보육법 제48조 제1항 제3호 중 '아동복지법 제17조 제5호를 위반하여 아동복지법 제71조 제1항 제2호에 따라 처벌받은 경우'에 관한 부분이 직업선택의 자유를 침해하는지 여부: 소극[합헌] (헌재 2023. 5.25, 2021헌바234)

심판대상조항으로 실현하고자 하는 공익은 영유아를 건강하고 안전하게 보육하는 것으로서, 이로 인하여 어린이집 원장 또는 보육교사 자격을 취득하였던 사람이 그 자격을 취소당한 결과 일정 기간 어린이집에 근무하지 못하는 제한을 받더라도, 그 제한의 정도가 위 공익에 비하여 더 중대하다고 할 수 없다. 따라서 심판대상조항은 과잉금지원칙에 반하여 직업선택의 자유를 침해하지 아니한다.

행정사로 하여금 그 사무소 소재지를 관할하는 특별시장·광역시장·특별자치시장·도지사·특별자치도지사(이하 '광역지방자치단체장'이라 한다)가 시행하는 연수교육을 받도록 하는 행정사법 제25조 제3항(이하 '심판대상조항'이라 한다)이 청구인의 직업의 자유를 침해하는지 여부: 소극[기각] (헌재 2023.3.23, 2021헌마50)

심판대상조항에 따라 연수교육을 받을 의무는 실제 행정사로서 업무를 수행하고 있는 사람에게만 부과되며, 장기간의 질병이나 노령 등 개인적 사유로 행정사 업무를 수행할 수 없는 경우는 휴업신고를 할 의무가 있는데, 휴업신고를 하면 해당 기간만큼 연수교육 이수 의무의 종기가 연장된다. 행정사법 시행령에 따르면, 연수교육 내용이 형식화하거나 부실화하지 않도록 하는 최소한의 장치가 마련되어 있다. 또한 다른 전문자격사에 대해서도 이와 유사한 교육이 의무화되어 있는 사정, 교육에 소요되는 시간이나 이수의 편의성 등을 고려하면 심판대상조항이 행정사에게만 과도한 기준을 설정하였다고 볼 수 없다. 따라서 심판대상조항은 과잉금지원칙에 위배되어 청구인의 직업의 자유를 침해하지 않는다.

시설경비업을 허가받은 경비업자로 하여금 허가받은 경비업무 외의 업무에 경비원을 종사하게 하는 것을 금지하고, 이를 위반한 경비업자에 대한 허가를 취소하도록 정하고 있는 경비업법 제7조 제5항 중 '시설경비업무'에 관한 부분(이하 '이 사건 금지조항'이라 한다)과 경비업법 제19조 제1항 제2호 중 '시설경비업무'에 관한 부분(이하 '이 사건 취소조항'이라 하고, 위 조항들 모두를 '심판대상조항'이라 한다)이 시설경비업을 수행하는 경비업자의 직업의 자유를 침해하는지 여부: 적극[헌법불합치] (헌재 2023.3.23. 2020헌가19)

심판대상조항은 시설경비업을 허가받은 경비업자로 하여금 허가받은 경비업무 외의 업무에 경비원을 종사하게 하는 것을 금지하고, 이를 위반한 경비업자에 대한 허가를 취소함으로써 시설경비업무에 종사하는 경비원으로 하여금 경비업무에 전념하게 하여 국민의 생명·신체 또는 재산에 대한 위험을 방지하고자 하는 것으로 입법목적의 정당성 및 수단의 적합성은 인정된다. 그러나 비경비업무의 수행이 경비업무의 전념성을 직접적으로 해하지 아니하는 경우가 있음에도 불구하고, 심판대상조항은 경비업무의 전념성이 훼손되는 정도를 고려하지 아니한 채 경비업자가 경비원으로 하여금 비경비업무에 종사하도록 하는 것을 일률적·전면적으로 금지하고, 경비업자가 허가받은 시설경비업무 외의 업무에 경비원을 종사하게 한 때에는 필요적으로 경비업의 허가를 취소하도록 규정하고 있는 점, 누구든지 경비원으로 하여금 경비업무의 범위를 벗어난 행위를 하게 하여서는 아니 된다며 이에 대한 제재를 규정하고 있는 경비업법 제15조의2 제2항, 제19조 제1항 제7호 등을 통해서도 경비업무의 전념성을 충분히 확보할 수 있는 점 등에 비추어 볼 때, 심판대상조항은 침해의 최소성에 위배되고, 경비업무의 전념성을 중대하게 훼손하지 않는 경우에도 경비원에게 비경비업무를 수행하도록 하면 허가받은 경비업 전체를 취소하도록 하여 경비업을 전부 영위할 수 없도록 하는 것은 법익의 균형성에도 반한다. 따라서 심판대상조항은 과잉금지원칙에 위반하여 시설경비업을 수행하는 경비업자의 직업의 자유를 침해한다.

구 국가를 당사자로 하는 계약에 관한 법률 시행령 제76조 제8항 단서 등 위헌확인 [기각] (헌재 2023.7.20. 2017헌마1376)

▶ 판시사항

1. 공기업 등으로부터 입찰참가자격제한처분을 받은 자가 국가 중앙관서나 다른 공기업 등이 집행하는 입찰에 참가할 수 없도록 한 구 '국가를 당사자로 하는 계약에 관한 법률 시행령' 제76조 제8항 단서 중 '제7호' 부분(이하 '이 사건 시행령조항'이라 한다) 및 구 '공기업·준정부기관 계약사무규칙' 제15조 제7항 중 '경쟁입찰에 있어서 입찰자 간에 서로 상의하여 미리 입찰가격을 협정하였거나 특정인의 낙찰을 위하여 담합한 자'에 관한 부분(이하 '이 사건 규칙조항'이라 한다)이 법률유보원칙에 위배하여 직업수행의 자유를 침해하는지 여부: 소극

2. 이 사건 시행령조항 및 규칙조항이 과잉금지원칙에 위배하여 직업수행의 자유를 침해하는지 여부: 소극

1. 이 사건 시행령조항은 구 '국가를 당사자로 하는 계약에 관한 법률' 제27조 제1항이 규정한 입찰참가자격제한 대상인 '경쟁의 공정한 집행 또는 계약의 적정한 이행을 해칠 염려가 있거나 기타 입찰에 참가시키는 것이 적합하지 아니하다고 인정되는 자(부정당업자)'를 구체화한 것이고, 이 사건 규칙조항은 '공공기관의 운영에 관한 법률' 제39조 제2항이 규정한 입찰참가자격제한사유인 '공정한 경쟁이나 계약의 적정한 이행을 해칠 것이 명백하다고 판단되는 경우'를 구체화한 것으로, 각 상위 법률의 위임범위를 벗어나 법률유보원칙에 위배하여 청구인의 직업수행의 자유를 침해한다고 볼 수 없다.

2. 이 사건 시행령 및 규칙조항은 국가, 공기업 등의 계약체결의 공정성과 그 충실한 이행을 확보하기 위한 것으로, 입찰참가제한의 범위를 좁히거나 낙찰자 결정과정에서 고려하는 등의 방법은 입찰참가자격제한으로 인한 불이익이 크지 않아 제재의 효과가 미약하거나, 제재의 효과를 쉽게 회피할 우려가 있어 입법목적을 충분히 달성할 수 있다고 볼 수 없으므로 위 조항들은 침해의 최소성을 충족한다. 나아가 위 조항들로 인하여 부정당업자가 입는 피해가 계약의 공정성과 충실한 이행의 담보라는 공익보다 중요한 것이라고 볼 수 없으므로, 위 조항들은 법익의 균형성도 갖추었다. 따라서 위 조항들이 과잉금지원칙에 위배하여 청구인의 직업수행의 자유를 침해한다고 볼 수 없다.

297

방문판매 등에 관한 법률 제2조 제5호 등 위헌소원 [합헌] (헌재 2023.8.31. 2020헌바473)

▶ 판시사항

'다단계판매'의 개념을 정의하고 있는 '방문판매 등에 관한 법률'(이하 '방문판매법'이라 한다) 제2조 제5호(이하 '심판대상조항'이라 한다)가 명확성원칙에 위배되는지 여부: 소극

▶ 결정요지

심판대상조항에 의하면 '다단계판매조직'은 ① 판매업자에 속한 판매원이 특정인을 해당 판매원의 하위 판매원으로 가입하도록 권유하는 모집방식이 있을 것, ② 위 항목에 따른 판매원의 가입이 3단계 이상 단계적으로 이루어질 것, ③ 판매업자가 판매원에게 후원수당을 지급하는 방식을 가지고 있을 것의 세 가지 요건을 모두 충족하는 판매조직을 말하고, 다단계판매조직을 통하여 재화등을 판매하는 것을 '다단계판매'라고 한다. 이처럼 심판대상조항 및 관련조항의 문언을 통하여 수범자는 '다단계판매'의 각 요건의 내용을 어렵지 않게 이해할 수 있다. 다단계판매의 규제 취지, 방문판매법 제2조 제9호의 내용 등을 고려하면 심판대상조항의 '판매원', '하위 판매원', '후원수당'의 의미가 불분명하다고도 볼 수 없다. 따라서 심판대상조항은 명확성원칙에 위배되지 아니한다.

구 사회복지사업법 제19조 제2항 위헌소원 [합헌] (헌재 2023.9.26, 2021헌바240)

▶ 판시사항

사회복지사업법을 위반하여 100만원 이상의 벌금형을 선고받고 그 형이 확정된 후 5년이 지나지 아니한 사람에 해당하는 경우 사회복지법인 임원의 자격을 상실하도록 규정한 구 사회복지사업법 제19조 제2항 중 제1항 제1호의7 가목 가운데 '이 법을 위반하여'에 관한 부분(이하 '심판대상조항'이라 한다)이 직업선택의 자유를 침해하는지 여부: 소극

▶ 결정요지

사회복지사업법을 위반하여 100만원 이상의 벌금형을 선고받고 그 형이 확정된 후 5년이 지나지 아니한 사람에 대하여 임원의 자격을 상실하도록 하여 사회복지법인 임원의 자질을 일정 수준으로 담보하도록 하는 것은 사회복지서비스를 이용하는 사람을 보호하고 궁극적으로 사회복지사업의 공정·투명·적정을 도모하기 위한 것이다.

사회복지서비스의 질적 수준 보장과 사회복지서비스 이용자의 보호를 위하여 사회복지법인의 임원에게는 높은 윤리의식과 준법의식 등이 요구된다. 만약 사회복지사업법 위반행위로 처벌받은 후에도 여전히 사회복지법인의 임원으로 그 지위를 유지한다거나 즉시 다른 사회복지법인의 임원으로 취임할 수 있다고 한다면, 사회복지사업법의 각종 규율은 형해화될 수밖에 없고 그 입법목적을 달성하기 어렵게 될 것이므로, 입법자로서는 사회복지사업법 위반행위로 일정한 형을 받은 사람의 사회복지법인 임원 자격을 일률적으로 제한할 필요성이 인정된다.

따라서 사회복지사업법 위반행위로 인해 사회복지사업에 부정적 영향을 끼침으로써 지역사회복지 및 국가 전체에 미칠 수 있는 병폐 등을 고려하여, 사회복지사업법 위반행위로 인하여 100만원 이상의 벌금형을 선고받고 그 형이 확정된 사람의 임원 자격을 5년 동안 제한되도록 정한 것은 입법재량을 벗어난 것이라고 볼 수 없다.

그렇다면 심판대상조항이 사회복지법인 임원의 윤리성과 청렴성의 담보를 통해 달성하고자 하는 공익은 자신이 선택하려는 직업에서 일정기간 배제되는 사익에 비해 더 중대하다고 할 것이므로, 심판대상조항은 직업선택의 자유를 침해하지 아니한다.

제2편 2024 해커스경찰 신동욱 경찰헌법 최신 3개년 판례집

구 도로교통법 제93조 제1항 제2호 등 위헌소원 등 [합헌] [헌재 2023.10.26, 2020헌바186, 213, 389, 2022헌바317, 2023헌바19, 160(병합)]

▶ 판시사항

1. 도로교통법 제44조 제1항(이하 '음주운전 금지규정'이라 한다)을 위반하여 자동차를 운전한 사람이 다시 음주운전 금지규정을 위반하여 자동차를 운전해서 운전면허 정지사유에 해당된 경우 필요적으로 그의 운전면허를 취소하도록 하는 ① 구 도로교통법 제93조 제1항 단서 제2호 중 '제44조 제1항을 위반(자동차를 운전한 경우로 한정한다. 이하 이 호 및 제3호에서 같다)한 사람이 다시 같은 조 제1항을 위반하여 운전면허 정지 사유에 해당된 경우'에 관한 부분, ② 도로교통법 제93조 제1항 단서 제2호 중 '제44조 제1항을 위반(자동차를 운전한 경우로 한정한다. 이하 이 호 및 제3호에서 같다)한 사람이 다시 같은 조 제1항을 위반하여 운전면허 정지 사유에 해당된 경우'에 관한 부분(이하 위 두 조항을 합하여 '취소조항'이라 한다)이 과잉금지원칙에 위반되는지 여부: 소극

2. 취소조항 적용시 음주운전 금지규정 위반행위의 횟수를 산정할 때에는 2001년 6월 30일 이후의 위반행위부터 산정하도록 하는 도로교통법 부칙(2018.12.24. 법률 제16037호) 제2조 후문 중 제93조 제1항 제2호에 관한 부분(이하 '부칙조항'이라 한다)이 과잉금지원칙에 위반되는지 여부: 소극

▶ 결정요지

1. 헌재 2023.6.29. 2020헌바182 등 결정은 취소조항을 통하여 반복된 음주운전을 교정하고자 하는 입법자의 판단을 수긍할 수 있고, 형벌의 경우와 달리 행정제재인 운전면허 취소처분이 필요적으로 부과된다고 하더라도 지나치다고 할 수 없다는 이유로, 취소조항은 과잉금지원칙에 위반되지 아니한다고 판단하였다. 위 선례의 판단은 이 사건에서도 그대로 타당하므로, 취소조항은 과잉금지원칙에 위반되지 아니한다.

2. 반복적 음주운전에 대한 필요적 운전면허 취소제도는 2001년 6월 30일부터 시행된 도로교통법에 따라 도입되었으므로, 이때부터 반복적 음주운전이 운전자의 준법정신 결여의 지표로서 강화된 행정제재의 대상이 된다는 점이 공표되었다. 만약 기산점을 2001년 6월 30일보다 뒤의 시점으로 정한다면, 필요적 운전면허 취소제도에도 불구하고 음주운전으로 나아간 행위를 제대로 평가할 수 없다. 공익 달성을 위하여 시행 중인 제도가 충분치 못한 경우 강화된 조치가 도입될 수 있는데, 이로 인하여 사익의 제한이 강화되었더라도, 이러한 제한이 국민의 생명, 신체 및 재산을 보호하고 도로교통 안전을 확보한다는 공익보다 중요하다고 할 수 없다. 따라서 부칙조항은 과잉금지원칙에 위반되지 아니한다.

공공기관의 운영에 관한 법률 제39조 제3항 등 위헌확인 [기각] (헌재 2023.10.26. 2019헌마871)

▶ 판시사항

1. 공기업이 공기업의 업무를 수행하던 비정규직 근로자를 정규직 근로자로 고용한 공기업의 자회사와 수의계약을 체결할 수 있도록 한 '공기업·준정부기관 계약사무규칙' 제8조 제1항 제2호의2 중 '공기업의 자회사'에 관한 부분(이하 '심판대상조항'이라 한다)이 법률유보원칙에 위배하여 직업수행의 자유를 침해하는지 여부: 소극

2. 심판대상조항이 과잉금지원칙에 위배하여 직업수행의 자유를 침해하는지 여부: 소극

▶ 결정요지

1. '공공기관의 운영에 관한 법률' 제39조 제3항은 공기업의 운영에 대한 전반적인 관리·감독권한을 보유하고 있는 기획재정부장관이 공기업의 계약상대방에 관해서 기획재정부령으로 정할 수 있도록 한 것이다. 심판대상조항은 공기업의 수의계약사유에 관한 내용으로서 공기업의 계약상대방과 관련된 내용이므로, 심판대상조항이 위 조항의 위임 범위를 벗어난 것이라고 볼 수 없다. 따라서 심판대상조항이 법률유보원칙에 위배하여 공기업의 자회사와 경쟁하는 청구인들의 직업수행의 자유를 침해한다고 볼 수 없다.

2. 심판대상조항은 공기업의 자회사의 안정적인 운영과 소속 근로자들의 고용안정성을 보장하기 위한 것으로 입법목적이 정당하고, 공기업이 그 자회사와 지속적이고 안정적인 수의계약을 체결할 수 있는 법적 근거가 되므로 수단의 적합성도 인정된다. 또한 심판대상조항은 공공부문에서의 정규직 전환 정책의 실효성을 확보하기 위한 불가피한 제한으로서 침해의 최소성에 반한다고 보기 어렵고, 심판대상조항에 의해 달성되는 공익은 비정규직 근로자들의 처우 개선을 통한 사회통합과 '고용 – 복지 – 성장'의 선순환 구조를 복원시키는 것으로, 제한되는 사익에 비하여 중대하므로 법익의 균형성도 충족한다. 따라서 심판대상조항은 과잉금지원칙에 위배하여 청구인들의 직업수행의 자유를 침해하지 않는다.

> 시장·군수·구청장이 지방자치단체의 조례로 정하는 바에 따라 일정한 구역을 지정·고시하여 가축의 사육을 제한할 수 있도록 한 '가축분뇨의 관리 및 이용에 관한 법률' 제8조 제1항이 직업수행의 자유를 침해하는지 여부:
> 소극[합헌] (헌재 2023.12.21. 2020헌바374)

1. 포괄위임금지원칙 위배 여부

헌법 제117조 제1항과 지방자치법 제28조 제1항에 따라 조례도 법률의 위임이 있으면 입법사항을 정할 수 있다. 조례에 대한 법률의 위임은 법규명령에 대한 법률의 위임과 같이 반드시 구체적으로 범위를 정하여 할 필요가 없으며 포괄적인 것으로 족하다.

환경과 조화되는 축산업의 발전 및 국민보건의 향상과 환경보전에 이바지한다는 가축분뇨법의 입법목적(가축분뇨법 제1조)에 비추어보면, 가축사육의 제한은 가축사육에 따라 배출되는 환경오염물질 등이 지역주민에 미치는 지리적·보건적·환경적 영향 등을 종합적으로 고려하여 이루어질 필요가 있고, 이는 지형이나 인구 분포 등 생활환경 및 자연환경에 따라 달라질 수 있는 부분을 포함하므로 각 지방자치단체가 실정에 맞게 전문적·기술적 판단과 정책적 고려에 따라 합리적으로 규율하도록 할 필요성이 인정된다.

심판대상조항은 가축사육 제한이 가능한 대상 지역의 한계를 설정하고 있고, 가축분뇨법의 입법목적과 가축사육에 따라 배출되는 환경오염물질이나 악취 등으로 인하여 지역주민의 생활환경이나 상수원의 수질이 오염되는 것을 방지하려는 심판대상조항의 목적을 종합적으로 고려하면, 사육대상인 축종이나 사육규모 외에 각 지역의 지형, 상주인구 분포, 인구밀집시설의 존부, 지역 내 가축사육농가의 수, 상수원지역에 미치는 영향 등을 고려하여 구체적인 가축사육제한구역이 정해질 수 있다는 점이 충분히 예측 가능하므로, 심판대상조항은 포괄위임금지원칙에 위배되지 아니한다.

2. 과잉금지원칙 위배 여부

심판대상조항은 가축사육에 따라 배출되는 환경오염물질이나 악취 등으로 인하여 지역주민의 생활환경이나 상수원의 수질이 오염되는 것을 방지하여 국민보건의 향상과 환경보전에 이바지하기 위한 것으로서 입법목적이 정당하고, 지방자치단체별로 일정한 구역에서 가축사육을 제한할 수 있도록 한 것은 환경오염물질의 배출이나 악취의 발생을 사전에 방지하는 데 기여하므로 목적 달성에 적합한 수단이다.

가축의 사육과정에서 배출되는 오염물질이나 악취의 발생을 저감시키기 위해 축사의 종류나 배설물 관리 등과 관련한 여러 조치가 개발·적용되고 있으나, 오염물질 등의 배출을 전적으로 차단하거나 이를 정화할 수 있는 기술적 조치가 현재 존재하고 있다고 단정하기는 어려우므로, 이를 사전에 억제하기 위해 가축의 사육 자체를 제한할 필요성이 인정된다. 한편, 오염물질 등의 생활환경 내지 자연환경에 대한 영향력의 정도는 가축의 사육이 이루어지는 장소와 관련성이 크고, 장소적 특성을 기준으로 생활환경이나 자연환경에 대한 위해 가능성이 큰 경우에 가축사육의 제한을 허용하는 심판대상조항의 제한은 부득이하며, 달리 입법목적을 심판대상조항과 같은 정도로 달성할 수 있는 대안을 상정하기 어려우므로 심판대상조항은 침해의 최소성을 충족한다.

가축을 사육하며 축산업에 종사하려는 사람들은 심판대상조항에 의하여, '주거밀집지역으로 생활환경의 보호가 필요한 지역' 등 일정한 지역 내에서 가축사육을 제한받을 수 있다. 그러나 심판대상조항을 통하여 달성되는 국민의 생활환경 및 자연환경 보호의 공익은 제한되는 사익보다 더 중대하다. 심판대상조항은 법익의 균형성을 충족한다. 따라서 심판대상조항은 과잉금지원칙에 위배되지 아니한다.

생활폐기물 수집·운반 대행계약과 관련하여 뇌물공여, 사기 등 범죄를 범하여 일정한 형을 선고받은 자를 3년간 위 대행계약 대상에서 제외하도록 규정한 폐기물관리법 제14조 제8항 제7호가 직업의 자유를 침해하는지 여부: 소극[합헌] (헌재 2023.12.21. 2020헌바189)

그동안 생활폐기물 수집·운반 대행자(이하 '대행자')가 지방자치단체와 장기간 반복적으로 수의계약을 하면서 매년 대행료가 과도하게 상승하거나, 지방자치단체와 대행자 간의 유착비리가 발생하거나, 청소서비스의 질이 저하되는 등의 문제점이 발생하였다.

이에 심판대상조항은 생활폐기물 수집·운반 대행계약(이하 '대행계약')과 관련하여 뇌물공여, 사기 등 범죄를 범한 자를 일정 기간 동안 대행계약 대상에서 제외함으로써 생활폐기물 수집·운반 업무의 공정성, 적정성을 확보하고 대행계약의 성실한 이행을 담보하며 대행자의 독과점, 지방자치단체와의 유착 등 문제를 해소하고자 한 것이다.

대행계약과 관련하여 뇌물공여죄 등을 범하여 벌금 이상의 형을 선고받았거나, 사기죄 등을 범하여 벌금 300만원 이상의 형을 선고받은 경우라면, 생활폐기물 수집·운반 업무의 공정성 및 적정성을 매우 중대하게 침해하였다고 볼 수 있다. 나아가 생활폐기물 수집·운반 업무의 공공성이 높은 점, 대행자에게 지급되는 비용은 지방자치단체의 예산에서 지출되는 점, 그동안 지방자치단체와 대행자 간의 유착비리 등 문제점이 발생하였던 점 등을 고려하면, 심판대상조항이 위와 같은 형을 선고받은 경우에 대하여 재량의 여지없이 3년간 계약대상에서 제외되도록 규정하고 있다고 하더라도 이를 과도한 제재라고 보기는 어렵다.

심판대상조항은 생활폐기물 수집·운반 업무의 공정성 및 적정성을 저하할 수 있는 일부 범죄만을 특정하여 계약제외 대상으로 삼고 있고, 경미한 범행의 경우에는 계약제외 대상이 되지 않도록 하고 있으며, 그러한 범행이 대행계약과 관련성이 있는 경우에만 계약제외 대상이 되도록 하고 있다. 그리고 계약대상 제외도 3년의 기간 동안 한시적으로 이루어진다.

따라서 심판대상조항은 과잉금지원칙에 위배되어 청구인의 직업수행의 자유를 침해한다고 볼 수 없다.

2024 해커스경찰 신동욱 경찰헌법 최신 3개년 판례집

303

> 신체에 장애가 있는 선거인에 대해 투표보조인이 가족이 아닌 경우 반드시 2인을 동반하도록 한 공직선거법 제 157조 제6항이 과잉금지원칙에 반하여 청구인의 선거권을 침해하는지 여부: 소극[기각] (헌재 2020.5.27, 2017헌마867)

심판대상조항은 선거인이 투표보조제도를 쉽게 활용하면서 투표의 비밀이 보다 유지되도록 투표보조인을 상호견제가 가능한 최소한의 인원인 2인으로 한정하고 있다. 중앙선거관리위원회는 실무상 선거인이 투표보조인 2인을 동반하지 않은 경우 투표사무원 중에 추가로 투표보조인으로 선정하여 투표를 보조할 수 있도록 함으로써 선거권 행사를 지원하고 있다. 또한 공직선거법의 처벌규정을 통해 투표보조인이 비밀유지의무를 준수하도록 강제하고 있다. 중증 장애인의 실질적인 선거권 보장과 선거의 공정성 확보는 매우 중요한 공익인 반면, 심판대상조항으로 인한 불이익은 투표보조인이 1인인 경우에 비하여 투표의 비밀이 더 유지되기 어렵고, 투표보조인을 추가로 섭외해야 한다는 불편에 불과한데, 앞에서 살펴본 것처럼 심판대상조항과 공직선거법 관련규정 및 실무상 운영은 이를 최소화하고 있다. 따라서 심판대상조항은 법익의 균형성원칙에 반하지 않는다. 그러므로 심판대상조항은 과잉금지원칙에 반하여 청구인의 선거권을 침해하지 않는다.

304

> 육군훈련소에서 군사교육을 받고 있었던 청구인에 대하여 제19대 대통령선거 대담·토론회의 시청을 금지한 행위가 헌법에 위반되는지 여부: 소극[기각] (헌재 2020.8.28, 2017헌마813)

1. 선거권 침해 여부

이 사건 시청금지행위는 보충역을 병력자원으로 육성하고 병영생활에 적응시키기 위한 군사교육의 일환으로 이루어졌다. 대담·토론회가 이루어진 시각을 고려하면 육군훈련소에서 군사교육을 받고 있는 청구인 윤○○이 대담·토론회를 시청할 경우 교육훈련에 지장을 초래할 가능성이 높았던 점, 육군훈련소 내 훈련병 생활관에는 텔레비전이 설치되어 있지 않았던 점, 청구인 윤○○은 다른 수단들을 통해서 선거정보를 취득할 수 있었던 점 등을 고려하면, 이 사건 시청금지행위가 청구인 윤○○의 선거권을 침해한다고 보기 어렵다.

2. 평등권 침해 여부

훈련병들이 교육훈련에 집중하여야 할 필요성을 고려할 때, 이 사건 시청금지행위가 자의적으로 신병 양성교육을 마치고 자대에 배치된 기간병과 청구인 윤○○을 달리 취급하여 청구인 윤○○의 평등권을 침해한다고 보기 어렵다.

선거권자의 연령을 선거일 현재를 기준으로 산정하도록 규정한 공직선거법 제17조 중 "선거권자의 연령은 선거일 현재로 산정한다." 부분이 구 공직선거법에 따라 선거권이 있는 만 19세 생일이 선거일 이틀 뒤에 있었던 청구인의 선거권이나 평등권을 침해하는지 여부: 소극[기각] (헌재 2021.9.30. 2018헌마300)

심판대상조항은 보통선거원칙을 구현하기 위한 선거권연령이 공직선거법 제15조 제2항에 별도로 구체적으로 정해져 있음을 전제로 하여, 그 연령을 산정하는 기준일을 규정한다. 따라서 심판대상조항의 합리성 유무는 심판대상조항에 따라 선거권이 있는 사람과 없는 사람을 명확하게 가를 수 있는지 여부에 좌우된다. 선거일은 공직선거법 제34조 내지 제36조에 명확하게 규정되어 있고 심판대상조항은 선거일 현재를 선거권연령 산정 기준일로 규정하고 있으므로, 국민 각자의 생일을 기준으로 선거권의 유무를 명확하게 판단할 수 있다. 심판대상조항과 달리 선거권연령 산정 기준일을 선거일 이전이나 이후의 특정한 날로 정할 경우, 이를 구체적으로 언제로 할지에 관해 자의적인 판단이 개입될 여지가 있고, 공직선거법 제15조 제2항이 개정되어 선거권연령 자체가 18세로 하향 조정된 점까지 아울러 고려하면, 심판대상조항은 입법형성권의 한계를 벗어나 청구인의 선거권이나 평등권을 침해하지 않는다.

지방공단 상근직원이 당내경선에서 경선운동을 할 수 없도록 금지·처벌하는 공직선거법이 위헌인지 여부: 적극 [위헌] (헌재 2021.4.29. 2019헌가11)

▶ 결정요지

심판대상조항이 당원이 아닌 자에게도 투표권을 부여하여 실시하는 당내경선에서 이 사건 공단의 상근직원에 대하여 경선운동을 금지하는 것은 당내경선의 형평성과 공정성을 확보하기 위한 것으로서 목적의 정당성 및 수단의 적합성이 인정된다.

구청장이 임면하는 이 사건 공단의 상근임원인 이사장은 이 사건 공단의 대표자로서 그 업무를 총괄하며 경영성과에 대하여 책임을 지고, 이 사건 공단의 업무에 관한 중요 사항을 심의·의결하는 이사회의 구성원이 되는 반면, 이 사건 공단의 상근직원은 시험성적, 근무성적, 그 밖의 능력의 실증에 따라 이사장이 임면하고, 이 사건 공단의 경영에 관여하거나 실질적인 영향력을 미칠 수 있는 권한을 가지고 있지 아니하다. 이와 같은 이 사건 공단의 상근직원의 지위와 권한에 비추어 볼 때, 이 사건 공단의 상근직원이 특정 경선후보자의 당선 또는 낙선을 위한 경선운동을 한다고 하여 그로 인한 부작용과 폐해가 크다고 보기 어렵다. 공직선거법 제53조 제1항 제6호가 지방공단의 상근임원과 달리 상근직원은 그 직을 유지한 채 공직선거에 입후보할 수 있도록 규정한 것도 상근직원의 영향력이 상근임원보다 적다는 점을 고려한 것이다. 그럼에도 불구하고 심판대상조항이 직급에 따른 업무의 내용과 수행하는 개별 구체적인 직무의 성격에 대한 검토 없이 모든 상근직원의 경선운동을 금지하고 이에 위반한 경우 처벌하는 것은 정치적 표현의 자유를 지나치게 제한하는 것이다. 공직선거법은 이미 당원이 아닌 자에게도 투표권을 부여하여 실시하는 당내경선에서 허용되는 경선운동방법을 한정하고 있고(공직선거법 제57조의3, 제255조 제2항 제3호), 업무·고용 그 밖의 관계로 인하여 자기의 보호·지휘·감독을 받는 자에게 특정 경선후보자를 지지·추천하거나 반대하도록 강요한 자는 형사처벌하는 등(공직선거법 제237조 제5항 제3호) 이 사건 공단의 상근직원이 당내경선에 직·간접적으로 영향력을 행사하는 행위들을 금지·처벌하는 규정들을 마련하고 있다.

위와 같은 공직선거법 규정들만으로 당내경선의 형평성과 공정성을 확보하기 부족하더라도, 이 사건 공단의 상근직원이 그 지위를 이용하여 경선운동을 하는 행위를 금지ㆍ처벌하는 규정을 두는 것은 별론으로 하고, 이 사건 공단의 상근직원의 경선운동을 일률적으로 금지ㆍ처벌하는 것은 정치적 표현의 자유를 과도하게 제한하는 것이다. 그러므로 심판대상조항은 침해의 최소성원칙에 위배된다.

심판대상조항이 당원이 아닌 자에게도 투표권을 부여하여 실시하는 당내경선에서 이 사건 공단의 상근직원 모두에 대하여 일률적으로 경선운동을 금지하는 것은 정치적 표현의 자유를 중대하게 제한하는 것인 반면, 이 사건 공단의 상근직원이 당내경선에서 공무원에 준하는 영향력이 있다고 볼 수 없는 점 등을 고려하면 심판대상조항이 당내경선의 형평성과 공정성의 확보라는 공익에 기여하는 바가 크다고 보기 어렵다. 따라서 심판대상조항은 법익의 균형성을 충족하지 못하였다. 심판대상조항은 과잉금지원칙에 반하여 정치적 표현의 자유를 침해하므로 헌법에 위반된다.

▶ 결정의 의의

1. 헌법재판소는 2004.4.29. 국민건강보험공단 상근직원의 선거운동을 금지ㆍ처벌하는 구 '공직선거 및 선거부정방지법'(2003.2.4. 법률 제6854호로 개정되기 전의 것) 제60조 제1항 제9호가 과잉금지원칙에 반하여 청구인의 선거운동의 자유를 침해하지 않는다는 이유로 헌법소원심판청구를 기각하였다(헌재 2004.4.29. 2002헌마467).

2. 이후 헌법재판소는 한국철도공사 상근직원의 선거운동을 금지ㆍ처벌하는 공직선거법(2010.1.25. 법률 제9974호로 개정된 것) 제60조 제1항 제5호 중 제53조 제1항 제4호 가운데 한국철도공사의 상근직원 부분 및 같은 법 제255조 제1항 제2호 중 위 해당 부분이 과잉금지원칙에 반하여 선거운동의 자유를 침해하므로 헌법에 위반된다는 결정을 선고하였다(헌재 2018.2.22. 2015헌바124).

3. 이 사건 심판대상은 경선운동의 주체를 제한하는 점에서, 선거운동의 주체를 제한하는 위 두 선례의 심판대상과는 차이가 있다. 또한 상근직원이 소속된 조직의 규모, 업무 내용 등에 있어서도 위 두 선례와는 차이가 있으나, 상근직원의 지위와 권한에 비추어 볼 때 경선운동에 미칠 수 있는 영향력이 크지 않다고 본 점에서는 위 헌재 2018.2.22. 2015헌바124 결정과 유사한 취지로 판단한 것으로 볼 수 있다.

교사들이 선거에 입후보하거나 선거운동을 하기 위해서는 선거일 전 90일까지 교원직을 그만두도록 하는 공선법 제53조 등이 교원의 공무담임권과 평등권을 침해하는지 여부: 소극[기각] (헌재 2019.11.28. 2018헌마222)

▶ 판시사항

1. 공직선거 및 교육감선거 입후보시 선거일 전 90일까지 교원직을 그만두도록 하는 공직선거법 제53조 제1항 제1호 본문의 '국가공무원법 제2조에 규정된 국가공무원' 중 '교육공무원'에 관한 부분 및 제53조 제1항 제7호, '지방교육자치에 관한 법률 제47조 제1항 본문' 가운데 '공직선거법 제53조 제1항 제1호 본문'의 '국가공무원법 제2조에 규정된 국가공무원' 중 '교육공무원'에 관한 부분 및 '제53조 제1항 제7호'에 관한 부분(이하 '입후보자 사직조항'이라 한다)이 교원의 공무담임권과 평등권을 침해하는지 여부: 소극

2. 공직선거 및 교육감선거에서 교육공무원의 선거운동을 금지하는 공직선거법 제60조 제1항 제4호 본문의 '국가공무원법 제2조에 규정된 국가공무원' 중 '교육공무원'에 관한 부분, '지방교육자치에 관한 법률' 제49조 제1항 전문 가운데 '공직선거법 제60조 제1항 제4호 본문'의 '국가공무원법 제2조에 규정된 국가공무원' 중 '교육공무원'에 대하여 시·도지사 선거에 관한 규정을 준용하는 부분(이하 '교육공무원 선거운동 금지조항'이라 한다)이 교육공무원의 선거운동의 자유와 평등권을 침해하는지 여부: 소극

▶ 결정요지

1. 입후보자 사직조항은 교원이 그 신분을 지니는 한 계속적으로 직무에 전념할 수 있도록 하기 위해 선거에 입후보하고자 하는 경우 선거일 전 90일까지 그 직을 그만두도록 하는 것이므로, 입법목적의 정당성과 수단의 적합성이 인정된다.

   학교가 정치의 장으로 변질되는 것을 막고 학생들의 수학권을 충실히 보장하기 위해 공직선거나 교육감선거 입후보시 교직을 그만두도록 하는 것은 교원의 직무전념성을 담보하기 위한 것이므로 불가피한 측면이 있다. 입후보를 전제한 무급휴가나 일시휴직을 허용할 경우, 교육의 연속성이 저해되고, 학생들이 불안정한 교육환경에 방치되어 수학권을 효율적으로 보장받지 못할 우려가 있는 점, 공직선거법상 직무상 행위를 이용한 선거운동 등 금지규정만으로는 직무전념성 확보라는 목적을 충분히 달성할 수 없는 점, 선거운동기간과 예비후보자등록일 등을 종합적으로 고려할 때 선거일 전 90일을 사직 시점으로 둔 것이 불합리하다고 볼 수 없는 점, 학생들의 수학권이 침해될 우려가 있다는 점에서 교육감선거 역시 공직선거와 달리 볼 수 없는 점 등에 비추어 보면, 침해의 최소성에 반하지 않는다. 교원의 직을 그만두어야 하는 사익 제한의 정도는 교원의 직무전념성 확보라는 공익에 비하여 현저히 크다고 볼 수 없으므로 법익의 균형성도 갖추었으므로 과잉금지원칙에 위배하여 공무담임권을 침해한다고 볼 수 없다. 또한, 선거직의 특수성, 직업정치인과 교원의 업무 내용상 차이, 직무 내용이나 직급에 따른 구별 가능성 등에 비추어, 국회의원, 지방자치단체 의회의원이나 장, 정부투자기관의 직원 등과 비교하여 교원이 불합리하게 차별받는다고 볼 수 없으며, 수업 내용 및 학생에 미치는 영향력 등을 고려할 때 대학 교원과의 사이에서도 불합리한 차별이 발생한다고 보기 어렵다. 현직 교육감의 경우 교육감선거 입후보시 그 직을 그만두도록 하면 임기가 사실상 줄어들게 되어, 업무의 연속성과 효율성이 저해될 우려가 크다는 점 등을 고려할 때, 현직 교육감과 비교하더라도 교원인 청구인들의 평등권이 침해된다고 볼 수 없다.

2. 교육공무원 선거운동 금지조항은 공무원의 정치적 중립성, 교육의 정치적 중립성을 확보하기 위한 것으로 입법목적의 정당성 및 수단의 적합성이 인정된다.

선거에 영향을 미칠 수 있는 개별 행위들을 일일이 규정하기란 입법기술상 불가능하고, 근무시간 내외를 불문하고 학생들의 인격 및 기본생활습관 형성 등에 중요한 영향을 끼칠 수 있는 교육공무원의 특성 등에 비추어 침해의 최소성에도 어긋나지 않는다. 교육의 정치적 중립성 확보라는 공익은 선거운동의 자유에 비해 높은 가치를 지니고 있으므로 법익의 균형성도 충족한다. 지방교육자치에도 '교육의 자주성·전문성·정치적 중립성'이 요구되는 점에 비추어 교육감선거에 있어 선거운동을 제한하더라도 과도한 제한으로 볼 수 없으므로, 교육공무원에 대한 선거운동 금지가 과잉금지원칙에 위반되지 않는다고 본 헌법재판소의 2012.7.26. 2009헌바298 결정은 이 사건에서도 그대로 타당하고, 대학교원과 비교하여서도 앞서 본 바와 같은 이유에서 평등권을 침해한다고 볼 수 없다.

308

미성년자에 대하여 성범죄를 범하여 형을 선고받아 확정된 자와 성인에 대한 성폭력범죄를 범하여 벌금 100만원 이상의 형을 선고받아 확정된 자는 초·중등교육법상의 교원에 임용될 수 없도록 한 부분이 공무담임권을 침해하는지 여부: 소극[기각] (헌재 2019.7.25. 2016헌마754)

〝 사건개요 〟

청구인은 사범대학에 재학 중인 자이다. 청구인은 성폭력범죄의 처벌 등에 관한 특례법 위반(카메라 등 이용촬영), 아동·청소년의 성보호에 관한 법률 위반(음란물소지)죄로 기소되어 항소심에서 벌금 500만원을 선고받고, 이 판결은 대법원에서 그대로 확정되었다.

청구인은, 미성년자에 대한 성범죄행위로 형을 선고받아 확정되거나 성인에 대한 성폭력범죄행위로 100만원 이상의 벌금형을 선고받아 그 형이 확정된 사람 등은 교원이 될 수 없도록 규정한 교육공무원법 제10조의4 및 위 제10조의4 개정에 따른 경과조치를 규정하고 있는 교육공무원법 부칙 제4조로 인하여 청구인의 직업선택의 자유 등이 침해된다고 주장하며, 2016.9.2. 이 사건 헌법소원심판을 청구하였다.

▶ 결정요지

아동·청소년과 상시적으로 접촉하고 밀접한 생활관계를 형성하여 이를 바탕으로 교육과 상담이 이루어지고 인성발달의 기초를 형성하는 데 지대한 영향을 미치는 초·중등학교 교원의 업무적인 특수성과 중요성을 고려해 본다면, 최소한 초·중등학교 교육현장에서 성범죄를 범한 자를 배제할 필요성은 어느 공직에서보다 높다고 할 것이고, 아동·청소년 대상 성범죄의 재범률까지 고려해 보면 미성년자에 대하여 성범죄를 범한 자는 교육현장에서 원천적으로 차단할 필요성이 매우 크다. 성인에 대한 성폭력범죄의 경우 미성년자에 대하여 성범죄를 범한 것과 달리, 성폭력범죄행위로 인하여 형을 선고받기만 하면 곧바로 교원임용이 제한되는 것이 아니고, 100만원 이상의 벌금형이나 그 이상의 형을 선고받고 그 형이 확정된 사람에 한하여 임용을 제한하고 있는바, 법원이 범죄의 모든 정황을 고려한 다음 벌금 100만원 이상의 형을 선고하여 그 판결이 확정되었다면, 이는 결코 가벼운 성폭력범죄행위라고 볼 수는 없다.

나아가 이 사건 결격사유조항이 규정한 일정한 성범죄를 범하였다고 하여도 이는 초·중등교육법상의 교원으로의 취임이 제한될 뿐이고, 기타 국가공무원이나 지방공무원 등 다른 공직취임에의 기회까지 영구히 봉쇄되는 것이 아니라는 점까지 덧붙여 고려해 보면, 이 사건 결격사유조항이 미성년자에 대한 일정한 성범죄행위를 저질러 형을 선고받고 확정된 자 또는 성인에 대한 성폭력범죄행위로 100만원 이상의 벌금형을 선고받고 확정된 자에 한하여 초·중등교육법상의 교원으로 임용할 수 없도록 한 것은, 성범죄를 범하는 대상과 벌금형의 정도에 따라 성범죄에 관한 교원으로서의 최소한의 자격기준을 설정하였다고 할 것이고, 같은 정도의 입법목적을 달성하면서도 기본권을 덜 제한하는 수단이 명백히 존재한다고 보기도 어렵다.

이 사건 결격사유조항은 일정한 성범죄 등을 범하여 형이 확정된 자에 대하여 초·중등교육법상의 교원에 영구히 임용될 수 없도록 하는 것이므로, 초·중등교육법상의 교원에 임용되고자 하는 자가 받는 불이익이 작다고 할 수는 없으나 이 사건 결격사유조항을 통하여 미성년자 또는 성인에 대하여 일정한 성범죄를 범한 자가 신체적·사회적으로 자기방어능력이 취약한 아동과 청소년에게 접근할 수 있는 가능성을 사전에 차단함으로써, 학생의 정신적·육체적 건강과 안전을 보호하여 궁극적으로 초·중등 교육현장에서 학생들의 자유로운 인격이 안정적으로 발현되도록 하는 공익은 위와 같은 불이익보다 훨씬 더 중요하다고 할 것이므로, 이 사건 결격사유조항은 법익의 균형성원칙에 반하지 아니한다. 그렇다면 이 사건 결격사유조항은 과잉금지원칙에 반하여 청구인의 공무담임권을 침해한다고 할 수 없다.

▶ 결정의 의의

성범죄를 범하여 그 형이 확정된 자는 초·중등교육법상의 교원에 임용될 수 없도록 한 이 사건 결격사유조항은 학생의 정신적·육체적 건강과 안전, 그리고 자유로운 인격발현을 보호하기 위한 것으로서 청구인의 공무담임권을 침해하지 않는다고 판시한 결정이다.

309

7급 세무직 공무원 공개경쟁채용시험에서 특정 자격증(변호사·공인회계사·세무사) 소지자에게 가산점을 부여하는 공무원임용시험령 제31조 제2항이 공무담임권을 침해하는지 여부: 소극[기각] (헌재 2020.6.25, 2017헌마1178)

세무직 국가공무원의 업무상 전문성 강화라는 공익과 함께, 심판대상조항이 정하는 바와 같은 가산점제도가 1993. 12.31. 이후 유지되어 왔고 자격증 없는 자들의 응시기회 자체가 박탈되거나 제한되는 것이 아니며 가산점 부여를 위해서는 일정한 요건을 갖추도록 하고 있는 점 등을 고려하면 법익균형성이 인정된다. 그러므로 이 사건 처벌조항은 과잉금지원칙에 반하여 청구인의 공무담임권을 침해하지 아니한다.

교원의 정당 및 정치단체 결성·가입 사건 [위헌, 기각] (헌재 2020.4.23, 2018헌마551)

사건개요

청구인은 2018.3.1. 중고등학교 교사로 임용되어 공립학교에서 근무하고 있고, 청구인 7은 1990.3.1. 초등학교 교사로 임용되어 공립학교에서 근무하고 있으며, 청구인 8은 1990.3.1. 중고등학교 교사로 임용되어 공립학교에서 근무하고 있고, 청구인 9는 1996.3.1. 중고등학교 교사로 임용되어 사립학교에서 근무하고 있다.

청구인들은 정당법 제22조 제1항 단서 제1호 본문 중 '국가공무원법 제2조 제2항 제2호에 규정된 교육공무원'에 관한 부분 및 제22조 제1항 단서 제2호 중 '사립학교의 교원'에 관한 부분, 국가공무원법 제65조 제1항 중 '국가공무원법 제2조 제2항 제2호에 규정된 교육공무원'에 관한 부분이 청구인들의 정당설립 및 가입의 자유 등을 침해한다고 주장하면서 2018.5.29. 이 사건 헌법소원심판을 청구하였다.

▶ 심판대상

정당법(2013.12.30. 법률 제12150호로 개정된 것)

제22조 【발기인 및 당원의 자격】 ① 국회의원 선거권이 있는 자는 공무원 그 밖에 그 신분을 이유로 정당가입이나 정치활동을 금지하는 다른 법령의 규정에 불구하고 누구든지 정당의 발기인 및 당원이 될 수 있다. 다만, 다음 각 호의 어느 하나에 해당하는 자는 그러하지 아니하다.

1. 국가공무원법 제2조(공무원의 구분) 또는 지방공무원법 제2조(공무원의 구분)에 규정된 공무원. 다만, 대통령, 국무총리, 국무위원, 국회의원, 지방의회의원, 선거에 의하여 취임하는 지방자치단체의 장, 국회 부의장의 수석비서관·비서관·비서·행정보조요원, 국회상임위원회·예산결산특별위원회·윤리특별위원회 위원장의 행정보조요원, 국회의원의 보좌관·비서관·비서, 국회 교섭단체대표의원의 행정비서관, 국회 교섭단체의 정책연구위원·행정보조요원과 고등교육법 제14조(교직원의 구분) 제1항·제2항에 따른 교원은 제외한다.

2. 고등교육법 제14조 제1항·제2항에 따른 교원을 제외한 사립학교의 교원

국가공무원법(2008.3.28. 법률 제8996호로 개정된 것)

제65조 【정치운동의 금지】 ① 공무원은 정당이나 그 밖의 정치단체의 결성에 관여하거나 이에 가입할 수 없다.

관련조항

국가공무원법(2015.5.18. 법률 제13288호로 개정된 것)

제2조 【공무원의 구분】 ② "경력직공무원"이란 실적과 자격에 따라 임용되고 그 신분이 보장되며 평생 동안(근무기간을 정하여 임용하는 공무원의 경우에는 그 기간 동안을 말한다) 공무원으로 근무할 것이 예정되는 공무원을 말하며, 그 종류는 다음 각 호와 같다.

2. 특정직공무원: 법관, 검사, 외무공무원, 경찰공무원, 소방공무원, 교육공무원, 군인, 군무원, 헌법재판소 헌법연구관, 국가정보원의 직원과 특수 분야의 업무를 담당하는 공무원으로서 다른 법률에서 특정직공무원으로 지정하는 공무원

초 · 중등교육법(2019.12.3. 법률 제16672호로 개정된 것)

제19조【교직원의 구분】① 학교에는 다음 각 호의 교원을 둔다.

1. 초등학교 · 중학교 · 고등학교 · 고등공민학교 · 고등기술학교 및 특수학교에는 교장 · 교감 · 수석교사 및 교사를 둔다. 다만, 학생 수가 100명 이하인 학교나 학급 수가 5학급 이하인 학교 중 대통령령으로 정하는 규모 이하의 학교에는 교감을 두지 아니할 수 있다.
2. 각종 학교에는 제1호에 준하여 필요한 교원을 둔다.

▶ 판시사항

1. 초 · 중등학교의 교육공무원이 정당의 발기인 및 당원이 될 수 없도록 규정한 정당법 제22조 제1항 단서 제1호 본문 중 국가공무원법 제2조 제2항 제2호의 교육공무원 가운데 초 · 중등교육법 제19조 제1항의 교원에 관한 부분 (이하 '정당법 조항'이라 한다) 및 초 · 중등학교의 교육공무원이 정당의 결성에 관여하거나 이에 가입하는 행위를 금지한 국가공무원법 제65조 제1항 중 "국가공무원법 제2조 제2항 제2호의 교육공무원 가운데 초 · 중등교육법 제19조 제1항의 교원은 정당의 결성에 관여하거나 이에 가입할 수 없다." 부분(이하 "국가공무원법 조항 중 '정당'에 관한 부분"이라 한다)이 나머지 청구인들의 정당가입의 자유 등을 침해하는지 여부: 소극

2. 초 · 중등학교의 교육공무원이 정치단체의 결성에 관여하거나 이에 가입하는 행위를 금지한 국가공무원법 제65조 제1항 중 "국가공무원법 제2조 제2항 제2호의 교육공무원 가운데 초 · 중등교육법 제19조 제1항의 교원은 그 밖의 정치단체의 결성에 관여하거나 이에 가입할 수 없다." 부분(이하 "국가공무원법조항 중 '그 밖의 정치단체'에 관한 부분"이라 한다)이 나머지 청구인들의 정치적 표현의 자유 및 결사의 자유를 침해하는지 여부: 적극

▶ 결정요지

1. 헌법재판소는 2004.3.25. 2001헌마710 결정 및 2014.3.27. 2011헌바42 결정에서, 국가공무원이 정당의 발기인 및 당원이 될 수 없도록 규정한 구 정당법 및 구 국가공무원법 조항들이 헌법에 위반되지 않는다고 판단하였다. 그 요지는 "이 사건 정당가입 금지조항은 국가공무원이 정당에 가입하는 것을 금지함으로써 공무원이 국민 전체에 대한 봉사자로서 그 임무를 충실히 수행할 수 있도록 정치적 중립성을 보장하고, 초 · 중등학교 교원이 당파적 이해관계의 영향을 받지 않도록 교육의 중립성을 확보하기 위한 것이므로, 목적의 정당성 및 수단의 적합성이 인정된다. 공무원의 정치적 행위가 직무 내의 것인지 직무 외의 것인지 구분하기 어려운 경우가 많고, 공무원의 행위는 근무시간 내외를 불문하고 국민에게 중대한 영향을 미치므로, 직무 내의 정당활동에 대한 규제만으로는 입법목적을 달성하기 어렵다. 또한 정당에 대한 지지를 선거와 무관하게 개인적인 자리에서 밝히거나 선거에서 투표를 하는 등 일정한 범위 내의 정당 관련활동은 공무원에게도 허용되므로 이 사건 정당가입 금지조항은 침해의 최소성원칙에 반하지 않는다. 정치적 중립성, 초 · 중등학교 학생들에 대한 교육기본권 보장이라는 공익은 공무원들이 제한받는 사익에 비해 중대하므로 법익의 균형성 또한 인정된다. 따라서 이 사건 정당가입 금지조항은 과잉금지원칙에 위배되지 않는다. 이 사건 정당가입 금지조항이 초 · 중등학교 교원에 대해서는 정당가입의 자유를 금지하면서 대학의 교원에게 이를 허용한다 하더라도, 이는 기초적인 지식전달, 연구기능 등 양자간 직무의 본질과 내용, 근무 태양이 다른 점을 고려한 합리적인 차별이므로 평등원칙에 위배되지 않는다."는 것이다. 위 선례의 판단을 변경할 만한 사정 변경이나 필요성이 인정되지 않고 위 선례의 취지는 이 사건에서도 그대로 타당하므로, 위 선례의 견해를 그대로 유지하기로 한다.

2. 재판관 의견

(1) 재판관 유남석, 이영진, 문형배의 위헌의견

국가공무원법 조항 중 '그 밖의 정치단체'에 관한 부분은, '그 밖의 정치단체'라는 불명확한 개념을 사용하고 있어, 표현의 자유를 규제하는 법률조항, 형벌의 구성요건을 규정하는 법률조항에 대하여 헌법이 요구하는 명확성원칙의 엄격한 기준을 충족하지 못하였다. 이에 대하여는, 아래 재판관 3인의 위헌의견 중 '명확성원칙 위배 여부' 부분과 의견을 모두 같이 한다. 덧붙여, 국가공무원법 조항 중 '그 밖의 정치단체'에 관한 부분은 어떤 단체에 가입하는가에 관한 집단적 형태의 '표현의 내용'에 근거한 규제이므로, 더욱 규제되는 표현의 개념을 명확하게 규정할 것이 요구된다. 그럼에도 위 조항은 '그 밖의 정치단체'라는 불명확한 개념을 사용하여, 수범자에 대한 위축효과와 법 집행 공무원의 자의적 판단 위험을 야기하고 있다. 위 조항이 명확성원칙에 위배되어 나머지 청구인들의 정치적 표현의 자유, 결사의 자유를 침해하여 헌법에 위반되는 점이 분명한 이상, 과잉금지원칙에 위배되는지 여부에 대하여는 더 나아가 판단하지 않는다.

(2) 재판관 이석태, 김기영, 이미선의 위헌의견

국가공무원법 조항 중 '그 밖의 정치단체'에 관한 부분은 형벌의 구성요건을 규정하는 법률조항이고, 나머지 청구인들의 정치적 표현의 자유 및 결사의 자유를 제한하므로, 엄격한 기준의 명확성원칙에 부합하여야 한다. 민주주의 국가에서 국가구성원의 모든 사회적 활동은 '정치'와 관련된다. 특히 단체는 국가정책에 찬성·반대하거나, 특정 정당이나 후보자의 주장과 우연히 일치하기만 하여도 정치적인 성격을 가진다고 볼 여지가 있다. 국가공무원법 조항은 가입 등이 금지되는 대상을 '정당이나 그 밖의 정치단체'로 규정하고 있으므로, 문언상 '정당'에 준하는 정치단체만을 의미하는 것이라고 해석하기도 어렵다. 단체의 목적이나 활동에 관한 어떠한 제한도 없는 상태에서는 '정치단체'와 '비정치단체'를 구별할 수 있는 기준을 도출할 수 없다. 공무원의 정치적 중립성 및 교육의 정치적 중립성의 보장이라는 위 조항의 입법목적을 고려하더라도, '정치적 중립성' 자체가 다원적인 해석이 가능한 추상적인 개념이기 때문에, 이에 대하여 우리 사회의 구성원들이 일치된 이해를 가지고 있다고 보기 어렵다. 이는 판단주체가 법전문가라 하여도 마찬가지이다. 그렇다면 위 조항은 명확성원칙에 위배되어 나머지 청구인들의 정치적 표현의 자유 및 결사의 자유를 침해한다.

국가공무원법 조항 중 '그 밖의 정치단체'에 관한 부분은 공무원의 정치적 중립성 및 교육의 정치적 중립성을 보장하기 위한 것이므로, 그 입법목적의 정당성이 인정된다. 그러나 위 조항은 위와 같은 입법목적과 아무런 관련이 없는 단체의 결성에 관여하거나 이에 가입하는 행위까지 금지한다는 점에서 수단의 적합성 및 침해의 최소성이 인정되지 않는다. 또한 위 조항은 국가공무원법 제2조 제2항 제2호의 교육공무원 가운데 초·중등교육법 제19조 제1항의 교원(이하 '교원'이라 한다)의 직무와 관련이 없거나 그 지위를 이용한 것으로 볼 수 없는 결성 관여행위 및 가입행위까지 전면적으로 금지한다는 점에서도 수단의 적합성 및 침해의 최소성을 인정할 수 없다. 공무원의 정치적 중립성은 국민 전체에 대한 봉사자의 지위에서 공직을 수행하는 영역에 한하여 요구되는 것이고, 교원으로부터 정치적으로 중립적인 교육을 받을 기회가 보장되는 이상, 교원이 기본권 주체로서 정치적 자유권을 행사한다고 하여 교육을 받을 권리가 침해된다거나 교육의 정치적 중립성이 훼손된다고 볼 수 없다. 교원이 사인의 지위에서 정치적 자유권을 행사하게 되면 직무수행에 있어서도 정치적 중립성을 훼손하게 된다는 논리적 혹은 경험적 근거는 존재하지 않는다. 공무원의 정치적 중립성 및 교육의 정치적 중립성에 대한 국민의 신뢰는 직무와 관련하여 또는 그 지위를 이용하여 정치적 중립성을 훼손하는 행위를 방지하기 위한 감시와 통제 장치를 마련함으로써 충분히 담보될 수 있다. 위 조항이 교원에 대하여 정치단체의 결성에 관여하거나 이에 가입하는 행위를 전면적으로 금지함으로써 달성할 수 있는 공무원의 정치적 중립성 및 교육의 정치적 중립성은 명백하거나 구체적이지 못한 반면, 그로 인하여 교원이 받게 되는 정치적 표현의 자유 및 결사의 자유에 대한 제약과 민주적 의사형성과정의 개방성과 이를 통한 민주주의의 발전이라는 공익에 발생하는 피해는 매우 크므로, 위 조항은 법익의 균형성도 갖추지 못하였다. 위 조항은 과잉금지원칙에 위배되어 나머지 청구인들의 정치적 표현의 자유 및 결사의 자유를 침해한다.

이 사건에서 헌법재판소는 교원이 정치단체의 결성에 관여하거나 이에 가입하는 행위를 금지한 국가공무원법 조항 중 '그 밖의 정치단체'에 관한 부분은 헌법에 위반된다고 판단한 반면, 교원이 정당의 결성에 관여하거나 이에 가입하는 행위를 금지한 정당법 조항 및 국가공무원법 조항 중 '정당'에 관한 부분은 헌법에 위반되지 않는다고 판단하였다. 국가공무원법 조항 중 '그 밖의 정치단체'에 관한 부분은 명확성원칙에 위배된다는 재판관 3인의 의견, 명확성원칙 및 과잉금지원칙에 위배된다는 재판관 3인의 의견에 따라 위헌결정을 하였다.

정당법 조항 및 국가공무원법 조항 중 '정당'에 관한 부분은 국가공무원이 정당의 발기인 및 당원이 되는 것을 금지하는 것이 헌법에 위반되지 않는다고 판단한 헌재 2004.3.25. 2001헌마710 결정 및 헌재 2014.3.27. 2011헌바42 결정을 그대로 유지하였다.

사립학교 교원인 청구인의 심판청구는 청구기간이 도과되었다는 이유로 각하되어, 교육공무원인 청구인들의 심판청구에 대하여만 본안 판단이 이루어졌다.

311

사회복무요원이 정당이나 그 밖의 정치단체에 가입하는 등 정치적 목적을 지닌 행위를 금지한 병역법 제33조 제2항 본문 제2호 중 '그 밖의 정치단체에 가입하는 등 정치적 목적을 지닌 행위'에 관한 부분이 위헌인지 여부: 적극[위헌] (헌재 2021.11.25. 2019헌마534)

사건개요

청구인은 2019.3.11. 사회복무요원으로 소집되어 ○○시립도서관 등에서 근무하는 사람으로, 사회복무요원의 정치적 목적을 지닌 행위를 금지하는 병역법 제33조 제2항 본문 제2호 등이 청구인의 기본권을 침해한다고 주장하며, 2019.5.22. 이 사건 헌법소원심판을 청구하였다.

▶ 심판대상

병역법(2013.6.4. 법률 제11849호로 개정된 것)

제33조 【사회복무요원의 연장복무 등】 ② 사회복무요원이 다음 각 호의 어느 하나에 해당하는 경우에는 경고처분하되, 경고처분 횟수가 더하여질 때마다 5일을 연장하여 복무하게 한다. 다만, 제89조의3 각 호의 어느 하나에 해당하는 사람의 경우에는 복무기간을 연장하지 아니한다.
　2. 정당이나 그 밖의 정치단체에 가입하는 등 정치적 목적을 지닌 행위를 한 경우

사회복무요원 복무관리 규정(2013.12.19. 병무청훈령 제1158호로 개정된 것)

제27조 【정치행위 금지 등】 법 제33조 제2항 제2호에 따른 "정당이나 그 밖의 정치단체에 가입하는 등 정치적 목적을 지닌 행위"란 다음 각 호의 어느 하나에 해당하는 경우를 말한다.
　1. 시위(1인 시위를 포함한다)운동을 기획·조직·지휘하거나 이에 참가 또는 원조하는 행위

▶ 이유의 요지

1. 이 사건 관리규정에 대한 심판청구의 적법 여부: 소극

행정규칙은 원칙적으로 헌법소원의 대상이 아니나, 되풀이 시행되어 행정기관이 그 규칙에 따라야 할 자기구속을 당하게 되는 경우 예외적으로 헌법소원의 대상이 될 수 있다. 그런데 행정규칙에 해당하는 이 사건 관리규정이 되풀이 시행되었다고 인정할 자료가 없으므로, 이에 대한 심판청구는 부적법하다.

2. 이 사건 법률조항 중 '정당'에 관한 부분: 합헌

이 부분의 입법목적은 사회복무요원의 정치적 중립성을 유지하고 업무전념성을 보장하기 위한 것으로 정당하며, 사회복무요원의 정당가입을 금지하는 것은 입법목적을 달성하는 적합한 수단이다.

어떤 정치적 표현행위가 직무 내의 것인지 직무 외의 것인지 구분하기 어려운 경우가 많고, 설사 구분이 가능해도 이를 통해 국민들은 사회복무요원의 정치적 입장을 알 수 있게 된다. 따라서 사회복무요원의 정당가입을 허용하되 직무시간 내의 직무와 관련된 정치적 표현행위만을 금지하는 방법은 기본권을 최소한도로 침해하는 입법대안이 될 수 없다.

사회복무요원이 '정당의 당원이 된다'는 정치적 행위를 금지하고 있을 뿐이므로, 정당에 대한 지지의사를 개인적인 자리에서 밝히는 등 일정한 범위 내의 정당 관련활동은 사회복무요원에게도 허용된다. 또한 사회복무요원은 그 복무기간에 한하여 정당가입이 금지될 뿐 복무를 완료하면 다시 정당가입이 허용되므로, 이 부분으로 인하여 청구인의 기본권이 과도하게 침해된다고 볼 수 없고, 이로 인해 제한되는 사회복무요원의 사익보다 사회복무요원의 정치적 중립성 유지 및 업무전념성이라는 공익이 더 크므로 법익의 균형성에도 위배되지 않는다.

3. 이 사건 법률조항 중 '그 밖의 정치단체에 가입하는 등 정치적 목적을 지닌 행위'에 관한 부분: 위헌

(1) 재판관 이석태, 김기영, 이미선의 위헌의견

① 명확성원칙 위배 여부

이 사건 법률조항은 형벌의 구성요건을 규정하는 법률조항이고, 청구인의 정치적 표현의 자유 및 결사의 자유를 제한하므로, 엄격한 기준의 명확성원칙에 부합하여야 한다.

민주주의 국가에서 국가 구성원의 모든 사회적 활동은 '정치'와 관련된다. 특히단체는 국가정책에 찬성·반대하거나, 특정 정당이나 후보자의 주장과 우연히 일치하기만 하여도 정치적인 성격을 가진다고 볼 여지가 있다. 이 사건 법률조항은 가입 등이 금지되는 대상을 '정당이나 그 밖의 정치단체'로 규정하고 있으므로, 문언상 '정당'에 준하는 정치단체만을 의미하는 것이라고 해석하기도 어렵다. 단체의 목적이나 활동에 관한 어떠한 제한도 없는 상태에서는 '정치단체'와 '비정치단체'를 구별할 수 있는 기준을 도출할 수 없다.

이 사건 법률조항은 '정치적 목적을 지닌 행위'의 의미를 개별화·유형화 하지 않으며, 앞서 보았듯 '그 밖의 정치단체'의 의미가 불명확하므로 이를 예시로 규정하여도 '정치적 목적을 지닌 행위'의 불명확성은 해소되지 않는다. 그렇다면 이 부분은 명확성원칙에 위배된다.

② 과잉금지원칙 위배 여부

정치적 목적을 지닌 행위를 금지함으로써 사회복무요원의 정치적 중립성을 유지하며 업무전념성을 보장하고자 하는 이 부분의 입법목적은 정당하나, 사회복무요원의 정치적 중립성 보장과 아무런 관련이 없는 단체에 가입하는 등의 사회적 활동까지 금지하므로 수단의 적합성이 인정되지 않는다.

사회복무요원의 정치적 목적을 지닌 행위를 금지하는 것이 정당한지를 판단하기 위해서는, 이들의 복무형태와 수행하는 업무의 특성, 소속 기관에서 갖는 지위와 권한 등을 종합적으로 고려하여, 실제로 이들이 자신들의 지위와 권한을 남용함으로써 정치적 중립성을 훼손할 가능성이 있는지를 면밀히 따져보아야 한다.

사회복무요원은 민간영역인 사회복지시설에서 근무하거나, 국가기관 등 공적 영역에서 근무하는 경우에도 행정업무 지원 등 단순 업무가 대부분이다. 그렇다면 사회복무요원이 자신들의 지위와 권한을 남용할 우려가 있다고 보기 어렵고, 직무를 통하여 얻은 정보를 정치에 활용하거나 부하직원을 동원하거나 자신의 정치성향에 유리한 방향으로 직무를 집행할 가능성이 있다고 보기도 어렵다. 따라서 사회복무요원에 대하여 정치적 목적을 지닌 행위를 허용하더라도 정치적 중립성을 훼손할 위험이 있다고 보기 어려우므로, 이를 전면적으로 금지하는 것은 그 정당성이 인정될 수 없어 침해의 최소성에 위배된다. 나아가 사회복무요원의 정치적 목적을 지닌 행위를 전면적으로 금지하는 이 부분으로 인하여 침해되는 사익이 위 공익에 비하여 결코 가볍다고 볼 수 없으므로, 법익의 균형성에도 위반된다. 따라서 이 부분은 과잉금지원칙에 위배된다.

(2) 재판관 유남석, 이영진, 문형배의 위헌의견

이 부분은, '그 밖의 정치단체' 및 '정치적 목적을 지닌 행위'라는 불명확한 개념을 사용하고 있어, 표현의 자유를 규제하는 법률조항, 형벌의 구성요건을 규정하는 법률조항에 대하여 헌법이 요구하는 명확성원칙의 엄격한 기준을 충족하지 못하였다. 이에 대하여는, (1) 재판관 이석태, 재판관 김기영, 재판관 이미선의 위헌의견 중 '명확성원칙 위배 여부' 부분과 의견을 모두 같이 한다. 덧붙여, 이 부분은 어떤 단체에 가입하는가에 관한 집단적 형태의 표현의 '내용'에 근거한 규제이므로, 더욱 규제되는 표현의 개념을 명확하게 규정할 것이 요구된다. 그럼에도 위 조항은 '그 밖의 정치단체' 및 '정치적 목적을 지닌 행위'라는 불명확한 개념을 사용하여, 수범자에 대한 위축효과와 법 집행 공무원이 자의적으로 판단할 위험을 야기하고 있다. 이 부분이 명확성원칙에 위배되어 헌법에 위반되는 점이 분명한 이상, 과잉금지원칙에 위배되는지 여부에 대하여는 더 나아가 판단하지 않는다.

▶ 결정의 의의

1. 이 사건에서 헌법재판소는 이 사건 법률조항 중 '그 밖의 정치단체에 가입하는 등 정치적 목적을 지닌 행위'에 관한 부분은 헌법에 위반된다고 판단한 반면, 같은 조항 중 '정당'에 관한 부분은 헌법에 위반되지 않는다고 판단하였다.

2. 이 사건 법률조항 중 '그 밖의 정치단체에 가입하는 등 정치적 목적을 지닌 행위'에 관한 부분은 명확성원칙에 위배된다는 재판관 3인의 의견, 명확성원칙 및 과잉금지원칙에 위배된다는 재판관 3인의 의견에 따라 위헌결정을 하였다.

312

공무원이 감봉의 징계처분을 받은 경우 일정기간 승진임용을 제한하는 국가공무원법이 공무담임권을 침해하는지 여부: 소극[기각] (헌재 2022.3.31. 2020헌마211)

비위공무원에 대한 징계를 통해 불이익을 줌으로써 공직기강을 바로 잡고 공무수행에 대한 국민의 신뢰를 유지하고자 하는 공익은 제한되는 사익 이상으로 중요하다고 할 수밖에 없다. 게다가 공무원이 징계처분을 받은 후 직무수행상 공적으로 포상 등을 받은 경우 승진임용 제한기간을 단축 또는 면제할 수 있는 등(국가공무원법 제80조 제6항 단서) 제한되는 사익은 경우에 따라 경감될 수 있어 이 사건 승진조항에 따른 불이익은 완화될 여지가 있다. 이 사건 승진조항은 과잉금지원칙을 위반하여 청구인의 공무담임권을 침해하지 않는다.

착신전환 등을 통한 중복 응답 등 범죄로 100만원 이상의 벌금형의 선고를 받은 사람은 지방의원직에서 퇴직하도록 한 것이 공무담임권을 침해하는지 여부: 소극[기각] (헌재 2022.3.31, 2019헌마986)

대상 범죄인 착신전환 등을 통한 중복 응답 등 범죄는 선거의 공정성을 직접 해하는 범죄로, 위 범죄로 형사처벌을 받은 사람이라면 지방자치행정을 민주적이고 공정하게 수행할 것이라 볼 수 없다. 입법자는 100만원 이상의 벌금형 요건으로 하여 위 범죄로 지방의회의원의 직에서 퇴직할 수 있도록 하는 강력한 제재를 선택한 동시에 퇴직 여부에 대하여 법원으로 하여금 구체적 사정을 고려하여 판단하게 하였다. 당선무효, 기탁금 등 반환, 피선거권 박탈만으로는 퇴직조항, 당선무효, 기탁금 등 반환, 피선거권 박탈이 동시에 적용되는 현 상황과 동일한 정도로 공직에 대한 신뢰를 제고하기 어렵다. 퇴직조항으로 인하여 지방자치의원의 직에서 퇴직하게 되는 사익의 침해에 비하여 선거에 관한 여론조사의 결과에 부당한 영향을 미치는 행위를 방지하고 선거의 공정성을 담보하며 공직에 대한 국민 또는 주민의 신뢰를 제고한다는 공익이 더욱 중대하다. 퇴직조항은 청구인들의 공무담임권을 침해하지 아니한다.

'아동에게 성적 수치심을 주는 성희롱 등의 성적 학대행위로 형을 선고받아 그 형이 확정된 사람은 부사관으로 임용될 수 없도록 한 것'이 공무담임권을 침해하는지 여부: 적극[헌법불합치] (헌재 2022.11.24, 2020헌마1181)

1. 공무담임권 침해 여부: 적극

심판대상조항은 공직에 대한 국민의 신뢰를 확보하고 아동의 건강과 안전을 보호하기 위한 것으로서, 그 입법목적이 정당하다. 아동에 대한 성희롱 등의 성적 학대행위로 인하여 형을 선고받아 확정된 사람을 공직에 진입할 수 없도록 하는 것은 위와 같은 입법목적 달성에 기여할 수 있으므로, 수단의 적합성도 인정된다.
그러나 심판대상조항은 아동과 관련이 없는 직무를 포함하여 모든 일반직공무원 및 부사관에 임용될 수 없도록 한다. 또한, 심판대상조항은 영구적으로 임용을 제한하고, 아무리 오랜 시간이 경과하더라도 결격사유가 해소될 수 있는 어떠한 가능성도 인정하지 않는다. 아동에 대한 성희롱 등의 성적 학대행위로 형을 선고받은 경우라고 하여도 범죄의 종류, 죄질 등은 다양하므로, 개별 범죄의 비난가능성 및 재범 위험성 등을 고려하여 상당한 기간 동안 임용을 제한하는 덜 침해적인 방법으로도 입법목적을 충분히 달성할 수 있다. 따라서 심판대상조항은 과잉금지원칙에 위반되어 청구인의 공무담임권을 침해한다.

2. 헌법불합치결정과 계속 적용

심판대상조항을 구체적으로 어떻게 합헌적으로 조정할 것인지는 원칙적으로 입법자의 형성재량에 속하므로, 입법자가 여러 정책적 대안을 숙고하고 충분한 사회적 합의를 거쳐 위헌성을 해소할 수 있도록 하기 위하여, 심판대상조항에 대하여 헌법불합치결정을 선고하되 2024.5.31.을 시한으로 입법자가 개정할 때까지 계속 적용하도록 한다.

국가공무원이 피성년후견인이 된 경우 당연퇴직되도록 한 국가공무원법 제69조 제1호 중 제33조 제1호 가운데 '피성년후견인'에 관한 부분이 공무담임권을 침해하는지 여부: 적극[위헌] (헌재 2022.12.22. 2020헌가8)

▶ 심판대상

국가공무원법(2021.1.12. 법률 제17894호로 개정된 것)

제69조 【당연퇴직】 공무원이 다음 각 호의 어느 하나에 해당할 때에는 당연히 퇴직한다.

　1. 제33조 각 호의 어느 하나에 해당하는 경우

제33조 【결격사유】 다음 각 호의 어느 하나에 해당하는 자는 공무원으로 임용될 수 없다.

　1. 피성년후견인

▶ 이유의 요지

1. 제한되는 기본권

심판대상조항은 피성년후견인을 당연퇴직사유로 규정하여 공무원의 신분을 박탈하고 있으므로, 공무담임권을 제한한다.

2. 과잉금지원칙 위반 여부: 적극

심판대상조항은 직무수행의 하자를 방지하고 국가공무원제도에 대한 국민의 신뢰를 보호하기 위한 것으로서, 그 입법목적이 정당하다. 이러한 목적을 달성하기 위해 정신적 제약으로 사무를 처리할 능력이 지속적으로 결여되어 성년후견이 개시된 국가공무원을 개시일자로 퇴직시키는 것은, 수단의 적합성도 인정된다.

현행 국가공무원법은 정신상의 장애로 직무를 감당할 수 없는 국가공무원에 대하여 임용권자가 최대 2년(공무상 질병 또는 부상은 최대 3년)의 범위 내에서 휴직을 명하도록 하고(제71조 제1항 제1호, 제72조 제1호), 휴직 기간이 끝났음에도 직무에 복귀하지 못하거나 직무를 감당할 수 없게 된 때에 비로소 직권면직 절차를 통하여 직을 박탈하도록 하고 있다(제70조 제1항 제4호). 위 조항들을 성년후견이 개시된 국가공무원에게 적용하더라도 심판대상조항의 입법목적을 달성할 수 있다. 이러한 대안에 의할 경우 국가공무원이 피성년후견인이 되었다 하더라도 곧바로 당연퇴직되는 대신 휴직을 통한 회복의 기회를 부여받을 수 있고, 이러한 절차적 보장에 별도의 조직이나 시간 등 공적 자원이 필요한 것도 아니다.

결국 심판대상조항과 같은 정도로 입법목적을 달성하면서도 공무담임권의 침해를 최소화할 수 있는 대안이 있으므로, 심판대상조항은 침해의 최소성에 반한다.

당연퇴직은 공무원의 법적 지위가 가장 예민하게 침해받는 경우이므로 공익과 사익간의 비례성 형량에 있어 더욱 엄격한 기준이 요구되고, 심판대상조항이 달성하고자 하는 공익은 우리 헌법상 사회국가원리에 입각한 공무담임권 보장과 조화를 이루는 정도에 한하여 중요성이 인정될 수 있다.

그런데 심판대상조항은 성년후견이 개시되지는 않았으나 동일한 정도의 정신적 장애가 발생한 국가공무원의 경우와 비교할 때 사익의 제한 정도가 과도하고, 성년후견이 개시되었어도 정신적 제약을 회복하면 후견이 종료될 수 있고, 이 경우 법원에서 성년후견 종료심판을 하고 있다는 사실에 비추어 보아도 사익의 제한 정도가 지나치게 가혹하다.

또한 심판대상조항처럼 국가공무원의 당연퇴직사유를 임용결격사유와 동일하게 규정하려면 국가공무원이 재직 중

쌓은 지위를 박탈할 정도의 충분한 공익이 인정되어야 하나, 이 조항이 달성하려는 공익은 이에 미치지 못한다. 따라서 심판대상조항은 침해되는 사익에 비하여 지나치게 공익을 우선한 입법으로서, 법익의 균형성에 위배된다. 결국 심판대상조항은 과잉금지원칙에 반하여 공무담임권을 침해한다.

316

> 아동·청소년이용음란물임을 알면서 이를 소지한 죄로 형을 선고받아 그 형이 확정된 사람은 국가공무원법상의 일반직공무원으로 임용될 수 없도록 한 것이 공무담임권을 침해하는지 여부: 적극[헌법불합치] (헌재 2023. 6.29, 2020헌마1605)

심판대상조항은 아동·청소년과 관련이 없는 직무를 포함하여 모든 일반직공무원에 임용될 수 없도록 하므로, 제한의 범위가 지나치게 넓고 포괄적이다. 또한, 심판대상조항은 영구적으로 임용을 제한하고, 결격사유가 해소될 수 있는 어떠한 가능성도 인정하지 않는다. 그런데 아동·청소년이용음란물소지죄로 형을 선고받은 경우라고 하여도 범죄의 종류, 죄질 등은 다양하므로, 개별 범죄의 비난가능성 및 재범 위험성 등을 고려하여 상당한 기간 동안 임용을 제한하는 덜 침해적인 방법으로도 입법목적을 충분히 달성할 수 있다. 따라서 심판대상조항은 과잉금지원칙에 위배되어 청구인들의 공무담임권을 침해한다.

다만, 이 조항들의 위헌성을 해소하는 구체적인 방법은 입법자가 논의를 거쳐 결정해야 할 사항이므로 이 조항들에 대하여 헌법불합치결정을 선고하되 2024.5.31.을 시한으로 입법자가 개정할 때까지 계속 적용을 명하기로 한다.

관련판례

> '아동에게 성적 수치심을 주는 성희롱 등의 성적 학대행위로 형을 선고받아 그 형이 확정된 사람은 국가공무원법 제2조 제2항 제1호의 일반직공무원으로 임용될 수 없도록 한 것'에 관한 부분 등에 관한 부분이 청구인의 공무담임권을 침해하는지 여부: 적극[헌법불합치] (헌재 2022.11.24, 2020헌마1181)

심판대상조항은 아동과 관련이 없는 직무를 포함하여 모든 일반직공무원 및 부사관에 임용될 수 없도록 하므로, 제한의 범위가 지나치게 넓고 포괄적이다. 또한, 심판대상조항은 영구적으로 임용을 제한하고, 결격사유가 해소될 수 있는 어떠한 가능성도 인정하지 않는다. 아동에 대한 성희롱 등의 성적 학대행위로 형을 선고받은 경우라고 하여도 범죄의 종류, 죄질 등은 다양하므로, 개별 범죄의 비난가능성 및 재범 위험성 등을 고려하여 상당한 기간 동안 임용을 제한하는 덜 침해적인 방법으로도 입법목적을 충분히 달성할 수 있다. 따라서 심판대상조항은 과잉금지원칙에 위배되어 청구인의 공무담임권을 침해한다.

317

국민동의조항과 그 위임을 받아 청원서를 제출하기 위한 구체적인 절차로서 국민의 찬성·동의를 받는 기간과 그 인원수 등을 규정한 국회청원심사규칙 제2조의2 제2항 중 '등록일부터 30일 이내에 100명 이상의 찬성을 받고' 부분 및 구 국회청원심사규칙 제2조의2 제3항(이하 위 세 조항들을 합하여 '국민동의법령조항들'이라 한다)이 청원권을 침해하는지 여부: 소극[기각] (헌재 2023.3.23, 2018헌마460)

국민동의법령조항들은 의원소개조항에 더하여 추가적으로 국민의 동의를 받는 방식으로 국회에 청원하는 방법을 허용하면서 그 구체적인 요건과 절차를 규정하고 있는 것으로, 청원권의 구체적인 입법형성에 해당한다. 국민동의법령조항들이 청원서의 일반인에 대한 공개를 위해 30일 이내에 100명 이상의 찬성을 받도록 한 것은 일종의 사전동의제도로서, 중복게시물을 방지하고 비방, 욕설, 혐오표현, 명예훼손 등 부적절한 청원을 줄이며 국민의 목소리를 효율적으로 담아내고자 함에 그 취지가 있다. 다음으로, 청원서가 일반인에게 공개되면 그로부터 30일 이내에 10만 명 이상의 동의를 받도록 한 것은 국회의 한정된 심의 역량과 자원의 효율적 배분을 고려함과 동시에, 일정 수준 이상의 인원에 해당하는 국민 다수가 관심을 갖고 동의하는 의제가 논의 대상이 되도록 하기 위한 것이다. 국회에 대한 청원은 법률안 등과 같이 의안에 준하여 위원회 심사를 거쳐 처리되고, 다른 행정부 등 국가기관과 달리 국회는 합의제 기관이라는 점에서 청원 심사의 실효성을 확보할 필요성 또한 크다. 이와 같은 점에서 국민동의법령조항들이 설정하고 있는 청원찬성·동의를 구하는 기간 및 그 인원수는 불합리하다고 보기 어렵다. 따라서 국민동의법령조항들은 입법재량을 일탈하여 청원권을 침해하였다고 볼 수 없다.

318

약식명령의 고지대상자 및 정식재판 청구권자에서 형사피해자를 제외한 형사소송법 조항이 재판절차진술권을 침해하는지 여부: 소극[기각] (헌재 2019.9.26, 2018헌마1015)

" 사건개요 ,,

청구인은 위증죄의 고소인인바, 검사와 피고소인이 정식재판을 청구하지 않아 위증죄의 약식명령이 그대로 확정되자, 형사피해자에게 약식명령을 고지하지 않고 정식재판청구권도 인정하지 않는 형사소송법 제452조 및 제453조 제1항이 형사피해자의 재판절차진술권을 침해한다고 주장하면서, 2018.10.11. 이 사건 헌법소원심판을 청구하였다.

▶ 심판대상

형사소송법(1954.9.23. 법률 제341호로 제정된 것)
제452조 【약식명령의 고지】 약식명령의 고지는 검사와 피고인에 대한 재판서의 송달에 의하여 한다.
제453조 【정식재판의 청구】 ① 검사 또는 피고인은 약식명령의 고지를 받은 날로부터 7일 이내에 정식재판의 청구를 할 수 있다. 단, 피고인은 정식재판의 청구를 포기할 수 없다.

▶ 결정주문

이 사건 심판청구를 모두 기각한다.

▶ 이유의 요지

1. 이 사건 고지조항에 관한 판단 – 재판절차진술권 침해 여부: 소극

형사피해자는 약식명령을 고지받지 않으나, 형사피해자는 신청을 하는 경우 형사사건의 진행 및 처리 결과에 대한 통지를 받을 수 있고, 고소인인 경우에는 신청 없이도 검사가 약식명령을 청구한 사실을 알 수 있다. 또한, 형사피해자는 법원이나 수사기관에 자신의 진술을 기재한 진술서나 탄원서 등을 제출하는 등 의견을 밝힐 수 있는 기회를 가질 수 있다.

또한, 약식명령은 경미하고 간이한 사건을 대상으로 하기 때문에, 대부분 범죄사실에 다툼이 없는 경우가 많고, 형사피해자도 이미 범죄사실을 충분히 인지하고 있어, 범죄사실에 대한 별도의 확인 없이도 얼마든지 법원이나 수사기관에 의견을 제출할 수 있으며, 직접 범죄사실의 확인을 원하는 경우에는 소송기록의 열람·등사를 신청하는 것도 가능하므로, 형사피해자가 약식명령을 고지받지 못한다고 하여 형사재판절차에서의 참여기회가 완전히 봉쇄되어 있다고 볼 수 없다. 따라서 이 사건 고지조항은 형사피해자의 재판절차진술권을 침해하지 않는다.

2. 이 사건 정식재판청구조항에 관한 판단 – 재판절차진술권 침해 여부: 소극

형사피해자에게 정식재판청구권을 인정하게 된다면 공공의 이익을 위하여 실현되어야 할 형벌권을 형사피해자의 사적 응보관념에 의존하게 만들어 형벌의 목적에 부합하지 않을 뿐만 아니라, 남소로 인한 법원의 업무량 폭증으로 본래 약식절차를 도입함으로써 달성하고자 하였던 신속한 재판과 사법자원의 효율적인 배분을 통한 국민의 재판청구권 보장이라는 목적을 저해할 위험도 있다.

약식절차에서는 수사기관에서 한 형사피해자의 진술조서가 형사기록에 편철되어 오는 것이 보통이고, 형사피해자는 자신의 진술을 기재한 진술서나 탄원서 등을 법원에 제출함으로써 재판절차에 참여할 기회를 가지며, 법관은 약식명령으로 하는 것이 적당하지 않다고 인정하는 경우 정식재판절차에 회부할 수도 있으므로, 약식명령이 청구되었다고 하여 형사피해자의 공판정에서의 진술권이 완전히 배제되는 것은 아니다. 따라서 이 사건 정식재판청구조항은 형사피해자의 재판절차진술권을 침해하지 않는다.

319

만취 여성 감금 사건 [인용] (헌재 2021.11.25. 2021헌마78)

" 사건개요 "

청구인은 사건 당시 20대 후반의 여성이고, 피의자는 50대 후반의 남성이며 서로 모르는 사이다. 피의자는 2020.9.22. 04:30경 대구 달서구 소재 식당 앞 노상에서 만취하여 쭈그려 앉은 청구인을 발견하고 자신이 운행하던 차량을 정차한 뒤, 청구인을 부축하여 위 차량 조수석에 태웠다. 그 후 피의자는 약 1.1킬로미터를 운행하였고, 운행 도중 정신이 돌아와 하차하려고 하는 청구인의 상체를 눌러 앉혀 나가지 못하게 하였다. 피의자는 차량을 정차시킨 후 청구인의 얼굴을 잡고 강제로 키스를 1회 하였다. 신고를 받고 출동한 경찰차가 04:50경 피의자의 차량 앞에 도착하자 청구인은 울면서 조수석에서 뛰쳐나와 "도와주세요, 저 이 사람 모르는 사람이에요."라고 소리쳤고, 피의자는 경찰에 현행범으로 체포되었다.

피청구인은 피의자가 청구인을 차량에 탑승시킬 때 물리적인 강제력의 행사가 없었다는 등의 이유를 들어 피의자의 감금 혐의를 부정하여 불기소처분을 하였고, 청구인은 위 불기소처분이 자신의 행복추구권과 재판절차진술권을 침해하였다고 주장하면서 그 취소를 구하는 이 사건 헌법소원심판을 청구하였다.

▶ 결정주문

피청구인이 2020.10.28. 대구지방검찰청 서부지청 2020년 형제24199호 사건에서 피의자 강덕희에 대하여 한 불기소처분은 청구인의 평등권과 재판절차진술권을 침해한 것이므로 이를 취소한다.

1. 만취한 청구인을 차량에 태우고 운행한 행위가 감금에 해당하는지 여부: 적극

감금죄는 사람의 행동의 자유를 그 보호법익으로 하여 사람이 특정한 구역에서 나가는 것을 불가능하게 하거나 또는 심히 곤란하게 하는 죄로서 이와 같이 사람이 특정한 구역에서 나가는 것을 불가능하게 하거나 심히 곤란하게 하는 그 장해는 물리적·유형적 장해뿐만 아니라 심리적·무형적 장해에 의하여서도 가능하고, 또 감금의 본질은 사람의 행동의 자유를 구속하는 것으로 행동의 자유를 구속하는 그 수단과 방법에는 아무런 제한이 없어서 유형적인 것이거나 무형적인 것이거나를 가리지 아니하며, 감금에 있어서의 사람의 행동의 자유의 박탈은 반드시 전면적이어야 할 필요도 없다(대판 2000.2.11, 99도5286 판결 참조)[4].

피의자는 청구인이 만취하여 걸어갈 때부터 차량을 도로에 정차하여 한참동안 청구인이 비틀거리며 걷는 모습을 지켜보다가 청구인이 쭈그려 앉자 잠시 후 하차하였다. 피의자는 청구인에게 다가가 잠시 말을 건넨 후 청구인을 뒤에서 양 겨드랑이에 양 손을 넣어 일으켜 세워 부축하여 차량으로 데리고 갔다. 피의자가 청구인을 부축하여 차량으로 가는 동안 청구인의 몸이 뒤로 넘어가 있는 등 의식을 잃은 것으로 보이고, 피의자는 청구인을 들어 조수석에 탑승시킨 후 조수석 쪽으로 상체를 숙여 밀어 넣고 상당한 시간 동안 청구인의 자세를 정돈하였으며, 차 밖으로 나와 있는 청구인 다리를 들어 차 안으로 넣기도 했다.

이러한 사실을 종합하면, 피의자는 청구인의 동의를 얻지 않고 그 의사에 반하여 청구인을 차량에 탑승시킨 것이 인정되며, 이처럼 피의자가 만취한 청구인을 그 의사에 반하여 차량에 탑승시켜 운행한 행위는 감금의 구성요건에 해당한다. 이와 달리, 피청구인은 피의자가 청구인을 차량에 탑승시킬 때 물리적인 강제력의 행사가 없었다는 이유를 들어 감금죄의 성립을 부정하였으나, 이는 사람의 행동의 자유를 구속하는 수단과 방법에 아무런 제한을 두지 않는 감금죄의 법리를 오해한 데에서 기인한 판단으로 보인다.

한편, 피의자는 일관하여 '청구인을 귀가시키기 위하여 청구인의 동의하에 차량에 태우고 청구인이 말해 준 청구인의 집 쪽으로 운행하였다'는 취지로 진술한다. 그러나 청구인은 이미 몸을 가누지 못할 정도로 만취하여 탑승 동의 여부를 말하기 어려운 상태였다. 또한 피의자의 진술에 따르더라도 피의자는 청구인의 정확한 집 주소를 모르는 채 청구인을 일단 차에 태운 것이고, 청구인의 집과 정반대 방향으로 차량을 운행하여 가다가 정차 중 경찰에 검거되었다. 만취하여 길가에 쭈그려 앉아 있는 여성을 일면식도 없는 사람이 목적지도 모르는 상태에서 무작정 차량에 태워 운행하는 것이 당사자의 동의를 기대할 수 있는 행위라거나 사회통념상 용인되는 행위라고 보기 어렵다. 따라서 청구인의 귀가를 도우려고 했다는 등으로 변명하며 감금의 고의를 부정하는 피의자의 진술은 사건 전후 정황에 부합하지 않으며 경험칙에 반하여 믿기 어렵다.

2. 청구인의 하차 시도를 제지한 행위가 감금에 해당하는 여부: 적극

피의자는 '청구인이 차량 운행 중 내리려고 하자 위험해서 이를 제지한 것일 뿐이고, 이후 곧바로 차를 세우고 시동을 끄고 청구인에게 갈 테면 가라고 말했다'는 취지로 진술한다. 그리고 정차 후 청구인이 담배를 달라고 하여 차량 안에서 서로 담배를 피웠다고 주장한다.

피의자가 정차 후 곧바로 청구인의 턱을 강하게 잡고 입맞춤을 하는 등 강제추행하였다는 점, 피의자는 강제추행의 고의를 인정한 종전 진술이 있음에도 거짓말을 하며 부인하다가 추궁을 당하자 범의를 인정한 점, 피의자는 차량에 탑승시킨 경위에 대해서도 청구인이 스스로 걸어가 차량에 탑승하였다는 등 사실과 배치되는 진술로 일관한 점에 비추어 보면, 하차 제지행위가 청구인의 위험을 방지하기 위한 것이었다거나 하차 제지 후 청구인이 자유롭게 하차하도록 할 의도가 있었다는 피의자의 진술은 믿기 어렵다. 또한 정차 후 청구인이 먼저 피의자에게 담배를 달라고 하여 서로 담배를 피웠다는 것은 '모르는 남자와 단둘이 밀폐된 공간인 차량 안에 있다는 사실을 인지한 후 생명의 위협을 느꼈다'는 청구인의 진술과도 맞지 않고 경험칙상 납득하기 어렵다. 따라서 피의자가 청구인의 하차를 제지하고 차량에서 빠져나가지 못하게 한 일련의 행위가 감금죄의 위법성을 조각하는 정당행위에 해당한다고 볼 수 없다.

---

4) 승용차로 피해자를 가로막아 승차하게 한 후 피해자의 하차 요구를 무시한 채 당초 목적지가 아닌 다른 장소를 향하여 시속 약 60km 내지 70km의 속도로 진행하여 피해자를 차량에서 내리지 못하게 한 행위는 감금죄에 해당하고, 피해자가 그와 같은 감금상태를 벗어날 목적으로 차량을 빠져 나오려다가 길바닥에 떨어져 상해를 입고 그 결과 사망에 이르렀다면 감금행위와 피해자의 사망 사이에는 상당인과관계가 있다고 할 것이므로 감금치사죄에 해당한다.

▶ **결정의 의의**

이 결정은, 감금의 수단에는 아무런 제한이 없고 반드시 물리적인 강제력이 필요한 것이 아니므로, 만취한 사람을 그 의사에 반하여 차량에 탑승시켜 운행한 행위도 감금죄를 구성할 수 있다는 점을 확인하였다. 위와 같은 감금죄의 법리에 입각하여 볼 때, 이 사건 수사기록을 통해 확인할 수 있는 사실관계만으로도 피의자의 감금 혐의를 충분히 인정할 수 있다는 이유로 피청구인의 불기소처분을 취소한 사안이다.

320

공탁규칙 제20조 제2항 제5호 사건 [각하] (헌재 2021.8.31. 2019헌마516)

▶ **판시사항**

1. 형사재판에서 사실·법리·양형과 관련하여 피고인이 자신에게 유리한 주장과 자료를 제출할 기회를 보장하는 것이 헌법이 보장한 '공정한 재판을 받을 권리'의 보호영역에 포함되는지 여부: 적극
2. '피고인인 공탁자'가 형사공탁을 할 때 '피해자인 피공탁자'의 성명·주소·주민등록번호를 기재하도록 한 공탁규칙 제20조 제2항 제5호 중 '피고인인 공탁자'에 관한 부분(이하 '심판대상조항'이라 한다)이 피고인의 공정한 재판을 받을 권리를 침해하는지 여부: 소극

▶ **결정요지**

1. 형사소송에서 피고인이 자신을 방어하기 위하여 형사절차의 진행과정과 결과에 적극적으로 영향을 미칠 수 있도록 그에 필요한 절차적 권리를 보장하는 것은 공정한 재판을 받을 권리의 내용이 된다. 형사재판에서 일반적으로 피고인이 자신을 방어하기 위하여 유리한 주장과 자료를 제출하는 영역은 대부분 '사실오인, 법리오해, 양형부당' 중 하나에 해당하기 마련이고, 이러한 사유들은 모두 대표적인 항소이유에 해당된다. 그러므로 형사재판에 있어 '사실, 법리, 양형'과 관련하여 피고인이 자신에게 유리한 주장 및 자료를 제출할 수 있는 기회를 보장하는 것은, 헌법이 보장한 '공정한 재판을 받을 권리'의 보호영역에 포함된다.
2. 변제공탁을 함에 있어 피공탁자를 지정할 의무는 공탁자에게 있다. 공탁관은 공탁서에 기재된 사항에 대해 형식적 심사권만을 가질 뿐이므로, 입법자가 공탁자로 하여금 피공탁자를 특정하기 위한 인적사항을 기재하도록 한 것은 공탁절차의 효율적 운용을 위한 필요하고 효과적인 방법이다. 특히 형사공탁은 피해자가 합의를 원하지 않을 때 이루어지는 피고인의 일방적 행위인바, 양형감경을 원하는 피고인의 의사를 존중하여 피공탁자의 인적사항 기재에 관한 특례를 형사공탁에 인정할 것인지, 또는 양형감경을 원하지 않는 피해자의 의사를 존중하여 형사공탁에서도 일반 공탁과 동일한 인적사항 기재를 요구할 것인지는, 범죄예방 및 피해회복을 위한 형사정책적 측면 등을 고려하여 입법형성재량에 맡겨져 있는 사항이다. 이러한 점을 고려하면 형사공탁에서도 피공탁자의 특정을 일반 공탁제도와 동일하게 정하고 있는 심판대상조항은, 입법형성권의 한계를 일탈하여 피고인의 공정한 재판을 받을 권리를 침해하지 아니한다.

채무자 회생 및 파산에 관한 법률 사건 [합헌, 각하] (헌재 2021.7.15, 2018헌바484)

▶ 판시사항

1. 변경회생계획인가결정에 대한 재항고심에서, 변경회생계획인가결정에 대한 즉시항고가 변경회생계획의 수행에 영향을 미치지 아니한다고 정한 '채무자 회생 및 파산에 관한 법률'(이하 '채무자회생법'이라 한다) 제282조 제3항 중 제247조 제3항 본문을 준용하는 부분(이하 '항고효과조항'이라 한다)이 재판의 전제성이 있는지 여부: 소극

2. 변경회생계획의 인가 여부에 대한 재판의 방식을 '결정'으로 정한 채무자회생법 제282조 제2항 본문 중 제242조 제1항을 준용하는 부분 가운데 '결정'에 관한 부분(이하 '재판방식조항'이라 한다)이 청구인들의 재판청구권을 침해하거나 평등원칙에 위배되는지 여부: 소극

3. 변경회생계획인가결정에 대한 불복방식을 '즉시항고'로 정한 채무자회생법 제282조 제3항 중 제247조 제1항 본문을 준용하는 부분(이하 '불복방식조항'이라 한다)이 청구인들의 재판청구권을 침해하거나 평등원칙에 위배되는지 여부: 소극

▶ 결정요지

1. 변경회생계획인가결정에 대한 즉시항고가 변경회생계획의 수행에 영향을 미치지 아니한다고 정한 항고효과조항은 변경회생계획인가결정의 위법 여부를 심리하는 당해 사건의 재판에 적용되는 것이라고 볼 수 없고, 항고효과조항의 위헌 여부에 따라 당해 사건을 담당한 법원이 다른 내용의 재판을 하게 되는 경우라고 할 수 없으므로, 재판의 전제성이 인정되지 아니한다.

2. 재판의 방식을 구체적으로 어떻게 정할 것인지는 입법자의 광범위한 형성의 자유에 속하는 사항이다. 채권자 일반의 이익을 위하여 채무자에게 재기의 기회를 주고 채권채무관계를 집단적으로 해결하는 회생절차 본연의 의의·목적·기능과 공익적·정책적 필요성의 측면, 신속하고 원활한 절차 진행을 통한 다수 이해관계인의 권리관계 안정화 필요성, 비송사건으로서의 성질을 가지는 회생절차의 특수성 등을 종합적으로 고려하여 변경회생계획의 인가 여부에 대한 재판의 방식을 '결정'으로 정한 재판방식조항은 청구인들의 재판청구권을 침해한다고 볼 수 없다. 나아가 위와 같은 사정을 종합하여 보면, 변경회생계획의 인가 여부에 대한 재판의 방식을 민사소송법상 이송신청, 기피신청 등 소송절차에 관한 신청이나 지급명령신청, 민사집행법상 가압류·가처분신청 등에 대한 재판방식과 동일하게 '결정'으로 정한 데에는 합리적인 이유가 있으므로, 재판방식조항은 평등원칙에 위배된다고 볼 수 없다.

3. 결정으로써 한 법원의 재판에 대한 불복절차를 판결절차로 할 것인지, 아니면 결정절차로 할 것인지는 입법자의 광범위한 형성의 자유에 속하는 사항이다. 민사소송법상 항고는 결정에 대한 원칙적인 불복신청 방법인 점, 항고심은 속심적 성격을 가지고 회생절차에는 직권탐지주의가 적용되므로 변경회생계획인가결정에 대하여 즉시항고를 제기한 경우 항고심법원으로서는 심문을 연 때에는 심문종결시까지, 심문을 열지 아니한 때에는 결정 고지시까지 제출된 모든 자료를 토대로 1심 결정 혹은 항고이유의 당부를 판단하여야 하는 점을 고려하면, 변경회생계획인가결정에 대한 불복의 방식으로 '항고'의 방식을 선택한 불복방식조항은 청구인들의 재판청구권을 침해한다고 볼 수 없다. 나아가 변경회생계획의 인가 여부에 대한 재판의 성질에 비추어 볼 때, 이에 대한 불복절차에서 대립당사자를 전제로 변론절차를 진행하는 것은 그 본질에 부합한다고 보기 어려워 그 불복방식을 통상의 결정에 대한 불복방식과 동일하게 '항고'로 정한 데에는 합리적인 이유가 있으므로, 불복방식조항은 평등원칙에 위배된다고 볼 수 없다.

소송기록에 의하여 청구가 이유 없음이 명백한 때 법원이 변론 없이 청구를 기각할 수 있도록 규정한 소액사건 심판법 제9조 제1항(이하 '심판대상조항'이라 한다)이 재판청구권을 침해하거나 평등원칙에 위배되는지 여부: 소극[합헌] [헌재 2021.6.24, 2019헌바133 · 170(병합)]

소액사건은 소액사건심판법이 절차의 신속성과 경제성에 중점을 두어 규정한 심리절차의 특칙에 따라 소송당사자가 소송절차를 남용할 가능성이 다른 민사사건에 비하여 크다고 할 수 있는바, 심판대상조항은 소액사건에서 남소를 방지하고 이러한 소송을 신속히 종결하고자 필요적 변론원칙의 예외를 규정하였다. 심판대상조항에 의하더라도 남소로 판단되는 사건의 구두변론만이 제한될 뿐 준비서면, 각종 증거방법을 제출할 권리가 제한되는 것은 아니고 법관에 의한 서면심리가 보장되며 구두변론을 거칠 것인지 여부를 법원의 판단에 맡기고 있으므로 심판대상조항이 재판청구권의 본질적 내용을 침해한다고 볼 수 없다.

심판대상조항은 입법자가 민사재판 절차에서 요구되는 이상인 적정 · 공평 · 신속 · 경제라는 법익과 사법자원의 적정한 배분 등 여러 법익을 두루 형량하여 구두변론원칙의 예외를 규정한 것이고, 이러한 법익 형량이 자의적이거나 현저하게 불합리하다고 볼 수 없으므로 청구인들의 재판청구권을 침해하거나 평등원칙에 위배된다고 볼 수 없다.

19세 미만 성폭력범죄 피해자의 진술이 수록된 영상물에 관하여 조사과정에 동석하였던 신뢰관계인 등이 그 성립의 진정함을 인정한 경우 이를 증거로 할 수 있도록 정한, '성폭력범죄의 처벌 등에 관한 특례법' 제30조 제6항이 공정한 재판받을 권리를 침해하여 위헌인지 여부: 적극[위헌] (헌재 2021.12.23, 2018헌바524)

사건개요

청구인은 위력으로 13세 미만의 피해자를 수차례 추행하였다는 등의 범죄사실로, 1심 및 항소심 법원에서 각 유죄 판결(징역 6년 등)을 선고받았다. 청구인은 1심에서 '각 영상녹화 CD에 수록된 위 피해자의 진술'에 관하여 증거부동의하였으나, 1심 법원은 신뢰관계인들에 대한 증인신문 등을 거쳐 이를 유죄의 증거로 사용하였고, 항소심 법원도 이를 유죄의 증거로 하였다. 그 과정에서 위 증거의 원진술자인 위 피해자에 대한 증인신문은 이뤄지지 않았다.

이에 청구인은 상고하였고, 상고심 계속 중 증거능력의 특례를 규정한 '성폭력범죄의 처벌 등에 관한 특례법'(이하 '성폭력처벌법'이라 한다) 조항 등에 관하여 위헌법률심판제청신청을 하였다. 청구인은 위 제청신청이 기각되자, 2018.12.27. 이 사건 헌법소원심판을 청구하였다.

2024 해커스경찰 신동욱 경찰헌법 최신 3개년 판례집

성폭력범죄의 처벌 등에 관한 특례법(2012.12.18. 법률 제11556호로 전부개정된 것)

제30조【영상물의 촬영·보존 등】⑥ 제1항에 따라 촬영한 영상물에 수록된 피해자의 진술은 공판준비기일 또는 공판기일에 피해자나 조사과정에 동석하였던 신뢰관계에 있는 사람 또는 진술조력인의 진술에 의하여 그 성립의 진정함이 인정된 경우에 증거로 할 수 있다.

관련조항

성폭력범죄의 처벌 등에 관한 특례법(2012.12.18. 법률 제11556호로 전부개정된 것)

제30조【영상물의 촬영·보존 등】① 성폭력범죄의 피해자가 19세 미만이거나 신체적인 또는 정신적인 장애로 사물을 변별하거나 의사를 결정할 능력이 미약한 경우에는 피해자의 진술 내용과 조사과정을 비디오녹화기 등 영상물 녹화장치로 촬영·보존하여야 한다.

▶ 이유의 요지

1. 목적의 정당성 및 수단의 적합성

심판대상조항의 목적은 '19세 미만 성폭력범죄 피해자'(이하 '미성년 피해자'라 한다)가 증언과정에서 받을 수 있는 2차 피해를 막기 위한 것으로 그 정당성이 인정된다. 그리고 심판대상조항이 조사과정에 동석하였던 신뢰관계인 등의 성립인정 진술이 있는 경우에도 영상물에 수록된 미성년 피해자 진술의 증거능력이 인정될 수 있도록 하여 위 피해자에 대한 법정에서의 조사와 신문을 최소화할 수 있도록 한 것은, 일응 이러한 목적 달성에 기여할 수 있다 할 것이므로, 수단의 적합성도 인정된다.

2. 피해의 최소성

미성년 피해자가 받을 수 있는 2차 피해를 방지하는 것은, 성폭력범죄에 관한 형사절차를 형성함에 있어 결코 포기할 수 없는 중요한 가치라 할 것이나 그 과정에서 피고인의 공정한 재판을 받을 권리 역시 보장되어야 한다. 따라서 형사절차에서 미성년 피해자 보호를 위한 규정을 마련함에 있어서는, 피고인에게 공격·방어 방법을 적절히 보장하면서도 미성년 피해자의 2차 피해를 방지할 수 있는 조화적인 방법을 강구할 때에만 비로소 기본권 제한입법에 요구되는 피해의 최소성 요건에 부합할 수 있을 것이다.

그런데 성폭력범죄의 특성상 영상물에 수록된 미성년 피해자 진술이 사건의 핵심 증거인 경우가 적지 않고, 이러한 진술증거에 대한 탄핵의 필요성이 인정됨에도 심판대상조항은 그러한 주요 진술증거의 왜곡이나 오류를 탄핵할 수 있는 효과적인 방법인 피고인의 반대신문권을 보장하지 않고 있으며, 이를 대체할 만한 수단도 마련하고 있지 못하다. 즉, 영상물에 수록된 미성년 피해자의 진술은, 범행과정 등을 촬영한 영상증거가 아니라, 수사과정에서 피고인의 참여 없이 이루어진 미성년 피해자의 답변을 녹화한 진술증거이다. 그러므로 영상물이 제공할 수 있는 제한적인 정보 및 그 형성과정 등을 고려할 때, 영상물이 미성년 피해자의 진술 장면을 그대로 재현할 수 있다 하더라도, 그러한 사정만으로 위 증거가 반대신문을 통한 검증의 필요성이 적은 증거방법이라 할 수 없고, 위 영상물의 내용을 바탕으로 한 탄핵만으로 피고인의 반대신문권의 역할을 대체하기에도 일정한 한계가 존재할 수밖에 없다. 또한, 조사과정에 동석하였던 신뢰관계인 등은 범행과정 등을 직접 경험하거나 목격한 사람이 아니므로, 그에 대한 반대신문은 원진술자에 대한 반대신문을 대체하는 수단으로는 제대로 기능할 수 없다. 나아가 심판대상조항에도 불구하고, 법원이 제반 사정을 고려하여 피고인 등의 신청이나 직권으로 미성년 피해자를 증인으로 소환할 여지가 있기는 하다. 그러나 이러한 증인신청이 반드시 받아들여진다거나 이미 자신의 진술에 증거능력을 부여받은 미성년 피해자가 법정에 출석하리라는 보장이 없으므로, 피고인은 여전히 자신이 탄핵하지 못한 진술증거에 의하여 유죄를 인정받을 위험에 놓이게 된다. 따라서 위와 같은 사정을 근거로 피고인의 반대신문권이 보장되고 있다고 볼 수는 없다.

위에서 본 사정을 종합할 때, 심판대상조항에 의하여 피고인은 사건의 핵심적인 진술증거에 관하여 충분히 탄핵할 기회를 갖지 못한 채 유죄 판결을 받을 수 있게 되므로, 그로 인한 피고인의 방어권 제한의 정도는 매우 중대하다. 그에 비하여, 다음에서 살피는 바와 같이 미성년 피해자에 대한 피고인의 반대신문권을 보장하면서도 증언과정에서 발생할 수 있는 미성년 피해자의 2차 피해를 방지할 수 있는 조화적인 방법을 적극적으로 활용함으로써 심판대상조항의 목적을 충분히 달성할 수 있다. 우선, 미성년 피해자는 증언과정에서 고통스러운 범죄 경험에 대한 반복적 회상과 진술로 인하여 2차 피해를 받을 수 있는데, 성폭력범죄 사건 수사의 초기단계에서부터 증거보전절차를 적극적으로 실시함으로써 피고인에게 반대신문 기회를 부여하면서도 미성년 피해자의 반복진술로 인한 2차 피해를 적절히 방지할 수 있다. 즉, 미성년 피해자는 자신의 피해사실과 피의자(피고인) 측의 반대신문 등에 관하여 사건 초기에 '증언'함으로써 법원의 판단에 필요한 증거를 충분히 제공할 수 있다. 이를 통해 미성년 피해자는 공판단계에서 증거능력이나 피고인의 탄핵에 대한 답변 등을 위해 갑작스레 증인으로 소환되어 반복진술해야 하는 불필요한 위험을 피할 수 있고, 수사단계에서도 피의자(피고인)의 주장을 확인하기 위하여 자칫 반복적인 조사를 받게 되는 어려움을 최소화할 수 있다.

또한, 입법자는 증언과정에서 미성년 피해자에게 발생할 수 있는 다양한 2차 피해를 고려하여, 피고인의 반대신문권을 보장하면서도 이를 방지할 수 있는 여러 증인지원제도들을 마련하고 있다. 즉, 신상정보나 사생활 노출 위험 방지를 위해 심리의 비공개, 피해자의 신상정보의 누설 방지 등을 위한 제도를 두고 있고, 법정 환경 및 피고인과의 대면 등으로 인한 충격 등을 방지하기 위하여 피고인의 퇴정, 비디오 등 중계장치에 의한 증인신문제도 등을 마련하고 있다. 특히, 비디오 등 중계장치에 의한 증인신문제도의 경우, 피해자가 법정 외에 마련된 증언실에 출석하여 중계장치를 통해 증언하게 되므로, 나이 어린 피해자가 법정에 출석하거나 피고인을 직접 대면할 필요도 없게 된다. 나아가, 피해자가 반대신문과정에서 받을 수 있는 고통을 방지하기 위하여, 신뢰관계인 동석제도, 진술조력인제도, 피해자 변호사제도 등도 마련하고 있다. 피고인 측이 정당한 방어권의 범위를 넘어 피해자를 위협하고 괴롭히거나 인격적으로 모욕하는 등의 반대신문은 금지되며, 재판장은 구체적 신문 과정에서 증인을 보호하기 위해 소송지휘권을 행사할 수 있다.

심판대상조항처럼 피고인의 원진술자에 대한 반대신문권 행사 자체를 배제하는 방식으로 미성년 피해자를 보호하는 것은 그 재판결과를 피고인에게 설득할 수 없을 뿐만 아니라, 실체적 진실의 발견도 위협할 수 있다. 이러한 점을 고려할 때, 피고인의 반대신문권 배제로 인한 문제에서 자유로울 수 없는 심판대상조항에 안주하기 보다는 앞서 살핀 제도들을 적극 활용하고 그 역량을 강화해 나가는 것이 미성년 피해자에 대한 공백 없는 보호를 위해서도 더 나은 대안이 될 수 있다.

위와 같은 사정들을 종합할 때, 피고인의 반대신문권을 보장하면서도 미성년 피해자를 보호할 수 있는 조화적인 방법을 상정할 수 있음에도, 영상물의 원진술자인 미성년 피해자에 대한 피고인의 반대신문권을 실질적으로 배제하여 피고인의 방어권을 과도하게 제한하는 심판대상조항은 피해의 최소성 요건을 갖추지 못하였다.

3. 법익의 균형성

우리 사회에서 성폭력범죄의 피해자가 겪게 되는 심각한 피해를 고려할 때 신체적·정신적으로 성인에 비하여 취약할 수 있는 미성년 피해자의 2차 피해를 방지하는 것이 중요한 공익에 해당함에는 의문의 여지가 없다. 그러나 심판대상조항으로 인하여 피고인의 방어권이 제한되는 정도가 중대하고, 미성년 피해자의 2차 피해를 방지할 수 있는 여러 조화적인 대안들이 존재함은 앞서 살핀 바와 같다. 이러한 점들을 고려할 때, 심판대상조항이 달성하려는 공익이 제한되는 피고인의 사익보다 우월하다고 쉽게 단정하기는 어렵다. 따라서 심판대상조항은 법익의 균형성 요건도 갖추지 못하였다.

4. 결론

심판대상조항은 과잉금지원칙을 위반하여 청구인의 공정한 재판을 받을 권리를 침해한다.

아동 · 청소년의 성보호에 관한 법률 제3조 등 위헌소원(성폭력범죄 피해아동 영상녹화물 사건) [합헌] (헌재 2013.12.26, 2011헌바108)

▶ 판시사항

동석한 신뢰관계인의 성립인정의 진술만으로 성폭력 피해아동의 진술이 수록된 영상녹화물의 증거능력을 인정할 수 있도록 규정한 구 '아동 · 청소년의 성보호에 관한 법률'(2010.4.15. 법률 제10260호로 개정되고, 2012.2.1. 법률 제11287호로 개정되기 전의 것) 제18조의2 제5항 중 "제1항부터 제3항까지의 절차에 따라 촬영한 영상물에 수록된 피해자의 진술은 공판준비 또는 공판기일에 조사과정에 동석하였던 신뢰관계에 있는 자의 진술에 의하여 그 성립의 진정함이 인정된 때에는 증거로 할 수 있다."는 부분(이하 '증거능력 특례조항'이라 한다)이 적법한 절차에 따라 공정한 재판을 받을 권리를 침해하는지 여부: 소극

▶ 결정요지

증거능력 특례조항의 입법목적은, 성폭력범죄 피해아동이 법정에서 반복하여 피해경험을 진술함으로써 입을 수 있는 심리적 · 정서적 외상과 충격으로부터 피해아동을 보호하려는 것으로서 그 정당성이 인정되고, 성폭력 피해아동의 영상녹화물에 신뢰관계인의 성립인정의 진술만으로 증거능력을 부여하여 피해아동에 대한 법정에서의 조사와 신문을 최소화한 것은 이러한 목적을 달성하기 위한 적절한 수단이 된다. 법원은 실체적 진실 발견과 피해아동의 보호를 포함한 제반 사정을 고려하고 관련된 이익을 비교하여 피해아동을 피고인 및 변호인의 신청 또는 직권으로 증인으로 소환하여 신문할 수 있고, 이 경우 피고인 및 변호인은 참여권과 신문권 등이 보장된다. 또한 성폭력범죄 피해아동에 대하여는, 거칠고 낯선 법정에서의 반대신문보다는 사건 초기의 생생한 기억 속에서 이루어진 진술을 영상녹화의 방법으로 왜곡 없이 온전하게 보전한 다음, 이를 아동진술전문가나 심리학자 등으로 하여금 전문적 · 과학적 방법으로 분석하게 하여 그 신빙성을 검증하는 것이 실체적 진실의 발견에 더욱 효과적일 수 있다. 피고인으로 하여금 진술 당시 동석한 신뢰관계인에 대한 신문이나 진술과정을 그대로 녹화한 영상녹화물에 대한 전문적, 과학적 방법에 의한 탄핵을 통하여 자신을 방어할 수 있게 하는 효과적인 대체수단이 존재하고, 구체적인 사건에서 피해아동의 보호와 실체적 진실발견 등 제반 요소를 고려한 법원의 개별적 판단에 따라 피해아동에 대한 반대신문권을 행사할 수 있는 기회도 여전히 남아 있으므로, 증거능력 특례조항이 침해최소성 및 법익균형성의 원칙에 위배된다거나, 피해아동의 보호만을 앞세워 피고인의 방어권을 본질적으로 침해하고 있다고 볼 수 없다.

'교원, 사립학교법 제2조에 따른 학교법인 등 당사자'의 범위에 포함되지 않는 공공단체인 한국과학기술원의 총장이 교원소청심사결정에 대하여 행정소송을 제기할 수 없도록 한 것이 재판청구권을 침해하는지 여부: 소극
[합헌] (헌재 2022.10.27. 2019헌바117)

▶ 결정요지

이 사건 구법 조항은 공공단체인 한국과학기술원의 총장이 '교원이나 사립학교법 제2조에 따른 학교법인 또는 사립학교 경영자 등 당사자'에 포함되지 않아 교원소청심사결정에 불복하여 행정소송을 제기하지 못하도록 규정하고 있고(2019헌바117), 이 사건 신법 조항은 공공단체인 한국과학기술원의 총장 또는 공공단체인 광주과학기술원이 교원소청심사결정에 대하여 행정소송을 제기하지 못하도록 한 것은(2021헌마686, 2021헌마1557), 교원의 인사를 둘러싼 분쟁을 신속하게 해결하고 궁극적으로는 한국과학기술원 또는 광주과학기술원의 설립취지를 효과적으로 실현하기 위한 것이다.

교원의 신분보장을 둘러싼 재판상 권리구제절차를 어떻게 마련할 것인지는 당해 학교의 설립목적과 공공적 성격의 정도, 국가의 감독 수준 등을 두루 고려하여 정할 수 있는 것으로 입법정책의 문제이고, 교원 근로관계의 법적 성격에 의해서만 좌우된다고 보기 어렵다.

한국과학기술원 또는 광주과학기술원의 설립목적의 특수성과 그 목적을 달성하기 위한 국가의 관리·감독 및 재정지원, 사무의 공공성 내지 공익성 등을 고려할 때, 한국과학기술원 또는 광주과학기술원 교원의 신분을 국·공립학교의 교원의 그것과 동등한 정도로 보장하면서 한국과학기술원 교원의 임면권자이자 교원소청심사절차의 당사자인 한국과학기술원 총장이나 공공단체인 광주과학기술원이 교원소청심사결정에 대해 행정소송을 제기할 수 없도록 한 것을 두고 입법형성의 범위를 벗어났다고 보기 어렵다. 그렇다면 이 사건 구법 조항 또는 이 사건 신법 조항은 청구인의 재판청구권을 침해하여 헌법에 위반된다고 할 수 없다.

▶ 결정의 의의

1. 헌법재판소는 2006.2.23. 2005헌가7 등 결정에서 사립학교법인으로 하여금 교원소청심사결정에 대한 행정소송을 제기할 수 없도록 규정한 구 '교원지위향상을위한특별법' 제10조 제3항에 대해 학교법인과 그 소속 교원의 법률관계 및 불리한 처분이 사법적 법률행위로서의 성격을 지니고, 학교법인이 재심절차(현행 교원소청심사절차)에서 일방 당사자의 지위에 있음에도 교원과 달리 행정소송을 제기하지 못하게 함으로써 재판청구권 등을 침해한다는 취지로 위헌결정을 한 바 있다.

2. 이 사건은, 교원의 신분보장을 둘러싼 재판상 권리구제절차가 반드시 근로관계의 법적 성격에 의해서만 좌우되는 것은 아니며, 당해 학교의 설립목적과 공공적 성격의 정도, 국가의 감독 수준 등을 두루 고려하여 정할 수 있는 입법정책의 문제에 해당한다고 보면서, 2005헌가7 등 결정에서 사립학교법인에 대해 판단한 것과 달리, 공법인 형태로 국가의 출연으로 설립된 한국과학기술원이나 광주과학기술원의 경우, 한국과학기술원 총장이나 광주과학기술원에 교원소청심사결정에 대해 행정소송을 제기하지 못하도록 하더라도 재판청구권을 침해하는 것이 아님을 밝히고 있다.

행정소송에 관하여 변론을 종결할 때까지만 청구의 취지 또는 원인을 변경할 수 있도록 하는 것이 재판청구권을 침해하는지 여부: 소극[합헌] (헌재 2023.2.23. 2019헌바244)

▶ 판시사항

행정소송에 관하여 변론을 종결할 때까지만 청구의 취지 또는 원인을 변경할 수 있도록 하는 행정소송법 제8조 제2항 가운데 민사소송법 제262조 제1항 본문 중 '변론을 종결할 때까지' 부분을 준용하는 부분(이하 '심판대상조항'이라 한다)이 재판청구권을 침해하는지 여부: 소극

▶ 결정요지

청구의 변경을 광범위하게 허용할 경우 피고는 신속한 재판을 받을 권리의 침해와 변경된 청구에 대한 방어상의 부담도 받게 되므로, 입법자는 청구의 변경에 관하여 합리적인 범위 내에서 일정한 시적 제한을 설정할 필요가 있다. 원고는 변론종결시까지 소송목적의 달성을 위한 청구변경의 필요 여부와 내용 등에 관하여 숙고할 수 있고, 법원은 변론종결 시기를 결정함에 있어 사건의 내용, 난이도, 재판의 진행 경과 등을 반영하고 당사자의 의견도 청취하여 청구변경의 기회가 부당하게 박탈되지 않도록 타당성을 도모할 수 있다. 원고는 변론종결시까지 청구변경을 신청할 수 없었던 경우라도 변경하고자 하는 청구에 관하여 별도의 소를 제기할 수 있고, 항소심에서도 청구의 변경은 허용된다. 법원은 변론종결 후 청구의 변경도 소송절차의 현저한 지연을 초래하지 않고 분쟁의 해결에 도움이 된다면 재량으로 변론을 재개하여 심리할 수 있는바, 사건의 적정한 해결을 위한 합리적인 처리가 가능하다. 이러한 점들을 종합하여 보면 심판대상조항이 재판청구권을 침해한다고 볼 수 없다.

민사소송법 제451조 제1항 제6호 등 위헌소원 [합헌] (헌재 2023.6.29. 2020헌바519)

▶ 판시사항

1. 판결의 증거가 된 문서, 그 밖의 물건이 가벌성 있는 위조 또는 변조행위에 의한 것일 때를 재심사유로 규정한 민사소송법 제451조 제1항 제6호(이하 '재심사유조항'이라 한다)가 재판을 받을 권리를 침해하는지 여부: 소극

2. 판단누락을 이유로 한 재심의 제기기간인 '판결이 확정된 뒤 재심의 사유를 안 날부터 30일'을 불변기간으로 정한 민사소송법 제456조 제2항 중 '제451조 제1항 제9호'에 관한 부분(이하 '불변기간조항'이라 한다)이 재판을 받을 권리를 침해하는지 여부: 소극

1. 재심은 판결에 대한 불복방법의 하나인 점에서는 상소와 마찬가지라고 할 수 있지만, 상소와는 달리 재심은 확정 판결에 대한 불복방법이고 확정판결에 대한 법적 안정성의 요청은 미확정판결에 대한 그것보다 훨씬 크기 때문에 상소보다 더 예외적으로 인정되어야 한다. 그리고 어떤 사유를 재심사유로 정하여 재심을 허용할 것인가, 재심에 있어 제소기간을 둘 것인가 및 어떠한 종류의 소에 대한 확정판결의 재심에 제소기간을 둘 것인가 등은 모두 입 법자가 확정판결에 대한 법적 안정성, 재판의 신속·적정성, 법원의 업무부담 등을 고려하여 결정하여야 할 입법 정책의 문제이다.

   재심사유조항은 처벌의 대상이 되는 문서 등의 위조·변조행위에 영향을 받은 판결에 대해서는 법적 안정성을 유 지하여야 할 요청보다 그 판결을 바로잡아 구체적 정의를 실현하고 재판제도에 대한 국민의 신뢰를 유지하여야 한다는 요청이 더 크게 고려된 것이므로, 입법재량의 한계를 벗어나 재판을 받을 권리를 침해한다고 볼 수 없다.

2. 조속한 권리관계의 확정을 통한 종국판결의 법적 안정성을 유지하고, 확정판결을 받은 당사자의 법적 불안상태가 장기간 계속되는 것을 방지하기 위해서는 재심의 제기기간을 제한할 필요성이 있다. 민사소송법 제456조 제1항 의 재심기간은 당사자가 재심사유가 있음을 안 때로부터 개시되므로 이를 불변기간으로 정한다고 하여 당사자의 재판청구권 행사에 특별히 불이익한 영향을 미친다고 보기 어려운 점, 불변기간에 관해서는 소송행위의 추후보완 이 가능한 점 등을 종합하여 보면, 불변기간조항이 입법재량의 한계를 벗어나 재판을 받을 권리를 침해한다고 볼 수 없다.

327

민사소송법 제45조 제1항 중 '기피신청이 소송의 지연을 목적으로 하는 것이 분명한 경우'에 관한 부분(이하 '기피신청조항'이라 한다)이 각하하는 기간을 규정하지 않아 신속한 재판을 받을 권리를 침해하는지 여부: 소극
[합헌] (헌재 2023.3.23. 2020헌바149)

기피신청이 소송의 지연을 목적으로 하는 것이 분명한 경우에 일률적으로 적용되는 재판기간을 미리 법률로 정하게 되면, 경우에 따라서는 신속하고 공정한 재판이 되기보다는 오히려 재판의 졸속을 초래할 가능성도 있다. 더욱이 기 피신청조항은 구체적 사건의 특수성 등을 고려할 수 있도록 한 것일 뿐, 공정한 재판에 필요한 기간을 넘어 부당하 게 재판을 지연하는 것을 허용하는 취지는 아니다. 따라서 기피신청조항은 신속한 재판을 받을 권리를 침해하지 아 니한다.

군사법원 피고인의 비용보상청구권의 제척기간을 '무죄판결이 확정된 날부터 6개월'로 정한 구 군사법원법 제 227조의12 제2항이 재판청구권을 침해하는지 여부: 적극[위헌] (헌재 2023.8.31, 2020헌바252)

▶ 이유의 요지

1. 재판관 유남석, 김기영, 문형배, 이미선의 위헌의견 – 과잉금지원칙 위반 여부: ○

심판대상조항은 군사법원에서 무죄판결이 확정된 경우 피고인이 비용보상청구권을 '무죄판결이 확정된 날부터 6개월 이내'에 재판상 청구해야 한다고 정하면서, 비용보상청구권자의 재판청구권과 재산권을 제한하고 있다.

심판대상조항이 단기의 제척기간을 두어 보호하고자 하는 공익은 국가재정의 합리적 운영이다. 그런데 2014.12.30. 개정된 형사소송법이 비용보상청구권의 제척기간을 종전 '무죄판결이 확정된 날부터 6개월'에서 '무죄판결이 확정된 사실을 안 날부터 3년, 무죄판결이 확정된 때부터 5년'으로 개정하였으나, 이후 국가재정의 합리적인 운영이 저해되었다는 사정은 보이지 않는다. 따라서 심판대상조항의 제척기간을 합리적인 범위 내에서 장기로 규정하여도 국가재정의 합리적 운영을 저해하거나 그러한 위험을 초래한다고 볼 수 없다. 따라서 심판대상조항은 과잉금지원칙을 위반하여 비용보상청구권자의 재판청구권과 재산권을 침해한다.

2. 재판관 이은애, 이종석, 이영진, 정정미의 위헌의견

(1) 과잉금지원칙 위반 여부: ×

헌법재판소는 2015.4.30. 2014헌바408등 결정에서 심판대상조항과 동일하게 제척기간을 '무죄판결이 확정된 날부터 6개월'로 규정한 구 형사소송법 제194조의3 제2항이 과잉금지원칙에 위반되지 않는다고 판단하였다. 무죄판결 확정일로부터 6개월이라는 기간이 지나치게 짧다고 단정할 수 없으므로, 위 구 형사소송법 조항은 과잉금지원칙에 위배하여 비용보상청구권자의 재판청구권이나 재산권을 침해한다고 보기 어렵다는 것이 선례 결정의 요지이다.

심판대상조항은 무죄판결을 받아 비용보상청구권을 갖게 된 피고인이 군사법원법의 적용을 받는 자라는 차이가 있을 뿐, 위 구 형사소송법 조항과 그 내용이 동일한바, 이 사건에서 선례와 달리 판단할 만한 사정변경이나 이유를 찾기 어렵다.

(2) 평등원칙 위반 여부: ○

형사소송법상 비용보상청구권의 제척기간은 종전 '무죄판결이 확정된 날부터 6개월'에서 2014.12.30. 법률이 개정되면서 '무죄판결이 확정된 사실을 안 날부터 3년, 무죄판결이 확정된 때부터 5년'으로 개정된 반면, 군사법원법상 비용보상청구권의 제척기간은 심판대상조항에서 '무죄판결이 확정된 날부터 6개월'로 정하고 있다가, 청구인이 이 사건 심판청구를 한 후에야 2020.6.9. 법률이 개정되어 '무죄판결이 확정된 사실을 안 날부터 3년, 무죄판결이 확정된 날부터 5년'으로 개정되었다.

군사법원법이 적용되는 비용보상청구권자의 경우 비용보상에 관한 국가의 채무관계를 일찍 확정하여 국가재정을 합리적으로 운영해야 할 필요성이 더욱 요청된다고 보기 어렵고, 군사재판의 특수성이 적용될 영역도 아니므로, 양자를 달리 취급함에 있어서 객관적으로 납득할 만한 합리적인 이유를 찾아볼 수 없다.

따라서 심판대상조항은 군사법원법의 적용을 받는 비용보상청구권자를 형사소송법의 적용을 받는 비용보상청구권자에 비하여 자의적으로 다르게 취급하고 있으므로 평등원칙에 위반된다.

✎ 법정의견은 위헌이지만, 위헌의 이유에서는 차이가 있다는 점을 주의할 필요가 있다.
　재판관 유남석, 김기영, 문형배, 이미선의 위헌의견은 '과잉금지원칙'에 위반된다는 것이고, 재판관 이은애, 이종석, 이영진, 정정미의 위헌의견은 '평등원칙'에 위반된다는 것이다.

민사소송법 제456조 제1항 등 위헌소원 [합헌] (헌재 2023.9.26, 2020헌바258)

▶ 판시사항

1. 확정판결의 기초가 된 민사나 형사의 판결, 그 밖의 재판 또는 행정처분이 다른 재판이나 행정처분에 따라 바뀌어 당사자가 행정소송의 확정판결에 대하여 재심을 제기하는 경우, 재심제기기간을 30일로 정한 민사소송법을 준용하는 행정소송법 제8조 제2항 중 민사소송법 제456조 제1항 가운데 제451조 제1항 제8호에 관한 부분을 준용하는 부분(이하 '재심기간제한조항'이라 한다)이 재판청구권을 침해하는지 여부: 소극

2. 재심기간제한조항이 재심기간의 제한이 없는 형사소송 당사자에 대하여 행정소송 당사자를 차별하여 평등권을 침해하는지 여부: 소극

3. 재심기간제한조항이 민사소송과 마찬가지로 행정소송의 재심제기기간을 제한하여 행정소송 당사자의 평등권을 침해하는지 여부: 소극

4. 대리권의 흠 또는 민사소송법 제451조 제1항 제10호의 재심사유가 있는 경우 재심제기기간을 제한하지 않는 민사소송법 제457조를 행정소송에 준용하는 행정소송법 제8조 제2항 중 민사소송법 제457조를 준용하는 부분(이하 '재심기간제외조항'이라 한다)이 확정판결의 기초가 된 민사나 형사의 판결, 그 밖의 재판 또는 행정처분이 다른 재판이나 행정처분에 따라 바뀌어 재심을 제기하는 행정소송 당사자를 차별하여 평등권을 침해하는지 여부: 소극

▶ 결정요지

1. 재심기간제한조항은 종국판결의 법적 안정성을 유지하고 확정판결에 대한 제3자 및 공공의 신뢰를 보호하며 행정의 원활한 수행과 사법자원의 효율적인 분배를 추구하기 위하여 재심제기기간을 30일로 제한하고 있다. 이 기간은, 재심사유에 관하여 알게 된 당사자가 해당 판결에 중대한 하자가 있음을 충분히 알 수 있고, 그로부터 30일 이내에 재심의 소를 제기할 것인지를 충분히 숙고하고 준비할 수 있을 것이라는 점을 고려한 것으로, 현저히 단기라고 보기 어렵다. 당사자가 책임질 수 없는 사유로 재심제기기간을 지킬 수 없었던 경우 그 사유가 없어진 날부터 2주 이내에 추후보완하여 재심을 제기할 수 있다. 따라서 재심기간제한조항이 입법재량의 범위를 일탈하여 행정소송 당사자의 재판청구권을 침해한다고 볼 수 없다.

2. 국가형벌권을 실현하는 형사소송과, 행정작용의 적법성을 통제하고 사인에 대한 권리구제를 도모하며 공법상 법률관계에서 발생하는 분쟁을 합리적으로 조정하는 행정소송은 제도적 성격과 취지가 다르다. 형사소송 당사자와 행정소송 당사자를 달리 취급하는 데는 합리적 이유가 있어, 재심기간제한조항은 행정소송 당사자의 평등권을 침해하지 않는다.

3. 대립 당사자 간에 발생한 법률적 분쟁에 관하여 사실관계를 확정한 후 법을 해석·적용함으로써 분쟁을 해결한다는 절차적 측면에서 민사소송과 행정소송은 유사하다. 재심기간제한조항이 민사소송과 동일하게 재심제기기간을 30일로 정한 것이 행정소송 당사자의 평등권을 침해하지 않는다.

4. 대리권의 흠이 있거나 재심을 제기할 판결이 전에 선고한 확정판결에 어긋나는 경우 확정판결에 관여할 계기나 기회를 갖지 못한 당사자에게 확정판결의 효력이 미치도록 하는 것은 현저히 부당하고, 재심을 제기할 판결과 그 전에 선고된 확정판결이 서로 어긋나는 경우에는 상반되는 두 확정판결로 인해 법률관계를 확정할 수 없어 재심청구를 제한하는 것이 오히려 법적 안정성에 기여하기 어려운 경우이다. 반면, 판결의 기초가 된 민사나 형사의

판결, 그 밖의 재판 또는 행정처분이 다른 재판이나 행정처분에 따라 바뀌어 재심을 제기하는 경우 확정판결에 중대한 하자가 있기는 하나 재심사유가 발생한 뒤 기간의 제한이 없이 재심을 허용하게 되면 확정판결을 기초로 형성된 법률관계의 불안을 초래할 가능성이 없다고 단정할 수 없다. 재심기간제외조항은 판결의 기초가 된 민사나 형사의 판결, 그 밖의 재판 또는 행정처분이 다른 재판이나 행정처분에 따라 바뀌어 재심을 제기하는 행정소송 당사자의 평등권을 침해하지 않는다.

330

판결에 영향을 미칠 중요한 사항에 관하여 판단을 누락한 때에 해당함을 이유로 가사소송의 확정판결에 대하여 재심을 제기하는 경우, 재심제기기간을 30일로 정한 것이 재판청구권을 침해하는지 여부: 소극[합헌] (헌재 2023.9.26. 2020헌바481)

▶ 판시사항

1. 판결에 영향을 미칠 중요한 사항에 관하여 판단을 누락한 때에 해당함을 이유로 가사소송의 확정판결에 대하여 재심을 제기하는 경우, 재심제기기간을 30일로 정한 민사소송법 조항에 따르도록 하는 가사소송법 제12조 본문 중 민사소송법 제456조 제1항 가운데 제451조 제1항 제9호에 관한 부분(이하 '심판대상조항'이라 한다)이 재판청구권을 침해하는지 여부: 소극

2. 심판대상조항이 재심기간의 제한이 없는 형사소송 당사자에 대하여 가사소송 당사자를 차별하여 평등권을 침해하는지 여부: 소극

▶ 결정요지

1. 대심적 구조를 갖춘 절차에서 당사자 사이의 법률관계를 심리하고 이를 형성·확정하는 가사소송사건에 있어서, 조속히 권리관계를 확정하고, 종국판결의 법적 안정성을 유지하며, 이미 확정판결을 받은 당사자의 법적 불안상태가 장기간 계속되는 것을 방지함과 아울러 사법자원의 효율적인 분배를 추구하기 위하여 확정판결의 재심제기기간을 제한할 필요성이 있다.

   소송의 당사자가 재심대상판결을 선고받아 그 판결이 확정된 때는, 소송상 제출된 공격방어방법에 대한 검토를 마친 이후라 할 것이므로, 스스로 한 주장에 대한 판단이 누락된 것을 알았다면, 그로부터 30일 동안 재심의 소를 제기할 것인지 숙고하고 준비할 수 있을 것이다. 당사자가 책임질 수 없는 사유로 이 기간을 지킬 수 없었던 경우에는, 사유가 없어진 날부터 2주 안에 추후보완을 하여 재심의 소를 제기할 수 있다.

   심판대상조항이 30일을 재심제기기간을 정한 것이 입법재량을 일탈하여 가사소송 당사자의 재판청구권을 침해한다고 볼 수 없다.

2. 가사소송은 사법상 권리의무관계를 확정하거나 형성하는 것을 내용으로 한다. 소송 상대방과, 확정판결을 기초로 형성된 법률관계에 이해관계를 가지는 사람 등을 보호할 필요성이 있다는 점에서, 가사소송은 실체적 진실과 인권보장을 우선으로 하는 형사소송과는 제도의 성격과 취지가 구별된다. 형사소송법이 재심제기기간을 제한하지 않은 것과 달리 가사소송사건의 확정판결에 관하여 판단누락의 재심사유를 안 날부터 30일 이내로 재심제기기간을 제한한 것은 합리적 이유가 있으므로, 가사소송 당사자의 평등권을 침해하지 않는다.

331

긴급조치와 관련된 국가배상책임을 부인한 재판취소 사건 [기각, 각하] (헌재 2019.7.25, 2018헌마827)

" 사건개요 ,,

청구인들은 '국가안전과 공공질서의 수호를 위한 대통령긴급조치'(이하 '긴급조치'라 한다) 제9호 등을 위반하였다는 범죄사실로 유죄판결을 선고받아 그 판결이 확정된 사람들이다. 청구인들은 국가를 상대로 긴급조치 제9호 위반과 관련된 불법 수사 등으로 인한 손해의 배상을 구하는 소를 제기하였으나(서울중앙지방법원 2013가합 543239), 청구인 금○○는 '민주화운동 관련자 명예회복 및 보상 등에 관한 법률'(이하 '민주화보상법'이라 한다)에 따라 생활지원금을 지급받았으므로 권리보호이익이 없다는 이유로 청구인 금○○의 소는 각하되고 나머지 청구인들의 청구는 기각되었다.

이에 청구인들은 모두 항소를 거쳐 상고하였으나(대법원 2018다224385) 상고마저 기각되자, 2018.8.10. 위 2018다224385 판결의 취소 및 헌법재판소법 제68조 제1항 본문 중 '법원의 재판을 제외하고는' 부분의 위헌확인을 구하는 이 사건 헌법소원심판을 청구하였다.

▶ 심판대상

헌법재판소법(2011.4.5. 법률 제10546호로 개정된 것)

제68조【청구사유】① 공권력의 행사 또는 불행사(不行使)로 인하여 헌법상 보장된 기본권을 침해받은 자는 법원의 재판을 제외하고는 헌법재판소에 헌법소원심판을 청구할 수 있다. 다만, 다른 법률에 구제절차가 있는 경우에는 그 절차를 모두 거친 후에 청구할 수 있다.

▶ 이유의 요지

1. 이 사건 법률조항에 관한 판단: 기각

헌법재판소는 2016헌마33 결정에서, 헌법소원이 금지되는 '법원의 재판'에 재판소가 위헌으로 결정한 법령을 적용함으로써 국민의 기본권을 침해한 재판이 포함되는 것으로 해석하는 한 헌법에 위반된다는 결정을 선고하였고, 이로써 이 사건 법률조항은 위헌 부분이 제거된 나머지 부분으로 그 내용이 축소되었다. 따라서 이 사건 법률조항은 청구인들의 기본권을 침해하지 아니한다.

2. 이 사건 대법원 판결에 대한 판단: 각하

이 사건 대법원 판결은 긴급조치 제9호가 위헌이라고 하더라도 그에 따른 국가배상책임은 성립하지 않는다는 법리해석에 따라 국가의 책임을 부인한 판결일 뿐, 헌법재판소가 위헌으로 결정한 법령을 적용한 법원의 재판이 아니다. 따라서 이 사건 대법원 판결은 예외적으로 허용되는 재판소원의 대상이 될 수 없어 그에 대한 심판청구는 부적법하다.

▶ 결정의 의의

이 사건은 이 사건 법률조항이 헌법에 위반되지 아니하고, 긴급조치 발령 및 그에 수반한 불법행위에 대한 국가배상 책임을 부인한 대법원 판결이 헌법소원심판의 대상이 되는 예외적인 법원의 재판에 해당하지 아니한다는 헌재 2018.8.30, 2015헌마861 등 결정, 헌재 2019.2.28, 2016헌마56 결정 등의 입장을 재확인한 것이다.

또한 이 사건 대법원 판결 중 청구인 금○○에 관한 부분에 관한 판단은 헌법재판소가 법률조항에 대하여 위헌결정을 선고하였다고 할지라도 헌법재판소 결정 이전에 이미 대법원에서 상고가 기각되어 그 판결이 확정된 이상, 위헌결정의 소급효가 이미 확정된 재판에까지 미치는 것이 아니며, 위 법률조항을 적용한 재판이 헌법재판소가 위헌으로 결정하여 그 효력을 상실한 법률을 적용한 재판에 해당한다고도 볼 수 없다는 점을 명확히 하였다는 점에서 그 의미가 있다.

332

5 · 18민주화운동과 관련하여 재판상 화해 간주사유를 규정하고 있는 5 · 18보상법 조항에 관한 위헌제청 사건
[위헌] (헌재 2021.5.27, 2019헌가17)

❝ 사건개요 ❞

제청신청인들은 5 · 18민주화운동과 관련하여 구 '광주민주화운동 관련자 보상 등에 관한 법률'에 따라 설치된 광주민주화운동 관련자 보상심의위원회의 결정에 의해 대한민국으로부터 보상금, 의료지원금, 생활지원금(이하 '보상금 등'이라 한다) 및 기타 지원금을 지급받은 사람들이다. 또한 제청신청인들 중 일부는 이후 구 '5 · 18민주화운동 관련자 보상 등에 관한 법률'(이하 법명이 변경된 전후 법을 통칭하여 '5 · 18보상법'이라 한다)에 따라 설치된 5 · 18민주화운동 관련자 보상심의위원회의 결정에 따라 보상금을 추가 지급받았다.

제청신청인들은 2018.12.13. 대한민국을 상대로 군 수사관 등의 가혹행위 등 위법한 직무집행으로 인해 발생한 정신적 손해 등의 배상을 청구하는 소송을 제기하였고, 소송 계속 중 구 '광주민주화운동 관련자 보상 등에 관한 법률' 제16조 제2항에 대한 위헌법률심판제청을 신청하였다. 제청법원은 이를 받아들여 2019.5.28. 이 사건 위헌법률심판제청을 하였다.

▶ 심판대상

구 광주민주화운동 관련자 보상 등에 관한 법률(1990.8.6. 법률 제4266호로 제정되고, 2006.3.24. 법률 제7911호로 개정되기 전의 것)

제16조 【다른 법률에 의한 보상 등과의 관계 등】 ② 이 법에 의한 보상금 등의 지급결정은 신청인이 동의한 때에는 광주민주화운동과 관련하여 입은 피해에 대하여 민사소송법의 규정에 의한 재판상 화해가 성립된 것으로 본다.

구 5 · 18민주화운동 관련자 보상 등에 관한 법률(2006.3.24. 법률 제7911호로 개정되고, 2014.12.30. 법률 제12910호로 개정되기 전의 것)

제16조【다른 법률에 의한 보상 등과의 관계 등】② 이 법에 의한 보상금 등의 지급결정은 신청인이 동의한 때에는 5 · 18민주화운동과 관련하여 입은 피해에 대하여 민사소송법의 규정에 의한 재판상 화해가 성립된 것으로 본다.

▶ 이유의 요지

1. 제한되는 기본권 및 심사기준

헌법은 제23조 제1항에서 일반적 재산권을 규정하고 있으나, 제29조 제1항에서 국가배상청구권을 별도로 규정함으로써, 공무원의 직무상 불법행위로 손해를 받은 경우 국민이 국가에 대해 재산적 · 정신적 손해에 대한 정당한 배상을 청구할 수 있는 권리를 특별히 보장하고 있다. 심판대상조항은 보상심의위원회의 보상금 등 지급결정에 신청인이 동의한 때에는 5 · 18민주화운동과 관련하여 입은 피해에 대하여 민사소송법의 규정에 의한 재판상 화해가 성립된 것으로 간주하여, 국가배상청구권의 행사를 제한하고 있다. 따라서 심판대상조항이 기본권 제한입법의 한계인 헌법 제37조 제2항을 준수하였는지 여부, 즉 과잉금지원칙을 준수하고 있는지 여부를 살펴보아야 한다.

2. 과잉금지원칙 위반 여부: 적극

(1) 목적의 정당성 및 수단의 적합성

5 · 18보상법은 5 · 18민주화운동과 관련하여 사망하거나 행방불명된 사람 또는 상이를 입은 사람(이하 '관련자'라 한다)과 그 유족에 대한 적절한 명예회복과 보상을 통해 국민화합과 민주발전에 이바지하기 위하여 제정되었다. 심판대상조항은 그와 같은 전제에서 관련자와 그 유족이 보상심의위원회의 지급결정에 동의하여 적절한 보상을 받은 경우 보상금 등 지급절차를 신속하게 이행 · 종결시킴으로써 이들을 신속히 구제하고 보상금 등 지급결정에 안정성을 부여하기 위하여 도입된 것이므로, 그 입법목적의 정당성 및 수단의 적합성은 인정된다.

(2) 침해의 최소성

불법행위로 인한 손해배상청구의 소송물은 일반적으로 적극적 · 소극적 · 정신적 손해에 대한 배상청구로 분류된다. 그런데 5 · 18보상법 및 같은 법 시행령의 관련조항을 살펴보면, 적극적 · 소극적 손해에 대한 배상은 고려되고 있음에 반하여 정신적 손해배상에 상응하는 항목은 존재하지 아니하고, 보상심의위원회가 보상금 등 항목을 산정함에 있어 정신적 손해를 고려할 수 있다는 내용도 발견되지 않는다. 따라서 그러한 내용의 보상금 등 지급만으로 정신적 손해에 대한 적절한 배상이 이루어졌다고 보기는 어렵다. 그럼에도 불구하고 심판대상조항은 적극적 · 소극적 손해의 배상에 상응하는 보상금 등 지급결정에 동의하였다는 사정만으로 정신적 손해에 대해서까지 재판상 화해가 성립한 것으로 간주하고 있는바, 이는 국가배상청구권에 대한 과도한 제한으로서 침해의 최소성에 위반된다.

(3) 법익의 균형성

5 · 18보상법은 위와 같이 보상금 등 산정에 있어 정신적 손해에 대한 배상을 전혀·반영하지 않고 있으므로, 정신적 손해와 무관한 보상금 등을 지급한 다음 정신적 손해에 대한 배상청구마저 금지하는 것은 적절한 손해배상을 전제로 한 관련자의 신속한 구제와 지급결정에 대한 안정성 부여라는 공익에 부합하지 않는다. 뿐만 아니라, 그로 인해 제한되는 사익은 공무원의 직무상 불법행위로 인하여 입은 정신적 고통에 대해 적절한 배상을 받지 않았음에도 불구하고 그에 대한 손해배상청구권이 박탈되는 것으로서, 그 제한의 정도가 지나치게 크다. 그러므로 심판대상조항은 법익의 균형성에도 위반된다.

(4) 소결

이상과 같이 심판대상조항은 과잉금지원칙에 위반되어 관련자와 그 유족의 국가배상청구권을 침해한다.

3. 결론

심판대상조항은 헌법에 위반된다.

▶ **결정의 의의**

5·18보상법은 관련자와 그 유족의 신청이 있을 경우 보상심의위원회로 하여금 보상금 등 지급결정을 하도록 하되, 신청인이 그 지급결정에 동의한 때에는 5·18민주화운동과 관련하여 입은 피해(정신적 손해 포함)에 대하여 재판상 화해가 성립된 것으로 간주하고 있다(심판대상조항).

헌법재판소는 심판대상조항과 유사한 내용을 규정한 구 '민주화운동 관련자 명예회복 및 보상 등에 관한 법률' 조항에 대하여 일부 위헌결정을 선고한바 있는데(헌재 2018.8.30, 2014헌바180 등 결정), 이 결정도 같은 취지에서 국가배상청구권의 침해를 인정한 것이다.

333

특수임무수행자 등이 보상금 등의 지급결정에 동의한 때에는 특수임무수행 또는 이와 관련한 교육훈련으로 입은 피해에 대하여 재판상 화해가 성립된 것으로 보는 '특수임무수행자 보상에 관한 법률' 제17조의2 가운데 특수임무수행 또는 이와 관련한 교육훈련으로 입은 피해 중 '정신적 손해'에 관한 부분(이하 '심판대상조항'이라 한다)이 국가배상청구권 또는 재판청구권을 침해하는지 여부: 소극[합헌] (헌재 2021.9.30, 2019헌가28)

특수임무수행자보상심의위원회는 위원 구성에 제3자성과 독립성이 보장되어 있고, 보상금등 지급 심의절차의 공정성과 신중성이 갖추어져 있다. 특수임무수행자는 보상금 등 지급결정에 동의할 것인지 여부를 자유롭게 선택할 수 있으며, 보상금 등을 지급받을 경우 향후 재판상 청구를 할 수 없음을 명확히 고지받고 있다. 보상금 중 기본공로금은 채용·입대경위, 교육훈련여건, 특수임무종결일 이후의 처리사항 등을 고려하여 위원회가 정한 금액으로 지급되는데, 위원회는 음성적 모집 여부, 기본권 미보장 여부, 인권유린, 종결 후 사후관리 미흡 등을 참작하여 구체적인 액수를 정하므로, 여기에는 특수임무교육훈련에 관한 정신적 손해 배상 또는 보상에 해당하는 금원이 포함된다. 특수임무수행자는 보상금 등 산정과정에서 국가행위의 불법성이나 구체적인 손해 항목 등을 주장·입증할 필요가 없고 특수임무수행자의 과실이 반영되지도 않으며, 국가배상청구에 상당한 시간과 비용이 소요되는 데 반해 보상금 등 지급결정은 비교적 간이·신속한 점까지 고려하면, 특임자보상법령이 정한 보상금 등을 지급받는 것이 국가배상을 받는 것에 비해 일률적으로 과소 보상된다고 할 수도 없다. 따라서 심판대상조항이 과잉금지원칙을 위반하여 국가배상청구권 또는 재판청구권을 침해한다고 보기 어렵다.

긴급조치 제9호의 발령부터 적용·집행에 이르는 일련의 국가작용에 대한 국가배상책임이 인정되는지 여부:
적극[종전판례 변경] [대판 2022.8.30, 2018다212610(전합)]

1. 종전 대법원 판례

대법원 2014.10.27. 선고 2013다217962 판결은, 긴급조치 제9호가 그 발령 근거인 구 대한민국헌법(1980.10.27. 헌법 제9호로 전부 개정되기 전의 것, 이하 '유신헌법'이라 한다) 제53조에서 정하고 있는 요건 자체를 결여하였고 국민의 기본권을 침해한 것으로서 위헌·무효라고 하더라도, 당시 시행 중이던 긴급조치 제9호에 의하여 영장 없이 피의자를 체포·구금하여 수사를 진행하고 공소를 제기한 수사기관의 직무행위나 긴급조치 제9호를 적용하여 유죄판결을 선고한 법관의 재판상 직무행위는 유신헌법 제53조 제4항이 "제1항과 제2항의 긴급조치는 사법적 심사의 대상이 되지 아니한다."라고 규정하고 있었고 긴급조치 제9호가 위헌·무효임이 선언되지 아니하였던 이상, 공무원의 고의 또는 과실에 의한 불법행위에 해당한다고 보기 어렵다고 하였다. 대법원 2015.3.26. 선고 2012다48824 판결은, 긴급조치 제9호가 사후적으로 법원에서 위헌·무효로 선언되었다고 하더라도, 유신헌법에 근거한 대통령의 긴급조치권 행사는 고도의 정치성을 띤 국가행위로서 대통령은 국가긴급권의 행사에 관하여 원칙적으로 국민 전체에 대한 관계에서 정치적 책임을 질 뿐 국민 개개인의 권리에 대응하여 법적 의무를 지는 것은 아니므로, 대통령의 이러한 권력행사가 국민 개개인에 대한 관계에서 민사상 불법행위를 구성한다고는 볼 수 없다고 하였다.

2. 긴급조치 제9호의 발령 및 적용·집행행위로 인한 국가배상책임의 성립

보통 일반의 공무원을 표준으로 공무원이 직무를 집행하면서 객관적 주의의무를 소홀히 하고 그로 말미암아 그 직무행위가 객관적 정당성을 잃었다고 볼 수 있는 때에 국가배상법 제2조가 정한 국가배상책임이 성립할 수 있다. 공무원의 직무행위가 객관적 정당성을 잃었는지는 행위의 양태와 목적, 피해자의 관여 여부와 정도, 침해된 이익의 종류와 손해의 정도 등 여러 사정을 종합하여 판단하되, 손해의 전보책임을 국가가 부담할 만한 실질적 이유가 있는지도 살펴보아야 한다(대판 2000.5.12, 99다70600 ; 대판 2004.12.9, 2003다50184 ; 대판 2021.6.30, 2017다249219 등 참조). 긴급조치 제9호는 위헌·무효임이 명백하고 긴급조치 제9호 발령으로 인한 국민의 기본권 침해는 그에 따른 강제수사와 공소제기, 유죄판결의 선고를 통하여 현실화되었다. 이러한 경우 긴급조치 제9호의 발령부터 적용·집행에 이르는 일련의 국가작용은, 전체적으로 보아 공무원이 직무를 집행하면서 객관적 주의의무를 소홀히 하여 그 직무행위가 객관적 정당성을 상실한 것으로서 위법하다고 평가되고, 긴급조치 제9호의 적용·집행으로 강제수사를 받거나 유죄판결을 선고받고 복역함으로써 개별 국민이 입은 손해에 대해서는 국가배상책임이 인정될 수 있다. 구체적인 이유는 다음과 같다.

(1) 긴급조치 제9호의 위헌·무효와 그 발령행위

긴급조치 제9호는 유신헌법상 발령 요건을 갖추지 못하였다. 유신헌법은 제53조 제1항, 제2항에서 긴급조치권 행사에 관하여 '천재·지변 또는 중대한 재정·경제상의 위기에 처하거나 국가의 안전보장 또는 공공의 안녕질서가 중대한 위협을 받거나 받을 우려가 있어 신속한 조치를 할 필요'가 있을 때 그 극복을 위한 것으로 한정하고 있다. 긴급조치 제9호가 발령될 당시의 국내외 정치상황 및 사회상황이 긴급조치권 발령의 대상이 되는 비상사태로서 국가의 중대한 위기상황 내지 국가적 안위에 직접 영향을 주는 중대한 위협을 받을 우려가 있는 상황에 해당한다고 할 수 없다[대결 2013.4.18, 2011초기689(전합) 참조]. 긴급조치 제9호는 국민의 자유와 권리를 지나치게 제한하여 헌법상 보장된 국민의 기본권을 침해하였다. 긴급조치 제9호는 ① 제1, 2, 7항에서 유언비어 날조·유포 및 사실왜곡·전파 행위, 집회·시위 또는 표현물 등에 의하여 대한민국헌법을 부정·비방하거나 개정·폐지를 청원·선동하는 행위, 학교 당국의 감독이나 학교장의 사전 허가를 받은 경우를 제외한 학생들의 집회·시위·정치관여 행위 등을 금지하고, 위반시 형사처벌하도록 정하여 표현의 자유와 청원권 등을 제한하고, ② 제8항에서 영장주의를 전면 배제함으로써 법치국가 원리를 부정하고 신체의 자유와 주거의 자유를 제한하며,

제2편

2024 해커스경찰 신동욱 경찰헌법 최신 3개년 판례집

③ 제5항에서 주무부장관은 이 조치 위반자·범행 당시 소속 학교 등 또는 그 대표자에 대하여 해임 또는 제적, 휴업·휴교·정간·폐간·해산 또는 폐쇄의 조치 등을 할 수 있도록 정하여 학문의 자유를 제한하였다. 나아가 이러한 긴급조치 제9호의 내용은 유신헌법에 대한 논의 자체를 전면 금지하는 것으로, 유신체제에 대한 국민적 저항을 탄압하기 위한 것임이 분명하여 긴급조치권의 목적상의 한계를 벗어난 것이다(위 대법원 2011초기689 전원합의체 결정 참조).

위와 같이 긴급조치 제9호가 위헌·무효이고 그 위헌성이 중대하고 명백한 이상 대통령의 긴급조치 제9호 발령 행위는 객관적 정당성을 상실하였다고 보기 충분하다. 다만, 긴급조치 제9호 발령행위만으로는 개별 국민에게 손해가 현실적으로 발생하였다고 보기는 어렵고, 긴급조치 제9호를 그대로 적용·집행하는 추가적인 직무집행 을 통하여 그 손해가 현실화될 수 있다.

(2) 긴급조치 제9호의 적용·집행행위

① 헌법재판소의 위헌결정으로 소급하여 효력을 상실하였거나 법원에서 위헌·무효로 선언되었다는 사정만으로 형벌에 관한 법령을 제정한 행위나 법령이 위헌으로 선언되기 전에 그 법령에 기초하여 수사를 개시하여 공소를 제기한 수사기관의 직무행위 및 유죄판결을 선고한 법관의 재판상 직무행위가 국가배상법 제2조 제1항에서 말하는 공무원의 고의 또는 과실에 의한 불법행위에 해당한다고 단정할 수 없다. 그러나 긴급조치 제9호는 영장주의를 전면 배제함으로써 수사과정에서 국민의 기본권 보장이나 법치국가의 사법질서 확립을 포기하였다. 영장주의는 제헌 헌법(제9조) 이래 현행 헌법(제12조 제3항)에 이르기까지 모든 헌법에 채택되어 확립된 원칙으로, 유신헌법 제10조 제3항 역시 영장주의를 천명하고 있었다. 영장주의는 강제처분의 남용으로부터 신체의 자유 등 국민의 기본권을 보장하기 위한 핵심 제도이다. 긴급조치 제9호와 같이 영장주의를 완전히 배제하는 특별한 조치는 국가비상사태에 있어서도 최대한 피하여야 하고, 그러한 조치가 허용된다고 하더라도 예외적 상황에서 한시적으로 이루어져야 한다. 긴급조치 제9호 발령 당시가 국가의 중대한 위기상황 내지 국가적 안위에 직접 영향을 주는 중대한 위협을 받을 우려가 있는 예외적 상황에 해당하였다고 할 수 없을 뿐 아니라 4년 7개월이라는 장기간 영장주의를 완전히 무시하는 긴급조치 제9호와 같은 조치는 허용될 수 없다. 수사기관이 영장주의를 배제하는 위헌적 법령에 따라 체포·구금을 한 경우 비록 그것이 형식상 존재하는 당시의 법령에 따른 행위라고 하더라도 그 법령 자체가 위헌이라면 결과적으로 그 수사에 기초한 공소제기에 따른 유죄의 확정판결에는 중대한 하자가 있다고 보아야 한다(대결 2018.5.2, 2015모3243 참조).

② 긴급조치 제9호에 따라 영장 없이 이루어진 체포·구금, 그에 이은 수사 및 공소제기 등 수사기관의 직무행위와 긴급조치 제9호를 적용하여 유죄판결을 한 법관의 직무행위는 긴급조치의 발령 및 적용·집행이라는 일련의 국가작용으로서 전체적으로 보아 국민의 기본권 보장의무에 반하여 객관적 정당성을 상실하였다. 영장주의를 전면적으로 배제한 긴급조치 제9호는 위헌·무효이므로, 그에 따라 영장 없이 이루어진 체포·구금은 헌법상 영장주의를 위반하여 신체의 자유 등 국민의 기본권을 침해한 직무집행이다. 또한 수사과정에서 국민의 기본권이 본질적으로 침해되었음에도 수사과정에서의 기본권 침해를 세심하게 살피지 않은 채 위헌·무효인 긴급조치를 적용하여 내려진 유죄판결도 국민의 기본권을 침해하는 것이다.

③ 법관의 재판상 직무행위에 대하여 국가배상책임이 인정되려면 해당 법관이 위법 또는 부당한 목적을 가지고 재판을 하는 등 법관이 그에게 부여된 권한의 취지에 명백히 어긋나게 이를 행사하였다고 인정할 만한 특별한 사정이 있어야 한다(대판 2001.3.9, 2000다29905 ; 대판 2001.10.12, 2001다47290 등 참조).

그러나 위와 같은 특별한 사정이 인정되어 법관의 재판상 직무행위가 독립적인 불법행위를 구성하는지 여부와 관계없이 재판상 직무행위를 포함한 긴급조치의 발령 및 적용·집행이라는 일련의 국가작용이 전체적으로 객관적 정당성을 상실한 때에는 국가배상책임이 성립할 수 있다고 보아야 한다.

(3) 일련의 국가작용으로 인한 손해 전보의 필요성

① 긴급조치 제9호는 유신헌법에 대하여 비판적 의견을 개진하는 것 자체를 금지하고 이를 위반한 사람에 대하여 법관의 영장 없이 체포·구속·압수·수색할 수 있으며, 긴급조치를 위반한 사람을 징역형에 처하도록 정하였다. 대통령은 긴급조치 제9호를 발령하면서 긴급조치 제9호의 내용에 따라 영장 없는 강제수사와 이에 기초한 재판 그리고 형의 집행이라는 절차까지 예정하였다고 보아야 하고, 발령된 긴급조치 제9호를 적용·집행하는 일련의 직무집행을 통하여 그 집행의 대상이 되었던 피해자들의 손해가 현실적으로 발생하게 되었다.

즉, 긴급조치 제9호에 의한 기본권 침해는 침해의 근거가 되는 일반적·추상적 규범의 발령과 이를 구체적으로 적용·집행하는 일련의 직무집행을 통해 이루어진 것이다.

② 이와 같이 긴급조치 제9호의 발령 및 적용·집행이라는 일련의 국가작용은 위법한 긴급조치 제9호의 발령행위와 긴급조치의 형식적 합법성에 기대어 이를 구체적으로 적용·집행하는 다수 공무원들의 행위가 전체적으로 모여 이루어졌다. 긴급조치 제9호의 발령행위가 위법하다고 하더라도 그 발령행위 자체만으로는 개별 국민에게 구체적인 손해가 발생하였다고 보기 어렵고, 긴급조치 제9호의 적용·집행과정에서 개별 공무원의 위법한 직무집행을 구체적으로 특정하거나 개별 공무원의 고의·과실을 증명 또는 인정하는 것은 쉽지 않다. 따라서 이처럼 광범위한 다수 공무원이 관여한 일련의 국가작용에 의한 기본권 침해에 대해서 국가배상책임의 성립이 문제되는 경우에는 전체적으로 보아 객관적 주의의무 위반이 인정되면 충분하다. 만약 이러한 국가배상책임의 성립에 개별 공무원의 구체적인 직무집행행위를 특정하고 그에 대한 고의 또는 과실을 개별적·구체적으로 엄격히 요구한다면 일련의 국가작용이 국민의 기본권을 침해한 경우에 오히려 국가배상책임이 인정되기 어려워지는 불합리한 결론에 이르게 된다.

③ 국가는 국민의 기본적 인권을 확인하고 이를 보장할 의무를 부담하고(헌법 제10조 제2문), 이는 유신헌법 아래에서도 마찬가지였다(유신헌법 제8조). 긴급조치 제9호의 발령 및 적용·집행이라는 일련의 국가작용으로 인하여 신체의 자유를 비롯한 국민의 기본적 인권이 침해되었다면 국가는 그 자신이 부담하는 국민의 기본권 보장의무를 저버린 것이다. 그런데 이러한 기본권 침해에 따라 국민에게 발생한 손해가 남아 있다면, 국가에게 그 배상책임을 부담시키는 것이 뒤늦게나마 국가의 기본권 보장의무를 이행하는 방안이 될 것이다. 이러한 관점에서 국가에게 손해의 전보책임을 부담시킬 실질적 이유가 있다고 볼 수 있다.

(4) 국가배상책임의 성립

긴급조치 제9호의 발령 및 적용·집행이라는 일련의 국가작용의 경우, 긴급조치 제9호의 발령 요건 및 규정 내용에 국민의 기본권 침해와 관련한 위헌성이 명백하게 존재함에도 그 발령 및 적용·집행 과정에서 그러한 위헌성이 제거되지 못한 채 영장 없이 체포·구금하는 등 구체적인 직무집행을 통하여 개별 국민의 신체의 자유가 침해되기에 이르렀다. 그러므로 긴급조치 제9호의 발령과 적용·집행에 관한 국가작용 및 이에 관여한 다수 공무원들의 직무수행은 법치국가 원리에 반하여 유신헌법 제8조가 정하는 국가의 기본권 보장의무를 다하지 못한 것으로서 전체적으로 보아 객관적 주의의무를 소홀히 하여 그 정당성을 결여하였다고 평가되고, 그렇다면 개별 국민의 기본권이 침해되어 현실화된 손해에 대하여는 국가배상책임을 인정하여야 한다.

3. 판례 변경

이와 달리 대통령의 긴급조치 제9호 발령 및 적용·집행행위가 국가배상법 제2조 제1항에서 말하는 공무원의 고의 또는 과실에 의한 불법행위에 해당하지 않는다고 보아 국가배상책임을 부정한 대법원 2014.10.27. 선고 2013다217962 판결, 대법원 2015.3.26. 선고 2012다48824 판결 등은 이 판결의 견해에 배치되는 범위에서 이를 변경하기로 한다.

335

만성신부전증환자에 대한 외래 혈액투석의 의료급여수가 기준을 정액수가로 규정한 '의료급여수가의 기준 및 일반기준'(보건복지부 고시 제2016-272호) 제7조 제1항 등이 의료급여 수급권자의 인간다운 생활을 할 권리 내지 보건권, 의료행위선택권을 침해하는지 여부: 소극[기각] (헌재 2020.4.23, 2017헌마103)

사건개요

청구인들은 의사 또는 의료급여 1종 수급권자로서 외래 혈액투석을 받고 있는 만성신부전증환자이다.
청구인들은 '의료급여수가의 기준 및 일반기준' 제7조 제1항 본문, 제2항 본문이 만성신부전증환자의 외래 혈액투석에 대한 의료급여수가를 정액수가로 규정하여 의사 또는 의료급여 수급권자인 청구인들의 헌법상 보장된 기본권을 침해한다고 주장하면서, 2017.2.7. 헌법소원심판을 청구하였다.

▶ 심판대상

의료급여수가의 기준 및 일반기준(2016.12.30. 보건복지부고시 제2016-272호)

제7조【혈액투석수가】① 만성신부전증환자가 외래 혈액투석시에는 의료급여기관종별에 불구하고 1회당 146,120원 (코드 O9991)의 정액수가로 산정한다. (단서 생략)

② 외래 1회당 혈액투석 정액수가에는 진찰료, 혈액투석수기료, 재료대, 투석액, 필수경구약제 및 Erythropoietin 제제 등 투석 당일 투여된 약제 및 검사료 등을 포함한다. (단서 생략)

▶ 이유의 요지

1. 정액수가조항이 법률유보원칙에 위배되는지 여부

의료급여수가기준은 전문적이고 정책적인 영역이어서 구체적인 수가기준을 반드시 법률로 정하여야 한다거나 의료급여법 등 상위법령이 행위별수가나 포괄수가만을 예정하고 있다고 볼 수 없다. 정액수가조항은 의료급여법 등 상위법령의 위임에 따라 의료수가기준과 그 계산방법을 정한 것이어서 법률유보원칙에 위배되지 않는다.

2. 정액범위조항이 명확성원칙에 위배되는지 여부

정액범위조항에 사용된 '등'은 열거된 항목 외에 같은 종류의 것이 더 있음을 나타내는 의미로 해석할 수 있고, 다른 조항과의 유기적 · 체계적 해석을 통해 그 적용범위를 합리적으로 파악할 수 있으므로, 명확성원칙에 위배되지 않는다.

3. 의사인 청구인들의 직업수행의 자유 침해 여부

심판대상조항의 정액수가제는 혈액투석 진료비용이 급증하는 상황에서 재정안정성을 확보하여 적합하고 지속 가능한 의료급여가 제공될 수 있도록 도입된 수가기준으로서 목적의 정당성과 수단의 적합성이 인정된다.

혈액투석 진료는 비교적 정형적이고, 대체조제의 가능성, 정액수가에 포함되지 아니하는 진료비용 등이 인정되는 점을 고려하면, 의사의 직업수행의 자유에 대한 제한은 최소화된다고 볼 수 있다. 심판대상조항으로 의사가 입게 되는 불이익이 한정된 재원의 범위에서 최적의 의료서비스를 공급하려는 공익에 비하여 더 크다고 볼 수도 없다. 심판대상조항은 의사의 직업수행의 자유를 침해하지 아니한다.

4. 수급권자인 청구인의 인간다운 생활을 할 권리 내지 보건권 침해 여부

심판대상조항은 의료급여의 수준이 국가가 실현해야 할 객관적 내용의 최소한도의 보장에도 이르지 못하였다거나, 국가가 국민의 보건권 등을 보호하는 데 적절하고 효율적인 최소한의 조치를 취하지 아니하였다고 볼 수 없다. 심판대상조항은 수급권자인 청구인의 인간다운 생활을 할 권리 내지 보건권을 침해하지 않는다.

5. 수급권자인 청구인의 의료행위선택권 침해 여부

한정된 의료급여재정의 범위 내에서 적정하고 지속적인 의료서비스를 제공하고 의료의 질을 유지할 수 있는 방법으로 현행 정액수가제와 같은 정도로 입법목적을 달성하면서 기본권을 덜 제한하는 수단이 명백히 존재한다고 보기 어렵고, 의료급여 수급권자가 입게 되는 불이익이 공익보다 크다고 볼 수도 없다. 따라서 심판대상조항은 의료급여 수급권자의 의료행위선택권을 침해하지 않는다.

336

> 직장가입자가 소득월액보험료를 일정 기간 이상 체납한 경우 그 체납한 보험료를 완납할 때까지 국민건강보험공단이 그 가입자 및 피부양자에 대하여 보험급여를 실시하지 아니할 수 있도록 한 것이 인간다운 생활을 할 권리 및 재산권을 침해하는지 여부: 소극[합헌] (헌재 2020.4.23. 2017헌바244)

소득월액보험료의 도입취지를 고려하면, 소득월액보험료를 체납한 가입자에 대하여 보수월액보험료를 납부하였다는 이유로 보험급여를 제한하지 아니할 경우, 형평에 부합하지 않는 결과가 초래될 수 있다. 따라서 소득월액보험료 체납자에 대한 보험급여를 제한하는 것은 그 취지를 충분히 납득할 수 있다. 심판대상조항은 체납기간이 1개월 미만이거나, 월별 보험료의 총 체납 횟수가 6회 미만인 경우에는 보험급여를 제한할 수 없도록 하고 있다. 또한 분할납부 승인을 받고 그 승인된 보험료를 1회 이상 납부한 경우에는 국민건강보험공단이 보험급여를 지급할 수 있다. 심판대상조항에 따라 보험급여를 하지 아니하는 기간에 받은 보험급여의 경우에도, 일정한 기한 이내에 체납된 보험료를 완납한 경우 보험급여로 인정하는 등, 국민건강보험법은 심판대상조항으로 인하여 가입자가 과도한 불이익을 입지 않도록 배려하고 있다. 이상의 내용을 종합하면, 심판대상조항은 청구인의 인간다운 생활을 할 권리나 재산권을 침해하지 아니한다.

연금보험료를 낸 기간이 그 연금보험료를 낸 기간과 연금보험료를 내지 아니한 기간을 합산한 기간의 3분의 2보다 짧은 경우 유족연금 지급을 제한한 국민연금법이 인간다운 생활할 권리를 침해하는지 여부: 소극[합헌]
(헌재 2020.5.27. 2018헌바129)

▶ 판시사항

1. 연금보험료를 낸 기간이 그 연금보험료를 낸 기간과 연금보험료를 내지 아니한 기간을 합산한 기간의 3분의 2보다 짧은 경우 유족연금 지급을 제한한 구 국민연금법(2007.7.23. 법률 제8541호로 전부개정되고, 2016.5.29. 법률 제14214호로 개정되기 전의 것) 제85조 제2호 중 '유족연금'에 관한 부분(이하 '심판대상조항'이라 한다)이 인간다운 생활을 할 권리 및 재산권을 침해하는지 여부: 소극

2. 심판대상조항이 평등권을 침해하는지 여부: 소극

▶ 결정요지

1. 국민연금제도는 자기 기여를 전제로 하지 않고 국가로부터 소득을 보장받는 순수한 사회부조형 사회보장제도가 아니라, 가입자의 보험료를 재원으로 하여 가입기간, 기여도 및 소득수준 등을 고려하여 소득을 보장받는 사회보험제도이므로, 입법자가 가입기간의 상당 부분을 성실하게 납부한 사람의 유족만을 유족연금 지급대상에 포함시키기 위하여 '연금보험료를 낸 기간이 그 연금보험료를 낸 기간과 연금보험료를 내지 아니한 기간을 합산한 기간의 3분의 2'(이하 '연금보험료 납입비율'이라 한다)보다 짧은 경우 유족연금 지급을 제한한 것이 입법재량의 한계를 일탈하였을 정도로 불합리하다고 보기 어렵다. 또한, 심판대상조항에 따라 유족연금을 지급받지 못하게 된 유족들은 구 국민연금법 제77조에 따른 반환일시금을 받을 수 있어 유족에게 가혹한 손해나 심대한 불이익이 발생한다고 보기도 어렵다. 한편, 사용자가 근로자의 임금에서 기여금을 공제하고도 연금보험료를 납부하지 않은 경우 국민연금법 제17조 제2항 단서는 그 내지 아니한 기간의 2분의 1에 해당하는 기간을 근로자의 가입기간에 산입하도록 규정하는 등 근로자 및 그 유족에게 부당한 불이익이 발생하지 않도록 하고 있다. 따라서 심판대상조항이 인간다운 생활을 할 권리 및 재산권을 침해한다고 볼 수 없다.

2. 심판대상조항은 연금보험료 납입비율에 따라 유족연금의 지급 여부를 달리 결정하고 있으나, 이는 가입기간 내내 성실하게 보험료를 납부한 사람의 유족과 그렇지 않은 자를 달리 취급하기 위한 것이므로, 평등권을 침해한다고 보기 어렵다.

양육비 대지급제 등 보다 실효성 있는 양육비 지급확보에 관한 법률을 제정하지 아니한 입법부작위가 위헌인지 여부: 소극[각하] (헌재 2021.12.23. 2019헌마168)

" 사건개요 "

청구인들은 이혼 후 양육비를 지급받지 못한 자, 그들의 자녀와 부모, 형제자매 및 양육비 문제 해결에 동참하고자 하는 사람들이다.

청구인들은, 가사소송법 및 '양육비 이행확보 및 지원에 관한 법률'(이하 '양육비이행법'이라 한다)에서 양육비 집행을 위한 각종 절차 및 지원제도를 규정하고 있으나, 위 법률들에서 규정한 위와 같은 제도는 현실적으로 양육비 지급확보에 효과적이지 아니하므로, 국가의 양육비 대지급제나 양육비 미지급자의 신상공개, 출국금지 조치, 운전면허 제한 등 보다 실효적으로 양육비 이행을 확보할 수 있는 내용의 법률을 제정하지 아니하는 입법부작위가 청구인들의 인간다운 생활을 할 권리 등을 침해한다고 주장하며, 2019.2.14. 이 사건 헌법소원심판을 청구하였다.

▶ 이유의 요지

헌법 제36조 제1항은 혼인과 가족을 보호해야 한다는 국가의 일반적 과제를 규정하였을 뿐, 청구인들의 주장과 같이 양육비 채권의 집행권원을 얻었음에도 양육비 채무자가 이를 이행하지 아니하는 경우 그 이행을 용이하게 확보하도록 하는 내용의 구체적이고 명시적인 입법의무를 부여하였다고 볼 수 없다. 기타 다른 헌법 조항을 살펴보아도 청구인들의 주장과 같은 내용의 입법에 대한 구체적·명시적인 입법위임은 존재하지 아니한다. 나아가 입법자는 오랜 시간에 걸쳐 민법, 가사소송법, '양육비 이행확보 및 지원에 관한 법률' 등의 제·개정을 통하여 양육비 이행의 실효성을 확보하기 위한 여러 제도를 마련하여 왔는바, 위 법률조항들에 근거한 여러 제도에도 불구하고 실제 양육비의 이행이 청구인들의 기대에 미치지 못한다는 이유로, 기존의 입법 이외에 양육비 대지급제 등과 같은 구체적·개별적 사항에 대한 입법의무가 헌법해석상 새롭게 발생한다고 볼 수도 없다. 양육비가 미성년인 자녀의 성장과 발달에 미치는 중요성과 특수성을 고려할 때, 입법자가 입법재량으로서 기존에 마련된 양육비 이행확보제도 이외에도 양육비 대지급제도 등을 새롭게 마련할 수는 있고, 양육비 지급의 실효성을 더욱 높이기 위하여 그러한 입법이 바람직할 수도 있다. 그러나 어떠한 방식으로 양육비 이행을 더 실효적으로 확보할 것인지 또는 양육비 대지급제 등과 같은 구체적인 제도를 둔다면 어떠한 형태로 마련할 것인지 등과 같은 양육비 이행확보를 위한 구체적 방법과 그 입법시기에 관하여는 입법자가 국가의 여러 다른 과제들과의 우선순위, 전체적인 사회보장수준, 한부모가족의 상황, 일반채권의 집행방법과의 관계, 국가의 재정적 여건 등 다양한 요인을 감안하여 결정할 사안으로서 입법자는 이에 관하여 폭넓은 형성재량을 가진다.

헌법 제34조 및 제36조가 가족생활을 보호하고 청소년의 복지향상을 위해 노력할 과제를 국가에게 부여하고 있다고 할지라도, 이러한 헌법 조항의 해석만으로는 청구인들이 주장하는 바와 같이 양육비 대지급제 등 양육비의 이행을 실효적으로 담보하기 위한 구체적 제도에 대한 입법의무가 곧바로 도출된다고 보기는 어렵다. 따라서 이 사건 심판청구는 헌법소원의 대상이 될 수 없는 진정입법부작위를 심판대상으로 한 것으로서 부적법하다.

▶ 결정의 의의

헌법에 양육비 대지급제, 양육비 미지급자의 신상공개, 출국금지조치, 운전면허 제한 등과 같은 구체적·개별적 사항에 대한 명시적인 입법위임이 존재한다고 볼 수 없고, 헌법해석상 민법, 가사소송법, 양육비이행법 등에 규정된 양육비 이행확보를 위한 기존의 여러 입법 이외에 양육비 대지급제 등 양육비 이행의 실효성을 확보하는 또 다른 내용을 규정할 입법의무가 새롭게 발생된다고 할 수도 없으므로, 이러한 입법부작위의 위헌확인을 구하는 이 사건 심판청구는 작위의무를 인정할 수 없어 부적법하다는 취지의 결정이다.

339

고용보험법 제70조 제2항 본문 중 '육아휴직이 끝난 날 이후 12개월 이내에 신청하여야 한다' 부분이 육아휴직 급여수급권자의 인간다운 생활을 할 권리를 침해하는지 여부: 소극[합헌] (헌재 2023.2.23, 2018헌바240)

▶ 판시사항

1. 고용보험법 제70조 제2항 본문 중 '육아휴직이 끝난 날 이후 12개월 이내에 신청하여야 한다' 부분(이하 '심판대상조항'이라 한다)이 육아휴직 급여수급권자의 인간다운 생활을 할 권리나 재산권을 침해하는지 여부: 소극

2. 심판대상조항이 평등원칙에 위반되는지 여부: 소극

▶ 결정요지

1. 심판대상조항은 권리의무관계를 조기에 확정하고 고용보험기금 재정운용의 불안정성을 차단하여 기금재정을 합리적으로 운용하기 위한 것으로서 합리적인 이유가 있다. 육아휴직 수급권자가 육아휴직이 끝난 날 이후 12개월 이내에 급여를 신청하는 데 큰 부담이 있다고 보기 어렵고, 신청기간의 제한은 최초의 육아휴직 급여 신청 시에만 적용되어 국면이 한정적이며, 고용보험법 시행령에서 신청기간의 예외 사유도 인정하고 있는 등 그 내용이 현저히 불합리하여 헌법상 용인될 수 있는 재량의 범위를 명백히 벗어났다고 볼 수 없다. 따라서 심판대상조항은 육아휴직 급여수급권자의 인간다운 생활을 할 권리나 재산권을 침해한다고 볼 수 없다.

2. 민간 근로자는 공무원과 달리 심판대상조항에서 정한 기간 내에 육아휴직 급여를 신청하여야 하는데, 이는 육아휴직의 신청 상대방과 급여의 지급주체가 같지 않아 당사자가 육아휴직 급여수급권을 가지는지 확인이 필요한 구조적 차이에 따라 요구되는 것으로서 합리적인 이유가 있다. 따라서 심판대상조항은 평등원칙에 위반되지 아니한다.

340

2021학년도 대학입학전형기본사항 중 재외국민 특별전형 지원자격 가운데 학생의 부모의 해외체류요건 부분으로 인한 학부모의 기본권 침해의 자기관련성 인정 여부: **소극** (헌재 2020.3.26. 2019헌마212)

이 사건 전형사항으로 인해 재외국민 특별전형 지원을 제한받는 사람은 각 대학의 2021학년도 재외국민 특별전형 지원(예정)자이다. 학부모인 청구인의 부담은 간접적인 사실상의 불이익에 해당하므로, 이 사건 전형사항으로 인한 기본권 침해의 자기관련성이 인정되지 않는다.

341

2021학년도 대학입학전형기본사항 중 재외국민 특별전형 지원자격 가운데 학생의 부모의 해외체류요건 부분이 학생인 청구인을 불합리하게 차별하여 균등하게 교육받을 권리를 침해하는지 여부: **소극** (헌재 2020.3.26. 2019헌마212)

이 사건 전형사항은 일반전형을 통한 진학기회를 전혀 축소하지 않고, 국내 교육과정 수학 결손이 불가피하여 대학 교육의 균등한 기회를 갖기 어려운 때로 지원자격을 한정하고자 한 것으로서 그 문언상 해외근무자의 배우자가 없는 한부모 가족에는 적용이 없는 점을 고려할 때, 청구인 학생을 불합리하게 차별하여 균등하게 교육을 받을 권리를 침해하는 것이라고 볼 수 없다.

최대 2점의 가산점을 부여하도록 한 서울대학교 '2022학년도 대학 신입학생 정시모집 안내' 부분이 균등하게 교육받을 권리를 침해하는지 여부: 소극[기각] (헌재 2022.3.31. 2021헌마1230)

2022학년도 수능은 문·이과 구분을 폐지하는 2015 개정 교육과정의 취지에 따라 통합형으로 구성되고 탐구영역에서 사회탐구, 과학탐구 구분 없이 17개 과목 중 최대 2개 과목을 응시할 수 있어, 수험생들이 선택할 수 있는 탐구과목의 조합이 크게 늘어나게 되었다. 서울대학교는 수험생들이 다양한 조합으로 시험에 응시할수록 응시한 과목의 응시생 수, 문항별 난이도에 따라 표준점수가 달라질 수 있어 수능 표준점수로만 지원자의 수학능력을 평가하기 어렵다는 점을 감안하고, 다양성을 장려하는 2015 개정 교육과정의 취지를 살려 학생들의 적극적인 교과이수를 권장하기 위하여 정시모집 수능위주전형에서 교과이수 내용에 대한 평가를 강화하였다. 교과이수 가산점은 2015 개정 교육과정의 내실 있는 운영이라는 공익을 추구하면서도, 국가교육과정 외 교육과정을 운영하는 고교에 대해서는 교육과정 편성을 바탕으로 별도 기준을 적용하고, 2015 개정 교육과정을 이수할 수 없는 2020년 2월 이전 고등학교 졸업자, 검정고시 출신자, 외국 소재 고등학교 졸업자 등의 경우에는 '모집단위별 지원자의 가산점 분포를 고려하여 모집단위 내 수능점수 순위에 상응하는 가산점'을 부여하며, 국내 고교 졸업(예정)자 중 6개 학기 미만을 이수한 자의 경우 유형 [Ⅱ] 기준 충족 여부를 우선 반영하고 이를 충족하지 못할 경우 검정고시 출신자 등과 같이 '모집단위별 지원자의 가산점 분포를 고려하여 모집단위 내 수능점수 순위에 상응하는 가산점'을 부여하고 있다. 이는 2015 개정 교육과정을 따를 수 없는 지원자의 유형별로 동등한 기회를 제공하는 취지로 이해된다. 결국 이 사건 가산점 사항은 청구인을 불합리하게 차별하여 균등하게 교육받을 권리를 침해하는 것이라고 볼 수 없다.

최대 2점의 가산점을 부여하도록 한 서울대학교 '2022학년도 대학 신입학생 정시모집 안내' 부분이 법률유보원칙에 위배되는지 여부: 소극[기각] (헌재 2022.3.31. 2021헌마1230)

고등교육법은, 대학의 장은 입학자격이 있는 사람 중에서 일반전형이나 특별전형(이하 "입학전형"이라 한다)에 의하여 입학을 허가할 학생을 선발하고, 입학전형의 방법과 학생선발일정 및 그 운영에 필요한 사항은 대통령령으로 정하도록 규정한다(제34조 제1항·제2항). 이 사건 가산점 사항은 고등교육법 및 동법 시행령 등에 근거하고 한국대학교육협의회의 대학입학전형기본사항 등을 준수한 것이므로 법률유보원칙에 위반되어 청구인의 교육받을 권리를 침해하지 아니한다.

> 저소득학생 특별전형의 모집인원을 모두 수능위주전형으로 선발하도록 정한 서울대학교 2023학년도 대학 신입학생 입학전형 시행계획이 균등하게 교육을 받을 권리를 침해하는지 여부: 소극[기각] (헌재 2022.9.29, 2021헌마929)

수능 성적으로 학생을 선발하는 전형방법은 사회통념적 가치기준에 적합한 합리적인 방법 중 하나이다. 따라서 이 사건 입시계획이 저소득학생 특별전형에서 학생부 기록 등을 반영함이 없이 수능 성적만으로 학생을 선발하도록 정하였다 하더라도, 이는 대학의 자율성의 범위 내에 있는 것으로서 저소득학생의 응시기회를 불합리하게 박탈하고 있다고 보기 어려우므로, 청구인의 균등하게 교육을 받을 권리를 침해하지 않는다.

> 사립학교법상 교비회계의 다른 회계로의 전용을 금지하는 규정과 위 금지규정을 위반한 경우 처벌하는 규정이 사립학교 운영의 자유를 침해하는지 여부: 소극[합헌] (헌재 2023.8.31, 2021헌바180)

1. 이 사건 위임조항의 포괄위임금지원칙 위반 여부

'교비회계의 세입'과 '교비회계의 세출' 항목은 기술적이고 세부적인 특성을 가지고 있어 그와 관련된 사항을 하위법령에서 정하도록 위임할 필요성이 인정되고, 이 사건 위임조항에서 위임하고 있는 '교비회계의 세입' 항목은 등록금이나 기부금, 학교시설 대여료나 이자수익 등과 같이 학생으로부터 징수하는 각종 금원과 학교시설이나 재산으로부터 발생하는 수익 등이 될 것이고, '교비회계의 세출' 항목은 학교의 운영이나 교육과 관련하여 지출하는 비용 등이 됨을 충분히 예측할 수 있다는 점에서, 이 사건 위임조항은 포괄위임금지원칙에 위반되지 아니한다.

2. 이 사건 금지조항과 처벌조항의 사립학교 운영의 자유 침해 여부

이 사건 금지조항과 처벌조항은, 사립학교의 '교비회계에 속하는 수입 및 재산'이 본래의 용도인 학교의 학문 연구와 교육 및 학교운영을 위해 사용될 수 있도록 강제함으로써 사립학교가 교육기관으로서 양질의 교육을 제공하는 동시에 교육의 공공성을 지킬 수 있는 재정적 기초를 보호하고 있다.

우리나라에서 사립학교가 공교육에서 차지하는 비중은 매우 높은바, 교비회계에 속하는 수입 및 재산의 전용을 금지하고 그 위반시 처벌하는 강력한 제재는 사립학교의 발전을 이루기 위해 반드시 필요한 조치이다.

사립학교법은 교비회계에 속하는 수입이나 재산을 다른 회계에 전출하거나 대여할 수 있는 예외적인 규정을 두고 있으며, 법원은 개별 사안에서 그 지출이 당해 학교의 교육에 직접 필요한 경비인지 여부를 결정함으로써 구체적인 타당성을 도모하고 있는 점 등을 종합하면, 이 사건 금지조항과 처벌조항은 사립학교 운영의 자유를 침해하지 아니한다.

고등교육법 제19조의2 제1항 제4호 등 위헌확인 [기각] (헌재 2023.10.26, 2018헌마872)

▶ **판시사항**

1. 학칙의 제정 또는 개정에 관한 사항 등 대학평의원회의 심의사항을 규정한 고등교육법 제19조의2 제1항 본문 중 '제4호, 제6호 사항의 심의'에 관한 부분(이하 '이 사건 심의조항'이라 한다)이 국·공립대학 교수회 및 교수들의 대학의 자율권을 침해하는지 여부: 소극

2. 교원, 직원, 학생 등 대학평의원회의 각 구성단위에 속하는 평의원의 수가 전체 평의원 정수의 2분의 1을 초과할 수 없도록 규정한 구 고등교육법 제19조의2 제2항 후문(이하 '이 사건 구성제한조항'이라 한다)이 국·공립대학 교수회 및 교수들의 대학의 자율권을 침해하는지 여부: 소극

▶ **결정요지**

1. 이 사건 심의조항은 대학 구성원이 학교 운영의 기본사항에 대한 의사결정 과정에 참여할 수 있는 기회를 절차적으로 보장하는 것으로서, 연구에 관한 사항은 대학평의원회의 심의사항에서 제외하고 있는 점, 교육과정 운영에 관한 사항은 대학평의원회의 자문사항에 해당하는 점, 심의결과가 대학의 의사결정을 기속하지 않는 점 등을 고려할 때 이 사건 심의조항이 연구와 교육 등 대학의 중심적 기능에 관한 자율적 의사결정을 방해한다고 볼 수 없으며, 학교운영이 민주적 절차에 따라 공정하고 투명하게 이루어질 수 있도록 하기 위한 것으로서 합리적 이유가 인정된다. 따라서 이 사건 심의조항이 국·공립대학 교수회 및 교수들의 대학의 자율권을 침해한다고 볼 수 없다.

2. 대학의 학문과 연구 활동에서 중요한 역할을 담당하는 교원에게 그와 관련된 영역에서 주도적인 역할을 인정하는 것은 대학의 자율성의 본질에 부합하고 필요하나, 이것이 교육과 연구에 관한 사항은 모두 교원이 전적으로 결정할 수 있어야 한다는 의미는 아니다. 대학평의원회의 심의·자문사항은 제한적이고, 교원의 인사에 관한 사항에 대해서는 교원으로 구성되는 대학인사위원회가 심의하는 점, 대학평의원회의 심의결과는 대학의 의사결정을 기속하는 효력이 없는 점을 종합하면, 이 사건 구성제한조항으로 인하여 교육과 연구에 관한 사항의 결정에 교원이 주도적 지위를 가질 수 없게 된다고 볼 수 없다. 이 사건 구성제한조항은 대학의 의사결정에 영향을 받는 다양한 구성원들의 자유로운 논의와 의사결정 참여를 보장하기 위한 것으로서 합리적 이유가 있다고 할 것이므로, 국·공립대학 교수회 및 교수들의 대학의 자율권을 침해한다고 볼 수 없다.

347

4주간을 평균하여 1주간의 소정근로시간이 15시간 미만인 근로자, 즉 이른바 '초단시간근로자'를 퇴직급여제도의 적용대상에서 제외하고 있는 '근로자퇴직급여 보장법'이 위헌인지 여부: 소극[합헌] (헌재 2021.11.25. 2015헌바334)

" 사건개요 "

청구인 천○○는 한국마사회의 경마개최 업무를 보조하는 시간제 경마직 직원으로 한국마사회와 근로계약을 체결하고 근무하다 2010.10.27. 퇴직 후 한국마사회를 상대로 퇴직금의 지급을 구하는 소를 제기하였으나 위 청구인의 1주당 소정근로시간이 15시간에 미달하여 '근로자퇴직급여 보장법'(이하 '퇴직급여법'이라 한다) 제4조 제1항 단서에 따라 퇴직금 지급대상에 해당하지 아니한다는 이유로 기각되고, 이에 항소하여 재판 계속 중 퇴직급여법 제4조 제1항 단서 중 "4주간을 평균하여 1주간의 소정근로시간이 15시간 미만인 근로자에 대하여는 그러하지 아니하다." 부분에 대하여 위헌법률심판제청을 신청하였으나 2015.8.19. 위 항소가 기각됨과 동시에 위 신청이 기각되자 2015.9.30. 이 사건 헌법소원심판을 청구하였다.

▶ 심판대상

근로자퇴직급여 보장법(2005.1.27. 법률 제7379호로 제정된 것)
제4조 【퇴직급여제도의 설정】 ① 사용자는 퇴직하는 근로자에게 급여를 지급하기 위하여 퇴직급여제도 중 하나 이상의 제도를 설정하여야 한다. 다만, 계속근로기간이 1년 미만인 근로자, 4주간을 평균하여 1주간의 소정근로시간이 15시간 미만인 근로자에 대하여는 그러하지 아니하다.

관련조항

근로자퇴직급여 보장법(2011.7.25. 법률 제10967호로 전부개정된 것)
제8조 【퇴직금제도의 설정 등】 ① 퇴직금제도를 설정하려는 사용자는 계속근로기간 1년에 대하여 30일분 이상의 평균임금을 퇴직금으로 퇴직 근로자에게 지급할 수 있는 제도를 설정하여야 한다.

제2편

2024 해커스경찰 신동욱 경찰헌법 최신 3개년 판례집

1. 헌법 제32조 제3항 위배 여부: 소극

근로조건의 보장은 근로자를 두텁게 보호하는 것뿐만 아니라 사용자의 효율적인 기업경영 및 기업의 생산성이라는 측면과 조화를 이룰 때 달성 가능하고, 이것이 헌법 제32조 제3항이 근로조건의 기준을 법률로 정하도록 한 취지이다. 그런데 퇴직급여법은 사용자로 하여금 퇴직금의 전액을 부담하도록 하고, 근로자를 사용하는 모든 사업 또는 사업장에 전면 적용되는바, 이러한 현실에서 사용자로 하여금 모든 근로자에 대하여 퇴직급여 지급의무를 부담하게 하는 것은 지나치게 과중한 부담이 될 수 있으며, 근로자의 노후 생계보장이라는 소기의 목적을 달성하지도 못한 채 사용자가 감당하기 어려운 경제적 부담만을 가중시켜 오히려 근로조건을 악화시키는 부작용을 초래할 우려가 있다. 한편, 퇴직급여법에서 규정하고 있는 퇴직급여제도는 사회보장적 급여로서의 성격과 근로자의 장기간 복무 및 충실한 근무를 유도하는 기능을 갖고 있으므로 퇴직급여제도는 근로자의 해당 사업 또는 사업장에의 전속성이나 기여도가 그 성립의 전제가 된다 할 것인바, 사용자의 부담이 요구되는 퇴직급여제도를 입법함에 있어 해당 사업 또는 사업장에의 전속성이나 기여도가 낮은 일부 근로자를 한정하여 그 지급대상에서 배제한 것을 두고 입법형성권의 한계를 일탈하여 명백히 불공정하거나 불합리한 판단이라 볼 수는 없다.

소정근로시간이 1주간 15시간 미만인 이른바 '초단시간근로'는 일반적으로 임시적이고 일시적인 근로에 불과하여 초단시간근로자에 대한 퇴직급여 지급이 사용자의 부담을 용인할 수 있을 정도의 기여를 전제로 하는 퇴직급여제도의 본질에 부합한다고 보기 어렵다. 사업 또는 사업장에의 전속성이나 기여도를 평가하는 방법으로 '근로실적' 혹은 '근로성과' 등의 지표를 기준으로 하는 방법도 고려해볼 수 있으나, 이와 같은 지표는 그 정도를 객관적으로 평가하거나 측정하는 데 곤란함이 있어 이를 기준으로 퇴직급여를 지급하게 될 경우 또 다른 분쟁의 소지가 될 수 있는바, 퇴직급여의 지급에 있어 보다 객관적이고 명확한 기준인 '소정근로시간'을 일응의 기준으로 삼은 것을 두고 현저히 불합리하다고 평가하기는 어렵다. 또한, '소정근로시간'이 짧은 초단시간근로자의 경우 그 고용이 단기간만 지속되는 현실에 비추어 볼 때에도 '소정근로시간'을 기준으로 해당 사업 또는 사업장에 대한 전속성이나 기여도를 판단하도록 규정한 것이 합리성을 상실하였다고 보기도 어렵다.

사용자와 근로자는 기준근로시간을 초과하지 않는 한 원칙적으로 자유로운 의사에 따라 소정근로시간에 관하여 합의할 수 있고, 다만 소정근로시간의 정함이 단지 형식에 불과하다고 평가할 수 있는 정도에 이르거나, 강행법규를 잠탈할 의도로 소정근로시간을 정하였다는 등의 특별한 사정이 있는 경우 소정근로시간에 관한 합의로서의 효력이 부정되므로, 실제 근무형태나 근로시간이 소정근로시간을 초과하는 식으로 근무하게 된다거나 이른바 일자리 쪼개기가 이루어지는 등의 편법적 행태가 시도된다는 점을 근거로 심판대상조항의 규율 자체가 합리성을 상실한 것이라 단정할 수는 없다. 또한, 심판대상조항에 의하여 초단시간근로자의 퇴직급여 지급이 제한된다 하더라도 퇴직 후 생활보장 내지 노후보장을 위해 입법자는 국민연금제도, 기초노령연금제도 등의 여러 가지 사회보장적 제도를 마련하고 있다.

한편, 국제노동기구(ILO) 제175호 단시간근로 협약에서도 단시간근로자의 근로시간 또는 소득이 일정 기준에 미달하는 경우 법정 사회보장제도에서의 제외를 가능하도록 하고 있는바, 이는 우리에게도 고려의 요소가 될 수 있다. 따라서 심판대상조항은 헌법 제32조 제3항에 위배되는 것으로 볼 수 없다.

2. 평등원칙 위배 여부: 소극

앞서 살펴본 바와 같이 심판대상조항이 퇴직급여제도의 설정에 있어 초단시간근로자를 그 적용대상에서 배제함으로써 초단시간근로자를 통상의 근로자 또는 그 외 단시간근로자와 달리 취급한 것에는 합리적인 이유가 있다고 인정된다. 물론 퇴직급여법은 원칙적으로 퇴직하는 모든 근로자에게 적용되는 것이 바람직하다고 할 수 있으나, 퇴직급여제도가 적용되는 범위가 확대되고 있는 등 근로자를 보호하기 위한 입법개선 노력이 지속적으로 있어 왔고, 입법자가 퇴직급여제도를 설정함에 있어 초단시간근로자를 그 적용대상에서 배제함으로써 차별취급이 발생하였다 하더라도 입법자가 법적 가치의 상향적 구현을 단계적으로 추구하는 과정에서 사용자와의 이해관계를 조정하기 위한 그 나름의 합리적 이유를 확인할 수 있으므로 이를 입법재량을 벗어난 자의적인 재량권 행사라고 보기는 어렵다. 따라서 심판대상조항은 평등원칙에 위배되지 아니한다.

축산업 근로자에 대하여 근로기준법상 근로시간, 휴일조항 적용 제외 사건 [기각] (헌재 2021.8.31, 2018헌마 563)

▶ 판시사항

1. 청구인의 심판청구가 청구기간을 준수하였는지 여부: 적극

2. 동물의 사육 사업 근로자에 대하여 근로기준법 제4장에서 전한 근로시간 및 휴일규정의 적용을 제외하도록 한 구 근로기준법 제63조 제2호 중 '동물의 사육' 가운데 '제4장에서 정한 근로시간, 휴일에 관한 규정'에 관한 부분 (이하 '심판대상조항'이라 한다)이 청구인의 근로의 권리를 침해하는지 여부: 소극

3. 심판대상조항이 청구인의 평등권을 침해하는지 여부: 소극

4. 기각의견 1인, 헌법불합치의견 5인, 각하의견 3인으로 재판관의 의견이 나뉜 경우 주문: 기각

▶ 결정요지

1. 청구인의 심판청구가 청구기간을 준수하였는지 여부

청구인은 2017.10.1.부터 2017.10.9.까지의 근로에 대하여 2017.11.10. 연장근로 및 휴일근로에 대한 임금 미지급 사실을 인식하였고, 같은 달 14.에 근로감독관으로부터 심판대상조항으로 인하여 가산임금 지급을 청구할 수 없음을 알게 되었다고 주장하고 있고, 이와 달리 청구인이 연장근로 및 휴일근로에 대한 임금 미지급 사실을 알았다고 볼 만한 명백한 자료가 발견되지 않고 있으므로, 2017.11.14.경으로부터 90일 이내에 청구된 이 사건 심판청구는 청구기간을 준수하였다.

2. 심판대상조항이 청구인의 근로의 권리를 침해하는지 여부

(1) 재판관 이영진의 기각의견

축산업은 가축의 양육 및 출하에 있어 기후 및 계절의 영향을 강하게 받으므로, 근로시간 및 근로 내용에 있어 일관성을 담보하기 어렵고, 축산업에 종사하는 근로자의 경우에도 휴가에 관한 규정은 여전히 적용되며, 사용자와 근로자 사이의 근로시간 및 휴일에 관한 사적 합의는 심판대상조항에 의한 제한을 받지 않는다. 현재 우리나라 축산업의 상황을 고려할 때, 축산업 근로자들에게 근로기준법을 전면적으로 적용할 경우, 인건비 상승으로 인한 경제적 부작용이 초래될 위험이 있다. 위 점들을 종합하여 볼 때, 심판대상조항이 입법자가 입법재량의 한계를 일탈하여 인간의 존엄을 보장하기 위한 최소한의 근로조건을 마련하지 않은 것이라고 보기 어려우므로, 심판대상조항은 청구인의 근로의 권리를 침해하지 않는다.

(2) 재판관 유남석, 이석태, 김기영, 문형배, 이미선의 헌법불합치의견

축산업은 주로 근로자의 육체 노동력에 의존하고, 일단 근로에 임하게 되면 장시간 근로가 불가피하다. 현재 우리나라 축산업은 지위가 불안정한 일용직 내지 임시직 근로자가 다수를 차지하는 구조를 가지고 있어, 사적 합의를 통하여 합리적인 근로조건을 정하기 어려운 상황이다. 위와 같은 점에서 축산업 근로자들에게 육체적·정신적 휴식을 보장하고 장시간 노동에 대한 경제적 보상을 해야 할 필요성이 요청됨에도 불구하고, 심판대상조항은 축산 사업장을 근로기준법 적용 제한의 기준으로 삼고 있어 축산업 근로자들의 근로환경 개선과 산업의 발전을 저해하고 있다. 따라서 이 조항은 인간의 존엄을 보장하기 위한 최소한의 근로조건 마련에 미흡하여 청구인의 근로의 권리를 침해한다.

3. 심판대상조항이 청구인의 평등권을 침해하는지 여부

(1) 재판관 이영진의 기각의견

근로기준법상 근로시간 및 휴일에 관한 조항이 전제하고 있는 공장직 또는 사무직 근로자의 경우와 달리, 축산업 근로자의 경우 계절과 기후의 영향을 크게 받는다는 특성이 뚜렷하다. 일본, 유럽연합, 스위스 등 많은 국가들과 국제노동기구(ILO)에서도 축산업 근로자에 대하여는 근로시간 및 휴일에 관한 법령의 전면적 또는 부분적 적용 제외를 인정하고 있다. 따라서 심판대상조항이 '사업'을 기준으로 축산업 근로자를 근로기준법상 근로시간 및 휴일조항의 적용을 받는 근로자와 달리 취급하는 것의 합리성을 인정할 수 있으므로, 심판대상조항은 청구인의 평등권을 침해하지 않는다.

(2) 재판관 유남석, 이석태, 김기영, 문형배, 이미선의 헌법불합치의견

심판대상조항은 산업의 발전이나 기술화의 진전, 축산 사업장 내 업무 분업화 등으로 인해 일반 근로자와의 차별이 불합리해진 상황을 고려하지 않고, 근로시간 및 휴일에 관한 근로기준법 규정의 적용대상에서 축산업에 종사하는 근로자들을 제외함으로써, 근로시간 및 휴식시간의 불규칙성을 수반하는 타 사업 종사 근로자들과 비교할 때 합리적인 이유 없이 축산업에 종사하는 근로자들을 차별하고 있으므로, 청구인의 평등권을 침해한다.

이 사건 심판청구에 대하여 단순위헌결정을 할 경우, 축산업의 특수성이 반영되지 않은 채 근로기준법상 근로시간 및 휴일에 관한 규정이 전부 적용되게 되어 법적 혼란을 초래할 수 있으므로, 헌법불합치결정을 함으로써 입법형성권의 범위 내에서 개선입법을 하도록 함이 타당하다.

4. 재판관의 의견이 나뉜 경우 주문

기각의견이 1인, 헌법불합치의견이 5인, 각하의견이 3인으로 재판관의 의견이 나뉜 경우, 비록 헌법불합치의견에 찬성한 재판관이 다수이지만, 헌법 제113조 제1항, 헌법재판소법 제23조 제2항 단서 제1호에서 정한 헌법소원심판 인용결정을 위한 심판정족수에는 이르지 못하였으므로, 심판청구를 기각한다.

매월 1회 이상 정기적으로 지급하는 상여금 등 및 복리후생비의 일부를 최저임금에 산입하도록 한 최저임금법 제6조 제4항 제2호 등이 근로의 권리를 침해하는지 여부: 소극[기각] (헌재 2021.12.23, 2018헌마629)

사건개요

청구인(A)은 노동조합 또는 연합단체인 노동조합이다(이하 위 청구인들을 모두 합하여 '청구인 조합들'이라 한다). 청구인(B)은 노동조합에 소속된 조합원이자 근로자들이다(이하 위 청구인들을 모두 합하여 '청구인 근로자들'이라 하고, 청구인 조합들과 청구인 근로자들을 합하여 '청구인들'이라 한다).

청구인들은, 최저임금법 제6조 제1항의 '임금'에 상여금, 그 밖에 이에 준하는 임금(이하 '상여금 등'이라 한다) 및 근로자의 복리후생을 위한 임금으로서 통화로 지급하는 임금(이하 '복리후생비'라 한다) 중 각 매월 1회 이상 정기적으로 지급하는 임금의 일부를 산입(이하 근로자의 임금을 최저임금법 제6조 제1항의 '임금'에 산입하는 것을 '최저임금 산입'이라고도 표현한다)하도록 한 최저임금법 제6조 제4항, 최저임금 산입을 위한 취업규칙 변경절차의 특례를 규정한 같은 법 제6조의2, 상여금 등 및 복리후생비의 최저임금 산입수준과 관련한 연도별 적용 특례를 규정한 최저임금법 부칙(2018.6.12. 법률 제15666호) 제2조가 청구인들의 재산권, 근로의 권리, 단체교섭권 등을 침해한다고 주장하면서 2018.6.19. 그 위헌확인을 구하는 헌법소원심판을 청구하였다.

▶ 심판대상

최저임금법(2018.6.12. 법률 제15666호로 개정된 것)

제6조【최저임금의 효력】④ 제1항과 제3항에 따른 임금에는 매월 1회 이상 정기적으로 지급하는 임금을 산입(算入)한다. 다만, 다음 각 호의 어느 하나에 해당하는 임금은 산입하지 아니한다.

2. 상여금, 그 밖에 이에 준하는 것으로서 고용노동부령으로 정하는 임금의 월 지급액 중 해당 연도 시간급 최저임금액을 기준으로 산정된 월 환산액의 100분의 25에 해당하는 부분

3. 식비, 숙박비, 교통비 등 근로자의 생활 보조 또는 복리후생을 위한 성질의 임금으로서 다음 각 목의 어느 하나에 해당하는 것

나. 통화로 지급하는 임금의 월 지급액 중 해당 연도 시간급 최저임금액을 기준으로 산정된 월 환산액의 100분의 7에 해당하는 부분

제6조의2【최저임금 산입을 위한 취업규칙 변경절차의 특례】사용자가 제6조 제4항에 따라 산입되는 임금에 포함시키기 위하여 1개월을 초과하는 주기로 지급하는 임금을 총액의 변동 없이 매월 지급하는 것으로 취업규칙을 변경하려는 경우에는 근로기준법 제94조 제1항에도 불구하고 해당 사업 또는 사업장에 근로자의 과반수로 조직된 노동조합이 있는 경우에는 그 노동조합, 근로자의 과반수로 조직된 노동조합이 없는 경우에는 근로자의 과반수의 의견을 들어야 한다.

▶ 이유의 요지

1. 최저임금 산입범위 개관

최저임금법은 사용자로 하여금 근로자에게 고용노동부장관이 매년 고시하는 최저임금액 이상의 임금을 지급할 의무를 부과하고 있다(제6조 제1항). 근로자에게 실제 지급된 임금 중 최저임금액 미달 여부를 판단하는 기준이 되는 임금(법 제6조 제1항의 '임금')을 '비교대상 임금'이라고 한다. 사용자는 근로자에게 최저임금액 이상의 임금을 지급해야 하므로, 비교대상 임금에 산입되는 임금이 많으면 많을수록 사용자에게 유리하고, 근로자에게 불리하다.

상여금의 경우 기존에는 매월 지급하더라도 그 산정기간이 1개월을 초과하는 경우에는 최저임금 산입범위에서 제외하는 것이 실무의 태도였다. 그러나 2018.6.12. 개정된 규정(이 사건 산입조항)에 따라, 상여금 등이 매월 1회 이상 지급되는 경우에는 산정기간이 1개월을 초과하더라도 그 일부가 최저임금 산입범위에 포함되게 되었다. 복리후생비는 기존에는 최저임금에 산입되지 않았으나, 이 사건 산입조항에 따라 그 일부가 최저임금에 산입되게 되었다.

이처럼 종전에 최저임금에 산입되지 않던 항목(상여금 등 및 복리후생비)이 새롭게 산입되는 경우에는, 사용자가 근로자에게 지급하는 임금의 총액을 증가시키지 않더라도 비교대상 임금에 산입되는 임금액을 증가시킬 수 있게 된다. 이 경우 고용노동부장관이 매년 고시하는 최저임금액이 종전에 비해 증가하더라도, 사용자는 그 최저임금액 증가분만큼 근로자의 임금 총액을 증가시키지 않으면서 법 제6조 제1항을 준수할 수 있게 된다.

2. 취업규칙 개관

'취업규칙'은 사용자가 당해 사업의 근로자 전체에 적용될 근로조건에 관한 준칙을 규정한 것을 말한다. 사용자는 취업규칙의 작성 또는 변경에 관하여 근로자의 과반수로 조직된 노동조합 또는 근로자 과반수의 의견을 들어야 한다. 그러나 취업규칙을 근로자에게 불리하게 변경하는 경우에는 그 동의를 받아야 한다(근로기준법 제94조 제1항).

3. 이 사건 산입조항 및 부칙조항에 대한 판단

(1) 제한되는 기본권

최저임금 산입범위 확대는 최저임금액 인상으로 인한 실제 임금인상 효과를 종전보다 감소시킬 수 있고, 최저임금과 비교대상 임금간의 '비교의 방식'에 근본적인 변화를 초래하여 최저임금과 관련한 근로자의 법적 지위를 종전에 비해 불리하게 변경한다. 그렇다면 이 사건 산입조항 및 부칙조항이 매월 1회 이상 정기적으로 지급하는 상여금 등 및 복리후생비의 일부를 최저임금에 산입함으로써 청구인 근로자들의 근로의 권리를 침해하는지 여부가 문제된다.

(2) 적법절차원칙에 위배되는지 여부

국회 회의록 등 관련자료에 의하면 이 사건 산입조항 및 부칙조항의 입법과정에 어떠한 절차적 하자가 있다고 볼 만한 사정을 발견할 수 없다. 따라서 이 사건 산입조항 및 부칙조항이 적법절차원칙에 위배된다고 볼 수 없다.

(3) 명확성원칙 및 포괄위임금지원칙에 위배되는지 여부

일반적으로 상여금이란 기본급 이외에 업적, 공헌도 등에 따라 지급하는 금품을 말하며, '상여금에 준하는 임금'은 다른 항목의 임금 중 상여금과 유사한 속성을 갖는 임금을 의미하므로, 하위법령에 규정될 내용을 예측할 수 있다. '근로자의 생활 보조 또는 복리후생을 위한 성질의 임금'은 '근로자의 생활을 돕거나 이를 윤택하게 하기 위한, 그 밖에 근로자의 행복과 이익을 높이기 위하여 지급되는 임금'을 의미한다고 어렵지 않게 이해할 수 있다.

따라서 이 사건 산입조항 및 부칙조항이 명확성원칙이나 포괄위임금지원칙에 위배된다고 볼 수 없다.

(4) 근로의 권리 침해 여부

최저임금의 비교대상이 되는 임금에 어떤 임금을 어느 정도로 산입할 것인지에 관하여는 입법자에게 입법형성의 재량이 주어져 있다고 봄이 타당하다. 최저임금법의 제정 당시에는 임금 항목이 비교적 단순하였으나, 그 이후 임금 항목들이 복잡해져 기본급이 급여에서 차지하는 비중이 낮아지고 상여금이나 복리후생비 등 기타 수당의 비중은 높아지게 되었다. 그런데 최저임금의 산입범위는 제정 당시와 마찬가지로 여전히 기본급과 한정된 범위의 일부 수당만 최저임금에 산입됨에 따라, 실제 받는 임금과의 괴리가 커지게 되었다.

이 사건 산입조항 및 부칙조항은 근로자들이 실제 지급받는 임금과 최저임금 사이의 괴리를 극복하고, 고임금 노동자까지 최저임금 인상의 혜택을 받는 불합리를 개선하여 근로자간 소득격차 해소에 기여하며, 최저임금 인상으로 인한 사용자의 부담을 완화하고자 한 것이다.

매월 1회 이상 정기적으로 지급하는 상여금 등이나 복리후생비는 그 성질이나 실질적 기능 면에서 기본급과 본질적인 차이가 있다고 보기 어려우므로, 기본급과 마찬가지로 이를 최저임금에 산입하는 것은 그 합리성을 수긍할 수 있다. 최저임금법 제6조 제2항에 의하면 사용자는 최저임금을 이유로 종전의 임금수준을 낮추어서는 아니 되므로, 최저임금 산입범위가 확대되더라도 근로자가 실제 받는 임금총액이 줄어들지는 않으며, 단지 최저임금액의 인상률과 비교한 실제 임금총액의 인상률이 종전에 비하여 낮아지는 효과가 발생할 뿐이다.

이 사건 산입조항 및 부칙조항은 최저임금 산입수준의 제한을 통하여 저임금 근로자들의 불이익을 상당 부분 차단하고 있다. 또한 관련자료에 의하면 이 사건 산입조항 및 부칙조항으로 인해 영향을 받는 근로자의 규모나 그 영향의 정도가 비교적 한정적이라고 볼 수 있어, 전반적으로 위 조항들로 인한 근로자들의 불이익이 크다고 보기 어렵다.

이상의 내용을 종합하면, 이 사건 산입조항 및 부칙조항이 현저히 불합리하여 헌법상 용인될 수 있는 입법재량의 범위를 명백히 일탈하였다고 볼 수 없으므로, 위 조항들은 청구인 근로자들의 근로의 권리를 침해하지 아니한다.

4. 이 사건 특례조항에 대한 판단

(1) 제한되는 기본권

사회적·경제적 열위에 있는 개별 근로자의 입장에서는 사용자의 의사에 따라 정해진 근로조건을 강요받을 수밖에 없는바, 근로자에 대해서도 계약자유의 원칙이 실현되기 위해서는 근로자들이 단결체를 조직하고 집단적으로 교섭함으로써 사용자와 실질적으로 대등한 관계에서 근로조건을 결정·개선할 수 있어야 한다. 이러한 배경에서 헌법 제33조 제1항은 근로3권을 기본권으로 보장하는 것이고, 여기에는 근로조건의 집단적 결정은 대등한 위치에 있는 노사간의 교섭과 합의를 통해 이루어져야 한다는 이른바 집단적 근로조건 대등결정의 원칙이 내포되어 있다고 할 것이다.

근로기준법이 사용자로 하여금 취업규칙을 근로자에게 불리하게 변경하는 경우에는 과반수 노동조합 또는 근로자 과반수의 동의를 받도록 하고 있는 것도 집단적 근로조건 대등결정의 규범적 요청에 따른 것으로 볼 수 있다. 이 사건 특례조항은 사용자가 최저임금 산입을 위하여 상여금 등 및 복리후생비의 지급주기에 관한 취업규칙을 변경하는 경우 과반수 노동조합 또는 근로자 과반수의 동의를 받을 필요가 없도록 하고 있다. 이처럼 이 사건 특례조항은 사용자가 일방적으로 상여금 등 및 복리후생비의 지급주기를 변경할 수 있도록 함으로써 근로자가 근로자단체를 통해 상여금 등 및 복리후생비의 지급주기에 관하여 사용자와 교섭하는 것을 제한하므로, 노동조합과 그 조합원의 단체교섭권을 제한한다.

(2) 단체교섭권 침해 여부

이 사건 특례조항은 최저임금 산입을 위한 임금지급 주기의 변경을 용이하게 함으로써 이 사건 산입조항 및 부칙조항의 실효성을 확보하고, 근로자에게 임금의 최저수준을 매월 보장함으로써 근로자의 생활안정을 꾀하고자 하는 조항으로서, 그 입법목적의 정당성과 수단의 적합성이 인정된다.

이 사건 특례조항은 최저임금 산입을 위한 목적에서, 임금 총액의 변동 없이 상여금 등 및 복리후생비의 지급주기를 매월 지급하는 것으로 변경하는 경우에만 적용된다. 이는 그 자체로는 근로자의 근로소득 수준에 영향을 미치지 아니하므로, 근로조건의 중요한 부분을 근본적으로 변경하는 것이라 보기 어렵다. 앞서 보았듯이 최저임금 산입범위 개편으로 인해 영향을 받는 근로자의 규모나 그 영향의 정도가 비교적 한정적이고, 위 조항들이 저소득 근로자들의 불이익을 차단하기 위한 제도적 보완장치를 두고 있는 점 등을 감안하면, 이 사건 특례조항에 따라 사용자가 일방적으로 상여금 등 및 복리후생비의 지급주기를 변경함으로 인하여 청구인들의 단체교섭권이 제한되는 정도 역시 크다고 보기 어렵다. 이 사건 특례규정을 두지 않을 경우, 취업규칙상의 임금지급 주기 변경이 가능한지 여부가 불확실하게 되고 그와 관련한 많은 법적 분쟁이 발생할 수 있다.

따라서 이 사건 특례조항은 과잉금지원칙에 위배되어 청구인들의 단체교섭권을 침해한다고 볼 수 없다.

근로3권

350

고용노동부장관의 전국교직원노동조합에 대한 법외노조 통보처분 사건 [대판 2020.9.3, 2016두32992(전합)]

> **사건개요**

노동조합 및 노동관계조정법은 "근로자가 아닌 자의 가입을 허용하는 경우 등 결격사유가 있는 경우에는 노동조합으로 보지 아니한다."고 규정하고 있고(이 사건 법률규정), 동법 시행령은 "설립신고를 마친 노동조합에 결격사유가 발생한 경우 행정관청은 30일의 기간을 정하여 시정을 요구하되, 시정되지 않는 경우 노동조합법에 의한 노동조합으로 보지 아니함을 통보하여야 한다."고 규정하고 있다(이 사건 시행령 조항). 교원의 노동조합 설립 및 운영에 관한 법률 및 동법 시행령은 위와 같은 이 사건 법률규정 및 이 사건 시행령 조항을 교원 노동조합에도 그대로 적용하도록 규정하고 있다.

피고(고용노동부장관)는 2013.9.23. 원고에 대하여 원고가 해직 교원의 조합원 자격을 허용하는 규약을 보유하고 있고, 실제로 해직 교원 9명이 조합원으로 활동하고 있다는 이유로 규약의 개정과 해직 교원의 탈퇴처리 등 시정을 요구하였으나, 원고는 이를 이행하지 아니하였다. 이에 피고는 2013.10.24. 원고에게 '교원노조법에 의한 노동조합으로 보지 아니함'을 통보하였다(이 사건 법외노조 통보).

원고는 이 사건 법외노조 통보가 위법하다고 주장하면서 행정소송을 제기하였으나, 제1심과 원심은 이 사건 법외노조 통보를 적법하다고 판단하였다.

대법원은 ① 법외노조 통보는 이미 법률에 의하여 법외노조가 된 것을 사후적으로 고지하거나 확인하는 행위가 아니라 그 통보로써 비로소 법외노조가 되도록 하는 형성적 행정처분이고, ② 이러한 법외노조 통보는 단순히 노동조합에 대한 법률상 보호만을 제거하는 것에 그치지 않고 헌법상 노동3권을 실질적으로 제약하는데, ③ 노동조합법은 법상 설립요건을 갖추지 못한 단체의 노동조합 설립신고서를 반려하도록 규정하면서도, 그보다 더 침익적인 설립 후 활동 중인 노동조합에 대한 법외노조 통보에 관하여는 아무런 규정을 두고 있지 않고, 이를 시행령에 위임하는 명문의 규정도 두고 있지 않으며, 더욱이 법외노조 통보제도는 입법자가 반성적 고려에서 폐지한 노동조합 해산명령제도와 실질적으로 다를 바 없다는 이유로, 이 사건 시행령 조항은 법률이 정하고 있지 아니한 사항에 관하여 법률의 구체적이고 명시적인 위임도 없이 헌법이 보장하는 노동3권에 대한 본질적인 제한을 규정한 것으로서 법률유보원칙에 반하여 무효라고 보아, 이 사건 시행령 조항이 유효함을 전제로 이에 근거한 이 사건 법외노조 통보를 적법하다고 판단한 원심을 파기하였다.

▶ 판시사항

1. 헌법상 법치주의의 핵심적 내용인 법률유보원칙에 내포된 의회유보원칙에서 어떠한 사안이 국회가 형식적 법률로 스스로 규정하여야 하는 본질적 사항에 해당하는지 결정하는 방법 / 국민의 권리·의무에 관한 기본적이고 본질적인 사항 및 헌법상 보장된 국민의 자유나 권리를 제한할 때 그 제한의 본질적인 사항에 관하여 국회가 법률로써 스스로 규율하여야 하는지 여부: 적극

2. 법률의 시행령이 법률에 의한 위임 없이 법률이 규정한 개인의 권리·의무에 관한 내용을 변경·보충하거나 법률에 규정되지 아니한 새로운 내용을 규정할 수 있는지 여부: 소극

3. 노동조합 및 노동관계조정법 시행령 제9조 제2항이 법률의 위임 없이 법률이 정하지 아니한 법외노조 통보에 관하여 규정함으로써 헌법상 노동3권을 본질적으로 제한하여 그 자체로 무효인지 여부: 적극

4. 고용노동부장관이 전국의 국공립학교와 사립학교 교원을 조합원으로 하여 설립된 甲 노동조합의 노동조합 설립신고를 수리하고 신고증을 교부하였는데, 그 후 甲 노동조합에 대하여 '두 차례에 걸쳐 해직자의 조합원 가입을 허용하는 규약을 시정하도록 명하였으나 이행하지 않았고, 실제로 해직자가 조합원으로 가입하여 활동하고 있는 것으로 파악된다'는 이유로 해당 규약 조항의 시정 등의 조치를 요구하였으나 甲 노동조합이 이를 이행하지 않자 교원의 노동조합 설립 및 운영 등에 관한 법률 제14조 제1항, 노동조합 및 노동관계조정법 제12조 제3항 제1호, 제2조 제4호 (라)목 및 교원의 노동조합 설립 및 운영 등에 관한 법률 시행령 제9조 제1항, 노동조합 및 노동관계조정법 시행령 제9조 제2항에 따라 甲 노동조합을 '교원의 노동조합 설립 및 운영 등에 관한 법률에 의한 노동조합으로 보지 아니함'을 통보한 사안에서, 법외노조 통보에 관한 노동조합 및 노동관계조정법 시행령 제9조 제2항은 헌법상 법률유보의 원칙에 위반되어 그 자체로 무효이므로 그에 기초한 위 법외노조 통보는 법적 근거를 상실하여 위법하다고 한 사례

▶ 판결요지

1. 헌법 제37조 제2항은 "국민의 모든 자유와 권리는 국가안전보장·질서유지 또는 공공복리를 위하여 필요한 경우에 한하여 법률로써 제한할 수 있으며, 제한하는 경우에도 자유와 권리의 본질적인 내용을 침해할 수 없다."라고 규정하고 있다. 헌법상 법치주의는 법률유보원칙, 즉 행정작용에는 국회가 제정한 형식적 법률의 근거가 요청된다는 원칙을 핵심적 내용으로 한다. 나아가 오늘날의 법률유보원칙은 단순히 행정작용이 법률에 근거를 두기만 하면 충분한 것이 아니라, 국가공동체와 그 구성원에게 기본적이고도 중요한 의미를 갖는 영역, 특히 국민의 기본권 실현에 관련된 영역에 있어서는 행정에 맡길 것이 아니고 국민의 대표자인 입법자 스스로 그 본질적 사항에 대하여 결정하여야 한다는 요구, 즉 의회유보원칙까지 내포하는 것으로 이해되고 있다. 여기서 어떠한 사안이 국회가 형식적 법률로 스스로 규정하여야 하는 본질적 사항에 해당되는지는, 구체적 사례에서 관련된 이익 내지 가치의 중요성, 규제 또는 침해의 정도와 방법 등을 고려하여 개별적으로 결정하여야 하지만, 규율대상이 국민의 기본권과 관련한 중요성을 가질수록 그리고 그에 관한 공개적 토론의 필요성 또는 상충하는 이익 사이의 조정 필요성이 클수록, 그것이 국회의 법률에 의하여 직접 규율될 필요성은 더 증대된다. 따라서 국민의 권리·의무에 관한 기본적이고 본질적인 사항은 국회가 정하여야 하고, 헌법상 보장된 국민의 자유나 권리를 제한할 때에는 적어도 그 제한의 본질적인 사항에 관하여 국회가 법률로써 스스로 규율하여야 한다.

2. 헌법 제75조는 "대통령은 법률에서 구체적으로 범위를 정하여 위임받은 사항과 법률을 집행하기 위하여 필요한 사항에 관하여 대통령령을 발할 수 있다."라고 규정하고 있다. 따라서 대통령은 법률에서 구체적으로 범위를 정하여 위임받은 사항과 법률을 집행하기 위하여 필요한 사항에 관하여만 대통령령을 발할 수 있으므로, 법률의 시행령은 모법인 법률에 의하여 위임받은 사항이나 법률이 규정한 범위 내에서 법률을 현실적으로 집행하는 데 필요한 세부적인 사항만을 규정할 수 있을 뿐, 법률에 의한 위임이 없는 한 법률이 규정한 개인의 권리·의무에 관한 내용을 변경·보충하거나 법률에 규정되지 아니한 새로운 내용을 규정할 수는 없다.

3. 법외노조 통보는 적법하게 설립된 노동조합의 법적 지위를 박탈하는 중대한 침익적 처분으로서 원칙적으로 국민의 대표자인 입법자가 스스로 형식적 법률로써 규정하여야 할 사항이고, 행정입법으로 이를 규정하기 위하여는 반드시 법률의 명시적이고 구체적인 위임이 있어야 한다. 그런데 노동조합 및 노동관계조정법 시행령(이하 '노동조합법 시행령'이라 한다) 제9조 제2항은 법률의 위임 없이 법률이 정하지 아니한 법외노조 통보에 관하여 규정함으로써 헌법상 노동3권을 본질적으로 제한하고 있으므로 그 자체로 무효이다. 구체적인 이유는 아래와 같다. 법외노조 통보는 이미 법률에 의하여 법외노조가 된 것을 사후적으로 고지하거나 확인하는 행위가 아니라 그 통보로써 비로소 법외노조가 되도록 하는 형성적 행정처분이다. 이러한 법외노조 통보는 단순히 노동조합에 대한 법률상 보호만을 제거하는 것에 그치지 않고 헌법상 노동3권을 실질적으로 제약한다. 그런데 노동조합 및 노동관계조정법(이하 '노동조합법'이라 한다)은 법상 설립요건을 갖추지 못한 단체의 노동조합 설립신고서를 반려하도록 규정하면서도, 그보다 더 침익적인 설립 후 활동 중인 노동조합에 대한 법외노조 통보에 관하여는 아무런 규정을 두고 있지 않고, 이를 시행령에 위임하는 명문의 규정도 두고 있지 않다. 더욱이 법외노조 통보제도는 입법자가 반성적 고려에서 폐지한 노동조합 해산명령제도와 실질적으로 다를 바 없다. 결국 노동조합법 시행령 제9조 제2항은 법률이 정하고 있지 아니한 사항에 관하여, 법률의 구체적이고 명시적인 위임도 없이 헌법이 보장하는 노동3권에 대한 본질적인 제한을 규정한 것으로서 법률유보원칙에 반한다.

4. 고용노동부장관이 전국의 국공립학교와 사립학교 교원을 조합원으로 하여 설립된 甲 노동조합의 노동조합 설립신고를 수리하고 신고증을 교부하였는데, 그 후 甲 노동조합에 대하여 '두 차례에 걸쳐 해직자의 조합원 가입을 허용하는 규약을 시정하도록 명하였으나 이행하지 않았고, 실제로 해직자가 조합원으로 가입하여 활동하고 있는 것으로 파악된다'는 이유로 해당 규약 조항의 시정 등의 조치를 요구하였으나 甲 노동조합이 이를 이행하지 않자 교원의 노동조합 설립 및 운영 등에 관한 법률 제14조 제1항, 노동조합 및 노동관계조정법 제12조 제3항 제1호, 제2조 제4호 (라)목 및 교원의 노동조합 설립 및 운영 등에 관한 법률 시행령 제9조 제1항, 노동조합 및 노동관계조정법 시행령 제9조 제2항에 따라 甲 노동조합을 '교원의 노동조합 설립 및 운영 등에 관한 법률에 의한 노동조합으로 보지 아니함'을 통보한 사안에서, 노동조합 및 노동관계조정법 시행령 제9조 제2항은 법률의 구체적이고 명시적인 위임 없이 법률이 정하고 있지 아니한 법외노조 통보에 관하여 규정함으로써 헌법이 보장하는 노동3권을 본질적으로 제한하는 것으로 법률유보의 원칙에 위반되어 그 자체로 무효이므로 그에 기초한 위 법외노조 통보는 법적 근거를 상실하여 위법하다.

351

형법 제314조 제1항 중 '위력으로써 사람의 업무를 방해한 자' 부분이 단체행동권을 침해하는지 여부: 소극[합헌] (헌재 2022.5.26. 2012헌바66)

대법원은 2007도482 전원합의체 판결에서 심판대상조항에 대한 확립된 해석을 제시하고 있으므로, 헌법재판소는 이를 존중하여 그 조항의 위헌 여부를 판단해야 한다. 따라서 이 사건에서 문제가 되는 것은 심판대상조항이 '사용자가 예측할 수 없는 시기에 전격적으로 이루어져 사용자의 사업운영에 심대한 혼란 내지 막대한 손해를 초래한 집단적 노무제공 거부행위'를 위력에 의한 업무방해죄로 처벌하는 부분이 근로자들의 단체행동권을 침해하는지 여부이다. 심판대상조항은 노사관계의 형성에 있어 사회적 균형을 이루기 위해 필요한 범위를 넘는 사용자의 영업의 자유에 대한 침해를 방지하고 개인과 기업의 경제상의 자유와 거래질서를 보장하며, 경우에 따라 국민의 일상생활이나 국가의 경제적 기능에 부정적인 영향을 미치는 행위를 억제하기 위한 것이므로, 입법목적의 정당성 및 수단의 적합성이 인정된다. 근로자들의 단체행동권은 집단적 실력행사로서 위력의 요소를 가지고 있으므로, 사용자의 재산권이나 직업의 자유, 경제활동의 자유를 현저히 침해하고, 거래질서나 국가 경제에 중대한 영향을 미치는 일정한 단체행동권의 행사에 대하여는 제한이 가능하다. 헌법재판소는 심판대상조항에 대하여 이미 세 차례에 걸쳐 합헌결정(97헌바23, 2003헌바91, 2009헌바168)을 내리면서 '권리행사로서의 성격을 갖는 쟁의행위에 대한 형사처벌이 단체행동권의 보장 취지에 부합하지 않는다는 점'과, '단체행동권의 행사로서 노동법상의 요건을 갖추어 헌법적으로 정당화되는 행위를 구성요건에 해당하는 행위로 보고 다만 위법성이 조각되는 것으로 해석하는 것은 기본권의 보호영역을 하위 법률을 통해 축소하는 것임'을 밝힌 바 있다. 이후 대법원은 2007도482 전원합의체 판결에서 구성요건해당성 단계부터 심판대상조항의 적용범위를 축소함으로써 헌법재판소 선례가 지적한 단체행동권에 대한 과도한 제한이나 위축 문제를 해소하였다. 이에 따라 심판대상조항에 의하여 처벌되는 쟁의행위는 단체행동권의 목적에 부합한다고 보기 어렵거나 사용자의 재산권, 직업의 자유 등에 중대한 제한을 초래하는 행위로 한정되므로, 심판대상조항은 침해의 최소성 및 법익균형성 요건을 갖추었다. 따라서 심판대상조항은 단체행동권을 침해하지 않는다.

참고판례

업무방해죄 사건 [대판 2011.3.17, 2007도482(전합)]

근로자는 원칙적으로 헌법상 보장된 기본권으로서 근로조건 향상을 위한 자주적인 단결권·단체교섭권 및 단체행동권을 가지므로(헌법 제33조 제1항), 쟁의행위로서 파업이 언제나 업무방해죄에 해당하는 것으로 볼 것은 아니고, 전후 사정과 경위 등에 비추어 사용자가 예측할 수 없는 시기에 전격적으로 이루어져 사용자의 사업운영에 심대한 혼란 내지 막대한 손해를 초래하는 등으로 사용자의 사업계속에 관한 자유의사가 제압·혼란될 수 있다고 평가할 수 있는 경우에 비로소 집단적 노무제공의 거부가 위력에 해당하여 업무방해죄가 성립한다고 보는 것이 타당하다.

이와 달리, 근로자들이 집단적으로 근로의 제공을 거부하여 사용자의 정상적인 업무운영을 저해하고 손해를 발생하게 한 행위가 당연히 위력에 해당하는 것을 전제로 노동관계 법령에 따른 정당한 쟁의행위로서 위법성이 조각되는 경우가 아닌 한 업무방해죄를 구성한다는 취지로 판시한 대법원 1991.4.23. 선고 90도2771 판결, 대법원 1991.11.8. 선고 91도326 판결, 대법원 2004.5.27. 선고 2004도689 판결, 대법원 2006.5.12. 선고 2002도3450 판결, 대법원 2006.5.25. 선고 2002도5577 판결 등은 이 판결의 견해에 배치되는 범위 내에서 변경한다.

352

특수경비원의 파업·태업 그 밖에 경비업무의 정상적인 운영을 저해하는 일체의 쟁의행위를 금지하는 경비업법 제15조 제3항(이하 '심판대상조항'이라 한다)이 나머지 청구인들의 단체행동권을 침해하는지 여부: 소극[기각] (헌재 2023.3.23. 2019헌마937)

국가중요시설에서 발생할 수 있는 보안 관련 사건의 심각성, 이에 대응하기 위하여 무기 휴대가 가능한 특수경비원 업무의 중요성을 감안하면 경비업무의 정상적인 운영을 저해하는 일체의 쟁의행위를 금지할 수밖에 없고, 그 외 다른 수단들로는 위 목적 달성에 기여할 수 없다. 특수경비원은 단체행동권에 대한 대상조치인 노동조합법상 조정 및 중재를 통하여 노동쟁의에 대한 해결책을 마련할 수도 있다. 따라서 심판대상조항은 침해의 최소성을 갖추었다. 심판대상조항으로 인하여 특수경비원이 받는 불이익이 국가나 사회의 중추를 이루는 중요시설 운영에 안정을 기함으로써 얻게 되는 국가안전보장, 질서유지, 공공복리 등의 공익보다 중대한 것이라고 볼 수 없다. 따라서 심판대상조항은 법익의 균형성을 갖추었다. 그러므로 심판대상조항은 과잉금지원칙에 위배되어 나머지 청구인들의 단체행동권을 침해하지 않는다.

353

선거운동과정에서 후보자들이 확성장치를 사용할 수 있도록 허용하면서도 그로 인한 소음의 규제기준을 정하지 아니한 공직선거법 제79조 제3항 제2호가 위헌인지 여부: 적극[헌법불합치] (헌재 2019.12.27, 2018헌마730)

사건개요

청구인은 2018.6.13. 실시된 제7회 전국동시지방선거의 선거운동 과정에서 후보자들이 청구인의 거주지 주변에서 확성장치 등을 사용하여 소음을 유발함으로써 정신적·육체적 고통을 받았다고 주장하면서, 공직선거법 제79조 제3항, 제102조 제1항 및 제216조 제1항이 전국동시지방선거의 선거운동시 확성장치의 최고출력, 사용시간 등 소음에 대한 규제기준조항을 두지 아니하는 등 그 입법의 내용·범위 등이 불충분하여 청구인의 환경권, 건강권 및 신체를 훼손당하지 않을 권리 등을 침해한다는 이유로, 2018.7.16. 이 사건 헌법소원심판을 청구하였다.

▶ 심판대상

공직선거법(2010.1.25. 법률 제9974호로 개정된 것)

제79조【공개장소에서의 연설·대담】③ 공개장소에서의 연설·대담을 위하여 다음 각 호의 구분에 따라 자동 차와 이에 부착된 확성장치 및 휴대용 확성장치를 각각 사용할 수 있다.

1. 대통령선거
   후보자와 시·도 및 구·시·군선거 연락소마다 각 1대·각 1조
2. 지역구국회의원선거 및 시·도지사선거
   후보자와 구·시·군선거 연락소마다 각 1대·각 1조
3. 지역구지방의회의원선거 및 자치구·시·군의 장 선거
   후보자마다 1대·1조

공직선거법(2005.8.4. 법률 제7681호로 개정된 것)

제216조【4개 이상 선거의 동시실시에 관한 특례】① 4개 이상 동시선거에 있어 지역구자치구·시·군의원선거 의 후보자는 제79조(공개장소에서의 연설·대담)의 연설·대담을 위하여 자동차 1대와 휴대용 확성장치 1조 를 사용할 수 있다.

▶ 결정주문

공직선거법(2010.1.25. 법률 제9974호로 개정된 것) 제79조 제3항 제2호 중 '시·도지사선거' 부분, 같은 항 제3호 및 공직선거법(2005.8.4. 법률 제7681호로 개정된 것) 제216조 제1항은 모두 헌법에 합치되지 아니한다. 위 법률조 항들은 2021.12.31.을 시한으로 입법자가 개정할 때까지 계속 적용된다.

▶ 이유의 요지

국가가 국민의 건강하고 쾌적한 환경에서 생활할 권리에 대한 보호의무를 다하지 않았는지 여부를 헌법재판소가 심사할 때에는 국가가 이를 보호하기 위하여 적어도 적절하고 효율적인 최소한의 보호조치를 취하였는가 하는 이른바 '과소보호금지원칙'의 위반 여부를 기준으로 삼아야 한다.

공직선거법에는 확성장치를 사용함에 있어 자동차에 부착하는 확성장치 및 휴대용 확성장치의 수는 "시ㆍ도지사선거는 후보자와 구ㆍ시ㆍ군선거 연락소마다 각 1대ㆍ각 1조, 지역구지방의회의원선거 및 자치구ㆍ시ㆍ군의 장 선거는 후보자마다 1대ㆍ1조를 넘을 수 없다."는 규정만 있을 뿐 확성장치의 최고출력 내지 소음 규제기준이 마련되어 있지 아니하다. 기본권의 과소보호금지원칙에 부합하면서 선거운동을 위해 필요한 범위 내에서 합리적인 최고출력 내지 소음 규제기준을 정할 필요가 있다. 심판대상조항에서 확성장치 사용을 허용하되 확성장치를 통한 선거소음의 최고출력을 구체적이고 현실적으로 규율하는 조항을 둘 때 선거운동의 자유가 적극적으로 보장되는 결과를 가져올 수 있다. 공직선거법에는 야간 연설 및 대담을 제한하는 규정만 있다. 그러나 대다수의 직장과 학교는 그 근무 및 학업 시간대를 오전 9시부터 오후 6시까지로 하고 있어 그 전후 시간대의 주거지역에서는 정온한 환경이 더욱더 요구된다. 출근 또는 등교 시간대 이전인 오전 6시부터 7시까지, 퇴근 또는 하교 시간대 이후인 오후 7시부터 11시까지에도 확성장치의 사용을 제한할 필요가 있다는 점에서 위와 같은 입법의 내용이 충분한지 의문이다.

공직선거법에는 주거지역과 같이 정온한 생활환경을 유지할 필요성이 높은 지역에 대한 규제기준이 마련되어 있지 아니하다. 예컨대 소음ㆍ진동관리법, '집회 및 시위에 관한 법률' 등에서 대상지역 및 시간대별로 구체적인 소음기준을 정한 것과 같이, 공직선거법에서도 이에 준하는 규정을 둘 수 있다. 심판대상조항이 선거운동의 자유를 감안하여 선거운동을 위한 확성장치를 허용할 공익적 필요성이 인정된다고 하더라도 정온한 생활환경이 보장되어야 할 주거지역에서 출근 또는 등교 이전 및 퇴근 또는 하교 이후 시간대에 확성장치의 최고출력 내지 소음을 제한하는 등 사용시간과 사용지역에 따른 수인한도 내에서 확성장치의 최고출력 내지 소음 규제기준에 관한 규정을 두지 아니한 것은, 국민이 건강하고 쾌적하게 생활할 수 있는 양호한 주거환경을 위하여 노력하여야 할 국가의 의무를 부과한 헌법 제35조 제3항에 비추어 보면, 적절하고 효율적인 최소한의 보호조치를 취하지 아니하여 국가의 기본권 보호의무를 과소하게 이행한 것이다.

따라서, 심판대상조항은 국가의 기본권 보호의무를 과소하게 이행한 것으로서, 청구인의 건강하고 쾌적한 환경에서 생활할 권리를 침해한다. 다만, 심판대상조항에 대하여 단순위헌결정을 하여 즉시 효력을 상실시킨다면 선거운동시 확성장치의 사용에 관한 근거규정이 사라지고, 후보자 등은 확성장치를 사용하여 선거운동을 할 수 없게 되는 법적 공백상태가 발생할 우려가 있다. 심판대상조항의 위헌성은 공직선거의 선거운동에서 확성장치를 사용하는 것 자체에 있는 것이 아니라, 확성장치의 사용에 따른 소음 규제기준이 마련되어 있지 아니하다는 점에 있고, 그 입법의 내용, 범위 등은 입법자가 결정하여야 할 사항이므로, 헌법불합치결정을 선고하고, 입법자의 개선이 있을 때까지 잠정 적용을 명하기로 한다.

종래 이와 견해를 달리하여 심판대상조항이 헌법에 위반되지 아니한다고 판시한 우리 재판소 결정(헌재 2008.7.31. 2006헌마711)은 이 결정 취지와 저촉되는 범위 안에서 변경하기로 한다.

▶ 결정의 의의

이 결정을 통하여 헌법재판소는 선례를 변경하여, 심판대상조항이 선거운동의 자유를 감안하여 선거운동을 위한 확성장치를 허용할 공익적 필요성이 인정된다고 하더라도 정온한 생활환경이 보장되어야 할 주거지역에서 출근 또는 등교 이전 및 퇴근 또는 하교 이후 시간대에 확성장치의 최고출력 내지 소음을 제한하는 등 사용시간과 사용지역에 따른 수인한도 내에서 확성장치의 최고출력 내지 소음 규제기준에 관한 규정을 두지 아니한 것은, 국민이 건강하고 쾌적하게 생활할 수 있도록 노력하여야 할 국가의 기본권 보호의무를 과소하게 이행한 것으로서, 청구인의 건강하고 쾌적한 환경에서 생활할 권리의 침해를 가져오므로 위헌이라고 판단한 최초의 결정이다.

제3편

통치구조론

제3편 | 통치구조론

2024 해커스경찰 신동욱 경찰헌법 최신 3개년 판례집

통치행위

354

개성공단 전면중단 조치에 대한 사법심사가 배제되어야 하는지 여부: 소극[기각] (헌재 2022.1.27, 2016헌마 364)

이 사건 중단조치가 북한의 핵무기 개발로 인한 위기에 대처하기 위한 조치로서 국가안보와 관련된 대통령의 의사 결정을 포함하고 그러한 의사 결정이 고도의 정치적 결단을 요하는 문제이기는 하나, 그 의사 결정에 따른 조치 결과 투자기업인 청구인들의 영업의 자유 등 기본권에 제한이 발생하였다. 그리고 국민의 기본권 제한과 직접 관련된 공권력의 행사는 고도의 정치적 고려가 필요한 대통령의 행위라도 헌법과 법률에 따라 정책을 결정하고 집행하도록 함으로써 국민의 기본권이 침해되지 않도록 견제하는 것이 국민의 기본권 보장을 사명으로 하는 헌법재판소 본연의 임무이므로, 그 한도에서 헌법소원심판의 대상이 될 수 있다. 따라서 이 사건 헌법소원심판이 사법심사가 배제되는 행위를 대상으로 한 것이어서 부적법하다고는 볼 수 없다.

포괄위임금지원칙

355

관할관청의 승인 없이 자동차 튜닝을 한 경우 처벌하는 자동차관리법 조항에 관한 위헌제청 사건 [합헌] (헌재 2019.11.28, 2017헌가23)

> ❝ 사건개요 ❞

> 당해 사건의 피고인은 관할관청의 승인을 받지 않고 소형 화물자동차에 '캠퍼'를 설치하여 화물자동차를 캠핑카로 튜닝하였다는 공소사실로 기소되었다.
> 당해 사건 법원은 그 심리 중 자동차관리법 제34조 제1항, 제81조 제19호가 포괄위임금지원칙 등에 위반된다는 이유로, 2017.7.7. 직권으로 위 조항들의 위헌 여부의 심판을 제청하였다.

자동차관리법(2014.1.7. 법률 제12217호로 개정된 것)

제34조【자동차의 튜닝】① 자동차소유자가 국토교통부령으로 정하는 항목에 대하여 튜닝을 하려는 경우에는 시장·군수·구청장의 승인을 받아야 한다.

자동차관리법(2015.12.29. 법률 제13686호로 개정된 것)

제81조【벌칙】다음 각 호의 어느 하나에 해당하는 자는 1년 이하의 징역 또는 1천만원 이하의 벌금에 처한다.

　19. 제34조(제52조에서 준용하는 경우를 포함한다)를 위반하여 시장·군수·구청장의 승인을 받지 아니하고 자동차에 튜닝을 한 자

▶ 결정주문

자동차관리법(2014.1.7. 법률 제12217호로 개정된 것) 제34조 제1항과 자동차관리법(2015.12.29. 법률 제13686호로 개정된 것) 제81조 제19호는 헌법에 위반되지 아니한다.

▶ 이유의 요지

1. 위임의 필요성

오늘날 자동차는 종류와 용도가 매우 다양하고, 경우에 따라 자동차의 구조와 장치도 매우 복잡하다. 자동차의 성능이나 기능이 급격히 발전하여, 자동차의 기초적인 부분까지 안전 운행을 위해 고도화된 기술이 적용되고 있다. 자동차의 각 구조·장치 또는 부품 등 어디에서든 안전상의 문제가 발생할 수 있고, 자동차 관련산업은 매우 전문적이고 기술적인 부분으로 평가받고 있다. 또한 새로운 기술이 등장하여 자동차의 구조·장치 또는 부품 등이 변화할 수 있으므로, 이러한 부분까지 법률에 규정하여서는 기술의 변화에 대응하기 곤란하다.

자동차 튜닝산업도 점차 확대되는 추세이다. 그에 따라 다양한 형태의 자동차 튜닝이 이루어질 수 있고 거기에 적용될 기술도 다양하게 발전하고 있다.

따라서 심판대상조항은 전문적이고 기술적인 사항들을 규율하거나 변화하는 상황에 즉각적인 대응이나 탄력적인 규율이 필요한 경우에 해당하므로 위임의 필요성이 인정된다.

2. 위임범위의 예측가능성 - 포괄위임금지원칙 위반 여부: 소극

자동차관리법 제2조 제11호는 '자동차의 튜닝'을 '자동차의 구조·장치의 일부를 변경하거나 자동차에 부착물을 추가하는 것'이라고 정의하고 있다. 사전적 의미를 고려했을 때 '자동차의 튜닝'은 자동차의 제작 당시 자동차를 이루고 있는 부분이나 요소 또는 자동차의 기능을 이루고 있는 기계, 도구, 설비 등의 일부를 본래의 형상과 다르게 바꾸거나 자동차에 기성 자동차의 구성 부분이 아니었던 물건을 나중에 더 보태서 붙이는 것이다. 따라서 자동차 튜닝을 하려는 사람은 자동차의 튜닝에 해당하는지 여부에 대해서는 충분히 예측할 수 있다.

문제는 심판대상조항이 관할관청의 승인을 받아야 하는 자동차의 튜닝을 국토교통부령으로 위임하면서 위임의 범위를 예시하는 기준 등을 규정하지 않고 있으므로, 이로 인해 포괄위임금지원칙에 위배되는 것인지 여부이다.

심판대상조항은 자동차의 튜닝 이후에도 안전 운행에 필요한 성능과 기준을 유지하도록 하여 교통과 공중의 안전을 확보하면서, 자동차 튜닝산업의 건전한 발전을 유도하려는 입법목적을 지니고 있다. 이 사건 승인조항은 자동차의 안전기준 등을 정하고 있는 자동차관리법 제3장에 위치하고 있으므로, 이를 통해 규율하고자 하는 내용도 자동차의 안전 운행에 필요한 성능과 기준을 유지하고자 하는 데에 있다. 또한 자동차관리법 제29조 제1항·제2항은 자동차

의 구조 및 장치 등이 자동차의 안전 운행에 필요한 성능과 기준에 적합할 것을 명하고 있으므로, 심판대상조항에 따라 국토교통부령으로 정하여질 사항도 기존의 자동차의 구조 및 장치, 부품 또는 보호장구 등 안전 운행에 필요한 성능과 기준이 설정되어 있는 부분에 한정될 것임을 충분히 예측할 수 있다.

따라서 심판대상조항의 문언, 입법목적 및 관련규정의 내용을 종합해보면, 심판대상조항에 따라 국토교통부령에 규정될 내용은 기성 자동차의 구조·장치를 일부 변경하거나 부착물을 추가하는 것 중에서도 관련법령상 자동차의 안전 운행에 필요한 성능과 기준이 설정되어 있는 구조·장치, 부품이 변경되거나 부착물을 추가함으로써 이에 준하는 변화가 발생할 것으로 예측되는 경우에 한하여 관할관청의 승인을 받아야 하는 것으로 규정할 것임을 알 수 있다. 그러므로 심판대상조항은 포괄위임금지원칙에 반하지 않는다.

의회유보원칙 · 포괄위임금지원칙

356

전기요금약관의 인가에 관한 전기사업법 조항 사건
전기판매사업자로 하여금 전기요금에 관한 약관을 작성하여 산업통상자원부장관의 인가를 받도록 한 전기사업법 제16조 제1항 중 '전기요금'에 관한 부분이 의회유보원칙에 위배되는지 여부: 소극[합헌] (헌재 2021.4.29. 2017헌가25)

〃 사건개요 〃

제청신청인은 한국전력공사와 전기공급계약을 체결하고 전기를 공급받는 전기사용자로서, 한국전력공사가 2016.7.3.부터 같은 해 8.2.까지 제청신청인이 사용한 525kWh의 전기에 대해 128,565원의 전기요금을 부과하자, 한국전력공사의 기본공급약관 중 누진요금에 관한 부분이 전기사업법 제4조, 전기사업법 시행령 제7조 제1항 제1호를 위반하고 제청신청인의 계약의 자유를 침해하여 무효라고 주장하면서, 한국전력공사를 상대로 위 기간 동안의 전기요금채무는 68,670원을 초과하여서는 존재하지 아니한다는 확인을 구하는 소를 제기하였다.

전주지방법원 군산지원(이하 '제청법원'이라 한다)은 제청신청인이 위 소송 계속 중 전기사업법 제16조 제1항, 제53조, 제54조에 대하여 위헌법률심판제청을 신청하자, 그중 전기사업법 제16조 제1항 부분에 대한 위헌법률심판제청신청을 받아들여 2017.7.20. 이 사건 위헌법률심판을 제청하였다.

▶ 심판대상

전기사업법(2013.3.23. 법률 제11690호로 개정된 것)

제16조 【전기의 공급약관】 ① 전기판매사업자는 대통령령으로 정하는 바에 따라 전기요금과 그 밖의 공급조건에 관한 약관(이하 '기본공급약관'이라 한다)을 작성하여 산업통상자원부장관의 인가를 받아야 한다. 이를 변경하려는 경우에도 또한 같다.

전기사업법 시행령(2009.11.20. 대통령령 제21833호로 개정된 것)

제7조【기본공급약관에 대한 인가기준】① 법 제16조 제1항에 따른 전기요금과 그 밖의 공급조건에 관한 약관에 대한 인가 또는 변경인가의 기준은 다음 각 호와 같다.

1. 전기요금이 적정 원가에 적정 이윤을 더한 것일 것
2. 전기요금을 공급 종류별 또는 전압별로 구분하여 규정하고 있을 것
3. 전기판매사업자와 전기사용자간의 권리의무관계와 책임에 관한 사항이 명확하게 규정되어 있을 것
4. 전력량계 등의 전기설비의 설치주체와 비용부담자가 명확하게 규정되어 있을 것

전기사업법 시행령(2013.3.23. 대통령령 제24442호로 개정된 것)

제7조【기본공급약관에 대한 인가기준】② 제1항 각 호에 따른 인가 또는 변경인가의 기준에 관한 세부적인 사항은 산업통상자원부장관이 정하여 고시한다.

발전사업세부허가기준, 전기요금산정기준, 전력량계허용오차 및 전력계통운영업무(2014.5.21. 산업통상자원부 고시 제2014-82호)

제11조【요금체계】① 전기요금의 체계는 종별공급원가를 기준으로 전기사용자의 부담능력, 편익 정도, 기타 사회정책적 요인 등을 고려하여 전기사용자간에 부담의 형평이 유지되고 자원이 합리적으로 배분되도록 형성되어야 한다.

② 전기요금은 기본요금과 전력량요금을 원칙으로 하고, 자원의 효율적 배분을 위하여 필요하다고 인정하는 경우에는 차등요금, 누진요금 등으로 보완할 수 있다.

▶ 이유의 요지

1. 이 사건 위헌법률심판제청이 적법한지 여부: 적극

제청법원은, 전기판매사업자로 하여금 전기요금에 관한 약관(이하 '전기요금약관'이라 한다)을 작성하도록 한 심판대상조항을 전기요금약관이 효력을 갖게 되는 근거조항으로 보고, 심판대상조항이 위헌이 되면 한국전력공사가 전기요금약관을 근거로 제청신청인에게 전기요금을 징수할 수 없게 되므로, 심판대상조항의 위헌 여부가 전기요금채무의 부존재확인을 구하는 당해 사건 재판의 전제가 된다고 판단하였다.

이러한 제청법원의 법률해석이 명백히 유지될 수 없다고 단정하기 어렵고, 심판대상조항이 위헌인 경우에 전기요금약관 중 전기요금의 산정기준이나 요금체계 등에 관한 부분은 전기판매사업자가 일방적으로 작성하는 약관으로는 정할 수 없는 것이어서 무효라는 판단이 가능할 것이므로, 이 사건 위헌법률심판제청은 재판의 전제성 요건을 충족한다.

2. 심판대상조항이 의회유보원칙에 위반되는지 여부: 소극

심판대상조항은 전기판매사업자로 하여금 전기요금에 관한 약관을 작성하도록 규정하고 있을 뿐 전기요금의 산정기준이나 요금체계 등을 구체적으로 정하고 있지 아니하므로, 의회유보원칙의 위반 여부가 문제된다.

전기의 보편적이고 안정적인 공급은 개인의 생존은 물론 기본권의 실현에 있어 기본적이고 중요한 사항이므로, 전기의 보편적이고 안정적인 공급을 위한 기반 조성 및 관련된 규범체계의 마련을 행정에 맡길 것이 아니라 국민의 대표자인 입법자 스스로 그 본질적인 사항에 대하여 결정하여야 할 것이다. 이에 전기사업법은 전기사업자에 대하여 전기사용자가 언제 어디서나 적정한 요금으로 전기를 사용할 수 있도록 전기의 보편적 공급에 이바지할 의무를 부과하고(제2조 제15호, 제6조 제1항), 정당한 사유 없이 전기의 공급을 거부할 수 없도록 하여(제14조) 전기판매사업의 공공성 및 공익성을 강조하고 있다. 또한 전기사업법은 전기판매사업을 하기 위해서는 산업통상자원부장관 등의 허가

를 받도록 규정하고(제7조 제1항), 전기판매사업자로 하여금 전기요금과 그 밖의 공급조건에 관한 약관을 작성하게 하여 전기판매사업자와 일반 수요자 사이에 전기요금에 대하여 개별적으로 협정하는 것을 금지하고 약관의 정함에 따르도록 하고 있으며, 전기요금약관에 대하여 산업통상자원부장관의 인가 또는 변경인가를 받도록 하여 정부가 전기요금약관을 사전적으로 통제할 수 있도록 규정하는 등(제16조 제1항), 전기의 보편적이고 안정적인 공급에 관한 본질적 사항을 규정하고 있다.

다만, 전기가 국민의 생존과 직결되어 있어 전기의 사용이 일상생활을 정상적으로 영위하는 데에 필수불가결한 요소라 하더라도, 전기요금은 전기판매사업자가 전기사용자와 체결한 전기공급계약에 따라 전기를 공급하고 그에 대한 대가로 전기사용자에게 부과되는 것으로서 국가가 일반 재정수입을 목적으로 아무런 반대급부 없이 강제적·의무적으로 징수하는 조세 내지 특정한 공익사업에 필요한 경비를 부담시키기 위하여 부과하는 부담금과는 명백히 구분된다. 즉, 전기의 공급 대가인 전기요금의 부과 그 자체로 전기사용자의 재산권이 직접적으로 제한된다고 볼 수 없으므로, 한국전력공사가 전기사용자에게 전기를 부과하는 것이 국민의 재산권에 제한을 가하는 행정작용에 해당한다고 볼 수 없다.

나아가 전기요금의 결정에는 전기를 공급하기 위하여 실제 소요된 비용과 투입된 자산에 대한 적정 보수, 전기사업의 위험도나 물가상승률, 재투자계획이나 시설확장계획, 산업구조의 변화나 경제상황 등이 종합적으로 고려되어야 하는바, 전기요금의 산정이나 부과에 필요한 세부적인 기준을 정하는 것은 전문적이고 정책적인 판단을 요함은 물론 기술의 발전이나 환경의 변화에 즉각적으로 대응할 필요가 있는 사항이라고 할 수 있다. 이러한 점을 고려하면 전기요금의 결정에 관한 내용을 반드시 입법자 스스로 규율해야 하는 부분이라고 보기 어렵다. 따라서 심판대상조항은 의회유보원칙에 위반되지 아니한다.

3. 심판대상조항이 포괄위임금지원칙에 위반되는지 여부: 소극

심판대상조항은 전기요금약관의 구체적인 인가기준을 대통령령에 위임하고 있으므로 포괄위임금지원칙에 위반되는지 여부가 문제된다.

전기요금약관의 인가 여부를 결정함에 있어서는 전력의 수급상태, 물가수준, 한국전력공사의 재정상태 등이 종합적으로 반영되어야 하므로, 인가의 구체적인 기준을 설정하는 것은 전문적인 판단을 요함은 물론 수시로 변화하는 상황에도 시의 적절하게 탄력적으로 대응할 필요가 있다. 따라서 전기요금약관의 인가기준에 대해서는 하위법령에 위임할 필요성이 인정된다.

전기사업법은 전기사업자에게 전기사용자의 이익을 보호하기 위한 방안을 마련하고, 전기사용자가 언제 어디서나 적정한 요금으로 전기를 사용할 수 있도록 전기의 보편적 공급에 기여하여야 할 의무를 부과하고 있으며(제3조 제1항, 제4조 및 제6조 제1항), 비용이나 수익을 부당하게 분류하여 전기요금을 부당하게 산정하는 등 전력시장에서의 공정한 경쟁을 해치거나 전기사용자의 이익을 해칠 우려가 있는 행위를 금지하고 있다(제21조 제1항 제4호). 위와 같은 법조항들을 종합해 보면, 하위법령에서는 전기의 보편적 공급과 전기사용자의 보호, 물가의 안정이라는 공익을 고려하여 전기판매사업자에게 허용된 최대수익을 제한할 수 있도록 전기요금의 산정원칙이나 산정방법 등을 정할 것이 충분히 예측 가능하다. 또한 전기사업법 및 물가안정법은 전기요금약관의 인가절차 내지 공공요금의 협의절차에 관한 구체적인 규정들을 두고 있는바, 이를 종합해 보면 하위법령에 규정될 전기요금약관의 인가기준의 대강을 충분히 예측할 수 있다. 따라서 심판대상조항은 포괄위임금지원칙에 위반되지 아니한다.

police.Hackers.com

제4편

헌법재판론

제4편 | 헌법재판론

권한쟁의심판

357

고창군과 부안군 사이의 권한쟁의 사건 [인용(권한확인), 인용(무효확인), 각하, 기각] (헌재 2019.4.11, 2016 헌라8)

▶ 판시사항

1. 공유수면에 대한 지방자치단체의 관할구역 경계획정 원리
2. 불문법상 해상경계의 성립기준 및 쟁송해역에서 불문법상 해상경계의 성립을 부인한 사례
3. 쟁송해역에서 제반 사정을 종합적으로 고려하여 형평의 원칙에 따라 해상경계선을 획정한 사례
4. 청구인의 관할권한을 침해한 피청구인의 공유수면 점용·사용료 부과처분의 일부 무효를 확인한 사례
5. 피청구인의 관할권한을 침해하지 아니한 청구인의 어업면허처분이 무효가 아님을 확인한 사례

▶ 결정요지

1. 공유수면에 대한 지방자치단체의 관할구역 경계획정은 이에 관한 명시적인 법령상의 규정이 존재한다면 그에 따르고, 명시적인 법령상의 규정이 존재하지 않는다면 불문법상 해상경계에 따라야 한다. 그리고 이에 관한 불문법상 해상경계마저 존재하지 않는다면, 주민·구역·자치권을 구성요소로 하는 지방자치단체의 본질에 비추어 지방자치단체의 관할구역에 경계가 없는 부분이 있다는 것은 상정할 수 없으므로, 권한쟁의심판권을 가지고 있는 헌법재판소가 형평의 원칙에 따라 합리적이고 공평하게 해상경계선을 획정할 수밖에 없다.

2. 지방자치단체 사이의 불문법상 해상경계가 성립하기 위해서는 관계 지방자치단체·주민들 사이에 해상경계에 관한 일정한 관행이 존재하고, 그 해상경계에 관한 관행이 장기간 반복되어야 하며, 그 해상경계에 관한 관행을 법규범이라고 인식하는 관계 지방자치단체·주민들의 법적 확신이 있어야 한다. 그러나 기록에 의하면 쟁송해역이 청구인 겸 피청구인(이하 '청구인'이라 한다) 또는 피청구인 겸 청구인(이하 '피청구인'이라 한다)의 관할구역에 속한다는 점에 관한 양 지방자치단체·주민들 사이의 장기간 반복된 관행과 법적 확신이 존재한다고 볼 수 없으므로, 제출된 자료만으로는 쟁송해역에 불문법상 해상경계가 성립되어 있다고 볼 수 없다.

3. 청구인과 피청구인 사이에 불문법상 해상경계가 존재하지 않으므로 헌법재판소로서는 형평의 원칙에 따라 합리적이고 공평하게 해상경계선을 획정할 수밖에 없다. 쟁송해역을 둘러싼 지리상의 자연적 조건, 관련법령의 현황, 연혁적인 상황, 행정권한 행사 내용, 사무처리의 실상, 주민들의 사회·경제적 편익 등을 종합하여 보면, 가막도를 포함한 고창군과 부안군의 육지, 유인도인 죽도·대죽도·위도·식도·정금도·거륜도·상왕등도·하왕등도, 무인도인 소죽도·딴시름도·도제암도·임수도·소외치도·외치도·토끼섬·개섬·소리·소여·솔섬의 각 현행 법상 해안선을 기점으로 한 등거리 중간선으로 획정하되, 곰소만 갯골 남쪽 갯벌에 해당하는 죽도 서쪽 공유수면은 간조시 갯벌을 형성하여 청구인의 육지에만 연결되어 있을 뿐 피청구인의 육지와는 갯골로 분리되어 있어 청구인 소속 주민들에게 필요불가결한 생활터전이 되고 있으므로 등거리 중간선의 예외로서 청구인의 관할권한에 포함시키도록 획정함이 상당하다. 따라서 [별지 1] 도면 표시 1부터 477 사이의 각 점을 차례로 연결한 해상경계선의 아래쪽(남쪽)은 청구인의 관할권한에 속하고, 위 선의 위쪽(북쪽)은 피청구인의 관할권한에 속한다.

4. 피청구인의 공유수면 점용·사용료 부과처분 중 위에서 본 청구인의 관할권한에 속하는 구역에 대해서 이루어진 부분은 권한 없는 자에 의하여 이루어진 것으로서 청구인의 지방자치권을 침해하므로 그 효력이 없다.

5. 청구인의 어업면허처분은 청구인의 관할권한에 속하는 구역에 대해서 이루어졌으므로 권한 있는 자에 의하여 이루어진 것으로서 피청구인의 지방자치권을 침해하지 아니하므로 그 효력이 있다.

▶ 결정의 의의

지방자치단체 사이의 해상경계에 관한 분쟁에서, 헌법재판소는 종래에 국가기본도상 해상경계 표시에 불문법상 효력을 부여하여 이를 토대로 지방자치단체의 관할구역을 확정하였다. 그러나 헌법재판소는 2015.7.30. 2010헌라2 결정에서 위와 같은 선례의 법리를 변경하면서, 등거리 중간선 원칙, 지리상의 자연적 조건, 사무처리 실상, 주민의 사회·경제적 편익 등을 고려하여 형평의 원칙에 따라 합리적이고 공평하게 해상경계선을 획정해야 한다고 판시한 바 있다.

이 사건은 ① 헌재 2015.7.30. 2010헌라2 결정에서 판시된 지방자치단체 사이의 해상경계 획정 법리를 기본으로 하여 등거리 중간선에 따라 고창군과 부안군 사이의 해상경계를 획정함을 원칙으로 하되, ② 지리상의 자연적 조건과 주민들의 생업·편익 등을 고려하여 등거리 중간선의 예외가 인정될 수 있음을 선언한 최초의 결정이다.

경상남도 등과 전라남도 등 간의 권한쟁의 사건 [기각] (헌재 2021.2.25. 2015헌라7)

▶ 판시사항

1. 공유수면에 대한 지방자치단체의 관할구역 경계획정 원리
2. 불문법상 해상경계의 성립기준
3. 불문법상 해상경계의 성립을 인정한 사례

▶ 결정요지

1. 공유수면에 대한 지방자치단체의 관할구역 경계획정은 명시적인 법령상의 규정이 존재한다면 그에 따르고, 명시적인 법령상의 규정이 존재하지 않는다면 불문법상 해상경계에 따라야 한다. 불문법상 해상경계마저 존재하지 않는다면, 주민·구역·자치권을 구성요소로 하는 지방자치단체의 본질에 비추어 지방자치단체의 관할구역에 경계가 없는 부분이 있다는 것은 상정할 수 없으므로, 권한쟁의심판권을 가지고 있는 헌법재판소가 형평의 원칙에 따라 합리적이고 공평하게 해상경계선을 획정하여야 한다.

2. 지방자치단체 사이의 불문법상 해상경계가 성립하기 위해서는 관계 지방자치단체·주민들 사이에 해상경계에 관한 일정한 관행이 존재하고, 그 해상경계에 관한 관행이 장기간 반복되어야 하며, 그 해상경계에 관한 관행을 법규범이라고 인식하는 관계 지방자치단체·주민들의 법적 확신이 있어야 한다.
국가기본도에 표시된 해상경계선은 그 자체로 불문법상 해상경계선으로 인정되는 것은 아니나, 관할 행정청이 국가기본도에 표시된 해상경계선을 기준으로 하여 과거부터 현재에 이르기까지 반복적으로 처분을 내리고, 지방자치단체가 허가, 면허 및 단속 등의 업무를 지속적으로 수행하여 왔다면 국가기본도상의 해상경계선은 여전히 지방자치단체 관할경계에 관하여 불문법으로서 그 기준이 될 수 있다.

3. 쟁송해역에 대하여 1948.8.15. 당시 존재하던 불문법상 해상경계를 확인할 수 있는 주요한 근거가 되는 조선총독부 육지측량부 간행의 1918년 지형도에 표시된 경계선은 국립지리원 발행의 1956년 국가기본도를 거쳐 1973년 국가기본도에 이르기까지 대체로 일관되게 표시되어 있고, 피청구인들은 1973년 국가기본도상 해상경계선을 기준으로 관할권한을 행사하여 왔으며, 해양수산부장관 역시 피청구인들의 관할권한 행사를 승인하여 왔다. 또한 수산업법 위반행위에 대한 단속 역시 1973년 국가기본도상 해상경계선을 기준으로 이루어졌음이 인정되는바, 이 사건 쟁송해역이 피청구인들의 관할구역에 속한다는 점을 전제로 장기간 반복된 관행이 존재하는 것으로 보이고, 그에 대한 각 지방자치단체와 주민들의 법적 확신이 존재한다는 점 역시 인정된다. 이상의 사정들을 종합하여 보면 쟁송해역에 대한 관할권한이 청구인들에게 귀속된다고 볼 수 없고, 따라서 피청구인들이 이 사건 쟁송해역에서 행사할 장래처분으로 인하여 헌법상 및 법률상 부여받은 청구인들의 자치권한이 침해될 현저한 위험성이 존재한다고 볼 수 없다.

공유수면 매립지에 관한 권한쟁의 사건 [각하] (헌재 2020.7.16, 2015헌라3)

▶ 판시사항

매립 전 공유수면에 대한 관할권을 가졌던 청구인들이 새로이 형성된 공유수면 매립지와 관련하여 청구한 권한쟁의 심판에서 청구인들의 자치권한이 침해되거나 침해될 현저한 위험이 인정되는지 여부: 소극

▶ 결정요지

2009년 개정 지방자치법에서는 제4조 제3항을 신설하여 공유수면 매립지가 속할 지방자치단체를 행정안전부장관이 결정하도록 하고, 이러한 결정을 위한 신청을 의무로 규정하며, 개정 지방자치법 시행 전에 이미 준공검사를 받은 매립지라 하더라도 법 시행 후에 지적공부에 등록하려면 그 전에 행정안전부장관에의 신청 및 결정절차를 반드시 거치도록 하였다.

한편, 공유수면의 매립은 막대한 사업비와 장기간의 시간 등이 투입될 뿐 아니라 해당 해안지역의 갯벌 등 가치 있는 자연자원의 상실 내지 환경의 파괴를 동반하는 등 국가 전체적으로 중대한 영향을 미치는 사업이고, 일반적으로 공유수면은 인근 어민의 어업활동에 이용되는 반면, 매립지는 주체와 목적이 명확하게 정해져 있어 매립지의 이용은 그 구체적인 내용에 있어서도 상당히 다르다. 따라서 공유수면의 경계를 그대로 매립지의 '종전' 경계로 인정하기는 어렵다.

이와 같이 개정 지방자치법의 취지와 공유수면과 매립지의 성질상 차이 등을 종합하여 볼 때, 신생 매립지는 개정 지방자치법 제4조 제3항에 따라 같은 조 제1항이 처음부터 배제되어 종전의 관할구역과의 연관성이 단절되고, 행정안전부장관의 결정이 확정됨으로써 비로소 관할 지방자치단체가 정해지며, 그 전까지 해당 매립지는 어느 지방자치단체에도 속하지 않는다 할 것이다. 그렇다면 이 사건 매립지의 매립 전 공유수면에 대한 관할권을 가졌을 뿐인 청구인들이, 그 후 새로이 형성된 이 사건 매립지에 대해서까지 어떠한 권한을 보유하고 있다고 볼 수 없으므로, 이 사건에서 청구인들의 자치권한이 침해되거나 침해될 현저한 위험이 있다고 보기는 어렵다.

▶ 결정의 의의

이 결정은 행정안전부장관이 매립지가 속할 지방자치단체를 결정하도록 한 2009.4.1. 법률 제9577호로 개정된 지방자치법이 적용된 최초의 결정이다. 신생 매립지의 경우, 매립 전 공유수면에 대한 관할권을 가진 지방자치단체는 그 후 새로이 형성된 매립지에 대해서까지 어떠한 권한을 보유하고 있다고 볼 수 없으므로, 그 지방자치단체의 자치권한이 침해되거나 침해될 현저한 위험이 있다고 보기 어려워, 이와 관련된 권한쟁의심판이 부적법하다는 점을 확인하였다. 개정 지방자치법 제4조 제8항은 관계 지방자치단체의 장은 행정안전부장관이 한 매립지가 속할 지방자치단체의 결정에 이의가 있으면 대법원에 소송을 제기할 수 있도록 하고 있으므로, 매립 전 공유수면에 대한 관할권을 가진 지방자치단체의 장은 행정안전부장관의 결정에 대해서 대법원에 제소하여 다툴 수 있다.

제4편 2024 해커스경찰 신동욱 경찰헌법 최신 3개년 판례집

국가경찰위원회가 행정안전부장관을 상대로 제기한 행정안전부장관의 소속청장 지휘에 관한 규칙인 행정안전부령 제348호의 제정행위가 국가경찰위원회의 권한을 침해하는지 여부: 소극[각하] (헌재 2022.12.22. 2022헌라5)

사건개요

2022.7.26. 국무회의에서 의결된 '행정안전부장관의 소속청장 지휘에 관한 규칙안'은 '경찰 관련 법령 제정·개정이 필요한 기본계획의 수립과 그 변경에 관한 사항 등'에 대하여 경찰청장이 미리 피청구인(행정안전부장관)의 승인을 받도록 하는 것을 주요 내용으로 하고 있다.

행정안전부에 설치된 청구인(국가경찰위원회)은 위 지휘규칙 제정행위가 청구인의 국가경찰 관련 주요정책에 대한 심의·의결권을 침해하고, 위 지휘규칙안은 그 자체가 '국가경찰사무에 관한 주요정책'에 해당하므로 청구인의 심의·의결 절차를 거쳐야 함에도 이를 거치지 않아 절차적으로 중대한 하자가 있다고 주장하면서, 2022.9.30. 그 권한침해 확인 및 위 지휘규칙 제정행위의 무효 확인을 구하는 이 사건 권한쟁의심판을 청구하였다.

▶ 이유의 요지

헌법은 제111조 제1항 제4호에서 헌법재판소의 관장사항으로서 권한쟁의심판과 관련하여 "국가기관 상호간, 국가기관과 지방자치단체간 및 지방자치단체 상호간의 권한쟁의에 관한 심판"이라고 규정하고 있을 뿐 권한쟁의심판의 당사자가 될 수 있는 국가기관의 종류나 범위에 관하여는 아무런 규정을 두고 있지 않고, 이에 관하여 특별히 법률로 정하도록 위임하고 있지도 않다. 따라서 위 조항에서 말하는 국가기관의 의미와 권한쟁의심판의 당사자가 될 수 있는 국가기관의 범위는 결국 헌법해석을 통하여 확정되어야 한다.

헌법 제111조 제1항 제4호 소정의 "국가기관"에 해당하는지 아닌지를 판별함에 있어서는 그 국가기관이 헌법에 의하여 설치되고 헌법과 법률에 의하여 독자적인 권한을 부여받고 있는지 여부, 헌법에 의하여 설치된 국가기관 상호간의 권한쟁의를 해결할 수 있는 적당한 기관이나 방법이 있는지 여부 등을 종합적으로 고려하여야 한다.

그런데, 헌법상 국가에 부여된 임무 또는 의무를 수행하고 그 독립성이 보장된 국가기관이라고 하더라도, 오로지 법률에 설치근거를 둔 국가기관이라면 국회의 입법행위에 의하여 존폐 및 권한범위가 결정될 수 있으므로, 이러한 국가기관은 '헌법에 의하여 설치되고 헌법과 법률에 의하여 독자적인 권한을 부여받은 국가기관'이라고 할 수 없다. 국회가 제정한 경찰법에 의하여 비로소 설립된 청구인은 국회의 경찰법 개정행위에 의하여 존폐 및 권한범위 등이 좌우되므로, 헌법 제111조 제1항 제4호 소정의 헌법에 의하여 설치된 국가기관에 해당한다고 할 수 없다. 국가경찰위원회 제도를 채택하느냐의 문제는 우리나라 치안여건의 실정이나 경찰권에 대한 민주적 통제의 필요성 등과 관련하여 입법정책적으로 결정되어야 할 사항이다.

권한쟁의심판의 당사자능력은 헌법에 의하여 설치된 국가기관에 한정하여 인정하는 것이 타당하므로, 법률에 의하여 설치된 청구인에게는 권한쟁의심판의 당사자능력이 인정되지 아니한다.

1. 법률에 의하여 설치된 국가기관인 국가경찰위원회에게는 권한쟁의심판의 당사자능력이 인정되지 아니하므로, 심판청구를 각하한다는 내용의 결정이다.

2. 헌법재판소는 국가인권위원회와 대통령간의 권한쟁의 사건에서도 법률에 의하여 설치된 국가기관인 국가인권위원회에게 위와 같이 당사자능력을 인정하지 않았다(헌재 2010.10.28, 2009헌라6).

헌법소원심판

361

공소시효 만료로 면소판결을 받은 긴급조치 피해자들의 손해배상청구 사건에서 국가채무의 시효가 완성되었다고 본 대법원 판결 등에 대한 헌법소원 사건 [기각, 각하] (헌재 2019.2.28, 2017헌마1065)

" 사건개요 "

김○준과 송○호는 1974년경 '국가안전과 공공질서의 수호를 위한 대통령긴급조치'(이하 '긴급조치'라 한다) 제1호, 제4호 위반죄로 기소되어 1심에서 징역 20년 및 자격정지 15년의 유죄판결을, 2심에서는 징역 15년 및 자격정지 15년의 유죄판결을 선고받았으나, 대법원에서 파기환송판결을 받은 후 최종적으로 공소시효 완성을 이유로 면소판결이 확정되었다(비상보통군법회의 74비보군형공 제54호, 비상고등군법회의 74비고군형항 제14, 15, 16호, 대법원 74도3323, 서울고등법원 85노608). 나머지 청구인들은 위 송○호의 가족들이다.

청구인들은 2011년경 국가를 상대로 긴급조치 위반으로 수사를 받을 당시에 겪었던 여러 불법적 수사와 고문 등에 대하여 손해배상을 구하는 소를 제기하여, 1심과 항소심에서 일부 인용판결을 받았으나(서울중앙지방법원 2011가합39828, 서울고등법원 2012나21906), 대법원은 이들의 청구에 대한 소멸시효가 완성되었다는 이유로 파기 환송하였다(대법원 2013다35290). 파기 환송심에서 청구인들의 청구는 모두 기각되었고(서울고등법원 2016나209674), 이에 대한 상고 역시 기각되었다(대법원 2017다18583).

청구인들은 2017.9.22. 위 대법원 2017다18583 판결 및 법원의 재판에 대한 헌법소원을 금지한 헌법재판소법 제68조 제1항 본문 중 '법원의 재판을 제외하고는' 부분이 위헌임을 주장하는 이 사건 헌법소원심판을 청구하였다.

[이 사건 대법원 판결에 대한 판단]

법원의 재판은 헌법재판소가 위헌으로 결정한 법령을 적용함으로써 국민의 기본권을 침해한 경우에 한하여 예외적으로 헌법소원심판의 대상이 된다.

헌법재판소는 공소시효 만료로 면소판결을 받은 자들의 손해배상청구에서의 소멸시효 혹은 그 중단에 관한 법률조항에 대하여 위헌으로 결정한 바가 없으므로, '공소시효 만료로 면소판결을 받은 자들의 손해배상청구 사건에서 청구권을 행사할 수 없는 객관적 사유가 있었다고 보기 어려워 국가의 위자료 채무의 시효가 완성되었다'는 이 사건 대법원 판결은 '헌법재판소가 위헌으로 결정하여 그 효력을 상실한 법률을 적용함으로써 국민의 기본권을 침해하는 재판'에 해당하지 않는다. 따라서 이 사건 대법원 판결은 헌법소원심판의 대상이 되는 예외적인 법원의 재판에 해당하지 아니하므로, 그 취소를 구하는 심판청구는 허용될 수 없어 부적법하다.

일본군 위안부 문제 합의발표 사건 [각하, 심판절차종료선언] (헌재 2019.12.27. 2016헌마253)

" 사건개요 "

청구인들은 일제에 의하여 강제로 동원되어 성적 학대를 받으며 '위안부'로서의 생활을 강요당한 일본군 '위안부' 피해자, 생존한 일본군 '위안부' 피해자의 자녀 또는 사망한 일본군 '위안부' 피해자의 자녀이다.

청구인들은, 2015.12.28. 한일 외교장관회담 공동기자회견을 통해 발표된 합의의 내용이 청구인들의 인간으로서의 존엄과 가치 등을 침해한다고 주장하며, 2016.3.27. 위와 같은 합의발표의 위헌확인을 구하는 이 사건 헌법소원심판을 청구하였다.

▶ 심판대상

이 사건 심판대상은 '대한민국 외교부장관과 일본국(이하 '일본'이라 한다) 외무대신이 2015.12.28. 공동발표한 일본군 위안부 피해자 문제 관련 합의 내용'(이하 '이 사건 합의'라 한다)이 청구인들의 기본권을 침해하는지 여부이다.

▶ 이유의 요지

1. 조약과 비구속적 합의의 구분 및 비구속적 합의가 헌법소원심판의 대상이 되는지 여부: 소극

조약과 비구속적 합의를 구분함에 있어서는 합의의 명칭, 합의가 서면으로 이루어졌는지 여부, 국내법상 요구되는 절차를 거쳤는지 여부와 같은 형식적 측면 외에도 합의의 과정과 내용·표현에 비추어 법적 구속력을 부여하려는 당사자의 의도가 인정되는지 여부, 법적 효과를 부여할 수 있는 구체적인 권리·의무를 창설하는지 여부 등 실체적 측면을 종합적으로 고려하여야 한다. 비구속적 합의의 경우, 그로 인하여 국민의 법적 지위가 영향을 받지 않는다고 할 것이므로, 이를 대상으로 한 헌법소원심판청구는 허용되지 않는다.

2. 이 사건 합의가 헌법소원심판의 대상이 되는지 여부: 소극

일반적인 조약이 서면의 형식으로 체결되는 것과 달리 이 사건 합의는 구두 형식의 합의이고, 표제로 대한민국은 '기자회견', 일본은 '기자발표(記者發表)'라는 용어를 사용하여 일반적 조약의 표제와는 다른 명칭을 붙였으며, 구두 발표의 표현과 홈페이지에 게재된 발표문의 표현조차 일치하지 않는 부분이 존재하였다. 또한 이 사건 합의는 국무회의 심의나 국회의 동의 등 헌법상의 조약체결절차를 거치지 않았다.

이 사건 합의의 내용상, 한·일 양국의 구체적인 권리·의무의 창설 여부가 불분명하다. 이 사건 합의 중 일본 총리대신이 일본군 '위안부' 피해자에 대한 사죄와 반성의 마음을 표시하는 부분의 경우, 일본군 '위안부' 피해자의 권리 구제를 목적으로 하는지 여부가 드러나지 않아 법적 의미를 확정하기 어렵고, 일본군 '위안부' 피해자의 피해 회복을 위한 법적 조치에 해당한다고 보기 어렵다. 일본군 '위안부' 피해자 지원을 위한 재단 설립과 일본 정부의 출연에 관한 부분은, '강구한다', '하기로 한다', '협력한다'와 같은 표현에서 드러나는 것처럼 구체적인 계획이나 의무 이행의 시기·방법, 불이행의 책임이 정해지지 않은 추상적·선언적 내용으로서, '해야 한다'라는 법적 의무를 지시하는 표현이 전혀 사용되지 않았다. 주한 일본 대사관 앞의 소녀상에 관한 대한민국 정부의 견해 표명 부분도, '일본 정부의 우려를 인지하고 관련 단체와의 협의 등을 통해 적절히 해결되도록 노력한다'고만 할 뿐, '적절한 해결'의 의미나 방법을 규정하지 않았으며, 해결시기 및 미이행에 따르는 책임도 정하고 있지 않으므로 양국의 권리·의무를 구체화하고 있다고 볼 내용이 없다. 그 밖에, 일본군 '위안부' 피해자 문제의 '최종적·불가역적 해결', '국제사회에서의 비난·비판 자제'에 관한 한·일 양국의 언급은, 근본적으로 일본군 '위안부' 피해자 문제가 과연 무엇인가에 대한 공통의 인식이 존재하지 않는다는 점 등에서 한·일 양국의 법적 관계 창설에 관한 의도가 명백히 존재하였다고 보기 어렵다.

이를 종합하면, 이 사건 합의의 절차와 형식에 있어서나, 실질에 있어서 구체적 권리·의무의 창설이 인정되지 않고, 이 사건 합의를 통해 일본군 '위안부' 피해자들의 권리가 처분되었다거나 대한민국 정부의 외교적 보호권한이 소멸하였다고 볼 수 없는 이상 이 사건 합의가 일본군 '위안부' 피해자들의 법적 지위에 영향을 미친다고 볼 수 없으므로 일본군 '위안부' 피해자들의 배상청구권 등 기본권을 침해할 가능성이 있다고 보기 어렵다. 따라서 이 사건 합의를 대상으로 한 헌법소원심판청구는 허용되지 않는다.

3. 소송절차종료선언

일부 청구인들은 이 사건 심판청구 이후에 사망하였고, 그 상속인들은 심판절차의 수계신청을 하지 않았으므로 사망한 청구인들에 대한 심판절차는 각 청구인들의 사망으로 종료되었다.

종교인소득 일부에 대한 비과세혜택과 종교인소득에 대한 세무조사시 질문·조사권을 제한하는 소득세법 및 소득세법 시행령 사건 [각하] (헌재 2020.7.16, 2018헌마319)

▶ 판시사항

1. 종교인소득 중 일부에 대하여 소득세를 비과세하고, 종교인소득과 관련하여 세무공무원의 질문·조사권의 범위를 제한하거나 질문·조사 전 수정신고를 안내하도록 규정한 소득세법 시행령 조항에 대한 종교인인 청구인들의 심판청구가 기본권침해가능성이 인정되는지 여부: 소극

2. 종교인소득 중 일부에 대하여 소득세를 비과세하고, 종교인소득과 관련하여 세무공무원의 질문·조사권의 범위를 제한하거나 질문·조사 전 수정신고를 안내하도록 규정한 소득세법 및 소득세법 시행령 조항에 관하여 일반국민인 청구인들의 자기관련성이 인정되는지 여부: 소극

▶ 결정요지

1. 소득세법 시행령 제12조 제18호, 제19조 제3항 제3호, 제222조 제3항, 구 소득세법 시행령 제222조 제2항은 종교인에게 수혜적인 규정으로서 대형 종교단체와 소형 종교단체를 구분하고 있지 않다. 다만, 종교인들 중 소형 종교단체에 소속되어 매년 과세되지 않을 정도의 소득만을 갖고 있는 경우 위 조항들의 혜택을 실질적으로 누릴 수 없어, 수입이 많은 대형 종교단체에 소속된 종교인들에 비해 인적 교류나 홍보활동에 불리할 수 있으나, 이는 납세의무자별 소득격차에서 비롯되는 결과일 뿐이고 위 소득세법 시행령 조항들이 내포하는 차별이 아니다. 따라서 종교인인 청구인들의 심판청구는 기본권침해가능성이 인정되지 않는다.

2. 일반 국민인 청구인들은 종교인에 대한 수혜적 규정인 소득세법 제12조 제5호 아목, 제21조 제1항 제26호 및 같은 조 제3항, 제145조의3, 제155조의6, 구 소득세법 제170조 단서와 소득세법 시행령 제12조 제18호, 제19조 제3항 제3호, 제222조 제3항, 구 소득세법 시행령 제222조 제2항(이하 위 조항들을 통칭하여 '심판대상조항'이라 한다)에 대하여 자신들도 종교인과 같이 동일한 혜택을 받아야 함에도 평등원칙에 반하여 수혜대상에서 제외되었다는 주장을 하고 있지 않고, 심판대상조항이 종교인에 대하여 부당한 혜택을 주고 있다고 주장할 뿐이다. 또한 종교인들에 대한 위와 같은 혜택이 제거되더라도, 이것이 일반 국민인 청구인들의 납세의무나 세무조사과정에서 공무원의 질문·조사를 받을 의무의 내용에 영향을 미침으로써 위 청구인들의 법적 지위가 향상될 여지가 있다고 보기 어렵다. 따라서 일반 국민인 청구인들은 심판대상조항에 관한 자기관련성이 인정되지 않는다.

364

분묘기지권 사건 [합헌] (헌재 2020.10.29, 2017헌바208)

❝ 사건개요 ❞

청구인은 부천시 오정구 소재 임야(이하 '이 사건 임야'라 한다)에 관하여 소유권이전등기를 마친 소유자이고, 이 사건 임야에 있는 합장묘(이하 '이 사건 분묘'라 한다)는 조선 후기에 설치되어 그 후손들에 의해 관리되다가 1957년경 황○○의 아버지가 관리하기 시작하였고 이어 황○○이 관리하여 왔다.
청구인은 이 사건 분묘에 대해 '장사 등에 관한 법률'에 따라 분묘개장 허가를 받은 후 분묘를 굴이하고 화장하여 유골을 공원묘원에 봉안하여 두었다.
황○○은 청구인을 상대로 손해배상을 구하는 소를 제기하여 일부 승소하였고, 청구인의 항소 및 상고는 기각되었다. 청구인은 상고심 계속 중 분묘기지권의 시효취득에 관한 관습법 등에 대하여 위헌법률심판제청신청을 한 후 각하되자(대법원 2017카기1003), 이 사건 헌법소원심판을 청구하였다.

▶ 심판대상

분묘기지권에 관한 관습법 중 "타인 소유의 토지에 소유자의 승낙 없이 분묘를 설치한 경우에는 20년간 평온·공연하게 그 분묘의 기지를 점유하면 지상권과 유사한 관습상의 물권인 분묘기지권을 시효로 취득하고, 이를 등기 없이 제3자에게 대항할 수 있다."는 부분 및 "분묘기지권의 존속기간에 관하여 당사자 사이에 약정이 있는 등 특별한 사정이 없는 경우에는 권리자가 분묘의 수호와 봉사를 계속하는 한 그 분묘가 존속하고 있는 동안은 분묘기지권은 존속한다."는 부분(이하 통칭하여 '이 사건 관습법'이라 한다)

1. 이 사건 관습법의 헌법소원 대상성

이 사건 관습법은 법률과 같은 효력을 갖고 있으므로 헌법소원심판의 대상이 되고, 단지 형식적 의미의 법률이 아니라는 이유로 그 예외가 될 수는 없다.

2. 제한되는 기본권 및 심사기준

이 사건 관습법에 따라 분묘기지권이 성립·존속하는 경우 해당 토지의 소유자는 분묘의 수호·관리에 필요한 상당한 범위 내에서 토지소유권의 행사를 제한받을 수밖에 없고, 이 사건 관습법이 과잉금지원칙을 위반하여 토지소유자의 재산권을 침해하는지를 심사함에 있어서는, 이 사건 관습법 성립 전후의 역사적 배경과 관습법으로서 수행해 왔던 역할, 재산권의 대상인 토지의 특성 및 헌법 제9조에 따른 전통문화의 보호 등을 고려하여 완화된 심사기준을 적용한다.

3. 과잉금지원칙 위배 여부

비록 오늘날 전통적인 장묘문화에 일부 변화가 생겼다고 하더라도 우리 사회에는 분묘기지권의 기초가 된 매장문화가 여전히 자리 잡고 있고, 분묘를 모시는 자손들에게 분묘의 강제적 이장은 경제적 손실을 넘어 분묘를 매개로 형성된 정서적 애착관계 및 지역적 유대감의 상실로 이어질 수밖에 없으며, 이는 우리의 전통문화에도 배치되므로, 이 사건 관습법을 통해 분묘기지권을 보호해야 할 필요성은 여전히 존재한다.

이 사건 관습법은 평온·공연한 점유를 요건으로 하고 있어 법률상 도저히 용인할 수 없는 분묘기지권의 시효취득을 배제하고 있고, 분묘기지권을 시효취득한 경우에도 분묘의 수호·관리에 필요한 상당한 범위 내에서만 인정되는 등 토지소유자의 재산권 제한은 그 범위가 적절히 한정되어 있으며, 단지 원칙적으로 지료지급의무가 없다거나 분묘기지권의 존속기간에 제한이 없다는 사정만으로 이 사건 관습법이 필요한 정도를 넘어서는 과도한 재산권 제한이라고 보기는 어렵다.

분묘기지권은 조상숭배사상 및 부모에 대한 효사상을 기반으로 오랜 세월 우리의 관습으로 형성·유지되어 왔고 현행 민법 시행 이후에도 대법원 판결을 통해 일관되게 유지되어 왔는바, 이러한 전통문화의 보호 및 법률질서의 안정이라는 공익은 매우 중대하다.

따라서 이 사건 관습법은 과잉금지원칙에 위배되어 토지소유자의 재산권을 침해한다고 볼 수 없다.

▶ 결정의 의의

헌법재판소는 이 사건에서 관습법이 헌법소원심판의 대상이 된다고 본 선례(헌재 2016.4.28. 2013헌바396 등 결정)의 입장을 유지하였다. 헌법재판소는 이 사건에서 관습법이 재산권을 침해하였는지 여부에 관한 심사기준을 처음으로 제시하였는바, 재산권 침해 여부를 과잉금지원칙에 따라 심사하되 이 사건 관습법 성립 전후의 역사적 배경과 관습법으로서 수행해 왔던 역할, 재산권의 대상인 토지의 특성 및 헌법 제9조에 따른 전통문화의 보호 등을 고려하여 심사기준을 완화하였다.

이 사건 관습법은 오랜 세월 우리의 관습으로 형성·유지되어 왔고 현행 민법 시행 이후에도 대법원 판결을 통해 일관되게 유지되어 온 것인바, 헌법재판소는 장묘문화의 변화, 임야의 경제적 가치 상승 등 그간 변화된 사정에도 불구하고 이 사건 관습법이 헌법에 위배되지 않는다고 판단하였다.

긴급조치 관련 국가배상책임을 인정하지 않은 대법원 판결의 취소를 구하는 헌법소원심판청구가 적법한지 여부: 소극[각하] (헌재 2020.11.26. 2014헌마1175 등)

사건개요

청구인들은 본인 또는 그 가족이 1970년대에 대통령긴급조치 제1호·제4호 위반죄 등으로 유죄판결이 확정되어 일정 기간 구금되었는데, 2010년대에 위 유죄판결에 대한 재심을 청구하여 그에 대한 무죄판결 또는 면소판결이 확정되었다. 청구인들은 위 무죄·면소판결의 확정 이후 대한민국을 상대로 손해배상을 청구하였는데, 대법원은 청구인들의 손해배상청구가 재심판결 확정일, 형사보상결정 확정일로부터 6개월 지난 시점에 제기됨으로써 피고 대한민국의 소멸시효 항변을 저지할 수 있는 상당한 기간 내에 권리를 행사한 것으로 볼 수 없다는 이유로 손해배상청구를 기각하였다.

청구인들은 위와 같이 국가배상책임을 인정하지 않은 대법원 2014.11.27. 선고 2014다224479 판결(2014헌마1175 사건), 대법원 2015.7.23. 선고 2014다223797 판결(2015헌마860 사건), 대법원 2017.8.24. 선고 2017다18583 판결(2017헌마1067 사건)의 취소를 구하는 헌법소원심판을 청구하였다. 2017헌마1067 사건의 청구인들은 아울러 헌법재판소법 제68조 제1항 본문의 위헌확인을 구하는 심판청구를 하였다.

2014헌마1175 사건 청구인들은 2020.6.9. 심판대상을 대법원 2014.2.27. 선고 2013다201660 판결로 변경하면서 헌법재판소법 제68조 제1항 본문 중 '법원의 재판을 제외하고는' 부분의 위헌확인을 구하는 청구취지를 추가하였고, 2015헌마860 사건의 청구인들은 2020.7.7. 헌법재판소법 제68조 제1항 본문의 위헌확인을 구하는 청구취지를 추가하였다.

▶ 심판대상

헌법재판소법(2011.4.5. 법률 제10546호로 개정된 것

제68조【청구 사유】① 공권력의 행사 또는 불행사(不行使)로 인하여 헌법상 보장된 기본권을 침해받은 자는 법원의 재판을 제외하고는 헌법재판소에 헌법소원심판을 청구할 수 있다. 다만, 다른 법률에 구제절차가 있는 경우에는 그 절차를 모두 거친 후에 청구할 수 있다.

▶ 이유의 요지

1. 심판대상조항에 대한 판단

(1) **2014헌마1175 및 2015헌마860 청구인들의 심판청구에 대한 판단**

사건개요에서 본 바와 같이 위 청구인들은 심판청구 이후에 헌법재판소법 제68조 제1항 본문의 위헌확인을 구하는 청구취지를 추가하였는데, 이는 청구인들이 기본권을 침해받았다고 주장하는 대법원 판결이 선고된 2014.2.27. 또는 2014.11.27.(2014헌마1175 사건) 및 2015.7.23.(2015헌마860 사건)로부터 1년이 지난 후에 각 청구된 것이어서 청구기간을 도과하였으므로, 이 부분 심판청구는 부적법하다.

(2) 2017헌마1067 청구인들의 심판청구에 대한 판단

헌법재판소는 재판소원을 금지하고 있는 심판대상조항에 관하여 '법원의 재판'에 헌법재판소가 위헌으로 결정한 법령을 적용함으로써 국민의 기본권을 침해한 재판이 포함되는 것으로 해석하는 한 헌법에 위반된다는 한정위헌결정(헌재 2016.4.28, 2016헌마33)을 선고함으로써, 그 위헌 부분을 제거하는 한편 그 나머지 부분이 합헌임을 밝힌 바 있으며, 심판대상조항은 위헌 부분이 제거된 나머지 부분으로 이미 그 내용이 축소된 것이다. 심판대상조항에 관하여는 이를 합헌이라고 판단한 선례가 여러 차례 있었고, 이와 달리 판단하여야 할 사정변경이나 필요성이 인정되지 아니하므로, 심판대상조항이 청구인들의 평등권 등 기본권을 침해하여 위헌이라고 볼 수 없다.

2. 대상 판결에 대한 판단

청구인들은 대상 판결에 대하여 법원이 근거 없이 사실상의 입법작용을 함으로써 국민의 기본권을 침해하였다고 주장하나, 대상 판결은 '헌법재판소가 위헌으로 결정하여 그 효력을 상실한 법률을 적용함으로써 국민의 기본권을 침해하는 재판'에 해당하지 않는다.

따라서 대상 판결은 헌법소원심판의 대상이 되는 예외적인 법원의 재판에 해당하지 아니하므로, 그 취소를 구하는 심판청구는 허용될 수 없어 부적법하다.

366

공수처법 위헌확인 사건 [기각, 각하] (헌재 2021.1.28, 2020헌마264)

> " **사건개요** ,,

청구인들은 청구 당시 제20대 국회의원들이거나(2020헌마264) 제21대 국회의원(2020헌마681)으로, 2020.7.15.부터 시행된 '고위공직자범죄수사처 설치 및 운영에 관한 법률'의 위헌확인을 구하는 헌법소원심판을 청구하였다.

▶ 심판대상

구 고위공직자범죄수사처 설치 및 운영에 관한 법률(2020.1.14. 법률 제16863호로 제정되고, 2020.12.15. 법률 제17646호로 개정되기 전의 것)

제2조 【정의】 이 법에서 사용하는 용어의 정의는 다음과 같다.

　1. "고위공직자"란 다음 각 목의 어느 하나의 직(職)에 재직 중인 사람 또는 그 직에서 퇴직한 사람을 말한다. 다만, 장성급 장교는 현역을 면한 이후도 포함된다.

　　가. 대통령
　　나. 국회의장 및 국회의원
　　다. 대법원장 및 대법관
　　라. 헌법재판소장 및 헌법재판관
　　마. 국무총리와 국무총리비서실 소속의 정무직공무원

바. 중앙선거관리위원회의 정무직공무원

사. 공공감사에 관한 법률 제2조 제2호에 따른 중앙행정기관의 정무직공무원

아. 대통령비서실 · 국가안보실 · 대통령경호처 · 국가정보원 소속의 3급 이상 공무원

자. 국회사무처, 국회도서관, 국회예산정책처, 국회입법조사처의 정무직공무원

차. 대법원장비서실, 사법정책연구원, 법원공무원교육원, 헌법재판소사무처의 정무직공무원

카. 검찰총장

타. 특별시장 · 광역시장 · 특별자치시장 · 도지사 · 특별자치도지사 및 교육감

파. 판사 및 검사

하. 경무관 이상 경찰공무원

거. 장성급 장교

너. 금융감독원 원장 · 부원장 · 감사

더. 감사원 · 국세청 · 공정거래위원회 · 금융위원회 소속의 3급 이상 공무원

2. "가족"이란 배우자, 직계존비속을 말한다. 다만, 대통령의 경우에는 배우자와 4촌 이내의 친족을 말한다.

3. "고위공직자범죄"란 고위공직자로 재직 중에 본인 또는 본인의 가족이 범한 다음 각 목의 어느 하나에 해당하는 죄를 말한다. 다만, 가족의 경우에는 고위공직자의 직무와 관련하여 범한 죄에 한정한다.

　　가. 형법 제122조부터 제133조까지의 죄(다른 법률에 따라 가중처벌되는 경우를 포함한다)

　　나. 직무와 관련되는 형법 제141조, 제225조, 제227조, 제227조의2, 제229조(제225조, 제227조 및 제227조의2의 행사죄에 한정한다), 제355조부터 제357조까지 및 제359조의 죄(다른 법률에 따라 가중처벌되는 경우를 포함한다)

　　다. 특정범죄 가중처벌 등에 관한 법률 제3조의 죄

　　라. 변호사법 제111조의 죄

　　마. 정치자금법 제45조의 죄

　　바. 국가정보원법 제18조, 제19조의 죄

　　사. 국회에서의 증언 · 감정 등에 관한 법률 제14조 제1항의 죄

　　아. 가목부터 마목까지의 죄에 해당하는 범죄행위로 인한 범죄수익은닉의 규제 및 처벌 등에 관한 법률 제2조 제4호의 범죄수익 등과 관련된 같은 법 제3조 및 제4조의 죄

4. "관련범죄"란 다음 각 목의 어느 하나에 해당하는 죄를 말한다.

　　가. 고위공직자와 형법 제30조부터 제32조까지의 관계에 있는 자가 범한 제3호 각 목의 어느 하나에 해당하는 죄

　　나. 고위공직자를 상대로 한 자의 형법 제133조, 제357조 제2항의 죄

　　다. 고위공직자범죄와 관련된 형법 제151조 제1항, 제152조, 제154조부터 제156조까지의 죄 및 국회에서의 증언 · 감정 등에 관한 법률 제14조 제1항의 죄

　　라. 고위공직자범죄 수사과정에서 인지한 그 고위공직자범죄와 직접 관련성이 있는 죄로서 해당 고위공직자가 범한 죄

5. "고위공직자범죄 등"이란 제3호와 제4호의 죄를 말한다.

고위공직자범죄수사처 설치 및 운영에 관한 법률(2020.1.14. 법률 제16863호로 제정된 것)

제3조【고위공직자범죄수사처의 설치와 독립성】 ① 고위공직자범죄 등에 관하여 다음 각 호에 필요한 직무를 수행하기 위하여 고위공직자범죄수사처(이하 "수사처"라 한다)를 둔다.

1. 고위공직자범죄 등에 관한 수사

2. 제2조 제1호 다목, 카목, 파목, 하목에 해당하는 고위공직자로 재직 중에 본인 또는 본인의 가족이 범한 고위공직자범죄 및 관련범죄의 공소제기와 그 유지

제5조 【처장의 자격과 임명】 ① 처장은 다음 각 호의 직에 15년 이상 있던 사람 중에서 제6조에 따른 고위공직자 범죄수사처장후보추천위원회가 2명을 추천하고, 대통령이 그중 1명을 지명한 후 인사청문회를 거쳐 임명한다.

1. 판사, 검사 또는 변호사

2. 변호사 자격이 있는 사람으로서 국가기관, 지방자치단체, 공공기관의 운영에 관한 법률 제4조에 따른 공공 기관 또는 그 밖의 법인에서 법률에 관한 사무에 종사한 사람

3. 변호사 자격이 있는 사람으로서 대학의 법률학 조교수 이상으로 재직하였던 사람

제6조 【고위공직자범죄수사처장후보추천위원회】 ④ 국회의장은 다음 각 호의 사람을 위원으로 임명하거나 위촉 한다.

1. 법무부장관

2. 법원행정처장

3. 대한변호사협회장

4. 대통령이 소속되거나 소속되었던 정당의 교섭단체가 추천한 2명

5. 제4호의 교섭단체 외의 교섭단체가 추천한 2명

제7조 【차장】 ① 차장은 10년 이상 제5조 제1항 각 호의 직에 재직하였던 사람 중에서 처장의 제청으로 대통령 이 임명한다.

구 고위공직자범죄수사처 설치 및 운영에 관한 법률(2020.1.14. 법률 제16863호로 제정되고, 2020.12.15. 법 률 제17645호로 개정되기 전의 것)

제8조 【수사처검사】 ① 수사처검사는 변호사 자격을 10년 이상 보유한 자로서 재판, 수사 또는 수사처규칙으로 정하는 조사업무의 실무를 5년 이상 수행한 경력이 있는 사람 중에서 제9조에 따른 인사위원회의 추천을 거 쳐 대통령이 임명한다. 이 경우 검사의 직에 있었던 사람은 제2항에 따른 수사처검사 정원의 2분의 1을 넘을 수 없다.

고위공직자범죄수사처 설치 및 운영에 관한 법률(2020.1.14. 법률 제16863호로 제정된 것)

제8조 【수사처검사】 ④ 수사처검사는 직무를 수행함에 있어서 검찰청법 제4조에 따른 검사의 직무 및 군사법원 법 제37조에 따른 군검사의 직무를 수행할 수 있다.

제9조 【인사위원회】 ⑥ 그 밖에 인사위원회의 구성과 운영 등에 필요한 사항은 수사처규칙으로 정한다.

제10조 【수사처수사관】 ① 수사처수사관은 다음 각 호의 어느 하나에 해당하는 사람 중에서 처장이 임명한다.

3. 수사처규칙으로 정하는 조사업무의 실무를 5년 이상 수행한 경력이 있는 사람

② 수사처수사관은 일반직공무원으로 보하고, 40명 이내로 한다. 다만, 검찰청으로부터 검찰수사관을 파견받 은 경우에는 이를 수사처수사관의 정원에 포함한다.

제13조 【결격사유 등】 ② 검사의 경우 퇴직 후 3년이 지나지 아니하면 처장이 될 수 없고, 퇴직 후 1년이 지나 지 아니하면 차장이 될 수 없다.

제16조 【공직임용 제한 등】 ② 처장, 차장, 수사처검사는 퇴직 후 2년이 지나지 아니하면 검사로 임용될 수 없다.

제24조 【다른 수사기관과의 관계】 ① 수사처의 범죄수사와 중복되는 다른 수사기관의 범죄수사에 대하여 처장 이 수사의 진행 정도 및 공정성 논란 등에 비추어 수사처에서 수사하는 것이 적절하다고 판단하여 이첩을 요 청하는 경우 해당 수사기관은 이에 응하여야 한다.

② 다른 수사기관이 범죄를 수사하는 과정에서 고위공직자범죄 등을 인지한 경우 그 사실을 즉시 수사처에 통보하여야 한다.

제45조 【조직 및 운영】 이 법에 규정된 사항 외에 수사처의 조직 및 운영에 필요한 사항은 수사처규칙으로 정한다.

▶ 이유의 요지

1. 적법요건에 대한 판단

구 공수처법 제2조, 공수처법 제3조 제1항, 제8조 제4항의 경우, 청구인들은 고위공직자범죄수사처(이하 '수사처'라 한다)에 의한 수사대상, 경우에 따라서는 기소대상이 되어 평등권, 신체의 자유 등 기본권이 침해될 가능성이 있고, 고위공직자범죄 등을 범한 경우 수사처의 수사 또는 기소의 대상이 될 수 있다는 점도 확실히 예측되므로, 위 조항들에 대한 심판청구는 적법하다.

공수처법 제5조 제1항, 제6조 제4항과 제7조 제1항은 수사처의 구성에 관한 사항을 규정한 것으로 청구인들의 법적 지위에 영향을 미친다고 볼 수 없어 기본권침해가능성이 인정되지 않고, 구 공수처법 제8조 제1항, 공수처법 제10조 제1항 제3호 및 제13조 제2항은 청구인들이 구체적으로 다투지 않거나 기본권 침해의 자기관련성이 인정되지 않으며, 공수처법 제9조 제6항, 제45조는 수사처규칙의 제정에 관한 규정으로 수사처에 독자적인 규칙제정권을 부여하는 것이 헌법 체계에 부합하는지 여부가 청구인들의 법적 지위에 영향을 미친다고 볼 수 없어 기본권침해가능성이 인정되지 않고, 공수처법 제10조 제2항 단서, 제16조 제2항은 기본권 침해의 자기관련성이 인정되지 않으며, 공수처법 제24조 제1항·제2항은 수사처와 다른 수사기관 사이의 권한 배분에 관한 사항을 규정한 것으로 청구인들의 법적 지위에 영향을 미친다고 볼 수 없어 기본권침해가능성이 인정되지 않는다. 따라서 위 조항들에 대한 심판청구는 부적법하다.

2. 권력분립원칙 위반 여부(구 공수처법 제2조 및 공수처법 제3조 제1항)

(1) 수사처의 법적 지위

수사처가 입법부·행정부·사법부 어디에도 속하지 않는 기관인지, 아니면 행정부 소속의 기관인지 문제된다. 구 공수처법 제2조 및 공수처법 제3조 제1항은 수사처의 소속에 대하여 아무런 언급을 하고 있지 않다.

그러나 중앙행정기관을 반드시 국무총리의 통할을 받는 '행정각부'의 형태로 설치하거나 '행정각부'에 속하는 기관으로 두어야 하는 것이 헌법상 강제되는 것은 아니어서 법률로써 '행정각부'에 속하지 않는 독립된 형태의 행정기관을 설치하는 것이 헌법상 금지된다고 할 수 없는 점, 수사처가 수행하는 수사와 공소제기 및 유지는 헌법상 본질적으로 행정에 속하는 사무에 해당하는 점, 수사처의 구성에 있어 대통령의 실질적인 인사권이 인정되고 수사처장이 국무회의에 출석하여 발언할 수 있으며 독자적으로 의안을 제출하는 대신 법무부장관에게 의안제출을 건의할 수 있는 점 등을 종합하면, 수사처는 대통령을 수반으로 하는 행정부에 소속되고, 그 관할권의 범위가 전국에 미치는 중앙행정기관으로 보는 것이 타당하다.

(2) 수사처의 독립성과 책임성의 조화

수사처가 중앙행정기관임에도 기존의 행정조직에 소속되지 않고 대통령과 기존 행정조직으로부터 구체적인 지휘·감독을 받지 않는 형태로 설치된 것은 수사처 업무의 특수성에 기인한 것이다. 수사처의 설치목적은 고위공직자 등의 범죄를 척결하고 국가의 투명성과 공직사회의 신뢰성을 높이는 한편, 검찰의 기소독점주의 및 기소편의주의에 대한 제도적 견제장치를 마련하는 데에 있다. 수사처는 선출직 공무원을 포함한 대부분의 고위공직자에 대한 수사 등을 담당하므로 직무의 독립성과 정치적 중립성이 매우 중요한데, 수사처가 행정권을 행사한다는 이유로 수사처를 기존 행정조직의 위계질서하에 편입시킨다면 정치적 중립성과 직무의 독립성이 훼손될 우려가 있다.

이처럼 수사처의 독립성이 중요한 만큼 수사처는 독립성에 따른 책임 역시 부담하여야 하는데, 수사처의 권한 행사에 대해서는 다음과 같이 여러 기관으로부터의 통제가 이루어질 수 있으므로, 수사처가 독립된 형태로 설치되었다는 이유만으로 권력분립원칙에 위반된다고 볼 수 없다. 먼저, 수사처는 설치단계에서부터 공수처법이라는 입법을 통해 도입되었으므로 국회는 법률의 개폐를 통하여 수사처에 대한 시원적인 통제권을 가지고, 수사처 구성에 있어 입법부, 행정부, 사법부를 비롯한 다양한 기관이 그 권한을 나누어 가지므로 기관간 견제와 균형이 이루어질 수 있다. 또한 국회는 수사처장에 대하여 국회 출석 및 답변을 요구할 수 있고 탄핵소추를 의결할 수 있으며, 예산안에 대한 심의·확정권 등이 있고, 법원은 수사처의 명령·규칙·처분에 대한 위헌·위법심사권을 행사함으로써, 헌법재판소는 헌법소원심판권을 행사함으로써 각각 수사처를 통제할 수 있고, 행정부 내부적 통제를 위한 여러 장치도 마련되어 있다.

따라서 수사처의 설치에 관한 구 공수처법 제2조 및 공수처법 제3조 제1항은 권력분립원칙을 위반하여 청구인들의 평등권, 신체의 자유 등을 침해하지 않는다.

3. 평등권 침해 여부(구 공수처법 제2조 및 공수처법 제3조 제1항)

헌법은 수사나 공소제기의 주체, 방법, 절차 등에 관하여 직접적인 규정을 두고 있지 않고, 기존의 행정조직에 소속되지 않은 독립된 위치에서 수사 등에 관한 사무를 수행할 기관을 설치·운영할 것인지를 포함하여 해당 기관에 의한 수사나 기소의 대상을 어느 범위로 정할 것인지는 독립된 기관의 설치 필요성, 공직사회의 신뢰성 제고에 대한 국민적 관심과 요구 등 모든 사정을 고려하여 결정할 문제이므로, 이에 대한 입법자의 결정은 명백히 자의적이거나 현저히 부당하다고 볼 수 없는 한 존중되어야 한다.

고위공직자는 권력형 부정 사건을 범할 가능성이 높고 그 범죄로 인한 부정적인 파급효과가 크다. 수사처의 수사대상 중 상당 부분은 정무직 공무원으로 높은 수준의 청렴성을 필요로 하고, 판사, 검사, 경무관 이상 경찰공무원 등 정무직 공무원이 아닌 경우에도 해당 기관 업무의 특수성을 고려할 때 마찬가지로 높은 수준의 청렴성을 필요로 한다. 따라서 고위공직자가 공수처법에서 정한 일정 범위의 범죄인 고위공직자범죄를 범한 경우 수사처의 수사 또는 기소의 대상으로 한 것은 합리적인 이유가 있다. 이들 가족의 경우 고위공직자와 생활공동체를 형성하는 밀접·긴밀한 관계에 있으므로, 이들 가족이 고위공직자의 직무와 관련하여 고위공직자범죄를 범한 경우에 수사처의 수사 또는 기소의 대상이 된다고 하더라도 이를 불합리한 차별이라고 보기 어렵다. 또한 수사처에 의한 수사 등의 대상에는 직에서 퇴직한 사람도 포함되나, 이는 범죄에 연루된 현직 고위공직자가 사직을 통해 수사처의 수사 등을 회피하는 행태를 방지하고 국가의 투명성과 공직사회의 신뢰성 제고라는 수사처의 설치목적에 기여하기 위한 것이므로, 합리적인 이유가 있다.

수사처의 수사 등에 적용되는 절차나 내용, 방법 등은 일반 형사소송절차와 같으므로, 수사처의 수사 등의 대상이 된다고 하여 수사대상자에게 실질적인 불이익이 발생한다거나 수사대상자의 법적 지위가 불안정해질 것이라고 볼 수 없다. 수사처가 고위공직자에 대한 수사 등의 주체가 됨으로써 이른바 부실·축소 수사 또는 표적수사가 이루어지거나 무리한 기소가 있을 수 있다는 우려는 이를 뒷받침할 객관적·실증적인 근거가 없을 뿐 아니라, 설령 수사처 출범 후 기존 형사소송절차와 어떠한 운영상의 차이가 발생한다 하더라도 이를 수사처 제도 자체의 문제라고 할 수는 없다. 따라서 구 공수처법 제2조 및 공수처법 제3조 제1항은 청구인들을 합리적 이유 없이 차별하여 평등권을 침해하지 않는다.

4. 영장주의원칙 위반 여부(공수처법 제8조 제4항)

(1) 헌법상 영장신청권자가 검찰청법상 검사로 한정되는지 여부

헌법이 수사단계에서의 영장신청권자를 검사로 한정한 것은 검찰의 다른 수사기관에 대한 수사지휘권을 확립시켜 인권유린의 폐해를 방지하고, 법률전문가인 검사를 거치도록 함으로써 기본권침해가능성을 줄이고자 한 것이다. 헌법에 규정된 영장신청권자로서의 검사는 검찰권을 행사하는 국가기관인 검사로서, 공익의 대표자이자 수사단계에서의 인권옹호기관으로서의 지위에서 그에 부합하는 직무를 수행하는 자를 의미하는 것이지, 검찰청법상 검사만을 지칭하는 것으로 보기 어렵다. 실제로 군검사와 특별검사도 검찰청법상 검사에 해당하지 않지만 영장신청권을 행사하고 있다.

(2) 수사처검사가 영장신청권자로서의 법적 지위와 권한에 따라 직무를 수행한다고 볼 수 있는지 여부

헌법상 영장신청권자로서의 검사가 검찰청법상 검사로 한정되는 것은 아니라 하더라도, 영장신청권자는 공익의 대표자이자 인권옹호기관으로서 법률전문가의 자격을 갖추어야 한다.

공수처법 제8조 제4항에 따라 검찰청법 제4조에 따른 검사의 직무 및 군사법원법 제37조에 따른 군검사의 직무를 수행하는 수사처검사는 공익의 대표자로서 다른 수사기관인 수사처수사관을 지휘·감독하고, 단지 소추권자로서 처벌을 구하는 데에 그치는 것이 아니라 피고인의 이익도 함께 고려하는 인권옹호기관으로서의 역할을 한다. 또한 수사처검사는 변호사 자격을 일정 기간 보유한 사람 중에서 임명하도록 되어 있으므로, 법률전문가로서의 자격도 충분히 갖추었다 할 수 있다. 따라서 공수처법 제8조 제4항은 영장주의원칙을 위반하여 청구인들의 신체의 자유 등을 침해하지 않는다.

367

검사 징계위원회의 위원 구성조항 사건 [각하] (헌재 2021.6.24, 2020헌마1614)

〟 사건개요 〟

청구인은 2019.7.25.부터 2021.3.4.까지 검찰총장의 직에 있었다. 법무부장관은 청구인이 검찰총장으로 재직 중이던 2020.11.24. 청구인에 대하여 검사 징계위원회(이하 '징계위원회'라 한다)에 징계를 청구하였다.
이에 청구인은 법무부장관이 징계위원회의 위원 중 검사 2명과 변호사, 법학교수 및 학식과 경험이 풍부한 사람 각 1명을 각각 지명 및 위촉하도록 규정한 검사징계법 제5조 제2항 제2호·제3호가 검찰총장인 검사의 징계에 적용되는 한 공무담임권 등을 침해한다고 주장하면서, 2020.12.4. 이 사건 헌법소원심판을 청구하였다.
이후 징계위원회는 2개월의 정직을 의결하였고, 대통령은 법무부장관의 제청으로 2020.12.17. 청구인에 대하여 2개월의 정직 처분(이하 '이 사건 징계처분'이라 한다)을 하였다. 청구인은 2020.12.17. 이 사건 징계처분에 대하여 취소소송을 제기하였고, 이 사건 결정선고일 현재까지 계속 중이다.

▶ 판시사항

법무부장관이 검사 징계위원회의 위원 중 검사 2명과, 변호사, 법학교수 및 학식과 경험이 풍부한 사람 각 1명을 각각 지명 및 위촉하도록 규정한, 구 검사징계법 제5조 제2항 제2호·제3호 중 각 징계혐의자가 검찰총장인 경우에 관한 부분(이하 '심판대상조항'이라 한다)에 대한 심판청구가 직접성 요건을 충족하는지 여부: 소극

▶ 결정요지

법률조항 자체가 헌법소원의 대상이 될 수 있으려면 그 법률조항에 의하여 구체적인 집행행위를 기다리지 아니하고 직접·현재·자기의 기본권을 침해받아야 한다. 여기서 말하는 기본권 침해의 직접성이란 집행행위에 의하지 아니하고 법률조항 그 자체에 의하여 자유의 제한, 의무의 부과, 권리 또는 법적 지위의 박탈이 생긴 경우를 말하므로, 당해 법률조항에 근거한 구체적인 집행행위를 통하여 비로소 기본권 침해의 법률효과가 발생하는 경우에는 직접성이 없다. 청구인은, 심판대상조항이 검찰총장에 대하여 징계를 청구한 법무부장관으로 하여금 검사 징계위원회(이하 '징계위원회'라 한다)의 위원 과반수를 지명 및 위촉하도록 규정함으로써, 징계절차의 공정성이 담보되지 않은 상태에서 검찰총장의 직을 부당하게 박탈할 수 있도록 하고 있다고 주장한다.
그런데 심판대상조항은 국가기관인 징계위원회의 구성에 관한 사항을 규정한 조직규범으로서, 청구인이 주장하는 기본권 침해는 심판대상조항 자체에 의하여 직접 발생하는 것이 아니라, 심판대상조항에 의하여 구성된 징계위원회가 청구인에 대한 징계의결을 현실적으로 행하고 이에 따른 구체적인 집행행위, 즉 법무부장관의 제청으로 대통령이 행

하는 해임, 면직, 정직 등의 징계처분이 있을 때 비로소 발생하는 것이다. 매 징계 건마다 징계위원회의 위원이 새롭게 지명 및 위촉되는 것은 아니므로, 특정한 검찰총장에 대하여 징계를 청구한 법무부장관이 해당 검찰총장에 대한 징계의결을 행하는 징계위원회의 위원 과반수를 지명 및 위촉하지 않는 경우가 있을 수 있다. 또한 징계위원회는 해당 검찰총장에 대하여 무혐의의결이나 불문결정을 할 수도 있다. 따라서 심판대상조항은 해임, 면직, 정직 등의 징계처분이 있기 이전에 이미 청구인의 권리관계를 직접 변동시키거나 법적 지위를 확정시키는 경우에 해당한다고 볼 수 없다.

해임, 면직, 정직 등의 징계처분은 항고소송의 대상이 되며, 청구인은 자신이 받은 정직의 징계처분에 대하여 취소소송을 제기하였다. 따라서 집행행위에 대한 구제절차가 없거나 그 구제절차에서는 권리구제의 기대가능성이 없어 청구인에게 불필요한 우회절차를 강요하는 경우라고 보기도 어렵다. 그렇다면 이 사건 심판청구는 직접성 요건을 갖추지 못하여 부적법하다.

368

'금융위원회가 시중 은행들을 상대로 가상통화 거래를 위한 가상계좌의 신규 제공을 중단하도록 한 조치' 및 '금융위원회가 가상통화 거래 실명제를 시행하도록 한 조치'가 헌법소원의 대상이 되는 공권력의 행사에 해당하는지 여부: 소극[각하] (헌재 2021.11.25. 2017헌마1384)

이 사건 조치는, ① 수범자를 '금융회사 등'으로 상정한 '특정 금융거래정보의 보고 및 이용 등에 관한 법률' 등에 따라 자금세탁 방지의무 등을 부담하고 있는 금융기관에 대하여 ② 종전의 가상계좌가 목적 외 용도로 남용되는 과정에서 자금세탁의 우려가 상당하다는 점을 주지시키면서, ③ 그러한 우려를 불식시킬 수 있는 감시·감독체계와 새로운 거래체계, 소위 '실명확인 가상계좌 시스템'이 정착되도록, 금융기관에 방향을 제시하고 자발적 호응을 유도하려는 일종의 '단계적 가이드라인'일 따름이다.

이 사건 조치의 구체적인 내용을 살펴보면, 은행권이 주체가 된 자율적 집행을 의도하였다는 점을 곳곳에서 확인할 수 있으며, 신규 가상계좌 제공 중단을 요청 받은 은행들이 응하지 아니하더라도 행정상·재정상 불이익이 따를 것이라는 내용은 확인할 수 없다.

이 사건 조치에 관한 논의가 있기 이전부터, 이미 금융기관들은 규제 공백으로 인한 가상통화 거래소의 태생적 위험성과 해킹 등 기술적인 위험성을 인지하고, 상당수 거래소에는 자발적으로 비실명가상계좌를 제공하지 아니하여 왔으며, 이를 제공해오던 거래소라 하더라도 위와 같은 위험성이 노정되면 제공을 중단해 왔다. 이 사건 조치가 있기 이전부터 '국제자금세탁방지기구', 즉 FATF를 중심으로 가상통화 거래에 관한 자금세탁 방지규제가 계속 강화되어 왔는데, 해외 금융망의 접근 등에 분명한 이해관계를 갖는 금융기관의 입장에서는 비실명가상계좌가 남용됨에 따른 위험요인, 특히 자금세탁 등에 악용될 가능성과 그에 따른 해당 금융기관의 손실발생가능성을 심각하게 고려하지 않을 수 없다.

그렇다면, 이를 주지시키면서 보완적 방법으로 실명확인 가상계좌 시스템을 제시한 정부당국의 이 사건 조치와 일련의 가이드라인에 금융기관들이 자발적으로 호응할 유인이 충분하다.

세계 각 국보다 가상통화의 거래가액이 이례적으로 높고 급등과 급락을 거듭해 왔던 대한민국의 현실과 전 세계적 자금세탁방지 공조 요청을 이 사건 조치가 함께 제시하고 있다는 점까지 살핀다면, 가상통화 거래의 위험성을 줄여 제도화하기 위한 전제로 이루어지는 단계적 가이드라인의 일환인 이 사건 조치를 금융기관들이 존중하지 않을 이유를 달리 확인하기 어렵다. 그러므로 이 사건 조치는 당국의 우월적인 지위에 따라 일방적으로 강제된 것으로 볼 수 없고, 나아가 헌법소원의 대상이 되는 공권력의 행사에 해당된다고 볼 수 없으므로, 이 사건 심판청구는 모두 부적법하다.

헌법재판소법 제68조 제2항에 따른 헌법소원이 인용된 경우 당해 소송사건에만 재심을 허용하는 헌법재판소법 제75조 제7항, 비형벌조항에 대한 위헌결정의 효력을 장래효 원칙으로 정한 헌법재판소법 제75조 제6항이 재판청구권을 침해하는지 여부: 소극[합헌] (헌재 2021.11.25, 2020헌바401)

사건개요

1950년 나주경찰부대 사건 희생자들의 유족인 청구인들은, 2007년 과거사정리위원회의 진상규명결정을 받고 대한민국을 상대로 손해배상을 청구하였으나 2009년 패소 확정되었다(이하 '재심대상판결'이라 함).

헌법재판소는 2018.8.30, 2014헌바148 등 결정에서, '진실·화해를 위한 과거사정리 기본법'(이하 '과거사정리법'이라 함) 제2조 제1항 제3호·제4호 사건에 소멸시효의 객관적 기산점을 적용하던 민법 제166조 제1항, 제766조 제2항을 일부위헌으로 결정하였고(이하 '2018년 위헌결정'이라 함), 이후 해당 사건의 당사자들은 재심을 통해 구제될 수 있었다.

청구인들은 2018년 위헌결정 등을 근거로 위 재심대상판결에 대해 2019년 재심을 청구하였고, 그 재판 계속 중 헌법재판소법 제75조 제7항·제6항, 제47조 제2항 등에 대해 위헌법률심판제청을 신청하였으나 기각되자, 이 사건 헌법소원심판을 청구하였다.

▶ 심판대상

헌법재판소법(2011.4.5. 법률 제10546호로 개정된 것)

제75조 【인용결정】 ⑦ 제68조 제2항에 따른 헌법소원이 인용된 경우에 해당 헌법소원과 관련된 소송사건이 이미 확정된 때에는 당사자는 재심을 청구할 수 있다.

헌법재판소법(2014.5.20. 법률 제12597호로 개정된 것)

제75조 【인용결정】 ⑥ 제5항의 경우 및 제68조 제2항에 따른 헌법소원을 인용하는 경우에는 제45조 및 제47조를 준용한다.

관련조항

헌법재판소법(2014.5.20. 법률 제12597호로 개정된 것)

제47조 【위헌결정의 효력】 ② 위헌으로 결정된 법률 또는 법률의 조항은 그 결정이 있는 날부터 효력을 상실한다.
③ 제2항에도 불구하고 형벌에 관한 법률 또는 법률의 조항은 소급하여 그 효력을 상실한다. 다만, 해당 법률 또는 법률의 조항에 대하여 종전에 합헌으로 결정한 사건이 있는 경우에는 그 결정이 있는 날의 다음 날로 소급하여 효력을 상실한다.
④ 제3항의 경우에 위헌으로 결정된 법률 또는 법률의 조항에 근거한 유죄의 확정판결에 대하여는 재심을 청구할 수 있다.

▶ 법정의견의 요지

[재판관 유남석, 이종석, 이영진, 문형배, 이미선]

1. 쟁점 및 심사기준

청구인들은, 비형벌법규에 대한 위헌결정의 효력을 장래효원칙으로 정한 '장래효조항'과 헌법재판소법 제68조 제2항에 따른 헌법소원이 인용된 경우 그 헌법소원의 전제가 된 당해 소송사건에 한해서만 재심을 허용하는 '재심사유조항'에 따라 재심대상판결 사건에 2018년 위헌결정의 효력이 미치지 않아 재심이 허용되지 아니하게 된 것이므로, 사안과 가장 밀접한 관계가 있고 침해의 정도가 큰 주된 기본권은 위헌결정의 효력과 재심사유를 한정함으로써 제한되는 '재심의 재판을 받을 권리', 즉 헌법 제27조 제1항의 재판청구권이다.

재심의 재판을 받을 권리를 어떻게 구체화할 것인가의 문제는 원칙적으로 입법자의 입법형성권에 맡겨져 있지만, 그것이 지나치게 불합리하거나 국민의 재심재판을 받을 권리를 사실상 불가능하게 만들어서는 아니 된다는 입법형성권의 한계 역시 존재하므로, 재심사유조항 및 장래효조항이 입법형성권의 한계를 일탈하여 헌법이 보장한 재판청구권을 침해함으로써 위헌인지 여부를 살펴본다.

2. 헌법재판소의 선례

헌법재판소는 1993.5.13. 92헌가10 등 결정에서 헌법재판소법 제47조 제2항과 내용이 동일한 구 헌법재판소법(1988.8.5. 법률 제4017호로 제정되고, 2011.4.5. 법률 제10546호로 개정되기 전의 것) 제47조 제2항 본문에 대하여 헌법에 위반되지 아니한다고 선고하였고, 헌재 2000.8.31. 2000헌바6 결정, 헌재 2001.12.20. 2001헌바7 등 결정, 헌재 2008.9.25. 2006헌바108 결정 및 헌재 2013.5.30. 2010헌바347 결정에서도 위 92헌가10 등 결정의 이유를 원용하여 구 헌법재판소법 제47조 제2항 본문이 헌법에 위반되지 아니한다고 선고한 바 있다.

또한 헌법재판소는 2000.6.29. 99헌바66 등 결정에서 재심사유조항과 내용이 동일한 구 헌법재판소법(1988.8.5. 법률 제4017호로 제정되고, 2011.4.5. 법률 제10546호로 개정되기 전의 것) 제75조 제7항이 헌법에 위반되지 않는다고 선언한 바 있다.

3. 판단

헌법재판소법 제47조 제2항은 비형벌법규에 대한 위헌결정의 효력을 장래효원칙으로 하되, 구체적 타당성의 요청이 현저한 반면 소급효를 인정해도 법적 안정성을 침해하지 않는 경우 해석을 통해 예외적 소급효를 인정하는 규정이다. 이는 입법자가 '구체적 타당성 내지 정의의 요청'과 '법적 안정성 내지 신뢰보호의 요청'을 종합적으로 고려하여 양자를 조화시키기 위해 입법형성권을 행사한 결과라고 볼 수 있으므로, 이를 준용하는 장래효조항이 입법형성권의 한계를 일탈하였다고 보기 어렵다.

또한 비상적인 불복신청방법인 재심제도의 규범적 형성에 있어, 입법자는 확정판결을 유지할 수 없을 정도의 중대한 하자가 무엇인지를 구체적으로 가려야 한다. 그런데 이는 법치주의에 내재된 '법적 안정성'과 '구체적 정의의 실현'이라는 상반된 요청을 어떻게 조화시킬 것인가의 문제이므로, 입법형성의 자유가 넓게 인정되는 영역이다. 헌법재판소법은 형벌법규에 대한 위헌결정의 경우에는 소급효와 재심을 통한 구제를 허용하고 있으나, 비형벌법규에 대한 위헌결정의 경우에는 장래효를 원칙으로 하되 당해 소송사건에 한해서 재심을 허용함으로써, 법적 안정성과 구체적 정의의 실현을 조화시키고 있으므로, 재심사유조항 역시 입법형성권의 한계를 일탈한 것으로 보기 어렵다.

과거사정리법 제2조 제1항 제3호·제4호에 규정된 '민간인 집단희생 사건'과 '중대한 인권침해·조작의혹 사건'은 일반적인 국가 불법행위와 다른 특수성이 있다. 이에 헌법재판소는 2018년 위헌결정에서, 이러한 사건유형의 국가배상청구에 적용되는 소멸시효의 객관적 기산점조항(민법 제166조 제1항, 제766조 제2항)을 일부위헌으로 판단한 바 있다. 그러나 청구인들은 2018년 위헌결정 전에 국가를 상대로 손해배상을 청구하여 소멸시효의 객관적 기산점조항의 적용을 받아 청구기각의 확정판결을 받은 탓에 2018년 위헌결정을 재심사유로 주장할 수 없게 되었는바, 적극적으로 권리를 행사한 것이 오히려 청구인들에게 불리하게 작용되었음을 부인할 수 없다. 그러나 위헌결정의 효력과 재심에 관한 일반조항인 장래효조항과 재심사유조항에서 개별 위헌결정의 소급효와 재심사유를 규정하는 것이 체계상 적절하다고 보기 어렵고, 법적 안정성과 구체적 정의의 실현이라는 대립하는 헌법적 가치의 형량·조화가 필요한 사정을 고려할 때, 위 사건 유형에서의 국가배상청구를 위헌결정의 소급효와 재심사유를 정하는 일반적인 기준으로 삼기는 어렵다.

다만, 입법론으로는 '5·18민주화운동 등에 관한 특별법', '부마민주항쟁 관련자의 명예회복 및 보상 등에 관한 법률', '제주4·3사건 진상규명 및 희생자 명예회복에 관한 특별법' 등에서 재심사유에 관한 특별규정을 두고 있는 것과 같이, 2018년 위헌결정의 효력이 미치지 않는 피해자·유족에 대하여 특별재심을 허용하여 구제하는 방안을 고려해 볼 수 있다. 결국 재심사유조항과 장래효조항은 입법형성권의 한계를 일탈하여 재판청구권을 침해하지 아니하므로, 헌법에 위반되지 아니한다.

370

대통령기록물 이관 등 위헌확인 등 [각하] (헌재 2019.12.27. 2017헌마359 등)

▶ **판시사항**

1. 대통령기록물 소관 기록관이 대통령기록물을 중앙기록물관리기관으로 이관하는 행위(이하 '이 사건 이관행위'라 한다)가 헌법소원의 대상이 되는 공권력의 행사인지 여부: 소극

2. 대통령권한대행이 대통령지정기록물의 보호기간을 지정하는 행위(이하 '이 사건 지정행위'라 한다)의 기본권 침해의 법적 관련성이 인정되는지 여부: 소극

▶ **결정요지**

1. 이 사건 이관행위는 '대통령기록물관리에 관한 법률'(이하 '대통령기록물법'이라 한다)에 따른 대통령기록물 관리 업무 수행 기관의 변경행위로서, 법률이 정하는 권한분장에 따라 업무수행을 하기 위한 국가기관 사이의 내부적·절차적 행위에 불과하므로 헌법소원심판의 대상이 되는 공권력의 행사에 해당한다고 볼 수 없다.

2. 이 사건 지정행위는 대통령기록물법에 따라 이루어진 국가기관 사이의 내부적인 기록물의 분류 및 통보행위로서, 개별 기록물에 대하여 이관행위 이전에 이루어지고, 이때 어떤 대통령지정기록물에 대해 보호기간이 지정되는지는 대외적으로 공개·공표되지 않는다. 보호기간 지정행위 자체는 국가기관 사이의 행위로서, 국민을 상대로 행하는 직접적 공권력작용에 해당한다고 보기는 어려우며, 이 사건 지정행위만으로는 청구인들의 기본권 침해의 법적 관련성이 인정된다고 보기 어렵다.

공수처법 위헌확인 사건 [각하] (헌재 2021.4.29. 2020헌마1707)

" 사건개요 "

청구인은 검사로 재직한 후 2020년에 실시된 총선에서 제21대 국회의원으로 당선된 사람으로, 2020.12.15. 개정된 '고위공직자범죄수사처 설치 및 운영에 관한 법률' 제6조 제5항·제6항·제7항, 제8조 제1항의 위헌확인을 구하는 헌법소원심판을 청구하였다.

▶ 판시사항

교섭단체의 고위공직자범죄수사처장 후보추천위원회(이하 '추천위원회'라 한다) 위원 추천 권한, 기한 내 교섭단체의 추천이 없을 경우 국회의장의 위원 위촉 권한을 규정한 '고위공직자범죄수사처 설치 및 운영에 관한 법률'(이하 '공수처법'이라 한다) 제6조 제5항·제6항(이하 '추천위원회 위원 추천·위촉 조항'이라 한다), 추천위원의 의결정족수를 재적위원 3분의 2 이상의 찬성으로 정한 공수처법 제6조 제7항(이하 '의결정족수조항'이라 한다), 고위공직자범죄수사처(이하 '수사처'라 한다) 검사의 자격요건, 임명절차, 임명권자를 규정한 공수처법 제8조 제1항 전문(이하 '수사처검사조항'이라 한다)에 대한 심판청구가 국회의원인 청구인의 기본권을 침해할 가능성이 있는지 여부: 소극

▶ 결정요지

추천위원회 위원 추천·위촉조항은 교섭단체가 국가기관의 구성에 관여할 수 있는 권한에 관한 것일 뿐 청구인의 법적 지위에는 아무런 영향을 주지 아니한다. 추천위원회 위원은 정치적으로 중립을 지키고 독립하여 그 직무를 수행하므로, 수사처장 후보 추천에 관한 의결권은 그 위원을 추천한 정당이나 국회의원이 아닌 위원 개인의 권한이다. 따라서 추천위원회 의결정족수를 '재적위원의 3분의 2 이상의 찬성'으로 완화한 의결정족수조항에 의하여 야당이 추천한 추천위원회 위원의 사실상의 거부권이 박탈되었다 하더라도 이를 두고 야당 국회의원인 청구인의 법적 지위에 어떠한 영향을 미친다고 볼 수 없다. 대통령과 정치적 성향이 부합하지 않으면 수사처 검사로 임명될 수 없음을 전제로 수사처검사조항이 기본권을 침해한다는 청구인의 주장은 대통령의 임명권 행사의 내용을 다투는 취지일 뿐, 수사처검사의 자격요건, 임명절차, 임명권자를 규정한 수사처검사조항에 의한 기본권 침해를 다투는 것으로 볼 수 없다. 따라서 이 사건 심판청구는 청구인의 기본권침해가능성이 인정되지 아니하여 모두 부적법하다.

과거사정리법에 따른 진실규명 사건의 피해자, 가족 및 유족에 대한 피해의 배·보상, 명예회복 및 가해자와의 화해를 위한 적절한 조치 이행의무 관련사건 [각하] (헌재 2021.9.30, 2016헌마1034)

▶ 판시사항

1. '진실·화해를 위한 과거사정리 기본법'(이하 '과거사정리법'이라 한다)에 따른 진실규명사건의 피해자인 청구인이 심판절차 계속 중 사망하여, 청구인의 심판청구 중 관련 기본권의 성질상 승계되거나 상속될 수 없는 부분에 대하여 심판절차종료선언을 한 사례

2. 행정안전부장관, 법무부장관(이하 '피청구인들'이라 한다)이 진실규명사건의 피해자 및 그 가족인 청구인들의 피해를 회복하기 위해 국가배상법에 의한 배상이나 형사보상법에 의한 보상과는 별개로 금전적 배상·보상이나 위로금을 지급하지 아니한 부작위(이하 '배상조치 부작위'라 한다)가 헌법소원의 대상이 되는 공권력의 불행사인지 여부: 소극

3. 피청구인들이 진실규명사건 피해자의 명예를 회복하고 피해자와 가해자간의 화해를 적극 권유하여야 할 작위의무를 부담하는지 여부(적극) 및 이러한 작위의무의 인적 범위

4. 피청구인들이 진실규명 사건 피해자의 유가족인 청구인들의 명예를 회복하기 위한 조치를 취하지 아니한 부작위(이하 '명예회복 부작위'라 한다)가 헌법소원의 대상이 되는 공권력의 불행사인지 여부: 소극

5. 피청구인들이 진실규명 사건 피해자의 유족인 청구인들과 가해자간의 화해를 적극 권유하지 아니한 부작위(이하 '화해권유 부작위'라 한다)가 헌법소원의 대상이 되는 공권력의 불행사인지 여부 및 화해권유 부작위가 피해자의 유족인 청구인들의 기본권을 침해하는지 여부

6. 재판관 4인이 각하의견, 재판관 4인이 위헌의견인 경우, 심판청구를 각하한 사례

▶ 결정요지

1. 청구인 정○○은 이 사건 헌법소원심판절차가 계속 중이던 2021.3.29. 사망하였으므로, 청구인 정○○의 심판청구 중 관련 기본권의 성질상 승계가 허용되는 배상조치 부작위 부분의 심판절차는 그 배우자 및 자녀로서 수계를 신청한 상속인이자 공동청구인인 청구인들이 수계하고, 관련 기본권이 그 성질상 일신전속적인 것이어서 승계가 허용되지 아니하는 명예회복 부작위 및 화해권유 부작위 부분의 심판절차는 종료되었다.

2. 배상조치 부작위가 헌법소원의 대상이 되는 공권력의 불행사인지 여부

헌법이나 헌법해석상으로 피청구인들이 진실규명사건의 피해자인 청구인 정○○ 및 피해자의 배우자, 자녀, 형제인 청구인들(이하 '청구인 이○○ 등'이라 한다)에게 국가배상법에 의한 배상이나 형사보상법에 의한 보상과는 별개로 배상·보상을 하거나 위로금을 지급하여야 할 작위의무가 도출되지 아니한다. 또한 과거사정리법 제34조, 제36조 제1항이나 '고문 및 그 밖의 잔혹한·비인도적인 또는 굴욕적인 대우나 처벌의 방지에 관한 협약' 제14조로부터도 피청구인들이 청구인들에게 직접 금전적인 피해의 배상이나 보상, 위로금을 지급하여야 할 헌법에서 유래하는 작위의무가 도출된다고 볼 수 없다.

따라서 배상조치 부작위는 헌법소원의 대상이 되는 공권력의 불행사에 해당하지 아니한다.

3. 피청구인들이 진실규명사건 피해자의 명예를 회복하고 피해자와 가해자간의 화해를 적극 권유하여야 할 작위의무를 부담하는지 여부(적극) 및 이러한 작위의무의 인적 범위

(1) 국가의 조직적이고 적극적인 불법행위로 인해 기본권을 유린당하고 인간의 존엄과 가치를 훼손당한 피해자의 인간의 존엄과 가치를 회복시켜야 할 의무는 국가가 국민에 대하여 부담하는 가장 근본적인 보호의무에 속하며, 과거사정리법은 국가에 대하여 진실규명사건 피해자의 훼손되었던 인간의 존엄과 가치를 회복시켜야 할 의무를 부과한 것이다.

과거사정리법 제36조 제1항 및 제39조가 정부와 국가의 의무 내용을 다소 포괄적으로 규정하고 있다고 할지라도 이는 과거사 전반에 관한 광범위한 사안에서 명예회복이나 화해권유 등의 조치를 취하기 위해서는 정부의 각 기관이 서로 협조하여 일련의 조치들을 취하여야 한다는 점에 기인한 것일 뿐, 이를 이유로 과거사정리법이 정하고 있는 의무가 추상적인 것에 불과하다고 볼 수는 없다. 과거사정리법의 제정 경위 및 입법목적, 과거사정리법의 제규정 등을 종합적으로 살펴볼 때, 과거사정리법 제36조 제1항과 제39조는 '진실규명결정에 따라 규명된 진실에 따라 국가와 피청구인들을 포함한 정부의 각 기관은 피해자의 명예회복을 위해 적절한 조치를 취하고, 가해자와 피해자 사이의 화해를 적극 권유하기 위하여 필요한 조치를 취하여야 할 구체적 작위의무'를 규정하고 있는 조항으로 볼 것이고, 이러한 피해자에 대한 작위의무는 헌법에서 유래하는 작위의무로서 그것이 법령에 구체적으로 규정되어 있는 경우라고 할 것이다.

(2) 과거사정리법 제36조 제1항의 '유가족'과 제39조의 '유족'이라는 문언상의 차이를 고려할 때, 명예회복과 관련하여 피청구인들은 피해자의 사망 여부와 무관하게 피해자뿐만 아니라 피해자의 가족 및 유족 모두의 명예회복을 위해 적절한 조치를 취하여야 할 의무를 부담한다고 할 것이나, 화해권유와 관련하여서는 피해자의 생존 당시에는 피해자와 가해자 사이의 화해를 적극 권유하여야 할 의무만을 부담하고, 이러한 의무가 이행되지 아니한 채로 피해자가 사망한 이후에야 비로소 그 유족들에게 이러한 의무를 부담한다고 해석된다.

4. 명예회복 부작위가 헌법소원의 대상이 되는 공권력의 불행사인지 여부

오랜 기간 동안 범죄자의 가족이라는 부정적인 사회적 평가와 명예의 훼손을 감당하여 온 청구인 이○○ 등의 명예를 회복하기 위한 가장 적절한 조치는 다름 아닌 피해자 청구인 정○○의 명예를 회복하는 것이다. 그런데 피해자인 청구인 정○○이 재심을 청구하여 무죄판결이 선고되었고, 법원의 형사보상결정에 따라 청구인 정○○에게 형사보상금이 지급되었으며, 형사보상결정이 관보에 게재되어 청구인 정○○의 명예를 회복시키기 위한 조치가 이행된 이상, 피청구인들이 청구인 정○○의 유가족인 청구인 이○○ 등의 명예를 회복시키기 위한 적절한 조치를 이행하였음이 인정된다. 따라서 헌법소원의 대상이 되는 공권력의 불행사가 존재한다고 볼 수 없다.

5. 화해권유 부작위가 헌법소원의 대상이 되는 공권력의 불행사인지 여부 및 기본권을 침해하는지 여부

(1) 재판관 이선애, 이은애, 이종석, 이영진의 각하의견

피청구인들이 청구인 정○○에게 직접 사과하거나, 무고하게 청구인 정○○이 무기징역을 선고받고 복역한 사건에 대해 명시적으로 대국민사과를 하지 아니한 것은 사실이다. 그러나 피청구인들은 진실규명결정이 이루어진 사건의 일괄 처리를 위한 이행계획을 수립하거나, 포괄적인 국가사과 등을 계획한 후 이를 추진하고 있으며, 가해자들에게도 진실규명결정통지서를 송달하였다. 물론 이러한 조치가 청구인 정○○의 기대에 미치지 못할 수는 있으나, 외부에서 강제할 수 없는 화해의 성격을 고려할 때, 피청구인들이 자신들이 독자적으로 이행할 수 있는 한도 내에서 가해자가 스스로 반성하고 피해자가 용서의 마음을 가질 수 있도록 하기 위해 필요한 조치를 이행하였다면, 가해자와 피해자인 청구인 정○○ 사이의 화해를 적극 권유하여야 할 헌법에서 유래하는 작위의무를 이행한 것으로 보아야 한다.

그리고 피해자인 청구인 정○○에게 이러한 의무를 이행한 이후 청구인 정○○이 사망한 이상, 피청구인들이 그 유족인 청구인 이○○ 등에 대해서 재차 이러한 작위의무를 부담하는 것은 아니므로 헌법소원의 대상이 되는 공권력의 불행사가 있었다고 할 수 없다.

(2) 재판관 유남석, 김기영, 문형배, 이미선의 위헌의견

피청구인들이 청구인 정○○이 진실규명결정에 명시된 가해자들과 화해할 수 있는 최소한의 기회를 제공하였다고 보기 어렵고, 경찰조직을 대표하는 경찰청장, 경찰청이 속해 있는 행정안전부장관, 검찰사무의 최고 감독자인 법무부장관 모두 청구인 정○○에게 직접 사과하거나 이에 관해 명시적인 대국민 사과를 한 사실이 없다. 이처럼 피청구인들이 청구인 정○○과 가해자 사이의 화해를 적극 권유하여야 할 작위의무를 이행하지 아니한 상태에서 청구인 정○○이 사망하였다면, 피청구인들로서는 그 유족인 청구인 이○○ 등에게 사과하거나 청구인 이○○ 등과 가해자 사이의 화해를 적극 권유하기 위한 적절한 조치를 취하여야 할 것임에도 불구하고, 피청구인들은 이러한 의무를 여전히 이행하지 아니하고 있으며, 이러한 의무이행의 해태에는 정당한 이유도 인정되지 아니한다.

따라서 피청구인들의 화해권유 부작위는 청구인 이○○ 등의 인간으로서의 존엄성을 침해한다.

6. 소송요건의 선순위성은 소송법의 확고한 원칙으로 헌법소원심판에서 본안판단으로 나아가기 위해서는 적법요건이 충족되었다는 점에 대한 재판관 과반수의 찬성이 있어야 한다. 따라서 청구인 이○○ 등의 화해권유 부작위의 위헌확인을 구하는 심판청구가 적법성을 충족한 것인지에 대해 어떠한 견해도 과반수에 이르지 아니한 이상, 헌법재판소는 심판청구를 각하하여야 한다.

▶ 재판관 문형배의 주문표시에 대한 반대의견

헌법 제113조 제1항 및 헌법재판소법 제23조 제2항 본문에 비추어 볼 때, 적법요건 충족 여부에 대한 종국적인 판단인 각하결정을 하기 위해서는 종국심리에 관여한 재판관 과반수의 찬성이 필요하다. 그런데 청구인 이○○ 등의 심판청구 중 화해권유 부작위 부분에 관한 각하의견이 재판관 4인으로 종국심리에 관여한 재판관의 과반수에 이르지 아니하였으므로, 헌법재판소는 이 부분 심판청구를 각하할 수 없다.

또한 화해권유 부작위가 청구인 이○○ 등의 인간으로서의 존엄성을 침해한다는 의견이 재판관 4인으로 헌법 제113조 제1항, 헌법재판소법 제23조 제2항 단서 제1호에 규정된 헌법소원에 관한 인용결정의 정족수에 미달하였으므로, 헌법재판소는 인용결정도 할 수 없다.

따라서 헌법재판소로서는 이 부분 심판청구를 기각할 수밖에 없다.

사할린 한인의 대일청구권 사건

한일청구권협정 제2조 제1항에 의하여 소멸하였는지 여부에 관한 한일 양국간 해석상 분쟁을 위 협정 제3조가 정한 절차에 의하여 해결하지 않고 있는 외교부의 부작위가 위헌인지 여부: 소극[각하] (헌재 2019.12.27. 2012헌마939)

사건개요

1. 청구인들은 일제에 의한 강제징용 등으로 사할린에 동원되었다가 그 후 대한민국에 영주귀국한 자 및 그 가족으로서 대한민국의 국적을 가진 자들이다. 청구인들은 일본국 소속 회사가 경영하던 광산의 탄광 등에서 강제노동을 하면서 수령한 급여를 일본국에 우편저금이나 간이생명보험 형태로 강요에 의하여 적립하였지만, 아직까지 그 돈을 지급받지 못한 상태이다. 피청구인은 외교, 경제외교 및 국제경제협력외교, 국제관계 업무에 관한 조정, 조약 기타 국제협정, 재외국민의 보호·지원, 재외동포정책의 수립, 국제정세의 조사 분석에 관한 사무를 관장하는 국가기관이다.

2. 대한민국은 1965.6.22. 일본국과의 사이에 '대한민국과 일본국 간의 재산 및 청구권에 관한 문제의 해결과 경제협력에 관한 협정'(조약 제172호)을 체결하였다.

3. 청구인들은, 자신들이 일본국에 대하여 가지는 환불청구권과 배상청구권이 위 협정에 의하여 소멸되었는지 여부에 관하여, 이미 소멸되었다고 보는 일본국과 소멸되지 않았다고 보는 대한민국 간에는 위 청구권에 관한 해석상 분쟁이 존재하므로, 피청구인은 위 협정 제3조가 정한 절차에 따라 해석상 분쟁을 해결하기 위한 조치를 취할 의무가 있는데도 이를 전혀 이행하지 않고 있다고 주장하면서, 2012.11.23. 피청구인의 부작위가 청구인들의 기본권을 침해하여 위헌이라는 확인을 구하는 이 사건 헌법소원심판을 청구하였다.

▶ **심판대상**

이 사건 심판대상은 청구인들이 일본국에 대하여 가지는 청구권이 '대한민국과 일본국 간의 재산 및 청구권에 관한 문제의 해결과 경제협력에 관한 협정'(조약 제172호, 이하 '이 사건 협정'이라 한다) 제2조 제1항에 의하여 소멸되었는지 여부에 관한 한·일 양국간 해석상 분쟁을 위 협정 제3조가 정한 절차에 따라 해결하지 아니하고 있는 피청구인의 부작위가 청구인들의 기본권을 침해하는지 여부이다.

관련조항

대한민국과 일본국 간의 재산 및 청구권에 관한 문제의 해결과 경제협력에 관한 협정(조약 제172호, 1965.6.22. 체결, 1965.12.18. 발효)
제3조
　1. 본 협정의 해석 및 실시에 관한 양 체약국 간의 분쟁은 우선 외교상의 경로를 통하여 해결한다.

▶ **결정주문**

이 사건 심판청구를 모두 각하한다.

1. 청구인들의 대일청구권이 '대한민국과 일본국 간의 재산 및 청구권에 관한 문제의 해결과 경제협력에 관한 협정' (조약 제172호, 이하 '이 사건 협정'이라 한다) 제2조 제1항에 의하여 소멸하였는지 여부에 관한 한·일 양국 간 해석상 분쟁을 이 사건 협정 제3조가 정한 절차에 의하여 해결할 피청구인(외교부장관)의 작위의무가 인정되는지 여부: 적극

2. 피청구인이 위 작위의무를 불이행하고 있는지 여부: 소극

▶ 결정요지

1. 헌법 전문, 제2조 제2항, 제10조와 이 사건 협정 제3조의 문언에 비추어 볼 때, 피청구인이 이 사건 협정 제3조에 따라 분쟁해결의 절차로 나아갈 의무는 일본국에 의해 자행된 조직적이고 지속적인 불법행위에 의하여 인간의 존엄과 가치를 심각하게 훼손당한 자국민들이 청구권을 실현하도록 협력하고 보호하여야 할 헌법적 요청에 의한 것으로서, 그 의무의 이행이 없으면 청구인들의 기본권이 중대하게 침해될 가능성이 있으므로, 피청구인의 작위 의무는 헌법에서 유래하는 작위의무로서 그것이 법령에 구체적으로 규정되어 있는 경우라고 할 것이다.
   특히, 우리 정부가 직접 청구인들의 기본권을 침해하는 행위를 한 것은 아니지만, 일본에 대한 청구권의 실현 및 인간으로서의 존엄과 가치의 회복에 대한 장애상태가 초래된 것은 우리 정부가 청구권의 내용을 명확히 하지 않고 '모든 청구권'이라는 포괄적인 개념을 사용하여 이 사건 협정을 체결한 것에도 책임이 있다는 점에 주목한다면, 그 장애상태를 제거하는 행위로 나아가야 할 구체적 의무가 있음을 부인하기 어렵다.

2. 우리 정부는 2013.6.3. 구술서로 일본국에 대하여 사할린 한인의 대일청구권 문제에 대한 한·일 양국간의 입장이 충돌하고 있으므로 이 사건 협정 제3조에 따른 한·일 외교당국간 협의를 개최할 것을 제안한다는 취지를 밝힌 바 있고, 그 후 수차례에 걸쳐 협의 요청에 대한 대응을 촉구해 왔으며, 현재에도 그와 같은 기조가 철회된 바는 없다.
   피청구인이 청구인들이 원하는 수준의 적극적인 노력을 펼치지 않았다 해도, 이 사건 협정 제3조상 분쟁해결절차를 언제, 어떻게 이행할 것인가에 관해서는, 국가마다 가치와 법률을 서로 달리하는 국제환경에서 국가와 국가 간의 관계를 다루는 외교행위의 특성과 이 사건 협정 제3조 제1항·제2항이 모두 외교행위를 필요로 한다는 점을 고려할 때, 피청구인에게 상당한 재량이 인정된다. 이러한 사실을 종합하면, 설사 그에 따른 가시적인 성과가 충분하지 않다고 하더라도 피청구인이 자신에게 부여된 작위의무를 이행하지 않고 있다고 볼 수는 없다.

한국인 BC급 전범들의 대일청구권이 '대한민국과 일본국 간의 재산 및 청구권에 관한 문제의 해결과 경제협력에 관한 협정'(조약 제172호, 이하 '이 사건 협정'이라 한다) 제2조 제1항에 의하여 소멸하였는지 여부에 관한 한·일 양국간 해석상 분쟁을 이 사건 협정 제3조가 정한 절차에 의하여 해결할 피청구인의 작위의무가 인정되는지 여부: **소극[각하]** (헌재 2021.8.31. 2014헌마888)

1. 재판관 유남석, 이선애, 이영진, 문형배의 각하의견

국제전범재판에 관한 국제법적 원칙, 우리 헌법 전문, 제5조 제1항, 제6조의 문언 등을 종합하면, 국내의 모든 국가기관은 헌법과 법률에 근거하여 국제전범재판소의 국제법적 지위와 판결의 효력을 존중하여야 한다. 따라서 한국인 BC급 전범들이 국제전범재판에 따른 처벌로 입은 피해와 관련하여 피청구인에게 이 사건 협정 제3조에 따른 분쟁해결절차에 나아가야 할 구체적 작위의무가 인정된다고 보기 어렵다.

한국인 BC급 전범들이 일제의 강제동원으로 인하여 입은 피해의 경우에는 일본의 책임과 관련하여 이 사건 협정의 해석에 관한 한·일 양국간의 분쟁이 현실적으로 존재하는지 여부가 분명하지 않으므로, 피청구인에게 이 사건 협정 제3조에 따른 분쟁해결절차로 나아갈 작위의무가 인정된다고 보기 어렵다. 설령 한국과 일본 사이에 이 사건 협정의 해석상의 분쟁이 존재한다고 보더라도, 피청구인이 그동안 외교적 경로를 통하여 한국인 BC급 전범 문제에 관한 전반적인 해결 및 보상 등을 일본 측에 지속적으로 요구하여 온 이상, 피청구인은 이 사건 협정 제3조에 따른 자신의 작위의무를 불이행하였다고 보기 어렵다.

2. 재판관 이종석의 각하의견

헌법 제10조, 제2조 제2항의 규정이나 헌법 전문으로부터 우리 정부가 청구인들에 대하여 부담하는 작위의무가 도출된다고 볼 수 없다. 또한 이 사건 협정으로부터도 청구인들을 위하여 협정상 분쟁해결절차로 나아가야 할 작위의무가 도출되지 않는다. 나아가 이 사건 협정 제3조의 내용에 따라 어떠한 의무성이 있다고 본다 하더라도 이는 일반적·추상적 의무를 의미할 뿐, 피청구인이 외교상의 경로를 통하여 한국인 BC급 전범 문제를 해결하여야 하는 구체적 작위의무가 도출된다고 볼 수 없다.

헌법재판

경찰서 등 공공기관에 장애인용 승강기 내지 화장실 등 장애인 편의시설을 설치하지 아니한 부작위가 위헌인지 여부: **소극[각하]** (헌재 2023.7.20. 2019헌마709)

헌법상 명문 규정이나 헌법의 해석, 법령으로부터 보건복지부장관으로 하여금 위 공공기관들에게 장애인전용 주차구역 등을 설치하거나 시정조치를 하도록 요청할 구체적 작위의무를 도출하기 어렵다. 따라서 이 부분 심판청구는 작위의무 없는 공권력의 불행사에 대한 헌법소원이어서 부적법하다.

코로나바이러스감염증-19(이하 '코로나19'라고 한다)의 예방을 위하여 음식점 및 PC방 운영자 등에게 영업시간을 제한하거나 이용자 간 거리를 둘 의무를 부여하는 서울특별시고시들(이하 '심판대상고시'라고 한다)에 대한 심판청구가 보충성 요건을 충족하는지 여부: 소극[각하] (헌재 2023.5.25. 2021헌마21)

심판대상고시는 관내 음식점 및 PC방의 관리자·운영자들에게 일정한 방역수칙을 준수할 의무를 부과하는 것으로서, 피청구인 서울특별시장은 구 감염병예방법 제49조 제1항 제2호에 근거하여 행정처분을 발하려는 의도에서 심판대상고시를 발령한 것이다. 그러므로 심판대상고시는 항고소송의 대상인 행정처분에 해당한다.

심판대상고시의 효력기간이 경과하여 그 효력이 소멸하였으므로, 이를 취소하더라도 그 원상회복은 불가능하다. 그러나 피청구인은 심판대상고시의 효력이 소멸한 이후에도 2022.4.경 코로나19 방역조치가 종료될 때까지 심판대상고시와 동일·유사한 방역조치를 시행하여 왔고, 향후 다른 종류의 감염병이 발생할 경우 피청구인은 그 감염병의 확산을 방지하기 위하여 심판대상고시와 동일·유사한 방역조치를 취할 가능성도 있다. 그렇다면 심판대상고시와 동일·유사한 방역조치가 앞으로도 반복될 가능성이 있고 이에 대한 법률적 해명이 필요한 경우에 해당하므로 예외적으로 그 처분의 취소를 구할 소의 이익이 인정되는 경우에 해당한다.

그렇다면 심판대상고시는 항고소송의 대상이 되는 행정처분에 해당하고 그 취소를 구할 소의 이익이 인정된다. 따라서 이에 대한 다툼은 우선 행정심판이나 행정소송이라는 구제절차를 거쳤어야 함에도, 이 사건 심판청구는 이러한 구제절차를 거치지 아니하고 제기된 것이므로 보충성 요건을 충족하지 못하였다.

행정안전부장관(이상민) 탄핵 (헌재 2023.7.25. 2023헌나1)

▶ 판시사항

1. 행정각부의 장의 탄핵 요건

2. 2022.10.29. 이태원에서 발생한 다중밀집으로 인한 인명피해사고(이하 '이 사건 참사'라 한다)와 관련하여, 피청구인의 사전 예방 조치가 헌법이나 법률을 위반하였는지 여부: 소극

3. 피청구인의 사후 재난대응 조치가 헌법이나 법률을 위반하였는지 여부: 소극

4. 피청구인의 사후 발언이 품위유지의무 위반에 해당하여 탄핵사유가 인정되는지 여부: 소극

▶ 결정요지

1. 헌법재판소법 제53조 제1항이 규정한 '탄핵심판 청구가 이유 있는 경우'란 피청구인의 파면을 정당화할 수 있을 정도로 중대한 헌법이나 법률 위반이 있는 경우를 말한다. 행정각부의 장에 대한 파면 결정이 가져오는 국가적 손실이 경미하다고 보기는 어렵다. 다만 대통령과 비교할 때, 파면의 효과에 근본적인 차이가 있으므로, '법 위반 행위의 중대성'과 '파면 결정으로 인한 효과' 사이의 법익형량을 함에 있어 이 점이 고려되어야 한다.

2. '재난 및 안전관리 기본법'(이하 '재난안전법'이라 한다) 시행령은 재난관리주관기관이 없는 경우 행정안전부장관이 사후에 이를 지정할 수 있도록 한 것으로, 재난관리주관기관을 이 사건 참사 발생 전에 미리 지정하지 않았다고 하여 재난안전법을 위반한 것으로 보기 어렵다. 또 이 사건 참사 당시 적용된 '제4차 국가안전관리기본계획'과 '2022년 행정안전부 집행계획'은 법령에 따라 피청구인이 행정안전부장관으로 임명되기 전에 이미 작성된 것으로, 피청구인이 위 계획을 수정·변경하지 않았다는 이유로 위법하다고 볼 수 없다. 나아가 피청구인은 이 사건 참사 발생 전부터 재난안전법 제66조의11에 근거해 대규모·고위험 축제에 대해 예방, 대비를 하였으므로, 다중밀집사고 자체에 대한 예방, 대비가 전혀 없었다고 보기 어렵고, 세계 각국의 압사 사고 양상이나 다중밀집사고 예방 지침과 매뉴얼도 주최자 있는 행사나 직접적 관리자가 있는 구조물 내지 시설물 등과 관련되어 있으며, 다중밀집사고의 위험성이나 참사 당일 위험징후에 대하여 행정안전부나 피청구인에게 별도로 보고되지 않았으므로 피청구인에게 사전에 중앙재난안전대책본부(이하 '중대본'이라 한다), 중앙사고수습본부(이하 '중수본'이라 한다)를 설치하는 등 예방조치를 취할 것을 요구하기는 어렵다. 그 밖에 재난안전통신망은 2021.5.경 개통되었고, 재난안전통신망 구축·운영의 책임과 사용의 책임은 구분되므로, 피청구인이 재난안전통신망 구축·운영의무를 위반하였다고 보기 어렵다. 결국, 피청구인이 사전 재난예방과 관련하여, 헌법 제34조 제6항, 재난안전법 제4조 제1항, 제6조, 제22조, 제23조, 제25조의2, 제34조의8, 재난안전통신망법 제7조, 제8조를 위반하였다고 보기 어렵고, 나아가 헌법 제7조 제1항, 제10조, 국가공무원법 제56조를 위반하였다고 볼 수 없다.

3. 피청구인이 이 사건 참사 발생 사실을 인지한 후 처음 보고받은 내용에만 기초하여 재난의 원인과 유형, 피해 상황 및 규모 등을 제대로 파악하고 재난대응 방안을 결정하기에는 한계가 있었고, 현장지휘소에서 소방재난본부장으로부터 상황 보고를 받았을 당시에는 긴급구조가 마무리되지 않아서 여전히 재난 원인과 유형, 피해 상황 및 규모 등이 명확히 파악되지 않았다. 이 사건 참사 발생 후 이루어진 초동조치를 살펴보면 중대본과 중수본이 수행하는 역할 내지 기능이 일정 부분은 실질적으로 수행되었고 중수본에서 할 수 있었던 재난대응이 중대본 운영의 형태로 이행되었다. 따라서 중대본과 중수본의 설치·운영에 관한 피청구인의 판단이 현저히 불합리하여 사회적 타당성을 잃은 정도에 이르렀다고 보기 어렵다. 한편 긴급구조통제단장에 의한 현장지휘 및 긴급구조지원기관과의 협력이 법령이 정한 바에 따라 원활하게 이루어지지 않았다고 하더라도, 피청구인이 소방청장 직무대리 등으로부터 특별한 협력요청을 받은 사실이 없었던 이상, 보다 적극적·구체적인 현장지휘·감독에 나아가지 않았다는 이유로 총괄·조정의무를 이행하지 않은 것으로 볼 수 없다. 나아가 중앙재난안전상황실의 설치·운영 및 국가재난관리시스템의 구축·운영에 관한 재난안전법을 위반하였다고 보기도 어렵다. 또 이 사건 참사 발생 당시 주최자 있는 지역축제에 적용되는 안전관리계획의 수립·점검, 매뉴얼 등을 유추 적용할 수 있는지에 관한 확립된 기준이 없어 체계적 대응이 어려웠으며, 피청구인이 참사 현장으로 이동하는 과정에서 지시 및 협력요청을 계속한 점을 고려할 때, 피청구인이 성실의무를 위반하였다고 보기 어렵다. 그 밖에 국민의 생명·신체의 안전을 보호하기 위한 조치가 필요한 상황이었음에도 피청구인이 아무런 보호조치를 취하지 않거나, 적절하고 효율적인 보호조치가 분명히 존재하는 상황에서 피청구인이 이를 이행하지 않은 것이 명백한 경우에 해당하지 않으므로, 헌법상 기본권 보호의무를 위반하였다고 볼 수도 없다. 결국 피청구인의 사후 재난대응 조치가 헌법 제34조 제6항, 재난안전법 제4조 제1항, 제6조, 제14조, 제15조, 제15조의2, 제18조, 제74조를 위반하였다고 보기는 어렵고, 나아가 헌법 제7조 제1항, 제10조, 국가공무원법 제56조를 위반하였다고 볼 수 없다.

4. 표현행위가 품위손상행위로서 탄핵사유가 되는지 여부는 신중한 판단이 필요하다. 피청구인의 발언 중 참사 원인과 골든타임에 관한 발언이 부적절한 점은 인정되나, 이러한 발언들은 수동적 답변으로서, 참사 원인이나 경과를 왜곡할 의도가 있었던 것이라고 보기 어렵고, 피청구인이 해명·사과한 점 등을 종합하면, 그로 인해 재난 및 안전관리 업무에 관한 국민의 신뢰가 현저히 실추되었다거나 파면을 정당화할 정도로 재난 및 안전관리 행정의 기능이 훼손되었다고 보기 어려우므로 탄핵사유가 인정되지 않는다.

MEMO

MEMO

2024 최신개정판

해커스경찰
신동욱
경찰헌법

최신 3개년 판례집

개정 3판 1쇄 발행 2024년 2월 13일

지은이	신동욱 편저
펴낸곳	해커스패스
펴낸이	해커스경찰 출판팀

주소	서울특별시 강남구 강남대로 428 해커스경찰
고객센터	1588-4055
교재 관련 문의	gosi@hackerspass.com
	해커스경찰 사이트(police.Hackers.com) 교재 Q&A 게시판
	카카오톡 플러스 친구 [해커스경찰]
학원 강의 및 동영상강의	police.Hackers.com

ISBN	979-11-6999-854-3 (13360)
Serial Number	03-01-01

경찰공무원 1위,
해커스경찰 police.Hackers.com

해커스경찰

· 정확한 성적 분석으로 약점 극복이 가능한 **합격예측 모의고사**(교재 내 응시권 및 해설강의 수강권 수록)
· 해커스 스타강사의 **경찰헌법 무료 특강**
· **해커스경찰 학원 및 인강**(교재 내 인강 할인쿠폰 수록)